沸腾十五年

中国互联网 1995－2009

修订版

林军◎著

电子工业出版社
Publishing House of Electronics Industry
北京·BEIJING

未经许可，不得以任何方式复制或抄袭本书之部分或全部内容。
版权所有，侵权必究。

图书在版编目（CIP）数据

沸腾十五年：中国互联网：1995—2009 / 林军著 . —修订本 . —北京：电子工业出版社，2021.11

ISBN 978-7-121-42187-7

Ⅰ.①沸… Ⅱ.①林… Ⅲ.①互联网络－高技术产业－概况－中国－1995-2009 Ⅳ.①F492.3

中国版本图书馆CIP数据核字（2021）第203990号

责任编辑：张春雨　　　特约编辑：田学清
印　　刷：天津嘉恒印务有限公司
装　　订：天津嘉恒印务有限公司
出版发行：电子工业出版社
　　　　　北京市海淀区万寿路173信箱　　邮编：100036
开　　本：880×1230　1/32　印张：18　字数：518千字
版　　次：2009年7月第1版
　　　　　2021年11月第2版
印　　次：2021年11月第1次印刷
定　　价：99.00元

凡所购买电子工业出版社图书有缺损问题，请向购买书店调换。若书店售缺，请与本社发行部联系。联系及邮购电话：（010）88254888，88258888。

质量投诉请发邮件至zlts@phei.com.cn，盗版侵权举报请发邮件至dbqq@phei.com.cn。

本书咨询联系方式：（010）51260888-819，faq@phei.com.cn。

前 言

要改变世界，先改变自己

书记录了一群在中国创造属于自己历史的人及他们的故事，他们是在中国互联网自1995年兴起的波澜壮阔中的弄潮儿：马化腾、丁磊、张朝阳、马云、陈天桥、李彦宏、史玉柱、田溯宁、张树新、王志东、王峻涛、雷军、周鸿祎……这些人的名字至今依旧被经常提及，他们的故事恒久流传。

还有一些正在创造历史的人，或没来得及被我发现，或历史还没来得及给他们展现的机会，因此没有被收录到本书之中，但这丝毫不影响本书的丰富度和可信度。

这个用互联网创造自己和推动这个国家历史的群体主要由三类人组成：海归（从海外归来的创业者）、本土技术爱好者（本书中的特定称谓为"极客"）和商业价值发现者（简称"商人"）。

他们中当头的海归当属1994回来的田溯宁、丁健和1995年回来的张朝阳，他们也被称为中国互联网第一代海归。互联网第二代海归则多是在1999年回国，以创办百度的李彦宏和ChinaRen的三兄弟——陈一舟、周云帆和杨宁为其中的标志性人物。互联网第三代海归的代表当属创办迅雷的邹胜龙和程浩，他们在2002年前后回国创业。

走下飞机舷梯，张朝阳感到一阵寒意，他想不到11月初的北京会如此之冷。搓了搓手，张朝阳拎起两个手提箱向机场外大步走去。

外面，是他尚未触摸到的中国互联网事业。前一天，1995年10月31日，是张朝阳31岁的生日。尽管想来不大可能，但张朝阳坚持认为，他回国创业的第一天，即1995年11月1日，北京是下着雪的。也许是对未来的不确定性让张朝阳的回忆如此寒冷。

1995年12月，田溯宁坐在北京丽都饭店门前的台阶上，漫无目的地翻着《新闻周刊》，内心非常沮丧。从美国来的几个朋友邀请田溯宁到丽都饭店参加圣诞晚会，但当田溯宁走进饭店时，被保安给拦住了——因为只有外国人和持有外国护照的人才能够进去参加这个晚会。那是田溯宁最沮丧的时刻之一。

尽管有着这样那样的不如意，有着这样那样对未来生活的没把握，但田溯宁、张朝阳还是回来了，他们回来的理由只有一个——在美国虽然拿着高薪可总也找不到自我，不如回国创业，是美国式的教育让田溯宁、张朝阳更加内省，更加尊重内心力量的召唤。

他们中的另一人种是"极客"，在本书的1998年那一章，我主要讲述极客当道的故事，在其他的章节中，我也不惜篇幅地讲述他们的故事。当时他们中最出名的一个人叫王志东，这个在20世纪60年代出生于广东虎门的人最传奇的地方不是他曾经创办过三家公司——中文之星、四通利方和新浪网，而是其每次离开时都借助公众力量为自己的"江湖名声"正名。前两次，他把源代码交出，挥手离去，不带走一片云彩；第三次，他用鱼死网破式的决裂告诉大家，其实他不想走。王志东是一个爱惜自己名声甚于一切的人。所以，即便他已经远离这个行业的中心地位，但在我们记忆深处仍有他卓绝的地位，他是国人很早就自我意识觉醒并付诸实践的一个。

参与和推动互联网创业的第三种人是商人，尽管这些商人在当时甚至以后的很长一段时间内作为商人都并不出色，但这不影响他们在今天的巨大成功。今天他们中最有名的那个叫马云，他甚至成为21世纪最初10年里中国最知名的商人，有关他的传记读物以打计算，媒体上关于他的文章连篇累牍，很大程度上他是作为一个励志偶像一样被制造着。而之所以被大众热捧，在于，其本身就是一个先改变自己，继而改变世界的有为青年。

在这本书中，我试图给这些人做一个集体画像：他们有的生于20世纪60年代，也有的生于20世纪70年代，其中还有一小部分生于20世纪80年代（在本书中比例很小，但未来肯定会出现）。他们来自天南地北，但以浙江人居多，上海人和广东人也不少，福建、湖北、陕西、四川、重庆等地都有涉及。

本书发现，这些人有一个被公众自觉不自觉遗忘的共同属性，那就是：这些人有着比起其他人更加强大和自信的内心世界，他们都志向高远、目标远大，改变自我的同时希望改变世界。

到底是中国互联网的巨大成功推动了中国崛起的进程，还是中国崛起的巨大势能成就了中国互联网有如夏花般的绚丽，这个庄周梦蝶式的命题一直萦绕着中国互联网行业的从业者和观察家们。我的答案是前者，我们不能简单地把中国互联网的成功看作是一个支柱产业的崛起这么简单，而应该把它看作是我们这个民族在改革开放的大时代下自我意识觉醒的一次大的提升，一次全民自发的集体性的自我赶超。

那么，为什么是互联网点燃、推动了这场中国民众在1995年形成的自发的自我觉醒运动呢？

在半个世纪前，有一个口号曾经被响亮地提出，但后来又被小心翼翼地搁置，这个口号就是"超英赶美"。学习、追赶甚至超越英美等发达国家，一直是我们这个国家和民众最重要、最强烈、最质朴的情感，不论官方还是民间。但在互联网之前，我们更多的只是一种徒劳式的呐喊和掩耳式的自欺，理由无他，就是我们实在不是在同一条起跑线上，但我们又不愿意因为直视这种现实而丧失一个国家和民族应有的自信。

这种情绪和认知在张承志所著的名篇《北方的河》中表现得淋

漓尽致："我相信，会有一个公正而深刻的认识为我们总结的：那时，我们这一代人独有的奋斗、思考、烙印和选择才会显露其意义。但那时我们也将为自己曾有的幼稚、错误和局限而后悔，更会感慨自己无法重新生活。这是一种深刻的悲观的基础。但是对于一个幅员辽阔而又历史悠久的国度来说，前途最终是光明的，因为这个母体会有一种血统、一种水土、一种创造的力量使活泼健康的新生儿降生于世，病态软弱的呻吟将会在他们的欢声叫喊中被淹没，从这个观点来看，一切又应当是乐观的。"

互联网给了我们这样的机会。这项先进的科学技术在太平洋彼岸开始落地、开始商业化、开始展现其迷人魅力的时候，对应的，正是中国改革开放进入 1992 年之后的又一黄金盛年。进一步打开国门的中国人由于一开始在全球互联网竞合时代并没有落后太多，因此能以更开放、更从容的心态来迎接这一场由开放和创新为主要推动的互联网冲击波。

与此同时，我们曾经在很长时间内期盼的海归归来的希冀在 1995 年之后成了事实，这批生在中国、学在美国的人，兼容东西方文化，打通了中国和美国之间竞合的绿色通路。互联网在美国的每一个细小的创新，在太平洋的西岸，都会有人进行学习、借鉴甚至模仿和跟随。这在之后甚至形成了一套约定俗成的成功路径：用最快的速度学习美国最成功的商业模式，然后迅速本土化，赢得用户，获取收入，然后再到美国资本市场去上市，融资后再进行发展，甚至形成了自己特有的创新。这种立足本土、对接美国式的造富运动由此产生了足够的"阳光富豪"和"知识英雄"，进而形成良性循环，成为互联网创新中国的内在推动，并使之成为一场全民运动。

互联网起源于美国，如今，不论是市场中心还是创新中心依旧在美国、依旧在硅谷，但在过去的 15 年里，互联网在中国从无到有，快速成长，终于自成一体，并渗透到了经济生活的每一个细胞。尤其值得骄傲的是，在这个世纪里，本土企业几乎在所有的领域都击败了各自的国际对手，这在其他行业是从来没有出现过的完胜场面，甚至连 Google 这样的公司都无法幸免，它在中国的市场占有率还不到竞争对手百度的一半。这虽然很难说已经是最后的结果，但对于我们这个民族，对于我们这个国家，对于普罗大众，在信心层面的崛起有着正面而深远的意义。

互联网给你我提供了这样的机会，在过去的 15 年时间内，这个行业已经成为中国制造富豪数量最多、首富密度最高的行业，这个行业也被公认为为数不多的能产生世界级中国大公司的行业之一。在我看来，这个"之一"的后缀甚至都有些多余。

我们有理由相信，未来的 15 年，中国互联网所能创造出的财富传奇只会比上一个 15 年多得多。同时，互联网在中国的另一宏伟使命，就是帮助与美国相比，有着更多农业经济比重、有着更多负担的制造工业，以及还有相当比例的手工业的中国经济提供更多产业升级的契机。这将进一步推动中国的崛起，难道不是吗？

还有一个需要引起足够重视的现实是：在过去的 15 年中，每到中国经济的低谷之年，中国互联网和中国经济之间的跷跷板定律再度应验。比如，1998 年是中国经济的一个灾难之年，但这一年里网易、搜狐开始起步，新浪、腾讯、联众、3721 诞生；再比如，2004 年中国经济重新因为紧缩而上下恐慌，但这一年，有 9 家中国互联网公司在美国和香港市场上市，加上 2003 年 12 月的携程和慧聪，2005 年的华友和百度，这形成了中国互联网历史上最密集的一个上市狂潮，数量也达到惊人的 13 家。

在 2001 年和 2008 年中国经济的另两个萎靡之年，中国互联网也显示出比其他产业更加强大的复苏能力，2001 年，在整个互联网概念遭到崩盘的背景下，网易靠短信和网游解除停牌的故事至今仍为经典，而 2008 年腾讯、搜狐等诸多公司亮丽的年报给予了这个行业足够的信心。

2008年，中国已经成为世界互联网网民的第一人口大国，我相信，在未来的5~10年里，中国就可能成为世界互联网第一大市场，然而也许不用15年，中国将有可能成为全球互联网第一强国。这种可能性真的很大。

在众多看好中国的乐观派看来，在这个世纪的前50年，中国就有可能成为21世纪的中心之国，对此，我的观点是，其最大的"发动机"应该就是互联网。

回到本书，我希望能表达三个意愿。

第一个意愿，如果你是一个创业者，或者是从事互联网、电信、媒体或其他相关领域的从业者，我希望你能从这本书中读到一个产业是怎么诞生、发展乃至长大的；这个产业中最优秀的公司是怎么做起来的；这个产业的领袖是怎么催生出来的，他们又是拥有怎么样丰盈内心世界的一群人。

第二个意愿，如果你对互联网了解不多或者只是一个希望多了解互联网的人，你更多的是一个对中国命运走向关心的有识之士的话，我希望本书能帮你更好地解读处于变化的世界和正在一天天走向强大的祖国。

第三个意愿，如果你不是很关心互联网，也暂时不想去创业，你对外部的世界也无暇或者不需要去关注的话，那么，我希望本书能帮助作为互联网用户的你能更好地建立起对自我的认知，读出你自己的潜力和前程，和我们的国家一起成长和进步，这和你的未来休戚相关，也是本书最希冀达到的目的。

每当社会发生重大变迁，世界都会再一次变成需要重新认识的对象。这样的时期，会使许多昨日的成功者产生被抛弃感，也会给许许多多的年轻人带来崭新的机会。如何认识这个变迁中的时代，如何认识自己，如何选择前程，便成为人生极重要的事情。

我希望，我苦口婆心讲述的这些关于自我意识张显和自我认知的道理，能在你人生的早晨让你读到、领悟到，我相信，它能让你的人生有所受益。

我希望，我用心记录下的那些身前身后的成功和失败，能帮助你在这个已经到来的知识经济时代的黎明，去开辟一个属于你自己的新时代，虽然你未必是最早出发的人。

我希望，我在这本书中讲述的诸多关于中国崛起和中国人在互联网领域的创新实践，能帮助你对我们这个国家和我们这个民族伟大的创造力产生巨大的自信，为之骄傲的同时也迅速行动起来。

动起来吧，未来属于你我。

目 录

1995 互联网商业元年 / 001
  宁波电信局员工丁磊开除了自己 / 003
  大学教师马云和中国黄页 / 006
  田溯宁和丁健把 Internet 带回家 / 009
  Sprint 将北京、上海节点的工程转包给亚信 / 013
  承建 ChinaNet，亚信四处开花 / 016
  神秘的讯业金网 / 018
  清华大学研究生沙龙主席万平国创办中网 / 021
  另一个学生会主席张树新 / 023
  兴发集团给钱，张树新唱戏 / 026
  中国电信里的那些年轻人 / 029

1996 海归归来 / 034
  因为陈章良，张朝阳回到中国 / 036
  内心张扬的 ISI 首席代表 / 038
  22 万美元催生了搜狐 / 040
  张朝阳也不知道爱特信做什么好 / 042
  尼葛洛庞帝来了 / 045
  股东贷款挽救了搜狐 / 049
  "明星销售"张朝阳 / 052

王志东一年之内三进硅谷 / 054
　　冯波和王志东签订了融资代理合同 / 057

1997 大门洞开 / 061
　　ChinaByte 的诞生惊动朝野 / 062
　　默多克希望进入中国 / 065
　　邓文迪主义 / 067
　　ChinaByte 老兵宫玉国 / 069
　　刘长乐和默多克对等控制凤凰卫视 / 072
　　麦戈文给了天极网 500 万美元 / 074
　　天极网和 ChinaByte 合并 / 079
　　新华社与中华网 / 081
　　大连金州没有眼泪 / 085
　　中文网站第一编辑陈彤 / 089

1998 极客当道 / 092
　　那些玩个人主页的玩主 / 093
　　广州帮 / 096
　　丁磊在 BBS 收获创业伙伴 / 098
　　网易的免费服务 / 101
　　免费中文电子邮箱——163.net / 104
　　润讯工程师马化腾 / 107
　　技术天才张志东 / 108
　　市场奇才曾李青 / 110
　　腾讯的创始人们 / 113
　　从 OICQ 到 QQ / 115
　　MIH 接过 IDG 和电讯盈科的"枪" / 117
　　周鸿祎在方正的日子 / 121
　　"绿色兵团" / 125
　　光辉与标尺 / 128
　　坠入尘埃 / 133

　　　　中国黑客今安在 / 136

1999　狂欢开始了 / 138
　　　　福州人王峻涛雪夜进京 / 139
　　　　综艺股份捡了个大便宜 / 142
　　　　72小时网络生存实验助推8848 / 146
　　　　等待批文，8848错过了时间窗口 / 148
　　　　8848的新CEO：谭智 / 151
　　　　海虹控股："5·19"行情第一牛股 / 152
　　　　在希望软件公司的日子 / 154
　　　　联众三人行 / 156
　　　　"聂马"也在联众下棋 / 160
　　　　谢文做了笔好买卖 / 162
　　　　中华网和香港商人叶克勇 / 165
　　　　那些张朝阳的同学们 / 167
　　　　李彦宏也回来了 / 169
　　　　陈天桥与朱骏 / 173

2000　泡沫四溢 / 177
　　　　周凯旋高调登场 / 178
　　　　王㷫入局 / 180
　　　　163.net和TOM跨媒体平台 / 182
　　　　詹宏志来去匆匆 / 187
　　　　柳传志借互联网全身而退 / 190
　　　　更加奇怪的FM365 / 192
　　　　雷军说服金山、联想一起投资卓越 / 197
　　　　1元钱的《大话西游》 / 202
　　　　网上精品店和陈年 / 205
　　　　移动梦网拯救了中国互联网 / 207

2001　大转折 / 210

- 网易CFO何海文离去 / 211
- 网易财报风波 / 212
- 网易被停牌后丁磊得遇段永平 / 214
- 网易靠短信得以翻身 / 217
- 从天夏到《大话西游》 / 219
- 《精灵》和《大话西游》系列 / 221
- 北大青鸟奇袭搜狐 / 224
- 张朝阳管理董事会 / 228
- 搜狐那些董事们 / 231
- 王志东沉没 / 233
- 1998年9月开始的那段姻缘 / 235
- 四通利方 vs 华渊：貌合神离 / 238
- 沙正治来去匆匆 / 240
- 王志东复位 / 243
- 新浪网上市模式 / 245
- 新浪网上市承销商摩根士丹利 / 248
- 关明生帮助马云开启阿里巴巴三年整改 / 249

2002　新"上山下乡运动" / 253

- VC王功权和3721周鸿祎 / 254
- 黄勇鼓励周鸿祎到第一线去 / 260
- "闪电计划"让百度在中文搜索中"咬住"了谷歌 / 275
- 代理《热血传奇》，陈天桥"空手套白狼" / 279
- 和育碧决裂，占领网吧 / 282
- 盛大通吃上下游 / 286
- 盛大对决Wemade公司 / 288
- 周云帆、杨宁兄弟情深 / 289
- ChinaRen：三人创业团队 / 291
- 创办空中网 / 293

军人后代王雷雷 / 294

2003 时来运转 / 297
"非典"让阿里巴巴被世人皆知 / 298
杭州四例"非典"病例，阿里巴巴有其一 / 300
eBay 买单，邵亦波成功套现 6 亿元 / 303
携程和沈南鹏的出色亮相 / 307
连环创业家季琦 / 311
梁建章其人 / 312
章苏阳看中了携程团队 / 314
李国庆设计让亚马逊买下卓越 / 318

2004 新一浪 / 324
微软中国总裁唐骏空降盛大 / 325
软银用 4000 万美元买了盛大 25% 的股份 / 328
逆流上市，盛大大显雄风 / 330
陈天桥其人 / 333
盛大向左，第九城市向右 / 335
巨人也想进军网络游戏行业 / 339
《征途》的史玉柱式创新 / 343
腾讯在香港上市 / 348
移动 QQ 及 QQ 秀 / 350
周鸿祎的 10 亿美元的教训 / 357

2005 "草根"冲击波 / 365
短信"超女"和李宇春 / 367
百度贴吧和 MP3 搜索 / 369
清华宋柯和北大许晓峰 / 373
数字音乐群英会 / 379
庞升东和 51.com / 382

博客方兴东：因微软封杀而生 / 386
　　　"土豆"王微和"我乐"周娟 / 390
　　　阿北和他的豆瓣理想国 / 394

2006　江湖水深 / 399
　　　反迅雷联盟 / 400
　　　站长之王蔡文胜 / 407
　　　雅虎中国"罗生门" / 414
　　　360安全卫士的反戈一击 / 420
　　　SNS超级玩家陈一舟 / 426
　　　谷歌中国无奈2006 / 434

2007　用户为王 / 441
　　　完美时空、金山、网龙、畅游的2007 / 442
　　　陈天桥向左，史玉柱向右 / 451
　　　阿里巴巴B2B的神奇表现和卫哲加入 / 458
　　　从阿里云到淘宝商城 / 465
　　　淘宝商城的艰难往事 / 469
　　　PPG向左，VANCL向右 / 476
　　　刘强东自建物流 / 480
　　　百度"有啊"折戟沉沙 / 483

2008　大开大合 / 488
　　　新浪前高管程炳皓与他的开心网 / 489
　　　郑志昊帮QQ空间打赢了与51的战争 / 492
　　　失败的51去低端化实验 / 497
　　　农场游戏的玩家们 / 504
　　　网页游戏江湖水也深 / 512
　　　周鸿祎和免费杀毒 / 521
　　　从榕树下到起点中文网 / 526

2009 **春去春又来** / 534
  天使投资人雷军和他的 UCWeb / 535
  移动互联网掀起第三浪 / 537
  腾讯"四大名著"和网易的《魔兽》争霸战 / 543
  淘宝商城和"双11" / 547
  互联网是改革开放的下半场 / 554

后记 / 557

1995
互联网商业元年

1995年1月，中国电信开通了北京、上海两个接入Internet的节点。在北京、上海开通两个接入Internet的节点，本只是中美之间部长级谈判中关于加强两国相互开放的一种交代而已，在1995年，这根本算不了什么大新闻，更无法被称为事件。但在中国互联网的发展史中，这件事成为中国互联网诸多事件的开端，这一年成为一个难忘的历史时刻。也因此，1995年被称为中国互联网商业元年。

在此之前，中国曾经与Internet有过两次互联。

1993年3月2日，经中国科学院高能物理研究所计算中心许榕生研究员的推动，中科院高能所租用AT&T公司的国际卫星信道建立的接入美国斯坦福大学SLAC国家实验室的64K专线正式开通，成为我国部分连入互联网的第一根专线。说是部分，是基于以下承诺：中国专线只能进入美国能源科学网，并且不得在网上散布不实信息、也不得用于军事及商业目的，中方必须签字同意后才能使用。

1994年4月20日，由中国科学院副院长胡启恒推动，计算机网络信息中心研究员钱华林主持开发设计，当时的国家计划委员会利用世界银行贷款重点学科项目NCFC工程的64K国际专线开通。从这一天起，中国开始了以一个国家的身份进入互联网的接入时期。

不论是许榕生所推动的中科院高能所的专线，还是由钱华林主导的NCFC工程接入，都是中国互联网历史上划时代的创举。它们服务的对象是科学家和教授等中国科技、教育界的精英阶层，这些人有如火种，照耀了夜空，但终未成燎原之势。

而北京、上海两个接入Internet的节点的开通，有如打开了大众对互联网无比渴望的匣子，提供了一条公众对互联网进行连接的有效路径。

1995年,也是中国电信改革大幕正式开启的一年。这一年,成立了两年的中国联通借着"中中外"[1]模式成功获得了上到政府、下到投资人的一致认可,就连中国联通的对手中国电信的主管部门领导——当时的中华人民共和国邮电部(以下简称"邮电部")部长吴基传,也站出来表态认为这是一种创新。这一年,当时的中华人民共和国电子工业部(以下简称"电子工业部")旗下的另一家运营商吉通电子有限公司先于中国电信,为大众提供了电子邮件方面的应用。竞争对手的出现,在客观上造成了中国电信对互联网、对数据通信业务的重视和推动。

1995年3月,中国电信虽然没有从当时的邮电部分拆出来,但当时的邮电部为中国电信独立申请了商标,这相当于为其准备了"准生证"。而中国电信内部,特别是地方电信内新成立的数据分局里,不乏有对互联网有想法、有激情的年轻人,这些年轻人先于他们的系统和组织活动了起来。他们中的李黎军、谢峰、张静君以中国互联网推手的身份,在中国互联网史上留了名,他们各自所在的城市——李黎军所在的深圳、谢峰所在的杭州、张静君所在的广州,不仅在早期曾领一时风气之先,如今在互联网大浪中也保持着领先地位。

1995年是中国创业浪潮的一个重要年份,这一年前后下海的人被称为改革开放后的第三批创业者。相对于改革开放第一波创业者主要是因为"无路可走"和第二批受1992年邓小平视察南方谈话鼓励的创业者来说,第三批创业者大多有相当的知识基础和社会关系积累,他们也很自然地会去尝试互联网这个全新的领域。大学英语教师马云、宁波电信局员工丁磊,都是这一年决定辞去公职去外面闯一闯的;而

---

1 "中中外"是我国在进行区域工业结构调整过程中出现的一种模式。其中的"中中"分别是指位于城区的国有工业系统和城市的郊区县;"外"是指外国投资方。即通过这三方特定形式的联合,在郊区县建立全新的、现代化的合资企业。

先富起来的张树新、万平国等人，也开始折腾起 ISP[1] 的生意。

1995 年，也是全球互联网商业发轫之年。这一年，网景公司上市，打开了人们关于互联网公司的种种商业想象；也在这一年，微软发布了 Windows 95，提供了极客们利用和研究底层技术平台的可能。

中国利用 Internet 连接并追赶世界的脚步从一开始就不曾落后。

宁波电信局员工丁磊开除了自己

没有什么比抉择更能影响一个人的命运和前程了。

1995 年 4 月，宁波青年丁磊做出了他人生中第一个大的抉择——离开宁波电信局。此时，他刚年满 24 岁，大学毕业被分配到宁波电信局工作，至此还不到两年的时间。大家都觉得他头脑发热、"疯了"，其中包括他的父母，当然还有他的领导和同事。

1993 年 9 月，丁磊从电子科技大学本科毕业后被分配到宁波电信局。丁磊日后靠互联网曾成为中国首富，又有技术背景，被很多人想当然地认为他在大学学的是计算机专业，其实不然。上大学时，父母担心计算机的长期辐射会对人体造成伤害，不支持丁磊学计算机专业，丁磊因此选择了通信专业。

丁磊本科就读于电子科技大学，在全国来说，是一所很有名气的理工科学校。但对很多浙江人来说，这所学校远在四川成都，与浙江宁波相距较远，而且四川的天气湿冷，也让很多浙江人受不了。丁磊自嘲，之所以选择电子科技大学是没有办法的，因为自己想去的浙江大学，当年的录取分数线要高出他的高考成绩很多，他的一位同学是以比他当年的高考成绩高出 100 分的成绩被浙江大学录取的。

---

[1] ISP（Internet Service Provider），互联网服务提供商，即向广大用户综合提供互联网接入业务、信息业务和增值业务的电信运营商。

祸福相倚，由于高考分数不是很理想，又想上自己心爱的专业，因此丁磊去了对他来说遥远的成都。不过，由此也给了年轻的丁磊游走中国西南的机会。这个浙江青年也许是中国互联网业内游历地方最多的首席执行官（CEO），他出生在浙江、求学在四川、创业在广东、历练在北京，东西南北部地区均有涉足。读万卷书，行万里路，这应该是丁磊日后成功的关键所在。

每年，毕业被分配到宁波电信局的都是和丁磊一样来自不同名牌大学的毕业生。他们各个天资聪慧，但在电信局的体系、整个电信体系还没有开始启动改革步伐的20世纪90年代初期，他们的工作量并不饱和，事情虽都有专门的外包公司解决，但效率很低。这让喜欢在Unix系统下自己动手写点小软件的丁磊很不习惯。一开始，丁磊也没感觉到哪里不对，他只是觉得，这样的生活并不完美，这让他无法找到自我。

丁磊从小就非常喜欢无线电，读初一时组装了自己的第一台六管收音机，在当时那是一种较为复杂的收音机，能接受中波、短波和调频广播。丁磊当然也很喜欢计算机，电子或者与电子相关的学科都是丁磊感兴趣的方面。他也喜欢动手做东西，是一个标准的技术爱好者。在本书中，对类似丁磊这样认定技术驱动世界并积极践行的人，我们有个特定的称谓——极客。

丁磊学的是无线电，又在电信局工作，自然接触到很多的"火腿"爱好者。所谓"火腿"爱好者，就是一群自己搭建相互沟通通路的无线电爱好者。

中国最早的无线电爱好者大多也在接触一个新奇的通信网络，那就是CFido。一个偶然的机会，丁磊知道了CFido，而在CFido最早的玩家孟超的帮助下，丁磊在宁波搭建成了自己的BBS（电子布告栏）站台。

CFido即中国FidoNet[1]，FidoNet就是当时的BBS站台通过电话线

1　FidoNet，中译为"惠多网"，由美国加利福尼亚旧金山人汤姆·詹宁斯（Tom Jennings）于1984年创立。

路连接起来的网络,网络之间互相通过点对点的方式转送信件。它和我们现在熟悉的基于 TCP/IP 协议的 Internet 并不完全是一回事,可以理解为 Internet 在中国开通之前技术爱好者们自行搭建的一个替代性的通信网络。Fido 是 FidoNet 创始人的宠物的名字———只小狗的名字。

CFido 的历史可以追溯到 1991 年,那一年,在北京定居的中国台湾人罗依开通了"长城"站,这是 Fido 在中国大陆的第一个站台。罗依被公认为是中国 CFido 第一人,后来出任 CFido 中国区的首任总协调人。1992 年 11 月,罗依在北京建立的"长城"站和黄耀浩在汕头建立的"手拉手"(后来改名 PCUG)站,成为国内按照 FidoNet 体系建立的最早的 BBS 交换系统,由此形成 CFido。

CFido 让丁磊乐此不疲。他在这上面形成了自己的圈子,他们相互交换新写的小软件,交换自己的加密与解密心得,交换自己对程序人生的感悟,富有才华、兴趣广泛的丁磊得到了他人的认可。不过,在获取短暂的认可之后,丁磊冒出了离开宁波电信局的念头,这个念头从心头一旦冒出,就怎么也按不下去了。

这个时候,广州"新月"站上的诸多站友对丁磊说,自从邓小平视察南方后,广州经济发展很快,而且地理位置邻近中国香港,人们的思想意识比较开放,到广州来的话,一定能很好地实现自我。广州"新月"站也是 CFido 站上当时最活跃的站台之一,"新月"站的创办人袁鉴和站友郭耀琦是中国最早的一批黑客,他们共同创办了中国最早的网络安全公司之一——天网。

1995 年在广东和"新月"齐名的,是深圳一个叫"PonySoft"的站台,它的创办人名叫马化腾,Pony 正是马化腾的英文名。1995 年 4 月,马化腾架设起 CFido 历史上最豪华的四线[1]站台。

---

[1] 这里说的四线,是四条电话线的意思。很多 CFido 往往只有一条电话线,因此一旦家里人进行语音通话,就会被占用。同理,一旦被用来与其他 CFido 站友交流,电话将无法进行语音通话。那么,为什么不多租用几条电话线呢?原因也很简单,当时开通一条电话线的费用就很高,甚至会达到万元,当然这还不算每天电话线上可能产生的通话费用。

丁磊下定决心去广州，于是向宁波电信局提出辞职。电信局领导说："我们这里从来没有大学生主动提出辞职的，你是国家培养的大学生，要在电信局里施展自己的才华，你怎么能辞职呢？"

丁磊和领导说了很多次，领导最后同意，要辞职也可以，必须交1万元的培养费。丁磊当时手头上没有这笔钱，他不想交，也交不起。

磨到最后，丁磊决定一走了之。他跟领导说，"我明天不来上班了。"第二天，丁磊真没来上班，他提着箱子去了广州。十几天后，宁波电信局下发了一个文件，内容是丁磊旷工两个多星期，被公司除名了。两年后的1997年5月，丁磊创办了网易。8年后的2003年，丁磊成为中国首富。

大学教师马云和中国黄页

同是在1995年4月，另一个浙江人也因为互联网开除了自己，今天的他也成为中国互联网的领袖之一。这个浙江人叫马云。

1964年9月10日，马云出生在杭州。马云英语很好，但数学差一些，他参加过三次高考，最后考上了杭州师范学院。考上大学后主攻英语，马云从此如鱼得水，很快当选了校学生会主席，随后当选了杭州市学联主席。1988年毕业后，马云被分配到杭州电子工业学院（现杭州电子科技大学），成为一名英语教师，并成立了海博翻译社。

1995年年初，马云受托作为翻译前往洛杉矶沟通落实一项高速公路投资，未果。马云从洛杉矶飞到西雅图找他到在杭州电子工业学院认识的外教比尔，信仰互联网的比尔带着马云去了西雅图第一个ISP公司VBN参观。

两间很小的办公室，猫着5个对着屏幕不停敲键盘的年轻人。马云不敢轻易操作电脑，于是公司的其他人帮马云打开了Mosaic浏览器，输入Lycos.com，然后对马云说："需要查什么资料，你就在上面输入关键词就可以了。"马云在上面输入了"beer"，搜索页面立即出现了德国啤酒、美国啤酒和日本啤酒，就是没有中国啤酒。马云输入"Chinese"，返回"no data"。马云被告之，要想被检索到，必须要先做一个主页。

马云请对方给他的海博翻译社做一个主页。晚上，马云收到了5封邮件，来自日本、美国、德国的客户来问翻译价格，最后一封邮件来自海外的华侨，是一个留学生，他对马云说："海博翻译社是互联网上的第一家中国公司。"马云感受到了互联网的神奇，他和VBN公司约定：对方在美国负责技术，自己到中国找客户，一起来做中国企业网。

1995年3月，夜，杭州。马云家里坐着24位朋友，都是马云4年来在夜校教书时结识的外贸从业人士，马云想听听这些做外贸的人对互联网的商务需求。马云开始宣讲互联网，讲了整整两个小时。讲完后朋友们问了5个问题，可惜马云都没答上来。23位朋友反对马云做互联网："你开酒吧、开饭店、办个夜校，都行。就是做这个不行。"只有一个人说："你要是真的想做的话，倒是可以试试看。"这个人叫宋卫星，后来成为中国黄页的股东，但到1995年年底就撤出了中国黄页。那个时候互联网太神秘了，很少有人能看到其中的价值。

马云没听大多数人的建议，第二天一早立即向学校辞职，并向亲戚朋友借钱凑足了10万元注册了公司。然后，他给杭州电子工业学院计算机专业的教师何一兵打了一个电话——何一兵自1994年年底就开始使用互联网，是浙江乃至全国最早使用互联网的一拨人，也是CFido站台上的成员，是一个对互联网技术有感觉、有领悟的高手，属于我们前文说的极客。最后，何一兵离开马云单飞，曾创办过企业博客网。

1995年4月，杭州海博电脑服务有限公司成立。三名员工分别是马云、马云夫人张瑛和何一兵。何一兵以技术入股,而前文提到的宋卫星则以资金入股,何一兵和宋卫星两个人的股份都不多,各占10%,剩下的80%全是马云夫妇的。1995年5月9日,中国黄页上线,马云开始做身边朋友的生意。马云的生意经是,先向朋友描述互联网的优点,然后向他们要资料,将资料寄到美国。VBN将主页做好,打印出来,再快递寄回杭州。马云将主页的打印稿拿给朋友看,并告诉朋友在互联网上能看到。中国黄页当时的收费标准是一个主页3000字外加一张照片,收费两万元,其中1.2万元给美国公司。

1995年的时候,没有多少人知道互联网,比留洋归来的田溯宁(亚信创始人之一)要本土一点的是,马云将Internet翻译为一个中文名字——因特乃特网。

到了1995年年底,经过8个月的苦苦打拼,马云公司的账目已经接近收支平衡了,营业额也已突破100万元。就在此时,中国黄页一夜之间突然冒出许多"敌人",这当中还包括承接杭州Internet接入服务的亚信。另外,当时亚信接互联网工程的项目已经接到双手发软,于是马云很快就退出来了。

那时与马云竞争最激烈的当属杭州电信局。"一山不容二虎",杭州电信局有着非常好的社会资源和政府资源,马云一样都没有。杭州电信局利用中国黄页已有的名声,做了一个域名很接近的网站,也叫中国黄页,借以分割马云版中国黄页的市场。

为了使中国黄页继续生存下去,马云别无选择,只有同杭州电信局合作。1996年3月,马云将中国黄页折合成60万元,占30%的股份;杭州电信局投入资金140万元,占70%的股份。后面的结局可想而知,中国黄页被收编了,马云套现走人,去了北京,为外经贸部做网站。再之后,他于1999年2月回到杭州,创建阿里巴巴。

田溯宁和丁健把 Internet 带回家

丁磊所参与的 CFido 只是 Internet 的替代品，马云所做的 Internet 生意一开始也不是一个纯互联网的生意，在商业模式上更多的是利用杭州没有开通互联网，先做"圈地运动"。虽然这两位日后都成了中国互联网领袖级别的大人物，但 1995 年的中国互联网，还处于边建设边开发的探索期，这一年互联网业最重要的人物，当属亚信的田溯宁和丁健。田溯宁和丁健与极客丁磊和商人马云不一样，他们有着另一重身份——海归。海归、极客、商人，成为中国互联网创业者中的三大特色群体，他们共同成就了中国互联网波澜壮阔的画卷。

中国互联网的商业发轫与 1994 年 10 月的一通越洋电话有关。电话的这端是先期回到国内、负责前期业务拓展的丁健，电话的那端是在美国达拉斯某医院等待女儿出生的田溯宁。电话的内容是丁健给田溯宁汇报，他们最终很意外地接下了世界三大电信设备运营商之一 Sprint 承建的中国电信北京、上海两个节点的分包单。

名字对一个人来说多少是有暗示作用的，其中寄托了父母的期望。田溯宁这个名字的意思是"记住列宁格勒（现今称'圣彼得堡'）"，这与他充满了理想主义色彩的人生相呼应。田溯宁的父亲田裕剑和母亲刘恕都是留学苏联的生物学学生，他们于 1954 年在列宁格勒的林业技术学院初次见面，后来发展为恋人关系。田溯宁的父母为他取这个名字的原因，很大程度上是因为他们无论什么时候看到或想到儿子，都能想起那一段快乐的时光。1960 年，田溯宁的父母回到国内，都被分配到中国科学院并担任了研究员的工作，然后于 1961 年在北京结婚；两年后的 1963 年，田溯宁出生，因父母都随即前往位于甘肃兰州的研究所工作，田溯宁不得不被送到沈阳和姥姥姥爷一起生活。

田溯宁在辽宁大学就读本科，这和他童年在沈阳长大有关，专业学的是和父母一样的生物学。在辽宁大学，田溯宁收获了爱情，他与同系一位名叫孔琴的女同学于 1987 年结婚。

田溯宁本科毕业后进入中科院继续攻读研究生，他本身就是中科院子弟，这样做顺理成章。再后来，田溯宁选择了出国，这也理所当然。田溯宁所在的研究生班共有30人，有25人选择了出国，准备在美国顶尖的大学完成更高等级的学业。1988年，田溯宁作为1/25，漂洋过海前往美国的得克萨斯理工大学。

在得克萨斯理工大学，田溯宁没有选择攻读生物学，而是攻读起了环境保护方面的专业。他建立起中国生态学家海外俱乐部，最多的时候这个俱乐部聚集了大约300人。1990年年初，这个俱乐部出版了一本关于中国环保方面问题的图书。这个俱乐部后来逐渐演变成为中国第一个环保组织，如今已将根据地安置回国内。这个环保组织后来演变成阿拉善SEE生态协会，目前是国内最具影响力的非政府环保组织。

田溯宁第一次创业与其学的环境保护有关。根据田溯宁的回忆，在一次赴环境保护专业会议的途中，田溯宁遇到一位北美草原分类协会的会长。聊天时田溯宁得知他开发了一个软件，可以进行支票扫描，这在当时是一个很好的主意。下飞机时，两个人创业的思路已经成型了。随后两人合伙成立了商业信息系统公司（Business Information System，BIS），这个会长拿出20万美元作为注册资金，双方各占50%的股份，田溯宁负责市场营销和公司管理，对方负责技术。半年之后，公司做不下去了。这时，公司账面上还剩下16万美元。按照法律，虽然田溯宁当初没有投入一分钱，但由于拥有这家公司一半的股权，最后还拿回了8万美元。这样的故事，对当时的田溯宁和很多中国人来说都很新鲜，田溯宁一下子对合伙人制度产生了极大的兴趣。这也让田溯宁有了超过寻常人的合作精神。

田溯宁从一个环保主义者转变成一个互联网的忠实者，缘于一次去听戈尔（当时还是参议员，后来成为美国副总统）的演讲。田溯宁本来是想听环保主义者戈尔讲环保的，可戈尔通篇讲的是一个新奇的名词——信息超级高速公路。田溯宁知道戈尔的父亲完成了州际高速公路的法案立法，但现在他的儿子谈的是另一种形态的高速公路——信息超级高速公路。田溯宁曾用过得克萨斯理工大学的网络，但是戈尔形容的网络是他完全没有想过的。戈尔说，信息超级高速公路如果成为一个国家的政策，将可以改变整个国家。田溯宁一下子就被迷住了，他意识到，这可能是一个缩短中美两国差距的良好机遇，于是他把自己的未来调整为帮助中国建立起信息高速公路。田溯宁为此写了一篇长文《美国信息高速公路计划对中国现代化的意义》，发表在1993年的《光明日报》上，这是中国最早介绍互联网知识方面的文章。

现在这个想法看起来很正常：互联网将会改变整个世界，如果我们抓住这个机会，我们的国家将由此获取与世界同步的机会。然而在1993年田溯宁着眼于互联网时，没有人能确定，互联网可以就此延续下去。

要知道田溯宁做的事有多么地不确定，可以想想看，当时甚至还没有网景和雅虎[1]。在那时，只有少数人拥有调制解调器[2]，而且传输速率也都不会超过2400bps[3]。网景的联合创办人马克·安卓森（Marc Andreessen）曾经开发过到现在都还非常知名的Mosaic浏览器，但是他在一次访问中说："这份工作很有趣，但是没有人把它当作一回事。"那时大多数人认为互联网是一项娱乐活动——一项提供给"笨蛋"、科学家和打字员的娱乐活动。在美国，互联网也是一个非常创新的想法。而1993年的中国，甚至未曾接入Internet，希望用一个绝大部分人看不到、摸不着的东西去实现所谓的赶超世界先进脚步的梦想，看上去是一个近乎愚蠢的行为。可今天回头来看，是我们错了。

像一个先知一样，田溯宁很早预见了互联网的潜在可能性。他不断地写信给他的家人、朋友和同事，告诉他们这项科技能够彻底地改

---

1 网景创办于1993年，雅虎创办于1995年，这两家公司是美国乃至全球互联网的标志性公司和最开始的领导者。
2 调制解调器（modem）：一种用于电脑和电脑端记性传输的外部设备。
3 bps：bits per second 的缩写，每秒传输比特。

变中国。田溯宁决定说服他的合作伙伴和他一起回国，当然还有他的家人。

为了这次回国，田溯宁做了很多的准备。他专注于世界科技与经济，更深入地学习关于 Internet 的知识，并分析他在中国所能从事的科技产业。田溯宁在美国大学校园 BBS 的环境讨论分区之外，还附加了一个讨论区，专门讨论中国信息科技业界的前途。第一个登录这个讨论区的人，是加州大学洛杉矶分校的学生丁健。虽然没有见过面，但是丁健和田溯宁在网上一交谈，就知道他们属于同一种类型——关心政治、环境及社会，甚至包括对科技与企业家精神的兴趣都极为相似。他们两人也最终一同成为亚信最重要的两个创始人。

丁健的英文名字是 James，这个名字是他 1988 年到美国读书时取的。丁健是一个非常聪明的计算机专业的学生，在北京时曾就读于北京大学和中国科学院。一个朋友鼓励丁健申请进入加州大学洛杉矶分校，凭借自己的计算机经验，他又在学校的计算机研究室找到了一个系统管理员的工作。当时 IBM 捐赠了一些网卡和系统软件给学校，知名的局域网软件提供商 Novell 也捐赠了一些操作系统，但是没有人知道怎么使用它们。丁健读完使用手册后，在 1989 年装设完成了加州大学洛杉矶分校的第一套局域网络。关于丁健天才的故事有很多，其中有一个故事是说他在北京大学上学时经常逃课，线性代数课从来没上过，只是考试前三天把教科书上的题目全部做了一遍，期末考试时就拿了满分。田溯宁也对丁健的智商表示叹服：亚信刚刚成立时，由于资金有限而请不起律师，丁健只用了一周的时间就把法律的基本知识全部掌握了，之后很长一段时间内，亚信的法律问题都由他出面解决。

在 1990 年加州大学硕士毕业之前，丁健将整个校园网络连接上了 Internet。随后，他在位于达拉斯的得克萨斯大学担任系统分析师。在这里，他第一次正式见到田溯宁，两个人相见恨晚，很快就开始讨论关于合伙开设公司的构想。

田溯宁是一个超级鼓动能手。他外表憨厚，面相老实，给人一种很真诚的感觉，而又妙语连珠，视国家兴亡为己任，这让他很有鼓动力。有一个在坊间流传很广的段子：车子在大路上前进，突然遇到一个大坑，按田溯宁的性格，他就会鼓动整个车队的斗志，大声喊："没有退路，冲！"而丁健则会停下来，看是否能够绕道或者铺路过去。这样行事截然不同但内心无比接近的两个人联起手来，计划开创一番新事业，至少在当时，他们雄心勃勃。

田溯宁从未忘记他要返回中国的目标，虽然他还没有找出跃过这片海洋的方法。他和丁健一起思考对策，"我们要如何将这项科技带回家"。回到得克萨斯后，田溯宁和丁健从卢博克市（Lubbock）搬到了达拉斯的明天大道，在那里，他们创立了企业发展国际公司（Business Development International，BDI），公司的宗旨是串联全中国。听上去很宏大，最后也成了现实。

这家公司是一个名叫刘耀伦的华人投资的。刘耀伦在美国做房地产，在美国是比较成功的中国商人之一，也是华人圈子里的热心人士之一。他给田溯宁、丁健投资的故事颇为经典：有一次三个人一起吃饭，饭后田溯宁和丁健抢着买单，这个举动博得了刘耀伦的好感，田溯宁和丁健从而获取了50万美元的投资，刘耀伦和他俩约定可以做房地产之外的其他业务。

Sprint 将北京、上海节点的工程转包给亚信

到1993年年初，田溯宁所提出的计划更多是希望建立一个称为亚信日报（AsiaInfo Daily News）的公司，其内容为电子布告栏的副产品，计划是提供着眼于中国的新闻订阅服务。到1993年年底，亚信日报终于成立并开始运作，亚信日报的内容包括翻译过的政治、娱

乐和金融新闻，都是与中国相关的信息。丁健负责技术部分，田溯宁则负责管理、市场及营销，但订阅用户实在少得可怜。这两个人可能是第一批了解了中国人不会为了互联网上的内容而付费的企业家。

亚信日报并不成功，但为他们赢得了小范围的名声。1994年9月，中国当时的邮电部与美国商务部签订中美双方关于国际互联网接入的协议。协议中规定，中国电信总局将通过美国Sprint公司开通两条64K专线（一条在北京，另一条在上海），这个互联网节点建设工程需要有人为当时的邮电部中国电信做中文培训，Sprint找到了亚信。虽只面对7个受训的学员，未脱书生气的亚信团队仍用两个星期准备出了三本厚厚的资料。就这样，他们与Sprint建立了最初的合作关系。

Sprint是全球三大电信巨头之一，后来名满互联网的风险投资人、软银的阎炎，也曾在1994年前效力过这家公司。不过，这一次，Sprint为自己的傲慢和疏忽付出了惨重的代价。与中国电信签好合同的Sprint对中国新兴的Internet市场并没有给予足够的重视，他们原本委托马里兰的一家咨询公司负责这个项目。但只是帮忙检查工程方案的亚信很快便凭借着自己的嗅觉发现了对方的设计中的一些错误，从而赢得了Sprint的信任，于是Sprint把这个项目转包给亚信。这个单子最初的报价是400万美元，转给亚信的时候只有20万美元。

Sprint的这个单子虽然只有20万美元，比起亚信最早在国内接到的费用为220万美元的深圳证券交易所网页系统的单子，只是个零头，但意义更为重大。因为这奠定了亚信日后的商业模式——做互联网的系统集成解决方案，也由此形成了亚信最早的创业团队。

亚信最早的创业团队是一支互补性很好的团队。年长者刘亚东负责管理，刘亚东曾经是美国某大公司的总经理。他加盟亚信的故事很有趣。加盟亚信前，刘亚东本是美国万通的总经理，他一直很看好田溯宁和丁健，知道这两个年轻人需要投资，就带着他们去见万通集团的董事会主席——当时到美国来做投资业务学习的王功权。王功权虽然没有听明白田溯宁和丁健想做什么，但被他们的热情所感染了，入股了 25 万美元，占 8% 的股份，并把心情同样激动的刘亚东一起推荐去了亚信。王功权的逻辑是，既然刘亚东这么看好亚信，为什么不一起加入呢？

来自当时的邮电工业总公司的郭凤英有很强的销售经验，亚信早期的销售几乎全部仰仗她。丁健、张云飞、赵耀负责研发技术。张云飞系中国科技大学毕业生、美国波士顿大学的博士生、哈佛大学的博士后，曾在波士顿大学、哈佛大学负责系统分析、咨询和项目管理，也曾为美国航空航天局工作；赵耀系北京大学毕业生、纽约州立大学的博士生，曾在纽约大学为资深系统做设计师。

而统领众人者，正是充满理想的田溯宁。这在当时，是一支梦之队。

如前所言，中国电信在北京、上海开通两个节点，一开始只是中美两国之间加强相互开放的一种交代而已，在 1995 年，这根本算不了什么大新闻，更无法被称为事件。但在一部中国互联网史中，这件事成为中国互联网诸多事件的开端，这一年成为一个难忘的历史时刻。

亚信在北京、上海连接 Internet 这笔业务，要做的是：购买整套网络设备，调制思科 501 路由器，通过卫星连到美国，北京、上海之间用 DDN 光纤专线连接，然后开通电子邮件、Gopher（在谷歌等搜索引擎出现前的搜索应用）、新闻组（主题性召集，类似现在很多网站提供的小组服务）、telnet（远程登录）等互联网服务。

为了支持这些服务，亚信要在服务器端开发一些软件，但开发量不大，因为 Unix 操作系统本身有很多现成的软件可用，另外还有很多免费的软件。亚信写的第一个软件是中文 telnet 软件，用颜色命名，叫"粉"。

亚信同时需要让中文在 Internet 上传输，Internet 上第一个传输中文的 IETF 标准[1]是亚信制定的。在此之前，Internet 上没有传输中文的统一标准。

北京、上海试验网使用的路由器只有 16 个拨号端口，这意味着只能允许 16 个用户同时上线。北京、上海加在一起，一共 32 个拨号端口，一个端口大约能支持 10～29 个用户，所以此网络最多能够支持 500 个用户。不过对于当时来说，这已经足够了。

今天看来，这些工作并不复杂，当时流传着只要能把"Internet"这个词拼出来就可以到亚信上班的段子。这说明当时的确缺少熟悉和了解 Internet 的人，却无法证明在当时的情形下，这些工作到底有多么的复杂、具备多高的技术门槛。它的意义在于，在此之前，中国与美国之间的互联网连接都是限于小众层面的，上 Internet 的人更多的是因为拥有某种特权，而现在，这种特权因为田溯宁和丁健的努力而开始消融。

虽然北京、上海这两个电信节点的开通也不是为了向公众提供互联网服务，这更多的是为了履行承诺，是中国邮电部与美国商务部的部长级谈判的结果。但此举有如打开了大众对 Internet 无比渴望的匣子，提供了一条公众连接互联网的有效路径。

承建 ChinaNet，亚信四处开花

1995 年一开春，邮电部为中国电信这块牌子注册了独立法人，这是当时的邮电部将电信部门分拆出来独立大发展的强烈信号。中国电

---

[1] IETF 是 The Internet Engineering Task Force（互联网工程任务组）的英文缩写，是为互联网上制定标准而成立的一个公众组织，其标准称为 IETF 标准。

信下属的各个地方电信局[1]都很敏感地意识到了这一点,他们都在积极地为自己寻找一些新的增长点,Internet 是一个相当不错的选择。

辽宁电信局找到亚信,要求建沈阳、大连两个节点。辽宁电信局的态度是:"不管怎么建,只要能连到 Internet 上就行。"如前所述,辽宁是田溯宁的半个故乡,故土召唤,田溯宁自然乐于前往。

浙江电信局也要建杭州节点,连接到上海。当时在中国只有两家公司能够做 Internet 系统集成,一个是亚信,一个是 Sprint。杭州电信局数据通信局的局长谢峰寻思:"Sprint 在中国的第一个 Internet 单子都交给亚信做了,我再将单子交给 Sprint,它是不是还会转包给亚信?既然如此,我为什么不直接找亚信呢?"

辽宁和浙江的这些项目都不大,只有几十万美元的规模。亚信接到的第一个大单是 1995 年 8 月签下的广东省 Internet 网,7 个节点,投资近 300 万美元,只是时间要求得很紧,当年 10 月 1 日就要试开通,1996 年 1 月 1 日需要全面开通。

广东省网尚未建完,1995 年 11 月,中国电信就与亚信签约建设 ChinaNet。这是一笔 800 万美元规模的合同,全国 33 个省会级城市都要连通。

为了更好地接单,亚信采取与中讯合作的方式,以亚信中讯的名字一起与中国电信打交道。中讯也对亚信最后拿下上海热线等项目提供了很大的帮助。

亚信运气不错,至少在市场对手方面,当时没有出现特别大的劲敌。这很大程度上是因为 Internet 业务属于新兴业务,懂这块业务的公司本来就不多,海外的强敌 Sprint 又因为他们的轻视而在客户那里失分,国内可以算得上劲敌的华为和 UT 斯达康都没看上这块业务。前者在忙着给电信卖交换机,后者虽然有孙正义的投资,进入互联网

---

[1] 长期以来,中国的电信运营商都采取二级法人的治理机构,地方电信运营商均有相当大的自主权限。

行业较深，包括承建了软银投资的吉通网的 Internet 部分，但更多仍是做基于电信的软件系统和部分设备的销售，最终没有成为亚信的正面对手。

各地电信乐于进行互联网方面的建设和实践，还在于 1995 年也是中国电信最大对手中国联通高歌猛进的一年，新技术、新趋势的诱惑加上来自对手的压力，使得中国电信不得不加紧对互联网的投入。

关于中国电信上马互联网业务如此仓促的佐证还在于，在分拆出中国移动后，负责与互联网业务对接的各地电信的数据分局，在中国电信新的一轮组织结构调整中荡然无存，被肢解到其他业务单元中去了。

从这个意义上来说，中国联通、吉通等公司的创办和成立，至少从推动电信大力发展和更加高效上是有其正面意义的。特别是对中国互联网来说，中国电信在 1995 年开始迈出的一小步，却成就了中国互联网的一大步。

神秘的讯业金网

1995 年 5 月，中国电信开始对外允许申请电信增值服务牌照，于是有了第一批五家 ISP。五家之中，和讯虽然申请了牌照但没有进入，世纪互联虽然进入但很早就转型了。其他三家是万平国的中网、张树新的瀛海威和王鹏的讯业金网。这些 ISP，都做过在 Internet 圈地然后将中国电信取而代之的梦，所以一开始，他们和中国电信之间的关系相当微妙，一方面是合作伙伴，另一方面也是潜在的竞争对手。

就投资额和当时的举措来说，总部设在深圳的讯业金网是排头兵，讯业金网当时的投资额在现在看来都是一个天文数字——4 亿元。即便在今天，4亿元的投资规模也是让人惊讶的，何况是在整个产业刚刚拓荒的1995年。讯业金网的创始人王鹏极其神秘，媒体上很少有关于这个人的消息，坊间传说他是军人出身，相貌堂堂，在各地政商两界拥有广泛的人脉。

1995年7月，讯业金网集团从深圳开启了"泰坦尼克"号起航。下列数据可以看出讯业金网集团在中国互联网界的前瞻性：1994年10月，获得原中国邮电部第一张批文，获准从事计算机信息网络国际联网业务；1995年5月，注册col.com.cn域名（中国在线）；1995年10月18日，COL第一个站点开通。就是这样一个至今还披着神秘面纱的企业，在"船长"王鹏的带领下，从深圳开始了漫长的远航。讯业金网集团的目标很明确，就是学习AOL（美国在线）的营运模式，做中国的AOL。

讯业金网采取与各地联合创建的模式进行运作。王鹏先从深圳农业银行贷款4亿元，然后拿这笔钱到思科、太阳微系统、摩托罗拉那里购买全套的互联网接入设备，用这些设备找当地政商名流一起合作，对半分股份，因此一下子在全国铺开了，为公众提供了拨号接入服务。不过这家公司起得快衰败得也快。1998年刚过，就传出讯业金网各地分公司难以为继、相继关门的传闻，之后几乎是一夜之间，讯业金网就消失了。

讯业金网虽然来去匆匆，但也间接培养了诸多人才，其中最有名的是网盛科技的董事长孙德良。1995年夏天，23岁的孙德良从沈阳工业大学计算机专业毕业回到老家，他当时的想法很简单，就想在杭州找一份与他所学专业相关的工作。孙德良的工作经历始于讯业金网杭州分公司，因为同很多北京大学、清华大学、浙江大学等名牌大学毕业生的竞争，孙德良没能应聘上程序员岗位，反而因为大学时背英文词典的功底，歪打正着成为这家公司的翻译，并由此进入互联网行业。一年后，讯业金网杭州分公司关门，孙德良被迫失业，随即靠父亲的资助开始创办网盛科技的前身——中国化工网。

后来与康哲等人一起创办中文 Linux 软件公司蓝点，担任该公司 CEO 的邓煜，也曾在 1996 年前后做过讯业金网杭州分公司的网管。1988 年，13 岁的邓煜随父母从南昌迁到深圳。1995 年，高中毕业后不久的他跑到杭州和他人一起做电器生意，并由此自学 Internet，进入讯业金网杭州分公司——杭州讯业。1999 年，回到深圳后的邓煜和他在论坛认识的好友廖生苗、李凌一起写出风靡一时的 Bluepoint Linux，并拉来邓煜当时服务的盛润公司的同事、《深圳特区报》前记者康哲当他们的董事长。2000 年 3 月 7 日，蓝点在美国三板上市，第一天股价上涨 400% 多，市值超过 4 亿美元。但随即泡沫破灭，蓝点在内地也遇到其他公司的"肉搏"。最终，中文 Linux 市场集体沦陷，蓝点也在三板市场上彻底沦陷，最后以 100 万元人民币卖给深圳元征公司，邓煜和康哲单飞。

在各地讯业金网的关门声中，以深圳讯业金网的交接最为顺畅。一方面，讯业金网的总部就在深圳；另一方面，也与讯业金网当时的常务副总经理兼首席技术官（CTO）刘匀本身在这个行业的老资格有关。刘匀，重庆人，1971 年生，1993 年西安电子科技大学计算机专业毕业。1995 年，刘匀只身加入由吉通、联想和方正联合投资创办的易迈电子邮件公司，他和当时也在易迈、后来成为瀛海威网管的周宇，成为中国最早开发和应用电子邮件商务系统和建站软件系统的几个人之一。

刘匀 1996 年 6 月来到深圳万用网，半年后的 1997 年年初，猎头开出月薪 8000 元的价钱把他请到讯业金网深圳分公司担任常务副总经理兼 CTO。2000 年，刘匀在主导 1998 年年底讯业金网深圳分公司与深圳 169 的用户的平移工作一年多后，离开深圳去了上海，与讯业金网香港投资人刘轼宣一起创办了中国领先的电子支付公司环讯。后来刘匀离开环讯，做手机钱包[1]方面的技术和商业的双重实践。

---

1 即通过手机做金融支付。

清华大学研究生沙龙主席万平国创办中网

深圳互联网虽然领先,但还是比不上北京。亚洲互联网从来都有首都效应,北京又是当时最早放开互联网接入的地方,因此,不论讯业金网还是深圳万用网(深圳万用网是全国早期知名网站之一,是中国最早获得盈利的 ISP,也是中国最早的 ICP[1] 公司之一,其推出的大近视栏目很长一段时间内领网络新闻之先),虽然在实力上未必逊色,但在动静上反而不如北京的万平国的中网和张树新的瀛海威。

1993 年,从斯坦福大学毕业并获取管理科学和工程学双硕士学位的万平国决定回国,担任一家美国公司驻中国的办事处代表。1994 年,万平国决定投身互联网,而在这一年的 4 月,万平国在斯坦福大学求学时的校友杨致远创办了雅虎。

万平国,湖北人,个头不高,人很聪明,也很活跃。曾担任清华大学研究生沙龙主席的他,在读书的时候很巧妙地利用清华大学的名气,在各省省长来京期间请他们到清华大学做演讲、交流,把清华大学的研究生沙龙搞得风风火火。不得不说,万平国是一个人才。

万平国创办中网,先筹集了 3000 万元人民币。有了这笔资金垫底,中网生存得比其他 ISP 要滋润鲜活。这笔资金是清华大学等几个机构一起筹集的,也因为要等这笔资金到位,中网推迟到 1995 年 5 月才开张,当月瀛海威同时创办。1995 年的 3000 万元相当于现在的好几亿元,财大自然气粗。当时几乎所有的互联网公司都冠有"北京"两字,而万平国因为注册资金雄厚,要到当时的国家工商局注册,所以就为自己的公司取名中网。

中网公司制订了一个宏伟的商业计划,斥巨资购买了 75 076 台当时最昂贵、最先进的思科路由器、几十套太阳微系统——当时最先进的服务器配置。因为采购量大,绝对属于大客户,中网的举措甚至惊

---

[1] ICP(Internet Content Provider),网络内容服务商,是指向广大用户综合提供互联网信息业务和增值业务的电信运营商。

动了思科、太阳微系统两家公司的高层,两家公司的副总裁都亲自跑到北京来。中网当时计划发展 10 个城市接入互联网,声势浩大。有这么一个段子:时任当时的邮电部数据通信局局长刘韵洁闻讯到中网参观后感受到了压力,所以中国电信才买了大量设备,全面发展互联网接入业务。万平国一看形势不好,就把在 10 个城市提供 ISP 服务的计划搁置下来了,用他的话说,这样损失最小。后来,这些设备自用了一部分,研究开发用了一部分,剩下的卖给了别的 ISP。

万平国是一个能领风气之先的主儿,也是一个能见好就收的主儿。1999 年的免费电脑(类似现在的分期付款,交一定年数的网费作为首付就送一台电脑,剩下的钱分期付)就是万平国的杰作。做着做着,国内厂商立刻跟进杀价,4999 元的电脑价格兜头浇向万平国。万平国这时却毫不犹豫地收手了,"不跟你们玩了"。

万平国能说。在清华大学的时候就可以在面对几千人的大场面上侃侃而谈。

万平国也敢说。1998 年年底,原国家计委根据《价格法》的规定,召开了中国有史以来第一次电信价格听证会,探讨社会普遍关注的电信资费问题,万平国作为 ISP 的代表参加了听证会。听证会的探讨成果是:1 条 2M^1 带宽的月租费从 400 多万元降到 43 万元,再降到 22 万元、15 万元、8 万元;用户的上网费也从每小时 20 元降到了每小时 4 元。

万平国还特别会说。最早的监管部门多从意识形态来看互联网,担心会危害国家安全。在这些难题面前,万平国游走于各级政府部门,以他的口才和技巧汇报情况,解释互联网,并说服他们、影响他们。同时,万平国还花费了很多时间,写了大量文章讲述什么是互联网,并再三建议政府,互联网应该优先发展,并加以利用,然后再加以管理。万平国认为:"如果没有当时我们这些人的工作,今天的互联网

1　1M 等于 1024K,1K 等于 1024 个字节,字节也叫比特。

可能还是这样一种状态：谁要用互联网，拿身份证——开介绍信——先备案——再申请。"

万平国不仅去说服监管部门，同时也扎实地做市场，中网在1996年推出300元包月的服务，为推广这项包月服务，万平国拿出一些账号给某些记者，其中有一个叫洪波的记者，一年后离开了他供职的《软件》杂志，来到中网，担任主管ISP之外的网站新业务的副总经理，洪波的网名叫Keso，他后来成为首屈一指的科技名博。

2002年，在ISP领域坚持了将近7年的中网转型成为网络安全厂商，Keso也离开了中网。我们只有在诸如网络安全或网络管理员之类的相关专业的活动现场才能看到万平国，中网的声音也逐渐听不见了。

另一个学生会主席张树新

和万平国一样，张树新在上大学时也是一位风云人物。她是中国科技大学的第一位女学生会主席，按照张树新自己的说法，根红苗正的她本可以从政，但她不喜欢时间自由被剥夺的感觉，所以放弃了；她也可以保研，但她觉得自己成不了居里夫人，也放弃了。她最后选择了去中国科学院体系下的《中国科学报》做了一名记者，张树新说她从小就有做战地记者的梦想，这个理由虽然很牵强，但能给她增添不少光环。1989年，这位不满足只当喉舌的新闻工作者去了中科院的高技术企业局企业战略规划处工作。

张树新在高技术企业局战略规划处写了三年的报告，主题是中科院2000年发展规划，其中重点讨论计算所公司（当时还不叫联想）与计算所的关系，讨论计算所公司和计算所会不会变为中国的AT&T和中国的贝尔。

1991年，这个不安于现状的女子下海了。张树新开了一家叫天树的策划公司，她的确有策划意识，并靠这个赚到了钱。1992年，张树新以总策划和节目推广人的身份，联合中国癌症基金会邀请崔健义演，当时的广告是"我的病就是没有感觉"。崔健从1989年起被禁演，这次三年后的开禁无比轰动，也相当成功，张树新由此得到了"第一桶金"。之后，张树新进入寻呼行业。

寻呼是中国通信行业最早开放的行业之一。办寻呼需要两个关键资源，一个是频率，另一个是中继线。中继线的资源掌握在当时的邮电部手里，频率的资源则在当时的国家无线电管理委员会处，而当时的国家无线电管理委员会挂靠在当时的国家计委下，不归当时的邮电部管。张树新明白，只要是多头，就可能产生松动，就可能有机会。因为有了这个松动，寻呼业在20世纪90年代初期是一个暴利行业，张树新曾一口气在山东做过7家寻呼台，她的财富升级得很快。不过，这个行业很快从一个暴利行业转变为微利行业，甚至不赚钱。于是张树新决定退出，考虑选择做新的行当。

1994年年底，张树新跟随丈夫姜作贤一起去美国游历。在一位同学家里，她看到了一份印有E-mail地址的通讯录，也由此了解了在美国一家叫AOL的Internet接入公司。就在这一刻，"互联网"这只蝴蝶飞进了张树新的心里。她的直觉告诉自己，这是一个可能比寻呼机大上很多倍的大生意。更重要的是，这是一个全新的行当，一旦完成启动，将获利丰厚，不用吃"鱼尾"，可以从"鱼头"吃起。

1995年年初，张树新和丈夫一起把家当抵给银行，贷了1500万元，注册了北京瀛海威科技有限责任公司，这是瀛海威最早的故事。

张树新注册瀛海威时最早的想法比较简单，她发现很多在北京的人，尤其是很多中关村的科技人员，连电子邮件账户都没有，连接不到美国，于是就开了一个电子邮件的商务中心。电子邮件账户不赚钱，但卖硬件设备赚钱，于是她就把电子邮件和电脑搭配在一起卖，同时卖调制解调器。张树新当时代理的电脑品牌叫Gateway，是一个老资格的电脑品牌。直到与兴发集团合资的时候，张树新都没有把手头的 Gateway 电脑卖完，只好将它们作价计入投资。

做着做着，张树新和讯业金网的 CEO 王鹏一样有了更大的想法，就是自己建物理网（万平国也有过这样的想法，但及时收手了，所以中网还存在着，讯业金网和瀛海威先后"死"掉）：先到中国电信租用 DDN 数据专线[1]和所有的电话中继线，然后购买设备——思科公司的路由器、惠普的服务器及所有的正版系统软件。不过，要建一个与中国电信并列的物理网谈何容易，光靠自身滚动发展是无法实现的，必须融资。于是张树新决定出卖部分股份。

1996 年 9 月，当时的国家经济贸易委员会下属的中国兴发集团决定投资瀛海威，瀛海威总股本扩充为 8000 万股，其中大股东兴发集团与北京信托投资公司占 60%，投入近 5000 万元。张树新的天树公司和丈夫姜作贤的卧云公司的股价溢增，无形资产 1360 万元和其他股权共估值 2120 万元，占 26% 的股份。其余 14% 的股份则由中国通信建设总公司持有，这是一家拥有中字开头和电信背景的超级国企，在日后的电信改革中，还时常能见到这家公司的影子。

5000 万元人民币是一个什么概念？按当时的汇率换算，合计 630 万美元，这个投资额虽然没有讯业金网的 4 亿元那么夸张，但也应该算是一笔不小的资金了。

张树新人生最光辉灿烂的岁月，当属 1996 年岁末到 1997 年上半年，瀛海威的诸多策划和大动作都集中于此。这与瀛海威在 1996 年 9 月接受兴发集团的注资有关。

值得注意的是，1995 年 5 月到 1996 年 9 月的 16 个月内，张树新是靠着自己投资的 700 万元本金和银行贷款的 800 万元支撑的，而到了 1996 年 9 月，张树新的公司资产值为 2120 万元，其中无形资产

---

[1] DDN（Digital Data Network），DDN 数据专线是一种上网接入方式，适合企业和大客户使用。

1360万元，有形资产760万元（银行资产是不算在有形资产内的）。在兴发集团入主之前，如果把银行贷款的利息刨除掉，那么至少在1996年9月之前，张树新的瀛海威不仅有正现金流，而且略有盈余。在当时的情形下，要想做到这点并不容易。这多少能说明，张树新其实并不像我们想象中的那样缺乏商业运作能力。至少她在花自己钱的时候，脑子还是很清醒的，她在1996年9月之前——也就是兴发集团注资之前，还能称得上是一个好商人。而且比起一般的商人，张树新在媒体影响力方面具备更强的天赋。

兴发集团给钱，张树新唱戏

拿到兴发集团的资金后，张树新做的第一件事情，就是在喧闹的北京中关村竖立起那块知名的广告牌。1996年的深冬，在北京中关村白颐路南端的街角处，每天匆匆穿行的人们突然看到了一块巨大的广告牌："中国人离信息高速公路有多远——向北1500米"。它被很多人当成了路标，忙碌的交通警察们更是丈二和尚摸不着头脑：天大地大的皇城根儿，哪来的什么"信息高速公路"？这块广告牌被认为是中国互联网产业乃至整个中国商业历史上的一个纪念性事件，至今仍然不断被人提及。

白颐路南端向北1500米，是瀛海威的科教馆——瀛海威用来做互联网科普的地方。这真是一个让人称绝的创意。想出这个创意的据说是一位叫夏鸿的年轻人，时任瀛海威市场部经理。在此之前，夏鸿是《北京青年报》的一名记者，才思敏捷，善于接受和传播新生事物，于是被张树新花了10万元年薪请来——在1996年前后，这是一个让很多文字工作者难以回绝的价码。当然，更多的当事人认为，广告牌的产生是集体讨论的结果，夏鸿只是一个执行者，拍板的还是张树新本人。

无论如何，不可否认的是，当时张树新身边聚集了这样一批有才华、有想法、有创意，善于折腾点事情出来让媒体持续关注的人，除了夏鸿，还有陆群等。他们善于把任何一个事件包装成一个前无古人后无来者的大事件，只要这个事件有新闻价值，他们会不遗余力地向媒体鼓吹。他们的口气也大得惊人，1997年春节后，他们为庆祝8个城市的全国大网开通，在某家报纸上买下了12个专版广告，所有版面上都以一句充满激情的口号为题——星星之火，可以燎原。张树新本人则在媒体上一遍又一遍地告诉国人：信息产业是中华民族崛起于世界的一个重要机会。

瀛海威还有过一个看上去很美的创意，那就是"网上延安"。这是发生在1997年上半年的事情。一位点子大师向张树新提议，这一年香港即将回归、党的十五大要召开、三峡工程开工在即，爱国主义肯定是本年度的第一主题，瀛海威何不利用这个时机，做一个"网上延安"？热衷于创意的张树新凭直觉意识到这是一个好点子，她甚至还为这个创意想到了商业上的价值：把延安的历史、现实和人物故事都放在网上，通过当时的教委组织全国中小学生观看，进行爱国主义教育，同时为公司创收。张树新指出，要做海量，要用最好的技术，先延安后西安再全国，最终推出网络中国，使之成为瀛海威的经典品牌。

张树新随后召开新闻发布会，对外宣布：为配合爱国主义教育，瀛海威将耗时三年，投资千万元，推出《网络中国》大型主题活动。果然，一时间媒体一片关注。但等到"网上延安"上了网，发现用户根本不买单，一是当时网速太慢，调用图片的时间需要以小时计算，二是这个题材很难通过互联网表现出来，体验与现实的实地参观相差甚远。

这个个案是1997年瀛海威策划的众多创意中的一个，也是最典型的一个。这些个案的统一特征是听起来很吸引人，也很受媒体关注，但做起来后才发现不尊重市场规律，没有很好地满足用户的需求。一句话，在庞大而出彩的策划后，瀛海威没有取得市场的预期。

"我们知道2000年以后我们会赚钱，可我们不知道现在应该做什么。"这是在瀛海威公司员工内部流传甚广的一句话。这与张树新本身不上网有关，她很难从一个用户的角度去体验自己公司的服务。更重要的一点在于，张树新一开始就定位错了，她选择与中国电信正面竞争，做一张所谓的百姓网，按照她的说法，是建立一张独立于中国电信的百姓网。如果说，在没有拿到兴发集团的5000万元之前，没有多少资金的她还只是把这个想法停留在设想阶段的话，那么在1996年秋天之后，特别是在1997年，正是其轻舞飞扬的黄金时光。

对瀛海威的失败，张树新自己的总结是太超前了。这一年的平安夜的日记上，昔日的诗社社长张树新写下了一段颇为感慨的文字："深夜，我们刚刚从郊外回到家中，窗外大雾弥漫。在我们开车回家的路上，由于雾太大，所有的车子都在减速行驶。前车的尾灯灯光以微弱的穿透力映照着后车的方向。偶遇岔路，前车拐弯，我们的车走在了最前面，视野里一片迷茫，我们全神贯注、小心翼翼地摸索前行，后面是一列随行的车队。我不禁想，这种情景不正是今天的瀛海威吗？"

平心而论，张树新本身的行为有一定的投机色彩，但客观地说，她的贡献很大。在网络服务起步的初期，瀛海威启蒙了中国人的网络意识，在网络服务的市场培育上功不可没。她本人也做了很多传播性的工作，诸如她向中国科学技术馆无偿提供"中国大众化信息高速公路"展区，再比如她主导出版了一套网络文化方面的图书，这套图书的作者包括胡泳、郭良、王小东、姜奇平、吴伯凡等人。再后来，王俊秀、方兴东等人加入，他们成立了一个叫数字论坛的组织。这个组织虽然已不再以一个群体的方式出现，但直到今天，他们中的很多人还在为这个时代贡献着他们的力量。

张树新的问题是她不知道怎么样向网友收费，这表现在瀛海威只开花不结果上，她不是不想结果，只是不知道怎么去收获自己的果实。

在这点上，丁磊和张朝阳等后辈要比她更成熟、更实际得多。之后张树新学会了做资本的朋友，为资本打工，她后来参与润讯和 CDMA 等多个电信重组的项目运作都取得了成功，也算小成。

ISP 的商业模式都是从想帮中国电信做服务到想在用户心目中获取认可，然后反过来叫板中国电信。这个模式虽然可行，但存在两个问题：一是中国电信本身掌握了定价权，而且它能直接下场，既当裁判又当运动员，所以 ISP 与中国电信在竞争上先天不足；二是中国电信本身在进步和不断改进，它要真发力，ISP 很难和其正面竞争。所以，第一批 ISP 最终都很受伤是很正常的事情。张树新自己讲过一个段子：当时每条电话中继线的月租费是 6000 元人民币，它意味着你这条电话线即使 24 小时占线，用户交给你很多钱，你也是永远赔钱的。所以张树新当时去过中国电信的办公室，找过当时中国电信的副总经理张立贵等领导，跟他们讲："你们这样下去会成为中国信息产业的'罪人'。"一位领导听后笑了，讲了一句话："我佩服你，但是我们的财务不归我们管，归财政部管。"

中国电信里的那些年轻人

电信改革是互联网成长壮大的最重要的推手之一，1995 年的先行者们都看准了这一点。不同的是，田溯宁是中国电信的扶持者，而张树新是中国电信的对立面，这在当时是两种不同的思维方式。前者的思维是，中国的互联网是要走向开放的，因此要做互联互接，在这批人看来，Internet 应该翻译成互联网；而后者的思维是中国的互联网将自成体系，他们称 Internet 叫国际因特网。

两者所对应的不同结局是，田溯宁领导的亚信在 2000 年 3 月成功上市，之后田溯宁去了网通，在带领网通上市后，田溯宁又转身成立了一个主题为宽带的产业基金，他的合作伙伴包括默多克等人。

张树新的瀛海威则成为中国互联网历史上第一个悲情故事。1998年6月，由于亏损严重并且后继资金匮乏，大股东兴发集团与张树新产生矛盾。危机四伏中，张树新黯然宣布辞职。但她的故事仅仅是众多中国ISP的失败故事之一而已。

张树新他们的失败，很大程度上是因为轻视了中国电信本身改革开放的内在动力。

当时，这些年轻人中最早崭露头角的是一个叫李黎军的人，他是深圳电信新技术中心的负责人，也是深圳互联网项目的立项人之一。李黎军，清华大学计算机专业毕业（1987届），后来下海经商，和深圳电信局的另一位实力派人物、曾经的深圳十大杰出青年卢树彬一起创办了和亚信齐名的互联网增值服务提供商——傲天。而具体承接深圳互联网项目的几个年轻人，后来也大名鼎鼎，除了下文将提到的负责应用端的张春晖，另外三个负责服务器端的人分别是曾李青、王亮和邓锋。曾李青后来与马化腾、张志东一起创办了腾讯，王亮和邓锋都留在了深圳电信体系中。

深圳电信局的互联网接入走的是香港出口，因此，第一期工程是由中国香港相关公司承建的，第二期才是由亚信承建的ChinaNet。

如前文所言，中国电信在北京、上海节点之外开通的第一个节点是深圳节点，做港澳出口。深圳一开始就成为互联网领域的先发之地，与这个港澳出口关联甚大。

除了讯业金网是中国最早的一批ISP之一，深圳还诞生过诸多"第一"。

1995年9月，深圳证券交易所成为深圳数据通信局的专线用户，兴师动众地在国内创建了巨潮互联资讯网，成了国内最早在互联网上提供证券咨询服务的主要网站之一。

1996年5月17日，由深圳数据通信局和颖源公司合作的中国第一家网吧"卡萨布兰卡电子咖啡屋"在蛇口正式开始营业，这应该是中国有据可查的第一家网络咖啡屋[1]。

在深圳的诸多"第一"中，最有价值、影响最深远的是 1996 年 4 月，深圳数据通信局旗下的第一个 BBS 网站——"一网情深"正式开通，这是 ChinaNet 上可以考证的第一个公众 BBS。"一网情深"的站长，也是"深圳之窗"的创始人张春晖，被认为是中国互联网产业的重要参与者之一。"一网情深"的程序不是张春晖写的，而是请 Alex（黄峥嵘）、Ace（懂懂）等几位水木清华的创始人和热心网友写的。为此，深圳电信以支持清华互联网学术研究为名投入约 10 万元经费。

张春晖自 1990 年从海南邮电学校（现在是海南邮电培训中心）毕业后，就被分配到深圳电信局工作。他出身于电信世家，父亲、母亲、姑姑、舅舅、哥哥、嫂子都在电信体系工作，他也曾经以为自己的一生都会在电信体系（当时的邮电体系）度过，直到有一天，互联网打开了他的心扉，为他开启了另一个世界的大门。

深圳是北京、上海之外第三个开通主干网的城市。虽然张春晖不负责 Internet 线路的开放和铺设，但负责铺设 Internet 线路的机房就在张春晖办公室的内间。因此，张春晖有进去查看的便利。直到现在，张春晖依旧记得他第一次敲了那台已经连接上 Internet 的电脑的回车键，看到正在从《花花公子》杂志网站上下载的图片时，内心感受到的震撼。

"一网情深"也是中国公众互联网领域的第一个 BBS。它之所以能够博得大名，与深圳本身相对开放的环境有关，也与深圳第二代移民正意气风发有关。深圳本是靠近中国香港的一个小渔村，1979 年起正式对外改革开放。到 1996 年前后，深圳已经将近开放有 20 年的时间了，新的一代深圳移民开始成长起来。后来深圳最著名的两家互联网公司腾讯和迅雷的 CEO 都是深圳子弟，都是在深圳接受中学教育的。

---

[1] 关于中国第一家网吧、网络咖啡屋的说法，一直存在争议，北京的实华和上海的威斯特都声称自己所开的网络咖啡厅是中国第一家网络咖啡屋。

前者腾讯的创始人马化腾的童年虽然在海南长大，但是在深圳上的中学和大学，他的4个创业合作伙伴中有3个毕业于深圳中学，后来他还在深圳中学设立了奖学金；后者迅雷的创始人邹胜龙虽然是在美国接受的大学教育，但其中学是在深圳蛇口育才中学上的，他是随着其发明家父亲来到深圳的。

在1995年、1996年前后，深圳不仅有讯业金网，深圳龙脉也在筹建中，加上深圳之窗和深圳万用网，深圳本身的互联网环境很好，这也为之后深圳互联网一直保持在全国前列打下了良好的基础。

另一个在1995年就崭露头角，并对中国互联网形成重要推动的电信内部人叫张静君，时任广州电信数据分局局长。1995年10月，广州也连接上了Internet，承建商也是亚信。在张静君的印象中，承建商中领头的是一个个子不高、衬衫整齐、打着领带、态度温和、做事专业、满口专业术语又很注重沟通的年轻人，此人正是田溯宁。

在张静君这位数据分局局长任内，广州曾出现网易、163电子邮箱、广州视窗等多个全国排名前十的站点。鼎盛时期，广州互联网曾经占据全国互联网三分之一的天下，这些都与张静君关联颇大。

广东互联网的兴起，同样存在府院之争，更形象的说法是两个女强人张静君和陈嫱娟之间的对抗。张静君是广州电信数据分局局长，陈嫱娟是广东省邮电管理局副局长；张静君是163网的重要推手，陈嫱娟则是169网的大功臣。张静君因163.net广为人知，陈嫱娟领导的21CN也曾被称为四大门户网站之一。

张静君和丁磊的故事让人津津乐道，陈嫱娟对田溯宁的帮助也不遗余力。陈嫱娟后来跟随田溯宁去了广东网通，多少有些令人吃惊。张静君后来则下海创办了时代财富，倒也落了个一身清白。

与张静君的名字时常联系在一起的丁磊，是一个宁波青年，他也是电信体系内思维敏锐而且知道该怎么做的一个年轻人。不过，1995年的丁磊还不曾与张静君相识，也没有创办网易公司，他只身南下广州，在一家外企做软件工程师。当时的他倒是与时任杭州电信数据通信局局长谢峰比较熟悉，丁磊本是宁波电信局的一名员工，所以他时常跑到省会杭州市向谢峰请教问题。

1995年10月，在谢峰的推动下，杭州成为继北京、上海之后为数不多的接入互联网的城市。谢峰后来去了中国移动为推动移动梦网建设而设立的第三方公司卓望。在卓望，谢峰成功推动了移动梦网的诞生。杭州能成为互联网的重镇之一，与谢峰有着莫大的关系。

1996 / 海归归来

1996年的中国充满了激扬文字。这一年5月,一本名为《中国可以说不:冷战后时代的政治与情感抉择》的政治评论著作一面市就引发热浪,首版发行5万册,只用了20多天就一售而空,这本书的5位作者张藏藏、宋强、乔边、古清生、汤正宇都是大学毕业没多久、30岁左右的文化青年。该书最重要的观点,是对美国这个超级大国提出质疑,并猛烈批判中国国内的崇美思想,进而大胆地为中国的崛起而呐喊。这本书迅速被翻译成多国文字,美国驻中国大使馆也邀请作者进行沟通,这被认为是民族主义情绪高昂的一个标志性事件。

同年的7月,当时《三联生活周刊》的记者胡泳受海南出版社委托挑选外版书。在版权公司图书摆得密密麻麻的巨大书架前,胡泳不经意间抽出了一本黑白封面的书。这本书是美国未来学家、美国麻省理工学院数字媒体室主任尼古拉斯·尼葛洛庞帝写的《数字化生存》,在美国《纽约时报》的图书排行榜上连续几周都是第一。翻阅之后,胡泳立即建议海南出版社出版此书,之后胡泳和范海燕只花了20天的时间就完成了翻译工作,并将译稿交给了海南出版社进行校对后出版。这本书在日后也成为年度畅销书。

学习、追赶甚至超越美国,一直是我们这个国家和民众最重要、最强烈、最质朴的情感,不论官方还是民间。但在互联网兴起之前,我们有的只是一种徒劳式的呐喊和掩耳式的自欺,理由无他,我们实际上没有站在同一条起跑线上,但我们又不愿意因为直视这种现实而丧失一个国家和民族应有的自信。但互联网不同,从这项先进的科学技术在太平洋彼岸开始落地、开始商业化、开始展现其迷人魅力的时候,对应的,正是中国改革开放进入1992年之后的又一个黄金盛年。

进一步打开国门的中国人由于一开始在互联网时代并没有落后太多，因此能以更开放从容的心态迎接这一场以开放和创新为主要推动力的互联网冲击波。

与此同时，我们曾经在很长一段时间里期盼的海归归来成了事实，这批生在中国、学在美国的人，兼容东西方文化，打通了中国和美国之间竞合的绿色通路。互联网在美国的每一个细小的创新，在太平洋的彼岸，都会有人学习、借鉴甚至模仿和跟随。这在之后甚至形成了一套约定俗成的成功路径：用最快的速度学习美国最成功的商业模式，然后迅速本土化，赢得用户，获取收入，再到美国资本市场上市，融资后再发展，甚至形成自己特有的创新。这种立足本土、对接美国式的造富运动产生了足够的阳光富豪和知识英雄，并进而形成良性循环，成为互联网创新中国的内在推动。

海归群体和具有海外视野的本土创业者成为中国互联网早期创业者的生力军，他们所带来的变化和推动还在于，中国的互联网公司一开始就接纳硅谷模式，靠出售梦想、获取风险投资（Venture Capital，VC）争取用户、构建收费模式，进而形成正向盈利，进行资本运作。

我们重点讲述从美国回来的海归张朝阳和中关村标志性人物王志东的故事。这一年，王志东参与创办的四通利方在线（以下简称"四通利方"）和冯波服务的罗伯森·斯帝文思公司签订了国际融资服务合同，王志东由此在冯波的帮助下，开启了新浪成长之路。同是这一年，已经回国有一个年头的张朝阳开始拿着他的商业计划书穿梭在中国和美国之间，寻求那些可能给他出资的人。

这两个人中，张朝阳是海归的"符号"，王志东是具有海外视野的本土创新派代表，他们两人的故事在之后的 5 年内不断成为媒体关注的焦点，虽然之后路径不一，也没能一直站在中国互联网这个大舞台的最中心位置，但在当时，这两个人都是当之无愧的主角，堪称一时瑜亮。

因为陈章良，张朝阳回到中国

走下飞机舷梯，张朝阳感到一阵阵寒意，他想不到 11 月初的北京会如此之冷。搓了搓手，张朝阳拎起两个手提箱向机场外大步走去。外面，是他尚未触摸到的中国互联网事业。这一天是 1995 年 11 月 1 日，而前一天正是张朝阳 31 岁的生日。

尽管并不是太确定，但张朝阳认为，他回国创业的第一天，即 1995 年 11 月 1 日，北京是下着雪的。也许是对未来的不确定性，让张朝阳的回忆如此寒冷。

张朝阳是一个文学青年，此时的他仍保留着阅读小说的习惯，他最喜爱的是罗曼·罗兰的《约翰·克利斯朵夫》和张承志的《北方的河》，这种符合自己纯情一面的小说。张朝阳曾骑着自行车去看《北方的河》中写过的永定河。之后张朝阳的敏感、自省和他的英雄主义情结，都能从中找到根源。

正是这份过分的自省，让张朝阳在很长一段时间内不知道自己要做什么。

1981 年，17 岁的张朝阳考上了清华大学物理系，他的理想是做一个陈景润式的人物，关在只有一盏小煤油灯的屋子里解数学题，一整天只吃一个冷馒头。1986 年，22 岁的张朝阳考取了李政道奖学金，可以前往美国麻省理工学院攻读物理专业，但突然间发现自己没有了目标。东游西荡地混完了在清华大学的最后一年后，他去了美国。

到美国后，张朝阳变得非常反叛，他开始恣意甚至有些放肆地享受他的青春。他在银行里从没有存款，但他要买车，而且一定得是敞篷车。他开车路过商店时会来一个急停调头，进去买一副墨镜戴上。他穿衣服一定要穿 POLO，甚至他还梳过 Ponytail（马尾辫）。1993 年，张朝阳在麻省理工学院物理系博士毕业，留校做博士后，继续狂放不羁。

1995 年 7 月，张朝阳以麻省理工学院亚太地区中国联络负责人的身份，在出国后第二次回到中国——前一次是陪麻省理工学院的教务长回国的，这一次则是陪着校长回国的。张朝阳安排了校长与当时的国务院总理朱镕基见面，也陪着那位校长去了北京大学，接待人是陈章良，彼时陈章良刚被提拔为北京大学的副校长。那年陈章良 34 岁，张朝阳 31 岁。

陈章良 34 岁当上北京大学副校长这件事，对张朝阳的触动很大。回到美国后，张朝阳就决定三个月后一定要再回到中国。回国后亲眼见到国内的景象，再加之访问了许多朋友，张朝阳发现，一个在中国生活的人是多么幸福。他们生活在自己的文化圈子里，非常充实。而在美国的华人则是不在主流文化圈子里的一群人，跟社会几乎没有太多联系，只是麻木地生活在另一种意义上的世外桃源里。

这一次，和之前很多次的选择一样，张朝阳同样不知道自己要做什么。他只知道，他要回到中国去。回国做什么，他并没有想好。

最终，张朝阳在 1995 年回国时选择了做互联网，原因无他，因为在这个时间段里，正好有这样一份能帮助他尽快回到中国的工作而已。当然，这份工作所在的互联网行业，对张朝阳也颇有吸引力。

张朝阳在麻省理工学院所加入的实验室的导师虽然是学校的副校长（一名物理学家），但他本科学的是计算机专业，因此他要求他的研究生、博士生对计算机必须要精通，否则他就不会让他的学生顺利毕业。对于张朝阳来说，他在实验室工作最大的收获就是运用计算机的能力有了显著的提高。所以，因祸得福的是，当别人还在华尔街或咨询公司工作的时候，张朝阳却有这样一种闲情逸致在网上漫游，而这一玩，转眼就到了 1994 年。

当时中国的经济发展很快，张朝阳于是就想搞一个 China Online（中国在线）公司。"Riding the waves of our times, one is the coming of age of the information superhighway, another is the mergence of China as

1996 海归归来 037

a global power."（顺应我们这个时代最伟大的两个潮流，一是信息高速公路时代的到来，另一个是中国作为全球大国的崛起。）这句英文被张朝阳写在了他的第一份商业计划书——"中国在线"的封面上。

那个时候，张朝阳并不知道自己创业时能够做什么，在中国也没有任何资源。当时张朝阳拿这份商业计划书和系里懂计算机的人一起探讨，由于没有探讨出结果，他只好将其暂时搁置在一边。但张朝阳的一位叫加里·穆勒（Garry Muller）的美国朋友，后来跟家人要了些钱，成立了一家网络公司。一年后的1995年，他的公司已发展成为拥有20多人的公司了，并在完成了第一次融资100万美元之后，把这个公司变成了ISI（欧洲在线）公司。为了专门研究新兴市场的信息，他需要有人帮他在中国开展业务，张朝阳成了合适的人选。

由于张朝阳当时急于回到中国，虽然这份工作的工资不高，但在没有找到更好的出路之前，张朝阳决定帮穆勒在中国开展业务。就这样，张朝阳回到了国内。

内心张扬的 ISI 首席代表

1995年的ISI，整个公司才30个人，张朝阳作为它在中国的首席代表，从招聘员工开始，也经历了一个创业的过程。公司的业务主要是与各个信息提供者谈判，然后把信息形成一个数据库，将中国的商业信息和全世界新兴市场的商业信息汇集到同一台服务器上，通过一种付费方式，为华尔街和世界其他地方服务。公司算不上是一个互联网公司，但传播媒介是互联网。张朝阳首先接触的是新华社，当时的他带着便携式笔记本电脑，穿着西服到新华社等很多地方收集数据，很快就把中国数据库建了起来。

当时 ISI 的中国办事处，在北京万泉庄园的一个小公寓里，办公面积只有 24 平方米。张朝阳工作、住宿都在那里，每天连觉也睡不好。后来才知道，紧邻他的办公室的是一间锅炉房，师傅每天凌晨 3 点钟就开始工作了。有时候，早上 9 点钟第一个员工上班敲门的时候，张朝阳还没起来。回国后的第一个元旦，张朝阳在清华大学时的一个同学来看他，一见张朝阳就问："啊呀，你怎么住在这个地方，这哪像一个公司的样子呀？"

虽然很辛苦，但张朝阳一点都没有抱怨，至少他在一个美丽的女记者面前是这么说的："回来之后没有失望过，一分钟也没有，很长一段时间内我都沉浸在特别兴奋的状态里，看到远山的景致，跟一个出租车司机报出地名，就像吃久了没有加沙拉酱的卷心菜，忽然吃到好吃的川菜一样有滋有味极了。那种在亚文化圈里生活的麻木和冷漠逐渐被暖过来了。我慢慢地能欣赏中国人在自己的生活里完整的热情、支持和依靠，明白一个人必须活在自己的文化圈里才能快乐。"这段话一如他之后所做的事情，让人很难理解，但有他自己的道理，这就是张朝阳。

张朝阳和本书其他主人公不同，田溯宁、张树新、马云一开始都有一个清晰的商业模式，而张朝阳没有，他只知道，互联网里有很多机会。所以在很长一段时间内，大家都不知道他的公司是做什么的。他自己第一个公司的名字爱特信[1]，是互联网技术公司的意思。也就是说，他只知道自己是做互联网的，至于具体做什么，他也不知道。

所幸的是，张朝阳还不算莽撞。他首先用一份海外公司首席代表的工作让自己过渡，然后拿在这家公司还算过得去的业绩去找风险投资。幸运的是，他真找到了资金，并由此发展起来了。

---

1 Internet Technology Company，简称 ITC，音译为爱特信。

22 万美元催生了搜狐

1996 年 7 月,张朝阳正式开始了他的融资之旅。

为了给投资人打电话,张朝阳在美国大街上的公用电话亭那里排队,他甚至尝到过被投资人赶出办公室的狼狈滋味。经过持续努力,张朝阳说服斯隆管理学院的教授爱德华·罗伯茨给他投资。爱德华·罗伯茨的学生、亿万富翁的儿子邦德也表示,只要爱德华·罗伯茨投资,他也愿意跟着投资一部分钱。不过爱德华·罗伯茨和邦德的附加条件是需要再有一个人投资,也就是说,张朝阳必须再找一个人给自己投资,然后爱德华·罗伯茨和邦德才会给自己投资。

张朝阳立刻想到了麻省理工学院媒体实验室主任、《数字化生存》的作者尼葛洛庞帝。尼葛洛庞帝是互联网的鼓吹者,他本身也投资了著名的"热连线"网站[1],而张朝阳自己在麻省理工学院期间也与他有过交流。张朝阳的直觉告诉自己,找他应该有可能。

不过,等张朝阳找到尼葛洛庞帝的时候,尼葛洛庞帝希望他到英国参加自己主办的一个活动,并做一次演讲,他说,演讲完之后他会抽出时间和张朝阳讨论投资的事情。但等张朝阳紧赶慢赶到达英国的时候,尼葛洛庞帝因为另一个约会而临时离开了,走前他安排他的儿子去听张朝阳的演讲。

张朝阳此时的英语比他的中文说得还流利。演讲中,他不厌其烦地讲中国未来的机会、说互联网将推动中国的崛起,讲得热情洋溢、十分精彩。尼葛洛庞帝的儿子马上给父亲打电话:"Charles(张朝阳的英文名)把大家都讲'醒'了,他的项目值得投资。"

就这样,张朝阳拿到了尼葛洛庞帝、爱德华·罗伯茨和邦德投资的 22.5 万美元。最后到账的只有 17 万美元,其中尼葛洛庞帝还有 2.5

---

[1] 也就是著名的高科技创业类杂志《连线》的在线版,曾在美国纳斯达克证券市场上市。

万美元没有支付，还有一部分支付给了中介。

拿到资金的张朝阳终于可以开始创业了，但是具体做什么样的业务、怎么做，成了摆在他面前的一个重大问题——他还是不知道。

张朝阳是不是一个能认识自己、超越自己的典范？这一直让人很困扰。如前所述，他的每一步都不太领先，甚至在很多时候是走一步看一步。但有一点张朝阳很清楚，那就是他知道中国会崛起，互联网会成为推动中国崛起的重要工具，而自己则会在互联网推动中国崛起的过程中成为推动者。而且在他看来，他就是最重要的那一个。

张朝阳回国后招聘的第一个正式员工叫何劲梅，她正是听了张朝阳对互联网会推动中国崛起的那番言论而跟随他的。1992年，何劲梅毕业于西南交通大学土木工程系，第一份工作是在一家工厂搞厂房设计，后来去了一家合资房地产公司，也是从事设计工作。决定跟随张朝阳时，何劲梅在房地产公司的月收入已经有3000元了，但当时张朝阳只能给她1500元的月薪。

张朝阳第一次见何劲梅的时候，他才刚回国十几天。那天，何劲梅去一家房地产公司办事，正好张朝阳进来租房子，两个人搭了几句腔。张朝阳说他刚回国，要租房子，还要招一个助理。"招什么样的呢？"何劲梅还兴致勃勃地给他出主意，两人互留了电话号码。那个周末，张朝阳给她打了一个电话说，"你来面试吧。"当时何劲梅觉得特别突然，心想："怎么让我去面试呢？"就回答说，她在这里做设计挺好的，不想换工作。张朝阳坚持说让她来面试，说这是一个互联网公司。那时张朝阳其实还没有创办搜狐，他还在ISI帮人打工，当时没有几个人相信张朝阳，何劲梅是少数相信他的人中的一个。

张朝阳在爱特信招聘的第一个员工叫苏米扬。苏米扬1999年9月创办了伊氏女人网并担任CEO，2002年加盟3721公司任副总裁，2003年8月创立天晟互动，运营个性化虚拟城市Xcity。"当年搜狐只有4个员工时，有一次张朝阳拿着黑板在上面边画边讲他的宏图大志，说他要做中国的比尔·盖茨。我们私下觉得他'傻'得可以，因为那时候我们已经好几个月都发不出工资了。"回忆起 1997 年的张朝阳和搜狐公司，苏米扬说，"张朝阳的创业经历给我的震撼，至今仍在心中激荡。"

搜狐副总编国庆临是最早参与搜狐创业并坚持下来的人之一，他至今记得张朝阳在 1997 年面试自己时的情景：当他穿着结婚时买的西装走进张朝阳的办公室时，张朝阳背对着他，把脚跷在桌子上翻看他的简历。10 分钟对话之后，张朝阳说："你来上班吧！"在此之前，国庆临压根不知道这家公司靠什么来赚钱发工资，他来求职只是因为公司离家很近，而且薪水也不错。事实上，在此后很长一段时间内，不仅国庆临不知道搜狐靠什么赚钱，就连公司老板张朝阳也不知道。在国企工作过的国庆临从一开始就感受到了这家小公司的不同，首先是不称呼老板为张总，而是叫 Charles，为此，国庆临还别扭了一阵。后来，Charles 开始给员工普及概念，国庆临于是知道了互联网、IPO（首次公开募股）、纳斯达克及期权是怎么回事。

何劲梅、苏米扬和国庆临基本代表了最早跟随张朝阳创业的那批人的心态：虽然不太相信张朝阳所说的事情有那么伟大，但觉得互联网是一个大的方向，同时觉得这个人与众不同。于是，他们半被裹挟半自愿地跟着张朝阳往前走。

张朝阳也不知道爱特信做什么好

1996 年下半年，拿到第一笔 17 万美元天使投资后，张朝阳要做互联网，但具体做什么张朝阳自己也没有想好。

张朝阳将公司取名为 ITC 后，去当时的工商局申请注册的时候，工商局要求中文名一定要按 ITC 的中文谐音翻译,最后公司名落实为"爱特信"这三个字。

ISP 业务没有在张朝阳的考虑范围内,他觉得瀛海威代表的那一代网站不够"互联网",不符合他的价值观——不够开放。关于张朝阳和张树新,有个段子广为流传:张朝阳回国后去找张树新,两个人一起吃饭,吃完饭后张朝阳表示要 AA 制,张树新没同意,直接买了单。从这里可以看出,张朝阳还是有很强的海归做派的。

防火墙软件是张朝阳第一个想到的项目,为此张朝阳还与以色列的相关公司进行过接触。但这个项目也被放弃了,因为它不符合张朝阳的价值观——面向消费者。

最终,张朝阳决定还是先做一个网站,一个面向最终网友,为网友提供信息服务的网站。1996 年年底,准确的日子是 1996 年 12 月 28 日,张朝阳花了两万元人民币"攒"了一台服务器,并把这台服务器放到了北京电信局(现在是北京网通)刚刚建成的主干网上——这是中国的第一台商业托管服务器。不过,至于网站做什么内容,张朝阳心中也没底。

当时张朝阳公司的股东之一尼葛洛庞帝,还投资了美国另一家互联网网站"热连线"——正是"热连线"最初发明了网络广告的商业模式。这也给张朝阳带来了很大的启发,他去美国拜访了"热连线"。当时的"热连线"雇用大量记者采写新闻,他们写了大量高质量的短文章,拍摄的图片新颖,报道方式也与当时的报纸杂志不同,特别适合数字化时代人们的阅读习惯,所以流量非常大。

但经过短暂的合作后,张朝阳发现,这种运作模式的成本非常高昂。用张朝阳的话说,"简直是劳民伤财"。在张朝阳看来,这样的成本支出根本不是爱特信所能承受的。

张朝阳开始思索,是自己在网站上做内容,还是建立一些链接,让访问者能够借此看到更多的信息。此时的中国互联网界,例如东方网景、瑞得在线（均是瀛海威之后北京地区享有盛誉和影响力的ISP网站，创办时间均为1996年）等网站已经有了一些服务性的业务，张朝阳尝试着将相关内容用超链接的方式列在自己网站的一个栏目里，居然收到了出人意料的良好效果，很多人都去点开链接进行查看。张朝阳很兴奋，他试图找出其中的原因并得出结论：主要是因为这充分发挥了互联网的本质——超链接。

这些链接在当时的爱特信上也有一个自己的名字"赛博空间"，后来改名为"指南针"。链接的流量越来越大，同时链接上开始有了各种内容，包括新华社的新闻。张朝阳开始为这个至关重要的链接栏目重新规划名字，并在自己网站的重点位置给予推荐，以让新进来的访问者在第一时间能看到这部分内容。

让张朝阳决定将"指南针"做大的另一个重要原因，是他看到了雅虎的成功。雅虎就是一个以超链接为主体的网站，只是采取分类目录的方式进行组织而已。

于是，张朝阳邀请了一个叫王建军的人帮助开发这个产品，一个名为搜索引擎但更像是目录式检索的产品。王建军，出生于浙江金华，1987年就读于杭州大学，获得数学学士学位；而后在北京师范大学获得数学硕士和博士学位。1997年加入搜狐的前身爱特信的时候，王建军博士尚未毕业，当时还只能算是兼职，因此，王建军在搜狐的正式工作经历是从1998年算起的。王建军在搜狐待到2006年之后独立创业，曾担任视频网站56.com的CEO。

选定以分类目录作为整个网站的方向后，搜狐总裁助理、市场部经理陈剑锋给网站取了一个叫"搜狐"的中文名。这个名字最开始是"搜乎"，对应着张朝阳准备启用的新域名sohoo.net.cn。陈剑锋觉得"搜"字没问题，但"乎"字不形象、不生动，对比着雅虎也想取一个动物名在后面。没有用"虎"而用了"狐"，是因为陈剑锋觉得张朝阳的性格像狐狸，聪明、敏感而有些让人捉摸不透。陈剑锋还提出一个口号：出门找地图，上网找搜狐。这个口号流传很广，被大众所熟知。厦门才子陈剑锋后来离开搜狐，辗转网易、263、千龙网、和讯等公司。

从服务器托管到建立网站的概念，张朝阳一路走来，摸索前行，从偏离"热连线"原创模式到确立超链接、导航模式，爱特信的尝试几经周折。

更让张朝阳头疼的事情是，爱特信和自己不为人所知。这让他伤透了脑筋，在媒体上投放广告吧，财力方面不允许；不做广告吧，怎么才能让更多人知道自己和自己的网站，这是一个问题。

尼葛洛庞帝来了

这个时候，"幸运女神"又一次来敲张朝阳的门。海南出版社出版了《数字化生存》的中译本，因此，他们想邀请这本书的作者，也就是张朝阳的天使投资人尼葛洛庞帝来中国。几经周折，他们找到了张朝阳。

与此同时，1996年7月，胡泳受海南出版社委托挑选外版书，正好选中了尼葛洛庞帝写的《数字化生存》。

胡泳祖籍湖南，生于北大荒，先后在上海、北京接受教育，又去了瑞士求学。拥有互不相同、反差很大的政治学博士、新闻学硕士、管理学硕士、文学学士身份，最新的头衔是北京大学新闻与传播学院的教授。1995年，30岁的《三联生活周刊》经济部记者胡泳在清华大学朋友的办公室里第一次接触网络，登录的是水木清华论坛——中国的第一个BBS（水木清华并不对外开放，第一个公众网上的BBS"一网情深"也是水木清华的创始人黄峥嵘、Ace帮助筹建的）。

当时胡泳有一个印象很深的帖子，内容是一个学生放假回家看到了农村的种种不公正现象，跟来很多回帖。胡泳为此大感震惊：这么一个空间里，南到中国台湾、北到哈尔滨的人们，一天 24 小时可以一起讨论严肃或不严肃的问题。胡泳在一篇文章中提到当时的顿悟，网络消除了工业化时代的两个标志，铁路与钟表——也就是空间与时间。

胡泳后来说服《三联生活周刊》的主编朱伟在 1996 年 2 月出版了一期长达一万字的关于互联网的报道，这是中国媒体关于互联网最早最深入的一组报道。后来胡泳在此基础上搜集资料，写了一本关于互联网的书。这本书于 1997 年出版，名为《网络为王》，销量很好。

数字论坛的一位成员姜奇平认为《数字化生存》在某种意义上可比为严复所译的《天演论》。《天演论》的作者托马斯·赫胥黎，在西方并不是进化论领域的顶级人物，而只是一个阐释者。但因为严复的引进，《天演论》在中国产生了远比在西方大得多的影响。《数字化生存》也是这样，一本美国的畅销书，在中国却起到引爆数字革命的启蒙作用。

胡泳在翻译《数字化生存》时，直觉告诉他这将是中国人又一次企图追赶外国洋枪洋炮的焦虑之旅。《数字化生存》原来的英文书名直译是"走向数字化"或"生存在数字化之中"，在中国台湾被译为《数位革命》，而胡泳坚持译为《数字化生存》，其中暗含与国人的危机感接轨，以及没有数字化甚至不能生存的意思。

为了这本书能够顺利出版，胡泳和海南出版社做了很多的前期工作。比如书的装帧是黑白两色，非常简洁、醒目。书的封面上印有这本书最著名的一句话：计算不再与计算机有关，它决定我们的生存。这些形式在这本书流行之后最终都成为出版业界的规范。

尽管做了很多的努力，尽管尼葛洛庞帝有很好的声望，尽管这本书在美国卖得很好，尽管胡泳的翻译很到位，尽管海南出版社是当时中国最具创新意识的出版社，尽管封面在很明显的位置标注着《纽约时报》排行榜畅销书"的字样，但《数字化生存》这本书一开始的市场表现并不好。这与当时中国的互联网还只停留在大学和技术爱好者的圈子内有关，这个圈子的购买力虽然很强，但数量还是偏小。要想把这本书的销量提上去，必须造势，必须让读者意识到这本书和大众的距离其实不远。

海南出版社当时负责《数字化生存》这本书的项目策划叫蓝峰。这是一个头脑灵活、思维敏捷的图书策划人，他想来想去，想到去找当时在原国务院信息办政策法规组任处长、目前在阿里巴巴做高管的高红冰。因为这本书是讲数字化的，蓝峰认为数字化是信息化的内容，于是想把这本书通过政府机构进行推广。蓝峰没有想到的是，他的这一折腾，不仅成就了《数字化生存》这样一本畅销书，更推动了一个产业在中国的落地生根。

高红冰是云南人，在北京上的大学，1988年大学毕业后先是被分配到北京电子工业部下属的工厂工作，1991年又幸运地调到了电子工业部办公厅做战略研究工作。1995年信息化领导小组和办公室成立，高红冰义无反顾地申请到信息办工作。

高红冰看完《数字化生存》后觉得很有价值，值得推荐，于是就去找美国信息产业办驻华办事处的苏维洲，问有没有途径联系到尼葛洛庞帝。苏维洲告诉高红冰："有办法啊，尼葛洛庞帝有一个学生叫张朝阳，他就在北京，你们可以找张朝阳。"

事情就是这样以它奇妙的方式进行着。偶然的机会，一个30多岁的女人在北京街头的书摊上看到了海南出版社已经快要放弃了的《数字化生存》，她就是后来被互联网业界看作中国互联网先驱之一的张树新。在前面的章节中，我们已经多次讲述了与张树新有关的营销案例，这次与过去两年不同的是，张树新刚在1996年10月拿到了兴发集团投入的5000万元人民币，有了钱的张树新正想折腾出更轰动的事件，于是提出由瀛海威出资出人来操办邀请尼葛洛庞帝来中国的事情。她希望和尼葛洛庞帝建立联系，这对瀛海威的品牌提升很有帮助。

张朝阳得知邀请尼葛洛庞帝来中国的计划后也很兴奋。他在1996年融资的22.5万美元已经用得差不多了（其中有尼葛洛庞帝还没到账的2.5万美元），正想再去找尼葛洛庞帝和另外一个天使投资人罗伯茨。正巧，尼葛洛庞帝本身也想趁访问马来西亚的机会顺便前往中国，看看是否应该给张朝阳的公司追加一点资金。

虽然尼葛洛庞帝这次来中国多少有看看自己学生的意思在里面，但活动的承办者是张树新，演讲会场又安排在张树新公司旁边。张树新为这次活动倾注了大量的精力，瀛海威的总裁办和市场部投入了30个人，忙活了近3个月。张树新想通过自己的努力，把这个活动也做成自己的个人品牌秀。

1997年2月28日下午，尼葛洛庞帝来到中国，正式出席为他专门组织的一场信息革命的报告会，并作为演讲嘉宾。

这次报告会的规格很高：一是翻译是请张朝阳做的，当时原本请了一个专业翻译，但翻译得不好，不得不请张朝阳直接翻译，因为张朝阳能直接领悟尼葛洛庞帝讲话的意思和内容；二是这次报告会请了八位部长级的官员，总共来了上百名官员。1997年的中国上下对西方还是有些崇拜的，为迎接尼葛洛庞帝的访问，从政府到地方都积极准备。为尼葛洛庞帝的演讲报告专门开过两次现场演练会，信息产业的几个巨头都来参加，连谁提问题、提什么问题，都得事先安排好。那架势，不像是迎接一个国际友人，多少有些"如临大敌"。

尼葛洛庞帝顶着未来学家的帽子，又是一个西方人，加上政府的高度重视，另外还有地方的推动，这次活动最终大获成功，尼葛洛庞帝也一夜之间成为中国的数字化教父。《数字化生存》销量不错，人们终于知道了未来世界是数字世界。两年后的1999年春天，尼葛洛庞帝再度来到中国，很多人都想听听他的演讲，但是并没有得到允许。

回到1997年尼葛洛庞帝的第一次来华，这次活动上最出风头的是张树新。她神采奕奕、精神抖擞地被其他互联网从业人员簇拥着迎接尼葛洛庞帝的场面,被很多在场的人铭记,并广泛传播。谁也不曾想到,一年后,她就远离了这个舞台的正中央。而张朝阳则是尼葛洛庞帝来华的最直接的受益者,他不仅给尼葛洛庞帝做翻译,而且全程陪同,不断地向采访的媒体介绍自己是尼葛洛庞帝的学生。在这次事件中,张朝阳基本没花什么钱,却尝到了市场推广和媒体炒作的甜头,之后,其无师自通,成为一名个人品牌秀大师。直到后来很长一段时间内,张朝阳也一直牢牢地占据着媒体焦点的正中心。

股东贷款挽救了搜狐

尼葛洛庞帝的来访让张朝阳一下子引起了别人的注意,他的公司也由此吸纳了诸多人才的加盟。不过,张朝阳面临的现实问题是他所创办的爱特信公司账上的现金已经消耗殆尽,需要进行第二轮融资。

如果说第一次融资的股东多少是基于对张朝阳个人的信任及私交的话,那么第二次融资则再也没有这样的情感因素帮忙了。对于张朝阳而言,这次融资的过程几经起伏,长达半年的融资经历令他刻骨铭心。

在张朝阳的印象中,当时的美国人对中国十分陌生,几乎没有投资人愿意听他的计划。事实上,那个时候能够找到一个愿意接见这个中国创业者的投资人都很困难。

在罗伯茨和尼葛洛庞帝的引荐下,张朝阳自费前去美国加州见那些亿万富豪。他先在加州的一个小旅馆住下,租了一辆汽车,然后用了两天的时间不停地打电话,与几位可能改变他公司命运的人约定见面时间。

1997年9月11日这一天让张朝阳终生难忘。他至今为自己在这一天表现出来的能力而骄傲——在这一天中，他马不停蹄地见了四位风险投资人。

按照事先约好的时间，张朝阳应该在早上9点钟先去见英特尔投资公司的人，接着是12点钟与世纪投资的负责人见面，下午3点钟去软银，下午5点钟则是与后来给王志东投资的亿万富翁罗伯森·斯帝文思见面。前三位投资人都在硅谷附近，而最后一位则在旧金山。

为了充分利用时间，头一天晚上张朝阳已经利用雅虎地图把路线搞清楚了，准备第二天开车前去会见这四位超级富翁。

谁知道，第一个会面就被推后了半小时。虽然这是一次非常成功的会面，但会面结束时已经是中午12点钟了。张朝阳匆匆在快餐店买了食物，然后一边开车一边吃，赶往世纪投资。

当张朝阳见完前三位投资人的时候，时间已经不早了，加之那天赶上旧金山的地铁罢工，出行的人都需要乘坐地面上的交通工具，严重的堵车状况迫使张朝阳勉强把车开下高速公路。到了距离罗伯森·斯帝文思的公司还有7个街区的时候，他将车停放在一个停车场，提着笔记本电脑飞奔着跑到了见面地点。他到的时候，罗伯森·斯帝文思已经等了他将近一个半小时了。还好，双方谈得不错，罗伯森·斯帝文思表示出很强的投资意向（但最后并没有投资搜狐，倒是后来投资了四通利方，成就了新浪）。

张朝阳那天见的四位投资人，最后实际投资的只有一家，那就是英特尔投资公司。即便英特尔投资公司答应投资，但投资过程也并不顺利。英特尔投资公司对张朝阳进行了前后长达6个月的"审问"，平均每天问6个问题。有一天晚上，英特尔投资公司的投资人打长途电话过来说还有一个问题想了解，张朝阳当时在发烧，但是生怕投资人觉得自己身体不好，最后不再投资，所以不敢说自己病了，只能咬牙坚持回答他的问题。

1998年到2000年上半年，英特尔投资公司的投资关注方向是软件市场，目的是促进硬件的销售。"而要去了解一个市场，最好的办法就是投资其中的一两家企业。"在这个阶段，英特尔投资的洪恩、速达、适普等都是软件企业。

搜狐所代表的门户网站，最初并没有进入英特尔投资的视野。英特尔总部投资部曾流传过一份投资建议书，但英特尔最后没有投，而他们错过的这家公司叫雅虎。1997年中国官方做了一个调查，结论之一为阻碍中国人上网的第一大原因是中文网页的缺乏。英特尔因此认为，投资像搜狐这样的公司可以促进中国互联网的发展，而这又能带动电脑和服务器的销售。于是，搜狐成为英特尔的投资对象。

英特尔的投资对搜狐来说至关重要。英特尔本身也是中国网络广告业的大金主。中国的网络广告起源于1997年3月，当时灵智大洋互动媒介部经理吕勇代表IBM在ChinaByte上投放了一个Banner广告；几乎在同时，英特尔也为其新出品的奔腾处理器在ChinaByte上试水网络广告，这一单同样来自吕勇。

第一个Flash广告也来自英特尔，同样是吕勇的杰作。当时设计的是一个礼花的动态广告，点击一下就会爆炸，以此比喻奔腾处理器强大的多媒体处理能力。当时有不少人是晚上上网，于是那些天在一些上网用户聚集多的小区里，晚上经常响声一片，因此投放了两天后，这个广告因投诉而被拿了下来。但对用户来说，效果还是不错的。吕勇后来去了"好耶"当首席运营官（COO），这位说话慢条斯理、喜欢食辣的中国网络广告第一人，是中国网络广告圈内的重量级人物之一。

今天看来，张朝阳选择从海外融资的行为在那个时代是一个很重要的举动，他至今认为这给中国互联网行业起了启蒙的作用，他自己甚至用"前所未有"这样的词来描述其重大意义。在融资的那段日子里，张朝阳几乎每天晚上都会在那间办公室兼卧室的桌子上、地上，或坐、或躺、或趴着写他的商业计划书。

张朝阳认为，他那份完备的商业计划书在当时具有空前的前瞻性。例如，他预言了一个商业网站应该是关于资讯和导航的，也形容了门户网站的特征是信息的集合者而不是制造者，甚至还描述了广告收入的曲线，以及页面点击率与广告之间成长关系的算法、收入模式等。不过，这更多的是他的自说自话，谁也不曾看到过这份商业计划书。

在张朝阳写这份商业计划书的时候，他还没有一笔网络广告收入。到了1997年11月，第一笔融资几乎快用完了。那时，他甚至到了把最早进入公司的两名员工叫到自己的办公室，问他们当月的工资迟一个月发可不可以的地步，因为他那时首先要考虑的是交房租。

张朝阳实在没有办法，只好向董事会求救。最终，董事会为张朝阳提供了一笔10万美元的"乔治贷款"[1]，让张朝阳用这笔钱先"度日"，把公司继续经营下去。而这笔贷款，张朝阳日后需要用利息和股权去偿还。

这笔"乔治贷款"到位后，爱特信又撑到了1998年3月。当年4月，爱特信公司获得第二笔风险投资，投资者包括英特尔、道琼斯、晨兴、IDG等，共220多万美元，"爱特信"也由此更名为更响亮的"搜狐"。

"明星销售"张朝阳

在获得第二轮融资后，张朝阳明显感觉到了股东对收入要求的压力，他的工作重点开始转移到跑客户上。

除了英特尔、IBM、微软这些跨国IT（信息技术）公司，在当时的中国，其他行业几乎没有人知道什么是网络广告，但很多人能接受做个网页的概念，因为网页实实在在能看到。

张朝阳就在做网页的客户中试探着发展他的广告主。"您能不能

---

[1] "乔治贷款"即股东贷款的别称。

试着投放一个网络广告？"是他经常对这些网页客户说的一句话，接下来，他就必须向这个客户解释什么叫网络广告。搜狐最早的客户北京牛栏山酒厂，就是这样以先做网页后投放网络广告的形式成为搜狐的客户的。

张朝阳同时四处接受媒体的采访，不断借着报纸版面和电视画面讲述什么是互联网，搜狐是什么，网络广告又是什么。张朝阳总是不厌其烦地强化自己的地位，推广公司的品牌。至少从商业模式上来说，他必须这么做，只有让更多的人知道自己，才会有人登录自己的网站，才会带来更多的流量，才会有更多的广告主投放他们的广告。

张朝阳被誉为最勤奋的 CEO，声称全中国 500 强企业的 CEO 他都认识，这可能有些夸张，但他的确交游广阔。同时他也很拉风，知道自己的"符号"作用，他只有不断出位，才不会被媒体遗忘。他不在意人们怎么评价，只要目的达到就可以。在这方面，那段时间的张朝阳让人们想起了甲骨文软件公司的创始人拉里·埃里森。

但他的朋友，如美通无线的 CEO 王维嘉和西陆网董事长耿俊强都认为，在日常活动中，张朝阳相当内向。这真是一个充满矛盾的人，但又是一个知道怎样释放自我的人。

1999 年前后，张朝阳不作秀不行。当年由四通利方与华渊中文网（以下简称"华渊"）合并而成的新浪拥有 8000 万美元资本，其迅猛的成长势头让还没有完全认清方向的张朝阳不知所措。而 ChinaRen、人人网等新生代门户网站也依靠近乎疯狂的"烧钱"而一夜成名。对于只有"两岁"的搜狐而言，它随时可能被遗忘。但由于融资不利，可供其使用的资金只有新浪的十分之一——按照当时的游戏规则，搜狐几个月之内就可能弹尽粮绝。

为了确保搜狐不被遗忘，张朝阳选择了最便宜也最有效的方法——树立个人品牌。一度，他像其他所有 CEO 一样大谈"泡沫就是互联网的革命"，而自己却紧张地压缩成本。

张朝阳的个人品牌效应带来的成效显著。搜狐的销售人员至今津津乐道的是，当时很多不愿见搜狐销售队伍的企业听说张朝阳亲自来谈合同，一切就变得极为容易。甚至很多企业的员工会在门口等着，就想亲眼见见这个"明星"。

《北京青年报》原记者、曾担任互联网协会数据中心主任的知名评论家胡延平讲过一个段子：一位麻省理工学院毕业回国的留学生，拿着《北京青年报》报道张朝阳的那期报纸找到报社总编，要求《北京青年报》以同样的篇幅报道他："我是张朝阳的校友，我也做网站，为什么只宣传他，不宣传我？"

一个明星就此诞生。直到今天，张朝阳依旧是这个行业的大明星，而且是最具知名度的那一个。

王志东一年之内三进硅谷

搜狐肯定不是中国第一家被风险投资青睐的高科技公司，在张朝阳拿到投资之前，边晓春和"前导"就曾经拿到过 IDG 的投资。搜狐也不是第一家被风险投资青睐的中国互联网公司，亚信早在 1993 年就拿到了刘耀伦的 50 万美元，虽然亚信的总部在美国。

单论在中国注册的互联网公司，张朝阳的搜狐也不是第一家主动与风险投资牵手的互联网公司，王志东的四通利方 1996 年 1 月正式聘请冯波所在的公司为其融资，而张朝阳的融资之路是从 1996 年 7 月开始的。如果要给张朝阳的风险投资之路找个"第一"的话，那就是张朝阳的公司是注册在中国、第一个完全靠风险投资催生起来、同时广为中国人所知的互联网公司。

未来属于王志东还是张朝阳？这样的问题在 1996 年之后成为报纸、电视上最热衷讨论的话题。这样截然不同的两个人，在互联网的大浪中被淘成了公众人物和产业偶像。

张朝阳和王志东，就其经历来说，足够成为公众人物。1981年，陕西青年张朝阳考进清华大学；1984年，来自广东虎门的王志东考入北京大学。不论谁在前面，是北大清华还是清华北大，都不会影响这两所比邻而居的高等学府在中国老百姓心目中最高学府的崇高地位。

清华大学毕业的张朝阳很快出了国，到麻省理工学院继续读物理专业。麻省理工学院在美国的地位就相当于清华大学在中国的地位，也是那个时候中国老百姓知道的为数不多的美国名校之一。

北京大学无线电电子学系的学生王志东，没毕业就已经在中关村里小有名气了。他穿梭在北大清华旁边的各个电脑城里，给这些练摊的大小业主们写工具软件，顺便做着加密和解密的活儿。王志东如此之受欢迎，不断地有人找他开公司，请他以技术入股。到1994年四通利方成立之前，王志东已经参与创办过两家软件公司，此外还有在北京大学创办的校办企业方正集团工作的经历。他被许多媒体称为软件天才、新一代程序员的领袖人物。

不论从哪个角度来说，四通利方的创办在中关村历史上都是有其卓绝地位的。这是因为，这家公司一开始就有着相对清晰的产权结构。按照双方的约定，四通集团投入500万港元，占据70%的股份，王志东和他的创业团队占据30%的股份。王志东领导的技术团队很快写出了RichWin这样风靡一时的中文平台。

不过，到了1995年，王志东的烦恼也来了。他发现，微软等海外强敌进入中国的速度和力度都比他想象得快很多，产生的影响力也大很多，而四通集团给予他支持的力度却不如他一开始设想得那么大。他开始意识到自己参与创办的四通利方的未来将不再那么明晰，而这个时候四通集团投入的500万港元已经花得差不多了，王志东必须去融资。

按照很多媒体的报道，这个时候王志东想到硅谷去取经，于是也就有了王志东在1995年三进硅谷的故事。其实不然，这三次硅谷之行，每一次都是王志东的对手公司安排的。第一次是 IBM（当时要推 lotus 软件，中文名是"莲花"），第二次是惠普，最后一次是微软。对手邀请王志东和其他中国软件的同行到美国参观学习访问，更多的是希望能参与到即将开放的中国软件大市场的市场蛋糕分配中来。

王志东乐得其所，他正想去他从北京大学读书时代起就无比崇拜和向往的硅谷那里看一看，学习怎么样引进硅谷式的创新机制，以便让自己的四通利方能成长成一个像微软一样的大公司。

1995 年 7 月，王志东来到硅谷，正好赶在全球第一家互联网公司网景上市前夕，到处都在讲述网景的故事。王志东听完网景的故事后立马醒了过来——这就是他想要的四通利方的成长轨迹。当王志东打听到是摩根士丹利给网景做的投资时，他四处向朋友打听，询问怎么才能让摩根士丹利来给他投资。最后找到的朋友是王志东在四通利方的创业伙伴严援朝的多年老相识，他一听就乐了，对王志东说："你要找摩根士丹利，还早了一点儿。不如先找个小点儿的公司给你投资吧。"

话是这么说，但摩根士丹利一位高级别的合伙人还是抽出一个小时的时间，专门和王志东进行了谈判。谈完王志东才反应过来，人家不是对自己有兴趣，而是对中国市场有兴趣。不过就是在这次谈判中，王志东知道了什么是风险投资、怎样在中国做市场、怎样到美国上市。也就是在这次谈判中，王志东开始慢慢地接受，四通利方不是一家中国软件公司，而是一家全球软件公司，只是其总部设立在中国而已。这让王志东从一个完全意义上的本土创业者开始逐步蜕变成具有海外视野的新时代创业者。

王志东还知道了，投资是分层次和级别的，产业资本和风险资本是不一样的。通过这次谈判，王志东还明白了一个道理，那就是他得找个人帮自己融资，他毕竟不是张朝阳，没有在美国生活过，没有相关的人脉，也不具备资本运作方面的知识。还有一点，他的英语不如张朝阳讲得那么流畅，沟通起来有障碍。就在这样的情况下，王志东认识了时任罗伯森·斯帝文思公司中国投资部主管的冯波。

冯波和王志东签订了融资代理合同

冯波出身名门。母亲董丽惠出生在上海一个来自宁波的富裕家庭，在日本侵华的时候，家族所有的财富都化为乌有。冯波的父亲冯之浚，是一名御医的曾孙。冯之浚的父亲，在日本侵华之前，则一直担任路透社北京的主编。在日本发动侵略战争期间，他们全家搬到了上海。冯之浚和董丽惠在上海读高中时认识，冯之浚从上海大学铁道工程系毕业后，他们很快就结婚了。之后，他们也都成了教师。

在美国记者谢大卫笔下，冯之浚是一个让人尊敬的中国老派知识分子。他有一头厚密、向后梳的白发。虽然已六十岁出头，但他的体格还算强健，身躯有点驼，脸上戴着一副厚重的玳瑁框眼镜。不管是讨论文学、历史、艺术还是绿茶，冯之浚都是口若悬河而且坚持己见，对于国内外伟人的论述，他似乎总是能够引用得当。

冯之浚后来进入中国科学院上海科学研究所，成为一名很有声望的经济学家。他是中国民主同盟的成员，最后担任了这个民主党派的副主席。冯之浚交游广阔，结识了许多国内外科学界乃至政界的大人物，其中对冯波意义最为重大的，是一个叫王安琴的美国心理医生。

王安琴是一位在加州马林郡执业的心理医生，1987年拜访北京时，经由他人介绍认识了冯之浚，两人成为好朋友。王安琴离开中国的时候，她说如果冯之浚的小儿子愿意前往美国，她可以提供寄宿的帮助。冯之浚和董丽惠认为，对冯波来说，这是一个人生重新获取新希望的机会。过了一阵子，王安琴就接到了一封信，信中冯之浚告诉她，他的小儿子冯波决定前往美国。正是王安琴做担保，最终让冯波在1987年10月23日到达了美国旧金山，那一年冯波18岁。

不久，王安琴从旧金山搬到了圣安瑟莫（San Anselmo），圣安瑟莫是一个森林中的寂静小镇。冯波在一家中国花园餐厅中担任餐厅杂役，每天辛苦地工作11小时，才能赚取15美元。除此之外，他在一家日本餐厅找了另一份工作。他从一家餐厅到另一家，洗鱼、切鱼、煮饭、摆餐桌、清理餐桌、点菜和洗盘子，顺便补习语言。

当冯波不用上学或工作时，他喜欢待在咖啡厅中。在那里，他可以心无旁骛地看《纽约时报》，同时也能够有机会与顾客和员工交谈。最后，他的英文程度终于能通过考试，开始上一般的课程。艺术课程，特别是摄影和电影，给了他很大的启发："他们教会我一种我从来不知道的表达语言。"他那时的照片所描述的就是孤独。有一张照片是由昏黄的灯光和铁铸的板凳构成的，相当美丽，但是给人一种强烈的孤独感，因为椅子是空的。冯波开过一次摄影个展，题目是《寻找》，他还用自己的薪水拍了一部电影。冯波后来读了美国旧金山州立大学电影导演专业。

对于一个曾学习电影导演专业的人而言，冯波的经历不是一部关于宿命的艺术电影，而是一部好莱坞大片。

1993年年底，冯波大学尚未毕业的时候，一个偶然的机会，他看到美国硅谷投资银行罗伯森·斯帝文思公司正在招聘。冯波觉得好玩，前去应聘，主考官就问："你对我们公司有什么用？"这算是比较西方人的问法，很直接。冯波灵机一动，他不懂公司做的是什么业务，就给他们讲了一个盲人摸象的故事：所有的外国投资人到中国去，都好像是盲人摸象，有的人摸到的是鼻子，有的人摸到的是腿，有的人摸到的是尾巴，因为中国很大，而自己能给公司带来的是一个更加全面了解中国的机会，而且能够为整个公司在中国树立品牌。就这样，冯波成了这家公司中国投资事业部的主管。

在这家公司，冯波做过很多重要的投资项目，其中一个是亚信。在很长一段时间里，冯波被认为是亚信的VIP员工，他持续出没于亚信在北京的办公室里，和田溯宁聊天，帮他分析公司遇到的问题。

1997年12月，在冯波的牵引下，美国华平投资集团、中国投资、美国富达投资集团三家投资公司向亚信注入了1800万美元的风险投资。

投资新浪的故事同样精彩。1996年1月，四通利方和冯波服务的罗伯森·斯帝文思公司签订了国际融资服务合同。而之后的故事是，1997年，经罗伯森·斯帝文思公司的帮助和促进，艾芬豪与华登向四通利方投资700万美元（也有说是650万美元的，这很大程度上是因为税前税后的统计口径不一所致）。

而代表艾芬豪担任四通利方第一个外部董事的正是冯涛，冯波的哥哥。

与弟弟不同，冯涛是在国内接受的本科教育，他于1986年考入东北知名的哈尔滨工业大学航天学院，1988年前往加拿大，1993年获取加拿大多伦多大学统计学博士学位。

冯波好动。在能够站上冲浪板前，他买了三个冲浪板，一套保温潜水服、橡胶鞋、一条皮带，一系列关于冲浪的唱片，冷海里用的头套、冲浪者的T恤、运动短裤和运动鞋则塞满了整个衣柜。他把Prada的鞋子当作拖鞋穿，所以鞋子的后端都被压得扁扁的。他也会将Gucci的裤子裤管卷起来，在沙滩上踢足球。冯波总是幻想能拥有一支一级方程式车队，最好能自己驾驶一级方程式的赛车。中国拥有一支一级方程式的车队，对冯波来说是意义重大的基准点，代表他的国家从此可以追上西方国家。他会穿上黑色的皮衣皮裤，跳上摩托车，红色的机车被他擦得发亮，就像是硬壳的太妃糖苹果。

冯涛好静。冯涛在上海联创的办公室毗邻国家某领导人在上海住过的房子，在他的办公桌上有一个笔筒，里头放着用鼬鼠毛做成的毛笔，他有空的时候就会拿出来挥毫。办公桌后面是一幅有1700年历史、由中国最受尊敬的书法家之一王羲之用毛笔所题的诗。冯涛甚至以晋代书法家王献之的草体"之"作为公司标识。联创手册上印有——国公颜真卿，立德践行当四科之首，懿文硕学为百氏之宗，选自唐代书法家颜真卿的《自书告身帖》。除了是一名书法顶级发烧友，他也是一名古董瓷器和中国画卷的收藏家。

这两兄弟在1999年8月接受了上海科技元老也是他们父亲的老朋友——中科院副院长严义埙的邀请,在江绵恒先生的领导下成立了上海联创和联创策源。田溯宁也是经由严义埙的介绍认识了江绵恒,并在江绵恒的力邀下加入网通,其中引见田溯宁与严义埙见面的,正是冯家兄弟。

这个世界真的很小。

1997 / 大门洞开

在中国互联网史上的 1997 年,一家网站,也是中文世界中第一家商业 ICP——ChinaByte,被不断提及,这家网站的诞生甚至惊动了中南海。其所属公司先后出现的四个股东:新闻集团、IDG、人民日报社和电脑报社,都在未来的时间内或多或少地左右和影响着中国互联网在新媒体方向上的尝试和实践。参与 ChinaByte 诞生、壮大和转身的那些人,也值得铭记,他们中有默多克、邓文迪,有熊晓鸽、周全,有陈宗周、李志高、黎和生,有多佛、施朗然、李映红,有朱新民、谷嘉旺、张德华。当然,还有北京大学毕业的宫玉国——他在很长一段时间内是这家公司的"船长"。

比起人民日报社和中央电视台,新华社在与互联网的融合上更加积极,也更加主动。这缘于新华社在中国香港的分支机构更加国际化,也缘于新华社所在的金融信息服务领域比前两家更早开放,与道琼斯和路透社这样的海外金融信息巨头的竞合也相对充分,因此有更大的外部推动力,而不是被动地向前走。由新华社香港分社推动创办的中华网,超越人民日报社参股的 ChinaByte,也抢在中央电视台占 10%股份的凤凰卫视之前,于 1999 年 7 月 14 日在美国纳斯达克证券市场上市,成为第一家在海外上市的中国互联网公司。这虽在意料之外,但也在情理之中。

在默多克、麦戈文等高歌猛进,刘长乐、陈宗周、宫玉国闻鸡起舞的同时,两家后来成为中国最具民间号召力、最受民众欢迎的媒体,也在 1997 年埋下了成长的种子。一家是一纸风行的《南方周末》,另一家则是一呼百应的新浪。

而连接这两家媒体的,是一个人和他的一个帖子。这个人就是老榕。1997年11月初,其在四通利方论坛(新浪的前身)上发表了知名的文章《大连金州没有眼泪》,而这篇文章的编辑——四通利方的陈彤和《南方周末》的吕祥、李戎,都由此在中国互联网史上留名了,特别是在新媒体历史中有着卓尔不群的地位。

陈彤的价值,在于他营造了一个肆意表达而又不失分寸的表达空间——四通利方论坛。其自由而不过界、张扬而又有所克制、随意而又有约束的准则,是四通利方论坛及新浪从1996年至今安身立命的所在。这个论坛从一开始就具备了一定的新媒体特征,拥有旺盛的生命力的同时,不会因过分的棱角外露而半途夭折。陈彤身体力行地为四通利方论坛确立的这些准则,其实和1997年前后的《南方周末》有异曲同工的地方,这应该也是《南方周末》的编辑吕祥和李戎会发现并将《大连金州没有眼泪》多次宣传的原因所在吧。

ChinaByte 的诞生惊动朝野

1997年1月15日,由默多克的新闻集团和人民日报社共同投资建立的 ChinaByte 正式开通,次日(16日)访问量就达到了8万人次。创办之初,ChinaByte 中方负责人宫玉国觉得在中国应该有中文的信息,于是提出了一个口号"在中国,用中文,为中国人"[1],很是豪迈。

ChinaByte 最开始采用的是当时全球三大计算机媒体之一 ZDNeT 的内容。ChinaByte 新闻发布会的北京广告墙上,左上角是 ChinaByte,右上角是 ZDNeTChina。当时的约定是 ZDNeTChina 给 ChinaByte 提供内容,ChinaByte 负责运营、市场和销售,采取双入口

---

1 据宫玉国本人的回忆,这句话是他从新闻集团的一份英文材料上看到的,第一眼就觉得这正适合 ChinaByte。

（即ZDNeTChina的用户访问也指向ChinaByte）。不过三个月后，双方就分手了，原因是ZDNeTChina想自己独立运营。分手以后，ChinaByte认为自己的竞争对手出现了，而这个对手就是ZDNeTChina。和ZDNeTChina合作失败，促使ChinaByte决心做原创内容，自己做编译，自己组织专栏。很快，ChinaByte就在访问量和影响力上超过了ZDNeTChina，它当时更像是一位寂寞的"武林高手"。

1997年年底，国内召开过一次互联网研讨会，雅虎的杨致远也参加了这次会议。有记者采访杨致远，问他，"雅虎在中国的竞争对手是谁？"杨致远说："最大竞争对手是ChinaByte。"而张朝阳和他的同事们第一次得知面前的这个人是宫玉国的时候，也惊讶地"啊"了一声，搜狐的一行人毕恭毕敬地走过去向宫玉国问好。在早期的中文互联网业界，ChinaByte和它的实际推动者宫玉国有着独特的位置。

宫玉国进入互联网纯属偶然。1988年，宫玉国自北京大学中文系古典文献专业毕业。他没有去出版社工作，也没有去图书馆工作，而是去了传媒界工作。宫玉国的理由是喜欢看竖版书和自己一个人待着太孤僻了，希望改变一下自己的性格。

到1995年，做了7年传统媒体的宫玉国下海，经人介绍来到了人民日报社下属的北京世达信息中心与默多克的新闻集团合资的笔电新人公司，中方总经理是张德华，张德华让宫玉国做了中方总经理助理[1]。笔电新人做互联网业务是外方专家的主意，宫玉国也是从外方专家那里知道了什么是互联网。

笔电新人当时可选择的项目有很多，比如图文电视、卫星全球定位系统等。但是，图文电视受图文电视台发展的制约，卫星全球定位系统也有诸多政策上的限制。总之，这些项目都明显地存在着太多不可控制的因素，只有互联网被一致认为是未来发展的方向，于是公司就决定做互联网业务。

---

1 在辗转《东方企业家》、中宏网、IT168等后，宫玉国在2006年重回人民日报社体系。

笔电新人这个名字中的"笔电"是 PDN 的中文译音,"PD"是人民日报社名字的英文缩写,而"N"是新闻集团名字的英文缩写。它是人民日报社和新闻集团联合创办的一家以互联网为传播介质的数字化媒体公司。

ChinaByte 是 ChinaNet 的第一批代理商,经营许可证号是 007(当时北京大约有 30 多家公司拿到了 ChinaNet 的经营许可)。ChinaNet 的代理分 A、B 两类:A 类代理业务的范围是接入服务及技术支持;B 类代理业务的范围是接入服务及信息增值服务。简单地说,A 类是 ISP,B 类是 ISP 加 ICP,由于 ChinaByte 的外资背景,最终其选择了 B 类,做 ICP。

ChinaByte 要做 ICP,不可避免地要选方向。因为有人民日报社的背景,因此它一开始就想用《人民日报》的内容。但政治和经济类内容太敏感,ChinaByte 不敢乱用,文化娱乐类内容倒是没有什么政策风险,但这不是《人民日报》的强项。讨论来讨论去,他们索性抛开《人民日报》来分析当时的受众,发现当时上互联网的人多是从事 IT 业的,对应的广告主也多集中在这个领域,于是 ChinaByte 一开始就把内容定位在了 IT 上。

不过,即便这么小心翼翼,ChinaByte 的诞生也极其曲折。1995 年秋天,《人民日报》在一个不显眼的角落里刊发了一条小新闻,向世人宣告笔电新人的诞生。在这条被称为简讯的小文章里,提到了这家公司是由人民日报社和新闻集团联合创办的。

准确地说,笔电新人是人民日报社下的事业管理局下属的三产公司世达信息中心,和新闻集团下属的投资公司联合创办的一家公司。按照约定,后者给新成立的 ChinaByte 提供技术支持,内容由中方做主。中外双方各占 50% 的股份。

这条新闻发表后,在国内基本上没有产生什么影响,但在海外引起了轰动,其业务开展从而被叫停。

所幸的是,笔电新人当时在政策上并不违规,完全合法,只是属于新生事物而已，又有时任《人民日报》秘书长的朱新民和人民日报社事业发展局局长谷嘉旺在其中斡旋，给了笔电新人申诉的机会。于是，笔电新人一层一层地向上打报告，先是给当时的新闻出版总署于友先署长，再是给时任国家新闻办的曾建徽主任，之后是给当时的国务院副总理朱镕基，申诉报告甚至打到了更高一级的官员那里。申诉的核心只有两点，一是互联网是大势所趋，浩浩荡荡，不可阻挡；二是《人民日报》应该合理借助外部力量占据这个制高点。报告一遍一遍地打，虽然格式不一样，但核心就这两点，翻来覆去地说。最后结果是，放行。

从1995年年中到1997年1月网站开通，笔电新人公司上下有一年半的时间在为之奔波。先是等有关部门的批复，之后是到电信局申请服务资格许可证和电信带宽等一大堆的琐事。但即便如此，ChinaByte在1997年的亮相也绝对惊艳。原因无他，当时中文互联网上并无多少内容，更无专业的媒体人来操持生产内容。宫玉国成为中文互联网上第一批做内容的人，也是第一个投身互联网的媒体人。

默多克希望进入中国

ChinaByte投入不小，一开始就在北京外经贸信息咨询大楼这样的豪华写字楼里办公。北京CBD地标嘉里中心建好后，ChinaByte首批入驻，ChinaByte的员工一直都是在北京比较豪华的写字楼里工作，写字楼每平方米的租金以美元计算。ChinaByte的员工很舒服，一边工作一边喝着不错的咖啡和茶，桌上放的餐巾纸都是比较高级的那种，地上铺的是地毯，可以光着脚在上面走来走去。ChinaByte给编辑的薪水也很高，在很长一段时间内都是业界的最高标准。ChinaByte是一家给作者支付稿费的网站,当时的稿费就能达到每千字80～120元,而且支付得很及时。因此有很多人给他们写稿子,所以网站能每日更新,有大量的原创内容。ChinaByte变得很有影响力,也做了很多观念的启蒙。

宫玉国出身传统媒体,主编刘琪也是一个资深媒体人,因此他们把传统媒体的规范带到了ChinaByte。在ChinaByte有编辑方针、编辑手册,校对要仔细到标点符号。每次发稿前,刘琪都要将稿件送至宫玉国那里进行审阅,宫玉国签完字才能发稿。

ChinaByte花的是新闻集团的钱,新闻集团给合资公司的估值是540万美元,ChinaByte占50%的股份。首轮投资的270万美元花完之后,新闻集团继续借钱给ChinaByte,前前后后又给了200多万美元的无息借款。之所以没有像瀛海威一样债转股,是因为需要遵守当时外资不能控股的规定。合作协议里也明确规定,默多克是技术投资,无权过问内容。对一个做垂直内容的ICP来说,这笔资金不算少。

ChinaByte的结局的确很可惜,它和瀛海威一样,是中国互联网的"黄埔军校"之一。tom.com的高级副总裁冯钰、鲨威的两位创始人都出自这里;刘琪是中国公认的网络营销研究的先行者,也写得一手好文章;"边城浪子"高大勇是中国第一代个人主页的代表人物,也是中国闪客运动的核心力量之一;还有张路,曾任《互联网周刊》副总编辑和《创业邦》副总编辑,也是黑板报网站的创始人,一直活跃在互联网观察的第一线。

但ChinaByte一出生,就已经决定了其波折的命运,它更多的只是默多克敲开中国媒体市场的一个桥头堡而已。

在这里有必要介绍一下默多克本人,他应该是世界上最有名的报业乃至传媒界的老板了。20世纪50年代初,默多克从去世的父亲手里继承了一家澳大利亚的地方性报纸,在此后短短的几十年里,他在澳大利亚、英国、美国和亚洲多个地方纵横驰骋,或收购兼并,或从头做起，建起了一个拥有多家报纸、杂志、电视网络和出版公司的庞大全球性媒体帝国。默多克的个子不高，只有一米六出头，但接触过他的人都会为他身上所散发出来的强烈的进取气息和力量所感染。他在专注时左眼会很具有威胁性地眯起来，像发射前瞄准目标物那样；他在搪塞支吾时有咬紧牙齿的习惯，这些看似不起眼的小动作，都流露出他很强悍的一面。如果把为达到目的不择手段从而成就大事的人称作枭雄的话，默多克当是这个世界上最大的传媒枭雄。

1999年6月，默多克以近70岁的高龄，毅然和共同生活了30年的妻子离婚，娶了年龄不到30岁的中国女子邓文迪，成为一名中国女婿，这一举动在很长一段时间内成为上至政界下到普通街头的中国人最喜欢讨论的话题之一。默多克在努力修复着他和中国的关系。

邓文迪主义

1993年8月，默多克这位澳大利亚媒体大亨以一段通信技术的进步将改变世界的讲话而惹了很多麻烦。就在他讲话的前两个月，默多克刚刚在中国香港从李嘉诚手中买下了信号可以覆盖中国每个角落的免费卫星电视网STAR TV（星空卫视）。9月，也就是默多克发表上述演讲后的一个月，我们国家就出台了禁止私人拥有卫星接收天线的规定，默多克栽了一个大跟头。

默多克自此一直在努力弥补自己的过失。他给中国较大的残疾人基金会捐款，还命令星空卫视的主管停止向中国发送英国广播公司（BBC）的节目，以此证明自己只想传送娱乐节目，而不是新闻。默多克还卖掉了《南华早报》的股份。1997年香港回归前，默多克取消了他的下属出版社出版香港前总督彭定康回忆录的计划。

当然，最重要的举动是默多克借笔电新人这一桥头堡，很好地建立起了与中国主管部门的对话机制，而且得到在北京和上海开设办事处的特权。

为默多克和中国相关部门做这些沟通工作的是两位澳大利亚人——布鲁斯·多佛和施朗然。

布鲁斯·多佛和施朗然曾是新闻集团对华办事处的首席代表，这两个人分别是 ChinaByte 的第一任和第二任总经理。

布鲁斯·多佛是新闻集团对华办事处的第一任总经理，一直工作到 1998 年。离开新闻集团后，多佛曾担任过美国有线电视新闻网国际新闻中心总编。2007 年下半年，出任澳大利亚新闻网（Australia Network）CEO。多佛曾经写过一本名为《默多克的中国冒险》(Ruperts Adventures in China) 的书。

施朗然则是新闻集团对华办事处的第二任首席代表，他也是 ChinaByte 的第二任总经理，后来转任 ChinaByte 董事长，曾代表新闻集团担任过网易的董事。2001 年年底，施朗然离开新闻集团，2004 年年底出任澳大利亚贸易委员会东北亚首席代表、澳大利亚中国大使馆东北亚经济参赞，主管澳大利亚在中国、日本、韩国及越南等国家的贸易工作。施朗然除了中文讲得好，在处理人际关系时也谦逊得当，在处理政府关系时游刃有余，是一位"中国通"。

当然，帮助默多克与中国对话的，还有他的中国妻子邓文迪——"一个传奇的中国女人"。

1997 年年底，默多克前往中国香港视察旗下的星空卫视，星空卫视特意在香港山顶餐厅举办由高级管理人员参加的鸡尾酒会。身为普通工作人员的邓文迪本没有受邀参加这个酒会，但当天晚上，她把自己打扮得光彩照人，不请自来。

此时，默多克正独自在餐厅的角落里喝酒——也许没有多少人敢过去和大老板搭讪。邓文迪端着酒杯，径直向默多克走去，并且"一不小心"把酒洒在了默多克身上。在处理"意外"的时候，两人交谈起来。邓文迪清晰的条理、敏捷的思维及独特的东方情调迅速赢得了默多克的好感，两人此次交谈了两个多小时，令在场的同事纷纷傻了眼，因为默多克从来不曾如此赏脸与一名普通员工交谈这么长时间。更让这些人傻眼的是，两个人一见钟情，默多克邀请邓文迪做他在中国的翻译。

1997年，默多克65岁，邓文迪27岁。1998年5月，默多克和太太安娜离婚，从此他和邓文迪的关系公开了。

邓文迪向默多克讲述了很多有关中国的知识。默多克开始把她的观点向新闻集团的管理层转述，后者称其为"邓文迪主义"。在默多克的生命中，邓文迪是他此时的最佳拍档。她和他有着一样的进取心和对交易的热爱，她并不想让他慢下脚步准备退休，她想和他一道去征服世界。而且她和默多克一样，每条血管里都流淌着机会主义的血液。她是广州一家国有工厂厂长的女儿，先是和一位在华工作的已婚美国经理交往，并和他有过一段短暂的婚姻，得到了能在美国永久居住的"绿卡"。然后她进入耶鲁大学学习，拿到了MBA学位。她在香港星空卫视实习，并最终成为全职雇员，负责在中国有线电视网络上推广星空卫视的音乐频道。1999年6月，默多克和邓文迪在他位于纽约港的游艇上举行了婚礼。之后，邓文迪从公司辞去了工作，但她依然是默多克在中国的翻译。

ChinaByte 老兵宫玉国

新闻集团对华办事处两任首席代表的更替，也在很大程度上造成了ChinaByte命运的变更。1998年之前，ChinaByte更多地是依靠着外方的先期投资款运营，中方基本上没有什么话语权；1998年之后，随着施朗然接替多佛执掌新闻集团对华业务，以及张震中等具有华人背景的高管进入新闻集团中国区的决策层，中方话语权开始大了起来。任命施朗然这样的"中国通"，请张震中这样具有华人背景的经理人参与新闻集团中国区业务的管理，以及邀请黄福盛这样也具有华人背景的人来担任ChinaByte的第三任总经理，都可以看作ChinaByte本土化的系列举措之一。但其中最重要的一个举动是在1999年"扶正"中方负责人宫玉国，任命其为ChinaByte第四任总经理——也是唯一的一任中国本土出身的总经理。

不过到了1999年，ChinaByte和宫玉国都失去了重新寻回行业内领导地位的可能。互联网的一年等于其他行业的7年，从1997年的领跑到1998年被赶上，再到1999年的落后，ChinaByte的发展轨迹很让人可惜。其中最让人可惜的是错失了1998年世界杯带来的商业机会。

1998年世界杯前夜，1996年从法国巴黎大学毕业回到中关村、被王志东请到四通利方论坛担任负责人的汪延，到ChinaByte找宫玉国，商讨联手做一些事情。两个人将共同的对手定为China Wide Web（国中网），他们谈得非常好，最后商定汪延可以把ChinaByte上的资讯转到四通利方论坛，四通利方论坛有什么好帖子，ChinaByte也可以做导引，让用户转到四通利方论坛讨论。

最后，世界杯网站评比，四通利方第一，ChinaByte第二，他们一起打败了国中网。虽然ChinaByte落后了，但其并未将这件事放在心上。

1998年世界杯之后，四通利方的王志东意识到在中国做互联网可能大有机会，开始对网站进行投资。1997年年底至1998年年初，是中国互联网从IT领域走向全社会的转折时期。世界杯后，ChinaByte本应该顺应这个潮流将其世界杯网站变成一个体育网站，但ChinaByte没有这么做。瞄准这个时机的王志东把新浪做成了中文第一门户网站,而国中网所在的中华网也借此加大了对网络广告市场的宣传力度,并抢先在美国纳斯达克证券市场上市。

看到体育网站潜力的,还有一个叫戴福瑞的美国人,时任新闻集团和 ChinaByte 商务拓展经理。1998 年世界杯后不久,戴福瑞和马来西亚的道格拉斯等人创办鲨威体育论坛,并选择了从北京大学一毕业就将自己创办的公司卖给 ChinaByte 并留在那里做搜索客的庄辰超担任 CTO。这家三个人联合创办的公司两年后被卖给 TOM 集团,团队遂告解散。2005 年,三人再次聚首,共同创立了旅游搜索引擎去哪儿网,公司的中文名字也十分地道——蛇猴龙(亚洲)投资有限公司,公司名字包含了三人的属相。由于道格拉斯创立的另外一家公司也获得了融资,于是他的精力主要放在那里,戴福瑞和庄辰超则继续负责去哪儿网的运作。

即便错过了世界杯,宫玉国主政的那两年,仍是 ChinaByte 发展比较顺利的两年。公司纠正了前任总经理关于电子商务的路径,收缩了娱乐和搜索等业务,重新回到 ICP 的路上来。2000 年,ChinaByte 的网络广告收入达到了 80 万美元,而那一年 ChinaByte 的整个运营费用只有 100 万美元,收支平衡在望。

但终究是势比人强。1998 年 12 月默多克获得了中国国家领导人的接见并受到赞赏。之后,默多克让自己的小儿子杰智来到中国,负责星空卫视业务。新闻集团中国区的业务重点也从 ChinaByte 逐步转移到星空卫视上,ChinaByte 被逐步边缘化。还有一点值得注意的是,《人民日报》开始自己做网站,成立了人民网,ChinaByte 的金字招牌 PDN(People Daily Network)名存实亡。

为避免 ChinaByte 被边缘化,宫玉国想了很多办法。1999 年 3 月,他拿着第三方给他们的估价报告,飞到上海找到上海"老八股"之一的爱使股份,想以将 ChinaByte 作价 5000 万美元、占爱使 50% 股份的方案重组爱使。但这一方案没有得到新闻集团中国区相关人士的认可。两个月后，中国股市上演了波澜壮阔的"5·19"行情，宫玉国和 ChinaByte 只是看客。

刘长乐和默多克对等控制凤凰卫视

ChinaByte 逐渐式微的另一个原因是，在获取与中国主管部门对话的通路上，默多克在人民日报社之外又遇到一个竞争者，那就是刘长乐。

刘长乐，1951 年出生于上海，父母是随军来到此地的政府官员。1953 年，他们全家移居北京。刘长乐的父亲是一名受过良好教育的文化人，后来成为中国共产党组织部部长级的官员。1979 年越南自卫反击战打响前，刘长乐退伍，被分配到中国中央人民广播电台。他思维敏捷、口齿伶俐，有着很强的直播解说能力，迅速成为中国中央人民广播电台最受欢迎的主播之一。20 世纪 80 年代中期，刘长乐进入北京广播学院（现称"中国传媒大学"）进行专业深造时，发现自己的一些广播节目成了教学的典范。到了 1988 年，刘长乐负责中国中央人民广播电台所有的军事新闻报道工作。

不久之后，刘长乐下海了，他在 1990 年被所在的公司派到新加坡负责政府石油贸易工作。在新加坡，刘长乐开始了自己的国际石油贸易业务，并把在石油生意中赚来的钱投入北京的房地产项目，由此获取了"第一桶金"。

和他的同龄人一样，刘长乐也希望看到中国实现现代化，努力赶上包括美国在内的其他发达国家，巩固中国在国际社会中的地位。他潜心佛教，并不是为了寻找信仰，而是要理解中国传统哲学和文化的核心。

大约在 1993 年，当默多克准备接手星空卫视的时候，刘长乐开始想办法在海外创办一家华语电视台。他的目标是这家电视台将面向全球华人，并且通过卫星将信号发送回国内。当时，唯一能够覆盖他的目标观众的卫星是亚洲一号，但是这颗卫星的租户名额已经预订满了。1994 年，刘长乐听说某国家电视台准备放弃它在卫星上租用的转发器，而作为卫星的最大租户，星空卫视对转发器有优先取舍权。

刘长乐为此找到了星空卫视。他想建立一个属于自己的频道的计划，让星空卫视当时的 CEO 加里·戴维（Gary Davey）颇感烦恼，他担心刘长乐的频道会与星空卫视现有的两个华语频道竞争。但是星空卫视的经理们也意识到，刘长乐非常了解中国的传媒行业和监管政策，这正是星空卫视所需要的。于是，刘长乐被引见给默多克，两个人开始了直接对话。这两人非常相像，饮食上他们都喜欢吃辣，做生意时都喜欢冒险，并且愿意为了长远目标放弃短期利益。他们很快发现对方与自己是一路人，决定开展合作。

最后的合作协议是：合资公司中 45% 的股权属于刘长乐，45% 属于默多克，还有 10% 属于当时的中央电视台在中国香港的一家公司。2000 年，凤凰卫视在中国香港上市，央视公司的股份转让给了中国银行，此外公司还有 15% 的流通股。

1996 年 3 月，凤凰中文台挟带着华丽的画面和快节奏的福克斯风格在沉寂的中国电视行业中爆发了，它还混合了星空卫视华语频道和电影频道的节目。

刘长乐兑现了他最初的承诺，开播了粤语和普通话的凤凰华语新闻台和娱乐台，对象是海外华人、华侨。到了 2000 年 1 月，美国和欧洲地区的国家都能通过有线和卫星线路收看凤凰卫视，这主要依赖默多克在全球的网络和协助。更重要的是，默多克和刘长乐开始在海外捆绑播出凤凰卫视和原中央电视台国际频道的节目。

默多克和刘长乐虽然在凤凰卫视中是合作伙伴，但是两人及各自的公司还是逐渐向着自己更感兴趣的方向发展。在刘长乐全力打造凤凰资讯台时，默多克则在海外忙碌，他忙着收购 Direct TV，扩大他的全球卫星网络在美国的覆盖面。这项工作虽然复杂而漫长，但是很成功。不过默多克依然很关注他在中国的业务。

星空卫视包括了华语版的 ESPN（娱乐与体育电视网）和国家地理频道，以及星空品牌的音乐、电影和体育频道。新闻集团在中国的骄傲和成功是一档名为"星空"的华语娱乐频道，它的中文含义就是"群星满天"。星空频道在 2002 年开播，主要播出体育赛事、综艺、剧集、情景喜剧、卡通和电影等内容，很容易让人联想起美国的福克斯节目。星空卫视还在中国的电视台里面广交朋友，请他们为星空频道和星空卫视的其他频道录制节目。默多克答应在美国和欧洲地区的国家中播放原中央电视台国际频道的节目，并以此换得了在毗邻中国香港的广东省直接播放星空频道的权利，即被接入一个覆盖约 200 万个家庭的有线电视网中。这是默多克在中国内地电视市场中的第一个落脚点。

麦戈文给了天极网 500 万美元

和默多克一样，另外一个全球媒体大亨、IDG 的麦戈文在 20 世纪 90 年代加紧了进入中国市场的步伐。为此，麦戈文把一个叫熊晓鸽的湖南留美青年派回了中国做首席代表。

1994 年春天，经当时的新闻出版署梁衡先生的撮合，刚刚到中国拓展业务的 IDG 中国首席代表熊晓鸽与时任《电脑报》常务副总编的陈宗周在北京见面。第一次见面，熊晓鸽和陈宗周都给对方留下了很好的印象。熊晓鸽对蜗居重庆却有国际化视野的陈宗周大为叹服，他后来到重庆讲学时回忆起这次见面，脱口而出的是"想不到在重庆有老陈这么一个人"。陈宗周则对喝完"洋墨水"的熊晓鸽能够入乡随俗、在政商两界游刃有余而大为赞赏，他不止一次在公司内部干部培训会上讲述熊晓鸽处理与政府之间关系的经典小故事，教育他的干部们该如何向熊晓鸽学习为人为商。两个同时具备全球视野而又立足本土的媒体强人一见如故，虽然没有谈到融资这样深层次的问题，但已经开始讨论起双方的合作事宜。当时最开始达成的一个合作是，IDG给《电脑报》提供国际新闻内容，对应的是《电脑报》每年向IDG支付一定比例的版权费用。不过，由于《电脑报》是一个面向计算机爱好者的普及性报纸，对行业的报道较少，因此基本没用多少IDG的内容，这项合作名存实亡。

同时，IDG向《电脑报》开放它在全球主办的各种计算机展览和会议。熊晓鸽曾多次邀请陈宗周到美国访问，陈宗周每次都会到熊晓鸽在洛杉矶和旧金山湾区的豪宅里住上一两天，两个人不断就计算机领域发生的大小事情交换意见，每次见面都相谈甚欢。后来，他们两个人一起在《电脑报》的月末版上开辟了一个"电脑时空"栏目，刊登他们的谈话以便分享给更多的人。很长一段时间以来，这是《电脑报》上最受欢迎的栏目之一。

1996年10月，陈宗周和时任《电脑报》编辑部主任的黎和生应IDG的邀请前往美国参加由他们主办的全球计算机年度大展Comdex。在硅谷，陈宗周和黎和生遇到了一位从山东大学硕士毕业、刚刚到美国创业的年轻人。在他身上，两个人近距离地触摸到了互联网可能存在的商业机会。这个年轻人将各个软件公司的软件编成目录，放到互联网上，利用互联网推销软件。每做成一笔生意，他就可以从中提取佣金，每个月据此可以获得3000美元以上的收入。

这件事情对陈宗周和黎和生震动很大，以前的互联网存在于文章中[1]，这一次他们亲身感受到了互联网的威力。回到重庆，得到陈宗周的肯定后，黎和生立即着手建立《电脑报》的网站。他邀请《电脑报》的老作者张明伟和重庆互联网资深人士黄毅刚，用了三个月的时间进行筹备。1997年2月14日，《电脑报》网站cpcw.com正式开通。cpcw这4个字母分别取自4个单词China、popular、computer和weekly的首字母。黎和生开始只是将cpcw定位成《电脑报》的电子版，之后围绕怎么样更好地服务《电脑报》的读者这一宗旨，cpcw率先向网友提供软件下载服务，随后很快开通了论坛，并迅速成为CNNIC[2]（中国互联网络信息中心）评选的十大中文网站之一。

转眼到了1999年，已经连续三次获得CNNIC十大网站称号的cpcw，开始成为很多投资商的追逐对象。

1999年6月3日，山城重庆，黎和生驱车赶往机场。下午5时30分，他顺利地接到了自己的客人——深圳新天下实业有限公司的老板吴海军和他的朋友廖杰。廖杰是一位在中国长大的美籍华人，身价不菲，坊间有说法称吴海军是廖杰在内地的重要生意伙伴。此番他们特意从深圳赶来参加由《电脑报》主办的中国首届DIY研讨会。

汽车平稳地行驶在高速公路上，一行人聊起了互联网，这个话题让廖杰两眼放光。黎和生心中一动，想到把cpcw网站兜售出去。在谈论中，廖杰对cpcw网站表示出了相当大的兴趣，并有了要投资的想法。黎和生非常高兴，连忙向报社汇报这一喜讯。陈宗周听到这个消息也很高兴，让黎和生先和廖杰谈一谈，看对方愿意出什么价。

当时的情况是，与《电脑报》同居一城的香港中渝集团也在和电脑报社谈投资cpcw的事情。香港中渝是重庆比较早进行高档住宅社

---

1 陈宗周所创办的《电脑报》是中国最早介绍互联网的媒体之一，他们邀请中科院高能所的许榕生在《电脑报》上开辟介绍互联网的专栏，这是关于中国互联网的第一个专栏。陈宗周也曾送许榕生教授以"中国互联网之父"的盛誉，这个说法据当事人的解释，更应该理解为"牧师"的意思。

2 NIC是某国管理域名的机构，中国管理域名的机构简称为CNNIC。

区开发的房地产商，当时也想做互联网业务，而且依靠着地利不断进行游说。陈宗周希望"货比三家"后再作决定。不过，与香港中渝的融资谈判不是委托黎和生去接洽的，而是委托当时电脑报社的另一位少壮派——社长助理兼发展部主任李志高。

一件事情由两个人分别负责谈判，多少有些让人难以理解，这与陈宗周对电脑报社的业务布局有关。陈宗周把整个电脑报社的业务分成两部分：一部分是媒体，主要是《电脑报》及《电脑报》独资或合资的媒体，这一块由黎和生负责；另一部分是产业，主要是一些软件产业，包括苦丁香这样的教育软件公司、新四方这样的软件销售连锁组织，以及参与投资的一些公司。比较知名的有金算盘软件公司和世纪鼎点，前者是中国第三大财务软件公司，后者由要文涛和他的几个清华大学的同学创办，是国内在IPTV（交互式网络电视）领域领先的技术提供商。这一块，具有工学博士背景的李志高管理起来要更加得心应手一些。

但按照上述业务划分，cpcw网站是黎和生与李志高都可以管理的部门——从媒体的角度说，cpcw网站作为纸介媒体《电脑报》的电子版，本身具有媒体属性，而且一直在黎和生的管辖范围下发展；从产业的角度说，到1999年，互联网已经开始形成一个产业，各种商业模型已经出现，可以作为一个生意来操作，因此让李志高来管理也是情理之中的事情。

在黎和生与廖杰商谈期间，李志高也接到了陈宗周的电话，让他和自己一起赶过去跟廖杰他们谈判。在谈判之前，陈宗周、黎和生、李志高三人定了一个500万美元的底价。也就是说，如果廖杰愿意出300万美元，就可以拿到60%的股份。

陈宗周将李志高介绍给大家认识之后就离开了，留下黎和生、李志高两个作为谈判的主力。谈判从午饭后开始，一直持续到晚上还没结束。黎和生想，cpcw网站从成立起最多的时候也才6个人，电脑报社的投入前后不到100万元人民币，因此他觉得在价格问题上还可以再松动一些。李志高最初一直比较坚持，但经过黎和生的劝说，同意再降低 100 万美元，让廖杰以 200 万美元占 60% 的股份。但廖杰一直没有表态，只是说："如果你们缺资金，我可以先投几十万美元，以后再说。"最后，廖杰表示愿意投 130 万美元占 60% 的股份，这时已经是凌晨两点钟了。但李志高坚决不同意，他们向陈宗周打电话汇报，陈宗周也不同意。这次谈判就算到此为止了。李志高回到房间之后，廖杰又专程来找了他一次，说："你何必这么坚持呢？"李志高说："问题是我们的网站值这个价，你要考虑我们是真的要把这件事做起来。"廖杰叹了一口气就离开了。

就在这次谈判之后，黎和生离开电脑报社和廖杰一起创办了百联网讯公司和 100 OK 电子商务网站。黎和生离开电脑报社后，李志高接管了 cpcw 网站，并成为后来天极网的 CEO。

李志高，1967 年出生，湖北罗田县人，因受《红岩》的影响，1984 年进入重庆大学，1995 年 7 月获得光电精密仪器专业博士学位，师从著名的光电专家黄尚廉院士。李志高毕业后被陈宗周几度游说，到电脑报社负责产业拓展方面的工作。IDG 与《电脑报》在媒体领域合资未果后，于 1996 年联合投资创办了教育软件公司苦丁香，李志高出任总经理。

由于苦丁香软件的原因，李志高与 IDG 的交往甚密。1999 年，IDG 已经把兴趣转向互联网，对 cpcw 网站也很感兴趣。因此除了和香港中渝集团洽谈，《电脑报》也在与 IDG 洽谈，这两项洽谈都由李志高负责。

1999 年 8 月 13 日，经过《电脑报》与 IDG 之间的一次互访后，陈宗周、李志高和 IDG 的周全、林栋梁在北京 IDG VC 的办公室里第一次面对面地坐了下来。就是在这次谈判中，双方经过协商，IDG 追加投资 cpcw 网站 100 万美元，总投资为 500 万美元，占 50% 的股份；《电脑报》一方将当时已经盈利的、由杨涛领衔的软件邮购部作价 100

万美元投资,加上原来作价 400 万美元的网站[1]部分,《电脑报》相当于投入了 500 万美元,占 50% 的股份。

1999 年 10 月,IDG 第一期投资额 500 万美元到达重庆天极信息有限公司的账上。500 万美元的投资不算是一个小数目,当时 8848 网站的第一期融资也只有 200 万美元,最大的电子邮件服务提供商索易才融资 50 万美元。这应该是 IDG 当时最大的一笔首期投资。

天极网为什么值这么多钱,耐人寻味。这一方面是因为天极网当时连续三年成为 CNNIC 评选的十大网站,有知名度、有流量;另一方面,还在于 IDG 与《电脑报》对 1995 年那桩错过的"姻缘"给双方带来的遗憾无法忘却,这种遗憾在这次融资中起了放大作用。对应的事实是,熊晓鸽对这个投资项目的唯一条件就是要求陈宗周担任天极公司的董事长。

天极网和 ChinaByte 合并

在 2001 年 4 月天极网与 ChinaByte 合并的过程中,正是陈宗周的大力推动,加上新闻集团派来的首席财务官(CFO)李映红具体操刀,才使得合并最终大功告成。

李映红也是重庆人,随母姓,母亲李玉兰是重庆的文化名流之一,母子两代人与陈宗周都有交往。李映红少年天才,去澳大利亚读书前曾为重庆动物园的一名动物学家。

对于合并,李映红接受作者的采访时有如下观点。

问:对以 1∶2 的比例与天极网换股合并,宫玉国认为 ChinaByte

---

[1] 包含李大学创办的当时国内知名的互联网系统开发商飞腾公司。飞腾公司也是《电脑报》投资的一家软件公司,李大学是《电脑报》的老员工之一,他后来担任了天极网的 CTO,离开天极网后加入京东商城任技术副总裁,现独立创业。

贱卖了,您对此怎么看?您是基于什么做出这样的判断的呢,有没有个人情感掺杂其中呢?

答:当时的对价是根据双方上一年的收入做出的。天极网因为有马向群[1]这样的顶级销售,广告收入比 ChinaByte 高出不止一倍。

正如宫玉国所认为的那样,没有我的介入,此事可能就很难促成。因为在此之前新闻集团纽约总部的人也有介入,却没有任何进展。我一直认为,职业经理人就应该这样,把股东利益放在第一位,拿人钱财,替人消灾。我当时在 ChinaByte,后来在新闻集团,以及后来在宏盟媒体集团,行为准则一直如此,没有变化过。

另外,我当时对默多克家族及新闻集团抱有很深的感情,有着报恩的心态,这也是我能在一片反对声音中把此事完成的原因。

不过,我的参与,更多的还是受命行事,毕竟我代表着新闻集团的利益。我的介入能使此事进展很快,主要还是因为我的重庆人背景,与陈宗周、李志高沟通比较方便,同时我提出的方案也比较容易被双方股东所接受。

在这个过程中,宫玉国基本上什么事都知道。前期他表示支持,只是最后在细节上,尤其是让原天极网的管理层来主导合并后的公司这个股东决定,他非常反对。但那个时候,已经不是他或者我能控制的了。

我在对待离职和留下的 ChinaByte 员工方面应当是问心无愧的。宫玉国在内的所有辞职员工都得到了经济补偿。而同意加入合并后公司的员工,则得到合并后公司 3% 的股份。

问:新闻集团是不是在 2001 年对 ChinaByte 做出了"弃子"的内部共识?是不是随着星空卫视的推进,新闻集团在中国的业务重点已经开始有所转变,您本人在一段时间后去了星空卫视任职,是不是也

---

1 马向群时任天极网主管销售副总裁,到天极网之前是新浪主管销售的副总裁,后为博圣云峰公司 CEO。他是中国网络广告第一代从业者。

说明了这一点？

答：新闻集团在 2000 年年初就做出撤离互联网（而不只是 ChinaByte）的决定。在我从澳大利亚回到北京前，公司就已经直接以书面方式告诉我，ChinaByte 有可能会与其他网站合并而导致我"下岗"。

当时新闻集团对中国的业务定位就是电视，从后来的发展来看，这反而是错误的。如果他们坚持定位在互联网领域，也许今天新闻集团在中国的业务就不是现在这个样子了。有时候，命运让人很难捉摸。

问：天极网和 ChinaByte 的合并在当时是第一和第二的合并，应该有巨大的领先优势。但事实是，PConline 率先于 2007 年年底在中国香港上市，CNET 中国后来居上，PCPOP 和 IT168 也赶了上来。现在回头看来，没有取得 1+1 远大于 2 的合并效果，是什么原因呢？从中有什么值得借鉴的经验呢？

答：也许，让原天极网的管理层全面主导合并后的公司，可能就是合并工作有所遗憾的一个方面。但是，这是当时双方股东共同的意思。新闻集团希望成为被动的投资者，并已经计划把我调回中国区总部任财务总监。

而宫玉国公开反对，并坚决不参与新公司经营，间接导致 ChinaByte 主要的编辑都离职了。而我当时也只是司职董事兼 CFO，并不参与日常管理。新闻集团在媒体领域的管理优势、编辑优势并没有在合并后的公司中有所体现。

新华社与中华网

1997 年，同样因为互联网，新华社和它积极参与的中华网走进了大众的视野。1997 年 6 月，新华社全资子公司中国国际网络传讯有限公司（以下简称 CIC）在开曼群岛注册了中华网（China.com），主要从事门户网站及相关业务。

在很长一段时间内，新华社是荣耀与权力之所在。一些优秀、能干的大学毕业生被分配到新华社工作，他们写的报道引领大众的视野。他们中的很多人还会定期写一种叫内参的文字，向相关部门汇报国内发生的事实。

随着中国股市的走热，新华社尝到了通过金融资讯赚钱的甜头。新华社在 20 世纪 90 年代早期创办了两份非常成功的股市新闻报纸《中国证券报》和《上海证券报》。

新华社在中国香港的业务也颇为盈利。中国环球公共关系公司帮助新华社将它的宣传能力和分销网络应用于企业客户。消瘦、机敏的新华社香港分社公关合作伙伴负责人马运生，主管这块业务，他有很长一段时间曾服务于新华社，这让他能很好地成为第三方。

不过，新华社在 20 世纪 90 年代早期中国市场对金融新闻资讯的需求爆炸中，只是一个旁观者。当时全世界有四家公司提供全面的实时金融新闻资讯。三家是美国公司——道琼斯、奈特里德（Knight Ridder）和彭博，第四家是法国的路透社。道琼斯和路透社实际上瓜分了中国市场，其中路透社的份额稍大一些，道琼斯次之，彭博的份额极小，而奈特里德则根本没有进入中国市场。

20 世纪 90 年代中期，中国的经济改革进入了高潮。全国冒出了大大小小的交易所，它们什么交易都做，从大豆到钢铁。这给路透社和道琼斯的实时金融新闻资讯带来了极大的需求。

每个终端每个月大约收费 2000 美元，价格不菲。而且这两家海外通讯社的终端上有中国 14 家主要商品交易所和两家证券交易所的价格，因此，交易所和各种金融机构仍成百套地安装。这样，这些公司的交易员就能像全世界所有金融公司的交易员一样日日夜夜地盯着屏幕，看到价格在世界范围内的重大事件和新闻的驱使下起伏跌宕了。

当然，新华社也看到了这一切，他们同样渴望获得金融新闻数据领域丰厚的利润。于是，双方的争夺开始了。

当新华社陷入与路透社、道琼斯的争夺中时，马运生开始认识到，做互联网可能是实实在在赚点钱的一种方式。他联合了两名在美国接受过教育的香港企业家朱伯伦和叶克勇。朱伯伦毕业于加州大学洛杉矶分校计算机专业，从事房地产销售和邮购市场业务。叶克勇是一名计算机工程师，拥有沃顿商学院的 MBA 学位，在美国时曾在毕马威咨询公司的战略规划部门工作过。三人小组为新华社设想了一个计划，利用其政治背景获得在中国互联网市场上的垄断地位。其计划是建立国中网，它是一个与全球的国际互联网相隔离的网络。

国中网是一个封闭的用户组，必须在一家新华社的下属公司的控制下才能有偿访问，这家公司就是中国国际网络传讯有限公司。CIC 将过滤从国际互联网进入中国境内的所有信息，并把内容翻译成中文。由于中国对经济建设的关注，CIC 的主要关注内容是商业信息。CIC 计划在深圳建立一个占地 2000 平方米的工作场地，聘用大量翻译人员在这里工作。项目预计几年内将拥有 100 万名用户，营业额将达到数亿美元。新华社接受了这个方案。1994 年，新华社在中国香港注册成立了中国国际网络传讯有限公司，作为新华社的全资子公司。

在马运生和朱伯伦忙着获得关于互联网的诸多许可的时候，叶克勇则开始从香港"大亨"那里募集资金。叶克勇是一名身材短小、精明强悍的销售大师，国字脸，头发一丝不乱，穿着笔挺的西服，脚上一双 Gucci 皮鞋，他清楚地知道香港"大亨们"想要听到什么，他能给他们什么，从而轻松地获得了 2500 万美元的初始资金。

不过，这个计划还没开始就夭折了。1995 年，中国电信开放了北京、上海、深圳多个城市的对外连入互联网的接口，年轻的中国企业家们也开始陆续创立了互联网服务提供企业，以及和雅虎类似的中文网站。国内的大学也建立了通向互联网的国际链接网络。

于是，已经用完大量先期投资的 CIC 公司面临着生死考验。在此关键时刻，新华社亚太分社社长张国良起了决定性作用。在张国良的支持下，CIC公司借香港自由市场环境，在1996年进行了两个大动作。一是在开曼群岛注册了一家CIC控股公司，并将部分股权出让给海外风险投资者；二是将公司的经营管理权交给了投资者信任和选派的市场人士。虽然CIC的董事局主席仍由新华社派人担任，但从1996年10月开始，中国香港一位知名业界人士钱果丰[1]成了CIC董事局执行委员会主席；而在此之前的5月，这个计划的提出者、熟谙于通信传播界的香港商人叶克勇担任CIC董事局副主席。

细读中华网公司的招股书便可知晓，叶克勇虽然没直接出任CIC的CEO，但他任董事的亚太在线有限公司从1996年开始正式对CIC提供"管理服务"，并由他执掌。为此，CIC和中华网公司在1996—1998年的3年中，向亚太在线支付了47万美元的管理酬劳，还不包括理所当然的期权。

叶克勇努力把CIC打造成一家为中国提供国际商业资讯服务的公司。他是一个精明得有些夸张的商人，当CIC采购设备时，公司的最新动态中会把供应商称为CIC的"合作伙伴"。跨国公司的经理人答复了叶克勇的来信，会发现他们自己的名字被冠以公司"顾问"的名号列在公司宣传册上。在很多人看来，叶克勇咄咄逼人，有些手段过于功利。但支持他的人认为，叶克勇的做法虽然不符合情理但基本还可以接受，没有太多可指责的地方，更重要的是，叶克勇是被形势所迫，需要"拉虎皮做大旗"。

这边是叶克勇在想着办法给CIC脸上贴金，另一边则是在钱果丰的牵引下，华尔街投资银行雷曼兄弟开始介入。

再之后的故事是，中华网于1999年7月在美国纳斯达克证券市场上市，成为第一家在那里上市的中国互联网公司。

1　钱果丰本人也是中国香港的大银行家，他的头衔之一是汇丰银行的董事。

大连金州没有眼泪

在默多克、麦戈文高歌猛进，刘长乐、陈宗周、宫玉国闻鸡起舞的同时，两家最终成为中国最具民间号召力、最受欢迎的媒体也在1997年因为互联网埋下了成长的种子。一家是一纸风行的《南方周末》，另一家是一呼百应的新浪。

而连接这两家媒体的是一个人——老榕，和他的一个帖子。1997年11月初，老榕在四通利方论坛上发表了著名的文章《大连金州没有眼泪》，讲述了他带着儿子小榕从福州千里奔赴大连看球的故事，用细腻和富有深情的文字，记录了在目睹一场中国足球历史上惨痛失败后，小榕和在场观众对中国足球怒其不争、哀其不幸但又不离不弃的言与行。

这个帖子在发表后的第二天，被当时的"体育沙龙"版版主冠以编者按，在论坛置顶。那时候，四通利方没有新闻，没有网刊，只有能容纳300个帖子的BBS。

一则让我们落泪的帖子

9月中旬世界杯足球赛亚洲区的预选赛开始以来，在"体育沙龙"版版主NelsonDon和Goooooooal的带动下，我们和许多网友、版主一齐努力，把赛场实况搬到了网上。借这个机会，我们感谢所有参加实况转播的人，同时也感谢所有鼓励和支持过我们的网上观众。

10月31日，自从那场球赛结束以后，我们再也没有兴趣继续在网上搞直播，再也不想听任何人提起中国足球，甚至几天过去了，我们中没人愿意去"体育沙龙"的直播室清理那些过了时的网页，那里的时间依然静止在31日的傍晚……

然而两天前，当我们从睡梦中醒来，"体育沙龙"中的一则署名"老榕"的帖子却让我们每个人的眼眶红润了。没有想到，时至此刻不过48小时，这则帖子已经在我们的论坛中被阅读了两万多次，同时传遍了互联网。

两周以后，这个帖子的主人老榕照例买回当时每期必看的《南方周末》，赫然发现自己的那篇文字被全部刊登在了杂志上，占据了体育版的整版。当时体育版编辑李戎，亲自在上面写了一段编者按，大意是，他的邮箱收到了 60 多封关于这篇文章的邮件，要求他们转载。为了不影响当时还在比赛的中国足球队，他们克制着，直到 11 月 14 日中国队踢完了对晋级没有实质意义的比赛之后，才刊发出来。这应该是中国的报纸第一次登载署名 ID 不可以考证[1]的文章。

《南方周末》信息时代版的编辑吕祥也在《10 月 31 日：大连金州没有眼泪》的评论里写道："读罢这则帖子，编者同所有关心中国足球的网友一样，被深深地感动了。这样一则帖子，当然救不了当年颓败的中国足球，但它能够给予我们的，似乎比足球更多。"

在今天的互联网上，可以贴帖子的地方多如牛毛。借助电脑网络这一廉价而高效的传播平台，人们可以把自身对生活的种种感受和理解张贴上网，让更多的人去分享、感叹或共鸣。熟悉互联网的人们都知道，网上讨论区充斥的绝大多数内容都是琐碎、无聊而且浅薄的感叹和议论，而如老榕的这则即便从文学角度来看也堪称佳作的帖子实在是难能可贵。

老榕的帖子始于哪一家 BBS 或网站，现在已经无从查考，而且这一点也确实不重要了。只要作者不要求相关的权益，任何一条信息，哪怕只是一个喷嚏，从上网的那一刻起，就立即成为全球的财富了，其覆盖的广度和传播的速度是任何传统媒介都无法比拟的。

经由互联网上的反复辗转，老榕的帖子又被载上多家传统的媒介，其中包括《成都商报》《中国足球报》和本期的《南方周末》。从数字空间再返回我们的模拟世界，老榕在屡战屡败的中国足球面前的苍凉的悲哀，似乎又陡增了一些"时尚"的感觉。由老榕这么一则帖子的空间转换，可以说，网上传播的时代已在中文世界露出了端倪。感谢

1　当时确实不可以考证，因为老榕没有露面，以后很长时间也没有露面。

福州的老榕，以及他那刚要醒事的孩子，还感谢那些把老榕的帖子转给编者的网友。当然，还要感谢那些为建网而辛勤工作的人。

事情好像才开始。两周后，《南方周末》刊登了这样的文章：《足球不幸球迷幸——致老榕和他的孩子》，作者李公明。

我不是球迷，但老榕的帖子（11月14日本版）使我感动不已，使我平生第一次写下了关于中国足球的这点文字。过去人们说"国家不幸诗家幸"，含泪读完老榕的帖子，我头脑里冒出来的一句话就是："足球不幸球迷幸"。

有人会问：中国足球如不幸，中国的球迷何幸之有？我想，在这样一种功利滔滔、性灵枯乏、情感虚假的岁月里，能产生老榕这样的文字、产生老榕和他的孩子的那种情感，这不是天大的幸事吗？

在远离了那种史诗性的、充满理想主义和献身精神的岁月以后，在被暴风雨荡涤的英雄情怀已日渐消失的时候，我们已经无法在人群中感受到同一种炽热的情感、呼唤着同一种声音、流淌着同一行滚烫的热泪——没有了集会中的狂欢和悲歌，哪里还有狂飙为我从天降？！

只有足球，中国的足球！那个令我们哭、令我们笑、令我们在可怕的冷静中领略可怕揪心之痛的中国足球，只有它可以让我们重温炽热的情感、刺痛麻木的心灵，让我们在网络上"倚栏看剑，泪洒英雄"！

我想，老榕的这则帖子已足以令当今书坊上那无数莺歌式散文羞愧无地。我还想到，它完全够条件成为我们语文教材中的一页：它叙事清晰、条理分明、文字朴素、感情真挚动人；更重要的是，它连接着两代人滚烫的心！但假如我是中学教员，我又会对它既爱又怕，怕的是我在教这一课时难以自制，为了我们涕泪横飞的中国！

足球只是一个流传的球，中国球迷是一片泪浇血灌永远的心！

1997年年底，南方的媒介开始了延续到现在的年终"盘点"习惯。

1997年，《南方周末》大盘点特刊《你们现在还好吗》中，有这样一段文字：

主编寄语：老榕的感动

走过1997年，我们有梦圆的欢欣，也有梦碎的痛苦。而执着于梦想的追求，使我们咫尺天涯，息息相通。

就在几天前，一位读者给编辑部写来了他亲历的一件事：在湛江开往海口的轮船上，百无聊赖的他买下了一份《南方周末》，尚未读完，就已经泪流满面。他把报纸递给正在甲板上追逐嬉戏的一群素不相识的少年，少年们看完报纸，也如塑像般陷入了沉思。

深深打动了这一群人的，是老榕的文章，那篇取自网络、感动过无数人的《大连金州没有眼泪》。当轮船靠岸，各奔东西，少年们也许很快就会淡忘了这不期然而至的邂逅，但是，在甲板上触动他们沉思的东西不会湮没。中国足球梦碎金州的那个夜晚，也许是老榕儿子10岁生命的历程中最寒冷的一夜，但就在那寒冷之夜的第二天早晨，孩子幼小的心灵已经开始照耀着一种特殊的阳光，那就是理想和希望。

在这个特刊的一版，介绍了包括老榕在内的一些这一年在《南方周末》上出现过的轰动人物。老榕也是这些人物中唯一没有提供照片的人。

老榕的真实身份是福州连邦的总经理，他最初上网的一个想法是更多地卖一卖他的软件。最开始，他总是自觉或不自觉地告诉正在讨论怎么使用软件的网友，他有正版的软件可以买。如前文所提到的，四通利方论坛一开始就是一个给网友提供软件下载和讨论问题的地方，所以，商业感觉良好的老榕就跟着过来了。

这个帖子成就了球迷老榕，之后一连串的事件让其持续以网络大侠的身份出现。1998年3月，他曾经参与发起和组织了"网上救助绝症贫困女大学生"活动，成为中文网络上首例通过互联网发动各界人士救助的活动，使家境贫寒、身患绝症的女大学生奇迹般地逃离了死神。1998年长江水灾期间，他又参与发起了网上希望活动，通过互联网募集救助资金，使数十位因受灾失学的孩子重返校园。1998年年底，老榕作为证人，出庭给福州市中级人民法院审理的一个关于IP电话经营的案子作证，在法庭上公开宣讲网络知识。这一举动更使老榕这位"网上大侠"声名大振，为此他被《电脑报》评为当年"中国十大网民"。1999年1月，老榕来到北京，以王峻涛的真名示人，创建8848网站，之后是另外一番故事了。

中文网站第一编辑陈彤

《大连金州没有眼泪》还成就了一个叫陈彤的网友，他在新浪上的ID是Goooooal，一共6个o，每次输起来很麻烦，但很容易被记住。四通利方论坛的老网友喜欢称后来成为论坛管理员的陈彤为"钩儿"。

这种网上做派和他线下做事为人一脉相承，其超严格的要求、粗暴直接的管理风格及良好的新闻感觉，成就了一支强悍的网络新闻编辑管理团队。陈彤2014年后离开新浪，目前是一点资讯的副总裁和总编辑。

陈彤，1967年出生，籍贯河南开封，生于北京。他中等个子，圆脸，密黑厚实的头发总是遮盖着他的额头，深邃的目光藏于眼镜之后，办事利索，雷厉风行。陈彤从小爱好新闻和体育，在填写高考志愿的时候，他的第一志愿是北京工业大学的电子工程专业，第二志愿是北京广播学院的国际新闻专业，基于他的爱好，第三志愿则是中央体育学院的体育理论专业。结果他被第一志愿录取了。

自北京工业大学电子工程专业毕业后，陈彤在中关村度过了数年同后来的生活相比颇为平淡的日子。1996年，他开始攻读北京理工大学通信学硕士。

1997年4月，是还在北京理工大学读研究生的陈彤上网的第三个月，他遇到了一个叫李嵩波的人。和他通了几封 E-mail 后，陈彤发现李嵩波的 E-mail 服务器是四通利方的。一问才知道，李嵩波正是四通利方网站创始人（李嵩波也是一个技术天才，后来担任了新浪的 CTO。他与汪延是同学，两个人一起创办了一个新驿多媒体工作室，在 1996 年被王志东整编。同时进入四通利方的还有汪延、李嵩波的另一个老同学邓海麟。邓海麟进入四海利方网络部后开始负责广告业务，他也由此成为中国网络广告的第一代从业者）。陈彤随即暗示，如果让他来做体育沙龙版版主，访问量可以提高 10 倍。李嵩波马上在中关村的饭馆里请陈彤吃了顿饭。吃完这顿饭，陈彤就成了四通利方体育沙龙版版主了。

版主陈彤很卖力地在自己家中为四通利方体育沙龙版干活，他像个园丁，辛勤浇灌着体育沙龙。他用各种方式获取一手资料，然后再用不同的 ID 贴在体育沙龙里。他发现有人主动提供赛场消息，或来体育沙龙发帖子。陈彤把这种自发的行为组织起来，发动各地甚至各国的网友把体育信息发布到论坛上。到后来，更多的网友自发地把看比赛的情况、感受发上来，甚至有国外的网友把当地媒体的报道翻译上来，论坛办得非常红火。紧接着1997年国足十强赛就来了，文字直播、视频直播，陈彤和他的伙伴们全上了。

此时中国上网人数为 10 万人，体育沙龙内的好帖，点击量也就几百次，所以，连陈彤自己也没太拿它当回事。1997 年 11 月中旬，《南方周末》刊登老榕在体育沙龙版的帖子《大连金州没有眼泪》，使四通利方感受到了自己的力量。见报那天，陈彤正在中关村一家小公司中给人帮忙。有人喊陈彤："你的名字上报了。"当陈彤看到自己的网名 Gooooooal 印在报纸上的时候，十分激动，这是他的名字第一次刊登在报纸上，而且，还是那么好的一张报纸。陈彤马上给李嵩波和体育沙龙另外一位版主老尼打电话，李嵩波让陈彤马上买 10 份报纸送过去。四通利方觉得是时候加大对网站的投入了。

1997年11月底，四通利方推出了体育频道竞技风暴，然后又推出新闻频道。陈彤研究生毕业后，被四通利方网络部的主管汪延邀请加入新浪的前身四通利方，成为这家公司的第一个编辑。之后，陈彤成为四通利方CEO王志东和夫人刘冰嘴里的"新浪宝贝"。再之后，陈彤掌管的新浪成为华文媒体中的强势品牌之一。

1998
极客当道

1998年的中国经济整体上波澜不惊，但1998年的中国互联网无比精彩。在本书中，每到中国经济的低谷和紧缩之年，中国互联网和中国经济之间都会出现跷跷板效应；而到了整个中国经济的大好之年，中国互联网更是热钱涌入，呈现出远热于中国总体经济的状态。简单地说，在中国经济低迷的时候，互联网起对冲的作用；在中国经济欣欣向荣的时候，互联网则又充当放大器。

回到1998年，很多创始人具有极客背景的中国互联网公司在这一年内集中创办或爆发。丁磊的网易公司的创办时间虽然是在1997年5月，但真正开始开展业务，还是在1998年3月拿下163.net的免费电子邮箱系统之后。1998年留给丁磊的，应该是最美好、最难忘的记忆吧。

这一年春节一过，鲍岳桥、简晶、王建华联合创办了中文网络游戏平台联众。一年后，联众被作价500万元卖给了海虹控股的中公网。

1998年11月11日，马化腾、张志东、曾李青、许晨晔、陈一丹五个人联合创办了一家名叫腾讯的公司，其最初所在地是深圳华强北商业圈后一栋名为华强北创业园的小楼。今天，腾讯在深圳拥有多处物业，其中最重要的是深圳黄金地段深南大道上拥有Q形外形、属于腾讯自己的办公大楼。腾讯的市值在很长一段时间内位居中国互联网公司第一的位置。

在马化腾创业这一年的10月，自称是方正最好的高级程序员的周鸿祎从新疆方正回到阔别10个月的北京。他决定自己创业，做一个中文网址的项目，为了好推广，他给这个项目起了一个名字"3721"，取"不管三七二十一"的意思。这个名字很形象，也与周鸿祎怪招迭出、不按常规出牌的做派相吻合。

和丁磊、马化腾、鲍岳桥一样，周鸿祎最开始也将自己的公司注册成了软件公司。这样看来，这一年冒出来的日后搅得整个互联网江湖翻天覆地的，都是一些具有软件开发背景、有极客气质的年轻人。

这多少有些巧合，但仔细一想其实有其内在的逻辑。经历了1995年的基础建设、1996年的海归归来、1997年的大门洞开，1998年本该就是极客当道。

这一年，还有一个特殊的极客群体——黑客，开始浮出水面。这发端于在民间引起强烈反应的东南亚某国的排华事件。而次年的南斯拉夫大使馆事件又催生了一个新名词——红客。

真实动机已经不重要，客观上爱国旗帜的高扬，促成了中国黑客的急速成长。那两年，黑客技术就像日后的博客一样流行，"报效祖国"成为年轻网友最惯常的口头禅。不过，2002年4月，中国互联网协会公告禁止有组织的攻击行为，"红盟"至此一蹶不振，只沦为少数人问津的网页。而滔滔直下的网络安全产业，令昔日的黑客们竞相转型，别无他顾。

那些玩个人主页的玩主

如果你是在1998年开始上网的网友，那你一定知道一个名叫Carboy的人制作的个人主页。

Carboy大名杨震霆，喜欢玩车，所以人送外号Carboy。这个人兴趣很广，也曾玩过音响。

1996年，杨震霆去广州电信局数据分局申请了个人互联网账号，但是他不懂怎么设置，根本上不了网，于是去电脑城开始找书。找书的过程中他听到有个人在议论互联网，而且说得很在行，就这样结识了这个高个子海南人——后来网易的创始人之一周卓林，并向他当场求教。回家后，杨震霆还是不会操作，于是给周卓林打了很长时间的电话，直到手机发烫，折腾了 20 多次终于可以上网了。上网后他第一个访问的是微软官网，这是为了证实自己在网上的确出了国；第二件事情是给周卓林发电子邮件，告诉他"我已经可以上网了"，后来很快收到了周卓林的回信。这封回信让杨震霆兴奋不已。

兴奋过后，杨震霆想，很多人都不知道怎么上网，像自己这样有人指点的人并不多。于是，他做了一个教人如何上网的个人主页，发布后很受欢迎，很多人一开始上网都会浏览。

还有一个叫边城浪子的网友，他的个人主页也相当受欢迎。边城浪子大名高大勇，当时有多个个人主页，其中他自己最喜欢的是以《丁丁历险记》为主题的个人主页，但影响最大的是一个叫"回声资讯"的个人主页。高大勇虽是东北人，但身材不高，他很早入行互联网，设计方面才华横溢，曾在很多公司工作过：瀛海威、ChinaByte、新浪、中国旅游资讯网、听听电子商务网。1999 年，高大勇创立"闪客帝国"，这里一度成为全国 Flash 作者的根据地；目前他的身份是知名独立游戏网站 indienova 的创始人，这个网站是国内外独立游戏开发者的交流平台。

当时高大勇所在的 ChinaByte 的设计部要求部门里每人都要做一个个人主页。于是有了另一个很知名的个人主页——滕燕和她的"渔人码头"。当时做得比较好的女性个人主页很少，"百合"的"素心阁"是名气很大的另一个。

1998 年 2 月春节期间，滕燕从公司搬了一台电脑到家里办公，用一个星期的时间做出了主页"渔人码头"，主人的 ID 叫作兔子。再之后，女性个人站长中又出现了一位叫"白云"的佼佼者，当时在广东电信体系里工作。

兔子和边城浪子两个人有一段时间走到了一起。1998 年，他们双双离开了单位，合作开了一个工作室，做"城市边缘"。两个人的想法是把它做成一个松散的小产品、一个小团体，把自己的作品都展示在上面，有项目就一起做——都是制作网页、网站设计之类的项目，很 soho。不过这个 soho 工作室并没有坚持多长时间，到 1999 年开春，他俩又重新成为上班族。再之后这两个有才华的年轻人各自单飞了。

当时网易个人主页大致分为两类，一类是下载类的网站，另一类是读书类的网站。其中下载类比较出名的三个站长，一个是张伽，一个是高春辉，另一个是华军，他们三个人都在 CFido 闯荡过。而读书类中比较受欢迎的个人主页，是喻文汉做的黄金书屋，以及由蒋钢和李雪明这对黄金搭档陆续创建的热点男孩、文学殿堂和逐浪，其中逐浪后来并入南京的中华书局。当时和黄金书屋齐名的还有一家名叫书路的个人站点，但其数度易主，未能再领风骚。

个人主页多了，就开始有人点评。做这项工作的是一个叫王晨昀的上海年轻人，他做了一个叫"晨昀品网"的栏目。王晨昀做这个栏目的时候不满 20 岁，后来他在梦想家等上海本地互联网公司都有过从业经验。王晨昀是上海互联网的节点人物之一，很长时间里也是上海大规模互联网聚会的主要召集人之一。

比王晨昀更有名的是一个叫 Need 的工作室。其创办者是两个暨南大学的男同学，一个叫 Neso（欧胜），一个叫 Red（姚鸿），两个人各取自己英文名字中的两个字母，组成"Need"，寓意是给予人帮助。这两个人中 Neso 懂技术，尤其对服务器端很熟悉，Red 则是一个超级大玩家，在网页设计上很有天分。评价他人网站的工作室 Need 联合广州本地一个叫嘉星的 ISP，做了一个叫嘉星品网的品牌，专门品评网站，很快后来居上。两人后来还与陈仲文（Seven）一起创办了中文热讯。中文热讯很快成为广州继网易之后的又一大热站，并很快得到了 IDG 投资人杨飞的投资。

姚鸿和中文热讯后来一起被梦想家收编，再后面的故事，则是梦想家没能成就梦想，姚鸿回到广州，在广州太平洋电脑城度过一两年无聊的网管生活后，又一次得到了杨飞的投资，成立了POCO公司。

广州帮

中文热讯除了继续做品评网站，还针对个人主页用户推出统计排名和调查系统、邮件列表等功能。

为中文热讯提供技术支持的是一家名叫博大的公司，该公司的CEO朱粤曾经担任过嘉星的副总经理，和姚鸿本就认识，于是他们一起推出博大的产品。写下博大系列产品的是博大当时的CTO吴锡桑，一个外表像温兆伦的帅气潮汕青年。他也是暨南大学的毕业生，读书的时候，吴锡桑就写出过知名的多媒体教学软件飞鹰，得过全国比赛的大奖，并成功地进行了商业化运作。这一系列成功，让他名声大噪。

吴锡桑进博大本是为自己的海外签证做过渡。签证一到手，他就想出国，但觉得这样做似乎不妥，因此给朱粤推荐了自己的好朋友——已经写出Foxmail但当时在家赋闲的张小龙，由他接替自己CTO的位置。博大的母公司英泰教育是一家实力雄厚的教育集团，并且在A股上市，他们不仅看中了张小龙本人，也看好他写的Foxmail，最后花了1500万元人民币收购，张小龙因此一夜成名。《电脑报》的编辑廖丹称张小龙为第二代程序员的旗手，其声望和影响力直逼第一代程序员的领军人物求伯君。但之后博大盲目扩张，很快陷入被动。面对残局，张小龙接替朱粤成为CEO，虽然励精图治，但最终博大没有成为下一个金山。

2005年开春，刚在中国香港上市的腾讯宣布了它的第一个收购——买下博大。张小龙和他的20名员工成为腾讯广州分公司成员，张小龙担任广州分公司总经理，后来在2010年推出微信这样的产品而一夜封神。

张小龙喜欢组织车队玩自驾游，比如去湘西、桂林等地方。他还喜欢打桌球，技术堪比专业级。

吴锡桑帮张小龙进博大，张小龙也投桃报李。有一天张小龙给正在收拾东西准备出国的吴锡桑打了一个电话，问他有个项目做不做。张小龙所说的项目，是当时21CN医林网的系统集成项目。吴锡桑一看好像不难做，于是接了下来。这个项目大概能赚20多万元，吴锡桑跟人合伙，自己大概能赚10万元。项目做完，吴锡桑的想法变了，觉得还是国内机会多，于是决定不出国了。正当这个时候，陈仲文从中文热讯出来，找到吴锡桑，说可以一起开公司，于是有了仙童数码。陈仲文是中文热讯的另一位创始人，很有生意头脑，之前中文热讯和博大合作很紧密，由此认识了吴锡桑。

陈仲文负责融资，吴锡桑做技术，仙童数码就这么做起来了。仙童数码也是2000年前后红极一时的MyRice[1]的关联企业，吴锡桑由此认识了MyRice三个创始人之一的朱贺华。朱贺华是一个香港银行家，后来去了汇丰银行。很多年后朱贺华负责给盛大做投资顾问，正是通过吴锡桑牵的线。

吴锡桑是一个头脑灵光的年轻人。1999年5月，他在《电脑报》上看到记者赵琼写的关于鲍岳桥等三人创办的联众卖给了海虹控股的中公网的文章，感觉到网络游戏的机会来了。于是，他鼓动加拿大籍的梁宇翀赶快回国，由陈仲文、吴锡桑出资，梁宇翀担任总经理并负责开发程序，三个人联合创办了天夏，并开发图形MUD[2]游戏《天下》。

2000年年底，吴锡桑偶遇回到网易担任丁磊特别助理的周卓林，并向周卓林推荐了天夏和他们在做的《天下》。周卓林也喜欢游戏，

1　MyRice，即多来米游戏网站，由中华网创始人叶克勇的儿子叶成浩创办。
2　MUD（Mutiple User Dialogue），即多用户交互的意思。

特别是 MUD 游戏，在周卓林的建议下，丁磊亲自来到天夏的办公室考察了这款游戏。丁磊也觉得不错，留下一句话："你们需要的不只是几百万人，你们需要的是几千万人。"

丁磊决定全资收购天夏，包括梁宇翀领衔的整个技术团队。2001年3月，网易完成了对天夏的收购。收购的时候，吴锡桑没有选择留下，也没有选择拿网易的股票，而是拿了现金后离开[1]。之后，吴锡桑带着其他几个不愿意进入网易公司的员工，以及从仙童数码开始就跟随自己的程序员，一同创办了独立游戏开发工作室火石。火石后来卖给了中信泰富旗下的光通，成为光通与全球知名游戏公司 EA（美国艺电）进行对口技术合作的重要筹码。

吴锡桑喜欢登录水木清华的论坛，他与同是水木清华网友的周鸿祎也有很好的交情。正是在周鸿祎的帮助下，从 IDG 出来、成为鼎辉投资新合伙人的王功权帮火石从中信泰富手里赎身。王功权在后面关于周鸿祎的章节中还会出场，他是一个喜欢诗词歌赋的"神人"。

梁宇翀在开发完《大话西游 I》后也离开了网易，继续前往加拿大坐"移民监"。2002 年，遵守与丁磊关于禁业君子协议的梁宇翀重新回国，与他在天夏的两个老搭档胡志辉、徐康一起创办了广州网络游戏数码科技有限公司，推出《战国 II Online》《天羽传奇》《勇者传说》等产品。

丁磊在 BBS 收获创业伙伴

互联网广州帮中，当时名气最大、后来也最成功的人是丁磊。

---

[1] 对于拿钱走人而不是跟着团队进入网易，事后说法众多。吴锡桑自己在博客中的解释是因为老父病危，需要一笔现金，万事孝为先。

如前所言，丁磊是 BBS 的鼻祖级玩家。1996 年他离开工作了一年的全球数据库软件提供商 Sybase 广州公司，在加入广州最早的互联网 ISP 公司之一飞捷后，就马上用火鸟系统[1]架了一个基于公众互联网的 BBS 系统（CFido 不是基于公众互联网的，水木清华是基于教育网的），也叫飞捷。后来推出免费中文电子邮箱 163.net 的何国勇、李伟斌等人，都是飞捷 BBS 上的常客，当然还有 Carboy。早期广州互联网的另一个热站中文热讯的几个创始人姚鸿、欧胜、陈仲文，也经常在飞捷 BBS 上出没。飞捷虽然不是丁磊自己的公司，但当时广州的网友们还是喜欢捧这个浙江小伙子的场。

丁磊和网易最早的创始人周卓林就是在飞捷 BBS 上认识的。两个人都是系统端开发的高手，因此不免相见恨晚。根据周卓林的描述，开公司是两个人的主意，两个人是在丁磊当时住的淘金路的一居室里讨论开公司的想法的，名字"网易"也是两个人的联合创意。当时丁磊说新公司要做互联网，一定要有个"网"字，而周卓林认定新公司要让网友登录互联网更容易一些，一定要有个"易"字，于是合起来就叫"网易"。网易公司注册资本 50 万元，丁磊出全资，占公司 70%的股份，周卓林以技术入股，占 30% 的股份。之后周卓林三进三出网易，其首次公共募股时股东名单上也没有周卓林的名字。今天的周卓林过着和丁磊全然不同的生活。

网易免费电子邮箱系统的最早开发者陈磊华，也是在 BBS 上和丁磊相互认识的。高手一过招，就知有没有，丁磊很快邀请陈磊华一起开发免费电子邮箱系统。陈磊华一开始是想要股份的，而"丁磊对我说，我是学生[2]，不好给我股份。他曾担心给了我股份之后，我会不努力工作了。那个时候,我还没听说过股票期权的说法"。不过丁磊答应，系统卖出一套，就给他提 20% 的利润，这让陈磊华在毕业前就已经赚

---

1 一种开源的 BBS 系统。
2 刚认识丁磊的时候，陈磊华还只是华南理工大学二年级的学生。

了将近百万元。

同样是在 BBS 上，丁磊收获了他 1999 年进军北京时的最早班底——杨海和黄志敏。

杨海网名蓝海，是水木清华病毒版的版主。他也是享有盛名的毒岛论坛的发起人之一，是中国民间反病毒领域的技术发烧友和民间意见领袖之一。

黄志敏则是潮汕人。潮汕历来出牛人，李嘉诚、黄光裕都出自此地。在互联网领域里也多有牛人，最牛、最有名的当属腾讯的马化腾，而最具有声望的是张静君。

潮汕有很好的互联网基础，得感谢一个人——黄耀浩。1992 年，北京的罗依建设的"长城"站和汕头黄耀浩建立的"手拉手"（后来改名为 PCUG）站成为国内按照 FidoNet 体系建立最早的 BBS 交换系统，由此形成 CFido。

黄耀浩一直是一个自得其乐的人，半夜用 2400bps 速率的 modem 拨号到中国香港下载最新的软件，这是他当时主要的生活内容。黄耀浩的英语本来并不好，但他自学完了所有相关的英文技术资料，对英文文学作品可能一头雾水，但看技术说明书时驾轻就熟。创造对他来说也是乐趣。因为不想在睡觉的时候被人打扰，他买了一个表芯和一片微机芯片，用汇编语言编了一个程序接到门铃上，晚 12 点钟至次日早 9 点钟，门铃自动失效。

当然不能忘了张伽，做点小生意的张伽如今已无当年做 CFido REC 的风光，不过谁都不能否认他对 CFido 发展的特殊贡献，尽管他当时还只是一个高中生。

因为黄耀浩和张伽，潮汕成为 CFido 和中国互联网的重镇。而且与很多人所认识的不同，做互联网的潮汕人不仅能折腾，而且多有大才子。诸如蓝点董事长康哲，之前曾经是《深圳特区报》的知名记者，也是中国最好的 IT 记者之一；再比如走秀网市场总监、品牌先生龚文祥也是潮汕人，同样能写一手好文章；前文提到的张春晖，也是一个既能说也能写的人。但其中名声最响、笔头最健的，当数龙音数码的张震阳，网名 banly。张震阳和他在龙音数码的合伙人麦广炜，以及在北京的施彤宇三人，是中文互联网上最早的网络评论网站易维评论的发起人。张震阳也是 CFido 会刊《龙音》的主编，他的另一个身份是中国无线互联网的先驱之一，也是移动梦网 .net 域名的持有者。

黄志敏网名 Sting，周卓林网名 Wing，丁磊网名 Ding，三个人网名都有相同的后缀，很是有趣。

丁磊北上北京，黄志敏主动请战，成为网易的先锋官，他们一起租每月租金 2000 元的房子住。之后黄志敏离开，辗转 3721、263、财新等公司，目前在数据新闻领域创业。

网易聊天室也是中国最火热的聊天室之一，后来游戏《大话西游》推出后，有一部分网友还习惯性地认为是聊天室加了动画功能。

丁磊一开始也看中了域名注册和个人建站这块业务，他几次去找当时的广州电信数据分局局长张静君，希望对方把数据分局的这块业务转给他，但张静君没有同意，因为这是广州电信局旗下广州视窗的命根子。虽然张静君知道丁磊很能干，但她也知道该支持丁磊到什么程度。这也间接成就了丁磊。如果真给了丁磊，网易将会是另一个万网或中国频道（两家公司均是 1996 年起创办的域名提供商，万网的张向宁、张向东兄弟和中国频道的龚少晖都是中国互联网嗅觉一等一的好商人，也给中国互联网发展做了诸多基础性的工作，贡献同样巨大），虽然也可能很成功，但绝对不是今日的网易。

网易的免费服务

丁磊最终看中并成功从中获取自己的"第一桶金"的方向，是免费电子邮箱系统。不过，由于免费电子邮箱系统的开发需要时间，因此，他和他的创业伙伴周卓林最早在中国的互联网上先开通了其他免费服务。他们觉得，互联网时代，网友需要一个个人空间和邮箱，这是最基本的服务。于是网易先后推出免费个人主页服务和免费电子邮箱服务，因此一炮走红。

在前面的章节中，丁磊都有出场。在1995年的章节中，他被提及是电信体系里最早接触互联网的那批人之一；在1996年的章节中，他是最早玩CFido和最早用火鸟BBS在ChinaNet架设BBS的人，是一个很纯粹的"网虫"。在这一章节中，丁磊开始展示其充满激情的一面；在之后的章节中，丁磊还将频繁出现。他的通透、他的远见、他的视野，当然还有那么一点点浙江人特有的精明，都将一一展现。他和马化腾是本书中出现次数最多的人物，这与他们后来足够成功有关，也与他们本身对互联网的理解比较到位有关。

"我们一起给互联网做点事情吧。"很多年后，丁志锋还记得丁磊在1997年给他讲的这句话。本是华南理工学生、正在做创思工作室的丁志锋，正是被这句极具使命感的话打动了，什么条件都没谈，就答应了创思和网易一起着手免费电子杂志的相关事宜。创思电子杂志也成为当时与索易电子杂志齐名的两大电子杂志之一。

丁磊不仅激情满怀，同时也很专业。网易创业之初能拿到电信级的服务器和带宽，与张静君的支持有关。张静君后来接受本书作者的采访时回答说，热情和专业是丁磊打动她的最重要的原因。

1997年5月的一个下午，丁磊敲开了张静君办公室的门。张静君坐在办公室的椅子上，看到的是一个走路大步流星、说话有条不紊、很有激情和志向的年轻人。丁磊非常强的说服力感染了张静君，让张静君觉得，这是一个人才。

丁磊来之前先给张静君打了一个电话，说自己是飞捷公司总经理助理[1]，可以为 ChinaNet 做点事情，希望能面谈一次。张静君没太在意，但还是答应让丁磊到办公室来找自己。

丁磊带着一份五六页纸的报告来见张静君，报告的名字叫《丰富与发展 ChinaNet 建议书》。在张静君看报告的时候，丁磊开始讲自己拥有搜索引擎、PUSH、BBS 架设等技术，这些技术可以解决 ChinaNet 上中文信息贫乏、用户上网就"出国"的问题。

丁磊口才很好，又是有备而来，他说的正是张静君想力图改变的。他说中了 ChinaNet 当时的要害，张静君此时已经意识到了这些问题，但不知道怎么去解决，这时候的电信局是一个"睡狮子"，需要有人激活它，张静君希望和丁磊联手。丁磊讲了一个多小时，张静君将五六页纸的建议书留下。丁磊让张静君想起了 1995 年 9 月前来广州帮助电信局接入 Internet 的田溯宁。穿着衬衫、打着领带的田溯宁也充满热情，给张静君讲了很多她之前没听过的名词，看张静君没听懂，就接着再讲第二遍，不厌其烦。她觉得，丁磊就是下一个田溯宁。

送走丁磊，张静君立刻和数据分局其他人商量丁磊所说的事情。大家一致同意，可以给这个年轻人一个机会，让他来这里试一试。他们为丁磊提供了服务器（直到 1999 年丁磊才将服务器归还）、网络带宽（直接连到主干网上）、电话及办公室。办公室就在广州电信数据分局的二楼，一间面积为七八平方米的屋子。丁磊当时没有公司，只有网易工作室，就 3 个人，常来上班的是丁磊和周卓林。陈磊华不常来，他当时还是华南理工的学生，给网易做兼职，周末的时候倒是可以来。后来，网易壮大到十几个人，张静君就将他们调到一个大的办公室里了。所以在很长一段时间内，外界搞不清楚丁磊和广州电信局是什么关系，他怎么和广州电信局那么好，备受广州电信局的照顾。对此，

---

[1] 这时的丁磊虽然已经决定和周卓林一起创办网易，但网易远不如飞捷出名，所以他依然用飞捷的招牌。

丁磊未做解释，他的逻辑是：我也在帮广州电信局做事情，但没拿工资。

有了广州电信局的平台，丁磊和周卓林做的第一件事情是开通免费个人主页。丁磊的逻辑很清晰，服务器的硬盘有18G，可以拿出一半即9G来做个人主页服务，每个主页20M，而且就直接挂在电信局的主干网上，空间够大，速度够快，肯定有人愿意来访问。

不过，当周卓林把免费个人主页服务开通后，并没有得到什么响应，来访问的人很少。丁磊知道是推广的问题，于是花了几万元在瀛海威、中网等ISP上做广告。之后一下子来了很多人进行访问，丁磊就此知道了推广的重要性。

免费中文电子邮箱——163.net

1997年下半年，丁磊对张静君说，"咱们一起经营一个像Hotmail那样的免费电子邮箱怎么样？"广州电信局拿电信的资源投入，网易则投入设备和软件，一定能赚钱。丁磊第一次和第二次的建议书写明，一过试用期，每个邮箱每个月收费10元。张静君对丁磊的建议很感兴趣，但这个建议在电信局里没有通过，无论张静君怎么样费口舌，电信局的领导还是不同意。

张静君前后打了12次报告都没有结果，但她觉得这是一个好项目。最后，张静君决定由她担任负责人的广州电信三产公司——飞华投资119万元，用于购买5台服务器和丁磊的软件，做容量为30万份的免费电子邮箱，以不与网易拆账的方式进行。这是飞华在1998年之前最大的一笔投资。

按照丁磊的算法，销售给163.net第一套软件的时候，网易几乎没有赚钱。当时的 163.net，加上硬件总共才投资了 100 多万元，而且其中的硬件和数据库系统占了 75% 的投入，可见网易的税后利润很少。但丁磊还是认了，因为他需要一个样板。另一个很具体的问题是，网易 50 万元的注册资本用到现在，账面上已没有多少资金了（据说只剩下 2 万元），需要联系业务，盘活整个公司。

1998 年 3 月 16 日，国内第一个全中文页面的免费电子邮箱系统 163.net 开始提供服务。谁都没有想到，网友们的反应竟是那么强烈，注册用户数量以每天 2000 人的速度在增加，在短短半年时间内达到了 30 万。看到 163.net 的成功，先前对丁磊冷眼相看的许多公司纷纷打电话找他，要求购买免费电子邮箱系统。首都在线 263.net 也来找网易，这次网易以售价 10 万美元卖出一套。

开发出大容量电子邮箱服务系统，是网易由生存转向发展的一个重要飞跃。丁磊既做老板又当推销员。由于对技术的理解充分，他几乎没有丢掉过一个合同（说是"几乎"，因为还是有丢单的，21CN 电子邮箱系统的单子就被亚信抢走了）。除了 163.net 和 263.net，在 1998 年 3 月以后的 8 个月内，使用网易电子邮箱系统的金陵在线、商都信息港、国中网等陆续开通服务，并纷纷取得了不同程度的成功。到 1998 年年底，网易公司有了近 400 万元的利润，都来自销售免费电子邮箱系统等软件和后续的升级服务。

网易免费电子邮箱系统一出，中关村性急的评论家们甚至给丁磊戴上了第三代程序员的帽子。这个程序员代别划分是这样的：基于 DOS 平台开发的是第一代；基于 Windows 平台开发的是第二代；基于 Internet 平台开发的是第三代。

对这个提法，陈磊华不以为然。在他看来，丁磊并不是一个好的程序员，学无线电的丁磊更多的是系统架构方面的高手，并不善于写程序。陈磊华是丁磊承认的网易免费电子邮箱系统的开发者之一（另一个是他自己，因为架构是丁磊设计的）。

1999年4月，陈磊华毕业前夕决定自己单独开公司，新公司名叫盈科，主营业务是做免费电子邮箱系统的支持和服务。这时候的丁磊也忙着将网易转型成门户网站，于是便把网易电子邮箱系统的后续服务支持包给陈磊华做。不过，陈磊华和他的公司后来被网易收购。

丁磊也不太同意自己是第三代程序员的提法，他喜欢技术，但写程序和技术不完全能画等号。把程序员按照开发平台分代，没有道理，关键得看开发者做的产品是不是面向互联网的。在互联网时代，程序员让位于产品经理。

在资深互联网从业人士谢文看来，互联网行业中真正的商人很少，只有两个：丁磊和陈天桥。谢文的解释是：不管这两个人做不做互联网，都是做生意的人。

关于丁磊的传说有很多，有人说他天真率直，有人说他狂妄自大。一个最有趣的段子是：丁磊曾经在TOM总裁王兟的引荐下去见李嘉诚。丁磊对李嘉诚说："你买的那些公司都不行，你买网易才能赚钱。"那时网易的股票在纳斯达克证券市场已跌至1美元以下。TOM还真动过买三大门户网站的主意，还请来新浪前CEO沙正治当顾问，但最后只听雷声，不下雨[1]。

在丁磊的成功中，有两点很关键：其一，丁磊自己是"网虫"出身，明白网友的需求；其二，丁磊的商业意识很好，他知道哪些需求有可能变成钱。先盈利再融资，这是丁磊当时坚持的一个原则。丁磊曾经这样告诉一个朋友：一定要把商业价值做到最大再去融资，这样"才能卖得贵一点"。正因如此，在中国的互联网史中，丁磊是很少的几个将绝对控股地位一直保持到上市以后的创始人之一。至今他仍占有超过三分之一的网易股份，把命运牢牢地掌握在自己手里。

---

[1] 这段故事具体会在2000年那一章中讲述。简单地说，很大程度上是因为TOM的大股东周凯旋一上市高开套牢，想进又想退，犹豫之下错失机会。

润讯工程师马化腾

丁磊的成功给了很多人以榜样的力量，马化腾就是其中之一。流传最广的一个段子是：正是因为看到了丁磊靠着免费电子邮箱系统走向了成功，与丁磊在 CFido 上有过交情、同有电信背景的马化腾心中泛起阵阵涟漪，因此决定创办腾讯。

关于腾讯为什么在 1998 年创办，还有另外一个段子，在马化腾毕业后工作的第一个公司润讯内部流传着。当时马化腾关于类 QQ 软件的提议，没有引起润讯高层的任何兴趣，因为他们在这个小项目上面看不到任何前景。据润讯一个中层干部透露：在当时的讨论中，有人说："这个项目究竟收费还是不收费？如果不收费，为什么要做它？"很多人并没有看到，客户资料比现金收入更加重要，特别是有忠诚度的客户，往往是商家有钱也买不到的。之后，马化腾的身影便在润讯消失了，他自己创办了腾讯。不过，马化腾并非意气用事之人，他自己也未必看好 QQ 的未来，不然也不会出现之后几度想要出售 QQ 的故事。但有一点是可以确定的，那就是在润讯期间，马化腾并没有显示出有什么特别之处。

多位润讯的老员工在回忆起马化腾时，都说"没想到""当年其实并不起眼"。他们的统一描述是，"小马当年一点都不显山露水"。不过今天，"小马"二字好像没人能叫得出口了。

1993 年从深圳大学毕业后，马化腾进入润讯，当时的月工资是 1100 元。如果你了解寻呼行业，一定知道润讯。20 世纪 90 年代初对寻呼业来说是一个特殊的时代，从事这一行的企业一般都有一定的背景。由于相对垄断，中国最早的一批寻呼企业过得简直就是在天堂般的日子。而作为其中龙头老大的润讯，又是当时特殊中的特殊。润讯鼎盛的时候，一年有 20 亿元的收入，纯利润超过 30%。润迅当时是全深圳福利最好的单位，每天都为自己的两万名员工提供真正的"免费的午餐"。马化腾虽然在润讯只是一个很普通的工程师,但其在润讯期间,正是润讯神话最耀眼的年份。因此,润讯无疑提升了马化腾的视野,以及给了马化腾在管理上必要的启蒙。

有传言说马化腾的启动资金来自炒股,说其曾经把10万元炒到了70万元。对此,马化腾本人没有正面回应过,但他承认自己曾经靠开发股霸卡发过一笔小财。

马化腾虽然家境富裕,但其创业资本更多的是来自自己的积累,之所以拿出50万元创业,是因为这是当时开公司的最低门槛。

马化腾把自己的公司起名为腾讯,可谓意味深长。一方面,自己的名字有个"腾"字;另一方面,"腾"也有腾飞发达的意思。至于后缀为"讯",更多的是因为老东家润讯对马化腾的影响。

技术天才张志东

马化腾创办腾讯,最开始其实是两个人合作的。除了他自己,另一个是他在深圳大学的同学张志东,两个人同在计算机系。

张志东本科毕业后去了华南理工大学继续攻读计算机硕士学位,硕士毕业后回到深圳,加入当时深圳知名的黎明网络公司。黎明网络公司因为给深沪两市提供证券交易软件而红极一时,并拿到过茅道临所代表的华登风投的投资。黎明网络公司的创始人邓一辉也是深圳IT业的大人物之一,帮助腾讯公司融资并成为腾讯12名个人股东之一的天使投资人刘晓松,当年也在黎明网络公司工作过。

张志东是一个计算机天才。在深圳大学,张志东和马化腾都属于计算机技术拔尖的一类人,但张志东是其中最拔尖的那一个。即便放大到深圳整个计算机发烧友的圈子里,张志东都是其中的翘楚。

张志东是一个工作狂，基本没什么爱好，唯一的兴趣是下象棋，工作间隙会抽空上网杀上一盘。

张志东1993年本科毕业，当时的就业形势还是挺宽松的。同班同学大都选择做政府公务员或是去中国电信、国内银行等大型国企单位工作，他却选择了深圳系统集成行业的黎明网络公司。在黎明网络公司，张志东先后从事过软件开发、网络工程、售后服务、售前方案等不同的工作岗位。

张志东在黎明网络公司的时候工作就很努力，经常加班到很晚，加班到第二天凌晨两三点钟也是常有的事情。公司规定，如果某一天加班到很晚，只要提出书面申请，第二天上班是可以晚到的。但在这种情况下，张志东第二天依旧会准时出现在公司里。

张志东曾经在一篇文章中写道：系统集成行业的工作很辛苦，工作压力大，偶尔同学聚会的时候，看到其他同学更为轻松、潇洒的生活，也曾有一些羡慕。但是正因为对软件技术的热爱，自己再辛劳也不会觉得苦。中间很多痛苦的探索过程，反而令人难忘。

张志东个子不高，比马化腾要矮上一头，圆脸，说话总带微笑，但讨论技术问题时会有些偏执，有时也会因与其他人的意见不同而争论得脸红脖子粗。熟悉张志东的人都叫他"冬瓜"，一方面取他名字中"东"字的谐音，另一方面也与其身材有一定的暗合。但随着腾讯的发展壮大，张志东也逐渐位高权重，旁人慢慢地把称呼改成"瓜哥"或喊他的英文名Tony，以示尊敬。

张志东的确值得尊敬。一是因为其技术上的炉火纯青，即便是他的对手，都对他的技术佩服得五体投地。QQ的架构设计源于1998年，10年过去，用户数从之前设计的百万级已发展到后来的数以亿计，但整个架构还是适用的，真的难能可贵，甚至说不可思议。张志东值得尊敬的另一个原因是其对物质的追求极低，在腾讯创始人们纷纷买别墅、开游艇，高管集体团购宝马的态势下，张志东一直开着一辆价值20多万元的中档车。

对此,一位张志东的多年密友解释说,"瓜哥"不靠这些来证明自己。张志东的确不需要靠这些来证明自己。他是腾讯第二大个人股东,腾讯上市之初,他持有的股份超过6%,读者们可以算一下值多少钱。而即便不在腾讯,以张志东最终做出用户上亿的产品来衡量,张志东在猎头市场上的身价也至少值10亿元,只是实在想不出谁能出得起这个价钱。

市场奇才曾李青

马化腾和张志东创办公司一个月后,腾讯的第三个创始人曾李青加入。

曾李青在本书的前面章节中偶有提及,他是深圳互联网的开拓性人物之一。曾李青是深圳乃至全国第一个宽带小区的推动者,这个项目说白了也就是一个系统集成项目,只需买设备然后加价卖给地产商。但这个项目差点儿夭折,原因是电信设备提供方给出的价格和地产商能承担的价格之间完全没有差价,都是120万元人民币。但曾李青很想把这个项目做成,最后还真做成了。为了这个项目能通过,曾李青把财务、行政和采购等相关部门的人都聚集到一起,给大家算了一笔账,说,"我们跟设备提供商签订设备购买的协议,约定在实施工程的一年中,根据工程的进度和当时的设备时价来付款。"他提醒大家,这个工程要做一年,一年的时间内统筹得好,这120万元的设备最多80万元就能拿下。"而我们抓紧和地产商签协议,让他们先付款,我们先收入120万元再说,所以这个项目稳赚。"那时是20世纪90年代中期,曾李青以类似做期货的方式做系统集成项目,这样的做法让人不得不佩服。

后来已经成为腾讯COO的曾李青，有一次请他的老同事张春晖到腾讯公司讨论一个项目。会议中突然网络不通，打电话也不见人来维护。虽然在座的全是自己的部门员工和请来的客户，曾李青却猫下腰，钻到桌子底下，把线路调通。目睹此景的张春晖想起了当年曾李青和他一起在深圳电信局的机房里帮人调试设备的场景，感慨之余更坚信曾李青很实在，是一个能做大事的人。

曾李青的中学是在广州华南师范大学附中读的，本科上的是西安电子科技大学，柳传志也曾经就读于这所大学。曾李青大学学的是通信专业，因此毕业后被分配到深圳电信局。

曾李青是马化腾、张志东之外腾讯的第三大个人股东，媒体上关于马化腾最早创业的5个合作伙伴或是中学同学或是大学同学的说法，并不属实。曾李青和马化腾既不是中学同学，也不是大学同学，他们的交集是马化腾的姐姐马建南是曾李青在深圳电信数据分局的同事，而且二人也有多年的交情。

根据多名腾讯员工的描述，曾李青是腾讯5个创始人中最好玩、最开放、最具激情和感召力的一个。与温和的马化腾、爱好技术的张志东相比，是另一个类型。

不过，1998年秋天，满怀激情的曾李青很郁闷。深圳电信局与深圳本地的两家大企业赛格集团、深圳市经济特区发展集团联合投资的龙脉公司走到了尽头，作为龙脉市场部经理的曾李青，遭遇了人生的低谷。他思前想后，决定去找当时的深圳电信局局长许文艳。他想请许文艳帮他出主意，是回局里好，还是就此离开电信局下海。曾李青的困惑是回局里发展前途不明，离开又有些舍不得。许文艳帮曾李青拿定主意，以曾李青大开大合的性格，回局里多少有些不合适，建议他还是以向单位交钱的方式停薪留职下海比较好。许文艳还向曾李青推荐了马化腾。

曾李青在此之前已认识马化腾。他们有一个共同的桥梁——当时深圳电脑协会的会长丁阿姨。丁阿姨和许文艳关系很好，经常要求深圳电信局出人、出场地、出资金、出资源，支持他们搞活动。每次遇到这种情况，许文艳就把曾李青派去。丁阿姨的丈夫和马化腾的父亲是同事，同为盐田港的高管，丁阿姨的女儿也是马化腾、张志东从中学到大学的同学。其中马化腾与丁阿姨的女儿属于青梅竹马的那种关系，大家经常开他们的玩笑，他们也很正经地相处了很长一段时间，不过之后的故事则是省略号。丁阿姨的儿子贡海星从深圳大学一毕业后也加入了腾讯，是腾讯的创业元老、12名个人股东之一。因此，马化腾和张志东也经常被丁阿姨"抓壮丁"做帮工，马化腾、张志东和曾李青三个人彼此很熟悉。

曾李青记得，他们三个人第一次就公司成立的事情见面的地点，是他在深圳电信局的那间小办公室。他们简单地分了工，马化腾负责战略和产品，张志东负责技术，曾李青负责市场。

2000年从湖南某大学计算机系毕业进入腾讯的李华，是腾讯对外招聘的第一个外地大学生，内部编号18号。他第一次来腾讯见到马化腾的时候，大吃一惊。在他看来，他要进的这家公司的老板，更像是他的一位学长。他当时甚至认为，腾讯的另一位创始人曾李青才是老板。当然，这只是李华的第一印象而已，真正的情况是马化腾、张志东和曾李青都是老板，而马化腾是最大的老板。

从外表看，曾李青的确比马化腾更有老板相，两个人的身高相差无几，但曾李青要比马化腾富态很多，在穿着上也明显更商务一些，另外他在语言表达和人际沟通方面，也要比马化腾强上许多。因此，每次两个人结伴出去谈商务合作，曾李青总是会被人误认为是大老板，而外表清秀给人以大学生印象的马化腾，总是会被认为是公司的运营助理或秘书的角色。

时任广东电信局旗下21CN事业部高级经理的丁志锋，曾和作者回忆起腾讯最困难的时候求助于21CN的情景。腾讯希望21CN收购

QQ，丁志锋还记得，报价是 300 万元人民币，代表腾讯来谈收购事宜的正是马化腾和曾李青。不过，当两个人走进会议室的时候，21CN 的所有人都把曾李青误认为是马化腾，这很显然是因为曾李青的派头更足。即便是在讨论过程中，曾李青也比马化腾更具备攻击性，更像是最后拿定主意的人。

腾讯的创始人们

腾讯有 5 名创始股东：马化腾、张志东、曾李青、许晨晔、陈一丹。不过，最开始时公司只有马化腾、张志东、曾李青 3 名全职员工，到 1998 年年底，许晨晔和陈一丹才加入进来。

他们 5 个人凑了 50 万元，其中马化腾占了 47.5% 的股份，张志东占了 20% 的股份，曾李青占了 12.5% 的股份，其他两个人各占了 10% 的股份。经过几次稀释，最后上市时他们所持有的股份比例只有当初的 1/3 左右。但即便这样，每个人的身价都以 10 亿元为计量单位。

首席信息官（CIO）许晨晔和曾李青是深圳电信数据分局的同事，他和马化腾同为深圳大学计算机系的同学。许晨晔非常随和又有自己的观点，但不轻易表达，是有名的"好好先生"，他是腾讯"五人决策"能走向合理、成熟的平衡器。

首席行政官陈一丹原名陈惠龙，是马化腾在深圳中学的同学。陈惠龙也毕业于深圳大学，所学的是化学专业。他后来改名陈一舟，但因与另一位互联网名人——创办 ChinaRen、千橡公司的陈一舟重名，因此又改了一次名字，叫陈一丹。陈一丹持有律师执照，做事非常严谨，同时又是一个非常张扬的人，不论在什么时候他都能唤起大家的激情。

李海翔是张志东在黎明网络公司的同事，他也是华南理工大学毕业的，不过不是研究生，而是本科生。比起工作狂人、不苟言笑的张志东，李海翔要有趣得多。他是被张志东在1999年6月1日从黎明网络公司"挖"到腾讯的，李海翔在很长一段时间里担任腾讯运营支持系统执行副总裁，负责规划、建设和管理相关运营支持平台。

吴宵光于1996年自南京大学天文动力专业毕业后被分配到深圳地震局工作。他与马化腾同是CFido的站友，他俩有两个共同的爱好，一个是天文，另一个是计算机，因此很快就熟悉起来了。吴宵光也是腾讯创办后不久就加入公司的元老级人物，自2005年11月起担任腾讯互联网业务系统执行副总裁，全面负责互联网的各项增值业务。2010年起，吴宵光成为腾讯电子商务和O2O业务的最高负责人，2014年腾讯电子商务与京东合并后吴宵光离开。关于这段故事，可以查阅本书的后续作品《沸腾新十年》。

CFido深圳的"夜猫"也是在1998年腾讯一创办就进入了公司。"夜猫"大名封林毅，不过这个名字基本没人用，大家一般叫他"夜猫"或YQ。"夜猫"年纪比吴宵光还要小，但脑子特别好使，技术也超强。在CFido时代，在证券公司工作的"夜猫"就开有"夜猫客栈"的站台。他和吴宵光都跟着张志东一起设计开发了OICQ软件，在第一版OICQ的开发说明书里，联系人留的就是"夜猫"的名字。不过，"夜猫"很快就离开了腾讯，他曾经想做一个整合所有IM（即时通信）的产品出来，这个想法听起来不错。

选择一个团队而不是一个人单枪匹马的创业，在1998年已经成为一种共识，但像马化腾这样，选择性格完全不同、各自有自己特长的人组成一个创业团队，是很少见的。而且更重要的是，马化腾很好地设计了创业团队的责权利。这在一开始就决定了马化腾并非池中之物，终有一天要鲤鱼跃龙门。

马化腾也考虑过他和张志东、曾李青三个人均分股份的方法，曾李青曾经参与的网域，就是靠均分股份的方式一起创业的。这家公司旗下的中国游戏中心赫赫有名，与联众公司并称"北联众，南中游"。后来这家公司也被腾讯收购了。

从 OICQ 到 QQ

1997 年，马化腾第一次认识了 ICQ。一见到它，马化腾便被其无穷的魅力所吸引了，立即注册了一个账号。可是使用了一段时间后，他觉得英文页面的 ICQ 想在中文用户中推广开来，不是一件容易的事。于是他想，自己能否做个类似 ICQ 的中文版本即时通信工具呢？

选择一个受欢迎的软件给用户提供汉化版本，是当时整个中国 IT 业的一种潮流走向，这方面最有名的硬件产品是汉卡，最有名的软件产品是汉化的中文平台。中文平台领导性品牌 UCDOS 的两个重要作者鲍岳桥、简晶，也在 1998 年和他们的同事王建华一起创办了联众。丁磊的个人主页服务、虚拟社区都属于纯汉化的产品。免费电子邮箱系统等产品也属于汉化的范畴，其基本思路和 Hotmail 是一致的，不同的是，丁磊用代码重新写了内核。

OICQ 最开始也只是一个纯汉化的版本，毕竟这是系统集成项目中很小的一部分。但之后要放在网上，因此，张志东带着吴宵光、夜猫又重新设计了一套架构，从客户端到服务器端。这个架构沿用至今，没有做大的修改，只是不断扩充用户和升级系统。

ICQ 的故事，今天听起来多少让人惋惜，不过在当时，ICQ 以近 3 亿美元的价格卖给 AOL，使很多人震撼。ICQ 是几个以色列人推出的，其中"I"代表"我"的意思，"C"代表"看见"（See，发音和 C 一样），Q 与"你"的英文 you 发音接近。连在一起的意思是"我看见你了"。

ICQ 的功能是在网上相互联络。这个产品一经推出,即刻风靡世界。

以色列人在通信端的创新上确有天分,被公认为能改写互联网乃至整个电信版图的语音通话软件 Skype,也是以色列人发明出来的。

马化腾的创业团队中,很多人在通信部门有过一段长时间的工作经历。马化腾在润讯工作,曾李青和许晨晔在深圳电信数据分局工作,张志东和李海翔在黎明网络公司工作,马化腾、吴宵光和"夜猫"等混迹多年并倾注心血的 CFido,其实也是一个民间的通信体系。这样的一群人,决然不可能只是单独开发一个 ICQ 的汉化版本那么简单。他们内在的自我期许就要求他们开发出能满足中国人自己使用的、类似 ICQ 一样风靡世界的在线即时通信工具来。

由于还没想清楚怎么收费,马化腾更多的是想将寻呼与网络联系起来,开发无线网络寻呼系统,让电信和寻呼台帮着收费。当时,只有几个人的腾讯,主要业务是为深圳电信、深圳联通和一些寻呼台做项目,OICQ 只是公司一个无暇顾及的副产品。为了能赚钱,马化腾他们什么业务都接,做网页、做系统集成、做程序设计……据说当时在深圳,像腾讯这样的公司有上百家,马化腾当时的想法是:只要公司能生存下来就是胜利。

OICQ 最开始的版本是和深圳电信局合作的,采取联合立项的方式。由深圳电信局出服务器和带宽,腾讯帮助其做具有一定用户规模的软件系统。双方最早的约定是深圳电信局出 60 万元。拿着深圳电信局给的 60 万元和相关的服务器资源,腾讯开发出了 OICQ。想不到的是,OICQ 出来后大受欢迎,腾讯上下都有些后悔,不想卖了。于是曾李青就耍了个花枪,他找到深圳电信局,提出要追加费用到 100 万元。深圳电信局的费用都是专款专用,不可能追加,于是这件事情就不了了之了。

OICQ(也就是日后的 QQ)与 ICQ 的关联性并非重点,重要的是两者之间的差异。虽然 ICQ 成名久矣,但它不乏弊端。比如,ICQ 的全部信息存储于用户端,一旦用户换一台电脑登录,以往添加的好友并不会随之同步过去。此外，它只能与在线的好友聊天，而且只能按照用户提供的信息寻找好友。

这时的选择足以体现马化腾的特质：如果他只是一个技术人员，或许最令其兴奋的，不过是编出一套服务器端保存信息的程序；但他所做的，是将前后两端的功能按照用户的需求有机结合。因此，OICQ 一诞生，就具备离线消息功能，任何人都可以通过在线用户名单随意选择聊天对象，它甚至提供了个性化的头像。

这些看似细微的差异，至少在一个方面带来了截然不同的结果。当互联网通过网吧形式在中国全面铺开，把信息存储于服务器而不是用户电脑的特色，让 OICQ 成为每台电脑桌面上的必备软件，也几乎是每个到网吧上网的人第一时间要激活的工具。这让腾讯在不到一年的时间里便拥有了 500 万名用户——这是 ICQ 在中国从来没有获得过的成绩。

然而这一利众服务的负面效应是，在缺乏可借鉴的盈利手段的情况下，随着用户数量的增加，腾讯所需要的服务器数量在不停地增长。这一度迫使缺乏资金的腾讯减少了开放注册的账号。

MIH 接过 IDG 和电讯盈科的"枪"

QQ 的耗费实在太大了，每个月要用掉两台服务器，因此腾讯想养却养不起，还是得找下家卖掉。

腾讯最开始想仿照网易卖免费电子邮箱系统，帮电信部门做一套具有一定用户数量的系统。但它基本没有回音，一套都没有卖出去。

此时到了 1999 年下半年，看着 QQ 用户数量越来越多，腾讯的几个创始人想，索性以快速增长的用户数量作为引子吧。就这样，几个创始人一合计，决定出让部分股份，进行融资。

负责融资业务的本应该是 CEO 马化腾一个人。不过当时马化腾请他的创业伙伴，也就是 COO 曾李青帮忙寻找投资商。当然，马化腾也在寻找，这是他分内的事情。还有一个情况是，当时由于疲劳过度，马化腾的脊椎病又犯了，行动不便的他很多时候不得不授权给曾李青。

马化腾等人认定的是，整个公司价值 550 万美元，希望融资 220 万美元，出让 40% 的股份。公司盘子是倒推算出来的，因为当时他们需要 220 万美元，而腾讯 5 个人一起合计的结果是只能出让 40% 的股份。计划书写了很多遍，核心的一点就是需要融资来购买服务器和带宽，至于盈利模式，写得相对含混，主要集中在靠网络广告费和会员费。那时还没有短信收费这一说，他们也没有想到动漫等增值服务业务，更没有提到网络游戏。这基本上是中国日后大有成就的互联网公司的一个特征，计划永远赶不上变化。

今天的曾李青创办了德迅，已经是中国最具号召力的天使投资人之一，但在当时，他并没有什么融资渠道。他觉得还是得通过中间人帮忙推荐，第一个想到的中间人是刘晓松。

刘晓松和腾讯的几个创始人都有良好的私交。他和张志东都在黎明网络公司工作过，他帮深圳电信局做过系统集成项目时，对接的正是曾李青。腾讯最开始的注册资本是 50 万元，后来增资扩股到 100 万元，曾李青相应地要交一笔钱，由于第一次入股时已经是倾囊而出，于是他去找刘晓松借钱。

相对当时的曾李青和马化腾，刘晓松有一些积蓄，但他也无法一下子拿出这么大一笔钱来投资腾讯。刘晓松答应帮曾李青引荐投资人，曾李青自然高兴，并约定以融资额的 5% 作为股份送给刘晓松。于是刘晓松向 IDG 的熊晓鸽推荐了腾讯——熊晓鸽和刘晓松都毕业于湖南大学，刘晓松低三届。

曾李青同时找了林建男，通过他找到香港电讯盈科。

很凑巧的是，两家公司都愿意投资。打动这两家公司的不是腾讯那份改了 6 遍、只有 20 多页的商业计划书，更多的是当时 ICQ 以 2.87 亿美元卖给 AOL 的故事在业界广为传播。作为 ICQ 的汉化版本，QQ 总该值点钱吧。

能筹集到资金，而且都是有背景的资金，既能得到需要的资金，又不用丧失控股权，腾讯上下自然欢迎。就这样，到了 2000 年上半年，腾讯第一期融资后，创始员工占据 60% 的股份，IDG 和香港电讯盈科各出 110 万美元，各占据 20% 的股份。

腾讯拿到这笔资金后很快就改善了服务器和带宽等硬件设施，同时加大了对 QQ 软件的开发和改进工作，QQ 很快拉开了与其他同类产品的差距。

到了 2001 年春天，腾讯 QQ 在线用户数量成功突破 100 万名大关，注册用户数已增至 5000 万名。马化腾托网友在某新闻网站发了一篇宣传文章，很快人民日报社旗下的人民网转载了这篇文章。马化腾很高兴，在内部逢人就说自己公司上《人民日报》了，其实只是人民网而已。腾讯公司也为此组织全体员工到深圳附近的光明农场去"滑草"。再之后，公司虽然屡破纪录，但再也没有什么大型的内部庆祝活动了。一是纪录破得太多，人们都麻木了；二是员工规模扩张得很快，组织起来不方便了。

QQ 成长得很快。那段时间，马化腾总是感慨时间过得快，一转眼就到了月底发工资的时间了。当时整个公司基本没有什么收入，眼看着融资的 220 万美元即将用完，腾讯面临着二次融资的问题。但此时，整个纳斯达克证券市场开始崩盘，融资没有那么容易了。

两家股东中，IDG 找人接盘的积极性要高一些。他们不断地找人，看有没有人愿意接手，因为 IDG 是风险投资商，所以由他们主导寻找下家。在曾李青的记忆中，腾讯找新浪谈过；而马化腾自己也称，到北京找过王志东和汪延。雅虎也来找过腾讯，雅虎中国当时的总经理张平合也由此与刘晓松、曾李青相熟。后来张平合到刘晓松的 A8 做了 CEO，与这段经历大有关联。腾讯也找过搜狐，时任搜狐 CFO 和总裁的古永锵对此有过确认。但搜狐也想不明白怎么用 QQ 赚钱，就放弃了。关于腾讯寻求投资的案子也被递送到联想投资，但还没有到达联想投资总裁朱立南的手里，就被否决了。

相比来说，香港电讯盈科则态度暧昧。他们有段时间表示自己可以考虑跟进，过段时间又表示还是再等等看。李泽楷本人在香港电讯盈科旁的一家露天茶餐厅里和腾讯签订了一个预投资的协议，并支付了一笔不菲的定金。

香港电讯盈科很想进入内地市场，他们一直有着很强的进入内地的企图心。但当时香港电讯盈科在进行与亚洲卫视之间那场知名的重组，没有多少现金，所以，他们一直在评估腾讯的变现价值。腾讯的价值在于其有着迅速增长的互联网用户，香港电讯盈科想过把这些用户与电影业结合，还专门请香港商业片的王牌导演王晶到深圳与腾讯公司谈，结果不了了之。香港电讯盈科也找过中公网的谢文。谢文的描述是，香港电讯盈科曾与他草拟协议，联合霸菱亚洲基金给中公网注入 6000 万美元，其中 4500 万美元用来收购腾讯。不过由于协议草签后不久，谢文被其同学兼老板康健开除，收购腾讯的计划也就此鸡飞蛋打。香港电讯盈科也曾把腾讯推荐给自己的关联方 TOM 集团，集团 CEO 王烑和 TOM 在线的高级副总裁冯钰也曾与腾讯有过接触，但不一而终。

在二次融资的过渡时期，两家股东提供了 100 万美元的贷款（可转换债券），在公司内部谁都知道，这是救命的资金。这笔资金过后，创始团队要不继续出让股份，要不自动退出。那段时间也是马化腾人生中最艰难的日子，一位腾讯的创始员工有天一早去找马化腾签字，发现他是在办公室里过夜的。马化腾签完字抬头叮嘱该员工的时候，这位员工着实吓了一跳。马化腾头发蓬乱、脸色焦黄、两眼无神并布满血丝，神情极其憔悴。可以想象当时腾讯所遭遇的窘境和马化腾当时的内心压力。

这个时候，一个蓝眼睛、高鼻子的老外不断出入腾讯当时在华强北创业园的办公室。这个老外有个中文名字叫网大为，他当时的身份是 MIH（米拉德国际控股集团公司）中国业务发展副总裁，负责中国的互联网策略及合并与收购工作。而在任职 MIH 中国业务发展副总裁之前，网大为曾担任 IT 业管理顾问的角色。他是一个中国话说得很利索，也通晓中国国情的"中国通"。最终，MIH 接手了香港电讯盈科的全部股份和 IDG 12.8% 的股份，并于 2004 年 6 月腾讯上市前与腾讯创始团队一起分了 IDG 剩下的股份，形成了腾讯创始团队和 MIH 各占 50% 股份的局面[1]。

周鸿祎在方正的日子

1998 年 10 月，回到北京的周鸿祎决定创业。

在很多方面，周鸿祎和丁磊都有相似的地方。他们都是技术出身，熟悉并极度重视用户感受和体验，都有很强的大局观，极度爱学习，并且才华出众；他们都是 Bad Boy（坏男孩），口无遮拦，有什么说什么，不忌讳在媒体面前大骂，即便在权贵和达人面前，他们也毫不掩饰自己的情感和观点，坚持自我和本真。当然还有一点，就是他们都足够聪明甚至精明，很多和他们合作的人或许会吃亏，但也有追随者获益。因此，人们对他们也褒贬不一。如果有什么不同，那就是丁磊要比周鸿祎幸运一些，一直待在网易。虽然网易也有失控的时候，但他很快就收复了失地。而周鸿祎倾注大量心血的 3721，最终虽然卖了一个好价钱，但他终归需要另起炉灶。他们两个人年龄也差不多，丁磊 1971

---

[1] 更多关于马化腾和腾讯的故事，可以阅读本书作者与张宇宙合著的《马化腾和腾讯》一书。

年出生,而周鸿祎生于1970年。

周鸿祎的具体出生年月是1970年10月,籍贯湖北。随同身为测绘工程技术人员的父母迁居河南,他在那里生活到高中毕业。中学时代,周鸿祎就呈现出"牛人"迹象,多次在全国物理、数学竞赛中获奖。由于父母工作的便利,周鸿祎很早开始接触计算机。他本人表示那个时候不懂什么是编程,就是觉得好玩。

生于湖北,长于河南,求学于西安,打拼于京城,周鸿祎的经历不可谓不复杂。父母的言传身教和周遭的人文环境,使周鸿祎身上同时兼具湖北人、河南人和陕西人的秉性。楚地精明强悍之民风和中原河南油滑酱缸文化,以及西安秦腔的厚重,诸多文化因子的杂交,使周鸿祎在后来踏入中国互联网江湖后,让人看不透、读不懂。

1992年,周鸿祎被保送到西安交通大学读研究生。读研期间他"不务正业",编过游戏、杀毒软件。为了卖自己的产品,他还开过两家小公司,招聘人手准备在全国"自建渠道",但以失败告终。

创业受挫,让周鸿祎明白自己欠缺的东西还有很多。于是,周鸿祎决定先进大公司,从最基础的岗位做起。1995年7月研究生毕业后,周鸿祎加入方正集团,从程序员做起,到项目主管再到部门经理、事业部总经理,最后升至方正研发中心副主任。

1997年10月,周鸿祎成功组织开发中国第一款拥有自主版权的互联网软件——方正飞扬电子邮件系统。"飞扬"的诞生充满戏剧性。当时方正做了一个办公自动化的项目,主要是给国家机关的秘书培训互联网的电子邮件知识。这项工作交给了周鸿祎来做,为了把工作做好,他跑了很多书城,买了一些书回家。他从而发现电子邮件是一个很好的产品,一定是未来的一个方向(这和之后他在雅虎中国把邮箱推进G时代有一定的联系)。电子邮件虽然是方向,但是使用起来还是很烦琐的,更别提还要教别人使用,由此周鸿祎想到很多人为什么喜欢玩游戏,那是因为游戏的界面非常人性化。周鸿祎想到这里,就势开发了一个软件,软件采用的是游戏化的界面,秘书们一看就基本上学会了用电子邮件。而这个软件就是方正飞扬。

方正飞扬并没有取得预期的成功，但确实让周鸿祎练了把手，做了一次产品经理，把这个产品从头到尾做了一遍，具体到怎么和记者打交道。对一个程序员来讲，这是一个很难得的机会。周鸿祎很想让方正把这个软件项目化，但由于互联网不属于方正的主营业务，周鸿祎要想继续做下去，要么离开，要么单独创业。

周鸿祎是一个很用心的人，他虽然已经感觉到了互联网潜在的商业机会，也觉得在方正可以学习的东西不多了，到该创业的时候了，但他很清楚自己还缺什么。这时候的他一缺方向、二缺团队、三缺资金，即便内心很冲动，他也会努力地克制自己。

一些文章把周鸿祎创业描述成因为在方正内不受重视、被排挤而愤然离开。这更多的是一种猜测而已，和事实不符。周鸿祎是一个绝顶聪明的人，他虽然在媒体上表现得像一个斗士，但其实内心相当缜密，计划性很强，有很强的执行力和推动能力。这让他获得了不少情感和道义上的支持，虽然很多时候，他未必需要这种支持，但有总比没有好，多总比少好。

周鸿祎选择的创业方向是中文网址。他的灵感来自他向身边不懂技术的朋友介绍如何上网时，对方对输入"www"开头的网址时的畏惧表现。这让他在直觉上觉得，中文网址将会是一个大市场。于是，他放弃了虽然成熟但想象空间不大的飞扬软件，开始准备进入中文网址市场。

在这一年多的时间里，周鸿祎和他的同事先后做了几个单子。第一个单子是新疆乌鲁木齐的中国建设银行（以下简称"建行"）数据集中综合业务系统，这也是当年建行在全国范围内将营业所级业务系统升级为市级业务系统的第一批项目，项目标的高达3000多万元。这个数字几乎占了当年方正系统集成分公司年收入的三分之一。这个单子周鸿祎做得非常辛苦，但也非常成功，以至于项目完成后，建行的领导直接打电话到方正，对周鸿祎赞不绝口。而当年这个项目组的建行员工,也都陆续转到建行全国各地的分行担任技术骨干或领导了。

周鸿祎也因这个单子业绩斐然,被公司提升为研发部经理。其后,他和团队又拿下了几个单子,其中包括一个3000多万元的大单,并帮助当时的新疆乌鲁木齐建行解决了很多问题。对此周鸿祎的体会是,一件事情如果没去做,你就不知道会对自己产生什么样的价值,但只要你认真做了,就肯定会有收获。回京后周鸿祎发现,如果他没有到新疆,就不会拥有这种大型服务器的编程能力,这是周鸿祎去之前所没有想到的。

在新疆的后期,周鸿祎也开始独自琢磨3721的项目。回京后,周鸿祎也把3721项目跟当时的直接领导周宁和方正香港的张旋龙提过。此时兼任金山董事长的张旋龙又问了金山公司高层领导求伯君和雷军是否有兴趣,但两人一致表示不看好这个想法。这时候,周鸿祎才决定离开。周鸿祎坦陈,其实当时如果方正愿意干,自己还是愿意在方正平台上做3721项目的。从新疆回来一年后的1998年,周鸿祎带着自己那年刚招的两个本科生,一起离开了方正。在方正这所"大学校"里,周鸿祎受益良多。多年以后,周鸿祎在公开场合经常教育年轻的创业者,应该先用创业的心态去打工,充分积累自己在管理和业务上的能力和资源。这也是他的一个很重要的心得。

1998年10月,周鸿祎下海创业。新公司起步于5个人,两位是周鸿祎在方正期间带的实习生,加上同学石晓虹和自己的妹妹,他们在北京当时的城乡结合部马连洼找了一套三居室的房子。其中一间他和新婚妻子住,另外两间用来做开发,几个人连吃带住,一起艰苦创业,像美国的车库阶段。周鸿祎起步的办公室也和车库差不多,当时一位合作伙伴前去找他谈事情,发现他的办公室暗无天日,白天都需要把灯全部打开。定睛一看,发现只在周鸿祎的大背椅上方两米多高的墙上有个小窗户。

由于缺乏资本，在注册公司时，周鸿祎找夫人胡欢的姐夫欧阳旭借了几万元钱，最终才完成注册。欧阳旭有家广告公司叫国风广告，周鸿祎觉得这个名字的意境蛮好的，于是把自己的公司注册为"国风因特软件有限公司"。

公司注册好了，员工也确定下来了，于是周鸿祎开始进行产品开发。很快，一个中文域名指引的客户端产品做了出来，这就是后来名声大噪的3721。

"绿色兵团"

如果没有1998年5月发生在东南亚某国的排华事件，以"绿色兵团"为首的中国黑客群体也不会浮出水面。

事件发生后，正蹒跚学步的中国黑客们决定声援，并向东南亚某国的网站发起攻击。这成全了他们第一次在公共视野的亮相，并且携爱国义举一呼百应。之所以会有这样的态势，当年的组织者龚蔚现在承认，一是民族情绪使然，再则不排除年轻人有想出名的冲动。"最初江湖规则尚被遵守，我们留真名，只为表明我们的态度，不去窃取资料，也不恶意破坏对方的设备。"龚蔚说。

1997年，上海黑客龚蔚在海外某网站申请了一处免费空间，并在国内做了镜像站点[1]，用于黑客之间的交流，并成立了"绿色兵团"。发起人龚蔚如今的解释是，一切出于爱好和兴趣，当然还有和同道切磋比拼的快感。"与利益无关，与政治无关。""绿色兵团"的名字，来源于他美好的梦想，"以兵团一般的纪律和规则，打造绿色和平的网

1　当时很多网站都安置在海外，同时在内地的某台服务器上建立备份站点，以便网友更好地访问。

络世界。"

仅 1998 年一年，"绿色兵团"的声势便趋于鼎盛，注册人数不下 5000 人，核心团队有 100 多人，分布在湖南、福建、广东、北京、上海各地。这里面包括如今已被尊称为教父的 rocky、solo、小鱼儿、冰河、小榕、谢朝霞等。这是一群沉醉于挑战技术的网络爱好者，他们中的一些人是 20 岁出头的大学生，甚至没有自己的电脑，有时为了得到校园实验室里的机位而甘愿等上几个小时。他们信守自己的黑客准则，甚至崇拜雷锋，主张网络技术应共享和用来互助，耻于随意的攻击，遑论以之牟利。

后来的黑客组织"第八军团"领导者陈三公子，当时还只是一个"菜鸟"。他说，"黑客有黑客自己的行为准则，有自己的道德规范——正义、平等、共享、互助，这是一种追求卓越和完美的精神"。陈三公子大名陈有湛，他后来开了一家网络安全公司。在 1998 年的互联网业界，还有另一个极客陈三公子，大名陈大年，他后来和哥哥一起创办了中国最赚钱的网络游戏公司，并任该公司的 CTO 和高级副总裁。那家公司名叫盛大，他的哥哥叫陈天桥。

朴素的爱国情绪造就了中国黑客最初的团结与坚强的精神，甚至出现了"中国黑客紧急会议中心"这个组织，负责集体行动的协调工作。

1999 年的中国驻南斯拉夫大使馆事件，让中国黑客又一次大规模地团结起来了，纷纷用行动表达对美国的谴责。在中国大使馆事件后的第二天，第一个中国红客网站"中国红客联盟"（Honker Union of China，HUC）诞生。2001 年中美黑客大战，8 万名中国黑客一起行动，使中国红旗在美国白宫网站飘扬两个小时。他们称之为"卫国战争"。

中国红客联盟、中国鹰派联盟、中国黑客联盟三大黑客组织，成为这场中美黑客大战的主力军。一时间，"红盟"的 lion、鹰派的万涛成为中国黑客英雄。

1998年开始出现的一系列攻击行动,客观上也提醒了国人对网络安全重要性的认识,网络安全行业此时方兴未艾。

1999年1月23日,"绿色兵团"在上海延安东路128弄6号(星空网吧)召开第一次年会。当时网络泡沫正盛,网络安全被认为是将要兴起的庞大市场,"绿色兵团"的顶级黑客掌握着黑客攻击技术,反过来就可以用来防御,变成网络安全技术。这时候,说客出现了。他叫沈继业,据说是一个从事资本运作的北京人。他奔赴上海,说服了龚蔚等核心成员,将"绿色兵团"进行商业化运作。随后"绿色兵团"转轨并拥有了自己的网络安全公司——上海绿盟计算机网络安全技术有限公司。

2000年3月,"绿色兵团"与中联公司合作成立了北京中联绿盟信息技术公司。同年7月,北京绿盟与上海绿盟因内部原因合作破裂,北京绿盟启用新域名nsfocus.com。

双方冲突非常激烈,彼此亦对对方不断进行黑客攻击。2000年8月底,北京绿盟向法院起诉上海绿盟,上海绿盟败诉。不久,上海绿盟作价30万元人民币左右,将公司包括域名isbase.com转让给北京绿盟,人员也随之解散。北京绿盟之后便将该域名停用。

关于合作破裂的原因,有两个版本:一个版本是说北京绿盟早已开始进行成熟的商业运作,而上海绿盟的"绿色兵团"成员则依旧不放弃自由自在的黑客生涯。从当时的网上对话及声明中可以看出,他们想做"中国第一个非营利性网络安全组织",所以和以沈继业为首的资本力量产生了纠纷,最后资本力量获胜。

另一个版本则是,龚蔚等核心成员认为自己是"绿色兵团"的创始人,所以应该拿比较多的分成,而沈继业则认为既然组织已经商业化,那就应该按照公司的规则,让资本说话。"双方对利益分配有分歧。"曾担任北京中联绿盟总经理的沈继业接受采访时说,"我认为网络上名气的大小,不能作为衡量公司中商业角色重要性的标准。"

此后的"绿色兵团"几经周折,最后站点也不复存在了,成员各自散去。

生于泛化、死于泛化,是一些观察者对绿盟的兴衰原因给出的答案。"绿色兵团"作为早期国内黑客交流中心的地位其实很快就被1999年崛起的"安全焦点"所取代。这是一个成员精简,号称全方位、非商业而且有自己独特风格的黑客及安全站点。其对中国互联网安全最突出的贡献,是将其内部的技术交流会议变成了中国民间安全界的年度盛会,并逐步获得主流厂商和官方的认可。而其成员在漏洞挖掘方面的成就,达到了具有国际影响力的高度。Flashsky、Funnywei、Tk、Watercloud 等人,均以在相关领域的造诣,成为中国新一代的黑客领军人物。

光辉与标尺

有人曾评价:"没有大师,将成为中国一代又一代黑客心中永远的痛,而其后遗症将长存于中国黑客的成长之中。"中国黑客没有大师,但并非没有光彩夺目的标杆。其间最典型的技术人物,很多人认为当数袁哥和小榕。

同样是 1998 年,袁仁广(袁哥),一个胖胖的、不善言辞的男孩,正在青岛海信公司编写电视机顶盒程序。他毕业于山东大学数学专业,当年报考数学专业,源于其天才般的数学天分和对解析数论的热爱,成为山东大学数学泰斗潘承洞教授的博士弟子,曾经是他一直的理想。命运让他如愿地走进了山东大学,又很快捉弄了他,让他每天面对一个枯燥的嵌入式系统。

不过很快，袁哥的兴趣转移到了网络安全上。娴熟的反汇编调试技巧让他可以直面 Windows 9x 系统的内核，而在他数学家般精确的头脑审视之下，微软的代码显得十分脆弱。很快，他就找到了 Windows 95 系统的一个网络邻居协议的认证漏洞。靠这个漏洞，只要把本机的一个文件换成他修改过的文件，就可以直接进入任何有密码的远端 Windows 95 系统的共享目录。袁哥模仿美国的黑客前辈们，给微软写信，可没有得到积极的答复。他被微软的这种高傲态度激怒了，决心公开这个漏洞。在湖州信息港的个人空间，他开启了自己的个人网站——袁哥的技术天地。此后，袁哥来到一个叫"太阳岛"站的 BBS 信息安全版上发帖子。很快，小小的太阳岛站已经不能承载他的才华了，在整个网络安全系统内，他开始被广泛关注，微软也和他主动联系了。他没有想到，会成为后来一个炙手可热的安全前沿技术领域的境内奠基者，这个领域叫漏洞挖掘。袁哥凭借他扎实的技术功底和灵感打开了一扇门，即使是 Flashsky、Funnywei 等如日中天并广为境外关注的后起之秀，也十分认可袁哥的实力和前辈的地位。

还是 1998 年，就在袁哥正在 Windows 内核中探索的时候，一个比袁哥年长两岁、戴着眼镜、脸上挂着去年打架遗留下的伤痕的青年人，也在思考着。刚刚拿到的高级程序员格式证书被他抛在一边，他在构思一个能够自动化注入的扫描器的架构。他就是小榕，其网名缘于女朋友的名字里有一个"榕"字。

这个自称从小搞怪、早恋，大学挂了 4 科、全班 31 人排名 30 的另类，在中国网络安全大潮中开始声名鹊起。扫描工具"流光"、web 破解工具"朔雪"和密码破解工具"乱刀"，这三套程序很长一段时间内都是国内黑客初学者的必杀器。

"流光"被广泛推崇，是因为与当时其他扫描器只能扫描到漏洞不同，流光能直接植入后门，从而让那些笨手笨脚的初学者可以体验一下傻瓜黑客的快乐。但小榕自己从没有滥用过自己的技术。小榕说："通往电脑的道路不止一条，就看你怎么走。只要我敲键盘的速度足够快，可以一天黑掉100个网站，但我不会这样做。"据说小榕曾经在一个月里进入1000家网站，并找出其中的漏洞来提示网管，但此说法并不可靠。因为更多圈内人认为，小榕轻易不出手，他只负责提供技术。

小榕的父亲是大学教授，父亲的书生气息深深地影响了小榕，从类似"流光""朔雪"这样的名字，就可以看出其骨子里的感性。这也使小榕对黑客的道德观认识得很清楚：黑客像美国西部开发时的牛仔，没有法律的约束，但有自己的做事准则。黑客要有道德底线，小榕的三条做黑客原则是：不能仇视社会、不能给别人制造麻烦、不能给别人带来损失。

小榕的密码学算法功底非常扎实，但有趣的是其高等数学曾两次不及格。不知道这是否是对中国教育一种莫大的讽刺。

令人疑惑的是，之前的出场者们，竟然无一例外活跃于Windows平台。对比开放、共享的黑客精神，中国黑客对开源领域如果没有任何贡献，实在是说不过去。是真的毫无建树，还是被很多浮躁的声音所掩盖？中国的Linux界和黑客界难道没有交集么？

在反复的考证之下，号称"清华三杰"的李志鹏、令狐和谢华刚，走进了本书作者的视野。而其中的代表人物谢华刚，则正是本书作者所企盼的典型的Linux界和黑客界的交集人物。

谢华刚，网名vertex，清华大学热能系本科毕业和中科院计算所硕士研究生毕业，为国际项目LIDS（Linux入侵检测系统）创始人。LIDS是一个用于增强Linux核心安全级别的核心"补丁"。该项目也是全球性Linux开发项目中，由中国人主持的少数项目之一。

谢华刚的期望是，在Linux系统中安装LIDS之后，文件系统、进程、访问控制都将得到保护。无论是普通用户还是超级用户，都不能修改被 LIDS 保护的文件，也不能中断被 LIDS 保护的进程；任何人对系统的访问，都将受到 ACL 规则（一种访问控制技术）的严格限制。LIDS 入选了国际知名安全站点 insecure.org 评出的"50 个顶级安全工具"。

除了漏洞分析、入侵工具、Linux 开源，必须提到中国黑客另外一个成长源头，那就是民间的反病毒爱好者和病毒爱好者。1998 年，面对突如其来的安全行业变局，他们有着比其他初学者更扎实的反汇编功底和系统底层实力。

在民间的病毒爱好者中，黄鑫、王娟夫妇是一对典型的代表。黄鑫有两个绰号，一个是黄师傅，这缘于他的姓氏；另一个绰号叫冰河，这个称号缘于黄鑫曾经编写过的一个软件——冰河。冰河本是黄鑫出于个人兴趣，为远程控制自己的电脑而编写的一个软件。黄鑫的妻子王娟也是一个黑客，网上 ID "四川人"。当初在海南一家网络公司工作时，学计算机专业的王娟对网络安全产生了极大的兴趣。2000 年年底，在海南的一个信息安全论坛上，已经是"标准女黑客"的王娟认识了黄鑫，两个志同道合的人切磋之后，情投意合，开始并肩闯江湖。随着人们对"冰河"的滥用，黄鑫停止继续开发这一款远程控制工具，继而开发了 X-Scan 这一款知名的免费网络隐患扫描工具。

与黄鑫、王娟二人热衷于编写工具不同，一个叫贾佳的黑客则通过长篇累牍地编写文章彰显了其对技术核心的理解。

1998 年，在与民间病毒爱好者相对立的另外一个阵营，即民间反病毒爱好者的队伍里，也有一个中国网络安全的标志性人物，在这一年内完成了转身。这个人叫江海客，真名肖新光，1997 年毕业于哈尔滨工业大学自动控制系。从小学开始，江海客就有条件在苹果电脑上编写程序。1998 年的江海客已经是哈尔滨工业大学软件开发中心的技术骨干了，同时也是互联网上知名的反病毒技术爱好者。1998 年，CIH 病毒大爆发，当国内反病毒企业普遍宣称被 CIH 破坏的 C 盘是无法恢复的时候，他却发现，由于 Windows 机理的限制，多数情况下对 C 盘的破坏是无法完成的。于是江海客在网上发表了一篇如何手工恢复 C 盘的详细技术文章，再次把自己扯入了与反病毒厂商的是非之中。

在这个圈子里，还有中国最早一批获得系统分析员证书的网络安全救援站点"救救我吧"站长、杭州的程序员幼虫、免费杀毒软件"搜毒"的作者陶辰等。而当时，他们的领袖是水木清华病毒版版主蓝海（真名杨海）。蓝海、江海客、幼虫、陶辰等，并称为网络安全的游侠式人物，他们也毫不客气地向当时本土最成功的、山东人王江民的杀毒软件 KV 系列投去了批评之剑。在这几个"计算机从娃娃抓起"、外表谦和但内心无比高傲的程序员看来，KV 的设计和代码水平是惨不忍睹的，他们竭力通过个人的逆向分析能力，为反病毒树立唯技术是瞻的标尺。而他们极力推荐和逆向分析的一个软件，正是在当时寂寂无闻，但 10 年之后暴得大名的杀毒软件——卡巴斯基。

同时，互联网上出现的一个毒岛论坛的站点，成了国内反 KV 的大本营，站点甚至提供了 KV 系列的破解版本。相对应的是王江民一怒之下，对这些破解版本进行加密。这造成了那些下载了破解版本的电脑出现被锁住 CPU 而无法运行的情况。此事轰动一时。

而江海客、蓝海、陶辰等人，都成了主创毒岛论坛的"嫌疑人"。多年以后本书作者一一与当事人确认真伪，但他们非常郑重地表示了否认。不过回忆起往事来，每个当事人都无限惆怅。

与脚本小子们的狂热不同，蓝海、江海客所代表的民间反病毒群体凭借其技术底蕴，无论对中国安全产品的炒作还是对中国黑客群众运动式的疯狂，都表现出一种不合时宜的反感。蓝海的"业内的争论，留在业内、臭在业内"，一度成为国内民间反病毒群体最终走向不争论路线的招牌性语言。而江海客则是中国黑客运动中少有的冷静批评者之一，他不断地建言：中国黑客群体应该建立起技术正义感和基本的商业伦理，反对黑客平民化，也要对黑客借强烈的民族主义情绪出名，保持必要的警惕。事实证明，这些都成为后来中国黑客未能像美国一样，形成一股独立力量和特色群体的关键所在。

坠入尘埃

1998年，号称中国黑客第一案的杨威案，让中国黑客们第一次直面法律的达摩克利斯之剑。

因为上网费用太贵，上海交通大学数学系研究生杨威入侵了上海热线服务器，为自己和朋友们开设了账号。不久，上海热线发现并报警，杨威以涉嫌盗窃被批捕，金额核定为巨大。波澜乍起，早已对电信行业居高不下的收费不满的网友，几乎一致发起了对上海热线的声讨，而中国黑客开始了一场"拯救大兵"式的行动。他们的出手方式不是针对上海热线，而是公开连续发表了两篇辩护词。

最精彩的部分来自辩护词中对起诉"盗窃电信码号罪"的反驳。因为根据刑法，"盗窃电信码号罪"侵害主体为拥有电信码号的用户，而不是运营商。杨威侵入运营商的行为，并没有侵害其他用户的利益。根据"法无禁止即可为"的原则，并不构成犯罪和量刑。

很难界定这种民间的声音有多大作用，但后来的事实是，杨威被无罪释放。

第二次"拯救大兵"式行动的受益者，就是前文已经介绍过的冰河的作者黄鑫。实际上，黄鑫从没有用自己的工具非法控制其他电脑，只是这个工具太有名了，基本上每个初学者都要玩一玩，导致冰河感染的机器数量激增。黄鑫被捕，竟然是因为一个编码的错误。按照冰河的设计，控制者可以默认通过在21CN申请一个邮箱来收取被控制者的 IP 地址，但其设置错了一个循环，导致所有中了冰河的机器每隔一分钟就会给 21CN 的邮箱发一封邮件，结果 21CN 的服务器迅速被拖垮。究竟多少人使用冰河在远程控制其他电脑无法取证，只能抓黄鑫这个作者了。

在中国黑客群体的集体营救下，黄鑫很快重获自由。这次经历让黄鑫变成了一个谨慎的网络安全研究者。黄鑫的长期合作伙伴吴鲁加现在是付费社群工作知识星球的创始人和 CEO，黄鑫也适度参与知识星球中。

另外一个被黑客集体舆论搭救的是陶辰。1999 年 3 月 5 日，陶辰两年前编写的一个名为江民炸弹模拟器的程序，不知道被谁命名为"雷锋.exe"并作为邮件附件群发，造成一些用户的系统在执行附件后崩溃。陶辰被公安机关约谈。此事最终在黑客们发起的舆论干预下平息。

在这些案件的相关采访中，本书作者并没有得到最想知道的一个案件的信息，那就是 1997 年被判负刑事责任的冰人案。冰人对无线电技术的造诣，在当时的那一代黑客中无人可及，这使他更具有类似美国蓝盒子一代的潜质。但问起冰人事件时，很多黑客除了叹息都缄口不言。本书作者有一种强烈的感觉，这种沉默源于 1997 年前后还是中国第一代黑客们有心无力的时代。

在这些经历背后，我们看到了黑客集体的纯情和团结，但也深深地感到，他们是不是缺少了一些对社会规则的敬畏和反思。他们是中国黑客的先行者，将给后辈形成怎样的观念基础呢？

60 后、70 后的黑客们注定要回归社会，而新兴的 80 后黑客们，却显得非常潇洒，比前辈更"胆大妄为"。他们在 2000 年左右开始取代富有理想主义的前辈们，成为媒体上抛头露面的主角。

2000 年前后出现的远程控制工具——网络神偷的作者，似乎可以作为一个典型代表。

本人网名"蔬菜"，1981 年出生，男，高中学历，北京人士，是一名 VC/MFC 程序员。现就职于北京中关村的一家软件公司,从事软件开发工作,是一名专业程序员。

这是他留在网页上的自我介绍。

曾经有两篇网友写的帖子,同时出现在"蔬菜"的主页上,一篇是"通过网络神偷,窃取金山机密文件",另一篇就是"金山毒霸是非不分,优秀远程控制工具网络神偷,遭到无理查杀"。这两篇帖子放在一起,无论如何都让人感慨万分。

也许两代黑客确实有很大的不同,尽管他们的年龄差距不过几岁。第一代黑客也写远程控制工具,比如冰河、Wollf 等,但没有听说过谁用远程控制工具来赚钱的。而网络神偷则开始制作特别版,收取 48 元的注册费,另外一个文件捆绑工具也收取 35 元的注册费。文件捆绑早就被多数反病毒公司作为木马处理了。第一代黑客也写过破坏硬盘的程序,比如陶辰的江民炸弹模拟器。但那是纯研究性的,只是为了解释 KV300 L++ 逻辑炸弹的机理,而且有作者提示,有解锁文件,包括作者的联系地址和传呼,操作也是可恢复的。而"蔬菜"的 Hdbreaker 则采用 CIH 的破坏方法,根本无法修复。

"20 世纪 80 年代出生的人行事风格和我们有很大的不同。"一个采访时已经年过三十岁的"老程序员"这样对本书作者说,"老冯(冯志宏)做追捕,软件是免费的,而'蔬菜'做了一个 IP 搜索客,用了追捕的数据,却要收注册费。"一段两代人的旧日恩怨又被翻了出来。

一个媒体朋友曾对本书作者讲过这样一件事情。他中了一个名叫 QQ 密码侦探的木马病毒,在网上找到了一个名为 QQ 密码侦探终结者的清除软件,要交注册费 15 元。令人惊诧的是,他发现"密码侦探"和"密码侦探终结者"竟然出自同一个作者"开山软件"。

本书作者想起一位已经"漂白"的安全工程师说过,原来他做得也很过分,正是"冰人"的被捕,让他明白不能这样出格。一个又一个的教训让黑客们明白,"菜鸟"也好,天才也罢,在法律面前没有任何不同。

中国黑客今安在

2000年,在黑客浪潮方兴未艾之际,一本专业杂志的一个专题再度掀起了波澜,这个专题被称为《中国黑客档案》,前文已经列举的袁哥、小榕、黄鑫、王娟、江海客等人都赫然在列。他们于今安在?更多的黑客于今安在?

有人告别了网络安全业界。

最令人叹息的告别来自民间安全旗手、水木清华病毒版版主蓝海,其从清华大学研究生毕业后工作于网易公司,曾任网易公司副总裁。

有人选择回归主流安全企业。袁哥在绿盟公司担任了多年的高级研究人员,尽管据说已经离职独自创业,但仍然持有少量绿盟公司的股份。

以袁哥、Flashsky为代表的多名漏洞挖掘的标杆人物,基本后期都陆续回归了绿盟和启明两家主流企业。小榕则曾供职于方正和联想网御。

有人选择了在大的信息体系里承担安全责任。安全焦点核心成员benjerry在走出华为后,担任腾讯公司安全部门负责人,之后辗转盛大,今天是UCloud的创始人和CEO。

有人选择了创业之旅。Frankie(谢朝霞)请来了深圳老资格的互联网人张春晖与其共同创业。2001年年初,ISB投资公司给安络科技投资100万美元,谢朝霞出任副总经理,任总经理的是我们前面曾提到的张春晖。但2002年张春晖与谢朝霞各自单飞,在经历两次创业和两次做职业经理人后，张春晖今天是一位职业投资人。

黄鑫、王娟夫妇2005年也在深圳创办了一家网络安全公司。

有人选择回归学术。江海客最终没有按照一些人的期望，接过蓝海的民间反病毒旗手的位置，而选择成为职业反病毒工作者的道路，出任安天实验室首席技术架构师。但如今人们更多看到的是他武汉大学计算机学院客座教授、863计划重点项目负责人的身份。

2008年，北京奥运会网络安全应急专家组名单中，除了领导、院士和教授们，还出现了4名当年的民间黑客的身影，他们就是Jiajia（贾佳）、Benjerry（季昕华）、袁哥和江海客。他们在专家组里具体的工作不得而知，但我们看到他们作为中国黑客的最早代表，在10年后，终于有了可以与行业主管部门侃侃而谈的机会。

1999 / 狂欢开始了

1999年5月19日，星期三，一个看不上去可能不会发生任何新闻的平常日子。中国股市已经持续萎靡了700多天。就在11天前，中国驻南斯拉夫大使馆事件让中美关系再度跌到冰点。19日这天，沪深股市悄然上涨51点和129点，收于1109点和2662点。领涨的是带有网络概念的股票，如海虹股份、综艺股份、东方明珠、广电股份、深桑达等。这根平地而起的阳线突起，继而凌厉上升，一升就是一个多月。

"5·19"行情最红的两只股票海虹股份和综艺股份的背后，各藏有一家当时当红的互联网公司，前者是联众，后者是8848。再加上这一年的7月，名不见经传的中华网在美国纳斯达克证券交易所上市并大获成功，更点燃了创业者和资本方对互联网的燥热情绪。

资本市场的示范效应是巨大的：李彦宏、陈一舟、周云帆、杨宁、黄沁、张永青、唐海松、邵亦波、沈南鹏，这些在美国发展得不错的海归纷纷在1999年闯入中国的互联网"江湖"。他们这些人分别毕业于美国的哈佛大学、麻省理工学院、斯坦福大学……他们中的很多人已拥有百万美元年薪的收入，但因为互联网，他们将回归国内。

马云、陈天桥、朱骏、李国庆、季琦这些"土鳖"，也在1999年开始了自己的互联网梦想追逐。他们中的每一个人都曾在传统领域中获取过商业上的成功，这让中国互联网的商业实践开始变得更加丰富多彩。

梁宇翀也从加拿大兴致勃勃地回到国内，他与在广州的Fishman会合，一起创办了天夏科技，在2000年7月推出图形MUD《天下》，他们不曾想到的是，他们撬动了中国互联网最赚钱的一块蛋糕——网络游戏。不过，国内出现的第一套网络游戏并非《天下》，而是《人在江湖》。该游戏由王华逯领军制作，由金智塔公司在 2000 年 2 月正式推出。

闻到互联网气息的 VC 也蜂拥而至。其中最活跃的有两家，一家是孙正义领导的软银集团，他们采取的是"精品"战略，UT 斯达康是他们的杰作；另一家是熊晓鸽和周全掌管的 IDG VC，他们采取的是"群狼战术"，到处喂养鲨鱼苗，广种薄收。

海归、商人、极客、VC 推手，这四类人齐刷刷地汇聚到国内，1999 年就这样成为中国互联网最黄金、最灿烂、最辉煌、最值得想念的"大年"。

福州人王峻涛雪夜进京

1999 年元旦过后的第一个工作日，时任福州连邦总经理的王峻涛来到北京，开始筹划制作一个电子商务网站。他被任命为北京连邦的副总经理、信息总监兼电子商务事业部的总经理。

1994 年年底，王峻涛投资成立了福州连邦，由个人持有全部股份。因为福州连邦在连邦各地的连锁店系统里业绩突出，1995 年 9 月，北京连邦在福州召开了连邦各地经理会议，全国几十个连邦连锁店的经理聚集福州。这个会议实际上是对福州连邦的现场学习观摩会。很长一段时间里，北京连邦的加盟手册中还有很厚的一本小册子，题目就是"福州经验"。与北京连邦 5 年的合作让王峻涛在福州赚了不少钱，福州连邦也从最初 20 平方米的店面变成了营业面积达 3000 多平方米的大公司。

王峻涛网上 ID 叫老榕。前文已经有所介绍，他不仅是一个"网虫"，也醉心做电子商务方面的尝试。1997 年夏天，迷上互联网的王峻涛用

4个月的时间编写出了国内第一个电子商务网页，建立网上软件销售试验站点"软件港"，当年便以最高票被评为"福建省十大网站"之一。这个网页就是8848网站的前身。他的试验网站以销售软件为主，到1998年，每个月的销售额达到几万元。操作系统Windows 98发行时，王峻涛还通过网站预售卖出几百套。

王峻涛这次入京，是带着做一个电子商务网站的商业计划而来的。在此之前，他曾就这个计划与时任金山总经理雷军交换过意见，认为只要投入100～200万元就可以做。不过从情感和成功的可能性方面，王峻涛希望由连邦软件来做这件事，不管是看天时、地利还是人和，都该连邦来做。

连邦软件本身是做软件连锁销售的，在IT产品流通渠道有压倒性的优势资源。当时连邦软件已经在接近300个城市里有了连锁专卖店，这些终端可以同时为8848电子商务网站提供当地的配送和收款服务。同时，连邦的品牌在消费者心中具有较高美誉度。利用好这个连锁组织，对网站的电子商务业务拓展帮助很大，这是天时。

连邦软件有比较完善的供应链，尤其在软件、IT产品和电脑图书方面。当时它有巨大的仓储和比较完备的进销存信息系统，困扰其他B2C（商对客电子商务模式）站点起步的库存、采购、物流，在这里根本不是问题。而且当时的网友只有200万名左右，其中大部分是电脑玩家或者业内人士，在8848网站上销售连邦经营的产品，自然容易被接受，这是地利。

经过多年的合作，各地连邦已经像一个"大家庭"了，彼此间已经可以像兄弟一样谈事情，这也是非常吸引王峻涛的地方，这是人和。

王峻涛与连邦软件的故事缘于1994年12月底，北京一个大雪纷飞的日子，天寒地冻。福州人王峻涛虽然感觉身上很冷，但心里感到很温暖。刚刚在北京中软大厦12层，时任北京连邦软件公司总裁吴铁的办公室里，他们一起敲定了开设福州连邦的计划。

新成立的福州连邦成为北京连邦软件的授权加盟店，这是王峻涛与其时任北京连邦软件董事长苏启强及吴铁合作的开端。有一种"找到了组织的感觉",王峻涛事后回忆说。

王峻涛是因为看到北京连邦在《福州日报》上的广告而动了心。整整一个版的"连邦宣言",宣称只卖正版软件,采用全国连锁的方式。"只卖正版,这在1994年、1995年的时候简直是一种半疯半傻的行为。"王峻涛说,"不过全国连锁的方式倒是我认为最先进的模式,简直就是现实中的互联网。"到了1999年,王峻涛开始希望做真正的互联网。

王峻涛不断地游说苏启强和吴铁,说着说着,苏启强和吴铁动心了。于是,一个电话,王峻涛雪夜入京。就这样,王峻涛从福州赶来,带着他的福州试验网站而来。

虽然有福州试验网站在前,但8848这个名字是王峻涛到北京之后才定的。

8848的名字由来很有趣。按照王峻涛的记忆,在8848最早在北大附中附近租的面积不到10平方米的办公室里,苏启强、吴铁、时任南京连邦总经理的李献忠、时任成都连邦总经理的张屹、时任连邦软件市场公关总监的毛一丁和王峻涛一起开会,一起做脑力激荡,讨论即将成立的电子商务事业部的名字。那天窗外飘着鹅毛大雪,房间内只有一台电暖器供暖,还时常跳闸,因此房间内并不暖和。

这些中关村内最活跃的几个"大脑"凑在一起,讨论的又是当时最火热的事情,所以房间内的人都没有感觉到冷。有人问,"亚马逊[1]是什么?"王峻涛说,"南美洲最长的河流。"这时有人提议,"我们也按这个思路去想吧。"于是有人说长江如何?一查居然已经被人注册了。"那长江多长呢?"没人能答上来。于是再有人提议,"用数字吧,用大家都知道的数字。"第一个被想到的数字是960,一查,还是已经被人注册了。这时毛一丁提议说,"不如用珠穆朗玛峰的高度吧,这

---

1 亚马逊是全球最大的电子商务网站之一。

个都记得住——8848。"这一说，所有人都说好。一查，"8848.com"又被人注册了。"8848.net"呢？这个没有，于是立即抢下。

需要说明的是，请王峻涛从福州来北京做电子商务的另一个背景是，1998年年底综艺股份成为连邦软件的大股东，连邦软件的两位创始人苏启强和吴铁觉得要换一个玩法。不过，这也给之后8848网站的命运带来了诸多变数。

综艺股份捡了个大便宜

下面该说说综艺股份了。

1996年11月，江苏综艺股份有限公司作为当时的农业部推荐的全国第一家乡镇企业，在上海证券交易所上市，发行了2200万股社会公众股，募集资金1.74亿元。

综艺股份的前身是江苏省通州市（现南通市通州区）兴东镇黄金村的村办企业，主业是纺织业和胶合板生产。上市公司发起人是持有公司45.64%股份的公司法人股东南通绣衣时装集团公司、持有9.52%股份的南通大兴服装绣品有限公司和持有5%股份的通州市建设投资中心。但实际上，综艺股份应该算是一家戴着"红帽子"的乡镇企业。它创业于1986年，起点是昝圣达和其兄"赞助"的21台旧缝纫机。按照"苏南模式"的最终定性，综艺股份成了村办的乡镇企业——如果没有这个变化，它可能至今都没有上市的机会。

对于"红帽子"问题，昝圣达并不在意。昝圣达本人是通州市市委常委、兴东镇党委书记，他的哥哥昝圣明是综艺股份的大股东、南通绣衣时装集团公司的董事长及综艺股份的监事会主席。

虽然主业是普通的纺织业和胶合板生产，不过综艺股份上市后的表现却相当不错。1996年11月在上海证券交易所以每股7.88元的价格发行上市,第一年的分配方案是每10股送5股转赠5股,1998年是每10股送2股转赠3股,1999年是每10股送3股转赠2股。流通股本从发行时的2200万股扩张到1999年的9900万股,总股本从3800万股扩张到27 000万股。也就是说,原始股东如果1996年以每股7.88元的价格持有到1999年,持股成本已降到每股1.75元;如果按1999年的价位卖出,盈利在20余倍左右。

昝圣达是一个"能够很快接受新思想的人"。既然传统主业发展空间有限,一年赚上千万元都非常艰难,那为什么不换个主业做做呢?1997年以后,保健品、生物制药、软件开发等新兴产业陆续进入昝圣达的视线。1998年下半年,综艺股份副总经理季风华从北京的一个朋友处得知,北京连邦软件的大股东中保连邦正在找下家。季风华迅速把情况汇报给了昝圣达,同时还请专家对连邦软件的状况做了调研。

1998年年底,昝圣达在北京敲定入主北京连邦软件之后回到南通。迎接他的总会计师表示,这项投资恐怕风险过高。参与谈判的季风华也认为风险很大,综艺股份的内部声音是已经做好了准备,连邦软件在三年内可能不会盈利。

事实却是,第二年,综艺股份就从这笔投资上获得了巨额的回报。这一点,昝圣达没想到,连邦软件的两位当家人苏启强和吴铁没想到,之后对此一无所知而懵懂入局的王峻涛更没想到。这一切都源于那个叫8848的电子商务网站。

1999年3月,8848电子商务网站试开通。5月18日正式对外发布。8848网站当时只是连邦软件的一个部门,叫电子商务部,没有独立核算,所有的费用都是连邦软件来承担的。

8848网站选择1999年5月18日对外发布,在当时看似平常,但现在回过头看,这个时间发生这样的事情,给了综艺股份足够的炒作空间,因为它的走势与1999年中国资本市场的"5·19"行情不谋而合。当时有记者数次前去8848探访,几个创始人讨论最多的就是综艺股份的表现，谈笑中一个个笑开了颜。

如果仅仅是停留在这个阶段，那么8848可能是另一种结局。它很有可能成为另一个联众，成为资本家手中不断拿出来变戏法的道具，当然也有可能独立发展成卓越、当当那样的电子商务网站。对尚处于创业期的8848人来说，他们很希望是后者。

1999年6月，王峻涛在连邦董事会上介绍完8848的情况后，连邦软件的IDG董事林栋梁在会议休息期间问王峻涛："如果将8848从连邦软件独立出来，再给你10倍的预算，你能不能将营业额扩大10倍？"王峻涛毫不犹豫地回答："没问题。"林栋梁所代表的IDG是最早到中国进行风险投资的海外投资机构。该机构自1993年进入中国，1995年由周全出任IDG VC中国区负责人，与北京、上海、广东三地科委一起合作开投资公司。IDG VC最早投资的是软件行业，金蝶和速达、前导都是他们的投资对象。至于连邦软件，因为其有优质的创业团队、清晰的股权结构和连锁概念，因此也成为IDG VC的投资对象，林栋梁是连邦软件的董事之一。

虽然那只是会议休息期间一句不经意的问话，但王峻涛知道，为人严谨的林栋梁口中无儿戏。散会后，他找到林栋梁，介绍自己今后的打算。从公司所在的亿方大厦斜对面的长锦食府到公司的距离仅仅50米，他们走了足足15分钟。15分钟后，林栋梁做出决定，为8848网站投资200万美元，并明确表示，8848的目的地就是到美国纳斯达克证券市场上市。

1999年6月，8848从北京连邦独立出来，成立了北京珠穆朗玛电子商务网络服务有限公司，注册资本为120万元。其中连邦软件投资96万元，另外的24万元由当时公司的董事会成员、高级管理人员及连邦软件的董事、连邦软件的大股东综艺股份的董事共同出资；24万元中的6万元（即总股本的5%）由担任公司主席的王峻涛个人出资，其余的18万元则分布在很多人手中——其中9%的股权由综艺股份的7名董事持有，另外6%的股权由连邦软件的董事持有。也就是说，连邦软件持有 80% 的股权，另外 20% 的股权由个人持有。

此次独立只是万里长征的第一步，仅仅理清了连邦软件和 8848 之间的关系，同时也为连邦软件之前各投资方的套现留下了伏笔。其中最引人注目的还是综艺股份。综艺股份本身持有连邦软件 51% 的股份，因此其通过连邦软件持有 8848 的股份是 40.8%，加上综艺股份 7 位董事持有的 9%，这就有了共 49.8% 的股份，接近但没有达到 50%。

再后面的故事就是讨价还价，IDG 和其他新进入的海外投资团体将从综艺股份和连邦软件中接手部分股份。综艺股份 1999 年年报显示，公司控股 51% 股权的北京连邦软件有限公司，将其持有的经营 8848 网站的北京珠穆朗玛电子商务网络服务有限公司 33.4% 的股权全部转让给 8848.net Incorporated。而 8848.net Incorporated 将向连邦软件指定的单位或自然人支付 900 万美元，以及发行共计 451 万股股票期权，占 8848.net Incorporated 已发行普通股及拟发行普通股期权的 28.16%。在 8848.net Incorporated 的股票首次公开发行之后 12 个月内，北京连邦等中方股东可以按每股 1 美分的价格行使该项期权，按照 1：1 的比例将其持有的股票期权转为相应数量的可以自由流通的普通股。

这次股权转让之后，综艺股份从 900 万美元的收益中分得了 459 万美元，相当于 3800 万元人民币。而当初北京连邦软件投资 8848 的资金仅为 96 万元人民币，综艺股份投资连邦软件的资金为 3264 万元人民币。对此，昝圣达很兴奋，原本"三年内没有打算盈利"的投资，现在一年就拿回了老本，还不算尚未兑现的 230 万股的"金矿"。

季风华在这一系列运作完成后，坐上了拥有全球卫星定位系统的白色宝马车。"投资 8848 网站的巨大成功为综艺股份装上了翅膀，综艺股份要'飞'了。"他说。一个事实是，综艺股份的股价是 1999 年全中国增长速度最快的，股价涨了 9 倍，市值扩大了 7 倍。一个 8848，让综艺股份赚了很多钱。

72小时网络生存实验助推 8848

8848注定成为1999年的一大事件,还与中国互联网历史上最夸张的一场秀有关。

1999年9月3日,被称为中国互联网界"第一闹剧"的72小时网络生存测试拉开大幕。人们只知道这次网络生存测试由中国十大主流媒体,包括《人民日报》网络版、北京电视台、上海东方电视台、广东电视台、《北京晚报》、《新民晚报》、《羊城晚报》、《环球时报》、《新民周刊》、《新周刊》联合主办,通过网上报名、网友投票、媒体推选三关,产生北京、上海、广州各4位志愿者。他们被"发配"到这3个城市12个完全陌生的房间里,手里只有1500元现金和1500元电子货币,依靠网络所提供的一切来完成一次生存测试,看能否实现精彩的网络化生存。

这个想法从何处来?如果只看当时对外的宣传口径,人们容易忽视一个网站的存在,那就是梦想家中文网。当时由台湾青年许乃威从中国台湾引到大陆来的这个所谓"三地一体"的网站,很希望自己能一夜走红、迅速成名。

许乃威是一个大才子,他在"台湾大学"主修的虽然是物理,却是一个话剧爱好者。梦想家中文网的真正老板是陈文茜,一个很有才华的女子。

有许乃威和陈文茜这样的人物做老板,梦想家中文网的想法还真有些与众不同。而具体到"72小时网络生存测试"这个创意,则是梦想家网站副董事长顾成从上海《新民周刊》上看到的。那份杂志称,微软英国分公司在英国搞了一个网络生存测试,时间是100小时,结果几位测试者出来后各有所得,有些测试者还因此写了书。只是由于微软实验室不愿意声张,所以很少有人知道有这么一回事儿。

顾成在上海滩阴云初起的下午兴冲冲地来到公司副总经理马昕的办公室与其分享这一新闻,马昕一听也兴奋起来,他俩把市场部全体人员召集起来一起商量。越谈大家越觉得有戏，于是有了上述想法。

测试结束，当记者们蜂拥赶到北京保利大厦时，主办方已经控制不了局势，因为这事儿太"热"了——关键是中央电视台突然大规模介入，再加上 10 家媒体，特别是各地晚报的跟踪报道，媒体的力量让这个活动"飞上了天"。

一年半以后，时任 my8848 CEO 的王峻涛在一次接受南方某报采访时这样说："开始听说有这个'72 小时网络生存测试'，我们都没怎么在意。这些测试者无非就是我们每天打交道的成百上千名的网友中的几位，来了就接待。这么想着，到了测试开始的那个周末，还照样只留下几个值班的。正常情况下，周末是我们网上销售的低谷，销售量一般很少，几个人也就够了。不过，接下来的事情就有些出乎意料了。整个周末，我们占公司全体员工不到 1/10 的值班员工不得不面对突然涌来的订货潮，数量大约是平时周末的 10 倍！那个周日，一天就收到了 3000 多个订单！"

8848 网站无疑是"72 小时网络生存测试"的最大赢家。这里有个小插曲，当时活动主办方找到 8848 网站的市场总监毛一丁要求赞助。毛一丁非常痛快，当即拍板赞助志愿者每人 1500 元现金和 1500 元电子货币，这可是一笔不小的数字。头脑灵光的毛一丁意识到，这次活动可能有大动作，并给了当时值守人员足够的暗示。

当时 8848 网站的值守人员得到的暗示是，这两天如果有人购物，一定要满足，无论多远都要尽快送到。就这样，在其他网站不把这当回事儿的时候，8848 网站抢了先机。一位志愿者要吃巧克力，网上超市没有，毛一丁硬是派人到公司旁边的商场买了送过去。毛一丁不愧是中国 IT 界的"市场天才"，他总能在最适当的时候参加到炒作的行列中。

两个月后的 1999 年 11 月，被证明卖得好的 8848 网站却发生了不太好的事情，后来这被认为是中国互联网界"第一桩高层离职"事件。

走的三个人中，领头的正是毛一丁。毛一丁带着施彤宇、余晓东，先是去了实华开，之后三人各自单飞。毛一丁离开实华开后去了中文之星，一段时间后又去瑞星做市场操盘手。在瑞星，毛一丁充分施展了他的市场才华，帮助这家公司从亏损转为年销售额接近10亿元、净利润超过50%的"明星公司"，也成为这个行业的绝对领导者。

如前所言，8848网站的名字与毛一丁颇有关联。这个名字很形象，也很有寓意，既然美国最大的电子商务网站叫亚马逊（世界最长河流），那么中国最好的电子商务网站为什么不用中国也是世界最高峰的高度来命名呢？毛一丁有"珠峰情结"，他之后数次攀登珠峰，只是不知每次攀登珠峰之时，想起当年在8848网站的时光，他会有何感想。

等待批文，8848错过了时间窗口

2000年7月1日，王峻涛和8848网站的投资者们盼来中国证券监督管理委员会（以下简称"中国证监会"）的批文时，美国纳斯达克证券市场上已是"血流成河，哀声一片"了。为了能够顺利上市，8848必须获得当时的中国信息产业部和中国证监会的批准。为了符合要求，8848甚至设立了7家公司。王峻涛称，8848的股权结构用了整整6页纸才写清楚，而中国证监会关于8848上市的批复也用了6页纸。"这是一个我永远也说不明白，你永远也听不明白的故事。"王峻涛说。

之所以"说不明白"，是因为8848的蜕变来自增资扩容。从1999年5月1日起，以IDG领衔的海外投资团体开始了与连邦软件的谈判。1999年5月到8月的3个月时间里，谈判进行得非常艰苦，因为海外投资团体要求更多的股权。经过了包括吵架、拍桌子等一系列激烈的讨论过程之后，双方有了初步一致的看法。1999 年 7 月，IDG 联合其他投资者在英属维尔京群岛注册了公司 Mount Everett Software Inc.[1]，这家公司出资 200 万美元参与了 8848 网站的业务重组。一番运作的结果是，北京连邦持有"8848"601 万股，其中综艺股份持有 306.5 万股，IDG 这一方持有 216 万股。

事实上，8848 人并不是一开始就同意出让 8848 的股权的，因为当时发展前景很明确，8848 将是一只"会下金蛋的鸡"。但是同时他们也很清楚，只有让 8848 上市，自己才能把"金蛋"放到兜里。

于是，在北京连邦与 Mount Everett Software Inc. 签订的合同里，专门有一项条款写着："如果 Mount Everett Software Inc. 在海外上市，外方股东有义务'妥善处理'中方的剩余股权。"也就是说，北京连邦由对 8848 的直接持股，变成了对 Mount Everett Software Inc. 的直接持股。对于北京连邦来说，这次换股使得连邦软件直接持有了外资公司的股份；而对于综艺股份来说，由于北京连邦的这次资产重组，使其由对国内企业的投资变成了对外国企业的间接持股。

2000 年年初，北京连邦多次前往中国证监会询问政策，得知要在海外上市，首先必须是外资公司，其次是不得违背当时的信息产业部发布的管理规定，互联网内容服务不得作为海外上市的主体。衡量中资与外资公司有三个尺度：第一，希望上市的公司是不是真正的外国公司，注册人是否是外国人（这一条主要是为了防止"裕兴事件"[2] 再次发生）；第二，中方持股是否超过 20%；第三，中方是否是第一大股东。如果希望上市的公司是一家真正的外国公司，其海外上市就不必受到"红筹指引"的限制，同时中方持股不可超过 20%，中方不能是第一大股东。8848 当时的第一大股东是综艺股份，对综艺股份来说，

---

1 该公司最初名称为 Mount Everett Software Inc.，后改名为 Mt. Everest Holdings Limited，之后又更名为 8848.net Incorporated。
2 一起在海外注册，通过关联公司控制内地业务，绕开中国政府的监管在海外上市案。

要将8848送进纳斯达克证券市场，它就不能做大股东，持股比例不能超过20%。面对这个不能两全的抉择，综艺股份只有转让股权。

讨价还价之后，折中的办法出来了：中方股东等比例地收回投资，各拿出1/4股权变现，所有的中方股东加起来出让200万股，其中北京连邦出让150万股，另一家关联方洋浦连科出让50万股。外方最初的开价是每股3美元，最后以每股6美元成交。就这样，连邦用150万股换回900万美元，剩余的451万股转换成北京连邦对8848.net（即Mount Everett Software Inc.）的股票期权。同时根据已签订的股权转让协议，在实现上市前，连邦软件仍持有8848网站的股份。

经过这次股权变更，国内8848网站的1800万股被置换成海外8848.net公司的1600股和900万美元的投资收益。综艺股份作为北京连邦的控股人，分得900万美元的51%（459万美元）和230.01万股。为了让持有216万股的IDG坐上大股东的位置，综艺股份又将230.01万股分成210万股和20.01万股，其中210万股直接指定给综艺股份，20.01万股指定给综艺股份旗下的一个合资子公司——南通综艺时装。而综艺股份和综艺时装的外方之间还签订了一个协议：20.01万股产生的收益与外方无关。就这样，综艺股份得到了现金，而8848为自己扫清了上市的障碍。

不过，等这一系列事情做完之后，已经到了2000年8月。之后的故事表面上让人费解，仔细想来却符合逻辑。由于后进投资人认股的价格过高，希望等资本市场形势好一些后再上市，而前面的套现者作为既得利益者采取听之任之的态度，因此竟然出现绝大多数股东一起同意等下去的决定。这无疑是一个"因小失大、葬送先机"的决定，甚至可以用愚蠢来形容。资本市场彼时已经不可能变好，再无扭头向上的可能，随着上市日的拖延，资本市场的机会稍纵即逝，终于流失掉了。

8848 的新 CEO：谭智

就在这个时候，趋势科技的张明正、雅虎的 CEO 杨致远和孙正义都加入了进来，同时还来了一个叫谭智的新 CEO。

仅仅从学历来看，谭智就是担任 8848 CEO 的绝佳人选。谭智，80 年代初期毕业于中国吉林大学，获得计算机专业学士学位。1987 年，作为最早的一批计算机专业的博士生，从美国马萨诸塞州伍斯特理工学院毕业。

在加入 8848 之前，谭智在微软中国担任吴士宏女士的助理，主管渠道销售方面的工作，成绩斐然。因为主管微软中国的渠道销售，谭智本人与当时中国最大的正版软件销售组织连邦软件有着很密切的生意往来，与苏启强、王峻涛等 8848 的创业者也有良好的个人交情。谭智在美国留过学，与熊晓鸽、周全有相似的背景和诸多的共同语言。

更重要的是，谭智在微软中国任职之前，在 UT 斯达康公司担任负责中国区销售业务的副总裁，得到软银中国上下的认可。软银中国负责投资的最高长官是薛村禾，1991 年，正是他找到贝尔实验室的工程师吴鹰，一起创办了 UT 斯达康。也就是说，在软银集团这一方，谭智同样有很好的对话环境。

谭智的出现，似乎让问题都得到了解决。不过当时各方忽视了一个问题：谭智本人之前是做销售的，并没有当过 CEO，且又不是 8848 的创始人。而 8848 又处在这么一个"僵局待解"的局面下，他的能量其实不适合在此时释放。

于是，谭智最后败走 8848 也是必然的。离开 8848 后，谭智去了 TOM 集团当顾问，之后创办了框架公司，再之后公司被分众收购，他在分众做过一段时间的 CEO。谭智后来的顺风顺水，很大程度上要感谢当年那段左右摇摆的艰难岁月。

谭智进入 8848，虽然是各方博弈后取得平衡的结果，但其本质上更多的是软银集团的代言人，这就足以理解为什么谭智上台之后很快推行所谓电子贸易市场的概念，因为这正是孙正义最看好的业务方向。孙正义本身对 B2B 有偏好，后来给阿里巴巴投资，亦是明证。

耐人寻味的是，8848 最开始的几个发起方都对此听之任之。这是因为 8848 已经有多轮投资进出，最早的投资者都已套现走人。对他们来说，业务转型并不重要。而作为创业者代表的王峻涛，从一开始就是以小股东的身份入局的，经过多次稀释后，其实只占有很小比例的股份。因此，王峻涛尽管顶着董事长的头衔，但并没有多少话语权。

创始人的缺位，经理人的弱势，最后的结果是鸡飞蛋打。

海虹控股："5·19"行情第一牛股

1999 年的叙事总是从 5 月开始的，这一年的 5 月实在是太不平常了。时政上有中国驻南斯拉夫大使馆被炸事件，经济上有中国股市的"5·19"行情。

1999 年 5 月 19 日，沪深股市悄然领涨。领涨的是带有网络概念的股票，而且一涨就是一个多月。

在这一拨行情中，最出风头的是一只叫海虹控股的股票。海虹控股是网络股的急先锋，5 月 19 日后短短一个半月，海虹控股涨幅就超过了 100%。随后虽然有所回落，但到了 2000 年，该股重新又涨了。即使在戴着 ST（出现异常股票的警示性标记）帽子的情况下，也一口气从每股 18 元暴涨至每股 83 元！

在这只"妖股"的背后有两个人，一个叫谢文，另一个叫康健。

谢文，1958 年 8 月出生，曾做过电工，后来又考入中国人民大学哲学系，1978 年入学，属于"老三届"。大四那年，谢文转至南开大学改读社会学，毕业后即赴美国，学成后做投资咨询。按照谢文自己的说法，他从1988年就开始收发电子邮件，是全国较早接触互联网的人。1996年，谢文回国。

康健，1956年4月出生，北京市朝阳区人，曾就读于北京第二十七中。康健在大学时和谢文同校同级，1982年毕业于中国人民大学经济管理专业，先后曾在当时的北京市政府农办、《中国村镇百业信息报》、康华国际软件开发公司等任职。其间，康健前往美国、加拿大学习，主要是学习基金操作。在国外学习的这段时间里，康健的妻子吴晓冰在美国先后担任华润集团驻美财务官和一家美国公司的副总裁。吴晓冰和谢文也是大学同班同学。

1996年年底的一天，吴晓冰打电话约谢文一起聊聊天。此时的康健靠期货获取了"第一桶金"，并已担任中海恒实业发展有限公司总经理[1]。康健想买一个上市公司的壳，谢文则大谈网络。谈了一夜，事儿就全定了：谢文帮康健完成了对海虹的收购，康健帮谢文创办一个网络公司。接下来的事情发生在1996年12月，中海恒实业发展有限公司以协议方式受让海虹5000万股法人股，成为海虹第一大股东，占股24.83%。1997年年初，中公网信息技术与服务有限公司成立，中海恒也完成了对海虹的收购。新组建的中公网的股权结构为中海恒持股20%，海虹持股40%，信息产业部数据网络集成中心持股40%。康健出任中公网董事长、总经理，谢文任常务副总经理。

谢文自此成为中国互联网历史上"最能折腾"的人物之一。在离开中公网后，谢文依旧不停奔波，独立创业做过宽带服务，在互联网实验室最红火的时候当过这家公司的当家人，也曾在中国最有声望的财经网站和讯做过CEO，折腾Web 2.0。他也曾被马云请去主政雅虎中国，但不到一个月就辞职了。在此之后，谢文就与这个江湖渐行渐远。

谢文多次声称自己是中国互联网业界较早接触互联网的人，同时他应该也是中国互联网一线公司活跃的CEO中年龄较大的一个。这

---

[1] 康健自己的私人公司海南海恒是中海恒实业发展有限公司的最大股东。

两种身份混合在一起的结果是,他总是能给这个行业贡献一些声音。因为他的资历,所以他讲话时大家都竖起耳朵听,同时他又不断给这个行业折腾出一些新东西,虽然总是为时偏早,但大家对未来总是保持关注,因此也总是有人向他学习。

不过,谢文做的事情中,最有价值的、最让人念念不忘的,还是1999年5月他代表中公网出资1000万元收购做网络游戏的联众公司80%的股权。这件事情的意义在于,它让互联网与资本市场的对接有了第一个最鲜活的故事。比起张树新的落寞、宫玉国的无奈,这个故事更具备向上的意义。

在希望软件公司的日子

有趣的是,当初谢文找鲍岳桥问多少钱肯卖联众的时候,作为联众的总经理,鲍岳桥报价500万元人民币,并做好了被还价的准备。但谢文二话没回,直接就答应了。

大家称鲍岳桥为老鲍,这很大程度上是因为鲍岳桥看上去要比真实年龄显老。老鲍个子不高,浓眉,眼睛不大,聪明"绝顶",以至于后来为追赶腾讯"削发明志",都没有引起太大的反应。因为在大家的印象中,老鲍还是原来那个样子。

老鲍生于1967年,浙江余姚人。他其实只比丁磊他们大四五岁,但出道早,成名也早,所以让人感觉他们是两代人。

鲍岳桥在杭州大学数学系读书的时候就非常迷恋计算机。那时学校里学生可以上机的机会很少,鲍岳桥想方设法和机房看门的教师搞好关系,终于得到了一份机房管理员的差事。这样,鲍岳桥基本上所有的课余时间都用来上机了。大四时,他几乎天天泡在机房里。

1989年夏天,鲍岳桥大学毕业,被分配到杭州一家橡胶厂。就是在这家橡胶厂工作时,鲍岳桥开发出了 FoxBASE 反编译软件、普通码中文输入系统和汉字系统 PTDOS。其中,开发汉字系统的初衷是觉得自己用的汉字系统不方便,想做一个把现有的汉字系统的功能都结合在一起的汉字系统。PTDOS 编写完之后,鲍岳桥开始有点商业意识了,他咬牙在 1992 年 8 月 5 日那期《计算机世界》上刊登了汉字系统 PTDOS 和反编译软件的广告。广告刊登之后,很多人把购买软件的钱直接寄了过来,过了一两个月,鲍岳桥已经收到了两万多元钱。当时的兴奋劲儿,鲍岳桥至今记忆犹新。

PTDOS 汉字系统做得不错,鲍岳桥非常想推广出去,曾经让北京希望公司代销。但 1993 年 5 月,类似的汉字系统突然冒出来好几个。看到别的汉字系统做了那么多广告,渐渐发展起来,鲍岳桥觉得 PTDOS 很可惜,于是想去北京发展。后来,借代表橡胶厂到北京出差的机会,鲍岳桥从此就没有再回厂里,一直待在希望公司。1993 年 10 月,PTDOS 改名为 UCDOS。希望公司的市场能力加上 UCDOS 过硬的质量,到了 1995 年,UCDOS 的市场份额已经达到 90% 多,其他汉字系统在市场上几乎很少见了。

和鲍岳桥一起成就 UCDOS 辉煌的,还有一个叫简晶的程序员。1992 年,简晶在云南昆明明星公司推出了中国龙 1.0 版,鲍岳桥在 1993 年作为希望公司的主创人员相应地推出了 UCDOS 3.0 版。两者同为汉字操作平台,与其他中文平台相比,在技术上遥遥领先,因而在当时占据了较大的市场份额。

1996 年,简晶也加盟了希望公司,和老鲍成为同事,这使得两个程序天才真正走到了一起。

简晶是比较早上网的老"网虫",如前所言,1996 年他就开始上网浏览 CFido。那时的西点、西线等 BBS 不仅可以参与讨论,还能提供文件下载功能。就是这些现在看起来再基本不过的功能,让简晶觉得非常新鲜,很是过瘾。

简晶同时也是一个超级游戏发烧友,通过网络结识了大量的游戏玩家。在朋友的介绍下，简晶开始玩起文字 MUD。中国最早的文字 MUD《侠客行》里，简晶的 ID "东方英雄"一直为人所怀念。

加盟希望公司后，简晶在开发基于 DOS 平台的图形界面开发包"UCSDK"时，就有将 Windows 附带的扫雷、升级等游戏嵌进去的想法。但对市场仔细一琢磨后发现，Windows 已经成为 PC（个人电脑）的主流操作系统，游戏在 DOS 环境下存在和升级的意义不大，因而他只好作罢，但这个想法一直保留着。

由于做网络游戏的想法在简晶的脑海里不停地打转，他很想听听鲍岳桥的想法。平时两人的沟通比较频繁，但这毕竟是人生事业发展方向上的一件大事，马虎不得。找到一个合适的机会，简晶把自己的想法与鲍岳桥做了交流。出乎简晶意料的是，自己的设想刚一提出，鲍岳桥就表示赞同。

其实在简晶关注未来的时候，鲍岳桥也没有忘记思考自己将来的发展方向。作为局内人士，鲍岳桥和简晶都对业内行情很清楚。面对微软等海外大公司强势介入中文平台，留给国内企业和个人发展的生存空间极其有限。再走中文平台或是办公自动化之路，虽然自己在这个行业里就技术而言可谓驾轻就熟，但未必有好的结果，还不如另辟蹊径。

鲍岳桥喜欢围棋，简晶喜欢游戏，而他们的另一个合作伙伴王建华在服务端开发方面有经验。从这个意义上说，三个人联合创办一个可以在网上下棋的软件，是情理之中的事情。

联众三人行

就这样，在 1997 年年底的时候，鲍岳桥和简晶、王建华这个希望软件公司的"梦之队"离开了公司，没有提任何条件。这三个人，先后写出了 UCDOS 和中国龙这样的中文 DOS 操作系统，但在 Windows 操作系统的冲击下，他们看不到未来。他们知道，只有做出面向互联网的产品，才能为自己找到希望。

他们出来创业遇到的第一个问题是成立公司所需要的 50 万元注册资本。三个人虽然写出了拥有千万名用户的产品，但并没有从希望公司得到多少报酬，以至于开公司的时候连注册公司需要的 50 万元都凑不齐。

鲍岳桥和简晶、王建华三个人一起去找当时中国本土最大的杀毒软件公司江民科技的董事长王江民。在北京当代商城北面的一家饭馆，三个人一起请王江民吃饭。三个人都是技术出身，之前都是和程序打交道，除此之外一片空白。他们为什么会找王江民？很大程度上是因为王江民在他们眼中相当成功，不仅软件写得好，财富上也有积累。他们更多的是想向王江民请教怎么经营公司，当然，另一个目的是想在饭桌上找个合适的时机，向王江民集资开公司。

局间三个人一直兴高采烈地向王江民讲着他们的新项目，但一说到借钱的事情，三个人就不断地你看着我、我看着你，谁也不知道该怎么说。倒是王江民主动说，"你们开公司是不是需要钱啊？这样吧，我借给你们 50 万元。做得好，你们就把钱还给我；做得不好，就不用还了。"三个人心中的石头顿时落了地，无比敞亮，后面的事便是举起手中酒杯敬王江民。

这笔 50 万元的借款，三人等公司注册下来就还给了王江民，靠着三个人凑的 20 万元支撑了一年。到了 1998 年年底，眼看着要过年了，鲍岳桥想着还是要给大家（当时联众已经有了自己的第一个雇员）发点钱过年，于是又找王江民借了 10 万元，4 个人每人分了 2.5 万元。王江民对联众的两次借款被一些媒体称为中关村较早的天使投资，但性质上，这更接近借款，更多的是第一代程序员之间的惺惺相惜。

他们三人从希望公司出来时，王建华的孩子刚呱呱落地，简晶的孩子也刚过一岁。孩子的成长需要资金的投入，但鲍岳桥也不富裕，于是三人只得东挪西凑地各自掏出四五万元。就这样，联众公司的前身——飞鹰公司，在北京马连洼的联万庄宾馆成立了。

说到联众公司名字的由来，还真有些曲折。自公司创办初始，三人就在琢磨如何取一个好听又好记的名字。当时排出来的候选名字有好几个。后来初步决定选用"飞鹰"，取英文"flying"的谐音。试用一段时间后，大家都不满意。后来王建华提出，为什么不能截取"联想"和"大众"各一字，合为"联众"呢？另两人一听，觉得虽有拼凑之嫌，但确为"飞鹰"所不及，单就字面意义"联系大众"就比前者更有亲和力，而且这个名字也有三个人（三人为众）联合创办的意思，而且与他们想做的在线游戏的目标定位契合。于是三个人一致认为取这个名字比较好。

在去当时的工商局注册的路上，三个人一点把握都没有，因为这个名字被注册过的可能性很大，他们为此还准备了一些备用的名字。不过到当时的工商局一查，这个名字竟然没有被注册过，他们立马乐了。三人还发现，在他们注册时存在一家叫"联众达"的公司。比较合理的解释是，之前有家联众公司，在联众达想注册的时候还在，之后可能注销了。而他们三人应该是这家公司注销后第一个申请这个名字的公司。真是注定他们要成功。

联众公司英文名的来历也是一波三折。最初王建华提出用"globallink"，并且以此作为公司的域名。遗憾的是当时大家都不知道如何申请国际顶级域名，虽然 CNNIC 这样的域名注册和管理机构的物理位置距简晶家不足几十米。待到以后搞清楚申请步骤后，三人发现 globallink 已被国外公司注册过，于是只好申请了 globallink.cn.net 和 gl.cn.net 这样的非标准域名。后来用的标准域名 ourgame.com，是创办一年后与中公网合作时才启用的。

公司成立了，扣除房租、机器购置费用，资金顿时又捉襟见肘。他们不敢招募任何员工，工作室是宾馆的两个房间，所有工作只靠他们三人完成。为了提高工作效率，简晶将家搬到了马连洼附近，鲍岳桥和王建华两人则各弄来一辆摩托车，每天骑着上下班。

联众是 1998 年 3 月成立的。其实那年春节一过，三个人就开始准备了。"那年春节我第一次没有回老家，留在北京，二月过完年以后就已经开始工作了。那个时候就我们三个人，从某种意义上来讲都称不上是公司，只相当于一个开发小组。"回忆起当初创业时的情境，鲍岳桥脸上立刻流露出了光彩。联众的框架设计用了将近两个月的时间。接下来，王建华负责服务器端编程，鲍岳桥负责"游戏大厅"的开发，简晶负责具体游戏的设计。到 1998 年 5 月的时候，已经有三款游戏成型，基本上可以玩了。

看到理想变成现实，三人自然很兴奋，但心里还是没底，定的目标也很低：到年底时 200 人同时在线，注册人数 5000 人。联众的榜样是中国台湾的一个网络游戏站点，联众起步的时候，它已经有近千人同时在线了。"简直太厉害了"，鲍岳桥羡慕不已。

联众刚推出的时候场面比较尴尬。看着开发出来的游戏没有一个人来捧场，三人的心情很是郁闷。不过也可以理解，那时知道这个网站的人很少，更别提访问了。三人各自利用关系到处拉人来试玩，来提意见。就这样，知道联众的人多了，陆续有人上线访问。但来的人还是太少，有时为了不让来访问的网友无功而返，经常出现三个开发者共同陪一人玩的情形。或是一个人同时开三个 ID，扮演三个角色，这样只要一有网友上来，游戏就可以玩起来。但老这样下去也不行，联众为此在首页贴出通知："请大家集中在中午时间过来，这时人比较多，联众公司工作人员也在。"

陆陆续续有一些人来了，大都是抱着"看看鲍岳桥他们又做了些什么"的想法来的。1998 年 6 月 18 日，东方网景在首页为联众发布了一条公告，那天联众的点击次数超过了 1000 次。发现这招挺管用，三个人就去很多网站的论坛贴了很多广告帖子。

为了庆祝玩家"坐满 8 张桌子"，鲍岳桥特意将那张网页保存了下来，作为骄傲的证明和纪念。后来，一些媒体陆续开始报道联众。

事实上，网友的关注大大超过了鲍岳桥的预期。1998年8月5日，联众第一次全面升级，由于没有想到会有如此大量的下载，造成整个服务器专线因超负荷而瘫痪了两天。1998年10月23日，联众第二次全面升级，升级版本下载量之大，使得东方网景线路再次瘫痪。到同年年底，网站注册用户超过5万人，平均在线游戏人数高峰也超过1000人，比预想的高了5倍。联众很快超过国内其他对手，成为国内最大的在线游戏网站，而中国台湾的那个网络游戏站点还在原地踏步。当在线人数又把台湾站点甩在后面时，三人兴奋至极。

"聂马"也在联众下棋

联众取得成功，还有一个原因是中国围棋在那几年也开始走出低谷，而且一批国手都在联众上下棋。例如聂卫平和马晓春，就很早开始到联众下棋了。

1998年9月，马晓春来到了马连洼。联众的办公环境很简陋，让马晓春都不知道该坐在哪个地方。马晓春是为了网上俱乐部的事情而来的，他想依托联众的平台在网上教人下棋来赚钱。鲍岳桥趁机拉着马晓春下了一盘指导棋。

虽然后来马晓春通过联众进行网上围棋指导的尝试无疾而终，但鲍岳桥通过围棋名人提高联众知名度的努力，一直没有停过。

围棋国手方天丰先于马晓春来到联众。联众宣传说方天丰要来，没人相信；等方天丰真的来了，却没人和他下棋。没办法，鲍岳桥只好面对面地在网上先和方天丰下了一盘，方天丰让7个棋子，鲍岳桥赢了。在一边观看的玩家说，不是鲍岳桥下得好，而是所谓的"方天丰"下得太烂。于是网友们把联众公认的围棋高手找来和方天丰下棋，方天丰让 4 子棋子后依旧获胜，网友这才认定，这个是真正的方天丰，抢着和他下棋。

鲍岳桥由此认识到名人对联众的意义。另一位国手余平来联众的时候，也和马晓春来一样，大家一起吃了顿饭，下了几盘指导棋。让鲍岳桥吃惊的是，接下来的一个星期天的晚上，余平居然自发开始和网友下棋。余平后来经常在联众下棋，发展了很多弟子。他甚至会组织一批人到别的围棋网站挑战，一来二去，就把人气带动了起来。鲍岳桥认为，余平对联众的发展功莫大焉，正是这种高水平职业棋手的加入，让联众有了很好的口碑和影响力。

鲍岳桥也借此与"聂马"等国手下过多盘指导棋。特别是马晓春连拿两个世界冠军的那一两年，很多人托鲍岳桥请马晓春吃饭，饭后自然会下指导棋，鲍岳桥也会跟着下一盘。一般马晓春会让对方 4～5 个棋子。

鲍岳桥说，IT 圈内棋力最高的当属两人，一个是原来金山西山居的裘新，另一个是以前在搜狐的王建军。这两个人，鲍岳桥和他们下棋，都要对方让 1～2 个棋子。中搜 CEO 陈沛的下棋实力不错，比鲍岳桥强一些，但与前两人下时需要对方让先。

鲍岳桥与王建军的相识很偶然。联众和搜狐都在北京电信局存放服务器，两个人同一时间去看服务器的运行情况，由于离得不远于是闲聊了两句。一聊发现，两个人是同一所大学毕业、一个专业的师兄弟——他们同是杭州大学数学系的，鲍岳桥于 1985 年入学，比王建军高两届。

但在下棋实力上，王建军要高一些。王建军的下棋实力在业余五段以上，属于"业余豪强"，曾经拿过"炎黄杯"业余世界围棋锦标赛的冠军，也算是世界冠军，很厉害。

一开始，联众的商业计划是，先免费半年或一年的时间，等到有一定规模的用户之后，就要考虑向用户收取会员费。5000 个用户，每人每年100元，如果有60%的人愿意缴费，一年就是几十万元。而在盈利之前，三人无须把全部精力投入网络游戏上，而是把互联网业务作为公司的一个长远项目。为了维持公司的正常运营，可以利用自己的技术，做一些短、平、快的产品。

实际做起来则根本不是那么一回事。一方面，互联网在中国仍处于起步阶段，用户喜欢的是免费的概念；另一方面，一旦投入开发，他们发现自己的精力实际很有限，这时再去做其他项目，很有可能两者都做不好。几个月过去后，大家静下心来讨论，最终商定，不准备让这个站点在短期内盈利。在还有资金的情况下，就尽量把这个站点做好、做大，最终把它做成一个"全世界最大的中文在线游戏站点"。通过一年或更长时间，积累无形资产，然后再利用融资的方式，使网站有一个较大的发展。

谢文做了笔好买卖

此时，幸运之神向联众微笑了。在实力雄厚的中公网主持经营的副总经理谢文，与朋友在电话里聊天，对方说他最近在网上玩游戏玩得不亦乐乎。谢文记下了网址，登录进去，旋即上瘾。一直忙于收购网络公司的他，动了收购联众的念头。他按照联众网页上预留的电话打了过去，没人接，发邮件也没人回。谢文无奈派人去找，终于在那家不起眼的酒店里找到了鲍岳桥他们。

鲍岳桥三个人一起去见谢文，当看到谢文正在办公室电脑前通过联众平台上下棋时，鲍岳桥立马乐了，直觉告诉他这事有戏。谢文问联众值多少钱，有了一些谈判经验的鲍岳桥毫不犹豫地说值500万元，并做好了讨价还价的准备。"OK！500万元没问题。"谢文非常爽快。

谈了三次，方案便敲定下来了。

很多人都说 500 万元卖掉联众卖低了。但对鲍岳桥来说，三个人一年投入 20 万元，加上三个人的工资和其他成本，也就是 50 万元的样子，10 倍的价格，很划算了。

在中公网之前，其实也有人找过联众谈收购的事情。这缘于《IT 经理世界》上一个叫王超[1]的记者写的一篇关于联众的文章。不久，一个叫黄大成的人把电话打到鲍岳桥家里，说看了那篇文章，要与鲍岳桥见面谈合作。

鲍岳桥与黄大成见了面。黄大成，1966 年出生，比鲍岳桥大一岁，浙江温州乐清人。黄大成是杭州恒生电子公司的老板，公司开发的恒生软件占国内证券股票界软件市场的 2/3。黄大成不看好联众，但他看好鲍岳桥他们三个人。他希望把联众买下来，然后请这三个人帮他开发软件。

另外，当时还有两家公司也看好联众或者说鲍岳桥他们三人。一个是实达，当时很强悍的 PC 和显示器厂商，这家公司想进入软件业，后来投资了东方铭泰的何恩培兄弟。另一个是 263 的李小龙，263 很想收下联众，用联众吸引用户来登录 263。鲍岳桥当时来者不拒，给他们报了 600 万元的价格。其中还是黄大成最积极、最诚恳，甚至不要求控股。到 1998 年年底，双方基本达成共识，草签了协议。不过，春节后恒生电子董事会否决了这笔投资。虽然没有促成收购，黄大成和鲍岳桥却成了朋友，两个人经常见面，一起讨论投资或其他问题。

因为有了之前 600 万元报价过高的经验，当谢文要鲍岳桥出价时，三人商量后觉得 500 万元合适。但占多少股份，三人还没想好。

谢文后来带着鲍岳桥去见康健。康健对这个价格没异议，只是希望多占点股份，鲍岳桥他们三个人也想保留点股份，双方协商的结果

1　王超曾担任《IT 经理世界》和《计算机世界》的总编辑，是知名的 IT 媒体人。

是八二开，中公网八，三个创始人二。考虑到20%没法均分，于是变成了中公网79%，三个创始人每人7%。[1]

1999年前后，互联网正是资本市场的"宠儿"，像联众这样有用户数、有黏性、有想象空间也有技术含量的项目并不多，正常的估值应该在2000万~3000万元的样子。因此，网上有人称谢文是收购"第一黑"。说着说着，中公网开始增资，最后收购价变成了1000万元，于是也就有了500万元和1000万元这两个不同的数字。

对这次收购，《电脑报》用了几个整版来报道。第一个版面就说"老鲍成功了"，这是当时国内IT界"最有影响力"的媒体所给的肯定。即使很多年后想起来，鲍岳桥依然觉得很高兴。

不管是500万元还是1000万元，其实对海虹来说都是小钱。由于海虹股份间接控股中公网，因此也就变成了海虹股份控股联众。一夜之间，海虹成为中国资本市场质地最优的网络股。相比付出，康健和海虹获取的回报至少是100倍。

2006年10月11日，"2006胡润百富榜"在上海揭晓，海南首富是一个叫林宗岐的人，总财富为12.5亿元。档案资料显示，林宗岐生于1933年，1950年在中国的外交学院学习，1954年在中华人民共和国外交部办公厅工作，1993年离休。经了解，林宗岐为康健母亲，也是康健在海虹等多个公司的代持人。2007年4月，海虹股份的整个市值已经达到了104.86亿元。作为海虹持股23.4%的大股东中海恒的实际控股人，康健的个人财富自然是水涨船高，达到25亿元之多。

海虹的另一大间接贡献是，成就了诸多对网络股充满热情的民间"股神"。他们中的一位后来在互联网业内大名鼎鼎，他就是天涯社区的实际控股人邢明。天涯社区本是由海南在线里的一个股票论坛衍生

---

1 2004年，联众做了第二次大买卖，将自身50%的股份以1亿美元的价格卖给了韩国NHN公司。其中29%为海虹出让的股份，21%为三个创始人的股份。三个创始人每个人都分到1400万美元，折合人民币都有了上亿的身家，于是这三个人纷纷做起了天使投资。

而来的，刑明本是海南某单位一名公务员，正是海虹这只兼具海南概念和互联网概念的股票，让刑明完成了自己的原始积累。据说，刑明在这只股票上赢得了 2000 万元的身家。而更多的海虹炒股家由此开始醉心互联网概念股票的投资，腾讯 2004 年在中国香港上市后，就有一大批内地炒股家奔到中国香港买腾讯股票，这都要感谢海虹接地气的市场培训。

中华网和香港商人叶克勇

就在综艺股份、海虹股份在中国内地资本市场翻云覆雨的时候，中华网也于此时在美国上市。从此，中国互联网有了更加宽广的舞台。

1999 年 7 月 14 日，中华网在纳斯达克证券市场率先上市，IPO 融资额为 9600 万美元。

这家有着 china.com、hongkong.com、taiwan.com、cww.com 四家网站的公司虽然看上去似乎涵盖了整个大中华区，但在国内其实并非是网友聚集的最热门网站。

中华网的母公司中国国际网络传讯有限公司（CIC），位于中国香港铜锣湾万国宝通中心大厦。公司总部所在的 20 层办公室正可临窗远眺维多利亚港湛蓝色的海湾。

CIC 进行了一系列资本运作与业务拓展。1998 年 1 月，这家公司通过现金和股权置换，以总计近 300 万美元的价格收购了香港一家网络咨询公司 The Web Connection 公司 51% 的股权。此后，CIC 又注册了 china.com、hongkong.com、taiwan.com 等网站，着手在海峡两岸暨香港开展门户网站业务。

1998 年秋，CIC 和纽约一家实力雄厚的网络广告公司 24/7 媒体公司签订了合作协议，得以利用 24/7 媒体公司在包括日本在内的泛亚地区的市场渠道和广告软件专利技术。从 1998 年年底至 1999 年，中华网公司着手进行上市重组。其母公司 CIC 将旗下 The Web Connection 公司的股权、专营网络广告业务的公司和中华网等资产注入中华网公司，总折合 1270 万美元。此后，24/7 媒体公司、美国在线、香港新世界基建等背景不凡的战略投资者相继向中华网公司投资入股，中国台湾一家公司 CMC 也加入其中，成为中华网公司台湾业务的支持力量。至 1999 年 6 月，CIC 将整体持有的中华网公司股份分配给公司股东，最终完成了上市前的股权安排。

至此，新华社在中华网公司的股份已稀释至 13% 左右，在股东中居第三位。美国在线公司持股为 10%，在公募完成后再行购入 15% 的股份。这样，经过一系列的资本运作，中华网公司的第一大股东就是赫赫有名的美国在线了。

1999 年 7 月 13 日，纳斯达克证券市场的巨幅屏幕上出现了代码 CHINA，中华网完成了惊险一跳。

中华网在美国上市的成功甚至超出预想。公司最初的计划是发售 420 万股新股，每股定价 14～16 美元，后来因市场反应热烈，雷曼兄弟公司计划将定价升至 17～19 美元。不过，最终的售价远高于预期，7 月 12 日，中华网以每股 20 美元的定价发行，发售新股加绿鞋配售部分的总融资额达到 9600 万美元。更夸张的是，该只股票 13 日开始在纳斯达克证券交易所挂牌，当天股价翻升至 67 美元，此后回稳至 45 美元左右，市场表现之好，相当不同寻常。

不过，中华网并没有什么实际性业务做支撑，叶克勇也多是因买下名马或给学校做慈善而出现在媒体上。中华网股价最终徘徊到 2 美元以下，可惜了 china.com 这个好域名。

不过，主要靠资本运作的中华网的成功，让很多人看到了门户网站模式的可行性，刺激了很多人投身互联网。在当时，最直接的刺激是催生了一家小网站的诞生。这家叫多来米（myrice）的网站并无多少出奇，唯一出奇的是，创办人叶仁浩正是叶克勇的儿子。叶仁浩，

1979年出生于美国，是典型的 ABC[1]。16 岁受网景上市的刺激而开始创业，但很快失败了，之后投靠自己的父亲。1999 年夏天，叶仁浩与中华网的包云、包云的朋友香港投资银行的朱贺华一起创办多来米，采取并购热门个人站点的方式，意图挤入门户大战的阳关道。不过，多来米选择的门户道路实在是太挤了，而且它到来的时间也太晚，所以它最终的结局是在 2001 年 3 月被卖给了 lycos（来科思）。

中华网上市，是中国互联网的一件大事，可以媲美 1995 年网景的上市。这不仅引领了中国互联网的第一次集体上市浪潮，也吸引了诸多创业者投身互联网。榜样的力量是无穷的，特别是对于那些希望用自己的群体行为喊出"中国可以富起来"的有为青年们来说，中华网的成功让他们无比震撼。

那些张朝阳的同学们

受中华网的启发而投入互联网业的创业者以海归居多。如果说，海归张朝阳和搜狐的示范效应让这些人只是有所心动的话，那么，商人叶克勇和中华网的成功，让他们需要立刻行动起来。当然，更重要的是那些想在中国互联网市场获取一杯羹的资本推手们，他们此时还习惯寻找那些能讲英语、多少也通晓国际化规则和商务经验的海归一起进行合作。

1976 年出生、当时只有 23 岁的周云帆，就是其中的一个。这一年的秋天，周云帆走进中关村，同行者中有他在美国结识的杨宁和陈一舟。周云帆在北京长大，又曾在清华大学读书，对这里很熟悉。他

---

[1] ABC（American Born Chinese），又称"香蕉人"，指在美国出生的中国人，常用来形容华人后裔。

们刚刚筹得了20万美元的启动资金,决定回国创业,首先要做的是找一个创业场所,顺便再看能否找些帮手。

周云帆决定到母校清华大学去碰碰运气。他带着两个伙伴走进清华大学计算机系学生所在的九号宿舍楼,走进楼道后逐一敲门,很容易地就找到了几个计算机系的学生,向他们自我介绍当年他也曾是清华大学的学生,后来到斯坦福大学读书,现在回国创业,当场让同学们听得热血沸腾。自此之后,清华大学九号宿舍楼的学生们就会结伴而来。大家挤在一起搭起网站构架,按小时领取报酬——如果你每周工作20小时,就能拿到大约1000元钱。

悄悄开张一年以后,ChinaRen火爆起来,见多识广的中关村大佬们才渐渐知道这几个人的来路:他们全都来自美国硅谷的斯坦福大学。杨宁年龄最小,22岁;陈一舟最大,28岁;周一帆23岁。三个人联合创办公司,各司其职。这是网络时代的一代新人。网络的发展有多快,他们的行动就有多快。此外,他们还有一个共同之处:全都是海归。

1999年9月,唐海松在上海创办亿唐公司。唐海松从美国回来,其实正是受杨致远他们"一夜暴富"故事的影响,他最爱讲的故事,也包括中华网的创业奇迹。他和创业伙伴们几乎都是清一色的美国名牌大学毕业生,他们创办的那家叫亿唐的网站,被定义为"明黄一代"的时尚工厂。"网络给了我们这样的机会:过去你要切入一个市场需要很长时间,现在只要找到最合适的点,就能迅速入市。"唐海松说。网络的机会不可错失,他希望能先从网站开始,把自己的事业办成像索尼那样,可以不断寻梦。凭着这样的团队和模式,亿唐轻易拿到了美国投资人450万美元的一期投资和4300万美元的二期投资。

与亿唐差不多同时崛起的,还有后来红极一时的e国。当时e国的老总张永青也是一个海归。他和哥哥张永春联合创业的e国公司,和微软中国公司在同一栋楼里,只是微软中国占了临街的一面,而e国则在另一面。但这并不妨碍张永青坐在舒服的老板椅上和人交流:"为什么回国?有一天我登录搜狐,突然发现上面有一个酒瓶在晃，我知道坏了，再不回国就什么都赶不上了！"这个酒瓶正是北京牛栏山二锅头的广告。于是他和麻省理工学院的同学张朝阳一样，选择了回国创业。e国最早是做电子商务物流，虽然e国没有张永青想象的那么成功，但它对整个中国电子商务在物流层面的推动，有口皆碑。

张朝阳在麻省理工学院的另一个同学黄沁也回来了。黄沁从中国科技大学"少年班"毕业，1988年与张朝阳一起进入麻省理工学院读书。张朝阳学物理专业，黄沁学计算机专业，两个人是好哥们，经常一起出去玩。也正因为是好朋友，2001年6月，黄沁被邀请担任搜狐的董事。黄沁回国创办的是一个叫网大的网站，这家网站的口号是"世界不大，网大"。这家网站因推出中国第一份大学排行榜而名震一时。

李彦宏也回来了

1999年10月，一个日后比张朝阳还要出名的互联网海归人士李彦宏也回来了。李彦宏是受旧金山领事馆邀请以留美专家的身份，回国参加庆祝中华人民共和国成立50周年庆典的。自1995年起，李彦宏每年都会回国一趟，但这次他感觉和以往不一样。一是这次是因公事回国的，二是李彦宏正在考虑是否离开他服务的Infoseek，回国创业。

李彦宏是搜索引擎方面的专家。1996年4月，拉斯维加斯的空气和赌徒的心情一样躁动不安，一场关于信息检索方面的学术会议正在召开。会议是枯燥乏味的，但对于从公司那种郁闷环境中走出来的李彦宏来说，是一个难得能让人静心思考的机会。在听一个与搜索引擎毫不相干的话题时，李彦宏突然想：人们往往根据一篇论文被引用次数的多少来评价这篇论文是否具有权威性，如果把这种思路应用到网页检索上，哪个网页被链接的次数最多，哪个网页就可以被认为是质量最高、人气最旺的。再加上相应的链接文字分析，这样的技术就可以用在搜索结果的排序上了。

这就是李彦宏后来发明的"超链分析术"。李彦宏给这个原理取了个很人文的名字，叫"人气质量定律"，也叫"搜索引擎第二定律"。此前利用检索词在一篇文章中出现的频率多少进行网页排序，被称为"搜索引擎第一定律"。李彦宏立即在美国为这项技术申请了专利，并将其用在《华尔街日报》网络版的金融信息检索上。然而这项技术在《华尔街日报》并没有得到充分的重视，作为一家媒体，他们更关注编辑和记者。

李彦宏出生于山西阳泉，1988年考入北京大学信息管理系，本科毕业后当年即获取纽约州立大学水牛城分校研究生奖学金，并改读计算机专业，1994年获得美国计算机硕士学位后进入 IDD 公司担任高级顾问。1995年 IDD 被道琼斯收购，李彦宏由此进入道琼斯做一名程序员，他的主要工作是为《华尔街日报》开发软件。1997年，在《华尔街日报》看不到更大发展空间的李彦宏受 Infoseek CTO 威廉·张[1]的邀请，加盟硅谷 Infoseek 网络公司。Infoseek 提供给李彦宏的待遇是"巨额的年薪和比年薪多十几倍的公司股票"，并让李彦宏继续其在搜索引擎方面的研究。然而 Infoseek 发展到1999年时，公司经营出现严重的方向性错误，被迪士尼收购。李彦宏因此面临着重大的人生选择：要么继续做搜索引擎方面的研究，要么离开，换一家公司。当然，也可以选择自己创业。

李彦宏是一个内敛甚至有些害羞的人，他的家庭情况和生长背景让他在很长一段时间内并不是特别自信。不过，在其5年的工作生涯中，他经历了所在公司的两次并购，一次是道琼斯收购 IDD，另一次是迪士尼收购 Infoseek。在这两次并购中，他的两个直接主管都因此获取

---

[1] 此人是李彦宏在 Infoseek 的上司，后来担任了百度的首席科学家，中文名张以纬。

了数以百万美元的回报。身边发生的例子让李彦宏感慨高科技领域的风云变幻，也由此开始有了为什么自己不去试一下的想法。

1999年10月，从北京回到硅谷之后，李彦宏自己创业的念头越来越强烈。他和太太马东敏合计：就技术来说，他不缺；商业模式也很清楚，可以先卖搜索引擎服务；就市场来说，中国的互联网市场刚刚起步，空间很大；唯一缺的是启动资金。李彦宏需要找一位能帮助他融资的合伙人。他和太太马东敏同时想到一个人——徐勇。

李彦宏是通过太太马东敏在1997年结识徐勇的。李彦宏的太太马东敏于1990年前往美国，比李彦宏早一年。她在美国罗格斯大学读完生物学博士学位后，进入一家生物公司做销售，而当时徐勇在另外一家生物公司做销售，他们在一次聚会上相识。

徐勇属于"老三届"学生，1982年毕业于北京大学生物系。1989年完成生物硕士学位后，获美国洛克菲勒基金会博士奖学金赴美留学，在得克萨斯农工大学取得生物学博士学位。在美国的10年里，徐勇先后担任过两家著名的跨国高新技术公司（QIAGEN Inc.和Stratagene公司）的高级销售经理，并且获得过"杰出营销奖"。徐勇虽然学的是生物学，但对互联网很感兴趣，对硅谷的整个运行和管理机制更感兴趣。1998年，徐勇组织拍摄纪录片《走进硅谷》，并通过这个纪录片结识了很多投资人和创业领袖。

1999年11月，斯坦福大学，《走进硅谷》首映式。有备而来的李彦宏抓住奔忙着的制片人徐勇，邀请他第二天到加州桑尼维尔的一家中国餐厅共进晚餐。徐勇如约而至，桌子上摆着一份保密协议。等徐勇签完协议后，李彦宏给徐勇两个选择：第一，帮我集资，给你1%的提成；第二，一起创业，我三你一分配股份。徐勇没有马上接招，他自己当时有两个创业计划正在进行，他觉得多一个也不多，就先帮李彦宏融资吧。但他同时又多了个想法，觉得可以先答应和李彦宏一起创业，万一自己的两个项目都没着落呢？

李彦宏倾向后者，不过他最初的想法是前者：让徐勇帮自己融资，给徐勇提成。但李彦宏觉得,只是融资,投资人会怀疑徐勇的动机。如果这是李彦宏和徐勇两个人的事情,一起去融资,徐勇的角色就顺理成章了。

另外一个原因是,徐勇的太太认为徐勇需要和李彦宏这样的人一起创业;李彦宏的太太马东敏也觉得,内向的李彦宏需要热情洋溢的徐勇作为创业伙伴。

徐勇运用人脉,很快让硅谷和旧金山湾区最知名的投资人、也是他之前的采访对象——半岛基金的鲍勃·金(Bob King)听到了李彦宏的创业梦想。不到一周后,鲍勃·金找来另外一家投资机构Integrity Partners,一起考察李彦宏的项目。

签订第一轮投资合同前,几位投资人一起询问李彦宏:"在搜索引擎技术方面,前三名都是谁?"李彦宏列出了包括威廉·张在内的三个人。在其他投资人继续与李彦宏聊天时,其中一个人离席,过了一会儿,他回来说:"Robin(李彦宏英文名),我刚才电话问了一下你提到的知名的Infoseek CTO威廉·张,他说,搜索引擎技术前三名中,一定有你。"

李彦宏本来想融资100万美元,最终半岛基金(Peninsula Capital)和Integrity Partners各投资了60万美元,共120万美元,占25%的股份。这个时候,徐勇的两个项目还没有着落。于是在1999年年底,李彦宏和徐勇揣着120万美元回到了北京,创办百度。

"百度"一名取自宋词,是李彦宏取的。这缘于李彦宏最早为百度设计的商业模式是成为中国的Inktomi。在当时,这是一家美国的上市公司,市值高达200亿美元,为门户网站提供搜索引擎服务。Inktomi一词为印第安语,意为"智慧的蜘蛛"。李彦宏推想:如果一个出自印第安语的品牌可以被美国用户认同,那么有一天自己的公司变成一家世界级公司,给它起一个源于中国古诗词的名字也是没问题的。于是,李彦宏从宋词中选取了"百度"二字作为公司名。

在百度的网站上,一页用英文写就的投资人关系里这样解释"众里寻他千百度"这句宋词:"在凄美中寻找幽微的美感,比喻人在面临人生的许多阻碍的同时,要追求自己的理想。"

陈天桥与朱骏

1999年也不全是海归的天下。这一年的11月,一家叫盛大的公司在喜爱冒险精神的上海诞生了。

1999年11月16日,在上海浦东新区一个简易的三室一厅的房子里面,陈天桥和他最初的创业伙伴在租来的办公室里,开始了他们成为亿万富翁的梦想之旅。不过可以肯定的是,那个时候的他们肯定不敢想象,他们会在3年的时间里完成亿万财富的创造过程。陈天桥本人后来也成为中国首富。

陈天桥,1973年出生,17岁考入复旦大学,毕业时还获得了整个上海市唯一的"市优秀学生干部标兵"称号。毕业后他放弃了出国深造和获取高薪等许多选择,以自己的眼光做出了人生中第一个富有远见的选择——进入陆家嘴集团公司。然而,他万万没有想到,他的第一份工作竟是每天在一个小房间里放映有关集团情况介绍的录像片,而这一放居然就放了10个月。陈天桥坚持了下来,可见其韧性。后来陈天桥去了金信信托投资有限公司,在这里,陈天桥暗恋投资银行部的项目经理雒芊芊4个月后,发起追求攻势。事实证明,这是陈天桥人生成功道路上重要的一步。

雒芊芊高中就读于石家庄一中,在中国金融学院取得国际投资专业学士学位。毕业后曾在金信信托投资有限公司投资银行部担任项目经理。

秀外慧中的雒芊芊是一名大家闺秀。她的父亲是一名企业家,曾是河北亚诺生物科技股份有限公司的董事长,是一位做化工中间体的专家，以前在河北省科学院工作。据说陈天桥创业的时候，得到了岳父在资金上的资助，后来陈天桥发家了，用数倍于当时资助的资金投入他岳父的公司作为回报。

一起创办盛大的有 5 个人，除了陈天桥夫妇，另外 3 个是陈大年、谭群钊和瞿海滨。

陈大年是陈天桥的弟弟。陈大年关注网络的时间可能要比他哥哥更早。大约在 1997 年前后，他就开始建立自己的站点，并尝试在网上售卖自己写的小软件。陈大年是一个彻头彻尾的"极客"，也是中国第一代共享软件开发者中的佼佼者，他做的多个共享软件都受到了媒体的热捧。

需要说明的一点是，陈大年虽然就读的是新加坡的一所叫 Informatics College 的私立学校[1]，但他有很强的技术背景。在盛大创业之前，他曾在上海金星网络公司做技术工作。有这样的技术保障，可能也是促使盛大公司选择互联网进行创业的理由。陈大年为人不拘小节，说话随意，开会时有时还会把脚放在桌子上，但这些都不影响他对新技术和新趋势的良好感觉。

谭群钊也是一位技术高手，他是在一个技术论坛里与陈大年认识并成为好友的。1976 年出生的谭群钊 1996 年毕业于华东理工大学，受陈大年的鼓动加入盛大，后来做了盛大的 CTO，并在 2008 年唐骏离开后接任盛大 CEO 一职。谭群钊和陈大年都是小圈子里公认的一等一的 Delphi 语言的开发高手，盛大后来陷入与韩国人关于《热血传奇》是否继续授权的缠斗之中，能很快地自主开发出《传奇世界》，重新赢得主动，与谭群钊和陈大年两个人在 Delphi 语言上超人的编译和反编译技术天赋有关。

瞿海滨 1996 年毕业于复旦大学，取得了机械专业学士学位，是

---

1 即英华美，在英华美完成第一年或第二年学习后，学生可以选择到新加坡英华美学院完成后续的课程或选择到新加坡英华美联署的各英联邦国家大学深造。

陈天桥的学弟。加入盛大之前，瞿海滨在 1996 年 7 月至 2000 年 2 月期间在上海复纬科技发展有限公司担任副总裁。为追随陈天桥创业，他把自己在原公司的股份卖掉，陈天桥很信任他。瞿海滨为人相当严谨，他到其他公司参观访问，都随手带着摄像机。只要对方允许，他就会拍摄，回去后将视频共享给公司其他同仁。

陈天桥最开始注册的公司叫作盛大网络，一开始运营的是一个叫作"网络归谷"的社区。公司最初选择了当时很新鲜时髦的一些网上娱乐项目，比如虚拟社区、互动娱乐及网络动漫等。陈天桥的目标非常明确，就是立志做成中国最好的娱乐社区。盛大网络也很快拿到了中华网 300 万美元的投资。

就在陈天桥折腾硅谷社区的时候，一个叫朱骏的人也在折腾一个叫第九城市的社区。第九城市公司坐落于张江高科技园区的碧波路，对面就是它的竞争对手——盛大的总部。

朱骏，1966 年 10 月出生于上海。朱骏的父母都是知识分子，妈妈是一位小学校长，是上海市极少的几个高级小学之一的校长。20 世纪 80 年代，朱骏就读于上海交通大学机械系——现在交大机械与动力工程学院的一部分，不过朱骏在大二的时候退学了。

走出校门后，朱骏进入上海物资局的一家下属公司，与陈天桥一样，也是给高管担任秘书。之后，朱骏进入上海申大集团，这是一家国有进出口公司。朱骏在这里应该是找到了自己的定位，在业务方面做得得心应手。此时刚刚是承包制风行的时候，他承包了公司的进口七部。恰逢进出口的黄金时代，而进口业务利润尤其丰厚。如果说这一阶段朱骏已经"先富起来"了，那么丝毫也不奇怪。

接下来，1993 年朱骏前往美国学习，其间从事过房地产中介工作，还创办了 U.SEMC 公司。1999 年，朱骏回到国内。当时，三个毕业于上海交通大学和清华大学的年轻人创办了一个游戏社区网站 GameNow，找朱骏做投资人。最初他们 4 人占了公司的主要股份。

GameNow 的最初定位也是虚拟网络社区[1]，上面有钓鱼、网络结婚、回答问题等休闲娱乐内容。刚开始进展比较顺利，根据 CNNIC 的数据，该网站流量排到第十三位，在娱乐网站中排到第一位。然而，这没有为公司带来任何现金收入。他们尝试用支付卡的方式向用户收取费用，结果遭到了冷遇。再之后的故事是朱骏见到盛大《热血传奇》的成功，决定也进入网络游戏领域，并在 2004 年尾随盛大在美国纳斯达克证券市场上市。

1999 年是中国互联网史中很离奇的年份[2]。在 2002 年那一波大的浪潮中成为超级大玩家的海归李彦宏、陈一舟、沈南鹏，融合了极客和商人诸多角色的陈天桥、朱骏团队，都在这一年神差鬼使地入局，而且他们都很神奇地创造出具有中国特色的商业模式来。这一批人与 1998 年进场的丁磊、马化腾、雷军、周鸿祎、鲍岳桥这些极客，在日渐成熟的风险投资人群体与有着开放意识的电信运营者的推动下，一起组成了"中国互联网第二浪"的中坚力量。

---

1 中国最早的 3 个靠网络游戏发家的富豪陈天桥、朱骏、丁磊，都有很长一段运营虚拟社区的经历，这不是巧合，而是必然。网络游戏是虚拟社区最理想也是最容易对接的收费项目。

2 这一年 2 月，马云的阿里巴巴在杭州成立，携程、当当等日后大成的电子商务网站也在这一年创办。

2000 / 泡沫四溢

2000年3月1日,李嘉诚抢在美国纳斯达克证券市场崩盘前在中国香港的创业板将TOM挂牌上市,造成轰动效应,数十万人排队认购,收回表格50余万份,超额认购近625倍。"李嘉诚"和"互联网"这两个概念太过火热,使其股价很快攀升至15.35港元,公司市值超过300亿港元,香港此夜再成"李家之夜"。

TOM挂牌的第二天,柳传志在香港紧紧握住了李嘉诚二儿子李泽楷的手。双方谈成的合作内容是:共同发展宽带互联网服务,制造、销售联想电脑及通过NOW(Network of the World)服务分享多媒体内容。3月3日,当盈动与联想合作的消息传出后,联想股价飞涨,摸高至70港元。一个交易日,联想市值就暴增177多亿港元,总市值超过800亿港元,一跃跻身香港"十大市值公司"之列。

李嘉诚是过去半个世纪里华人商界"不老的传奇"之一,柳传志是过去40多年间中国改革开放中成功的企业家之一,这两个人在2000年3月——准确地说是在3月的头三天,接连在香港资本市场掀起了中国互联网的一波"造梦巨浪"。

柳传志用互联网概念筹资28亿元,用完1/4后就找人接手。李嘉诚比柳传志善始善终,但其旗下的TOM也没有能够改写整个中国互联网业的版图。

李嘉诚和柳传志这个故事的意义在于,他们在互联网最热的时候帮忙点了最后一把火,他们的进入,带动了诸多传统巨头——TCL、三九集团等对互联网的投入,对互联网第一波的起浪功莫大焉。

2000年还有一个人,虽然他的声望和影响力还没能达到李嘉诚和柳传志的地步，但就产业贡献来说，这个人厥功至伟。他就是时任中国移动香港公司总经理的王晓初（后曾担任中国联合网络通信集团有限公司董事长）。这一年11月，王晓初力主推动的"移动梦网"创业计划发布。这一计划的发布，好比把起搏器放在了濒临"困境"的中国互联网的心脏上，施加300焦耳的电击，让它从"困境"中"复苏"过来。

这一年，我们还需要关注另外一个人的故事，他就是中关村的"有为青年"雷军。雷军的价值在于，他在低潮中进入市场，用自己的钱，嫁接之前的商业理解和认知，让自己创办的互联网公司形成正现金流，提升商业价值，成为把互联网做实的榜样。从这个意义上来说，雷军是中国互联网的坚定信仰者。

不要嫌晚，只要你信仰互联网，任何时候进场都不算晚。

周凯旋高调登场

2000年3月1日，TOM在中国香港的创业板的高调上市，堪称当年资本运作的代表作。

而在TOM的股东名单中，引人注目的还有第二大股东，持有32.29%股份的周凯旋。按首日IPO的价格计算，当日周凯旋的纸面财富曾放大到百亿港元。

周凯旋是谁？这个男性化名字的拥有者，却是一位仪态万方的女子；周凯旋在香港媒体上经常以"李嘉诚的红颜知己"出现，在内地媒体上经常是"TOM集团幕后的掌控者"；她另有众人仰慕的身份——李嘉诚基金会的董事、中华关怀集团的拥有者。

1986年，周凯旋第一次学做生意，是为她的英国老板前去西安洽谈伦敦兵马俑展览。周凯旋崭露出她出色的组织能力，仅花两个星期的时间就达成了交易。展览大获成功的同时，周凯旋凭借着自己经营兵马俑纪念品业务"赚到了第一笔钱"。从此，周凯旋的发展方向转向商业运作。

也正是这笔生意，周凯旋结交了一位关键的朋友——时任东方海外董事长的张培薇。周、张二人旋即成立维港公司，做内地贸易。新公司做的第一单生意是卖散装水泥运输船到广西。当年香港房地产市场很旺盛，水泥需求量大，广西的散装水泥厂商希望能够打入香港市场，周凯旋在仔细研究市场需求之后，认为散装水泥厂商极具购买力，并且根据两地水泥差价和购船成本，制定了一个比平均卖价高出100多万美元的定价，最终交易成功。

1992年，周凯旋和张培薇从计划开发6层楼高的北京东长安街儿童电影院的构想开始，最后引入李嘉诚资本，成就了一个10万平方米、20亿美元投资的东方广场。周凯旋前后付出了5年时间，获得的回报是2.5%的顾问费，约4亿港元。周凯旋在提现一半之后，将另外一半投资东方广场，作为长线投资。

东方广场成就了周凯旋的名声。1993年，就是这位无地产操作经验的女子，提出了全面开发新东方广场的规划，完成了常人难以想象的东方广场的搬迁、腾退、建设和招商等工作，周凯旋在其中出力很大，显示出其超乎寻常的能力。

周凯旋与互联网的结缘始于1995年，在那一年，她学会了使用电子邮件。但在当时，她并不认为这是一个商业机会。她看好的是IT业的另一领域——信息系统软件。1996年7月，周凯旋投资创办Alexus。一年后，她在Alexus旗下创办深圳口岸电子报关公司易网通。这基于一个简单的思路——进出口商需要一个电子系统来简化报关手续。由于以拥有众多码头的和记黄埔作为合作伙伴，这块业务的收入很快达到了千万元级别。之后恰逢网络狂潮席卷全球，香港创业板建立，李嘉诚认为这是大规模整合资源的绝佳机会，于是将易网通注入电子商务，合并和记黄埔及长江实业旗下的新城广播附属网站及节目制作部门，这就是最初的 TOM。

TOM 的 IPO 虽然获得了巨大的成功，但 TOM 的第二大个人股东的周凯旋，无法从中套现。

要套现必须要有业绩支撑，但谁都知道，TOM 上市的故事本来就只是一个泡泡。TOM 的当务之急是找到一个能够让其业绩报表"好看"，让资本市场不断抛售股票的投资者重新建立信心的 CEO 来执掌大局。

很显然，tom.com 的第一位行政总裁，也是新城广播行政总裁的张承并不合适，当时周凯旋还在内地找来了东方蜘蛛广告公司总经理、演艺界明星朱时茂和超越广告公司总经理陈小东[1]，以及后来去了空中、曾很长时间担任 TOM 在线 CEO 的王雷雷，希望他们一起帮助张承把 tom.com 做好。

但张承过于注重内容建设，不能达到 TOM 快速膨胀的自我发展要求，于是他于 2000 年 7 月 17 日离任，出任和黄电子商贸部门新职。在这个背景下，2000 年 7 月，高盛中国大陆高科技组主管王兟被推到前台，担任 TOM 公司的行政总裁。

王兟入局

1964 年，王兟出生于云南昆明。1979 年，15 岁的王兟顺利考入云南大学，成为一名少年大学生。在这里，王兟得到了良好的自我锻炼。"我在年级里虽然年龄最小，但最后我在竞选学生会主席时，意外当

---

1 朱时茂和陈小东于 2001 年 10 月从 TOM 退出。

选了，可能大家觉得我的口头表达能力、协调能力等各方面还不错。"王㟃开始感觉到，自己在与人沟通方面具有一些优势。

1983年大学毕业后，王㟃就职于中国科学院，专门研究西南三省的土壤特性。然而他越来越发现，自己并不适合做研究，而更适合做与人打交道的工作。为了改变这种状况，1984年，王㟃考入英国牛津大学。进入牛津大学后，王㟃的专业从理工科转成了自己心仪的工商管理，研究的课题自然也不再是各类土壤，而是关于企业的经营之道。王㟃为自己选了一个具有实战性的毕业论文题目：《一个亏损多年的庄园5年的管理计划》，论文最终拿到了牛津大学颁发的毕业论文二等奖。

1986年，王㟃顺利拿到了牛津大学的管理硕士学位。然而出人意料的是，早已立志从商的他却没有直接步入商海，反而选择了一条有趣的道路：花3年时间，在牛津大学重新从本科阶段开始，学习哲学、政治学及经济学课程，又拿到一个学士学位。

1989年牛津大学毕业后，王㟃被全球知名的咨询机构麦肯锡收入门下，在美国芝加哥开始了自己的职业生涯。在这期间，王㟃和他的哥哥一起在芝加哥经营着一家公司，从事高尔夫球管理及房地产投资。其中最经典的一个案例发生在1991年左右。当时美国政府拥有的部分物业要转为民用，他看准美国老龄化的趋势，联合芝加哥一家经营14所"老年人之家"的公司共同出资买下了这些物业。由于拍卖回来的物业价格相当便宜，通过改造装修、提供优良服务及各种附加运动设施等，一个两室一厅的房子最后每个月租金只需要1100多美元，比起同等房子需要1400美元的价格有明显的优势。当时两幢楼改造出500多套房子，他们以较少的投资创造了非常好的现金流量。这也是王㟃淘到的"第一桶金"。

1992年，28岁的王㟃一次回中国内地探亲，路经香港，被香港银行界人士说服，回到中国香港，在汇丰银行下属的获多利投资公司开始了自己的投资人职业生涯。第二年，王㸓加入知名的投资机构高盛银行。

在高盛期间，王㸓主持完成了数个至今被业界赞赏的投资。其中最有名的案子是高盛入股平安保险。1993年王㸓开始跟平安保险谈判，1994年高盛和摩根士丹利各入股2500万美元，各占平安保险5%的股份。后来每家又追加投资1000万美元，股份变成7.5%左右。2005年平安保险上市，市值从当年的5亿美元变成了160亿美元，高盛在平安保险上市前后就把股份转让给了汇丰银行。这个案子为高盛获得了大约14倍的回报，外带每年几百万美元的分红。投资平安保险的案子李嘉诚也参与了，王㸓由此与李嘉诚有了来往。

另外，王㸓也作为主要参与人员参与了知名的"粤海"重组案，这也是高盛在内地投资最经典的个案之一。高盛足足操作了两年，中间涉及100多家债权银行、400多家公司，十分辛苦和复杂，最终"粤海"重组成功，王㸓也从中受益良多。

163.net 和 TOM 跨媒体平台

王㸓真正为人所知，还是因为其以个人力量收购163.net。

前文提到，163.net 因为率先开通免费电子邮箱业务而大受欢迎，在1999年前后成为不论是流量还是知名度都和"三大门户"网站并举的互联网网站，而且由于其商业模式和"三大门户"网站又有区隔，所以更得投资人青睐。投资人完全可以向美国资本市场讲述一个中国Hotmail 的故事[1]。

---

1 在此之前有微软收购 Hotmail 的类似案例。

163.net 是在 1998 年 3 月开通的，到了 1998 年 10 月，163.net 的用户数已经达到了 30 万名，突破了设计容量；到 1999 年 6 月 12 日，用户数达到 100 万名，10 月 7 日，用户数达到 150 万名。163.net 的用户数在不断地增长，后来到了增长得太快实在没有办法控制的地步，几乎每个星期都在扩容、扩硬盘、扩服务器。并且 163.net 是分布式的，每扩一次都很复杂，许多用户数据及系统都要重装。163.net 的运营公司飞华的技术人员没日没夜地加班。

张静君也想过重新升级一套有更强负载能力的系统，但问题是丁磊和网易已经搬到北京去了，忙不过来。飞华也咨询过网景、微太阳、微软，但它们的要价都在几百万美元[1]，飞华本来就不靠 163.net 赚钱，此时自然没有理由再拿出更多的资金来投入。

1999 年年底，飞华又向 163.net 投入了几百万元，并且从 1999 年 3 月开始，张静君就向领导打报告要求电信局投资，但是由于诸多原因，报告一直没有批下来。

张静君他们只好另谋出路。起初，张静君没想卖掉 163.net，而是想通过融资的方式，将资金引进来，把 163.net 做下去。

一拨又一拨的投资人，这一拨没见完，又来新的一拨。从 1999 年下半年起，"5·19" 行情和中华网的海外上市让整个互联网概念炸了窝，而 163.net 本就是投资人追逐的对象，张静君在那段时间里平均每周至少见一拨投资人，IPO、期权制度、收购杠杆、投资顾问……诸如此类的新名词冲击着张静君的大脑。

在这些寻求投资、并购、合作的人中，新浪的沙正治给张静君的印象最深，沙正治提的策略也让张静君觉得最可靠：新浪和 163.net 合并，两个流量和影响力均在业界前三名，而且定位互补的网站将一起冲向纳斯达克证券市场。但很不巧的是，沙正治于 1999 年夏天突然卸任，这一提议被搁浅了。

---

[1] 21CN 使用的是亚信的电子邮箱系统，为此支付了 2000 万元人民币。

更致命的打击是，1999年9月，信息产业部重申了外资不能进入电信业的禁令。互联网属于电信增值业务，163.net又属于电信投资的互联网业务，不论从哪个角度说，163.net都卖不掉了。

张静君一下子就懵了。163.net卖不掉了，可自己也难以把它养大，用户数增长的速度实在是太快了。随着21CN的兴起，广东省电信部门希望重新启用新的品牌，给了163.net更大压力。

投资人几乎一下子消失了，只有一个人，还是不断地来找张静君喝茶，这个人就是王烒。王烒是张静君当时所在的飞华公司的融资顾问安达信介绍过来的，他此时的头衔是高盛高科技组主管。高盛此时是新浪的承销商，高盛上下都很看好新浪和163.net合并的并购重组案，王烒本人更是分外看好，认为163.net是一个好项目。所以即便有禁令在前，王烒也没有退却，他一次又一次地到广州和张静君会面，和她讨论看谁有可能接盘、怎么接合适一些、多少钱合适。

讨论来讨论去，王烒和张静君都觉得163.net有价值，成长性也好，既然广州飞华养不起，不如卖掉。但问题来了，谁来买？由于当时互联网产品本身很难实现盈利，因此，买家只有一种可能，那就是买下163.net后到海外上市。但既然新浪不买，谁又会买呢？搜狐不太可能，因为它很想自己做一套这样的邮箱系统；网易的可能性更不大，因为网易和163.net之间的关系太微妙、太复杂。

有一天，王烒又来了，他翻来覆去地和张静君讲，既然高盛买不了，而海外资本又不能介入，那么能不能在国内找个有资源、有能力又符合政策规定的买家，让这个买家先买下来，等环境变化了再转手。王烒接着又说起自己对163.net的喜欢，觉得这真是一个好项目。张静君一下子听懂了，王烒要离开高盛，想自己买下163.net。

张静君定睛看了看这个出生在云南、多年留学海外、在香港工作、喜欢说笑话、有很强气场的年轻人，心中充满了疑惑。此时的王烒一脸严肃，正襟危坐，绝对不是开玩笑的样子。张静君问了一句："你真的想买？"等得到确切答复后，张静君开出 5000 万元的条件。张静君想，王䶮不可能出得起 5000 万元，因此，她更多是吓唬王䶮而已。从理智上，163.net 是要出手的；从感情上，张静君多少有些舍不得。163.net 像张静君的"女儿"一样，尽管知道她迟早要成为别人家的媳妇，但还是抗拒女儿的"出嫁"。

想不到的是，王䶮一口答应下来。张静君多少有些惊讶，也有些慌乱，她随即提出首付 500 万元的条件[1]，并要求在一周内交付。张静君在内心深处还是不想卖，她想借此逼退王䶮，或者说她想看下王䶮的实力。

张静君报价 5000 万元有她的道理。2000 年，飞华请广州资产评估公司对 163.net 进行了资产评估，评估价是 800 多万元。5000 万元是 800 万元的 6 倍，张静君觉得这个价钱很合理。另一种算法是：Hotmail 有 1000 万个用户，卖了 3 亿美元，每个用户大概值 30 美元；163.net 卖的时候有 180 万个用户，按每个用户值 30 元人民币计算，大概共需要 5000 万元人民币。

一周后，王䶮将 500 万元打到了飞华的账户上。1999 年 11 月 16 日，张静君在合同上签字，以 5000 万元人民币的价格将 163.net 卖给了深圳新飞网。新飞网是王䶮以他哥哥的名义注册的一家内资公司，符合政策要求。

1999 年 12 月 15 日中午 12 点，新飞网将 5000 万元的剩余部分打到飞华的账户上，163.net 由飞华所有改为新飞网所有。

163.net 的巨大访问量正是 TOM 所需要的，为此，TOM 付了 3.7 亿港元的天价来购买。其中虽然更多的是以 TOM 的股票进行支付的，但它也付出超过 6000 万港元的现金支出。这笔钱应该能大于王䶮之

---

[1] 坊间流传的一种说法是，当时 163.net 的域名还在丁磊手中，要卖掉 163.net，必须先把域名买下来，163.net 才具备完整意义上的出售可能；另一种说法是当时系统交割需要升级，用这笔钱先把系统升级，以便能顺利出售。

2000　泡沫四溢

前在163.net的首付款项、借款款项及利息和后续投入的费用[1]。

王㷫是一个天才的投资人。周凯旋曾经称王㷫是亚洲最好的金融工程师，此言虽然有对同僚的盛誉的成分，但王㷫真能当此言。

在TOM集团，对王㷫来说，其实存在双重身份，一方面，他作为CEO拿着经理人的薪水；另一方面，因为163.net的原因，他也持有相当比例的TOM股票，是TOM的小股东之一，这也造成了他在TOM中的特殊地位。

这种双重身份及王㷫以往投资人的背景，让他保持着一贯的低调。不过，跨媒体平台是一个例外。王㷫认为跨媒体平台是他奉献给TOM的一种独特的商业模型。

故事的脉络很简单：纯粹的网站赚钱不易，要尽快把TOM转型成跨媒体平台。这个平台可以加强TOM的广告渠道，为客户提供一站式广告套餐服务。这些服务依托于包括网络、印刷、户外、活动及电视的跨媒体平台。基于这样的思考，TOM将与市场上占领导地位、经济收入很好的传统媒体（比如一些报纸、杂志、电视节目、户外媒体等）合作，共同搭建一个跨媒体的平台。广告客户要打广告，TOM可以提供从电视、报纸到互联网的一系列解决方案。这种模式所产生的连锁效应是，TOM内部运营的现金流量会有很大的提高。

作为一名出身投资银行的资本运作高手，在清晰的跨媒体平台思路的指导下，王㷫给出了一份令人刮目相看的成绩单：2000年7月，王㷫出掌TOM，从母公司香港和黄接手上海美亚在线50%的股权，取得在内地的网络新闻发布权；8月，与羊城报业建立战略性联盟，

---

1 乐观估计，王㷫出了500万元本金，剩下的4500万元也许是自己的，也许是借的。但即便把利息及之后对163.net的增资扩容算上，也不会超过7000万元。理论上，王㷫赚了超过3亿元。虽然这笔钱更多的是以TOM股票的方式支付的，但即便是打个折，王㷫也至少有超过5000万元的回报。此外，王㷫还换了份好工作，王㷫任TOM集团CEO的薪水，每年有2000万港元之多，这为其日后成为职业投资人提供了经济基础。

收购内地的体育网站鲨威体坛；9月，并购163.net，跻身内地十大网站之列；10月，兼并内地户外广告公司风驰广告；11月，与长城科技旗下两家公司合作开拓宽频增值服务，收购香港时事杂志《亚洲周刊》50%的股权……

至此，一个覆盖网络、印刷、户外广告、活动策划等多层面的跨媒体广告平台已经有一个大概的模样了。

詹宏志来去匆匆

跨媒体平台虽然初见雏形，但一个很具体的问题也随之而来：怎么把这些媒体相互整合起来，让其发挥集体作战的优势呢？首先，是寻找到一位在海峡两岸暨香港都有崇高声望，同时也具备整合能力的文化名人来做跨媒体业务的操盘手，王㒥很快把目光投向了詹宏志。

詹宏志，中国台湾著名作家、电影人、编辑及出版人。1956年出生，台湾南投县人，毕业于台湾大学经济系。詹宏志原是台湾城邦出版控股集团的董事长兼CEO，也是计算机家庭出版集团和城邦出版集团的创办人。

詹宏志是中文出版界由"文艺青年"白手起家而后入主出版业，甚至一跃成为成功出版人的奇特例子。20世纪80年代初，和许多台湾知识分子一样，詹宏志以文学青年的形象进入出版业。他为张大春的小说写过序，为陈映真的小说写过文学评论，为李寿全写过歌词，翻译并大力推荐过海外的恐怖侦探小说，后任职台湾《联合报》、《中国时报》、远流出版公司、滚石唱片等机构，担任过总编辑、社长、发行人、董事长等多种职务。

陆续任职于各大媒体的詹宏志，在互联网兴起之际，又"移情"

于计算机网络出版。1996年年初,他创办了《PC home 电脑家庭》与其他计算机杂志,并对在网络上创新与推广新观念产生兴趣,先后创立了 Mook、PC home 等各种不同属性杂志的模式。1997年,他号召麦田、猫头鹰、商周等三家台湾出版社成立了城邦出版集团。

2000年2月,他又创刊了华人世界第一家网络报纸——《明日报》,让其在新闻界刮起了一阵旋风,可惜因为收费机制无法建立,一年多后宣告倒闭。

詹宏志向来喜欢大手笔操作。就在《明日报》关闭之后不久,2001年5月14日,他接受 tom.com 的注资,让出 PC home 及 Cite 合并的新公司49%的股权。TOM 为此投资约共计3.0987亿港元,包含现金及新股,其中1.3169亿港元以新股注入,TOM 为此发行了2390万股新股,每股作价5.51港元,占 TOM 扩大股本后的0.74%;其余1.7817亿港元以现金支付。

在詹宏志的号召下,其他出版社陆续加盟城邦出版集团。加上后来加入的《侬侬》杂志集团、《商业周刊》杂志集团、尖端出版集团等,城邦出版集团发展成为占有台湾35%的图书市场和40%的消费杂志市场的台湾重要的出版集团。

紧接着,詹宏志星夜到大陆,拜访此时已经从常务副总编转正为《电脑报》社长的陈宗周先生,意图联手做一番大事情。

陈宗周中学就读于嘉陵江畔的重庆市四十一中。这所学校人才辈出,当少年陈宗周坐在这所名校的教室里时,同学中的楷模是烈士江姐的儿子、高中部的彭云。在四十一中更名而来的巴蜀中学的网页上,依然把美国马里兰大学博士彭云与前国务院副总理的邹家华、经济学家吴敬琏等人并列在一起,他们都是校史上值得其骄傲的成功人士。

不过,成绩优异的陈宗周不能够顺利从初中升入高中,因为他的父亲是"右派分子"。1964年,16岁的陈宗周被拒之高中大门外。这一段失学的经历，使陈宗周以石油勘探队员每月 40 多元的工资早早地步入社会。1976 年，中国发生了巨大的变化，并很快恢复了高考制度。陈宗周兴奋地参加了 1977 年冬季举办的中断十年后的首次高考。多年来坚持自学，使得没有读过高中的他依然在高考中取得了不错的成绩，但"右派子女"的帽子仍旧使他无法顺利进入大学。

此时的陈宗周已经 30 岁了，早已习惯生命中存在变数的他，干脆系统地自学大学课程。在专业选择上，陈宗周遵从了家里人的意见，选择了电子工程——科学是那个年代最大的"时尚"。陈宗周也终于等来了机会。1982 年，他考入重庆市科协，在 1979 年创刊的《科学爱好者》杂志社担任编辑。他在这里一待就是 5 年，从而熟悉了刊物经营的全过程。

5 年后的 1992 年 1 月 3 日，陈宗周创办了《电脑报》，启动资金竟然只是他们通过开培训班挣来的 2 万元。一份西部科普小报的传奇历程开始了，一家科普传媒集团和一位传媒企业家的创业历程也同时悄悄地开始了。这份"四开四版"的小报，成为日后旗下拥有独资和合资的 20 多种科普报刊、高峰时年营业收入近 5 亿元、利润以亿元计的《电脑报》集团的原始出处。

陈詹两人都是著名出版人，都有做海峡两岸暨香港中文出版的梦想和愿景，于是，二人以茶代酒，相谈甚欢。詹宏志的到来，也间接加快了 TOM 集团对《电脑报》的投资步伐。2004 年 7 月，TOM 集团以 2 亿港元注资《电脑报》，换取双方合作成立的电脑报经营有限公司 49% 的股份。

但就在大家翘首企盼詹宏志意欲大展宏图的时候，2005 年 6 月，传来詹宏志辞任城邦出版控股集团董事长兼 CEO 等职位的消息，这在中国台湾出版界引起了不小的风波。

詹宏志离去后，王㦮找来了贝塔斯曼中国区的 CEO 艾科负责跨媒体的整合。艾科是一个中国通，在经营上是一把好手，但并无詹宏志在海峡两岸暨香港文化人中的崇高声望。打造海峡两岸暨香港中文跨媒体平台终究成了南柯一梦。

王㭘看跨媒体全面整合很困难，于是在合并的前提下，他根据业态开始进行有效的拆分。其拆分的最大一个动作就是把所有互联网的业务都整合到 Tom 在线，然后再借"互联网回暖"之时，把 Tom 在线拆分出来在美国纳斯达克证券市场上市。在上市前，Tom 在线买下由周凯旋创办、王雷雷运营的雷霆万钧，迈出为大股东合情、合理、合法套现的第一步。

再之后，在整个大市还在高点的时候，TOM 实行私有化。经过一系列资本运作，周凯旋从原来的超过 30% 的股份逐步做成自己只占10% 股份的格局，剩下 90% 为和黄持有。TOM 就此退市。周凯旋虽然没有完整套现，但她的大部分股份已经"落袋为安"。更重要的是，TOM 账上有上百亿元现金，作为股东之一的周凯旋可以优先支配。

关于周凯旋和互联网的最后故事是 Tom 在线与 eBay 合资，共同推动 Skype 进入中国[1]。此举从理论上也为周凯旋获得了超过 16 亿元的套现，买单者是美国的 eBay。由于 eBay 的老板梅格·惠特曼也是公认的商界女强人，因此，媒体也称这两个人的握手是两位女强人之间的握手。

柳传志借互联网全身而退

2000 年 3 月 2 日，也就是 TOM 在香港成功上市的第二天，柳传志在香港紧紧握住了李嘉诚二儿子李泽楷的手，双方谈成的合作内容

---

[1] 这个案例和当年默多克从李泽楷手里买下星空卫视是同一个策略，更多的是买该领域一旦开放后的先发优势，"李嘉诚"的名字便很有影响力。

是：共同发展宽带互联网服务，制造、销售联想电脑及通过 NOW 服务分享多媒体内容。

3月3日，当盈动与联想合作的消息传出后，联想股价飞涨，摸高至 70 港元，一个交易日，联想市值就暴增 177 多亿港元，总市值超过 800 亿港元，一跃跻身香港"十大市值公司"之列。

而在 4 天前的 2 月 29 日，联想集团及香港联想以每股 33.75 港元出售及发行 8500 万股份，共集资 28 亿港元。联想此次配股说明称，一部分资金将用于投资及收购内容供应商，发展先进的互联网接入设备和接入技术，研发及推广电子商务解决方案。高盛是此次股份配售的承销商。

1999 年 11 月，联想集团发布了号称"因特网电脑"（因特网与互联网含义相同）的天禧电脑，这表明联想有意进入互联网业务的明确态度。香港股民开始踊跃入市，联想的股价自此从 7 港元一路上涨至 17～18 港元，2000 年春节后更是节节攀升至 30 港元以上。

1999 年 6 月 23 日，联想配股 1.3 亿股，只拿回 9.36 亿港元。如今，配售 8500 万股就拿回 28 亿港元，只因一个"互联网战略"，资本市场就有如此奇妙的反应。

联想股票价格在 1999 年年初只有 2 港元多，短短一年的时间，上涨近 30 倍。其市盈率曾高达 250 倍以上；同期 IBM 的市盈率也就在 20 倍左右。股评人士分析，联想业绩不足以支撑联想股价，一个概念和一连串运作，资本市场不仅让联想搭上了互联网经济的快车，而且让柳传志坐上了"头等舱"。

2000 年，对柳传志来说，更重要、更直接、更迫切的是实现联想分拆。2000 年 5 月，柳传志将原来的联想一分为二，原来的联想集团由杨元庆继续率领，郭为率领的联想科技转身成为神州数码，用电子商务推动代理产品，顺理成章。郭为领导的神州数码有三个最主要的业务方向：电子商务，以及和全球网络设备巨头 D-Link 合作的网络设备制造、系统集成。

杨元庆则在"交班大会"上的发言中表示，他将在软件、信息服务、系统集成、ASP（应用服务提供商）、宽带和移动通信方面向互联网全线挺进，其中，软件（幸福 Linux）和信息服务（FM365）是 2000 年的工作重点。FM365 的目标是，到当年年底有 100 万名以上的接入客户，有 1000 万人次以上的 PV（页面浏览量），进入中国门户网站的第一集团军，在教育和财经两个垂直网站上要做好构架，为盈利做好充分准备。其软件业务的目标是到当年年底营业额达到 1.2 亿元，但更重要的是以 Linux 功能软件和针对中小型企业的 ASP 为契机，抢占中国软件和 ASP 服务的制高点。

这是中国企业史上非常离奇的一个分拆，一是因为事实证明没有必要分拆，二是因为分拆后好像两家做的事情都差不多。但即便如此，由于柳传志借用了整个香港资本市场对互联网概念的热捧和联想过去几年时间内在香港资本市场依靠良好表现而积累下来的商业信誉，最终香港资本市场还是为之埋单了。时任《南方周末》记者的李勇（后曾为网易总编辑）对此分拆的评论最为一语中的：一个是电子商务，另一个也是电子商务。

柳传志占尽互联网的红利，但相对应的是他也为联想在互联网时代丧失先机而交出了昂贵的学费。其中最惨痛的是 FM365 的来去匆匆。

更加奇怪的 FM365

2000 年 8 月 23 日，联想集团在北京正式宣布，以总值 3537 万美元（当时约合 3 亿元人民币）的有形资产入股赢时通，以 40% 的股权成为第一大股东，从而完成了对赢时通事实上的收购。这在当时被称为国内最大的一笔网络并购案。

在这一年的 12 月 13 日，杨元庆再次坐在了记者们的聚光灯面前，这次他身边坐的是新东方校长俞敏洪。双方宣布，联想将出资 5000 万元，以 50% 的股份作投入，与新东方合作建立新东方在线。

新东方是中国比较成功的民办外语培训专业学校，从 20 世纪 80 年代开始，持续 20 多年的"出国热"造就了新东方的辉煌，许多要出国留学的莘莘学子都去新东方学习。刚开始新东方只是做外语培训，后来包括了怎样申请奖学金、怎样获得签证等几乎全套的出国留学辅导。有一次，联想在与新东方谈判时，杨元庆发现他身边的 4 个人竟然曾经全都曾是新东方的学员，可见新东方的影响力不可小觑。

这次合资，联想又出了一个大价钱，5000 万元。也就是说，联想给新成立的新东方在线估价 1 亿元。联想是以现金投入，而新东方投入的则是教师、教材、品牌和经验，新东方在线的董事长也由新东方的校长俞敏洪担任，董事成员双方各占一半。

半个月前，联想集团曾宣布与北大附中合作成立北大附中远程教育网。大概是北大附中的"量级"不如新东方，投资的金额也没有到让记者们感到"惊奇"的地步，所以这个消息并没有被大肆宣扬，这也可以从一个侧面看到当年联想投资的微妙心理。

北大附中远程教育网、新东方在线，加上此前 FM365 教育频道从教育部自考办争取下来的成人高考电子商务课程网上实习项目，在入主赢时通 4 个月后，联想信息服务"三点一线"布局中垂直网站的另一艘"航母"——教育编队，也正式起航了。当时联想正在积极运作的垂直业务还有旅游：与国旅集团合资组建的国旅快捷公司已经签署协议，只是由于在该公司中联想只是小股东，又迟迟没有开展网上业务，因此当时并没有引起人们的注意。

联想向赢时通投资 3 亿元，向新东方在线投资 5000 万元，还有投在北大附中远程教育网、国旅项目上的钱，以及此前在发布 FM365 时花掉的几千万元，其投在互联网上的钱就像打开了水龙头的自来水，哗哗流淌。

2000 泡沫四溢

与赢时通、新东方、国旅的合资成功，宣告联想在垂直网站方向上的布局大体完成。"三点一线"布局中最后的也是最重要的"盈利"，找到了落脚点。

联想当时"三点一线"的互联网布局看上去很美：接入（ISP）部门借助于中国电信的163平台，把联想每年几百万名的电脑用户通过捆绑销售的方式引入互联网；联想为接入用户在互联网的终点（也是起点）准备了一个入门网站，这个网站就是FM365。FM365负责聚集最好的内容和功能服务，吸引人流、留住人流，满足"80%的人的80%的要求"，在这个平台的基础上提供网络广告和电子商务。与此同时，联想在人们最需要的领域提供付费的增值服务，比如证券、教育和旅游。FM365把吸引来的巨大人流传递给垂直网站，通过垂直网站和接入业务实现的利润再来补贴门户网站的亏损。如此"三点一线"布局，构成了联想信息服务的一局棋。

当初联想打造"三点一线"布局，是从联想天禧电脑主打概念"互联网上新生活"开始的，就像列车一样不能没有终点，而这个终点从理论上来说又必须是网上冲浪的起点，所以它只能是一个门户网站。联想一年有几百万台电脑的销量，有比第二名多出5倍的市场占有率，谁都知道应该好好利用。另外，门户网站不挣钱，但看起来能挣钱的垂直网站又不吸引眼球。

联想当时的分析是，这就像10年前内地的零售业，百货商场最繁华，里面什么都卖，但那时的中国香港已经开始流行专卖店了，穿衣买鞋讲究品牌。那时要跟内地的老百姓谈这些，他们肯定不感兴趣。但是随着人们对物质的要求越来越高，人们也开始挑剔，所以之后内地的专卖店也一定会很发达。当时国内互联网商业的发展还处在"大商场"阶段，但赚钱还得靠去扶植那些做小、做深的专业网站，而此时专业网站人气不足的劣势恰好可以通过"大商场"的人流来弥补。看上去还真是这么一回事。

不过，等"三点一线"布局的全图照亮的时候，并没有出现布局者当初想象中的效果。

最先出问题的是垂直网站：赢时通、北大附中远程教育网、新东方在线，最后都是以合资合作的方式建成的，FM365 变成了 YESTOCK，新东方在线的网站叫 TOL24。联想拟议中的是以 365 为统一后缀来形成网站群，证券的垂直网站计划叫 FN365，教育的垂直网站应该是 SCHOOL365，至少在联想当年关于互联网的"华中会议"的记录里是这样写的，但这个 SCHOOL365 最终没有出现。"三点一线"破局，把 FM365 一下子置于了尴尬的境地。在"三点一线"布局中，接入业务和垂直网站都是盈利点，而 FM365 则是站在这中间的连接点，负责倒入人流和保持"客流量"。如今垂直网站"分家单过"了，而接入业务也有自己的小算盘，FM365 成了"累赘"。

而且，接入业务这块也很快出现了问题，FM365 和接入业务是并行的业务部门，各自为政。这种情况，据说在联想其实并不多见。在没有实行"矩阵管理"的时候，杨元庆有一套办法，让业务领导人既能专注自己的部门，又能宏观协调、把握。比如负责台式电脑业务的副总裁刘军，同时还要负责产品链；负责笔记本电脑业务的副总裁乔松，同时还要负责供应链，通过横和竖两个维度，杨元庆把联想的各个业务紧紧地捆在一起了。

但这种方法在信息服务事业部似乎不太见效，虽然形式上联想 FM365 的总经理杨洁也负责整个部门的市场，另一位 FM365 的高管荆宏也负责整个事业部的事，但实际上，两个部门都是"产供销一条龙"，麻雀虽小，五脏俱全。接下来，接入部门随着客户的增加，也需要提供网上在线服务，他们不是在 FM365 上切出一块地盘（FM365 本来就是接入捆绑的网站），而是自己建设了一个 LOL365.com，主要内容是提供在线续费、客服、账务查询、公告等服务，并且也设计了自己的电子邮箱和搜索功能，俨然又是一个小型网站。

就这样，"三点一线"布局中的"三点"，在它们终于快站成一条线的时刻,开始发生偏移,并且渐行渐远,最终把"三点一线"布局扭曲得不成样子。

FM365 这一步当初看来的妙棋,现在成了棋盘上孤立的棋子。而 FM365 的目标又是最不现实的——超越三大门户网站。

不过,2000 年 4 月 18 日 FM365 正式开通时的盛况,还是让人们看到了希望。"用最红的人,做最红的广告,1 年'烧'1 亿元,3 年做成中国最红的互联网网站。"这是联想在当年创办 FM365 时的豪言壮语,即便今天看来也着实提劲。

1 亿元"烧"完了,FM365 仍然没能进入中国门户网站前三的阵营,只是进入门户网站的第二梯队,但是,联想不准备再继续投资了。与此同时,联想新三年规划的发布,让 FM365 很难拿到足够的网络广告份额,因为这些广告主发现联想全都想做。联想要想维持 FM365 只有继续投资,但联想一开始并不想把在 2000 年 3 月融来的 28 亿港元全部投进去,联想投资总裁朱立南公开表示,他们只是试探性地投入 1/4 的资金进行互联网方面的尝试,这笔资金用到 FM365 身上也就 1 亿多元,用完后便不再投了。虽然可惜,但又有什么办法呢?说到底,FM365 从一开始就是一个资本产物,最后被资本抛弃也是再自然不过的事情了。

2001 年 6 月,联想曾和 AOL 时代华纳集团宣布成立合资公司,双方分别占 51% 及 49% 的股权,同时承诺分别分阶段投资约 1 亿美元。而联想要投资的 1 亿美元,将以当前的 FM365 人员及设备(包括服务器、计算机设备及软件)等抵押,也就是说,除了 FM365,联想不会再有大笔资金注入合资公司了。

2001 年 11 月 3 日,联想集团对外宣布"公司将进行人员优化",对 FM365 进行大规模裁员。11 月 20 日,联想在香港联合交易所发布公告称,AOL 附属公司和 Legend Research 已根据认购协议分别完成初步认购 4.9 万股优先股及近 50 999 股普通股。这意味着联想与 AOL

已经完成股份认购，转让资产予 FM365。

FM365 烟消云散，从此无名。

雷军说服金山、联想一起投资卓越

联想在互联网战略上也并非一无所获，2000 年，他们参与投资的卓越网在 2004 年以 7500 万美元的价格卖给了亚马逊，最开始占据 30% 股份的联想投资，理论上获取的收益接近 2 亿元，实际上也是有超过 1 亿元的巨额回报。创办并手把手做好卓越网这个好买卖的人叫雷军。

2000 年开年，时任金山董事兼总经理的雷军觉得自己把互联网想明白了，于是就给金山的大股东张旋龙看了他做的一个 15 页的 PPT。张旋龙通过 PPT 没看明白雷军要干什么，但听雷军说要继续加大对互联网的投入就点头同意了，张旋龙也被卷入互联网的热浪中了。

张旋龙此时嘴里总在重复着一句话："互联网快'疯'了，新浪快上市了。"张旋龙最开始去中关村就是帮四通利方卖打字机，同时让四通利方把兼容机 SuperPC 卖向全国；张旋龙和四通利方上下像一家人一样熟悉，四通利方是新浪的大股东，新浪上市，四通利方自然受益。张旋龙也高兴，备受鼓舞。

同时，张旋龙在 1999 年下半年刚刚促成雅虎与方正的合作，两家公司合作开了一个合资公司代理雅虎中国的广告。雅虎的故事也给了张旋龙很大的震撼，1996 年上市的雅虎很快取代了网景，成为当时全球互联网"市值之王"，这样的故事谁听起来都觉得震撼。

另一个让张旋龙意识到互联网不得了的故事是中华网在 1999 年 7 月上市，不仅 IPO 当日大涨，在之后的半年里，每当有中国加入世界贸易组织（WTO）或是加大改革开放力度的消息出来，中华网的股价就要上一个台阶。中华网的 CEO 叶克勇也是香港商界的知名人物，张旋龙多次在酒会上与之打过照面。对于叶克勇的成功，一多半的香港人都没有想到，张旋龙也很惊讶。

新浪、雅虎、中华网，三家发生在身边的互联网创业故事让张旋龙真切地感受到互联网大有未来。

1998 年 9 月，联想注资金山后，金山的股东有联想，有张旋龙，有求伯君，雷军也是股东，但股份最少，只是小股东。雷军要做互联网，还必须说服张旋龙之外的其他股东。

求伯君也想做互联网，但方向不一样，他更看好网上酒店预订这块业务，属于电子商务。雷军更看好亚马逊，他想在网上卖东西。

由于两个方向都看好，因此金山在做卓越的时候，也在做旅游电子商务网（逍遥网）。逍遥网由生性逍遥的求伯君管理。"卓越"和"逍遥"这两个名字，不知道是谁取的，就名字来说，就是金山两大掌门的内心写照，"卓越"对应着雷军，"逍遥"呼应着求伯君，都是绝妙的匹配。

2000 年联想分拆，其中投资业务划分给了朱立南领衔的联想投资。如前所言，2000 年 3 月，联想从香港二级市场融来 28 亿港元的现金，正想投资互联网，于是，当雷军征询朱立南意见的时候，朱立南欣然应允。

金山控股和联想投资联合给卓越估价 2000 万元，其中金山控股投了 1000 万元，占 70% 的股份（内含管理层 20% 的股份），联想投资投了 600 万元，占 30% 的股份，最后投到卓越账户的现金是 1640 万元，其中 40 万元是卓越首任总裁王树彤个人投的，以表示自己对公司的信心[1]。后来，王树彤离开卓越后，创办了 B2B 网站敦煌网。

---

1 类似的故事在沙正治入主新浪当 CEO 时也发生过。沙正治自掏腰包投了 20 万美元到新浪，表示对公司的信心的同时也能更好地保护自己的权益。

雷军看好卓越，提出自己要亲自担任卓越网的 CEO，但包括金山董事长杨元庆在内的董事会均表示不同意。1999 年因为"红色正版风暴"获得巨大成功，董事会内关于雷军是否适合担任金山董事总经理的杂音没有了；关于金山演变成联想软件事业部，雷军与联想软件事业部一部总经理韩振江竞争上岗的说法也成了无稽之谈。雷军在金山的位置超级稳固，董事会又一次燃起金山独立发展并上市的希望，这个时候，让雷军去兼任卓越的 CEO，董事会怎么可能同意。金山董事会表示雷军可以多花一些时间关注卓越，但去卓越当 CEO 的念头还是打消为妙。

雷军拗不过，于是，卓越不设 CEO，请王树彤来当总裁，配合自己这个董事长来管理和领导卓越。

雷军从 1998 年起就在动员王树彤到金山工作，王树彤也想换到更大的舞台上发挥自己的才能，但雷军就是不知道怎么给王树彤腾位置。既然金山董事会不让自己当卓越的 CEO，不如请王树彤来卓越做总裁，配合自己，雷军直觉上觉得王树彤够敬业，也适合做电子商务。

1999 年年底，从陈一舟的 ChinaRen 出来，雷军想起王树彤就在楼上，就给正在思科做市场经理的王树彤打了个电话。王树彤那天中午正好有空，于是两人一起吃了午饭。席间，雷军对王树彤说："做互联网不见得行，不做互联网，则肯定不行。"雷军还对王树彤说："这是一个重新洗牌的机会，你可以循规蹈矩地走下去，但你也可以选择另外一种生活方式。"雷军接着对王树彤说："我们现在想做电子商务，你有没有兴趣来做？"此时王树彤承认互联网是一个机会，但没有马上答复雷军："我要好好想想，一周之后给你答复。"

一周之后，王树彤告诉雷军他可以加入卓越，接着提出想请陈年一起来。在 2000 年金山的春节联欢会上，雷军又一次见到了《书评周刊》的原主编陈年。陈年此前筹办运作"席殊好书俱乐部"的经历让雷军非常感兴趣，雷军觉得卓越的模式和图书俱乐部的模式很像。那天三个人在联欢会外的一张桌子上谈了一个多小时。

有了资金，有了王树彤与陈年，雷军准备好做电子商务了，但是看着以前积累下的成绩[1]，雷军又觉得割舍不下。雷军试图说服原来负责软件下载的高春辉和他的团队一起转向电子商务，但后来发现，这是徒劳的。

雷军将高春辉他们聚集到一起开会，口若悬河地讲了一个多小时。他说："第一，互联网是工具，采用先进生产工具的企业一定能得到很好的回报；第二，我们一定要到互联网上淘金，我们付出的是人民币，在美国股市上赚到的是美元，回报自然能翻好几倍；第三，访问量不一定都是钱，大的门户网站靠访问量能赚到广告费，但更多的网站只有靠电子商务。"

卓越转型电子商务也受了王峻涛和8848的影响。

1998年12月，王峻涛从福州给雷军打来电话："我要做电子商务，并已经募集了200万元。"王峻涛先说是个人投资，雷军有兴趣加入投资，但后来他又说是连邦投资，雷军最后没有参与。但这没妨碍雷军一直和王峻涛沟通电子商务的事情，雷军在时刻关注着8848，琢磨着王峻涛的一举一动。

2000年年初，当雷军决定将卓越转向电子商务的时候，他已经认定王峻涛大而全的8848模式行不通了。早在1999年，雷军就曾对王峻涛说过："互联网要对客户有价值才有意义，不管是远期价值还是近期价值，只有对客户有价值，才能活下去。光取悦投资者是不行的。"

雷军承认王峻涛是中国电子商务的先驱，但又认为当时王峻涛"作秀"的程度超过了对客户的价值："美国股市崇尚'亚马逊神话'，8848就在中国复制亚马逊，但'亚马逊模式'在中国行不通。如销售海量品种的图书，缺货怎么办？在美国，信息化程度很高，亚马逊可以通过互联网直接查询几个大供货商的库房是否有存货，亚马逊的

---

1 卓越下载站曾在没有投入的情况下取得单项访问量第一的成绩。

卖点是'最近50年的书我们都有'——这是它提供海量品种的意义。在中国做，既没有这个信息化基础，也没有上游的超级供货商，根本不可能做到像亚马逊那样。另外，用户在网上购物图的就是方便快捷，用户下了单，8848再去用传统方式为用户找货，势必影响销售速度，一定不能满足客户对电子商务快捷时尚的追求。"

雷军在商店买T恤衫的时候，发现了消费者趋同的消费现象：中国经济和美国经济处在不同的发展阶段，美国消费者寻求个性消费，中国在现阶段，消费者的需求高度趋同，中国需要50年前的书的人极少。

为了证实消费者的趋同消费的假设，雷军将贝塔斯曼书友会提供的书目数过好几遍：一次是99个品种，另一次是120个品种，贝塔斯曼在中国的书友会有150万名会员，但它向150万名会员只提供100多个品种的图书，书友会的会员还觉得贝塔斯曼提供的图书已经很丰富了。

总结完这些，雷军眼前豁然一亮："如果卓越只卖有限的商品，实行完全库存，客户下单马上就能将商品送到，就能让用户充分感受使用电子商务的快感。更为重要的是，由于只卖有限的精品，单一商品的销量就会上去，价格就会下来，如此形成正循环。"

不过，即便有8848在前，卓越的电子商务之路也同样是充满了曲折，着实走了很长的一段弯路。

2000年5月11日，在北京香格里拉大宴会厅，雷军发布新卓越。

两个月之内，卓越新招了100多人。一个月之内，电子商务、版权发行、IT资讯、王菲与那英演唱会……卓越铺开了一个"尼罗河计划"。

新卓越开工后，迎来了一连串的不顺。王菲与那英演唱会因为种种原因没能进行；在出版方面，卓越支付70万元请知名音乐人宋柯帮忙做了一张CD，销量不尽如人意。

一系列的试探失败后，卓越砍掉了音乐事业部，图书和软件发行计划也相继取消。雷军很痛苦,但没有办法,此时资本市场已经走进"下降通道",雷军必须做好计划让自己手头的这1640万元撑到整个公司能盈利的那一天。大形势要求卓越必须专注,必须把每一分钱花在刀刃上,雷军在金山一直在过这样的日子,他反而过得踏实。他知道只要坚持,只要有梦想,朝着正确的方向努力,就能成功。

雷军真是一个有为青年。

1元钱的《大话西游》

雷军、王树彤、陈年这三个人谁也没做过电子商务,但这三个人都是很好的商人:陈年有书商背景,和图书、音像行业的人都很熟悉;王树彤先后在微软和思科做市场,具体负责对外商务合作,有很好的商业逻辑基础;雷军是金山的CEO,金山的营业能力在行业内是出了名的,雷军在商业上的精明也是出了名的。

一开始,卓越就没把电子商务想得太神秘,认为就是卖东西而已。虽然说是要做中国的亚马逊,但几个人研究下来,决定不能跟亚马逊一样什么都做,只能做精品。

精品策略的好处很明显:供货品种比较少,能以相当的库存保证交货时间,缩短供货周期。王树彤也认同走精品策略,认为这样能培育客户的忠诚度,容易做好客户关系管理。陈年也同意走精品策略,这样能降低选书的成本。陈年提出进一步的思路是卓越先选几本畅销的、能让网友接受的图书出来。陈年想找类似《上海宝贝》这样的书,但找了很久都没找到。这是因为,卓越一开始还有一条很重要的思路,就是做大多数人的生意,要做大众品。换句话说,既要是精品,又要是大众品。按照这个要求去选书,不太好选。就算选到这样的书,又做不过当当，因为当当销量大，给的折扣低。

这个时候有个契机——电影《大话西游》的 VCD 上市了。这部电影在网上很火，但书店里的 VCD 销量不好。陈年也很喜欢这部电影，他在图书圈子里的朋友很多，一天听说有出版社有一批《大话西游》的 VCD 要处理，陈年赶紧抓了过来。

由于是销存货，所以价格压得很低，一套《大话西游》有 4 张 VCD，卓越起先卖 40 元一套，后降到 20 元一套。当时《大话西游》的 VCD 市场零售因为环节多、销量小，价格一般在 70 元左右一套。卓越卖 5 元钱一张 VCD，价格便宜，自然很受欢迎。尝到大量甜头之后，卓越将《大话西游》系列 VCD 中更畅销的《月光宝盒》VCD 独立销售，卖 10 元一套。不久，卓越又将《月光宝盒》系列 VCD 的价格降到了 8 元一套。

雷军多年和盗版作战，他应该也是对用户购买盗版心理研究最多、最深刻的人之一。说到底，自从"盘古之败"[1]，他从内心开始加速了自己作为一个商业价值发现者的转型。

《大话西游》的 VCD 卖得很好，销量最多的时候一天卖出 5000 多套，很快 5 万套就卖完了。于是他们再去找出版社重新做了一批，前前后后卖了 10 多万套。卓越的名声一下子就被宣传开了。

2000 年 7 月，《大话西游》的 VCD 越卖越好。陈年决定继续加大投入，他将出版社手里所有的《大话西游》的 VCD 全部买了下来，在卓越上的售价为 4 元 4 张 VCD，相当于 1 元 1 张 VCD。第一天卖了 5000 多套，第二天刚卖了半天，原本准备卖一周的 7000 多套货就全部卖光了。

4 元一整套《大话西游》的 VCD 卓越一共卖了 12 000 多套，此时卓越已经不是在做销售了，而是在做广告了。

---

1 从 1992 到 1995 年，历经 3 年，金山为对抗微软，曾经推出含 WPS 在内的类 Office 的中文办公软件三件套，但没有取得成功，甚至差点儿造成了北京金山的关门，史称金山和中国软件业的"盘古之败"。

每卖一套VCD要亏3元，卖12 000多套卓越一共要亏不到4万元，但就这不到4万元的亏损能换取卓越在营销上的极大成功。人际传播是可信度最高的传播，互联网又克服了人际传播范围小的弱点，使其具有极大的"传播力"。它和简单的市场广告"砸"出来的知名度不同，具有持久的忠诚度。

这种销售行为后来也被雷军和陈年带到他们联合创办的凡客诚品：68元1件的Polo T恤衫其实就和当年1元1张《大话西游》的VCD一样，都相当于是赠送的。但这也是体验消费的开始，是最直接、最有效的吸引用户的方法。

即使单品价格压得再低，但对于5元钱的配送费，卓越坚决不免。用户冲着几乎免费的产品而来，但想想既然要出5元的配送费，买一件商品需要支付配送费，买10件商品需要支付同样多的配送费，不如多买几件。卓越在用户心理上考虑得比较细致。

《大话西游》VCD之后，卓越的"诱惑购买力"的商品是《东京爱情故事》。2000年8月，《东京爱情故事》在卓越一个月的销量相当于北京音像批发中心两个月的总进货量。再接下去是《加菲猫》，其三个月的销量相当于西单图书大厦同款产品5年的销量总和。2000年11月，卓越日均销售额突破15万元。12月，卓越日均营业额突破25万元。

《大话西游》《东京爱情故事》《加菲猫》都是音像制品，都卖得很好，陈年想了想，索性转做音像吧，这块当时正好是当当没涉及的领域，本身利润空间又大，卓越又能拿到议价权，可以进入。

而且音像制品符合卓越当初提的两个条件：第一精品，第二大众欢迎。从接受程度来说，音像更加受大众欢迎。

《大话西游》等音像制品的成功让卓越看到了希望，于是，关于卓越的未来又开始有了新一轮讨论，卓越后续该怎么办？2000年年底的时候陈年和雷军坐在一起，说既然音像业有这么一个规律，那么我们干脆叫网上音像店。于是2001年开年，卓越的标底下加了一行字"网上音像店"。这让卓越一开始就避开了当当,获得了上下游合伙伙伴的认可。

网上精品店和陈年

卓越上销售的音像商品的品种越来越多,用户也越来越多,卓越的议价能力开始显现出来,也做起精品书的生意了。卓越网站中标题下的那句话,也悄悄地变回了"网上精品店"。

对于选书和推书,起到很重要作用的是陈年。

陈年做过媒体,因此他用媒体的思路来做卓越的版面布局。网站的首页就相当于报纸的头版,有报眼、抢眼的大标题,也有专题、许多细分的版面,陈年是模仿报纸、如法炮制的。这一点,就连卓越的对手当当都很羡慕。他们盛赞陈年:用户没有购买欲,他可以说服用户购买。在很长一段时间里,当当对卓越中层图书编辑人才很感兴趣,很喜欢卓越网页的"小资风格",还挖了几个人过去。

认识陈年的人表示,陈年是一个有品位的人。陈年也的确很有品位,关于他的品位,可以通过他在卓越推过一个人的书看出,这个人就是黄仁宇。

黄仁宇是一位著名的美籍华人历史学家,他写过《万历十五年》这样的畅销书,但用户群很小众,并不符合卓越所提的大众精品的概念。但陈年认为,大众应该能接受黄仁宇。他先是只通过口头介绍让他的合作伙伴、同事知道并喜欢上这样的历史学者。同时,陈年想,黄仁宇从大历史观的角度把历史讲得那么有意思,那么,卓越可以不可以把推广也做得比较有意思呢?按照这个思路,卓越介绍黄仁宇曾经做过国民党军队的军官,和杨开慧也有交集。这的确很吸引人,不少人因此而买了书去看，看完后就喜欢上了，并且对卓越也多了一份信任感。如此，读者也对卓越下一次推荐的书有了信任感。

陈年后来总结到，卓越的精品路线应该有所挑选，把觉得好的产品告诉用户。在陈年看来，一味地扩大品种的思路不对，每扩大一些品种，基本都是给自己设定一些限制，也是给自己增加负担，所以不如给卓越注入文化基因，帮卓越找出读者想要的产品。

其实，卓越在很长一段时间内都采用了更接近亚马逊推荐书目的运营模式，帮读者选书和推荐书是亚马逊核心的竞争力之一。只是卓越更多的是靠人工、靠编辑，而不是靠算法和程序。

读者需要你帮他把好产品找出来，这个时候就牵扯到品种的问题。陈年不赞成那些完全复制亚马逊的模式——做很多品种，其实这么多品种对用户来说不是都有用的，因为一般用户不可能像一个文化工作者的阅读量那么广泛，不需要了解那么多的书。

读者不可能需要1万种书。陈年觉得读者可能就需要几十种书，你帮助他选出这几十种书就可以了。直到卓越被卖给亚马逊，它依旧保持精品策略，整个品种数在300～400种。

雷军在卓越上花的工夫也很多。每天上班，他都先上卓越网浏览一会儿；每天下班，他都会召集卓越的员工开一个讨论会；卓越的每个新功能、新产品出来，他都会以用户的身份进行体验；雷军基本上是把卓越当成自己创业的公司去管理和关注的。

每天下午快到下班的时候，雷军只要在线，就会不停地刷新卓越网后台的销售记录，不断增加的销售记录让雷军感觉到很刺激。为了将这种激动传递给更多的卓越同仁，雷军在卓越前台安置了一个屏幕，在这个屏幕上，可以实时看到有多少个用户在浏览页面，有多少个用户在登记注册信息，有多少个用户在下单，以及他们到底在买什么。

雷军发现，互联网产品比软件要好玩得多，可以不断地更新、不断地修正，用户可以很快地反馈给你，你也可以很快地进步。雷军也认为，卓越的很多商业信条来自金山：金山出精品，所以卓越要卖精品；金山做出来的产品是通用的，所以卓越要面向大众；金山希望自己的产品能在保护知识产权的前提下压制盗版，卓越的音像商品销售也是基于这个策略……

移动梦网拯救了中国互联网

1992年，世界上第一条短信在英国沃达丰的GSM网络上通过PC机向移动电话发送。1993年，一名诺基亚的实习生用手机编辑出"圣诞快乐"后，用短信发给了另一部手机。当时谁也不会想到，这项服务，竟会在多年后对人们的经济、文化、生活甚至政治，都产生如此大的影响，当然更不会想到，它将为8年后的中国互联网公司雪中送炭。

2000年11月10日，中国移动推出了一个新的业务品牌——移动梦网（Monternet）。从当时发布的移动梦网创业计划书中可以知道，中国移动是计划借此来打造移动互联网。计划书中预测，到2005年，中国手机上网用户数将占手机用户总数的30%以上。

在推出这项计划前，中国移动曾多次派员工赴日本向已经具有一定移动互联网经验的NTT DoCoMo取经，NTT DoCoMo的i-Mode给中国移动最大的启发就是，这个业务要发展，必须要有一大帮人来帮你开发内容和应用服务，光靠运营商自己是做不好的。

移动互联网这样远大的计划并不能吸引当时的互联网公司，所以这份创业计划书花了更多的篇幅给互联网公司画了一张马上就可以"吃到嘴里的饼"，计划书中标题为"建立合理高效的商业运营模式"的一节里这样写道：

纵观互联网的起步、发展，将这种巨大的商机转化成市场的繁荣还需更进一步的摸索。我国现已拥有1690万名（CNNIC 2000年7月统计数据）互联网用户，然而网络社会所带来的商机还基本上停留在实验、预期甚至猜疑阶段。

其中一个主要原因是：互联网市场缺少一种有效的盈利机制，服务提供商难以寻求真正的盈利点，从而限制其潜力的充分发挥。只有当市场参与者都能从中受益，整个市场才能进入良性循环，获取繁荣的基础。这就是中国移动通信集团本次"加入移动梦网计划，携手共建移动网络新家园"的出发点和根本目标。

业界的共识是：好的内容和应用服务是启动市场的关键。因此，中国移动通信集团一再积极地探索着高效合理的商业模式，以吸引仍在观望的合作伙伴，抓住稍纵即逝的市场机遇。"奥运快讯"、"全球通爱心卡"两项业务是中国移动通信集团对移动互联网商业运营模式的成功尝试。此模式的核心是实现市场多赢，促进市场良性循环。实践证明这种以多赢为原则的商业模式是可行的。我们将在更广泛的合作中坚持和完善这种原则。

在接下来的一节里中国移动表示将为接入网络平台提供强大和全面的网络服务：

为实现向用户、向社会提供更有价值的服务这个最终目标，中国移动将走出运营商的传统定格，向众多的内容与应用服务提供商提供一个大舞台，实现开放、公平的接入，并以用户聚集者的身份架起服务提供商与用户之间的桥梁。现有的WAP平台、短消息平台均可向各合作伙伴开放，并将以"一点接入，全网服务"为目标，升级和完善计费系统，争取向合作伙伴提供一个全面服务的网络。我们还将积极关注GPRS技术、3G网络的商用，努力提供一流的网络平台和网络服务，为各合作伙伴充分施展其才能创造更大的空间。

中国移动在后来是否按计划书实施了并不那么重要，重要的是，移动梦网的到来为中国互联网公司解决了初期包括支付在内的商业模式问题，同时将比互联网用户多得多的手机用户在一定程度上开放给了互联网公司。2001年1月，CNNIC发布的第7次中国互联网络发展状况调查显示，当时中国上网用户人数约2250万人，同期手机用户数已经达到了8500万人。

对苦于不知道怎么样对网友进行收费的中国互联网公司来说，移动梦网的出现无疑是雪中送炭！

2001 / 大转折

2001年的世界和中国发生了许多大事件。

2001年9月11日（美国东部时间），美国发生了骇人听闻的"9·11"恐怖袭击事件。

这一年的7月13日，北京时间晚上10点钟，地点在莫斯科，一片寂静之中，时任奥委会主席的萨马兰奇宣布：北京成为第29届夏季奥林匹克运动会的举办城市！数千里外的华夏大地一片沸腾，烟花齐放。

11月10日，又一个历史性时刻，这天下午，在卡塔尔首都多哈举行的世界贸易组织第四届部长会议上，通过了中国加入世界贸易组织的法律文件，标志着我国终于成为世界贸易组织新成员，我国对外开放事业进入了一个新的阶段。

夹杂在这些大事件中，中国互联网所上演的诸多故事，与之相比在戏剧性上一点也不逊色：在整个纳斯达克股市"崩盘"带来的冷风中，网易CFO辞职，CEO和COO也"被辞职"了，丁磊当上了首席架构师。这还只是麻烦的开始，网易忙活了大半年，想把自己卖掉，但在最后关头搁浅了。卖不了还不说，网易还因"财报风波"被停牌了。丁磊只好灰溜溜地将公司总部搬回广州。

丁磊决定搬回广州，有一多半原因是为了节约成本，既然不做门户网站了，那在北京设立太大的机构就没有意义了。这个决定为丁磊带来一个良机，从2000年下半年起，广东移动成为移动梦网的先行探路队，需要在广东地区寻找一些合作伙伴，网易作为广东为数不多的全国性品牌被选中，与广东移动一起推广短信业务。网易短信业务曾经一度占到移动梦网短信业务的20%，这是一个惊人的数字。

短信的成功让丁磊有了底气，其加大了对网络游戏的投入，使得《梦幻西游》获得成功，网易股价大涨，丁磊也由此登上了当期中国"首富"之位。

搜狐的张朝阳也惊险地守住了北大青鸟的并购"奇袭"，并由此开始逐步掌控了董事会。同样是借助在短信上的巨大成功，张朝阳终于"咸鱼翻身"。

有些可惜的是新浪，他们在最需要团结的时候辞退了自己的 CEO 王志东。之后的新浪与阳光卫视合并然后又迅速分手，其在短信和网络游戏领域都没有获得应有的市场份额。所幸的是，新浪在新闻领域上还是持续领先。

2001 年是中国互联网行业的"危机之年"，也是中国互联网公司的"转型之年"。不仅网易和搜狐相继找到了翻身的路径，盛大、3721、百度、阿里巴巴、携程也在 2001 年开始寻找属于他们的自我救赎之路。

这个世界还是很美好的，即便是在凛凛的北风中，只要有希望、有梦想、肯努力、肯坚持，那么，结果总是好的。

网易 CFO 何海文离去

2001 年元旦刚过，一股冷空气便不期而至。1 月 3 日，这一天北京很冷，风也很大，仅仅半年的时间，中国的互联网行业便进入了长久不去的"寒冬"。前一天，在纳斯达克证券市场上"中国网络股"的股价又是一片跌景。

网易 CFO 何海文要离职的消息给整个互联网业的"冬天"又加了一分冷意。这个让新闻界感到神秘并为之好奇的女人，曾经被描绘成一名强悍的实权派人物，甚至有报道说，她的话比丁磊的话还有力度。

何海文阐述自己离职的三个原因时显然准备充分：原因之一，是身体健康问题；原因之二，是学计算机出身的自己又到了充电的时刻了；原因之三，是公司成长过程中要有更有经验的人来补充，这样会使管理层更加完善。原因很冠冕堂皇。

继CFO何海文女士辞职后，1月5日，企业发展部门的资深副总裁关国光也离开了网易。关国光于1999年7月加盟网易担任企业发展部门总监，此后一直负责网易在管理合作伙伴、建立新的平台及对外公共关系方面的业务。离职前，关国光全面负责网易的企业发展事务。日后，关国光创办了快钱——一家做银行支付的公司。关国光的另一个身份是何海文的丈夫。

何海文和关国光夫妇的离去对丁磊来说是一个不小的打击。何海文是帮助网易融资并成功上市的"老臣"，在她于1999年8月加入网易的时候，当时只有几十个人的网易在广州的一套三居室里办公，17个月之后她离开时，网易已经是一家在纳斯达克证券市场上市的公众瞩目的公司了。而且，网易从第一轮种子资金、第二轮风险投资到最后在纳斯达克证券市场上市，何海文的贡献有目共睹。

二人的离去使得丁磊多少有些形单影孤，丁磊的弟弟丁波为此做出推迟去国外念书的决定，留下来帮助哥哥支撑局面。

何海文和关国光的离去，只是网易在2001年陷入"乱局"并最终停牌的开始，随之而来的是充满戏剧性的"财报风波"、CEO罢免及并购告吹等一连串故事的发生。

网易财报风波

2001年5月8日，星期二，中国法定节假日"五一长假"后的第一个工作日，网易对外宣布，原定召开的业绩公布会因故推迟。对一家上市公司来说，推迟发布财务报告并不是一件简单的事情。果然，网易随即宣布，由于合约报告出现失误，该公司第一季度营收将远低于市场预期。公司在声明中表示，该公司的一名或数名员工"可能没有正确报告网易与第三方广告商之间的合约条款"。

"由于以上原因，网易截至3月31日第一季度中的营收将远远低于管理层在2月做出的预期。"网易还表示，为了对这一事件进行内部调查，该公司将推迟公布第一季度的业绩报告。调查重点将涉及100万美元的营收。网易称：错误报告将不会影响此前几个季度的业绩报告。网易的两位资深经理将主持相关的调查工作。这一天，网易在纳斯达克证券市场的收盘价为每股1.80美元。这就是著名的网易"财报风波"。

紧接着，5月9日，网易又发表了一份更为正式的声明，称原本定于第二日(10日)要发布2001年第一季度财务报告的计划因故推迟，全文如下：

网易公司今天宣布将推迟原定于北京时间2001年5月10日（星期四）发布的2001年第一季度财务报告，并取消原定于北京时间2001年5月10日（星期四）早上8点召开的管理层与分析师的电话会议。因为公司发现其员工可能未向公司财务部门正确呈报公司与第三方广告商之间的合同条款。根据公司现有的资料，这些潜在的误报可能造成某些合同带来的广告收入会提前累积到2001年第一季度的收入。尽管如此，所涉及的合同仍然有效，并且网易公司完全相信公司在提供相关广告服务后，这些合同项下的广告收入将被计为公司营收。在发现上述问题后，网易公司立即采取各种措施，积极开展调查工作。网易公司表示在此次调查未结束之前将不对此事件或截至2001年3月31日财务季度的财务结果发表进一步的评论。

同时，查处工作也在悄悄地展开。曾经在第一季度与网易有购销合同来往的企业无一例外地接到了网易请来的安达信会计公司的调查单,要求他们在上面签字以证明公司确实与网易发生过某笔交易,而不是只签订了一个没有交易的合同。

该事件也牵扯出一些网易管理层之间的内部矛盾。当时的职业经理人以"休假"的名义就此淡出。

2001年5月中旬的一天,每位网易员工都收到一封名为《告网易全体员工书》的公开信,信中颇多抱怨。

一周后的6月12日,网易宣布了关于公司的两项重大决定:第一,黎景辉和陈素贞已经分别辞去CEO和COO的职位,辞职自当日起生效;第二,网易董事长丁磊将代理CEO和COO的职责。黎景辉同时也辞去了网易公司董事会的职位。

一种观点认为,丁磊与黎景辉在网易出售问题上有分歧。在2000年网易管理层大调整之时,丁磊曾经将自己拥有的约占网易4%的股份转让给了网易新加盟的几位高级管理人员和在关键岗位上的员工,如黎景辉、陈素贞等,转售价格约为每股5美元。在当时,这个价格比市价要低得多,应该属于不错的激励措施,但以2001年网易的股价来看,则属于高价,如果网易被整体卖出,则当初接受转让的人就会遭受损失。

而在支持丁磊的公司技术人员的眼中,职业经理人在花公司的钱时有些大手大脚。

还有一种观点则认为,因某些业务问题意见不统一,丁磊忍痛让一些老部下辞职,但公司业绩一直无法让投资人满意,于是他对现任高级管理人员有所不满。

网易被停牌后丁磊得遇段永平

在黎景辉、陈素贞辞职已成定局之际,网易公司却在2001年6月

12 日下午主动发布影响并购的负面公告。有消息认为，这是因为有深知网易内情的人向审计机构爆出新料，从而导致事态的发展超出了网易自身的控制能力，使其不得不在与有线宽频谈判并购的重要关头主动发布这一负面公告。

2001 年 6 月 14 日，网易和香港有线宽频对收购的核心条款都予以认可，准备于次日下午正式公布收购协议。然而，也许是合同误报，也许是高级管理人员辞职，各种复杂的因素交织在一起，网易与香港有线宽频之间的并购最终以破裂宣告结束。2001 年 6 月 18 日，香港有线宽频公司表示不再与网易进行收购谈判。该公司发表声明：公司董事会宣布，其与网易及其部分股东之间的收购谈判已经被终止，因此他们在目前这个阶段将不再与网易就收购事宜展开谈判。但其中并没有透露终止谈判的原因。当天网易的股价以每股 1.70 美元开盘（最高为每股 1.70 美元，最低为每股 1.50 美元，成交量为 47 000 股），收盘于每股 1.53 美元。

2001 年 6 月 19 日，网易公司也发布消息证实，网易确实一直在与包括香港有线宽频公司在内的多家公司进行秘密协商，讨论收购网易股权和资产的问题，但没有达成任何协议，目前协商都已经终止。丁磊在声明中称：经过仔细的考虑，公司董事会已经决定暂时停止寻求收购，这符合公司和股东们的利益。他后来对记者说："一年内公司不进行购并，并且将公司未来的盈利重心放在线上——开发游戏方面。"

2001 年 8 月 31 日，网易宣布对上半年的财务报表进行修正，净亏损从之前公布的 1730 万美元上升到 2040 万美元。4 天后，纳斯达克证券市场以"财务报表存在疑点"为理由宣布网易股票被停止交易，网易也随即宣布丁磊辞去公司董事长和 CEO 的职位，改任公司的首席架构设计师——一个比尔·盖茨辞去微软董事长和 CEO 后也曾担任过的职位。

不满30岁的丁磊不免陷入迷茫，他向当时已在中国工商界闻名的广东步步高集团的段永平，请教出售网易的问题。

段永平反问他："你卖了公司之后准备干吗？"丁磊说："我卖了公司有钱后再开一家公司。"段永平笑了："你现在不就在做一家公司吗？为什么不把它做好呢？……"听了这番话，丁磊如梦方醒，决定放弃门户网站模式，并把公司总部从北京搬回广州。

段永平不仅是丁磊的好友和高参，也是网易的重要投资人之一，他在网易股价为每股0.8美元的时候持续吃进网易。段永平发现，网易股票被低估是因为公司面临一场官司，也可能被摘牌，这里面有些不确定性。段永平就去找一些法律界人士咨询官司的问题，询问类似的官司最可能产生的结果是什么，得到的结论是，后果不会很严重，因为他们的错误不是特别"离谱"。很重要的是，这家公司在运营上没有大问题。做足功课后，段永平把他能动用的钱全部动用了，去买网易的股票。段永平在网易股价多少钱时出的手，众说纷纭，但到后来达到百倍回报是一个公认的事实。由于是采取类似巴菲特的投资策略成功投资网易，因此，段永平也被人戏称"段菲特"。

如前所言，丁磊做门户网站，从广州搬到北京，一多半不是他心中所愿。对于丁磊，最中肯、最客观的评价应该是，他是电信人里对互联网最有感觉的一个，是互联网人里商业意识最好的一个，也是商人中对基于互联网的新技术、新趋势最有感觉的一个。这样的人，其实只要不迷失自我，跟着感觉走，就能成功。

对丁磊来说，网易被停牌其实是件好事情，这让他清醒地认识了他自己。虽然丁磊为此亏掉了上亿元，但之后的事实证明，这最多是一笔为认识自己、重新正视自己内心力量而应该交的"学费"。他之后的飞黄腾达，与他当日所感受的煎熬、委屈、无奈和愤懑都是有关联的。但可惜的是，我们看到的大多是他成为"首富"的光鲜，而很少有人了解他当年的煎熬。

网易靠短信得以翻身

重新找回自我的丁磊，决定把网易从北京搬回广州。

网易当时正处于多事之秋，诸多事情不顺，网络广告业务下滑得厉害，急需新的增长点。因此，丁磊一看短信业务可以赚钱，而且符合他的商业逻辑，于是便花大力气去做。

如前所言，丁磊之所以放弃社区转向门户网站，很大程度上是因为网易连续两次在 CNNIC 公布的中国网站影响力排名中排第一，而奇摩又实实在在地赚到钱了，因此，丁磊就把网易转到门户网站上来。但想不到的是，新浪和搜狐也随之转型了，而且一个做内容比网易有经验，一个在市场销售体系方面有优势，网易被人硬压了一头。没办法，既然自己不会，丁磊只好去寻找职业经理人帮着打理。虽说全靠职业经理人的职业操守所维系的商业模式不能说一定会失败，但风险真的很高，后来果然出问题了。

丁磊这才意识到，不能单纯靠在网站上打广告来维持一家大公司的全部开支和赢利。丁磊在骨子里是一个生意人，生意人的逻辑是：做公司只做概念，光"烧钱"而无进账，是不可能长远发展的。

国内的网上支付体系在那个时候还很不健全，大多数网友还没有在网上消费的习惯。如何直接从用户那里收到钱，是经营者们日夜考虑的事情。网络游戏本是丁磊的第一步，他原本希望借此推广网易一卡通，进一步地促进网友在网站上消费。于是，丁磊收购了天夏，没想到游戏业务一开始很不顺利：《大话西游》过了头几天的 5000 人同时在线的高峰期后，一直停留在 3000 人同时在线的水平，处于"半死不活"的状态。

手机短信无疑是一种小额代收费的好途径，也是网站增收的重要途径。"小生意、大产业"的商道，早已潜移默化地影响了丁磊。正是瞅准了这一点，丁磊很花心思地进军短信业务，并成立了无线事业部，而且很快盈利了。

对于短信业务的盈利，丁磊显得很兴奋。有一次和朋友一起吃饭时，丁磊拿着手机给他的朋友演示怎么订阅网易的天气预报，喜悦之情溢于言表。

丁磊还亲自设计了同城交友产品，这个产品很像今天的社交网络平台 SNS（Social Network System），而且能吸引网友使用短信服务。丁磊本身就是互联网用户，知道上网之人的心理需求，因此这个产品一推出便大获成功。

丁磊也是最早用"网络联盟"来宣传及推广短信服务的人。丁磊虽然不是中国最早做网络联盟的人，但他之前给中国绝大多数个人站长提供过空间服务，知道他们的需求，也能找到与他们的契合点。

靠着比其他 SP（服务提供商）更有吸引力的产品和更有力的推广，当然还有更好的市场敏感度，网易的短信业务一开始就上升得很快。不过，丁磊也知道这是在陪中国移动、中国联通等运营商在玩，从性质上来说接近"与虎谋皮"。因此，后期网易在短信业务方面着力不多，但无线业务一直在做。

短信业务的上扬让丁磊在董事会里有了更多的话语权，这让他招募了更多的人投入《大话西游 II》的开发中。网易也开始形成资金流"正向循环"，这往往是走向成功的开始。

2002 年一开年，网易在纳斯达克证券市场上复牌。那天晚上，丁磊兴奋地请网易的同事去吃饭，等待着美国股市开盘，他迫不及待地用手机查看着，开盘时高兴地宣布，网易的股价又回到了每股1美元以上。"看吧，我们又'活'过来了。第一天就比新浪、搜狐的股价还高呢。"丁磊对此很是得意。

从天夏到《大话西游》

短信业务为丁磊赢得了喘息的机会，也为《大话西游》系列产品赢得了良好的运营空间。

和大部分原创游戏一样，《大话西游》的定名也是晚于项目启动的。最开始，Micro[1]等只是想做一个以《西游记》为背景的网络游戏。

《大话西游》是一款战斗模式采取回合制的网络游戏。当时华义运营的《石器时代》正处在上升期，并已经为华义赚取了大量钞票，这让丁磊不免有些心动。《石器时代》是一款典型的受玩家欢迎的回合制网络游戏，有正面的典型案例在前，剩下的问题是，做一个什么形式的回合制战斗系统。

《大话西游》本计划在2001年9月27日推出，这一天，网易为解决版权上的问题，特地把周星驰请到公司来当游戏的代言人。不过，游戏最终推出的时间是10月底，之前没有完成公测。

与盛大找了上海的育碧做合作发行商相似，网易也找了中国台湾的智冠做合作发行商。一切都按惯例循规蹈矩地进行着。在《大话西游》发布前，网易在广州的天河电脑城门店前办了一个热闹的活动。周星驰过来捧场，智冠的总经理致辞，一个牙膏厂老板因为赞助的原因也来参加活动。因为周星驰的到来，牙膏厂的老板马上就被观众起

---

[1] Micro即梁宇翀，原为天夏团队的负责人，天夏被网易买下后成为网易游戏部门的负责人。

哄哄走了。更没趣的是,活动搞了一半就有人过来拆除舞台。由此可见,这一开始就是一个基本不被重视的项目,连丁磊都没想到,这个游戏日后能使他成为"首富"。当然,其他人更没想到。

《大话西游》在推出后并不是很受欢迎,原因有很多,首先《大话西游》是由天夏团队从图形MUD转过来的一款游戏,包括服务器端都是基于MUD的开源系统写的;客户端方面的问题也很多,负责客户端开发的古越当时将绝大部分的精力放在他与同学合开的SP公司上,《大话西游》客户端的开发又尝试用最新的技术来实现,没有考虑到IE新老版本兼容等诸多问题;由于缺少开发大型RPG(角色扮演游戏)网络游戏的经验,而且基本没有给予足够的时间进行测试,策划上也缺乏新意,因此《大话西游》并未取得巨大的成功。所幸的是,叮当、云风等《大话西游Ⅱ》的核心人物都参与了《大话西游》的开发和策划工作,这让《大话西游Ⅱ》有了很好的继承性。熟悉网络游戏开发和运营的人应该都知道,很好的继承性意味着成功了一半。从这个意义上说,Micro和天夏团队对网易游戏和中国互联网业的影响深远。

在《大话西游》开发结束前的尾声阶段,Micro决定离开,接替Micro的是一位叫叮当的人。叮当,真名詹仲辉,这个人虽然外貌并不出众,技术上也非天才——据说曾经多次面试才被网易录用,但他技术全面,善于组织和带领团队,有市场头脑和策划意识。他从一个很普通的程序员最后成为网易的COO[1],很富传奇色彩。

由于《大话西游》没有取得预期的成功,当时丁磊甚至提议让《大话西游》保留所有的图像资源,而将程序改成一个图形聊天室。当时网易本身有全中国最强大的聊天室服务,做这个是顺理成章的事情。

不过,叮当适时地站了出来,说服丁磊继续开发《大话西游Ⅱ》。

---

1 2008年,叮当卸任网易COO一职。

现在看来，这是一个非常正确的决定，可在当时看上去很荒谬。那时，网易的发展可以说相当不顺利，公司被纳斯达克证券市场停牌，财务报告也出了问题。在这种情况下，其自主研发的《大话西游》上市后又反响平平，丁磊本人所承受的压力巨大。

此时，国内代理的几款韩国游戏却做得风风火火。在这个背景下，丁磊带着员工去韩国寻找可以代理的游戏。

《精灵》和《大话西游》系列

丁磊带回来三款韩国网络游戏，都是3D（三维视角）的。一款叫作"Ragnarok Online"，一款叫作"MU"，还有一款叫作"Priston Tale"。不久，网易选中了"Priston Tale"做代理，给它起了一个中文名字《精灵》。据说当时网易也有可能去谈了"MU"，即《奇迹》。但最终因为《奇迹》的要价太高而放弃了。《奇迹》后来被第九城市拿下，成为成就第九城市网络游戏大业的一块重要基石。

从2001年起，网易在各方面都非常节省，这和丁磊的性格有关。也是这份节省，让网易在几家于纳斯达克证券市场上市的中国网络公司中第一个"起死回生"。

《精灵》的收费标准是每小时0.5元。在那个年代，大家都还摸不清玩家的心理底线和承受能力。虽然定为这个价位，但是游戏居然也依然火爆，真的是一个奇迹。要知道当时用户人数最多的《热血传奇》要比其便宜很多，而且《精灵》相比《热血传奇》还缺少一个重要功能——PK。

《精灵》大约是在2001年6月开始收费的，没过多久就收回了成本。不过，在火爆不到数月后，因为"外挂"的影响，《精灵》流于平庸。

但对《大话西游Ⅱ》来说，《精灵》的作用在于推广开了网易的一卡通服务，让网易的"点卡"顺利进入了各个渠道，为日后《大话西游Ⅱ》的顺利收费铺平了道路。

网易一边运营着《精灵》，一边开始组织做《大话西游Ⅱ》的开发。在《大话西游Ⅱ》的开发过程中，除了项目负责人叮当，还有一个人起了很关键的作用，这个人叫云风。云风曾长驻杭州，在很长一段时间里是网易游戏乃至网易整个技术研发的核心人物，后与叮当一起创办了简悦游戏，推出了爆款产品《三国志战略版》。

云风最开始是参与《大话西游》的客户端开发工作的，因此他时常跟叮当讨论游戏，比如研究游戏里玩家盘店的情况。云风觉得系统做得不好，完全表达不出虚拟的经济系统。叮当说这个玩法是继承于 MUD《西游记》的，其实那里面的玩家盘店还是挺有趣的。不过 MUD 同时在线玩家少，与网络游戏截然不同。

由于制作客户端的缘故，云风也试玩了正在重制的《大话西游》，但始终找不到玩 RPG（角色扮演游戏）的感觉，无论是战斗还是日常闲逛。于是云风向叮当抱怨，并主动提出重新做游戏设计。叮当正想启动《大话西游Ⅱ》的制作，当然很高兴地答应了。

《大话西游》虽然玩的人不多，但是还是配备了相当数量的客服人员。因为丁磊希望可以在服务方面做好，弥补开发上的不足。其首批招聘来的客服都是游戏玩家，他们以"三班倒"的方式在游戏里值班，并真心喜欢这个问题多多的游戏。

云风在筹备写《大话西游Ⅱ》的策划案时，因为还是以《大话西游》这个品牌推出，所以云风跟这些忠实的游戏玩家进行了交流。其中有一个人让云风很感兴趣：徐波，他时常在玩家论坛里跟玩家发帖辩论。徐波之后成为《梦幻西游》的主策划，这款游戏最高同时在线玩家达到 200 万人，数字很是惊人。2006 年，徐波单飞，之后接受金山的注资，创办了多益。

云风后来总结了《大话西游Ⅱ》的成功原因，大致要点如下。

1. 有完整的美术资源。这些资源是第一版遗留下来的，不需改动就可以使用。这避免了美术方面的工作拖累程序的开发进度。
2. 程序底层稳定，关键模块都已经完成，并通过了前一版的公众检验。少数底层的Bug（程序漏洞），经过大量的用户被动测试，基本都找了出来。
3. 事先有技术上的合理规划，有了充分的准备才开始着手设计。并且期望值不高，有明确的目标：复制原有的功能。
4. 有更强的技术力量支持。
5. 拥有漫长的测试期，并没有在制作基本完成后匆匆上市。

这些经验也顺延到《梦幻西游》里。这种类似丰田产品设计理念的核心：持续改进策略，这是丰田系列产品持续畅销的秘诀所在。丁磊和他的伙伴们说到底也只是遵循最基本的商业游戏规则而已。

《大话西游》系列之所以能成功，另一个重要的原因是点卡交易系统的引进。这个交易系统一开始并不起眼，没人会想到它能带来多大的价值。只是几个程序员看见玩家的需求，临时加上的。在设计实现时也完全没考虑它会促进游戏的收益。

在这个系统的辅助下，游戏内的经济系统达到了一个更为稳定的平衡状态。实际上促进了游戏的发展：金融工具可以促进网络经济的发展。点卡交易系统，就是一种在现实社会中不可能存在的金融工具，但对于网络游戏中的虚拟社会，则是非常有益的补充。

初期的网络游戏开发人员大多是从开发单机版游戏过来的，但网络游戏更注重人和人之间的交流，更多的是在模拟一个社会。而社会的稳定和平衡是一个动态的过程，规则并不是一开始设计好就一成不变的。

人的行为没有固定的规律，尤其是比现实社会少得多的网络中的人群，规律更不确定。没有游戏规则是普适的。对规则的不断修改、增删、调整,就是一个动态调节的过程。这其实也是网络游戏和单机游戏的最大区别。后来网易发行的许多产品,包括许多同行发行的产品,都没能经历这样一段调整期,这也是这些产品最终没能成功的因素之一。

《大话西游 II》是在 2002 年 8 月 15 日正式开始收费的。而就在前几天,网易宣布公司自股票发行以来第一次实现盈利,尽管净利润只有 3.8 万元。根据财务报告,网易一个季度的运营费用达 2719 万元,结果就赚了不到 4 万元,如果这个数据是真实的,那只能感慨丁磊的运气真好。

从 2002 年 8 月起,好运气开始伴随丁磊,丁磊很快成为中国"首富",不过这好像也不全是运气的原因。

北大青鸟奇袭搜狐

网易处在并购未果、管理层重新洗牌、资本市场面临停牌的窘境中,搜狐公司也在 2001 年遭遇了其创建以来最大的危机:一家叫北大青鸟的公司通过在二级市场购买搜狐股东英特尔的股份,寻求和搜狐的合并。这个故事,也足够经典兼具戏剧性。

"蓬山此去无多路,青鸟殷勤为探看",在北大青鸟集团最主要的公司之一北大青鸟软件有限公司的网页上,Flash 软件不停地在窗口闪现唐代诗人李商隐的名句。"青鸟",传说中西王母的信使,专司传递信息。这也是北大青鸟名称的由来。

20 世纪 90 年代初,"青鸟工程"启动。这是一项国家重点支持的知识创新工程,是中国软件产业建设的基础性工作。这一工程由著名软件专家、北京大学计算机系主任、中科院院士杨芙清教授主持,其目标是以实用的软件工程技术为依托，推行软件工程化、工业化生产技术和模式，提供软件工业化生产手段和装备。脱胎于"青鸟工程"的北大青鸟软件有限公司诞生于1994年，是北大青鸟集团的前身。

北大青鸟在随后的数年中几经蜕变。几年间，市场上所见的北大青鸟的重大对外投资就涉及广电传输网、中芯国际、《京华时报》、华亿影视等。从电信行业到芯片再到媒体，北大青鸟的投资囊括了近年来的许多热点领域。北大青鸟不仅是一家软件公司，它更像是一家投资公司。与此同时，北大青鸟在国内资本市场上开始了突进。短短三年间，北大青鸟成为中国资本市场上长袖善舞的"新贵"，并拥有青鸟天桥、青鸟华光和青鸟环宇三家上市公司。

北大青鸟进取的势头一时无二。2001年，它看上了搜狐。此时，搜狐每股价格长期在1美元以下，而公司手中的现金却相当于每股1.62美元——这是一个理想的收购目标。

2001年4月23日，香港青鸟科技有限公司以每股1.18美元的价格斥资360万美元买下英特尔手中的307万股搜狐股票，获得8.6%的股权。受此消息刺激，搜狐股价当日上涨7.3%，达到1.32美元。到5月7日、8日，香港青鸟再度出手，以230万美元（每股1.73美元）的价格接手电讯盈科的134万余股，以386万美元的价格（每股1.68美元）买下高盛等5家机构所持的230万股搜狐股票。至此，香港青鸟共获672万余股，持股比例达到18.9%，一跃成为第三大股东，仅次于第一大股东公司创始人张朝阳和第二大股东香港晨兴科技。美国证监会的文件显示，香港青鸟科技有限公司为北大青鸟有限责任公司的全资子公司，法定代表人为许振东。

4月11日～5月21日的一个多月内，搜狐股价从0.81美元攀升至1.69美元，上涨0.88美元，涨幅高达109%。这是一个再正常不过的反应——市场预期买家香港青鸟不会止步于仅收购18.9%的股份。而搜狐创始人和CEO张朝阳对香港青鸟的进入，最初表示了相当热情的欢迎。在搜狐发布的一份新闻稿上,张朝阳说:"像北大青鸟集团这样的公司非常了解中国市场,因此他们对搜狐在中国市场上的优势有很好的把握,便于我们将这种优势迅速转化为经营成效。"

但热情冷却之后,搜狐管理层发现,北大青鸟其实来者不善。还好搜狐董事会这一次表示了空前的团结。董事会6名成员分别是张朝阳、爱德华·罗伯茨(Edward Roberts)、托马斯·格历(Thomas Gree)、麦健陆(James McGregor)、George Chang、菲利普·雷夫辛(Philip Revzin)[1]。爱德华·罗伯茨提供了搜狐公司的部分创业资本,他是美国麻省理工学院斯隆商学院的教授,也是美国麻省理工学院创业中心的创始人和主席。他是美国大学特别是商学院中常见的集学与商于一身的人物,学术上专长于技术性创业公司的研究,同时亦是许多高科技公司的创始人、董事和风险投资家。George Chang当时是搜狐第二大股东、香港晨兴科技副董事长、晨兴亚洲集团和集团内部多家公司的财务总监兼董事,履历表上包括美国注册会计师协会、加拿大会计师协会及中国香港会计师协会会员。麦健陆自1993年12月至2000年7月担任道琼斯公司中国区副总裁兼首席商务代表,1996年时曾担任北京美国商会会长。托马斯·格历曾任搜狐财务总监兼高级副总裁,后为一家私人公司Artest的财务总监。另外,Philip Revzin当时是道琼斯公司副总裁。

若真要实现北大青鸟所设想的与搜狐的"资源整合",北大青鸟接下来必须进入并控制搜狐董事会。根据搜狐注册地美国特拉华州的相关法律规定,如果北大青鸟收购搜狐普通股超过15%,那么在其后的三年内,搜狐不得与北大青鸟进行合并、股票收购、资产出售或者其他特定交易,除非交易获得董事会的批准,并且在股东大会上得到关联股东之外2/3以上股东的赞成。但在搜狐董事会第一大股东张朝

---

1 菲利普·雷夫辛于2001年6月辞职,替补的董事为黄沁,系网大公司的创始人。

阳和第二大股东晨兴科技的联手抵制下，北大青鸟并没有如愿进入搜狐董事会。

7月19日，搜狐董事会宣布了"股东权益计划"。在美国资本市场上，这是"毒丸"计划的正式名称，它的另一个别名是"驱鲨剂"——在20世纪80年代美国收购兼并的高峰，对公司发动敌意收购的人被称为"鲨鱼"。

"毒丸"计划分两类：一类是赋予公司股东（除敌意收购者）以廉价购入公司股票或获得公司现金偿付的权利；另一类是赋予公司股东（除敌意收购者）以廉价购入被收购后公司股票的权利。无论哪一类，"毒丸"都将使得收购行动对于敌意收购者来说成本高得无法忍受，并完全丧失收购的意义。

搜狐董事会通过的"毒丸"计划属于第一类。按照其向美国证监会提供的申报材料，在2001年7月23日工作日结束时登记在册的搜狐普通股股东均享有"优先购买权"，购买面额为0.001美元的占搜狐公司所发行的特种优先股千分之一的股票，执行价格为100美元。这一"优先购买权"在有人或机构收购搜狐股票达20%时启动，有效期为10年。

按照《财经》杂志的报道，一旦"毒丸"计划启动，绝大多数股东将选择赎回现金200美元，从而立即赚取100美元，结果将使搜狐拥有的巨额现金被全数分配给除收购者的全部股东，这样，收购搜狐的一大吸引力也将随之消失；即使股东现在不执行此项权利，在今后10年的执行期内也随时可以向公司要求兑现。即便股东选择买入千分之一的优先股，也将使任何敌意收购者的股权被稀释到微不足道。

"毒丸"计划从法律上确定了任何对搜狐公司可能的兼并收购，都必须得到公司董事会的同意。北大青鸟如果想通过收购股票入主搜狐，已几乎没有可能性。

在理论上，北大青鸟要想入主搜狐，还有一个办法，即换掉公司董事会成员。但是，搜狐董事会的 6 名董事分两批隔年选举产生，其中 3 名董事任期到期时间是 2002 年，而包括张朝阳在内的另外三名董事任期到期时间则要到 2003 年。这是美国公司常见的董事会安排，几乎所有采用"毒丸"计划的公司均实行"交叉到期"的董事会任期制。

更何况，通过召开临时股东大会改选董事会成员的可能性也几乎不存在。且不论股东大会召开表决结果如何，没有张朝阳或董事会的许可，甚至根本不可能召开临时股东大会，而且，到任的董事要在当年 5 月 17 日召开的股东大会上由股东提名并重新选举。如果一年之中有董事辞职或者要增加董事席位，为了省去麻烦，便不再召开股东大会，可由搜狐董事会直接任命。

对于北大青鸟来说，更糟糕的是，由于所购的第一笔 300 多万股搜狐股权来自英特尔，它将自动服从英特尔于 1999 年 10 月 18 日与包括张朝阳、尼古拉斯·尼葛洛庞帝、布兰特·C. 宾德（Brant C. Binder）、爱德华·罗伯茨、英特尔、晨兴科技和道琼斯公司在内的当时搜狐股东们达成的协议。该协议规定，道琼斯和英特尔可以各提名一名董事；恒信（Harrison Enterprises）和晨兴科技可以联合提名一名董事；所有各方将利用其投票权支持上述各方提名的董事；未经董事提名一方的同意，任何一方均不得投票罢免符合该协议提名的董事。这意味着北大青鸟将会获得董事会之一席，但如果不能获得董事会及其他股东们的同意，它也只能获得这一席。对它的雄心来说，这个席位数实在太少了。

最终，北大青鸟知难而退了，而张朝阳则惊险守住了搜狐的大局。

张朝阳管理董事会

张朝阳虽然守住了北大青鸟的"奇袭"，但也惊出了一身冷汗。虽然比起王志东之于新浪,张朝阳在搜狐公司里的股份要多得多,也更具备话语权,但搜狐是一家完全靠风险投资催生起来的公司,有着多轮因为各种不同诉求而进入董事会的各类董事,因此,怎样控制和影响董事会,也成为张朝阳必须尽快解决的一个问题。因为,只有形成一个内部统一、决策一致的董事会,才能保证自己的很多决议和想法可以得到贯彻和实施,公司才有可能走出低谷。

在相当长的一段时间里,美国麻省理工学院的教授爱德华·罗伯茨只知道自己在中国投资的是一家叫爱特信的小公司,当他的中国学生向他提及中国正在兴起一家叫作搜狐的网站时,他饶有兴趣地问:"那是一家什么样的网站?"

张朝阳坚信,公司草创之时董事们从不干涉的态度,促进了搜狐的快速发展。不过,随着第二轮投资进来,董事会里多了一些陌生的面孔,他们有的是战略投资者、有的是风险投资者、有的是产业投资者,他们的目的不一、要求不一,给张朝阳的压力也不一。

从1999年后,一直到2000年7月搜狐上市,张朝阳明显感觉到来自董事会越来越明显的压力和不信任。2000年搜狐上市后,一位在硅谷有着25年IT经验的"长者"被空降到搜狐,并被搜狐董事会"钦定"为搜狐二号人物,负责搜狐公司的日常具体事物。这位"长者"就是李文谦。

当时的搜狐董事会甚至有直接让李文谦将张朝阳取而代之之意,这个时候,张朝阳在公司内外积累起的好名声帮助了他。董事会发现,很多员工对张朝阳的依赖情绪保障了公司的稳定,张朝阳也回忆:在董事会最想撤换我的时候,他们不能不考虑到绝大多数员工会和我一起离开搜狐,那样的话搜狐就会瘫痪。张朝阳认为,所谓的"个人崇拜"实质上是员工对搜狐文化和企业前景的认同和信赖。他介绍说,搜狐文化的精髓就是"让好人活得高兴"。每个人身上都有好的一面,而搜狐就是给他们机会,让他们把这些好的方面尽可能发挥出来。

董事会对搜狐人事的干预让张朝阳感到烦躁，后来张朝阳对《中国经营报》知名记者于东辉抱怨说，"当时一个总监在任命前也要飞到美国接受董事们面试。他们不了解这里的情况却派来了'船长'，而'船长'也根本不知道哪里藏着'冰山'。"

2000年9月，搜狐火速兼并了ChinaRen，ChinaRen的创始者陈一舟、周云帆、杨宁三人都被任命到搜狐的重要管理岗位，这在一定程度上架空了李文谦，随后，李文谦离开搜狐。张朝阳后来承认，直到离开搜狐，李文谦都一直没有机会接触到搜狐的核心业务。

随后的一年半时间里，ChinaRen的"创业三人组"先后离开搜狐并开始了各自的重新创业，而最让张朝阳担心的原ChinaRen骨干大规模流失的情形也未出现，人员的变更，使张朝阳重新控制了搜狐的人事大权。

2001年年初，搜狐股票在纳斯达克证券市场跌至最低点，董事会对张朝阳的不满情绪已经越来越强烈。他们质问张朝阳，"用美元换回来的'眼球'到底有什么用？强大的搜狐品牌为什么不能兑现为收入？"

张朝阳采取"打太极"的策略去和董事会交往，慢慢争取时间，他们说什么也不反驳，而是友好地倾听，耐心解答，这花了很长时间，也耗费了公司大量成本。

每个董事会里都会有矛盾，这种矛盾积累到一定的程度就会爆发。对此，张朝阳牢记两点：沟通和防患。搜狐董事会是采用东西方人员结合的方式构成的，所幸张朝阳本人对东西方的文化都有了解，这有助于帮助董事们的沟通和协调。他们的文化背景和知识背景不同，掌握的信息量也不平衡，张朝阳常要和他们解释为什么同样的产品在不同的环境下就不是同样的产品了。

对于防患，每次开董事会前张朝阳都要给所有的董事打电话，事先了解和解决问题，预防在会上发生意外情况。当公司出现某些状况的时候，有的不成熟的董事就会有小动作，这时候一定要把这些小动作压下去，因为当下董事会最需要冷静，每个不冷静的小动作都具有很强的破坏性。

此外，张朝阳在很注意维持自己在董事会的权威时，还提出了"保守沟通"的理论："你不能常给董事会惊喜，只有有了真正的惊喜他们才会惊喜，然后你才有权威、才有信誉。沟通上要保守，要尽量报忧。信誉就像银行一样，你只支出，不存入，银行就会破产。"

张朝阳取悦董事会的关键是业绩，为此张朝阳本人不断地出场作秀，以壮声势。在门户网站争夺网络广告的年代，张朝阳是公司的首席销售；为了给搜狐的彩信业务吸引注意力，搜狐组织明星和名模前往西藏攀登珠穆朗玛峰，硬生生地把一次产品发布会搞成了热点新闻事件。张朝阳不遗余力地兜售自己，换来了搜狐公司业务的逐步好转，也赢得了董事会的信任。

2002年之后搜狐财务状况开始好转。其后，搜狐收入快速增长，提前实现盈利，在纳斯达克证券市场的股票也在攀升。这样的业绩让张朝阳"夺"回了在董事会的主导权。

搜狐那些董事们

在赢得信任后，张朝阳也变被动为主动，逐步改造董事会。

到2008年年底，搜狐董事会除主席张朝阳外的其他人背景如下。爱德华·罗伯茨教授一直都在搜狐公司里当董事。在美国具有多重身份且提供了搜狐公司部分创业资本的爱德华·罗伯茨，是张朝阳生命中的贵人。

其他4个人中，Charles Huang，黄沁，网大的创始人，中国科技大学少年班84级毕业生,也是张朝阳在美国麻省理工学院的校友,在华尔街有很好的从业履历和背景,他应该是在北大青鸟奇袭搜狐风波时进入搜狐董事会的。黄沁的到来,客观上使张朝阳多了一位很忠实的盟友。

Dr. Dave Qi,齐大庆,长江商学院的副院长、会计学教授、EMBA项目负责人,他是和Mr. Shi Wang(王石)在2005年5月一起进董事会的。齐大庆还是万科和分众传媒的独立董事,也曾是宏源证券的独立董事。

Dr. Zhonghan Deng,即邓中翰博士,继张朝阳之后另一位海归代表人物,中星微的董事会主席和CEO,他加入搜狐的时间是2007年4月。

搜狐在2003年9月还请过联想前CFO马雪征当董事。马雪征本身也代表联想投资搜狐,并以坚持到高位才出售搜狐股票而传为美谈。2006年7月,马雪征接替汤姆·古尼进入搜狐审计委员会。汤姆·古尼是搜狐收购ChinaRen时的财务总监,他于2000年年底离开搜狐财务总监的位置,改任搜狐董事和审计委员会成员。马雪征的独立非执行董事一直做到2007年3月底。

与马雪征在2003年9月一起进入搜狐董事会的还有曾担任微软中国研究院的院长张亚勤,张亚勤也是中国科技大学"少年班"毕业的,78级,是黄沁的师兄。张亚勤的搜狐董事只做了一届(即两年)的时间,2005年5月和王石换班。

王石就不用多介绍了,他是中国最具明星气质的企业家,他也喜欢登山,在公众形象和个人爱好上,张朝阳和王石都有很多契合点。

经过这些变化和控制,搜狐董事会从只有张朝阳一个中国人,变成只有爱德华·罗伯茨教授一个外国人,而且其他的人都是只有短暂任期的董事。张朝阳由此对搜狐有了绝对的掌控权,同时还拥有了一个相当专业的董事会班子。

王志东沉没

比起丁磊遭遇停牌、张朝阳被北大青鸟奇袭，2001年6月围绕王志东所发生的故事则更加发人深省、耐人寻味。

2001年6月1日，新浪董事会在美国加州帕洛阿图的威斯汀酒店举行，距新浪北美总部所在地桑尼维尔相距不远。当姜丰年抵达酒店时，新浪除了王志东的其余董事已经到齐，新浪管理团队的主要高层人员也已经到齐。

从先到的4名董事，同时也从新浪高层骨干的口中，姜丰年听到了人们众口一词地对现任CEO的失望，并获知了董事们撤换CEO的强烈决心[1]。这种看法，这种失望，过去姜丰年从新浪台湾、新浪香港两分公司的高层口中也早有耳闻。而此时此刻，他明白自己只能尊重多数人的意见了。

1999年6月1日，王志东最后一个抵达威斯汀酒店。他对即将到来的"风暴"一无所知。在接受本书作者的采访时，王志东提到，他在这次会议前向董事和高管提出将新浪"一拆为三"的方案，即一家媒体公司，一家软件公司，一家广告公司。相对应的是公司进行组织重组和人员调整。按照王志东的说法，新浪当时有很多人其实不适合自己的职位。但如果一拆为三，每家公司都可以引进专才。王志东认为，这个方案的提出，能让新浪继续保持领先地位。王志东同时认为，他的下台是一场阴谋。

在后来的回忆中，王志东把那一天的经历概括为"震惊、出卖、回家"。因为他从来没有想到，当年亲自选择由他出任CEO，代替前任CEO沙正治的那个董事会中的多数人，会选择抛弃他。他也难以预料，包括COO茅道临、中国公司总经理汪延、财务长曹国伟及另外两名法律事务主管和美国市场主管的高级经营层的新浪一班人——

---

[1] 在公司低谷中，撤换CEO是赢得资本市场信心的很自然的策略，但很多时候也是最糟糕的决定。

他身为 CEO 统辖的管理团队——已经在心中对他投了不信任票。

新浪的其他董事们当然意识到，让长期大权在握而又毫无心理准备的王志东接受去职决定会有困难。在初步达成一致后，他们最初委派姜丰年单独向王志东转达董事会的意见。结果王志东表现出巨大的情绪反弹。据说，王志东走进董事们的会场，直接提问："你们不让我干让谁干？全中国再没有一个人干得了！"

然而，这是一个既定的决议，没有人打算改变。一位董事冷静地告诉王志东，董事们决心已定，"让谁干"[1]已经不用他再考虑了。董事们在王志东面前正式投票，虽然姜丰年选择弃权，但是其余 4 名董事仍然投票赞成。

董事会的决定是相当严厉的，王志东不仅不能再担任 CEO，而且还被免去董事一职。事先讨论过的理由很简单，董事们担心如果他仍在董事会任职，新班子不好展开工作。

此次免职在后来被说成"辞职"，是董事会在做出决定后又再行商定的对外口径。姜丰年事后说，"我们觉得这样的说法是保护志东，维护他的名声，是所谓的'用心良苦'。"

在当时，董事会在商定以"辞职"为对外口径时，同时确定了给予王志东相当丰厚的待遇：豁免其对公司欠下的债务（用于购买新浪股票）连本带息约 47 万美元，继续支付其一年 CEO 标准的薪资，数额为 30 万美元。在债务免除后，离开 CEO 职位的王志东仍然握有新浪 6.22% 的股份，价值几百万美元。

这些决定，当时都形成了文字合约，由姜丰年向王志东逐条解释说明。姜丰年很难强使情绪未平的王志东当场签字。但他确信而且告知董事会，共识已然达成。

就这样，新浪不留情面地驱逐了公司的创始人、上市功臣兼 CEO。

---

1 新浪董事会给王志东选的接班人是新浪 COO 茅道临，这很可能是一个临时的选择。

1998年9月开始的那段姻缘

如果把1998年9月26日到2001年6月1日围绕新浪诞生、上市到驱逐自己的创始人兼CEO这几年的故事拍成一部电视剧的话,那将是中国互联网历史乃至中国商业历史上非常丰富、跌宕、离奇的一部。而最让人唏嘘的是,最早导演和推动这部电视剧的两个人——中国台湾人士姜丰年[1]和北京大学毕业生、软件天才王志东,都未能笑到最后,均先后出局了。

今天的新浪和他们关联都不大,留给他们的只是丰富的回忆。

新浪北京前身四通利方的故事我们之前曾经在1996年的章节中提到过,而如果把新浪北京的前身华渊也算进去的话,那么新浪的故事可以从1995年讲起。1995年,蒋显斌、林欣禾、洪殷瑞三个斯坦福大学的学生联合创办了当时的华渊,服务于北美华人生活社区。他们起初的创业基金来自一个叫怡中和的人,他投资了3万美元,怡中和也是硅谷老资格的天使投资人。

不过,新浪的故事应该从1998年9月开始讲起。从那个叫姜丰年的青年,为谋求将他担任CEO的华渊变成中文第一大门户网站,而到北京求见当时四通利方的总经理王志东,进而产生两家合并的意向,之后催生新浪开始讲起,似乎更合情合理一些。

1998年9月,高盛公司在新加坡召开每年一次的亚洲科技会议,高盛邀请了亚信、搜狐、华渊和中华网参加。当时华渊在北美华人市场的影响力第一,在中国港台地区也很有影响;中华网的架构最好,商业运作能力也最强;而搜狐当时是中国大陆"最有型"的门户网

---

[1] 2006年姜丰年离开新浪后,正式加盟其一手创办的、定位于体育宽频门户网站的新传,并有多名新浪老员工跟随。很偶然的是,就在姜丰年加盟新传后不到一年,也就是2007年春节过后,姜丰年陷入新浪股票的"消息门"风波。由于被认定根据内部消息在二级市场上交易,姜丰年被处以40万美元的罚款和5年内不得再担任上市公司高管等处罚。

2001 大转折

站。因此在这个会议上,三家网站的 CEO 都不自觉地讨论起合并的可能。

那时中华网的叶克勇已经显露出其一贯明显的合作意向了,与华渊的姜丰年和搜狐的张朝阳都谈及了这个话题,同时姜丰年也在试探张朝阳。叶克勇提出的是合作与合并两个方案,都很有诱惑力。而姜丰年向张朝阳抛出的绣球是,马上就有投资人要对华渊进行投资:"但仅仅一个中国台湾和北美市场,很难做大,我希望可以进军中国大陆市场,这需要一个伙伴。这次会议后,我要去美国见董事会,如果你觉得合作可行,咱们可以一起去美国。"

再往后,按照张朝阳的说法是,由于"自己典型的西安人的保守风格",他回答说要回去想一想。而稍纵即逝的投资机会谁都不愿放弃,之后的故事是姜丰年 1998 年 9 月下旬到北京,见到王志东,两人半个小时谈妥,合并的事就一锤定音了。

1998 年 9 月 26 日,王志东乘坐一辆红色的出租车前往北京的皇冠假日酒店见姜丰年。双方此次见面并没有明确的目的,但寻找合作伙伴又都是两人的初衷。两人都是程序员出身,因此一见如故。在交谈中,姜丰年得知四通利方不仅有很好的软件产品,还有访问量很大的利方在线网站。两人越谈越投机,最后说到一个共同的想法:两人都想创建全球最大的中文网站。

谈话终于进入关键时刻,就在王志东脑子里思索以何种方式合作之际,姜丰年迫不及待地脱口而出:"干脆两家合并算了!"但王志东只是报以微笑,顺水推舟地留下一句话:"我们不排除任何形式的合作。"这时,距两人见面不过 30 分钟。

王志东回去很快算了一笔账,华渊当时的市值为 2000 万美元,据说还有 1500 万美元的融资马上到手,而四通利方的估价为 1500 万美元,如果两家购并,四通利方只能占小头儿。但王志东也知道:要让公司快速成长,以购并方式实现低成本扩张是一条捷径;两家合并是优势互补,华渊中文网的影响范围在北美、日本和中国台湾地区,而四通利方的强势体现在中国内地和香港地区；更何况尽管四通利方进军互联网的战略已经明确，但网站定位比较模糊，如果与华渊合并，等于拥有了一个专业网络公司的经验和知名度。

作为生意场上的老将，姜丰年很了解王志东此时此刻的心态，年轻人渴望出人头地，想有大发展又不愿意寄人篱下。两家公司的实力不对称，成为合并的首要障碍。姜丰年毅然决定，放弃随时可以进账的1500万美元的融资，以同等的股份与王志东谈判。随即，他给王志东发去电子邮件，约王志东到美国商谈合并事宜。

这边王志东也和董事会讨论，"不如我到美国去和他们谈吧，怎么样？"董事们都没有什么意见，有资金进来当然好。就这样，1998年10月，王志东孤身一人前往美国与华渊进行谈判。每天早晨王志东在宾馆里面眼巴巴地望着窗外，等华渊的人开车来接他，接到会议地点后就开始激烈地讨论，"你们值多少钱，我们值多少钱，凭什么是你收购我，我为什么不能买了你？公司是面向中国还是面向北美地区的国家？"争论到精疲力竭时，对方再用车把王志东送回宾馆。

在谈判中，王志东咬咬牙将一年前估值1500万美元的四通利方上调到估值3000万美元，对此，姜丰年做出了巨大的让步，他接受了。谈判持续了9天，几十道合并程序一一过关。10月27日，双方签约，华渊估值2000万美元不到，四通利方估值3000万美元，华渊以1股换四通利方0.38股的形式，与四通利方合并。

公司股份上四通利方占据大股，但在公司管理上是以华渊为主导。合并之后的新公司里，姜丰年出任董事局主席兼CEO，王志东出任总裁。这个平衡，一开始就很脆弱。

1998年12月1日，北京凯宾斯基饭店，由四通利方和华渊合并而成的新浪网正式宣布成立。这一天也是王志东的生日。此时距王志东与姜丰年签约只有一个多月。而从9月26日两人见面到10月27

日签约，从"一见钟情"到"定下终身"，也仅用了一个月零一天的时间。

能在那么短的时间内从见面到合并，王志东事后公开向媒体解释称，他与姜丰年一见如故并迅速达成默契在其中起到了重要的作用。能在很短的时间里建立一种相互信任，不仅源于他们共同的背景、阅历，以及相似的性格，更由于双方能开诚布公，真诚地亮出家底。

但更实质的原因是，与其说是惺惺相惜，不如说是各取所需，华渊需要"中国概念"以迅速到资本市场套现，四通利方需要资金进来，王志东希望借此摆脱四通利方对他的管理和控制。从这个意义上说，新浪网一开始就是一个没有强势主导者参与的游戏，各方力量相互博弈。这也决定了在以后的10年间，新浪网不断地换"帅"，不断地出现让局外人惋惜、让内部有些无序的乱局。

四通利方 vs 华渊：貌合神离

先看看华渊这边，姜丰年虽然顶着华渊CEO的身份和王志东进行洽谈，但姜丰年并不是华渊的创始人，他更像一位投资人，同时也做这家公司的顾问，只是让自己参与进去当了CEO。除了姜丰年，主要的资金来自一个叫曹德丰的投资人；曹德丰后来也进入了新浪网第一任董事会。

从1995年到1998年，华渊自诞生也有三年的时间了，虽然在北美市场他们做得不错，在中国台湾市场也有一定的占有率，但要上市，必须有中国大陆的概念。更重要的是，他们得知中华网也在赶着上市，同样是海峡两岸暨香港、澳门华人门户网站的概念，一旦落后，华渊将极其被动。因此，姜丰年心里比谁都着急。

王志东这边，四通利方虽然在 1997 年融到了 650 万美元，但随着微软的大兵压境，中文平台的前景多少有些不明朗，有强烈的转型需求。为此，四通利方也在找出路。

王志东和段永基之间的恩怨是中国科技企业历史甚至是中国商业历史上很离奇的一幕。其实这怨不得双方，在中关村的很长一段时间内，程序员和投资人之间的相互不信任确实存在。王志东不能免俗，段永基也不愿吃亏。

段永基和王志东的对垒随着冯波引入 650 万美元风险投资开始有所缓解。对段永基来说，公司得到了增值，这总不是什么坏事情，而对王志东来说，则离公司上市更近了一步，他也能更加按照自己心目中的硅谷式的公司进行管理实践了。从这个角度说，王志东在内心上也是欢迎华渊进来的。

按照合并后的格局，王志东虽然是董事，也顶着个总裁[1]的头衔，但实际权限更多的相当于是中国区总经理的角色。至少在名义上，真正的权限聚焦在董事会主席兼 CEO 姜丰年的身上。这是一个很微妙的平衡，虽然在股份上四通利方一方更多一些，但在最初的董事会里，双方话语权基本一致。新浪网新成立的董事会有 8 席：其中华登风险基金一席，即负责这个项目的副总裁茅道临，冯涛也以第一轮融资方代表的身份在董事会里；四通利方名义上有三席，但有两席是段永基和刘菊芬的；华渊只有两席，姜丰年和早期投资者曹德丰，但姜丰年请了陈丕宏当独立董事，陈丕宏也是在北美地区活跃的中国台湾科技精英之一，与姜丰年关系颇好。这样，新浪网的董事会一成立，就是一个相当微妙，甚至可以说复杂的局面。

王志东虽然有冯涛作为盟友，但冯涛的地位很不稳定，作为第一轮的投资人，随着新一轮投资进来，离开是迟早的事。反观姜丰年，

---

[1] 在本书作者和张宇宙合著的《马化腾和腾讯》一书中，曾经以马化腾将总裁位置让出为例，具体讲解了在 VC 介入后，董事长、CEO 和总裁孰轻孰重。

虽然只有两席，但独立董事是他请的，而且他更多的是想尽快促使新浪网上市，在这一点上，姜丰年和华登的陈立武、茅道临的想法是一致的。再加上他在合并过程中对王志东一再忍让的宽大胸襟，让王志东多少有些信服，这让姜丰年在董事会里能获得更多的话语权，这也是为什么一开始反而是姜丰年担任董事会主席兼CEO了。

这就造成了，在名义上，是四通利方合并华渊，但在实际的运营权限上，是华渊一方为主导的局面。这也很容易理解，四通利方比起华渊，一开始只是一个论坛，更多的只是一个"草台班子"，而华渊当时已经在北美地区的互联网业获得了肯定；从年限上来说，比起汪延等人，华渊的三位创始人也有更长时间的运营经验。

不过，当华渊的创始人蒋显斌到北京来负责整合工作后，却发现并不是那么一回事。他虽然顶着新浪网全球产品副总裁的帽子，可发现北京方面还沉浸在四通利方收购华渊的舆论之中，公司的员工们从内心里并不把他这个"接收大员"放在眼中。

一开始，姜丰年和王志东的手虽然紧紧地握在一起，但多少有些"貌合神离"。

沙正治来去匆匆

不管怎样，至少名义上，四通利方并购华渊后，是最大的华人门户网站，而且覆盖中国香港和中国澳门，看到这一点，华登领衔的2500万美元很快就进来了。相对应的是华登希望将自己的总裁陈立武增补为董事。这个理由合情，人家把资金投进来了，留一个董事职位总是应该的。只是董事会席位只有这么多，而且华登本身有茅道临做董事，于是有了个变通，茅道临下场，担任新浪网的CFO，这样茅道临就有了核心管理层的身份，不占新浪网董事会的名额了。

茅道临，1963年生于上海，1980年考入上海交通大学计算机系，在大学期间创办过属于自己的软件公司，1987年留学斯坦福大学，获工程经济系统硕士。1988—1993年从事咨询业务，1994年进入华登，任副总裁。

茅道临的入场，还有一个原因是由华登牵头并占一半的2500万美元的融资要进来。华登看着四通利方和华渊两方在较着劲儿，暗自担心钱会打水漂，于是产生了让自己的人进入公司以便更好地控制局面和推进合作的想法。

茅道临毕竟只是一个CFO，还需要找一个两方都认可的人做CEO。王志东和姜丰年虽然相互推崇，但毕竟各自代表整合双方的权益，因此，他们谁当CEO都不合适，至少对方阵营的人都不服气。最开始之所以选择姜丰年，还有一个理由是姜丰年的知名度高，本身也是趋势科技的创始人，在资本市场被认可；但姜丰年在互联网领域的认知度并不高，而在并购前后四通利方推动的堪称夸张的造势运动中，王志东已经取代张朝阳成为国内最红的互联网明星，此消彼长。

随着华登主导的2500万美元第二轮投资进来，冯波、冯涛兄弟先后淡出，王志东在董事会里显得分外孤独。在这种态势下，姜丰年如果过于强势，并不利于新浪董事会局中的平衡，也不容易进行新浪的跨区域、跨文化的整合。

于是，沙正治"空降"新浪。

沙正治是硅谷华人中的大人物之一。1994年8月，沙正治受网景创始人吉姆·克拉克的邀请到网景担任负责电子商务的副总裁。1995年10月，网景上市，沙正治也跟着红了一把。新浪去找沙正治的时候正是1998年年底，沙正治刚离开网景，准备退休，想环游世界兼做风险投资业务。

沙正治最初同新浪接触，是通过一个叫 Above Net 的上市公司，沙正治和当时华渊的一个投资人 Taily Jang 都是这家公司的董事。有一天 Taily Jang 写了一封信给沙正治说，有个项目让他帮着看一看，一起吃晚饭时茅道临也在，于是就谈到了四通利方与华渊合并的事，并且说到合并之后想请沙正治来做 CEO，当时沙正治也没有当真，以为只是随便聊聊。后来沙正治见到姜丰年，之后几乎每两个礼拜，两人都要见一次面，姜丰年一次次向沙正治介绍新浪的进展，非常诚恳。

姜丰年甚至还去做沙正治夫人的工作。沙正治夫人是严复的外孙女，对祖国很有感情。就这样，沙正治答应进入新浪，担任 CEO。

沙正治加入新浪当 CEO，暂时让新浪上下进入了一个相对平衡期。华渊一方，三个创始人蒋显斌、林欣禾、洪殷瑞对硅谷名人沙正治是认可的，按照他们的话说，他们三个人创业的想法还是听沙正治的演讲而产生的。四通利方一方，从内心并不希望被华渊一方指手画脚，因此出现一个第三方的 CEO 最好。这个 CEO 还是来自网景的，分量重到足够撑起台面。更重要的是，比起姜丰年和王志东，沙正治是资本市场上的熟面孔，对新浪董事会的终极目标——上市，帮助甚大。

沙正治的到来，主要帮新浪做了一件事情，那就是增加新浪在北美地区的曝光率，这件事情是新浪董事会上下所希望看到的；但请他来的另一个目的就是启动新浪上市计划，沙正治推动甚缓。

沙正治带来了自己的硅谷班底。他邀请自己熟悉的 CFO 进入董事会，取代华登的茅道临；同时把与段永基有交情的、中关村第一代程序员代表性人物、新浪 CTO 严援朝也替换下来了；当然，王志东更是不可避免地被边缘化了。

沙正治为何没有很积极地推动新浪上市，一直是一个谜，一种说法是他想要更多的权益，对董事会进行逼宫。还有一种说法是，当时承接新浪上市的高盛与沙正治合谋，要占大头，想进来多分一杯羹。支持这种说法的事实依据是沙正治离开新浪后去 TOM 当顾问，而 TOM 的 CEO 王兟当时正是高盛高科技组的投资经理。

王志东复位

1999 年 9 月初召开的董事会上，沙正治抛出了一个彻底改造新浪网的计划，在这个计划里面，王志东将被清理出局而代之以硅谷来人。沙正治认为时机已经成熟，因为在他上任后的半年里，曾以快刀斩乱麻的方式把 CFO、CTO 统统换掉，这时候取代王志东问题应该不大。但他忘记了一个重要的事件：1999 年 7 月 14 日，中华网在纳斯达克证券市场成功上市，并融到了近 7000 万美元的资金。

按照 CNNIC 的排名，新浪网排名第一，而中华网在 30 名开外，一个 30 名开外的站点都能在美国融到将近 7000 万美元的资金，那么排名第一的新浪网呢？

正是这种酸葡萄心理，最终演变出新浪网的第一场"宫廷政变"。赫赫有名的公司 CEO 沙正治及其辖下的一班硅谷经理人一起离开了公司，当年公司的创业者、来自国内的王志东成了新任掌门人。

这次政变的内幕还在于，沙正治在新浪网的日子里各方都不开心，从投资顾问公司过来的马克、代表华登利益的茅道临，甚至王志东创业时的伙伴严援朝都被拿下了，取而代之的是一整套硅谷班底。但看上去这些人大势已去，王志东能做的只有等待"咸鱼翻身"的机会。

董事会决定大炒中国概念，这是王志东"咸鱼翻身"的根本机会。1999 年 9 月 3 日，王志东从第三号人物升至第一号，接替沙正治担任 CEO，沙正治改任董事长，原董事长姜丰年降级为副董事长；过了半个月,沙正治从管理层名单上消失,姜丰年回到董事长位置,同时离开的还有沙正治时期新浪网的财务总监雷利·威尔考克斯。

在最终决定"王上沙下"的人里面,华登董事长陈立武起了很大的作用。华登在新浪网的代表,正是后来取代王志东的茅道临。选择一个没有国际管理经验的创业者来取代职业管理班子成员,对此,王志东的老朋友冯波用一句经典的名言来做解释,"魔鬼在细节当中"。沙正治炒掉了茅道临,而后者正来自华登,华登曾向新浪网投入1100万美元,并且是风险投资的牵头人。随着王志东的复位,茅道临也重返新浪网管理层,担任COO,并在专业会计师事务所的帮助下兼职公司CFO要做的事情。也就是在这个时期,复旦大学新闻系毕业的曹国伟进入新浪网负责财务,并于之后担任新浪网的CFO,最后于2006年下半年起接替汪延,担任新浪网的第六任CEO。

是王志东而不是姜丰年,原因也很容易理解,姜丰年本身想着推动公司上市,因此,争位之心并不重。

王志东重回舞台中央,还与一个事件有着或大或小的关联,那就是中国驻南斯拉夫大使馆事件。新浪网真正被视为一个重要媒体,是在1999年报道中国驻南斯拉夫大使馆事件之后。新浪网在大使馆事件发生20分钟后发布了消息,是中国首家发布该消息的媒体。结果全天新浪网的服务器都处于半瘫痪状态,大量的境外主流媒体署名刊登了新浪网友的评论。在这次事件当中,新浪网成为中国网友获取信息的最主要渠道,终于在重大新闻的报道中发挥了积极作用。

主导这一在中国网络传播史乃至中国互联网商业历史上经典一幕的,正是一个叫陈彤的北京青年。

陈彤这个人在前文中已有出场,他有两大兴趣:新闻和体育,新闻第一,体育第二。新浪网靠体育出名,靠新闻制造影响力。南斯拉夫大使馆事件,间接成就了陈彤。一个人的兴趣能放大成一个民族和一个国家的情感依托,陈彤"神人"也。

陈彤之后一直是新浪网的核心竞争力。新浪网的 CEO 不断变化，只有陈彤，不断地被提升。

2014 年，陈彤离开新浪网。

新浪网上市模式

随着王志东的重新"扶正"，新浪网上市又进入了正常轨道。

在讨论新浪网等门户网站在美国上市的进程时，人们往往要提到当时的信息产业部和证监会。

互联网在中国正是作为电信增值业务发展起来的，刚好属于电信运营业务，并且是以国外风险投资为基础发展起来的。当时的信息产业部明确了 ISP 和 ICP 都属于电信服务事业，中国政府对外商参与服务提供的禁令从未解除过。

1999 年 7 月 1 日，《证券法》正式生效，它明确规定：具有外资背景的互联网公司，到境外上市必须事先审批。简单地说，对于内地的互联网企业来说，到美国纳斯达克证券市场上市，必须过两关：一关是当时的信息产业部，另一关是当时的中国证监会。

1999 年 9 月底，新浪网当时还没有向美国证监会递交招股说明书，王志东觉得有必要先和当时的信息产业部进行一次沟通。沟通的结果让新浪人吓了一跳：当时的信息产业部答复非常明确，新浪网是一个好企业，但在新的政策出台之前希望新浪网能配合进行一些重组工作，"新浪网目前的股权结构是违规的，需要重组剥离"。

王志东说，"我们会配合的"。不久，新浪网拿出的第一个方案获得了通过，这个初稿和后来获得通过的那个结构方案非常相像，都是由王志东和汪延发起成立一个全内资公司来经营 ICP 业务，而四通利方恢复其技术服务公司的角色，负责向国内的这家网站提供技术服务。1999年11月，由王志东和汪延分别占有70%和30%股份的北京新浪互联信息服务有限公司在北京注册成立。王志东后来回忆说，当时以为可以出门了，新浪网也在1999年10月底把招股说明书递到了美国证监会，正式申请在纳斯达克证券市场挂牌。

看起来一切顺利，但大气候在这个时候发挥了特殊的作用。1999年10月，中美两国开始入世谈判，谈判中方的一个重要砝码就是电信运营业务不开放，这里面也包括了互联网的外资进入及相关政策。这时候当时的信息产业部电信管理局找到新浪网："能不能暂时停止上市进程？"当时给新浪网的说法是待政策明晰后再继续。就这样，新浪网上市的事情又被搁置下来了。

就在新浪网等待的同时，张朝阳找到当时的信息产业部：我们是一家海外公司，全外资的，所以我们上市不需要中国政府的审批。丁磊做得更绝，他跑到在科学史上颇具神秘色彩的百慕大群岛注册了一家公司，然后说，"我们也是外资公司，不用受国内法律的制约"。两家公司都顺利走了出去，而且据说搜狐已经向美国证监会做了公开招股，上市指日可待。新浪网却因为一直嚷嚷着上市，被当作出头鸟死死卡着。王志东跑到部里诉苦："我可是听话的乖孩子呀，你们不让我们出去，我们就等着，可你不能让好孩子没饭吃吧？"

当然不会"让坏孩子先走"，当时的信息产业部迅速反应，刚抬起的闸门又关了，刚跑出去的搜狐和网易很快被逮了回来。当时的信息产业部强调，"如想不受审批限制，必须把服务器搬到美国。"对于一家面向中国网民和提供国内业务的网站来说，服务器搬到美国无异于"自杀"。

新浪网没有退路。2000年，搜狐、新浪、网易的头脑们都在解这道题。大事不糊涂的王志东占了先，第一个拿下批文，一骑绝尘直奔纳斯达克证券市场而去。

2000年年初，王志东每天的工作就是：进当时的信息产业部会议室，站在小黑板前开始画上市结构图，哪儿是资金流，哪儿是法人结构，哪儿是业务流程。

王志东终于想出来一招儿：干脆弄三家公司，干活儿的是国内公司，不去上市，上市的是美国公司，不做网络业务。

这个突如其来的点子让王志东激动得当时就开始画框架图，于是，继注册成立北京新浪互联信息服务有限公司后，王志东在2000年春拿出了让当时的信息产业部认为满意的重组方案，也就是后来被搜狐、网易广泛采用的"新浪模式"：原四通利方公司，现在一分为三，新注册一家全内资公司，由它来经营新浪网的网络内容部分。

之后，再注册一家新浪互动公司，这是一家合资企业，不过它做的业务和网络没关系，负责为新浪网提供广告代理服务。原来的四通利方本来就是一家软件公司，现在更加明确：为新浪互联提供技术支持和服务，从而收取相关费用。

新浪网中国变成了三部分：新浪互联做网站，挣来的广告收入归新浪互动，其他各种收入则以技术支持费用的名义转给四通利方，而后两家公司到美国去上市。

新浪网终于在三大门户网站中第一个拿到了当时的信息产业部的批文，随即拿到中国证监会的出境绿卡，冲了出去。而这时，新浪网招股书上的公司结构图很耐人寻味：上市的sina.com是一家注册地为开曼群岛的控股公司，下辖4个全资子公司——运营香港新浪网的香港新浪有限责任公司，四通利方（香港）投资有限责任公司，在美国加州注册的新浪在线，以及在英属维尔京群岛注册的新浪有限公司。其中第一大股东仍然是华登投资公司，持股13.3%；第二大股东是新浪网的老东家四通利方，持股10%；第三大股东是戴尔，持股6.31%；第四大股东是王志东，他也是最大的个人股东，持股6%。

新浪网上市承销商摩根士丹利

这边在拿批文，那边在找上市承销商。当时中国互联网概念很热，因此，高盛和摩根士丹利都想抢这一单。其中，高盛占据地利，新浪最开始主导上市的沙正治也倾向首选高盛。

在业务层面上，与摩根士丹利相比，高盛也显得专业一些。有一个段子广为流传：摩根士丹利香港的高层去拜访新浪网。当新浪网团队用中文提到"门户网站"，进而被翻译成英文"portal"时，摩根士丹利的一位高层领导悄悄地问坐在身边的项目负责人："我一直认为新浪是一家网络公司，他们要个门干吗？"

不过，最后还就是这家连门和门户都搞不清楚的摩根士丹利拿下了新浪网上市的承销订单。1999年8月底至9月初，新浪网管理层发生了变化，领导权从硅谷团队转到了以王志东为首的中国内地团队。作为新任CEO，王志东决定重新选择投行。摩根士丹利的机会终于来了！为了争取到新浪这个客户，同时弥补自己在第一仗中的失分，摩根士丹利决定动用玛丽·米克尔（Mary Meeker）这张王牌。

在世纪之交的高科技和互联网狂潮中，玛丽·米克尔是一位不可不提的人物。作为摩根士丹利的研究员，这位骄傲的网络"女皇"在股票市场上可以翻手为云覆手为雨。她对网络公司的点评就像魔法一般神奇，只要稍做肯定，股价立刻如旱地拔葱、直入云霄；略显迟疑，股票则立即被打入"冷宫"，再也没有出头之日。

但是，"女皇"日理万机，一面难求，最后，还是摩根士丹利亚太区主席亲自出面并且全程陪同，"女皇"才答应挤出宝贵的两小时，亲临新浪位于硅谷的总部。

在摩根士丹利极力拉拢新浪网的同时，高盛全球总裁也曾亲自致电新浪网董事长姜丰年，希望不要更换承销商。高盛亚太区的一位负责人更是亲自飞到硅谷，在新浪网公司门外等了足足两个小时才见到王志东，随后劝说王志东回心转意。

一番明争暗斗后，不知是因为摩根士丹利的专业能力果真卓越超群，还是因为新浪网的新管理团队秉承了政治挂帅的传统，最终新浪网还是选择了玛丽·米克尔和摩根士丹利，并于 2000 年 4 月 13 日在美国纳斯达克证券市场成功上市。7 月 5 日，网易登录纳斯达克证券市场，一周后，搜狐快速跟进，至此，三大门户网站都成功在纳斯达克证券市场挂牌上市。而在此之后，直到 3 年半后的 2003 年 12 月，纳斯达克证券市场对中国公司一直保持封闭状态。

新浪网的成功，特别是抢在搜狐和网易之前上市，让主导这一进程的王志东在新浪网上下得到了空前的认同，其核心地位也得到了加强。

媒体也对这位长相忠厚、谈吐幽默的东莞青年保持了足够的关注度，并称呼他为"中国网络之王"。王志东坦然接受这个称号，因为这也是公司所需要的造星运动的一部分。更何况，他有着绝妙的自嘲——"我本姓王，自然是中国网络之王"。

在马云于 2000 年秋天组织的"西湖论剑"上，王志东也表现出一统江湖的自信。这时候的王志东断然不会想到，自己会在 9 个月后被董事会罢免 CEO 一职。

同样让人想不到的是，退回广州的丁磊靠短信和网络游戏，不仅将自己的公司从停牌中拉了回来，还让自己成了中国首富。

关明生帮助马云开启阿里巴巴三年整改

同样让人大跌眼镜的是，融到 2500 万美元资金后的阿里巴巴，在 2001 年开春就宣布进入调整期。

1999年4月15日，alibaba.com上线。阿里巴巴的商业模式是现成的，之前马云在外经贸部就已经探索出来了。马云和他的团队所做的网上中国商品交易市场在账面上能略有盈余，从实践上证明了这个市场的存在及这个商业模式的坚固和健康。当时，中国的外贸通道主要靠广交会、国外展会或者依托既有的外贸关系，并且很大程度上受控于香港贸易中转。加入WTO在即，中国很多中小型企业迫切需要自主控制的外贸通道。马云认为，阿里巴巴借助互联网能够而且应该肩负起开拓外贸通道的使命。

耶鲁博士、在华尔街混迹多年的Invest AB副总裁蔡崇信听说阿里巴巴后，立即飞赴杭州洽谈投资。和马云谈了4天后，蔡崇信说："马云，那边我不干了，我要加入阿里巴巴！"马云求之不得。

蔡崇信的加盟增强了阿里巴巴的说服力，1999年10月29日，由高盛公司牵头，富达投资（Fidelity Capital）、Invest AB、新加坡科技发展基金（Technology Development Fund of Singapore）联合向阿里巴巴投资500万美元。而就在第二天，马云春风得意地飞赴北京面见孙正义。那天，马云没穿西装，也没想从孙正义那里融资，因为昨天他刚融到了资金。马云只是想和孙正义谈谈他的阿里巴巴，谈谈他对互联网的看法，再听听孙正义的看法。谁知孙正义听完后又给了阿里巴巴2000万美元，这是当时中国互联网业最大的单笔投资。

拿到资金的阿里巴巴反而陷入了混乱之中。首先的问题，是高昂的海外运营开支。居高不下的运营成本，早已让这家资金原本就不是非常充足且迟迟没有盈利的公司有些紧张：在中国香港、美国、欧洲、韩国等国家和地区，每月的花销都是天文数字，而且只出不入，没有一分钱的收入。此外，由于当时阿里巴巴在13个国家和地区建立了办事处等分支机构，进入当地市场以后，自然少不了做大规模的市场推广和广告宣传。阿里巴巴的海外扩张，始于2000年2月，止于2001年1月，在这将近一年的时间里，这家公司平均每月"烧掉"近

200万美元！而到了2001年1月，阿里巴巴银行账户余额不足1000万美元，马云不得不在内部宣布公司进入危急状态。

宣布"危机"后不久，马云组织了一批高管在西湖边的一家宾馆召开了一次闭门会议，连续三天商讨公司的未来大计。日后，马云把这次会议称作阿里巴巴的"遵义会议"。

"遵义会议"后，阿里巴巴最终达成了一个共识——实施一个名为"B2C"的战略调整计划。目标是"回到杭州、回到中国"。帮马云进行整改的是一个名叫关明生的人，当时从美国通用电气公司（以下简称"通用电气公司"）空降到阿里巴巴担任COO。

关明生在一天之内，就把阿里巴巴美国团队从40人裁减到3人，并且相继关闭掉了公司在中国香港、北京、上海的办事处，以避免继续支付高昂的租金。关明生同时宣布，留下的员工工资减半但期权加倍，由此也沉淀了一批对阿里巴巴长期看好的员工。

短短的三个月后，阿里巴巴每个月的运营费用就从200万美元缩减到50万美元。按照这样的"烧钱"速度，阿里巴巴还可以存活18个月。这让它赢得了喘息的机会。

马云同时对投资人开诚布公，他把公司发生的每一件事情都以各种形式告知各位投资人，即便是在最糟糕的情况下，马云也不隐瞒。当然，马云也把他们的每一个整改措施告知投资人，让投资人知道，管理团队在想尽办法让这家公司继续前进。

曾在四轮投资中持续追加的风险投资家汝林琪对此的感慨是：虽然董事会也不知道怎么拯救阿里巴巴，但遇到这个已经用尽一切力量的管理团队，没有选择，只能鼎力相助。

裁员和获得董事会的支持与帮助，只是阿里巴巴三年整改的开始而已，更重要的一步是必须开源。马云和关明生所领导的团队很快讨论出五六个业务方向，在产生足以维生的收入和现金流量的目标下，阿里巴巴最终聚焦在中国供应商这个产品上。这个产品是一个为客户寻找外贸合作伙伴的项目,之前多在线上进行,效果不佳,而经过讨论之后,决定线上线下一起推动,事实上,这真的开启了成功的大门。

有了业务方向,下一步就是培训和形成业务团队。关明生在2001年4月成立了一个管理人才培训计划,淘汰没有业绩的职员,奖赏业绩最好的职员,金字塔最底端10%的职员遭到解雇,其余则分为"听话的兔子""能够表现的野狗"和"努力成就自我的公牛",只有既认同价值观,又有战斗力的"公牛"才能够留下来。

关明生为优异者设立了百万元俱乐部,加入会员的门槛是达到100万元人民币的业绩。达到这个目标的业务员可以得到奖品。由于经费吃紧,第一位达到目标的业务员得到的奖品是关明生写的一首诗。

2001—2003年,在阿里巴巴最为艰难也最为关键的三年内,马云除了授权让关明生进行大刀阔斧的业务推进,还推行过三种"毛泽东式"的管理运动:

1. 以"延安整风运动"来统一价值观、统一理想。马云说:"通过运动,把跟我们没有共同价值观、没有共同使命感的人,统统开除出我们公司。"
2. 以"抗日军政大学"来培训干部团队的管理能力。
3. 以"南泥湾开荒"的方式来培养销售人员在面对客户时应有的观念、方法和技巧。马云说:"普通企业想到的,可能是把能看到的客户口袋内的5元钱赚到手,而'南泥湾开荒'追求的是帮助客户把5元钱变成50元钱,再从中拿出我们应得的5元钱。"

2001年的互联网,起落沉浮,百转千折,充满戏剧性。

2002 / 新"上山下乡运动"

经历了 2000 年的上市大潮和 2001 年的大转折,克服了内心贪婪和恐慌的中国互联网的企业家们开始找回自信。当 VC 们捂紧腰包、当资本市场开始远离互联网的时候,也是这些对中国互联网发展有足够信心和能量的年轻人施展才华的时候了,他们集体发起了一场新"上山下乡运动"。

他们中的一个叫陈天桥的青年,开创性地把网吧做成了自己代理的网络游戏《热血传奇》的据点,并由此形成了全国网吧皆《热血传奇》的传奇。

陈天桥充分利用人脉资源和商业智慧,创造了一个奇迹:他首先拿着与韩国方面签订的合同,找到浪潮、戴尔,申请试用机器两个月。对方一看是国际正规合同,于是就同意了。然后陈天桥再拿着服务器的合约找到中国电信。中国电信最终给了盛大两个月免费的带宽试用期。有了韩方的合同,再加上服务器厂家和中国电信的支持,陈天桥又取得了当时国内首屈一指的单机游戏分销商上海育碧的信任,以 33% 的分成比例达成合作。陈天桥由此完成了中国互联网历史上最经典的"借鸡生蛋"的极限操作。

3721 的周鸿祎把目光瞄准了有上网需求的中小型企业们。周鸿祎的武器是网络实名,他的产品定价 500 元,周鸿祎和代理商三七分成,周鸿祎三、代理商七,虽然 3721 本身的物理成本不高,但还是给代理商带来了很大的震撼。因为当时通行的惯例是代理商拿小头,而周鸿祎却反过来做,这一下子就打动了代理商,辅以一套周鸿祎自己摸索出来的渠道策略,3721 火遍中国,仅 2002 年一年,3721 的销售额就有 2 亿元,毛利也有 6000 万元,这里一多半是纯利润。

百度的李彦宏也说服董事会，绕到门户网站前面，推行他的新策略——竞价排名。在 2002 年，百度全员发起了"闪电计划"，让百度在中文搜索领域的战斗力以十倍的速度迅速提升。

当然，2002 年最快乐的是那些 SP 们，他们一个个都赚得盆满钵满。其中赚得最多的，是与运营商有着千丝万缕联系的腾讯。短信服务能在中国流行起来，确有中国特色，因为中国是一个具有非常深厚和优越历史的文化古国，中国人很善于用文字来表达自己的喜怒哀乐。

总之，你得找到那些为你的商业行为买单的人，如果不是 VC，那么就是用户。当然，两者都买单是最好的。

VC 王功权和 3721 周鸿祎

1999 年 6 月 8 日，当初始的 30 万元的投资已经到了山穷水尽之际，3721.com 终于问世。第二天，周鸿祎就接到了 IDG 打来的电话，要求约见。两个小时后，IDG 就决定向 3721 投资，主导投资 3721 的是王功权。3721 最后以 1.2 亿美元的价格卖给雅虎，王功权让 IDG 在这笔投资增值百倍以上。

王功权很早就是一个大人物。

1984 年，王功权毕业于吉林大学管理专业。1988 年，身为吉林省委机关一名宣传干部的王功权选择了下海，跑到海南。王功权和冯仑在 1990 年作为牟其中的左膀右臂，目睹了"枭雄企业家"的沉浮。冯仑曾经评价王功权："可堪长交，可做大用。"

1991 年 6 月，王功权与冯仑、刘军等人在海南成立了海南农业高科技投资公司（即万通前身）。成立之初，王功权是法人代表、总经理，冯仑和刘军是副董事长，王启富是办公室主任，易小迪则是总经理助理，后来加入的潘石屹主管财务中心。这六个人也就是著名的"万通六君子"，而王功权就是这六君子合作期间的第一任总裁。

1995年，王功权为给万通引入国际管理经验、寻找合作伙伴，到美国硅谷去学习考察。在王功权前往硅谷之前，万通已经在硅谷成立了美国万通公司——万通国际集团，王功权任董事长，当时的总经理则是后来亚信的副总裁刘亚东。王功权的第一笔风险投资，就投给了亚信，25万美元，占8%的股份，并把介绍人刘亚东推荐到了亚信。继亚信之后，万通国际集团又先后投资了一系列由海外留学生创办的企业，其中包括从事网络安全的诺方公司、JJ Mountain Inc.、东方兴业网络教育服务有限公司、eachnet.com（易趣）、创联网络技术有限公司、香港统一网络有限公司等。其中后三个企业，IDG VC 也参与了投资，王功权与 IDG VC 的缘分由此结下。

但万通毕竟不是一家以风险投资为主体的企业，王功权多少有些施展不开拳脚，于是1998年，从美国归来的王功权辞去了万通总裁的身份，只保留了名誉董事局主席职务，接受了周全、林栋梁的邀请正式加入了IDG。

3721正是王功权在国内参与的最早一批项目之一。

与当时动辄就能融资上千万美元的互联网公司相比，3721融到的资金实在微不足道，只有区区200万美元。但它是3721发展过程中极为关键的一笔资金，更重要的是，伴随着资金的进来，还有王功权商业智慧的引入，日后周鸿祎在江湖中的行走，多少能见王功权在幕后指点一二。

IDG还为周鸿祎请来了一个叫周宗文的CEO，并为3721制订了一个冲击纳斯达克证券市场的倒计时计划。当时的中国互联网全面学习美国互联网，比如搜狐是"中国的雅虎"，8848是"中国的亚马逊（Amazon）"。许多国内的互联网公司在国外都能找到相对应的业务类似的公司，唯独3721一直苦于没有在国外找到与之类似的公司，这让周鸿祎感到万般无奈。巧合的是，2000年下半年美国一家叫作RealNames的美国公司找到了周鸿祎，这让他激动不已，终于遇到一家类似3721的美国公司了。

根据周鸿祎的回忆，RealNames创建的时间比3721晚。但有可以考证的资料证实，早在1996年，一个名叫基思·W. 蒂尔（Keith W. Teare）的人创办了RealNames，并于1997年4月开始正式运营。RealNames的主营业务是"实名域名搜索"，按照其CEO兼董事长基思的构想，这家公司是想将这一服务推广到所有部署了微软IE浏览器的国家。

RealNames找3721的目的只有一个，那就是到中国来发展业务。2000年3月，微软与RealNames签订合作协议，双方共同开拓全球市场，微软允许RealNames把系统捆绑在IE浏览器中作为附属功能。作为交换条件，微软拥有RealNames 20%的股份，并得到RealNames收入的15%。这对于周鸿祎及3721来说，无疑是一个"灭顶之灾"。周鸿祎琢磨，如果微软要做这件事，那么3721很难与之抗衡，他也深知不能与RealNames正面竞争。于是他想尽办法拉拢对方，想以中国代理的方式与之合作。为此，周鸿祎专程去了一趟美国。2001年春天，他第一次来到美国，前往他的梦想之地硅谷朝圣。

RealNames公司方面向来访的周鸿祎做了仔细讲解。他们的业务与3721很相似，但这家公司已自成体系，它有自己的客户端，并且与电信、微软合作，深谙不同的名字怎么销售。在讲解中周鸿祎还了解了RealNames在韩国没有跟微软合作，而且不需要下载客户端就能够解析韩文的名字。

与RealNames接触下来，周鸿祎大为震撼。他如梦初醒般发现，如果你有一个很好的想法，必须要将它变成大家都能理解的商业语言和商业模式才行，这就需要进行一定的商业包装，并与相关的商业体系结合起来。只有这样，才能成为一家正规的商业公司，而不是一个单打独斗的小站长或者是一个个人软件作者。周鸿祎认为，应该集中精力把中文上网这件事深入做下去，同时要考虑3721的商业化问题。

在与 RealNames 谈合作的过程中，周鸿祎印象最深的是对方跟他讲的一个小案例：RealNames 公司在韩国做业务，不用下载插件，而是通过劫持地址栏方式来做域名解析。比如在 IE 里输入一个中文名字，这个名字会被当作域名一样被解析，如果域名解析不通，就会转到 MSN 搜索，只要把 msn.com 这个域名解析劫持到自己的服务器上，用户只要在地址栏里输入中文就能被中文网址拿下。当年 RealNames 在韩国就是采用这样的方式。受这个案例的启发，周鸿祎决定去找电信合作，只要说服电信帮他劫持域名，3721 不用下载客户端就能实现搜索中文网址的功能。

3721 内部成立了一个庞大的电信合作部门，分别跟全国各个省、市的电信局去谈合作。很多人以为 3721 一开始就跟电信局总部的关系很好，事实上他们彼此间根本不熟悉，当时 3721 连在大一些的省会城市也很难开展合作。当时每个城市都有信息港，对于用 163 拨号上网的网民，信息港还是当地非常大的信息门户。于是 3721 转攻二级城市，他们跟信息港一个一个地谈判，帮助电信局做了一套智能修复系统。这套系统专门针对这样的情况：互联网上每天都有大量输入错误域名的用户，IE 就会提示网页错误，这些网页后来直接由电信局收集在一起，并直接将域名解析到 3721 的网页上，如此一来，用户不会觉得电信局出了什么问题。这个方式绕过了微软的 IE，给 3721 带来了巨大的流量。这个模式是周鸿祎的首创，后来采用这个方式的还有百度、谷歌及微软。

随着一个一个城市合作的谈妥，这个省就被拿下来了，然后 3721 再去谈其他的省份。这种"上山下乡运动"让周鸿祎体会到当年毛主席所说的"广阔天地，大有作为"，他后来自建渠道时也采取这样的方式，亲自下到一线，让渠道像毛细血管和神经网络一样渗透到全国各个地方。

为了更好地推广 3721，周鸿祎首先得给 3721 下一个定义。周鸿祎之前定义 3721 为"中文网址"，但这个名字太专业。当时他把域名比作是门牌号码,而 3721 中文网址是网上商标、网上招牌,名实相符。"域名"是一个比较虚的名字,与"域名"相对的是"实名",于是他干脆把"中文网址"改成"网络实名"。"网络实名"跟域名很接近,只是定价上比域名贵。但他又不能叫"中文域名",因为域名是政府相关部门在做,所以周鸿祎觉得"网络实名"这个名字既避开了与相关部门的冲突,又让 3721 改头换面了。

接下来,周鸿祎带着以他的四大总监——渠道总监李涛、产品总监王航、技术总监谭晓生、市场总监舒讯为首的得力干将,集体封闭了一周,最终给 3721 确定了"网络实名"的定位和口号,并决定将产品销售给中国的诸多中小型企业。

这个阶段,周鸿祎对 3721 软件本身的问题做过如下反思:严格意义上来说,一款软件是需要有安装、有界面的,但是安装的过程太费时,所以他考虑怎样把软件客户端缩小到几十 K;另外,他琢磨着能不能采用一种更简单的方法去安装软件。通常完成一个软件的安装,需要用户主动点击"下载"按钮,等下载结束将文件存在电脑的磁盘里,然后找到文件并点击"安装"按钮,安装完毕之后软件即可运行,同时在电脑桌面的右下方会显示一个小的图标。周鸿祎觉得互联网上的应用,多一步操作就会流失很多客户。而 Flash 插件安装有这样一个情况:用户如没有安装 Flash 插件,在访问一些有 Flash 广告的网站时,就会有弹窗问"yes"或"no"。周鸿祎觉得这个方法很好,将插件技术利用在软件安装上,能把安装过程最简化。

按照这样的思路,3721 将客户端软件压缩到 100K,同时运用插件技术提高网络实名的安装效率。然后他们开始寻找网站合作,在网页上放上这个脚本,形成网络联盟。只要用户访问这个网页,脚本就会检查该用户有没有安装 3721 的插件,如果发现用户没有安装,IE 就会弹出一个对话框,点击"yes"按钮后就能自动完成安装。这样的安装速度比原来提高了上百倍,它给 3721 带来了客户端资源量的疯狂上涨。可以说,插件弹窗方式既为 3721 带来了巨大的转机,也为它后来广受质疑埋下了伏笔。

从3721的角度来说，插件弹窗方式是在征得用户同意的情况下安装的，因为点击"no"按钮意味着不同意、放弃安装，但是这样的方式忽略了用户的体验。如果用户不安装Flash，网页显示内容就不全，所以很多用户会选择安装Flash；与Flash网页中的安装确认不同，在选择安装网络实名软件时，用户根本不知道网络实名是一款什么软件，窗口提示的文字也十分有限，只能看到软件和公司名字。对于大多数用户来说，他们基本上是不会看弹窗的具体内容的，最后的结果是网络实名的弹窗出来以后，至少有一半用户选择点击"yes"按钮。一些"小白"用户即便点击了"yes"按钮，也不知道自己装上了网络实名这个软件，他们也基本上没察觉到在电脑右下角有一个代表网络实名的图标。

在微软的支持下，msn.com的域名解析将会指向RealNames的服务器，周鸿祎要跟RealNames争抢市场，就得把客户端布得广泛一些。于是周鸿祎利用之前成立的互联网推广联盟，将网络实名的安装程序放在网页上的脚本中，用户不用下载，就能最快捷地安装。

在这个过程中，周鸿祎忽略了一个细节：对于那些选择"no"按钮的用户而言，这种插件方式还有一个弊病。网页上的窗口由IE弹出，3721的后台并没有记录用户是否拒绝。在3721看来，只有安装过和没安装过两种情况，没安装的一律被默认为新用户，于是这些被看作新用户的人就屡次被弹窗骚扰，这也是后来3721被人们诟病的原因之一。随着周鸿祎发起的网站联盟波及范围日渐扩大，这给用户造成了极大的困扰。

插件安装有一大先天弊病，当弹窗出来的时候，插件内容已经完成下载，并开始验证用户的签名。这时会有弹窗延时，看上去像死机一样，页面停滞很久，接着窗口才弹出来问要不要安装。一般的"小白"用户忍受过去也就算了，而一些"高端"用户就无法忍受。周鸿祎认为插件技术本身没有问题，但是从用户的角度来说，这造成

2002 新"上山下乡运动"

极大的不方便。按理说，3721应该对此做出修正，但3721当时并没有在意。

为了与RealNames竞争，3721还做了一件事。当时互联网用户还没有使用搜索引擎的习惯，大多数人都是在几家门户网站上直接搜索。3721借这个机会与网易、搜狐和新浪三大门户网站合作，在它们页面的搜索框前面放一个文字链，上面写"你是不是要查找 *** 网络实名"。这样的合作在今天看来肯定没法实现，但当时尚处在互联网早期的摸索阶段。就这样，3721把门户网站搜索框前面最好的位置给买了下来。这就相当于即便用户没有安装网络实名，但是通过这个方式3721就能告诉用户，在搜索引擎也能找到网络实名。3721每年只需分别给三大门户网站100万～150万元人民币的费用。

当时搜索量主要是通过门户网站实现的，所以3721就会有对话框告诉用户，下次不用从门户网站点击，只要装上插件，直接在地址栏里输入就行。3721急于求成，过于追求这个过程中用户的转化率，所以在不征询用户意见的情况下就用脚本弹出一个安装与否的对话框，这使得网络实名的安装率随之暴增，但这同样打扰到了用户。一些用户对3721这样的做法很不满意，因为他们不知道如何避开频频弹出的窗口，直到他们点击"yes"按钮。

插件方式再加上与电信局在全国范围内的合作，3721因此获得了相当大的流量。在周鸿祎看来，通过商务合作，产品推广已经初见成效。但这显然还不够，他亲自组建销售队伍，抢占市场终端。

黄勇鼓励周鸿祎到第一线去

真正鼓励周鸿祎走出来做销售的，是当时在西岸奥美的黄勇。有一次周鸿祎和黄勇吃饭，黄勇给了他一个很朴实的建议，黄勇建议周鸿祎应该出去做销售。但周鸿祎很没信心，他不知道能不能把3721销售出去。黄勇鼓励他，"不出去怎么知道，在中国什么产品都需要靠销售，像你这样的聪明人，只要肯去做，肯定能做好。"黄勇是做公关的，他给周鸿祎提议，你应该出去销售产品，市场都是销售出来的，而不是成天坐在屋里想出来的。这番话鼓舞了周鸿祎：技术人员可以闷头开发产品，但公司要运作下去，最终就需要将产品商业化。

2001年4月一个阳光灿烂的好日子。大觉寺明慧茶院，古树下，白兰花香四溢，古筝绕耳不绝。周鸿祎请万网、新网、中国频道的老板们用山泉水泡茶、品尝樱桃，宾主尽欢。周鸿祎借机把话题引入正题：自己正在做3721网络实名，想请CNNIC代理商帮忙，当用户来注册域名的时候顺便向他们推荐一下网络实名。在周鸿祎看来，这个要求对这些代理商来说是举手之劳，顺手就能做的事情。周鸿祎想的是，只要5个注册域名用户中有一个注册网络实名，那就是一笔大生意，退一步说，10个注册域名用户中有一个也行。周鸿祎请他们来之前，想的是：只要他们愿意，什么条件都可以谈。

几个大代理商喝茶吃樱桃的情绪都很高，但一说起生意，就一个个顾左右而言他，把话题岔开。周鸿祎努力地把话题往回引，但只是徒劳，直到夕阳西下也没有谈出结果，大家不欢而散。

后来周鸿祎才知道，这些公司的规模都比当时的3721要大很多，他们发自内心地不把3721当一回事。更重要的是，他们回去后先去见了CNNIC的毛伟，而毛伟和他们提到，其也要推一个和3721网络实名类似的中文域名产品。这些代理商当时正在帮CNNIC卖域名，而且个个赚得盆满钵满。他们很难放弃现有的利益体系，去做一个只是看上去很美，但未必能成功的网络实名。

看CNNIC代理商不买账，周鸿祎不免有些沮丧。还好，周鸿祎这个人天生不服输，有斗士的风格，只要他认准了的事情，不会轻易回头。这次，他认准要采取建立全国销售网络的方式推广他的产品，他认为，经销商总是能找得到的。CNNIC 的代理商既然嫌我小，我就找一些有成长性的地方经销商进行培养，但去找谁，怎么找？这里大有学问。

2001 年前后正是联想公司最盛的时候，代理商只要能销售出联想的机器，就肯定赚钱。于是，周鸿祎就去请教联想的员工。

联想的员工告诉周鸿祎，其实一开始他们也是想用 IBM、惠普的渠道，可一联系人家根本不搭理联想。可不是，人家是国际化品牌，自己呢，中关村的一个小厂商。没办法，杨元庆亲自到一线去，找那些小的渠道商，海外公司看不上但有成长欲望和能量的代理商，一家一家去拜访，和他们讲联想是怎么一回事，联想电脑有什么优点，中国的 PC 市场有多大的前景，咱们应该怎么一起把市场做大。就这样，一家一家的代理商谈下来，联想也把渠道建立起来了。

周鸿祎之前在方正有过三年的工作经历，于是折回去去问方正的老同事，问他们方正电脑的渠道是怎么做的。方正的老同事也给他讲了方正 PC 的渠道策略，方正做电脑的时候，倒没想用 IBM、惠普的渠道。方正之前是销售激光照排系统的，这是王选发明的技术，很赚钱，也很吃香，都是客户主动上门买方正的产品。因此，他们一开始想借用销售方正激光照排系统的渠道，但最后也指望不上，还是需要自己建渠道。

通过与联想和方正这两家企业的员工交谈后，周鸿祎宽慰了许多，他决定也亲自到一线去，一地一地地跑、一家一家地谈，逐步把渠道建立起来。只有这样，他才能自己掌握命运。

决定自建渠道之后，周鸿祎遇到的问题是采取什么样的方式建立和管理这个渠道，通过阅读和当面求教，周鸿祎知道，渠道建立起来是第一步，如何维系，不让其毁于串货和价格战也很关键，当务之急是建立起一个适合自己产品的销售模式。

真正打动周鸿祎的是《销售与市场》上发表的一篇关于商务通渠道建设的文章，其对商务通渠道建设的描述中，提出了一个让周鸿祎眼前一亮的概括性结论：小区域独家代理。

所谓小区域独家代理，即在一个特定的细分区域里，为保证代理商的利益，只找一家代理商，给予这家代理商在这个区域的所有权利和义务，相对应的也要求这家代理商有一定的市场保证和表现。

周鸿祎在找区域代理的时候，有人劝过他可以在一个区域里多找几家，相互牵制，谁做得好就扶植谁。周鸿祎觉得这样做不太合情理：代理商也不"笨"，你这样防着他，他也会这样防着你，一旦他防着你，你的产品就很难卖好。周鸿祎想找到一种渠道策略，能让他和代理商之间真心对待，他觉得只有这样才能把3721做大。对于在一个区域找多个代理商，让代理商相互制约和平衡的做法，周鸿祎想都没想就否定了，他觉得那样做不磊落、太小人。

周鸿祎那段时间不断地看渠道建设方面的杂志和书籍，杂志中他看得最多的是《销售与市场》，而书籍中读得最多的是吴晓波写的《大败局》。他人看《大败局》，更多的是看这些企业是怎么失败的，而周鸿祎则更多的是看这些企业失败前是怎么成功的。他更关心的是爱多、三株这样的企业当时是怎样奇迹般地发展起来的，他们具体用了哪些营销手段、哪些营销策略，怎样把代理商团结在他们身边，怎样帮着他们销售产品，怎样生生地形成和成就一个新兴的产业，而这也正是他的3721所需要学习和面对的。

周鸿祎也不断地找人当面请教渠道方面的话题。周鸿祎去过金山，找过雷军，也请过"红色正版风暴"的操盘手王峰吃饭；他回方正，向老同事请教方正的渠道策略，甚至再一次邀请在方正营销体系里颇有经验的田健出山，帮他主持营销大局。虽然在此之前，他们有过多次分合，在此之后，他们也曾闹过不愉快，如今已成路人，但在当时，周鸿祎是真心希望与田健共成大事。

想清楚了自己必须自建渠道，又决定用小区域独家代理的策略进行拓展，周鸿祎说干就干，他这个人本身很少有瞻前顾后的时候，是一个做事雷厉风行的人。

就这样，周鸿祎亲自到一线去招募代理商，把重点放在中国当时比较发达的区域：长江三角洲、珠江三角洲及福建、广东潮汕等地，这些地方也是中国中小型企业最密集的区域。周鸿祎经常一天跑三四个地方，比如，他曾经一早从北京出发，中午飞到福州，在福州忙完后下午赶到石狮，晚上在石狮和代理商谈事情，然后第二天一早坐车到厦门，基本上是连轴转。甚至2003年"非典"时，他还全国跑来跑去做巡展，戴着防护面具坐飞机，而后去见代理商和客户。

周鸿祎知道，要让代理商死心塌地地销售自己的产品，首先代理商要能赚到钱，当时3721的网络实名定价500元，周鸿祎和代理商三七分成，周鸿祎三，代理商七。行业里当时通行的惯例是代理商拿小头，而周鸿祎却反过来做，一下子就打动了代理商。

当然，这七成不是一次性给完，其中先给五成，剩下两成，一成是任务奖励，一成是不串货和没有价格倾销等守规矩的返利。这正是周鸿祎聪明的地方，他不一下子把所有的好处给完，同时这些返利政策的制定，一能很好地刺激代理商全力去卖，二也能保证代理商在不破坏整个渠道体系的前提下卖产品。

周鸿祎每到一地，都会主动请代理商吃饭。这个时候的周鸿祎全无当初做程序员时的张狂，也没有了在媒体面前的激扬，而更多的是与代理商推心置腹。不论代理商的文化程度高低，也不论代理商在地方上的实力强弱，只要对方积极配合，周鸿祎都在内心中把这些代理商当成兄弟来看待。

这些代理商之前大多都不是做这行的，只是知道互联网是未来，更多的是想听听北京来的周鸿祎有什么新信息，增长一些见识，但他们一下子就被周鸿祎的真诚和激情打动了。于是，在早期销售3721的经销商里，有销售烟酒的，有销售电脑的，有从事服务业的，各行各业，应有尽有。他们决定一起尝试着销售周鸿祎向他们推销的可能成为大生意的网络实名。

代理商有了，也陆续有些生意了，可问题马上就来了。代理商反映，产品不是很好销售，主要是不知道怎么销售。周鸿祎很着急，又下到一线。这次，他让代理商把准客户请过来，他亲自给客户做讲解。周鸿祎是一个很好的程序员，同时也是一个很好的推销员，他本身就对互联网的认识很深刻，而且知识面宽泛，口才又好，三言两语，就能让客户感到这是一个人物，进而对他产生信任。加上人家大老远从北京过来请你吃饭，推销这个产品，好歹也要给个面子。于是，大多抱着试一试心态的客户，最后也都签了。

但这种饭桌上的销售成本太高，周鸿祎决定组织会议营销。代理商一看，这还真有一些戏，"得，咱组织客户去吧"，于是拉来一大批人来听周鸿祎讲课。周鸿祎要的就是这个效果，3721就像他的"儿子"，对3721，他比谁都熟悉；关于这些老板的心理，他又把握得很准，总是能三言两语把气氛给调动起来。在那种氛围下，客户不免从众，纷纷下单，会议营销的效果好得惊人。

这么一圈下来，周鸿祎和代理商都意识到，不是产品不好，而是业务员不知道怎么宣讲，甚至是得不到机会去宣讲。很多业务员都采取电话营销的方式，但网络实名是一个新产品，一两句话说不清楚，因此往往还没开始推销就被挂电话了。周鸿祎想来想去，提炼出网络实名是互联网金字招牌的概念，这让推销员在30秒之内能说清楚网络实名是什么。同时，周鸿祎让业务员渲染抢注的概念，这样不仅讲清楚了网络实名是什么，而且还讲清楚了网络实名是为了什么。需要说明的是，周鸿祎在接受本书作者采访时称，这是受毛选的启发。周鸿祎发现，中国共产党在大革命时期，整支队伍的文化素质并不高，但执行很到位，周鸿祎研究后发现，这是因为中国共产党在贯彻路线政策的时候会总结出通俗易懂、容易被传播的口号。周鸿祎照方"抓药"，总结出精炼话语并形成模板。业务员按容易理解、记忆和传播的模板和客户谈判，还真有效果。

按这种套路去推销后，业务量一下子上来了。可没过多久，增长速度慢了下来。周鸿祎又为此下到一线。

周鸿祎每到一个地方，就让代理商把业务员、客服人员都召集起来，然后把自己的大区经理、办事处代表也召集到一起。他让自己的大区经理、办事处代表都不要说话，听代理方抱怨。

一听，才知道是客服这里出了问题。由于业务量大了，以往一天就能得到确认的产品问题有时需要两三天，甚至一周的时间。于是，代理商抱怨 3721 的客服态度不好，3721 抱怨代理商的客服没有提前把好关，就这样相互埋怨起来。周鸿祎一看，决定让双方的客服对换，让 3721 的一部分客服到代理商这里来，讨论怎么样形成规范标准的预审核机制，同时让代理商的客服到北京工作，了解总部有怎么样的一个运作流程。双方的客服互换后，很快 3721 就恢复了 24 小时内能及时响应的确认机制，业务量又继续保持快速增长。

2001 年下半年到 2002 年上半年，周鸿祎的网络实名卖得很顺利，因为整个同类市场上只有这一个产品。不过，好景不长，到 2002 年下半年的时候，CNNIC 来了。

早期，中国没有相应的互联网组织，1990 年 10 月，钱天白在德国以个人身份注册登记了 .cn 这个顶级域名。1994 年 5 月 21 日，在钱天白和德国卡尔斯鲁厄大学的协助下，CNNIC 在中国科学院计算机网络信息中心完成了中国国家顶级域名（.cn）服务器的设置。

钱天白原先在兵器工业部工作，他调到科学院后，.cn 域名也就跟着他来到了科学院。其他部门不买这个账，很多人坚决反对钱天白的"CNNIC"，认为 CNNIC 不能代表中国。

一次，时任当时国务院信息产业办常务副主任的陆首群主持会议讨论 CNNIC 问题。陆首群看双方争论不下，就说由国务院信息办来主管 CNNIC，具体管理委托中国科学院来进行，理由是："改来改去，国际上也搞不清楚咱们是怎么回事"。陆首群为平衡、照顾其他部门的情绪，将教育领域的域名交由当时的国家教委管理，其他二级域名待分配。

1997 年 6 月 3 日，受当时的国务院信息化工作领导小组办公室委托，中国科学院依托其下属计算机网络信息中心组建了 CNNIC，行使国家互联网络信息中心的职责。同日，当时的国务院信息化工作领导小组办公室宣布成立中国互联网络信息中心工作委员会。

CNNIC 看到 3721 的市场不错，也抓紧推销它主导的中文域名。不过，CNNIC 最开始是让万网等域名代理机构帮着卖。这是一个多层次的销售代理网络，虽然稳定但缺乏效率，特别是对新产品来说，不如 3721 这样一个扁平渠道体系灵活和反应迅速，因此，卖了将近一年，只见 3721 的网络实名高歌猛进，CNNIC 的中文域名却表现一般。

如前所言，CNNIC 有着半官方的身份，于是 CNNIC 决定拿网络实名的合法性问题说事，以让 3721 的代理商心生畏惧，转过来帮助卖 CNNIC 的中文域名。

事实上，在 2000 年与 RealNames 接触之前，周鸿祎曾试图跟 CNNIC 谈合作，按照他的解释，是想看看能不能借来这顶"红帽子"。他前后找过毛伟好几次，而毛伟对 3721 心存疑虑。在毛伟看来，3721 作为一家普通互联网公司，怎么能做名字登记，这应该是公安局或者城建局应该做的事。周鸿祎一听，毛伟的想法也对，通常域名都是国家指定的机构在做，而 3721 中文网址又跟域名很像。安装 3721 的客户端后，只要直接输入中文，这个中文的名字就可以卖了。如果这项业务大获成功，以后也就不用买英文名字了。尽管如此，周鸿祎还是每次手舞足蹈地向毛伟做一番描述，"假设一个中文名字一年收费 800 元到 1000 元人民币，中国有上千万家的企业，这就应该是上亿元的市场。"但无论周鸿祎怎样说，毛伟都不置可否，只是回复说，"让我想想"。

因为 CNNIC 方面不置可否的态度，周鸿祎就更加想抓住与 RealNames 合作的机会，同时试图与万网、新网等域名代理公司谈合作。这个时候，毛伟主动来找周鸿祎，表示可以合作。按照毛伟的想法，这件事要归国家管理，3721 相当于代理注册商的角色，由 CNNIC 给

3721一个独家注册的授权。对于毛伟的这个合作提议，3721的管理层有了争议：作为投资方，王功权反对合作。他认为，这件事做完以后，3721虽然可以赚点钱，但产品、用户及相应的体系都归CNNIC了，3721还有什么价值可言？周鸿祎的想法与王功权一样，不想就这样跟CNNIC合作。而时任3721 CEO的周宗文则主张合作。

就在2000年3721与RealNames谈合作的同时，CNNIC、万网等都在与RealNames接触。周鸿祎前后去了美国两次，与RealNames的合作谈判持续了一年多，并无定论。双方分歧的关键在于谁来控制技术标准。RealNames试图收购3721，最终由微软控制技术标准；而周鸿祎不愿意，他只同意在技术和市场上和RealNames合作。

CNNIC的插足使得整个事情来了个180°的大转弯，RealNames最终决定与CNNIC合作，放弃3721。这再次令整个3721公司如临大敌：CNNIC代表政府，本来就拥有足够的资源，而RealNames又有微软做靠山，一旦两者合作，原本一直没下定决心做客户端的CNNIC，与RealNames达成合作之后就不用做客户端了。这个时候，CEO周宗文表现出了妥协的一面。而周鸿祎一如他之后多次大难当头时，表现出了超人的强悍。周鸿祎的逻辑是，反正事已至此，那干吗不好好干一场。所以，他的态度强硬，即要把3721中文网址做下去。

周鸿祎首先请走了主和的CEO周宗文，重组了3721的团队。

团队调整完后，在IDG的帮助下，周鸿祎的3721又引入了日本集富的500万美元融资。周鸿祎原本有深切的不安感，CNNIC一直是悬在他头上的达摩克利斯之剑，如果财务上没有保障的话，心里就更加没底，所以他非要在银行里放几百万美元才放心。但这次融资条件谈得并不好，比第二轮融资的价值还低，以至于创始团队的股票被稀释得很厉害。于是周鸿祎启动反稀释，其结果是他拿出自己的股份来补给大家。所以这次融资下来，周鸿祎本人的股份被稀释得仅剩百分之十几了。但这种做法其实很多余，因为3721很快赚钱了，集富投入的500万美元跟3721公司的收入一起存在了银行里。

但正是做好了这两方面的动员和准备，以及在商务合作和渠道端的高歌猛进，周鸿祎才有足够的勇气面对 CNNIC 的这场有准备的战争。

日后回忆起当年与 CNNIC 的苦战，周鸿祎表示，那段时间他其实是处于极度的恐惧中的，老是担心半夜接听电话，还担心哪天早晨醒来就接到政府的发文，将 3721 封了。

担心是没有用的，许多勇士与英雄在战场上时也担心、恐惧，但重要的是克服这些恐惧，努力让自己平静下来。这时候王功权给了周鸿祎很多鼓励，平常王功权喜欢研究历史，他就跟周鸿祎讲中国共产党党史。1936 年，红军历经两年时间在甘肃会宁胜利会师，2001 年是红军长征胜利 65 周年，那一年有许多关于长征的图书和电视剧。在这些史料中，周鸿祎获得了内心的支撑点。党史里讲中国共产党早期天天被围追堵截，但当时共产党人拥有信念，周鸿祎认为，自己也要形成信念，再靠这个信念去感染 3721 的团队。

2001 年 7 月，CNNIC 和 3721 之间的谈判破裂。CNNIC 联手微软发布了具有竞争性的"通用网址"，随后表示网络实名业务"法理"上有问题，应该由官方机构来做。

这个时候，周鸿祎一旦退缩，将前功尽弃。周鸿祎自然不干，而且，他也不理亏。于是他迎头回击。他在这个行业打拼多年，和媒体有着很好的关系，加上其本人坦然真诚的性格很容易吸引公众的注意力，自然也能发出一些对他有利的声音。更重要的一点是，他抓住了CNNIC 的一个痛处：官商角色混乱。在 2001 年前后，中国加入 WTO的大背景下，这个话题能得到不少人的同情和呼应。

周鸿祎没有了退路。他发布"严正声明"，一遍遍向媒体陈述自己生存的合法性（当然还有对方的不合法性），讲到"上当经过"时甚至因愤怒而哽咽。虽然这场口水战打得听众后来都捂住了耳朵，但企业传播自身观点的效果还是达到了。

虽然让人觉得"小气"，而且没有给官方留足面子，但周鸿祎通过申诉保全了自己的企业。再之后，信息产业部召开听证会后息事宁人。当时的信息产业部对互联网的发展持鼓励的态度，它没有说这种名字服务就必须由国家机构去做，也没有说 CNNIC 不能做。这样一来，CNNIC 本身没有执法权，也不能一纸公文将 3721 取缔，所以 CNNIC 被逼得转而与 3721 进行市场上的交锋。

在当时的互联网域名市场，CNNIC 已经形成了品牌影响力，做中文域名是顺水推舟的事情。此外，CNNIC 主打卖点是不需要下载，也不需要插件，加上与 RealNames 的合作，很多人认为 3721 没有胜算。

但这个时候，3721 与电信的合作逐步起效，利用电信的域名跳板，RealNames 与微软的域名解析合作在中国市场形同虚设。当时搜索引擎只是门户网站的一个附属功能，通过与三大门户网站的合作，3721 跟 CNNIC 形成了卖点上的差异。

双方除了在卖点上找差异，最大的较量体现在渠道上。CNNIC 采用多级代理体系，3721 则是渠道加盟，通过小区域独家代理走扁平化路线。当时 3721 在广东的第一个代理商是广州互易，这家代理商越做越大，野心也迅速膨胀，它不甘心只做广东的代理，向 3721 提出要做华南区的代理。这有违 3721 扁平式代理的原则，双方因此闹崩了。这家代理商随后找到 CNNIC，帮 CNNIC 卖网址。广州互易销售能力强，圈子也广，但是很快也与 CNNIC 原有的销售体系发生了冲突，加大了 CNNIC 渠道体系的内耗。

CNNIC 过于依赖万网、新网和中国频道这样的传统渠道，这一弊端日益暴露了出来。在周鸿祎看来，这些代理商是"坐商"而不是"行商"，不会直接到一线，去各大城市或者小地方，自然也到不了企业客户身边。他们更多的是等着企业客户看到广告后主动打电话来买。相反，3721 的渠道在全国发展起来后，周鸿祎想实现蚂蚁雄兵，所以通常在当地雇用几十甚至上百人，挨家挨户逐个拜访客户，培育市场。在这个过程中，3721 还帮助中小型企业学会如何利用网络。无形当中，3721 的渠道推广过程起到了教育市场的作用。

不到一年的时间，RealNames 就出了问题。在实际销售的过程中，代理商与客户经常会提出很多需求，比如通用名卖不卖。例如，做伞的公司就想买"做伞"这个名字，出多少钱都愿意买，但是其他公司也做伞，一旦卖出这个通用名字，上网的人就找不到其余做伞的公司了。因为 CNNIC 听不到一线用户的需求，合作方 RealNames 当时的做法是，无论什么名字，谁出钱就卖给谁，通用名也卖掉。这一做法让微软十分恼火，微软认为这破坏了它的搜索体验。加之与 3721 的竞争，RealNames 与 CNNIC 的合作并没有带来预期的收入，并且每年还要付给微软收入的 15%。没多久，微软跟 RealNames 的合作就终止了，后者一夜之间清盘，立马宣告破产倒闭。

周鸿祎乘机跑到美国，一方面托人跟微软谈合作，一方面又在找美国的 VC。当时他谁也不认识，只是通过西岸奥美黄勇的介绍，结识了曾经担任微软中国研究院院长的李开复。所以到美国西雅图之后，李开复帮周鸿祎介绍了一个人，去跟美国 VC 及当地的公司进行谈判。周鸿祎还通过不算太熟的罗川牵线，找到微软公司，希望对方将这块业务交给 3721 来做。最后谈下来的结果是：每年 3721 给微软公司几百万元人民币，同时保证提供好的搜索服务。当时周鸿祎就向微软证明，3721 的搜索虽然比不上百度，但至少比 CNNIC 强。这样一来，有电信的合作，再加上微软搜索的跳板也将域名指向 3721，就等于给 3721 的网络实名上了双保险。

CNNIC"杀"进来的同时，新浪、搜狐也成立了企业事业部来抢市场，阿里巴巴也在做这块业务，他们都想抢 3721 的业务，可他们发现，怎么抢也抢不走。

周鸿祎的核心理念只有一个，将心比心。他先是将续费服务全部开放给代理商，让代理商愿意长期追随。所谓续费服务，是指今年用了你产品的客户来年的服务，可以是厂家做，也可以是代理商做，但大多是厂家做了。有的代理商怕厂家突然换掉自己，便采取破坏性销售策略，一下子收客户两三年的钱，如果厂家使坏，那就卷钱走人，留下烂摊子让厂家自己去收拾。周鸿祎索性把续费服务开放给代理商，自己不做这块业务，这样虽然少赚点，但让代理商很安心。

周鸿祎同时要求他的代理商，必须保证业务员至少有一成的收益，也可以到一成五。这样的话，业务员每卖一个网络实名，能有50～70元钱的直接收益，自然很积极。

周鸿祎信奉抢占终端的商业逻辑，在他看来，业务员的大脑就是3721这类产品的最佳终端。他的公司虽然派出大量办事人员，但不设办事处办公室，代理商的办公室就是办事处的办公室，区域代表一上班就去办事处那里接电话，帮着干活，业务员一回来就开会讨论怎么解决问题，帮着做培训。这样，代理商也高兴，多一个人帮自己干活；业务员也喜欢，就算不能解决实际问题，也能得到一些情感上的支持。

周鸿祎虽然很想让代理商只卖自己的产品，但无法做到。经销商有足够的招数应对，自己不卖别家的产品，但可以找亲朋好友来卖，于情于理，你都拿他没办法。因此，周鸿祎不限制代理商卖其他商家的产品，他更多的是采取超市里占领柜台的做法进行操作，占领业务员的大脑，让其首先卖的就是自己的产品。

而且，周鸿祎亲自到一线去解决问题，每两个月就去一趟，去了就召集业务人员开会，听取他们的意见，给他们做培训。别的公司办事人员一两周才去代理商那里一次，周鸿祎的办事人员则是每天都在那里待着；别的公司区域代表一两个月才去给业务员做一次培训，而周鸿祎是亲自去，效果当然不一样。加上周鸿祎给的利润空间大，而且透明，所以业务员基本上都抢着介绍3721的网络实名。这样，即便代理商想卖其他产品，可一看业务员的状态，多半也就放弃了。

周鸿祎不仅抓业务员这一端，对代理商也抓得很紧。他总是亲自给代理商做活动和培训，很多次都是一个人下到一线。周鸿祎每到一地，不免要和代理商吃饭聊天。他酒量不错，但也有喝得不省人事的时候，他的豪爽和激情很能打动代理商。

但周鸿祎自己认为，这些只是表象，更重要的是，周鸿祎是真的为代理商着想。周鸿祎自己定的规矩是：每三个月要拉着经销商一起开一次会，他亲自给代理商讲课。自己讲多了怕代理商听烦，于是还请其他老师针对经销商的需求来讲，商业礼仪、财务知识、国学之类的都涉及，而且请的都是学者或名流，代理商都很受益。

除此之外，周鸿祎还特别注重团建。他总组织一些能加深相互了解的活动，比如拓展训练，让代理商带着自己的员工一起参加，做完还做总结，不断传播。

不过，周鸿祎认为，和代理商交往最重要也是最基本的一点是说到做到。很多代理商都担心后面的两成提成周鸿祎会扣下来，但到年底，该返的都返了，代理商就全都安心了。

周鸿祎越做越大。2002年，3721的销售额达到2亿元，毛利有6000万元，很丰厚。随着3721的做大，也产生了叱咤江湖的三大代理商：庄良基的厦门书生、刘小光的上海火速及赵旭的苏州世纪金辰。这三大代理商不仅当时称霸一方，之后也不断地搅动风云。

周鸿祎一边建立起稳定可靠的销售渠道体系，一边开始为3721网络实名做各种各样的推广。

周鸿祎向来是市场推广的天才级人物，3721刚一诞生，他就举办过一字千金的竞拍，这是中国最早的关于竞价排名的案例。

3721也是最早利用网络联盟进行推广和宣传的客户端。周鸿祎本人在个人站长中的影响力更是无与伦比。

周鸿祎最早想的推广方式是和电信局合作。用户输入错误或输入的网址不存在时，会产生一个所谓的404页面，周鸿祎想利用这个页面进行市场推广，于是设立了专门的电信合作部门，和各地电信局合作，最终实现用户在输错网址之后会弹出一个指引用户去3721访问的窗口。输错网址的概率虽不高，但因为中国网友的基数很大，因此流量也是相当的惊人。

其次，周鸿祎和一些共享软件合作。周鸿祎本身是写软件出身的，

3721 也可以归结于共享软件的行列。周鸿祎知道，这些共享软件都有很多忠实的用户，因此就去找这些共享软件合作，请他们帮着做推广，并付以一定的费用。这也就是后来常说的插件推广。

周鸿祎也和一些流量很大的个人网站合作，给他们一些费用，让他们帮着做弹出窗口广告。3721 网络实名的弹窗虽然设计了是否跳过的选择，但一般用户无法正确操作，因此弹窗总是不断地弹出，老是关不掉。

周鸿祎还与百度一起争夺 IE 的地址栏。这是一个重要阵地，一旦占领，等于有了一个很好的流量入口。当时双方都有流量压力，因此对这个兵家必争之地，争夺得相当激烈。

周鸿祎找到百度，向李彦宏证明，3721 做的事与百度的业务并不冲突，百度是搜索，3721 只是一个名字服务。如果双方合作，3721 还能给百度搜索带来流量，作为流量提升的交换条件，周鸿祎希望在百度搜索框前面放一条 3721 的链接。在百度早期甚至到 2004 年之前，搜索的流量一直是困扰他们的问题。在取消与新浪、网易等门户网站合作之后，百度搜索也没有卖起来。但是这次谈话并没有让李彦宏动心。李彦宏在分析 3721 的商业模式后得出一个结论，3721 最终会走向搜索这条路，百度与 3721 必然是一种竞争关系，因此双方没有谈成合作。

事情没有完，李彦宏在分析 3721 的流量为什么那么大时发现，这有赖于客户端，百度也可以做这样的事。于是，百度推出了一个客户端，叫百度搜霸，加入抢夺地址栏的阵营，原先 3721 与 CNNIC 的两方对战升级为三方争霸。当时 CNNIC 与百度在这块市场上的规模都比较小，3721 一家独大，因此前两者联合起来，在用户的电脑里阻止 3721 的网络实名。

多年以后，周鸿祎对 3721 做过反省，认为 3721 有两大难以抹去的污点，其一是安装插件这种方式对用户造成过多的打扰；其二便是跟百度、CNNIC 互删软件，故意将软件做得难以卸载。

不过，这种蛮荒时代的推广方式后来被无限制地放大，并被诸多草根出身的创业者所追随。若干年后，周鸿祎自己痛陈，这主要归结于三点：急于求成、没有经验、缺乏对用户体验的深刻认识。

"闪电计划"让百度在中文搜索中"咬住"了谷歌

百度和3721之所以兵戎相见，很大程度上在于百度这家1999年年底创办的企业，在2001年也刚刚完成了自己商业模式的调整，把自己的客户从有限的门户网站调整至广大的中小型企业主，2002年正是它最关键、最重要的年份。想不到的是，它与3721狭路相逢了。

百度一开始的商业模式是向门户网站提供搜索引擎服务。2000年5月，百度卖出第一套搜索服务，每年8万美元的服务费，买主是硅谷动力。这是一场关联交易，因为百度的投资人也投资了硅谷动力。1999年年底，硅谷动力急于扩张，一下子拿出了1000万美元的投资。

2000年9月，因为按约6个月内写出了搜索引擎，百度得到第一个投资商明德投资（Integrity Capital Partners）的认可，明德投资由此推荐德丰杰联合IDG向百度投资1000万美元，这让百度有了充裕的"过冬粮草"。更让人高兴的是，到2001年夏，ChinaRen、搜狐、新浪等中国主流门户网站一个接一个地采用了百度搜索引擎。

对此，李彦宏不但不高兴，反而忧虑起来："当时互联网泡沫已经破裂，大家都不愿意花钱。他们说你们能不能便宜点，我说便宜后服务质量就不行了。他们说不在乎质量，只在乎钱。"百度当时有员工几十人，靠出售搜索技术为主，卖得再好也难以盈利。李彦宏想，百度是不是该改变自己的商业模式了。

李彦宏和徐勇想到了做中国的Inktomi之外的第二个点子，是模仿一个在波士顿名叫阿卡马伊科技的分布式内容存储解决方案提供商，通过临近的服务器引导网络流量以加速下载。不过，这个方案并没有在百度上取得成功。

百度由此开始了第三次转身，他们继续模仿一家叫 Verity 的硅谷公司的商业模式，把搜索和资料管理服务一同卖给大企业，但这个商业模式同样没能取得成功。

在企业级市场没有能取得应有的份额后，李彦宏决定改变百度的商业模式，向谷歌学习，一头扎进消费市场，获取来自线上广告主的付费搜索。不过，李彦宏对此进行了改良，他并非完全学习和借鉴谷歌的关键词广告销售的做法，而是力推自己的竞价排名。按照李彦宏的说法，百度是借鉴 1998 年创办的 Overture 的商业模式。但这只是百度一时的官方辞令而已，自此之后，百度走上了一条学习和超越谷歌的漫漫征途。

百度公司真正开张是在 2000 年 3 月，除了财务、出纳、行政全是技术人员，李彦宏和徐勇兼做销售，专职的技术人员有 5 人，分别是刘建国、雷鸣、郭耽、崔珊珊、王啸，此外还有段晖等没有毕业的学生。不是不想多招几个技术人员，李彦宏感叹，无奈国内真正懂搜索引擎技术的人才太少，只好一边干，一边培养。

李彦宏的新公司选址在北大资源楼。这个地方紧邻北京大学，和中关村隔四环相望，非常适合技术创业。北大资源楼刚好余下两间房，420 房间在楼道的转角，面积大些，适合技术人员集中办公；406 房间正好在楼道的中间，不到 20 平方米，李彦宏就把财务、行政安排在这里。李彦宏自己的办公室设在 420 房间靠窗的位置，从窗口斜望去，他当年在北京大学读书时住的 43 号宿舍楼一览无余，每到晚上，43 号宿舍楼的灯光总能勾起他对大学生活的无限回忆。

2001 年 8 月，baidu.com Beta 版上线，百度大摇大摆地把谷歌清爽的首页页面模式用在了它的新网站上，使用更加简洁明了的白底搜索盒,加上一个看上去像狗爪子的印记。中文的狗,听起来有些像谷歌这个词后一音节的发音,不过李彦宏矢口否认两者之间有任何的关联。

这个时候,谷歌进入中国已经一年了。一个统计数字表明,谷歌在 2000 年 9 月推出中文版后,到 2002 年,中国至少有 500 万名网友使用过谷歌。

2002 年年初,百度公司搬到了更加宽敞的海泰大厦,地方大了,人也多了,但也更紧张、更忙碌了。按照李彦宏的意见,以雷鸣为首的"闪电计划"成员必须在 9 个月内"让百度引擎在技术上全面与谷歌抗衡,部分指标还要领先谷歌……"。

雷鸣是北京大学计算机专业 2000 届硕士毕业生,是刘建国的学生,在学校的时候就小有名气,是一个搜索引擎方面的天才。

雷鸣的"闪电小组"很快行动起来了。按照李彦宏的要求,"闪电计划"完成后,百度的日访问页面数量要比原来多 10 倍,日下载数据库内容比谷歌多 30%,页面反应速度与谷歌一样快,内容更新频率全面超过谷歌。

"闪电小组"的成员们除了在技术上有巨大的革新,还有了新发明,他们买了一部遥控玩具汽车,把需要交换的磁盘和文档放在玩具汽车上,谁需要什么,就由玩具汽车运过去,省了不少腿脚功夫。还有人买了滑板车,用来去财务室报账。"闪电小组"忙中取乐,一团火热。

百度"闪电计划"当然不是一群技术天才闭门造车,更多的是一个中国互联网历史上重要的基于用户行为自发改进产品的项目。

俞军作为百度当时唯一也是第一个可靠的产品经理,由此进入公众的视野。

俞军是一个疯狂的搜索引擎爱好者,在新浪搜索论坛里有过很多发言和文章,是搜索爱好者中表现最突出的。要找搜索引擎产品经理时,百度的王湛自然想到了俞军。

百度给俞军的正式头衔是产品市场经理，大概是面向市场做搜索引擎产品的意思。

在那个时代的互联网行业，在当时规模很小的百度（俞军加入时百度的员工一共才30多人），其实谁都分不清产品经理和产品市场经理的区别，当时百度内部也普遍直接叫"产品经理"，俞军一个人做了除研发外的所有搜索引擎产品相关工作。

当时还有个主要做媒体PR（公关）的市场部，由毕胜领衔，除了有时请俞军撰写或修正产品宣传稿，跟俞军的工作并无重叠。百度对用户产品的市场推广投入一直很少，印象中直到2008年某个季度与谷歌打得不可开交时，也只批了几万元人民币的预算，发展主要是靠强市场需求下的产品自然高速增长。

初到百度时，俞军向Robin汇报工作，后来换过几次汇报对象，包括COO朱洪波、CTO刘建国、Robin、CTO李一男。不过，汇报给谁都不影响产品工作，因为那时百度强调的文化一直是"用户需求驱动"（百度上市时的企业文化专刊《简单》杂志还在提这一点），只要产品经理确定了哪些是用户更需要的，在技术、法务、成本上可行的前提下，一般就会做，争议很少。

"闪电计划"有很多可圈可点的产品改进和市场策划。譬如当时谷歌搜索不到中文论坛上的内容，但百度可以；教育网是访问不了谷歌的，但可以访问百度；同时百度围绕"闪电计划"，也推出了百万搜题计划这样的市场活动。但俞军的观点是，对于当年百度搜索的产品质量提高和市场增长而言，百万搜题这些显性PR事件不是关键变量，真正重要的是"闪电计划"期间无数小Bug的修复和小Feature（功能）的迭代（其实"闪电计划"之前和之后，百度也一样这么迭代产品，但例会间隔和时间紧张度降低了），是大量迭代导致搜索质量渐进提升，并在某些显性属性上超越竞品的。

当时俞军的主要工作是作为产品经理，站在用户角度发现百度搜索引擎各种不完美的方面，发现诸多竞品各种更完美的方面，发现可能有价值的用户需求，并从用户视角判断所有小 Bug 的修复和小 Feature 的用户价值大小和迭代优先级。俞军认为，那无数小迭代中的每一个都是最有意思的工作，因为它们都能让中国人使用的搜索引擎更好一点点。

2002 年 8 月，雷鸣离开百度前往斯坦福大学深造，李彦宏决定亲自兼任组长，带领小组成员做研发。李彦宏本人在搜索引擎方面是有技术积累的，加之对当时世界的前沿技术非常了解，他的加盟，确实使"闪电计划"的进展速度相比原来有了大幅提高。到 2002 年 12 月，老楼下的那棵老槐树掉下了最后一片叶子，新楼里的"闪电计划"也终于大功告成，一段忙碌的攻坚岁月尘埃落定。

天时也站在百度这一边，2002 年，因为某些原因，谷歌断网了一周，这给了百度一个自然成长的天赐良机。

"闪电计划"的结果是辉煌的，在百度，有人悄悄地删掉了谷歌的链接，理直气壮地使用百度搜索引擎。

毕胜率领百度的市场队伍，白天拜见客户，晚上拜见媒体，开始了推广方面的"闪电计划"。他们要让每一个中国网友明白，中国人自己的搜索引擎，不比谷歌差。

"闪电计划"胜利完成后，公司没有召开"庆功会"。李彦宏带着大家去郊外玩了两次，算是对大家的犒赏。

2003 年夏天，由毕胜策划，由北京某计算机报社主办的中文搜索盲测 PK 中，百度完胜谷歌。百度一下子在社会上赢得了广泛好评，从此走上了上升通道。

代理《热血传奇》，陈天桥"空手套白狼"

在 2002 年，和自己的前合作伙伴闹得不愉快，绕过合作伙伴重新掌握自己命运的公司，除了上文提到的3721，还有盛大。盛大也靠在2002年的转身，为其日后成为影响这个行业的大公司奠定了基础。

2001年开始，国内网络游戏市场上涌现出了不少新开发的游戏，有的昙花一现，有的则一度风靡全国，拥有不少玩家，如《千年》《红月》《龙族》等。但这些游戏的同时在线人数都是以万人为计量单位的，即便是像《万王之王》和《石器时代》这样的游戏，也并没有为东家赚得多少银子。《热血传奇》就是在这个背景下横空出世的。《热血传奇》的发布时间是2001年9月28日，就在前一天，《大话西游》问世。也就是说，中国网络游戏历史上最赚钱、生命周期最长的两个产品前后两天相继发布，真是神奇。

在整个网络游戏产业刚刚兴起的大背景下，陈天桥向其投资方中华网提交了运营韩国游戏《热血传奇》的计划。为此，陈天桥还特意飞往深圳面见叶克勇，以请他同意自己把最初创办的"网络归谷"社区转型为网络游戏运营商的计划。不过叶克勇坚决不同意陈天桥的建议，强势的叶克勇的回答是——陈天桥要么接受中华网的建议，像亿唐一样办成一个"窄门户"，然后获得300万美元投资；要么和他们分手，得到30万美元的股本费。陈天桥"固执"地选择了后者。当然，这种固执由于盛大今天的成功，已经被重新定义为"执着"。

在最终决定的那些天，陈天桥常常和太太在家附近的一座小桥上散步，走来走去，讨论做还是不做《热血传奇》。如果不做，把现金清算掉还可以剩下几百万元，可以再去找工作，拿几万元的月薪，或者两个人一起去美国读书，后者也是一种不错的选择。

最后，他们决定还是做。陈天桥决定用剩下的30万美元来做《热血传奇》的运营。这30万美元的家底，陈天桥在支付了《热血传奇》韩国方面的代理费之后，余下的钱只够给员工开两个月的工资。这时的陈天桥已经孤注一掷把所有的希望都押宝在了《热血传奇》上。

盛大选择牵手《热血传奇》，多少有些偶然。因为盛大最开始做网络动漫，所以和上海市的动漫协会联系较多，还联合搞过一些活动。

当时，韩国游戏公司 Actoz 到上海来寻找合作伙伴，准备推广自己参与开发并全权代理的网络游戏《热血传奇》。Actoz 找到上海动漫协会，动漫协会向他们推荐了盛大。

参加这个会议的是盛大的创业元老瞿海滨，会后他马上向陈天桥做了汇报。Actoz 到中国来寻求《热血传奇》的代理时，和很多大的游戏代理公司都谈过，但没有人看好它。因为《热血传奇》当时在中国台湾只有 3000 人同时在线的纪录，这不是一个有说服力的数字。陈天桥和瞿海滨拿到《热血传奇》之后，连续玩了几天，发现它和其他网络游戏的不同之处在于操作非常简单。当时最火的网络游戏操作都很复杂，因此《热血传奇》不被日韩等国的成熟游戏玩家认可。而绝大多数的中国网友还不习惯复杂的游戏操作，更希望在游戏中和其他人交流、互动。《热血传奇》和陈天桥从创办"网络归谷"社区开始就一直倡导的互动非常契合，因此陈天桥毅然代理了别人都不看好的《热血传奇》，最终一炮走红。陈天桥的眼光真是独到。

有意思的是，陈天桥从来没有公开否定过自己最早的动漫社区想法，也从来没有系统地讲述过自己当时为什么对网络游戏会爆发出那么强烈的信任感。或许，亲身参与玩网络游戏的他感受到了网络游戏的互动性，感到它有着比自己的动漫社区网站更强的"自增长"的优势。而陈天桥这个时候需要的就是通过开展新的业务来获得高成长，因为在互联网业，没有高成长就没有任何机会。

所以，尽管没有任何网络游戏的运营经验，陈天桥还是把所有的财产和精力都投入了这个与自己原来的想法大相径庭的业务上。陈天桥首先做的决定是裁员，公司的员工由原来的 50 人裁减至 20 人。最早的那批人虽然全部留了下来，但他们的工资缩水了。他还进行了部门缩减，只保留为网络游戏运营提供技术支撑和服务支撑的部门。

2001 年 9 月 28 日，《热血传奇》开始公测，两个月后正式收费。很快，游戏同时在线人数突破 10 万人大关，全国游戏点卡销售告罄，资金回笼，盛大安然渡过了创业之初的生死关口，并最终成长为中国最大的网络游戏运营商和中国互联网业内决定性力量之一。

不过,这个案例实在有太多的天时、地利、人和在里面起着推动作用。以电信局来说,当时整个电信体系处于上宽带后线路的空置期,正想着用什么内容来把这些线路利用上;而对服务器厂商来说,这个时候正处于英特尔宣传推广服务器处理器的高峰期,后来成为服务器领域黑马的宝德也正是抓住了这个时机而一炮走红,浪潮、戴尔也不想放过盛大这样的大客户。至于育碧,它本身有游戏分销业务,多一个不多,少一个不少。

当时,各地电信局的IDC(互联网数据中心)业务都是稀缺资源,要想从服务器厂商那里赊机器几乎是天方夜谭。

而之后盛大发生的故事也告诉我们,虽然这个"借鸡生蛋"的极限操作成为盛大成功的开端,但陈天桥足足也花了三年时间才把这个产业链条做实。

和育碧决裂,占领网吧

正如周鸿祎是一个斗士,需要不断地挑战强敌方才能有新的跃迁一样,陈天桥在创业初期,也多是被一次又一次险境逼出生路来的。在传奇般地渡过最开始的运营危机后,盛大马上遇到了与育碧的纠纷问题。

对一个进入游戏运营的时间以月计算的小公司来说,公然与自己的游戏渠道商闹得不愉快并自建渠道,这实在有些冒险。

现在回头看来,这是育碧公司一步荒唐的败招。对育碧为什么会放弃盛大,一种说法是《热血传奇》实在是太成功了,育碧始料不及。《热血传奇》开始公测后很快在线人数就突破10万人、20万人大关。在线人数10万人是一个什么概念?2001年的网络游戏,以在线人数过万人为大作品，10万人就是"天王级"的产品，育碧完全没有准备，根本没有想到《热血传奇》会如此受欢迎。他们准备的游戏点卡非常少，无法满足玩家的购买需求。

比起盛大上下对《热血传奇》运营准备得无微不至，育碧则显得漫不经心，反馈给盛大的游戏点卡销售数据总是滞后，也总是比盛大方面预期得少，造成了很多省市的断货。

另外，育碧给各地经销商一个很长的账期，现金回流的速度非常慢，这更加深了双方的摩擦。在与盛大的结算上，育碧对税费的问题又纠缠了好一会儿，这也给盛大造成很多不愉快。

到2001年年底，育碧出现高层人事变动，新任的领导不愿意承认原来和盛大的合作协议，当然也不愿意把游戏点卡的销售款按约交给盛大。游戏点卡的资金迟迟不能回笼，盛大的利润大受影响，陈天桥决定终止与育碧的合作，自己卖游戏点卡。

陈天桥在决定和育碧分手前夜，由于游戏点卡迟迟未到，成都天府热线下辖网吧的众多网吧业主有组织地自己印了一批纸质的《热血传奇》游戏点卡，这些游戏点卡是经过盛大授权的，本只在成都天府热线所控制的范围内流通，但想不到被串货到远至新疆的其他《热血传奇》盛行的区域。

在中国网络游戏历史上，2001年前后时任天府热线的总经理苗伟[1]是一个值得书写的人物，他力主四川电信局拿出刚刚升级的机房和带宽支持陈天桥的举动，让其赢得了尊敬和赏识，而他向成都天府热线下辖网吧推《热血传奇》的举动，更是让陈天桥茅塞顿开。这的确是一个好主意，网吧是玩家的聚集地，一旦网吧内绝大多数人玩一个游戏，由于从众心理，其他人就会跟着一起玩，这样，网络游戏的社会娱乐性将得到极大的放大。

当时盛大有两个选择，第一是重新选择一家育碧式的公司，双方

---

[1] 苗伟是电信领域里又一位中国互联网业重要推手之一，曾任中国电信副总经理。

进行合作。基于前车之鉴，盛大从最开始就否定了这个策略；第二个选择就是自己建销售网络，但如何建，怎么建？当时的意见非常不统一。成都天府热线的尝试让陈天桥下定决心，以网吧为中心建立销售渠道——以各地的网吧为纵线，以各地的总代理商、分销商为横线，建立盛大自己的销售网络。

当时的网吧中，打局域网络游戏的玩家占大多数。网吧的老板们除了赚点机时费，就没钱可赚了。陈天桥说服这些网吧："用互联网络游戏代替局域网络游戏，你们代卖点卡，大家的收益都会更多。"在现实的利益面前，成都天府热线下辖网吧很快接受了《热血传奇》。仅一年后，这次合作就让天府热线的年度收入翻番。盛大自然也获益匪浅，凭借对一个城市几乎所有网吧的垄断，一举坐上了中国网络游戏运营商的头把交椅。

按照这一思路，盛大开始和各地的网吧协会取得联系，上海、武汉等游戏重镇纷纷落入盛大囊中。在顶盛时期，武汉的上千家网吧里，一半以上的人都在玩《热血传奇》。

到2003年，盛大在国内30余个大中城市开辟了41个服务区，共231组游戏服务器群组，服务器总数超过3000台，所需要使用的带宽超过7000M，有数千家分布在全国各地的网吧分销商。

《热血传奇》在最热门时期，同时在线人数曾经超过65万人。这意味着那时候盛大的付费用户至少为70万人。实际上，有人推测盛大鼎盛时期每个月的现金流高达数千万元人民币，而各地的网吧就像印钞机一样，不断地向位于上海的盛大总部输送利润，以至于在2002年整个中国网络游戏市场9亿多元人民币的总规模中，盛大的收入竟然占了60%。

盛大与育碧分手很重要的一个因素是育碧当时回款慢，拖欠严重。但当时国内基于网络收费恰恰是一个瓶颈，后来被证明非常有效的短信代收费系统虽然已出现，但并不太适合盛大的销售体系；网上银行虽然已经开通，但不适合小额支付，有谁会为了买游戏点卡而在网吧等公众场合输入自己的信用卡号呢？想想都不太现实。

就是在这一背景下，盛大自己做了一个线上销售系统，开发出一个叫作"E-Sales"的网络营销系统，能实现数据信息流和资金流的网上互动，从而把销售渠道直接铺进了网吧，把网吧从一个消费场所变成了销售场所。

这套系统把各地的网吧当作销售终端，网吧老板只要在盛大网站上注册，就可成为盛大在当地的经销商，而玩家也可以在网上直接获取账号。

盛大公司的决定性成功，在于它解决了一直困扰中国互联网业的收费问题。在网吧里玩网络游戏的人数占电脑游戏玩家总数的七成以上，用户在装有盛大系统的网吧里，只需告诉网吧老板需要买多少"时间"，交钱以后，网吧老板就可以在两分钟内把"时间"充值到用户的账号上。

就这样，盛大迅速发展了一批遍布全国的经销商。安徽芜湖次世代网络信息技术有限公司是盛大在安徽的总代理，2001年和盛大接触的时候，这家公司能拿出的钱只有几万元人民币，人员也只有五六个。这家公司作为经销商到上海找了盛大四次，前三次都因为自身的条件不够而被销售经理挡在了门外，但是第四次陈天桥知道了之后，和经销商面都没有见，就答应了——原因是陈天桥认为这个经销商有诚意。现在，这家公司占据了安徽省网络游戏代理市场75%左右的份额，尽管它的办法看上去"很土"——到省内的每一家网吧挨家挨户去推销《热血传奇》。

加入盛大销售系统的网吧最终超过了10万家，每天都有3万家网吧在盛大的电子购物栏里活动。盛大公司的这个系统承担了其整个业务收入60%以上的交易。现款现货，毫不拖欠，每天在这个系统上滚动的资金达到上千万元，称得上是中国最实用的电子商务系统。在盛大其他的游戏点卡销售业务中，经销商也是现款现货交易。

盛大对网吧渠道的发掘，让整个产业链条得以缩短，盛大的价值也就显现出来了。

盛大通吃上下游

盛大的日进斗金，加上对渠道端的开发成功，刺激了陈天桥压抑许久的野心，盛大迅速扩容，一下子买了很多服务器，增加了带宽，让玩家有了更好的体验。这些投资又给陈天桥带来了超乎想象的回报。

进入 2002 年以后，盛大的现金流已十分可观，平均每月增长率都超过了 100%。这时候，陈天桥也有了跟合作伙伴讨价还价的资本，此后，盛大再没有大规模购买过服务器等硬件。陈天桥向合作伙伴说："我不买，我要租。"盛大的扩容脚步越来越快，但花在硬件和带宽上的钱越来越少，基本上以租为主。

就这样，陈天桥逐步掌握了对终端和对电信设备、服务器厂商的控制权，盛大在整条产业链中的地位也越来越凸显。但不论陈天桥怎么腾挪，也不论盛大发展得多么快速，盛大说到底还只是运营商，做的是代理，《热血传奇》虽然大卖，但毕竟不是自己的产品，命运没有掌握在自己手里。

陈天桥很快遇到的问题是给盛大授权的 Wemade 娱乐有限公司对盛大关于（用户）数据库移交的要求。陈天桥很谨慎，他没有移交用户数据库，而是将盛大购买的 Oracle 数据库转给 Wemade 公司。因为双方的合同上虽然有定期转移数据库的字样，但这个数据库可以理解为 Oracle 数据库。

此举让 Wemade 公司无可奈何，但 Wemade 公司也并非善类，他们很快找到了对付和制约陈天桥的办法——私服。

2002年9月,《热血传奇》游戏位于意大利的欧洲服务器上的英文版服务器端安装程序在网络上泄露出来并广泛传播,利用这种安装程序,谁都可以很轻易地在网上架设游戏服务器并向用户提供完整的运营服务。该程序很快流传到国内,大量地区出现了未经授权私自架设《热血传奇》游戏服务器及非法运营网络游戏的情况——这种做法被称作"私服"。

《热血传奇》是当时国内最火爆、最具影响力的网络游戏,所以"私服"出世的消息一经传出,立即震动了整个游戏圈,并随即成为广大业内人士、玩家、网友之间讨论最热门的话题之一。一时间,围绕着"私服出现是好是坏""私服的破坏力有多大""私服对网络游戏产业发展会造成什么影响"等问题的讨论,在各种媒体上进行得如火如荼。

《热血传奇》"私服"开始大部分只是在局域网内设置,比如网吧内部。由于盛大的《热血传奇》是按游戏时间收费的,用户操作的游戏人物一旦"死掉",如果想重新开始,就需要一笔费用,而"私服"则只需基本的上网费用,游戏人物"死掉"也没有损失。所以很多玩家都是选择先在"私服"上体验和尝试,特别是在对地图和怪兽不熟悉的情况下,将"私服"当作一个练兵的场所,有把握后再到盛大官方服务器上玩。这样,盛大的在线人数就被"私服"分流了很大一部分。后来不少"私服"更是开到了公网上,直接抢占属于盛大的最后据点。

盛大出具的资料显示,在正常情况下,盛大预测《热血传奇》游戏最高同时在线人数到2002年10月底应当达到70万人,2002年11月底应达到80多万人,但是由于"私服"的出现,很多私人网吧都推出了免费游戏,从而使2002年10月底的最高在线人数仅为60万人,11月则更低。接踵而至的是更为严重的经销商退货现象,甚至使盛大无法确定公司收入。

"私服"事件的发生，也直接激化了盛大和 Wemade 公司之间的矛盾，并导致了一场旷日持久的商业战争。

盛大对决 Wemade 公司

在 2002 年 3 月前后，Wemade 公司开始对盛大的销售收入数字产生怀疑，2002 年 6 月盛大宣布《热血传奇》同时在线人数突破 60 万人大关时，Wemade 公司的怀疑达到了顶峰。7 月，Wemade 公司《热血传奇》游戏的韩国总代理 Actoz 公司向盛大发出"最后通牒"，并决定单方面停止合作协议。盛大随即做出反击，并以"私服"及外挂问题为由暂扣了游戏的代理费，这其实是盛大手中唯一的武器。陈天桥信奉的是，双方打架时最关键的是"谁捅了第一刀"。盛大的对手手中有"很多把刀"：对手如不提供技术支持，盛大就无法正常运行；对手如不提供游戏新版本，盛大也就撑不下去了。而对于盛大来说，只有一个办法：就是不付钱。

2003 年 1 月 24 日，距离《热血传奇》的合同到期日尚有 7 个月，《热血传奇》游戏的韩国总代理 Actoz 公司突然宣布："由于盛大网络连续两个月拖延支付分成费，终止与盛大网络就《热血传奇》网络游戏的授权协议。"一纸休书，要断了两家的姻缘。盛大闻讯立即做出反应，在同日发布了《告用户书》，"强烈谴责这种隐瞒事实真相，贼喊捉贼，单方面毁约的恶性行为"，并称事情的主因在于"代理商 Actoz 公司和开发商 Wemade 公司之间自身利益的冲突"。

2003 年 3 月，Wemade 公司更是单方面将《传奇 3G》游戏在中国的运营权签给了光通，而光通此前是一个为盛大托管《热血传奇》游戏的 ISP。光通总裁杨京一夜成名，被无数想在网络游戏市场上掘金的经销商热捧。

与此同时，盛大宣布自己研发的《传奇世界》即将上线。中国网络游戏市场上出现了最富戏剧性的一幕，《热血传奇》《传奇 3G》和《传奇世界》三个"传奇"同场竞技，同样的游戏内涵、同样熟悉的沙巴克城，但对于《热血传奇》的老玩家来说，选择哪一个"传奇"来继续自己的《热血传奇》之旅，成了一道现实中的难题。

来自韩国游戏代理商的责难耗费了陈天桥大量的时间和精力。2003 年，陈天桥有长达 8 个月的时间一直在和韩方谈判。"那年与韩国 Wemade 公司的官司耗费了我 50% 的精力，我们和 Wemade 公司的谈判，最长的一次连续谈过 27 个小时。最后签字的那个晚上是凌晨 1 点钟，他们叫翻译人员到我办公室，说 Actoz 公司的李总想跟我谈谈，我就请他进来了。他说，'陈总，我们所有纠纷的根本是你们赚的钱太多了。'知道这个原因后，那天我终于睡了个踏实觉。"

盛大、Wemade 公司和 Actoz 公司三方关于分成、外挂、"私服"及版权等问题旷日持久的"口水战"和"诉讼战"，直至 2004 年 11 月，以盛大用 9170 万美元现金收购了 Actoz 公司 7 名股东拥有的 29% 的股份，从而成为该公司第一大股东，而告一段落。

用近亿美元换来的，是陈天桥对自己命运的绝对掌控，真心大手笔。但对陈天桥来说，还有什么比被别人掐住喉咙更难受的事情呢？

周云帆、杨宁兄弟情深

2002 年，在陈天桥为获取自己命运的主动权而苦苦努力的时候，有一个人也在做着类似的事情，这个人叫周云帆，时任搜狐公司的总经理。他在这一年 3 月离开了搜狐，和自己多年的好友杨宁一起创办了空中网。原因无他，虽然周云帆在搜狐身居高位，但还是希望自己能完全掌握自己的命运。

周云帆的人生，可以用康庄大道来形容。

1992年，从北京八中考入清华大学之后，周云帆的目标就非常明确——去斯坦福大学深造！1997年夏天，清华大学电子工程系本科毕业证书到手后，周云帆就奔向了自己向往已久的斯坦福大学。

硅谷所获的军功章应该有加州阳光的一半功劳。在这个常年平均气温18摄氏度的地方，大自然以它最恣意的方式存在着。周云帆记忆中的斯坦福大学，似乎从每个窗户望去都有一棵需两人合抱的百年大橡树，还有随处可坐的没有护栏的大草坪。所以一到午间休息，时间不是很紧的话，他就会要一杯Jamba Juice（美国鲜榨果汁品牌），坐在大树下的草坪上，和同学聊聊天；或者自己有一搭没一搭地翻翻书，或者干脆枕着书本躺下，无限贴近草坪，闻着草根和泥土地的味道。再上课，大脑就好像电脑重启过一样，任务栏里所有"没有响应"的任务都消失得无影无踪。

1997年9月，周云帆在斯坦福大学注册入学，遇到的第一个华人就是杨宁。杨宁在童年时随父母从西安移居美国，比周云帆小几个月的他当时已是一个标准的华侨青年，由于都会讲中文，双方一见如故。

杨宁是一个技术天才，在中学期间就编制了许多游戏程序，并在校园内广泛流传。其时，杨宁正在电机工程系那间雅虎创始人杨致远曾经工作过的实验室潜心工作，可谓系出名门。

周云帆在美国期间没有考驾照，他不会开车，杨宁就开着自己的老爷车接送他，两人一起买菜做饭、和朋友撮饭局、看电影，渐成无话不说的死党。这两人从那时开始，一直并肩学习、工作超过10年的时间。他们在联合创办ChinaRen之后又联合创办了空中网，虽然头衔不一，但所占股份完全一样，都是19.8%。杨宁的股权证还放在周云帆的保险柜内，让周云帆代为保管，两个人好得就像一个人一样。

在空中网曾位于腾达大厦35层的办公区内，周云帆和杨宁的办公室格局几乎一模一样，大小完全一样，而且左右紧挨着，他们两个人共用一位秘书。在爱好上两人也一样，喜欢打高尔夫球。

ChinaRen：三人创业团队

斯坦福大学有将近500个学生社团，为了迅速融入新环境，周云帆参加了"斯坦福大学中国学生会主席"的竞选，竞选中他提到的公益活动设想，引起了所有与会者的注意。也许是周云帆的冲劲和热情打动了在场的同学，作为一个标准的新人，他以第一高票当选学生会副主席，并由此组织了"希望工程北美爱心活动"。

就是在这个活动期间，周云帆认识了比他大四岁的陈一舟。陈一舟当时到斯坦福大学读MBA，他帮助周云帆的活动组织人、定战略，杨宁则帮着做网站。三个人想把活动搞得有点影响，所以就决定要从美国有名的华人那里募集捐款，于是去找"百人会"——这是美国100个最有名的华人结成的组织，最终1997年诺贝尔物理学奖的斯坦福大学教授朱棣文第一个捐了款。

到了1998年年底，陈一舟牵头组织"斯坦福大学互联网讨论会"。每隔两三个星期，斯坦福大学的一些中国留学生就聚在一起，一人手里拿着一份商业计划书，坐在草地上七嘴八舌地聊。在温暖的阳光里，思路打开了，集体的智慧源源不断地流淌。虽然陈一舟、周云帆、杨宁当时没能从这里面"过滤"出合意的想法，但是创业的三人核心从此形成。三个有强势背景的人优势互补，创业团队的骨架就出来了。

1999年年初，三个人开始写商业计划书。三个月里，三个人每天晚上从9点钟开始工作，一直到第二天凌晨3点钟。商业计划书完成了，就去找投资商。在硅谷有一条长长的 Sand Hill Road（沙山路）[1]，这里集中了众多的风险投资公司。三个人开着车在这条路上一家一家地找投资商，融到第一笔 20 万美元资金后，在 1999 年 5 月的时候回国把公司建立起来了。

在斯坦福大学的最后一个学期，为了"襁褓"中的 ChinaRen，周云帆、陈一舟、杨宁都不得不做起空中飞人，选课时从最易拿学分的讲座入手，听许多大公司的 CEO 在斯坦福大学举办的讲座，既节省时间，又学到了许多管理实务。

这三个人，陈一舟想创业，杨宁想做互联网，而周云帆则想回国。三个人中，只有周云帆是坚定的回国创业派。

周云帆说，在 1997 年毕业的清华大学电子工程系的同班同学中，有 27 个人出国，只有他一个人回国。而让他回国的最重要因素就是家庭，以及一个叫景小海的女生。景小海和周云帆在清华大学读书期间相识。两人确定恋爱关系后，周云帆即赴美国留学，其后周云帆经常打电话、写信与女朋友联系。

在创办 ChinaRen 期间，周云帆曾在自己创办的网站上写下过自己 1998 年回国的经历："当时我女朋友要写论文，讲一个企业的成长。我说我回国后给你讲讲以亚马逊为代表的美国互联网创业概念吧。"为此，周云帆在美国做了一个调研。但在为女朋友讲述完这一概念后，周云帆心里激动难平，亚马逊的成功激发了他回国创办互联网企业的念头。不过，在考察当时中国国情后，周云帆觉得创办电子商务企业不是很现实，于是确定了一个贴近国情的现阶段目标：培养国人对网络的亲和感和国人的网络生活习惯——建立全球华人最大的虚拟社区。先修渠，再引水。

确立了虚拟社区的方向，还需要为它想一个好名字。最后起的名字是一个中西杂交的产物：ChinaRen。没有书写间隔，读法奇特——

---

[1] ChinaRen.com 的公司名沙岭信息技术有限公司中的"沙岭"就是由它翻译而来的。

前半部分为英文发音,翻译过来是"中国",后半部分则是中文拼音,读作"人",让人感到既老派又新锐,还有几分机敏诙谐在里面。真是"佳名本天成,我们偶得之"。"China"加上汉语拼音的"人",简单又全面地体现了周云帆他们的全部理念。

不过,当周云帆说服好友杨宁放弃美国生活、回国创业时,却遭到双方父母的反对。周云帆的父母是知识分子,认为儿子应该留在美国取得工商管理的硕士学位,进而留在美国发展;杨宁的父母则更加反对。不过,又有什么能拗得过三个志比天高的年轻人的创业梦呢?更何况,还有一份金玉良缘等着周云帆呢!

创办空中网

"回到中国后,杨宁因为父母都在美国,一个人在北京很闷,比较孤独。"周云帆回忆说,杨宁的第一个住所是他代为寻找的,是一座位于北京城乡结合部的房子,条件很差。为了不让没有女朋友的杨宁太寂寞,周云帆和景小海出去玩的时候,总带着杨宁。

在他看来,和杨宁创业成功最重要的原因,在于互补的性格带来的平衡。"我喜欢一追到底,对数字敏感,所以负责公司经营方面比较多。而杨宁爱好广泛,对新事物接受快,具有创新思维,负责新业务和投资者关系,这是非常好的互补。"杨宁在西方长大,对西方的产品更加了解,加上周云帆的中国式思维,中西合璧才打造了这对黄金兄弟档,"我们之间的合作也是一种平衡"。

2000年下半年,周云帆他们遭遇了互联网的寒流,经过痛苦的抉择,他们选择和搜狐合并。2000年9月,周云帆和杨宁、陈一舟随着ChinaRen与搜狐的合并进入搜狐的管理层,周云帆担任执行副总裁兼总经理，杨宁担任 CTO，陈一舟任 COO。2002 年 3 月，周云帆和杨宁离开搜狐，创立了空中网；在此之前的 2001 年 3 月，陈一舟已经率先离开，他后来创办了千橡。

周云帆和杨宁创办空中网，与他们在搜狐的经历有关，2002 年一季度，仅仅 3 个月的时间，搜狐短信收入从 10 万元涨到 100 万元，这让已经过了一年约定时限可以自主选择是否离开搜狐的周云帆和杨宁看到了机会。

空中网于 2002 年 3 月 18 日正式成立，半年内获得了 300 万美元的风险投资。2004 年 7 月 9 日，空中网在美国纳斯达克证券市场挂牌上市，前后只隔了两年零五个月，这也创下了一家公司从成立到上市的最短时间纪录。

周云帆创办空中网，还与一个人有关，这个人叫王雷雷。王雷雷和周云帆同是清华大学电子工程系同学，两个人还同爱长跑锻炼，都是学校的体育狂人。两人有不错的私人交情，在空中网最早创办的时候，TOM 上下都帮着空中网招聘适合的人手，在很长一段时间内，周云帆也经常在王雷雷的办公室里出没。

王雷雷也是空中网最早的个人投资人之一，并持有相当比例的股份。2008 年 8 月，从 tom.com CEO 位置上卸任的王雷雷接替杨宁担任空中网 CEO，并增持空中网股份，成为单一个人最大股东。

空中网能迅速拿到彩信牌照及在 2.5G 时代有如此清晰的布局，与王雷雷的支持多少有些关联。

军人后代王雷雷

王雷雷出生在北京的一座军区大院。站在这座属于原总参谋部的院子里，抬眼望去就能看见故宫城墙上朱红色与金色相间的角楼，而故宫的护城河正好从院子后面静静流过。

一个小院能够位于这样的位置，足以说明院子的主人非同一般。王雷雷的爷爷王诤在20世纪30年代曾是红军总司令部无线电台大队长，中华人民共和国成立后又历任当时的军委通信部部长、第四机械工业部部长，1955年被授予中将军衔。

与这一独特背景相比，留给公众印象更深的是王雷雷作为军人后代所特有的强悍作风。王雷雷办公室的大班台上，最引人注目的是一架模型钢炮。

王雷雷本人浓眉大眼，留板寸头，着装整洁，身上的西装总让人觉得不过是他临时换上的便装，无论站、坐、行、动一律身板挺直，颇有军人风范。

王雷雷是一个运动狂人，声称"睡觉是被动休息，运动是主动休息"。他经常到北京天伦王朝饭店5层的健身房，在跑步机上跑几千米，练几百个大力扣球，借此找回兴奋感，补充激情。即便是打高尔夫球这样的休闲运动，他也给人很较真的感觉。

他不仅自己运动，也组织员工野外拉练，4年的tom.com的北京至北戴河员工自行车之旅，他永远是车队领骑。

体力超好、斗志顽强的王雷雷，也把这种作风带到公司，"9·11"之后他48小时的加班故事广为传颂。业界流传的"（TOM公司的人）天不怕地不怕，就怕老王睁开眼"之类的趣闻，无不彰显着王雷雷的战斗做派。

无线江湖中，还有两个人也是清华大学出身。一个是A8的董事长刘晓松，另一个是掌上灵通的CEO杨镭。这两个人加上周云帆和王雷雷，被称为"无线清华帮"。其实还应该算上一个半——一个是搜狐公司的明星CEO、彩信运动最重要的鼓吹者张朝阳，他也是清华大学毕业的；半个则是宋柯，清华大学当年最知名的校园歌手之一，也是前华纳中国的高管之一，创建的太合麦田做的是数字音乐的生意，属于"双栖人类",所以只能算半个。

"清华帮"应该是中国互联网业内第一大派系,坊间也有传说,如果你是清华大学毕业的,那拿到投资的概率要高三成。

有个关于软银亚洲赛富基金合伙人羊东的故事广为流传:羊东有一天从他刚投资完的公司——清华博士方兴东创办的博客中国——在清华东门的办公室出来,看到一家公司是搞网络游戏的,就去敲门,一问具体情况,有兴趣了,再一问,创始人也是清华大学毕业的。这家公司叫完美时空,羊东投了800万美元进去,占了35.85%的股份。9个月后完美时空在纳斯达克证券市场成功上市,软银赛富手中的完美时空股份值4亿美元。羊东本人也是清华大学毕业的。

这个说法在海外另有版本,是这样说的:如果你不认识风险投资人,那就去斯坦福大学读书吧,周云帆他们仨就是斯坦福大学毕业的。

2003 / 时来运转

关于2003年的故事，只有一个主题——"非典"。

2003年3月6日，北京市接报第一例"非典"病例。在此之前，一个叫SARS的"幽灵"已侵入中国多时。"非典"是一种传染性很强、可能使人猝死的严重急性肺炎。更可怕的是，它的病原当时尚未确定，所以被称为"非典型肺炎"。它飞速蔓延，到4月28日，仅北京市就确诊1199人，疑似病例1275人，死亡59人，时任卫生部（现为国家卫生健康委员会）部长张文康和北京市委副书记孟学农因防治不力被免职。一时间，抗击"非典"成为举国上下的头等大事。因为这种病毒传染性极强，所以一旦发生一个疑似病例，当即要进行大面积的整体隔离。

对于主要依靠电脑进行信息传递的中国互联网业，尤其是从事电子商务行业的众多公司来说，"非典"成为它们跃进的开始：这里面有2001年已经开始行动、2002年完成布局、2003年正当大发展时期的3721和百度；还有一直靠网下"走路"，但也结合网上做拓展的慧聪；当当和卓越等网上书店，也有不同程度的业绩提升。

一些新的电子商务公司也由此在2003年创办。这一年，中国人民大学毕业、在中关村跑了很多年柜台的刘强东创办了京东电子商城；上海某医院技术人员张建国，创办了篱笆网的前身无忧团购网。

网易也在"非典"之后"收获"了空缺多年的总编辑——李学凌。时任搜狐IT频道主编、中关村知名记者李学凌在"非典"期间从北京飞到广州，整个航班只有他一人。不过，当李学凌落地出站，看到那辆熟悉的蓝色大号切诺基后，心头一阵温暖，那是丁磊的"坐骑"。李学凌后来创办了美股上市公司欢聚时代，而接替李学凌担任网易总编辑的是《环球企业家》的总编辑李勇。李勇曾经在《南方周末》和《财经》这两个中国优秀的媒体里有过卓绝的表现，今天是在线教育头部公司猿辅导的 CEO。

不过在 2003 年当年，最令人感到意外的是一家叫阿里巴巴的公司。"非典"对阿里巴巴来说，不仅意味着其之前在海内外两条线上所做的关于电子商务的教育和普及工作得到了加速；更重要的是，阿里巴巴内部员工患上"非典"后公司的化险为夷，让其内部凝聚力空前高涨。之前经历过颇多磨难的阿里巴巴，就此完成了从优秀到卓越的内部跃迁。

当然也有因"非典"而导致业绩大幅下滑的公司。以网吧为主要渠道的盛大就遇到了很大的业绩压力，通过互联网提供旅游服务的携程也几乎遭受灭顶之灾。

数字是具有说服力的。根据携程招股说明书中公布的数字，2003 年第二季度，携程的营业额与第一季度相比骤降 42%，经营利润更是下跌上千万元人民币。因此，一直到第三季度的时候，携程仍然在"揪心"地等待着"非典"之后整个市场的恢复。幸运的是，第三季度的业绩回升给携程吃下了定心丸，其第三季度的营业额达到创纪录的 5811 万元人民币，与第一季度相比增长 73%，市场重回高速增长的态势。

中国互联网，尤其是电子商务的中国力量，再一次得到张扬。好日子又来了。

"非典"让阿里巴巴被世人皆知

很多年后，提起 2003 年的那场"非典"，马云的心情仍会很复杂。他应该感谢"非典"，如果没有 2003 年的那场"非典"，就很难有今天的马云；但他又很难对灾难说"谢谢"，因为这场灾难带来的后果是惨烈的。

虽然现在市面上关于马云的图书非常多，但对马云，这个个子瘦小、骨骼清奇、拥有良好口才的前英语教师，却鲜有真正审视和观察其内心之作。比如，对于"非典"，马云究竟如何看待？

尽管包括马云在内的电子商务业内人士都不承认"非典"其实是电子商务的大机遇，但事实确实如此。由于到这一年的6月24日，世界卫生组织才撤销对北京的旅游警告，所以2003年3月至6月，基本上大半个上半年，整个中国的商业活动陷入一片混乱之中，特别是一些平时客流量就不大的零售点，很多都被迫关闭。不过对电子商务行业来说，这却是极大的利好，对阿里巴巴来说，同样是大利好。

2001年及接下来相当长的一段时期内，阿里巴巴在国内沉寂的同时，一直积极地在国外扩大自己的影响力。这种努力的最高峰出现在2003年，在伊拉克战争爆发之前，马云认为他找到了在西方世界扩大影响力的最好时点，他要把已经将目光投向中国的西方商人拉到阿里巴巴这个工具平台上来。于是，一向不太在市面上投放广告的阿里巴巴破例在CNBC（美国消费者新闻与商业频道）投放大量广告。

马云投放这些广告的出发点在于，经过一年多的运营，他已经对自己的产品有了底气，现在需要的是用国外的买家来带动国内对中国供应商的认可。

从事后的效果来看，预期的效果达到了。而且，在阿里巴巴投放广告的时候，中国国内出现了"非典"疫情。

在业务方面，"非典"在客观上造成了中国几乎所有外贸企业和它们的国外客户之间的面对面联系中断。在2003年上半年，这种联系几乎完全依靠电子邮件、电话和网上即时通信工具来维持。这种客观条件的阻碍虽然不能直接推动国外客户转向阿里巴巴，但无疑成为电子商务的一个有力的推动点——可能有无数的中国中小型企业和它们的国外客户被迫采用互联网工具，进而它们会很快发现——"哦，原来我们还可以这样做生意"。而被"催醒"的国外客户也许在发完一封电子邮件以后,看了一眼一直播放伊拉克战争实况的电视,阿里巴巴的广告又正好出现在他的视线内。于是,他的下一封电子邮件也许就是催促他的中国供应商去看看"阿里巴巴到底是怎么一回事。"

不仅是商家,政府也加大了对电子商务的推广和宣传力度,媒体上关于电子商务的介绍也多了起来,包括阿里巴巴在内的诸多为中小型企业服务的厂家都感受到了社会的推力。阿里巴巴的内部统计资料显示,在"非典"肆虐的2003年第一季度,其网站的注册用户增长了50%,点击量增长了30%。有最直观感受的是阿里巴巴的一线业务人员。在此之前,他们去拜访客户的时候,做的第一件事情就是介绍自己。比如,首先介绍自己来自阿里巴巴,然后介绍阿里巴巴是什么、做什么、怎么做。但在"非典"之后,这种介绍就不需要了。因为每当业务员一说自己是阿里巴巴的,对方多半会说:"哦,阿里巴巴啊,我知道啊。"这就意味着对方已经了解并试着信任阿里巴巴了。一切生意的前提都建立在相互信任的基础上,有了信任基础,阿里巴巴的业务开始进入爆发期。

杭州四例"非典"病例,阿里巴巴有其一

就在阿里巴巴的业务迅速增长的时候。让阿里巴巴和马云措手不及的事发生了——他们的员工中出现了一例"非典"病例。

阿里巴巴总部所在的杭州并非"非典"的重灾区,甚至是防范措施做得最好的城市之一。整个杭州只有四例"非典"病例,但阿里巴巴的一位员工,正好是这四例之一。

阿里巴巴的这位员工是因为参加2003年广交会而染上"非典"的。

当时，阿里巴巴的中国供应商项目承诺要帮助它的客户参加各种展会，展示客户的产品和资料，其中当然包括中国最大的外贸展会——广交会。尽管当展会开幕的时候广州已经被确定为疫区，但考虑到客户的需求，阿里巴巴还是派员工前往广州参加了这次广交会。这位员工从广州回来后本可以休息，但她认为自己的工作没有做完，所以主动回到公司加了一会儿班。

很快，这位员工被确诊为"非典"患者，同时，整个阿里巴巴也迅速被杭州市政府确定为重点防控对象。公司办公区域被完全封锁，几乎所有员工都被隔离在家，整个阿里巴巴陷入混乱和恐慌之中。

对于隔离问题，理论上像阿里巴巴这样的电子商务公司是可以用在家办公的方式来解决的，但问题是没有一家中国公司在这方面有相关经验。因此，2003年"五一"长假结束前一天，已经得知公司被重点防控的阿里巴巴所有高层都忙着整理通讯录，安排电信部门给员工的家里安装电脑、宽带和通信设备的时候，没有人知道阿里巴巴能否渡过这一难关。

众所周知，阿里巴巴是一家电话销售业务量巨大的公司，可要把所有的业务都分配到被隔离员工的手中，还是存在很大风险的。

更大的风险在于被隔离员工的心理波动。阿里巴巴中有相当比例的员工是家在外地的单身员工，他们多半租住在一些偏远的农房里，有的房间甚至没有窗户，仅仅是一个睡觉的地方。在隔离期间，每个农房的门口会站上一名警察和一名社区工作人员，水、食物都由他们送到房间内，员工的活动范围仅限在房间内。因此，他们能不能安全度过整个隔离期而不产生心理问题，还是未知数，更不用说完成当时持续增长的业务指标了。

阿里巴巴本身也承受着巨大的社会舆论压力。由于阿里巴巴的员工感染上"非典"，于是"为什么要在此时派员工去广交会"的声音，成为外界对马云的主要指责。马云甚至为此专门写了一封给"阿里人"

和"阿里家人"的信,主动承担了责任。信中流露出了马云的无奈和无助。

正如财经作家郑作时所指出的:"几乎所有的条件都指向阿里巴巴将面临一场灾难——错过业务发展的高峰是一场灾难,因为员工出现问题导致业务流程被迫中断也是一场灾难,出现大规模员工抱怨的情况造成人心涣散同样是一场灾难,包括他们的领袖马云。"

然而,这一切都没有成为事实。阿里巴巴在这个过程中没有也不可能招人,甚至没有多少客户知道阿里巴巴处于完全隔离的状态——阿里巴巴给客户的感觉是完全处于正常的状态。

即便是现在,人们依然很难理解和解释当时阿里巴巴是怎么渡过这场灾难的。勉强可以找到的解释是,这本来就是一家为人提供互联网技术服务、本身具备远程协作能力的公司,它在应对这种远程协作环境方面的情况时有先天的优势。

这种对先进技术的掌握,让阿里巴巴在灾难面前能更好地传递彼此之间的相互激励。有一个细节事后被不断提起:为了解决单身员工独处时的心理问题,阿里巴巴甚至利用网络举行过好几次公司范围内的卡拉OK大奖赛。

"非典"正好成为一个高度凝聚人心的时刻。面对灾难,这家公司仿佛重新回到马云怀揣50万元带领团队在湖畔花园创业时那种既悲壮又励志的激情之中。

"非典"带给马云的另一个收获是,"非典"前被马云秘密安排的一支小分队,正好在"非典"期间被隔离了,这个团队抓住这段时间,研究推出了淘宝。

从某种程度上说,阿里巴巴是一个典型意义上的"非典"宝宝——"非典"让这家成立仅4年的互联网公司完成了蜕变。

这也就可以理解,为什么之后的马云和阿里巴巴能那么有底气。经历过华星时代创始人风波、回到中国及"非典"的考验,马云领导的阿里巴巴团队十分团结。很难想象其他互联网公司会有这样的"偶遇",别说互联网行业,就算放大到整个中国工商业,阿里巴巴这样的案例也并不多见。

eBay 买单,邵亦波成功套现 6 亿元

就在阿里巴巴踌躇满志地用淘宝进军 C2C 行业的同时,全球最大的 C2C 公司 eBay 在 2003 年 6 月 12 日也宣布了它的新动作:以 1.5 亿美元收购易趣 66.6% 的股份。在此之前,eBay 已经用 3000 万美元换取易趣其余的股份。

相对应的是,作为易趣创始人的邵亦波成功退出。粗略估计,邵亦波大概有公司 30% 的股份,以易趣最后一次被收购时的股价计算,他套现时的身家应该在 7000 万美元左右,按当时的外汇牌价折合成人民币,大概是 6 亿元。4 年时间(1999—2003 年),邵亦波从白手起家到身家 6 亿元,可以说是一个值得被载入中国互联网发展史的案例。

邵亦波出生于上海。上海从来都不缺优秀人才,但从履历上看,邵亦波是其中较神奇的一个。

邵亦波从小的理想是当一名数学家。他的父亲是中学数学老师,在他上小学前就开始训练他做数学题。小学五年级时,他获得上海市数学比赛的第一名,当时他觉得自己除了数学,别无他求。

上了中学之后,几乎每个周末都有数学竞赛,有时是上海的,有时是全国的,邵亦波"大小通吃",而且都能拿到一等奖,因此他在全国中学数学界小有名气。他的绰号包括"大头神童""活人计算器"等。

1991 年,也就是邵亦波 17 岁的时候,他获得了哈佛大学全额奖

学金，得以跳级（免读高三）进入哈佛大学本科读书。据说，他在写给哈佛大学的申请信中除了提到关于家庭、友谊和职业方面的期许，还提到了他的人生梦想——在中国创办一家国际化的大公司。

邵亦波是中华人民共和国成立以来第一个获哈佛大学全额奖学金的中国人，也是该届所有新生中获全额奖学金的四人之一。1995年，邵亦波以"最高荣誉"毕业——在哈佛大学约1600名应届毕业生中，只有名列前12的优秀生才能进入"荣誉会"，邵亦波是这12人中唯一一个中国人。

也许是因为祖父是一名银行家，从哈佛大学毕业后，邵亦波的兴趣早早地转向了商业，他同时收到了麦肯锡和波士顿两家咨询公司的聘书——它们是美国知名的两家咨询公司。

去波士顿咨询公司面试那天，邵亦波没做什么准备。他只记着父亲的那句话：让他们了解真实的你。所以在面试时，他的举手投足、一言一笑都显得十分自信、洒脱而又单纯。几天后，邵亦波在众多竞争者中脱颖而出，得到了令人艳羡的工作。

邵亦波在波士顿咨询公司工作的两年，被公认为是公司"最优秀的雇员"之一，获得进入哈佛大学攻读MBA的资格。在哈佛大学进修期间，邵亦波认识了同样在哈佛大学学习公共关系专业、在中国台湾曾以高达780分的托福成绩打破世界纪录的"英文小魔女"鲍佳欣。鲍佳欣曾出版过二十几本书，还是著名的电台节目主持人。两个人迅速坠入爱河，但鲍佳欣很快毕业，返回中国台湾，这时，他们两个人之间的距离是万里之遥。由于种种原因，邵亦波很难去中国台湾，于是他们每天都通电话。有一次周末，他们将约会地点选在中国香港。邵亦波用了24小时坐飞机从波士顿到中国香港，两个人相聚48小时之后，邵亦波又坐25小时的飞机回到波士顿。

在邵亦波回国创业之后，他们每天晚上仍然打1小时的电话，每个月的电话费都要1万元人民币左右。2001年，邵亦波和鲍佳欣在上海结婚，证婚人是时任上海市副市长的周禹鹏。

回看邵亦波的履历，在哈佛大学念书的大一和大二中间的那个暑假，邵亦波曾在美国高盛投资银行打工。高盛、摩根士丹利和美林是世界最大的三家投资银行。高盛总部设在华尔街，分公司则遍布全球。邵亦波把自己的暑期一分为二，前面一半在纽约总部学基础能力，后面一半到中国香港实地考察亚洲经济危机。

本科与MBA之间相隔的两年时间，邵亦波在波士顿咨询公司的工作是帮助大企业解决策略问题。除了高薪，这份工作吸引邵亦波的点是，因为他对商业一窍不通，而咨询公司的要求是有能力、头脑聪明，不一定要有很深的资历，这种热门的工作可以让他接触到各种行业和各种策略问题，从而为他提供锻炼与学习的机会，并实现人脉的积累。

1999年，互联网大热，邵亦波的背景又这么好，于是他很容易地拿到了创办公司需要的第一笔钱。邵亦波有一批强有力的支持者，海外及国内的投资人共为他的新公司（易趣）筹集了60万美元的种子基金，投资人中包括瑞士信贷银行和IDG。

由于这笔60万美元的钱要等上一段时间才能到账，因此在易趣刚成立的几个月里，用的都是邵亦波的积蓄。这笔积蓄本来是要先还所欠波士顿咨询公司的债的——那是他去哈佛大学攻读MBA时波士顿咨询公司付的9万美元学费。但邵亦波没有这样做，而是拿这笔钱招人做事情——他要创办易趣。

邵亦波创办易趣，被称为"着魔"之下的决定。早在1996年6月，邵亦波就帮新加坡政府做过一个调查，调查的结果是当地不适合做电子商务，但同时，邵亦波判断在中国做电子商务一定行。1999年6月，邵亦波一毕业就辞掉了工作，飞回上海，于是有了易趣。

"大头神童"回国创业，而且还是做互联网，这在上海多少激起了些许波澜，让很多上海人开始用另外一种眼光和视角去看待互联网。除此之外，邵亦波的贡献还在于他的言行对整个中国民众自我意识觉醒的巨大推动。邵亦波在接受记者采访时说过的一段话很有见地："人生来不是为了工作。没有谁在临终的时候,会后悔没挣更多的钱。我喜欢自己天真一点。"

邵亦波喜欢说的一句话是:Follow Your Passion,做自己想做的事——不要看到某些行业热就去做,要做自己喜欢做的事。这点从他创办的交易网站的命名上就很能体现,"易趣"——交易的乐趣。关于易趣,邵亦波在他的公司简介上这样写道:"易趣网是中国第一个综合性网上个人物品竞标站。广大网友可以借助它来出售或购入任何物品。大到计算机、彩电、电冰箱,小至邮票和电话卡。你也可以通过它来结交新的朋友,比如有着相同兴趣的收藏爱好者。"

易趣,一个和 eBay 有着一样定位的电子商务网站。对于一位"海归"来说,用最快的速度学习一个海外成功大公司的网站经营模式并迅速本土化,基本上是他们那类创业者的通行规律,而且在现在看来,成功率也极高。

易趣发轫于上海郊区一栋一室一厅的小公寓里。七八张小桌子、五六个人、十几台电脑。杯子里会冒出烟丝,卧室里总有一张床留给通宵加班的人,屋子里通常是汗臭味和昨天晚饭的酸臭味混合在一起的味道。

1999 年 11 月,邵亦波又拿到了 150 万美元投资;2000 年 10 月,邵亦波再次拿到了为数 2050 万美元的风险投资。在拿到这笔风险投资时,险些就要发不出员工工资,其间发生的故事很是惊险。

那时候,为易趣投资的风险投资团队的领头人是一家欧洲公司的老板,他原本有让自己公司上市的打算,但互联网糟糕的行情使他取消了上市计划。当时,邵亦波在《华尔街日报》上看到了这个消息,这使他看到了融资的希望,立刻与几个朋友商量如果对方打电话来说不再给他们投资应该怎样应对。大家商量的结果是,首先让对方因为没有如约为易趣投资而产生内疚感,其次是将他预投的资金减半。

果然,在消息公布两天后,邵亦波在北京出差时接到了对方打来的电话,他按照准备好的方案说服了对方。这是一个运气引发的事件,但易趣把握住了,生存了下来。事后,邵亦波将"模式、团队、执行、运气"四点归纳为一家公司生存和发展必备的四个条件。

不可否认的是,邵亦波的成功中有很大成分在于他有着很好的投资人关系,这似乎是具有海归背景的互联网创业者的独特优势。坊间甚至流传着这样一个"笑话":同为哈佛大学校友的惠特曼在投资易趣之前,给9个硅谷的风险投资家打过电话,结果得到同样的回答——易趣很不错。后来,惠特曼才发现,这9个人都是易趣的投资方。

钱不断地进来,易趣也由此不断地搬办公室。他们先是搬进了上海南京西路1168号中信泰富广场25楼,这是一处面积达1000多平方米的办公室;然后,他们占据了中信泰富广场两层楼作为办公室。

在中国的C2C领域,易趣最早的主要对手是雅宝——一家由连邦的苏启强、吴铁联合创办的C2C网站。邵亦波和苏启强见过很多次,谈过很多次合作,也有很多共识——他们都觉得C2C潜力很大,但做起来很难,任重而道远。邵亦波也承认苏启强有很多在中国做电子商务的经验,但他们之间的合作没有成功。很快,雅宝退出市场,苏启强远离互联网,邵亦波成为"寂寞英雄"。最厉害的时候,易趣曾经占据中国整个市场80%的份额,不过,这是建立在淘宝没有"杀"进来的前提下。当然,淘宝迅速发展的时候邵亦波也已经离开易趣。

携程和沈南鹏的出色亮相

邵亦波和易趣的故事提升了上海在整个中国互联网业的地位。值得一提的是,在所有关于互联网和上海的故事中,还有一个精彩的故事是关于携程的。在这家公司的四个创始人中,有三个在上海长大,另外一个在上海念的大学。这四个人有三个来自上海交通大学,一个来自复旦大学,这是两所知名高校,其学生中也出现了很多上海互联网业的牛人。

美国东部纽约时间2003年12月9日上午10时45分,也就是北京时间9日晚11时45分,携程旅行网在纳斯达克证券市场正式挂牌交易。

是日,这只发行价为每股18美元的中国互联网概念股,以24.01美元开盘,并以33.94美元的价格结束全天的交易,比发行价上涨88.56%,一举成为美国资本市场三年来首日表现最好的IPO。上涨还在继续,到12月12日收盘时为止,在第一个交易周内,携程的股价已经比发行价抬高了118%。

此时,携程的年营业总额为人民币1.73亿元,净利润为人民币5381万元。

虽然此前,业界普遍把携程列为最有可能重返纳斯达克证券市场的中国互联网公司之一,但与如日中天的盛大网络及腾讯相比,带有浓厚传统商旅服务色彩的携程,显然并非最大的热门。如果要追溯到搜狐的隆重登场,那更是1245天之前的事情了,在这漫长的晨昏交替中,纳斯达克证券市场再也不曾为中国互联网公司把门打开。

携程能成为第二拨中国互联网上市公司中的第一家公司,携程的CFO也是创始人之一的沈南鹏功不可没。

1967年,沈南鹏出生在浙江海宁——一座有着6000多年历史的文化名城,这里出过王国维和金庸这样的文学大家。沈南鹏在别人眼中是个神童,中考满分600分,他的成绩是594分。沈南鹏还拿过全国数学竞赛的一等奖,和那个时代很多人的梦想一样,沈南鹏小时候的梦想是做一位数学家。

不过,沈南鹏于1989年从上海交通大学毕业、考入美国哥伦比亚大学数学系念研究生后,他越来越意识到,自己其实不适合做数学家。

沈南鹏心中思量，如果不做数学家，是不是还有其他领域可以把自己的数学才能发挥出来。而在此时，一位成绩平平，甚至多门功课都没及格的中国留学生却进入了华尔街工作。这让其他留学生们议论纷纷，开玩笑说华尔街"门槛低"。知道沈南鹏想转专业的朋友于是建议沈南鹏也去华尔街，沈南鹏认真考虑了这位朋友的建议。

这时候的沈南鹏，从来没有看过一张《华尔街日报》，这对一般的美国人来说是无法想象的。美国人从小就在资本市场里长大，不少人十五六岁就炒股票，二十岁就自己开公司。而像沈南鹏这个时代的中国留学生，大多没有什么商务经验。不过，这并不重要，重要的是沈南鹏知道自己要什么。1990年，沈南鹏从哥伦比亚大学退学，很快，他就出现在耶鲁大学的校园里，成为商学院的一名MBA学生。

1992年，沈南鹏从耶鲁大学商学院毕业后，进入花旗银行的投资银行部工作。据说，花旗银行的面试官中有一位从斯坦福大学数学系毕业的博士，他给沈南鹏出的是一道智力题："一家赌博公司计划在当季NBA的每场比赛中下注猜赢家，猜中了赌本翻一倍，猜错了血本无归。如果赌博公司要求你在总决赛时仍留有1000美元的赌本，那么，当季的首轮比赛应该下多大注？"而这正撞到沈南鹏的枪口上，后面的故事顺理成章——本来就有耶鲁大学的MBA学位，又有超强的数理分析能力，那么，请进吧。

1990年年底，在沈南鹏进入耶鲁大学时，上海证券交易所挂牌成立。1991年7月，深圳证券交易所成立。1992年，沈南鹏进入华尔街，而此时的中国企业正在寻求融资渠道上的突破。1992年10月，华晨中国在美国纽约证券交易所挂牌上市，上市第一天即成为当日纽约股市交易最活跃的股票，在整个大盘走低的情况下，股价一日内上涨了25%。作为第一家在海外上市的中国企业，华晨中国让海外投资人充满了预期。

这一切在潜移默化地改变华尔街对中国市场的重视程度，也在影响着沈南鹏的命运。1994年，拥有耶鲁大学MBA学位、曾在华尔街工作、又是上海人的沈南鹏被广泛追逐，成为投资银行开拓中国业务的猎头对象。

1994年，沈南鹏来到中国香港，代表美国证券公司雷曼兄弟公司，负责在中国的项目。其后，随着沈南鹏升任德意志银行投资银行部最年轻的董事，成为其全球资本市场中国部的主管，他的内心又产生了一个疑问："投资银行有同质化的问题，今天财政部要来发行债券，美林可以，高盛可以，德意志银行也可以，有区别吗？我能不能做一些别人不能做的东西？"1997年，德意志银行作为牵头银行，为中国在欧洲发行5亿马克的债券——这是沈南鹏引以为豪的一单成绩。

不过，沈南鹏人生最成功的一次投资是在1999年，与两位上海交通大学的校友——季琦、范敏，以及复旦大学的"天才少年"梁建章组成了一个团队，开始创办携程。

在创办携程之前，沈南鹏已经以个人名义做了一些投资。沈南鹏曾一度使用一张印满其投资项目的名片，上面罗列着包括安氏互联网安全系统有限公司、深圳市引擎生物网络有限公司在内的一些公司，沈南鹏是这些公司的董事。至少在今天看来，这段投资史被隐没，证明沈南鹏并非外界所见的每每点石成金。

在接受媒体采访时，沈南鹏同样承认，携程在2000年3月从软银获得融资时压力很大：看不出公司未来能发展到多大，甚至不知道怎么从外界借鉴商业模式，是否应该做点儿订酒店之外的事情……直到2001年，携程每个月的订房量达10万间时，他才确定这是个可以赚钱，甚至可以赚很多钱的商业模式。

携程的成功让沈南鹏完成了个人的一次升级：创立一家市值上百亿美元的公司，让无数正确或错误的决策与执行，最终都沉淀成了正面的经验。而之后如家、易居中国接连在纳斯达克证券市场成功上市，以及投资分众传媒的案例，让沈南鹏成为投资行业的明星人物。红杉资本请他做合伙人，则是沈南鹏作为投资家人生中的一个高点。

连环创业家季琦

　　季琦是苦孩子出身，他至今难忘中学时走了四千多米的路回家吃午饭，妈妈告诉他"家里没吃的，你自己想办法吧"的经历。从此以后，季琦遇见任何困难都不觉得苦了，在他眼中，人生中的乐趣永远要比苦难多。

　　1985年，19岁的季琦从江苏如东贫寒的农村考入上海交通大学，走的是一条外省青年艰苦奋斗最终大获成功的典型道路。初到上海，他连普通话都不会说，直到现在季琦还自认分不清前、后鼻音，一说话别人就能知道他不是上海人。

　　阿里巴巴的第一任CTO吴炯是季琦在上海交通大学校园里遇到的第一个上海同学，吴炯领着他去宿舍登记、去食堂买饭。那时候大家都很穷，每天只能吃一顿荤的。

　　季琦虽然从小就喜欢看书，但到上海交通大学之前，他甚至不知道世界上还有"图书馆"。当他第一次看到落地窗的建筑里有那么多图书的时候，他被彻底震撼住了。大学本科四年，季琦几乎每天都泡在图书馆里，读哲学、历史、名人传记。四年的图书馆阅读让季琦想通了一个问题：一个人的一生是十分短暂的，或者庸庸碌碌、平淡无奇，或者积极向上、奋发作为，都是度过一生，但两者的意义是截然不同的，人生的价值也因此而迥异。于是，追求自我实现，成为季琦的信条。

　　追求自我实现，几乎是每个创业者最初萌生创业想法的出发点。从这个角度看，季琦天生就是一个创业者，他之后的连环创业、持续成功，都是其内在的基因在发挥着作用。

说起季琦，接触过他的人对他的统一描述是直爽、讲义气。他喜欢开快车，拥有大切诺基，甚至还拥有带有宝马底盘的长江牌军用三轮摩托。《外滩画报》的记者唐宋描写过关于季琦的一个细节。在他那辆大众途锐上，他坐在司机旁边，像个驾驶教练，口授各种驾驶技巧、施加各种号令。司机见前方路口是红灯，便选择右转改道，季琦说："红灯么，穿过去就好了。"（编者注：红灯莫穿行）

季琦家里吊着练习拳击用的沙袋，但在同事面前，他会收敛起攻击性强的一面，他的随和、没有架子被很多共事者所牢记。比如，从中国香港出差回来，季琦甚至给每个同事带了礼物，男士每人一包香烟，女士每人一包巧克力。

季琦早在大学时期就有过创业经历——倒卖电脑，这让季琦还没毕业就已经成为万元户。季琦的第一个公司叫协成，1997年9月成立，到当年年底的时候，账面利润已经有100万元人民币了。这是一家没有主业的IT服务业公司，做过系统集成、综合布线甚至软件开发，也给Oracle（甲骨文）公司做过ERP咨询业务的外包。正是在做这项业务的时候，季琦认识了携程的另一个创始人——当时在甲骨文中国工作的梁建章，之后才有了携程的故事。

梁建章其人

梁建章被称为"天才少年"，此外还有"大头神童"的美誉。1981年，12岁的梁建章考入上海市育才中学。上海市育才中学的前身是1901年英籍犹太人嘉道理创办的育才书社，有着良好的教育创新传统。当时的上海市育才中学在著名教育家段力佩的倡导下，开始试点交互式教育，并提供了众多的课外兴趣小组，梁建章加入了计算机兴趣小组。

在计算机兴趣小组中，梁建章与比他大好几岁的高中生一起学习计算机，并开始研究计算机上的教学软件。这些教学软件里的问题往往需要相对高深的高等数学和高等物理知识才能解答，因此被激发出兴趣的梁建章缠着父亲教了他很多中学甚至大学的数学和物理课程。

1984年，天资聪慧的梁建章考入复旦大学少年班，那年他15岁。这个优秀少年云集的班级没能让梁建章待多久，1年后，梁建章考取美国佐治亚大学。4年后，梁建章拿到他人要用7年时间才能拿到的硕士学位，进入甲骨文公司。这一年是1989年，梁建章年仅20岁。

如此出类拔萃的梁建章还洋溢着诗人气质。在回答著名的《普鲁斯特问卷》中关于"你认为最完美的快乐"这个问题时，梁建章给出的答案是：寻世界之美，求艺术之真。梁建章的办公室布置得像书斋一样，他自己写了一副对联挂在办公室：水土不定定同路，风雨无常常携程。梁建章还设计了一幅国画，请人挂在对联之间。这是一幅数人郊游的国画，画中道路崎岖，但每经过一段崎岖的路就会有一处风景，而且风景一处比一处美，最上面的风景也是最美好的。多少有"道路是曲折的，未来是光明的"意思在里面，也暗合"无限风光在险峰"的意境。

细腻的梁建章和率性的季琦很容易成为朋友，他们性格互补，都出身名校，都在美国待过一段时间（季琦于1994年前后跟着妻子到美国陪读了一年），都关心而且喜欢讨论中国的未来。此外，他们还有一个共同点，那就是他们的太太在那一两年都不在上海。按照季琦的话来说，两人经常凑在一起"喝点儿小酒，吃点儿小菜"。

当然，两人也会不断地讨论是不是一起合作做点什么。1999年3月，这两人又凑在上海徐家汇建国宾馆旁一家新开张的上海菜餐馆里。他们很自然地讨论起是不是一起做个网站，不过，具体做什么类型的网站，两人没有取得统一意见。他们讨论过网上书店，讨论过在线招聘，还讨论过网上宜家，但最后他们发现，这些都不如做一个在线旅游网站。

最终选择做在线旅游网站，还有一个原因就是梁建章和季琦本身就是旅游爱好者，两人那段时间经常开着车到上海周边到处玩。从心开始，做自己最喜欢的事情，携程就这么诞生了。

在考虑新公司做什么的时候，梁建章和季琦也在琢磨着扩充创业团队。他们同时想到了一个人——沈南鹏，他是梁建章在美国的旧相识，还是季琦的同届校友。当时沈南鹏在四处寻找项目以做投资，当梁建章和季琦找到他的时候，沈南鹏二话不说，三人一拍即合。携程公司最开始注资100万元人民币，梁建章和季琦各出20万元，各占30%的股份，沈南鹏出资60万元，占40%的股份。其中，沈南鹏是有溢价的，季琦后来开玩笑说："谁叫他有钱呢？"

章苏阳看中了携程团队

创办在线旅游网站的计划，在三个人不断的讨论中越来越成型。不过他们很快发现，拼图的最后一块是欠缺的：梁建章是做技术和咨询出身的，沈南鹏从事于投资银行，季琦自己开公司，其中没有一个人了解他们即将从事的行业——旅游。这个团队还需要第四个人，一个熟悉旅游行业的人。

这个人很快被梁建章和季琦找到了，他就是后来担任携程CEO的范敏，当时上海大陆饭店的总经理。

1965年出生的范敏是"携程四君子"中最年长者，他的人生本来四平八稳：1983年考入上海交通大学，1990年管理硕士毕业，进入上海老牌国企新亚集团工作，其间还到瑞士进修过酒店管理。

就这样，这四个个性不同、经历相异的人，组成了一个创业团队。在这四个人中，季琦有激情、锐意开拓；沈南鹏风风火火，一副老练的投资家做派；梁建章偏理性，用数字说话，眼光长远；范敏善于经营，方方面面的关系处理得当。在这个团队中，季琦有极客气质，能闯，敢于创新；沈南鹏从资本的角度不断做推手；梁建章具有海归背景，通晓并遵守全球通行的商业逻辑和法则；范敏是个好商人，善于发现并实施商业价值。在如此一个团队里，容纳了本书中不断提到的最具典型性的四类成功者，成功的概率自然是较高的。

最早投资携程的风险投资家、IDG VC 合伙人章苏阳觉得，他们四个人各自有不同的背景，但好像一个机构，大齿轮、小齿轮之间咬合得非常好。对于抱着第一是投人、第二是投人、第三还是投人的想法的风险投资家来说，这个团队非常有吸引力。

携程创办后很快就拿到了钱，投资人正是章苏阳。在四个创始人中，章苏阳认识三个：他和沈南鹏本在一个圈子，并在一次吃饭时与之偶遇；章苏阳最熟悉的是季琦；梁建章则是在季琦请章苏阳吃饭的饭局上认识的。

季琦最早曾在中化英华工作过，这家公司是做系统集成业务的，季琦一手把这家公司的上海办事处做了起来。后来这家公司发生变故，不做系统集成业务了，季琦动过脑筋想把这家公司收购过来，于是就找了章苏阳，想看他能否投钱把公司置换出来。虽然最后没有成功，但他开始与章苏阳有了交情。

章苏阳则找过季琦帮忙。IDG 在南京投资的一家公司——南京拓普信息网络有限公司，出了一点小问题，公司面临倒闭。这家公司也是做系统集成业务的，正是季琦擅长的领域，于是章苏阳就找到季琦帮忙，请季琦做那家公司的执行董事。季琦很快把那家公司救活，然后离开。

章苏阳，1982 年获上海大学电子工程专业学士学位，1988 年至 1990 年在德国进修企业管理，并在华东师范大学进修国际金融。在 1994 年加入 IDG VC 前曾任上海贝尔公司中央编程协调经理、上海电话设备制造公司副总经理及上海万通工业公司总经理。

在担任上海万通工业公司总经理时，章苏阳向 IDG 的熊晓鸽和周全介绍了一个房地产投资项目。两人看过后说："这首歌不怎么样，但是我们喜欢你这个歌手。"意思是说，他们看上了为这个项目做可行性报告的章苏阳。在熊晓鸽看来，章苏阳技术出身，做过管理，也多少有投资的经历。更重要的是，按照当时的规划，IDG VC 希望在上海有一个据点，眼前这位在上海生活和工作很多年，教育背景和价值观都与自己相对接近的章苏阳，是一个合适的人选。

1993 年，IDG 投资 2000 万美元，与上海市科委合作成立上海太平洋创业投资有限公司（IDG 占 50% 的股份）；这一年的 11 月，IDG 和北京市科委以同样的方式和投资额，成立北京太平洋创业投资有限公司。这些公司（包括之后成立的广州太平洋创业投资有限公司）虽然成立了，但一开始并没有专职人员（周全也是于 1995 年才开始全面接管 IDG VC 的工作的），总经理均由熊晓鸽兼任。章苏阳到来后，接替熊晓鸽担任上海太平洋创业投资有限公司的总经理一职。

章苏阳很快代表 IDG 投资了携程 50 万美元，同时把软银中国的北京代表石明春介绍给携程。之后的几个月内，在携程的办公室里，经常能见到石明春的影子。他和章苏阳一样，很少过问公司的业绩，更多的是关心几个创业者的兴趣爱好和未来志向。石明春，又一个看人而投的资本"猎手"。

2000 年 3 月，携程完成第二轮融资，软银和 IDG 主投，上海实业、美国兰馨亚洲、晨兴创投跟投，共投资 450 万美元，占 30% 的股份。

前后拿到 500 万美元，这在今天看来或许不是一个值得夸耀的数字，但对当时的携程来说，已足够了。有了这笔钱，梁建章和沈南鹏等人可以顺利下海，更重要的是，他们做的只是在线旅游网站而已，这笔钱对于启动这四个人的商业梦想还是足够的。

凭借这笔钱，携程收购了国内最大的传统订房中心现代运通。在互联网泡沫破灭后，2001 年 10 月，携程宣布公司实现盈利，这和它之前收购现代运通有很大关系。尝到甜头的携程很快又收购了北京海岸航空服务公司，把业务延伸到机票预订领域。

在此期间的 2000 年 11 月，以美国凯雷为主的第三轮投资到账，其中凯雷向携程投资 800 万美元，获得携程 30% 的股份，IDG、软银、上海实业、兰馨亚洲等携程前两轮融资的投资人追加投资 400 万美元，一共 1200 万美元。这个时候，携程的月交易额为 1000 万元人民币，公司运营支出 200 万元，营收 100 万元，净亏损 100 万元，有了近 1 亿元在手，就算维持现状，也能耗上 8 年。8 年时间，这样一个团队不可能做不成，这样的投资很稳当。

在携程的投资方中，上海实业是上海市政府全资拥有的公司，让它成为携程的股东，显然有助于公司同政府之间形成良好的关系；IDG 在中国投资的互联网公司最多，对中国互联网公司的发展状况和问题了解得最清晰；晨兴集团则由中国香港的陈氏家族于 1986 年在美国创立，是中国互联网领域的大玩家之一，也曾经是搜狐和迅雷的投资人。有趣的是，在搜狐、携程和迅雷的投资组合里，同时出现了 IDG 和晨兴集团这两家公司的身影。

兰馨亚洲同样是一家很早进入（1992 年）中国的老牌风险投资商。2000 年 3 月，兰馨亚洲在投资人李基培的引领下参与对携程的投资，并跟投了第三轮，前后总计投入携程约 500 万美元。根据兰馨亚洲内部的说法，兰馨亚洲在携程这一单上得到了超过 20 倍的回报。如果属实的话，那么兰馨亚洲在携程上有近 1 亿美元的绝对回报，这实在很惊人。和章苏阳一样，李基培也称得上是携程的贵人。在参与对携程的第二轮投资后，李基培离开兰馨亚洲，引领他供职的新东家凯雷成为携程第三轮的主投方。2003 年，李基培重返兰馨亚洲。

携程第二轮的主投方软银和第三轮的主投方凯雷，都名声在外，前者因为准确投资雅虎、UT 斯达康而名声大噪，后者总部位于美国华盛顿，与美国政府关系密切。这两家投资公司给携程带来的是有品牌的资金，对于日后携程上市时吸引新的投资人发挥了重要的作用。

再后面的故事是携程率先成为第二拨中国互联网上市公司的引领者，品牌知名度大增。四名创始人连同三位高管在内的管理层，持有携程 23.65% 的股份。携程最大的机构股东、第三轮的主投方凯雷套现了 922 万美元（可以理解为它最开始投入的 800 万美元加上那三年的稳定投资复利），同时持有携程 18.30% 的股份。携程最开始的投资方 IDG，在三轮投资中一共投入了 160 万美元，获得了至少 3700 万美元的收益，约 23 倍的回报、3500 万美元的净利润，这两个数字的任何一个都很炫目。

在携程取得成功后，富有创业激情的季琦又一次敏锐地看到了经济型酒店的商机。2002 年，季琦创立如家快捷酒店，沈南鹏再次入股，而梁建章则以联合创始人的身份成为如家的董事。短短几年，如家的规模已与创立 10 年的"老字号"锦江之星相提并论，而且与携程相同，如家在 2006 年也赴纳斯达克证券市场上市。

一路走来，季琦、梁建章、沈南鹏等人组成的创业团队带给中国经济的意义并不是两家纳斯达克证券市场上市公司，而在于他们创造出了一个新的商业理念——基于传统产业的创新服务行业，这正是互联网和电子商务迷人的地方之一。当然，他们团队创业、相互合作的故事也能给人们以启迪。

李国庆设计让亚马逊买下卓越

"由于董事会两位股东在创业股权上对我的误导，我只好选择辞职。尽管我的选择会令大家不安，但我可以负责任地讲：欢迎大家加入我将创办的新的电子商务公司！"2003 年 10 月 28 日，时任当当联合 CEO 的李国庆给张醒生、吴鹰、周鸿祎、曾强、丁健等人发了这样一封邮件。

李国庆甚至给这家新的电子商务公司起名叫丁丁。不过，这家李国庆在信件中提到的新的电子商务公司并没有诞生，这更多是 2003 年中国电子商务行业的知名公司当当与资本博弈的故事而已。

李国庆，出生于1964年10月1日，北京人，中学就读于北京师范大学第二附中，当时是校学生会主席，喜欢写点文字，当过《北京青年报》的学生记者，也喜欢演讲，拿过北京市演讲比赛的诸多奖项。

1983年夏天，李国庆考入北京大学社会学系。读大学的时候，李国庆一如既往是学校里的积极分子，除担任北京大学学生会副主席外，还在继续从事文学创作工作。

1987年秋，顶着北京大学学生会副主席的头衔，李国庆从北京大学社会学系毕业后进入当时最热门的政府机关——国务院发展研究中心。国务院发展研究中心号称中国发展政策的"智囊团"。在国务院发展研究中心，李国庆找到了成就感——他的调查报告有部分被引用给了国务院领导，这让他很自豪。

1989年，机构重组后进入中共中央书记处农村政策研究室（现已撤销）任职的李国庆决定下海，创办科文书业。1993年，李国庆联合北京大学、中国社会科学院、原农业部等创办北京科文经贸总公司，并亲自任总经理、总裁。1995年，李国庆在美国创办"科文实业集团"并任董事长，该集团主要经营有关中国数据库产品销售，以及国际版权贸易和国际合作出版业务。科文每年有几百万元人民币的利润，对于李国庆来说应该算是小有所成了。

1996年，专做出版业、传媒业投资的LCHG（美国卢森堡剑桥控股集团）来找李国庆，希望投资科文并占股30%。

李国庆的心里不是特别有底，于是决定向行家请教。在纽约的一个朋友聚会上，李国庆通过朋友的引见认识了俞渝。当时，俞渝已经在纽约创办了TRIPOD国际公司，专门做金融咨询顾问业务。她给李国庆讲如何吸引公司投资方面的问题，一共讲了5点，李国庆像学生一样用纸记了下来。聚会结束后，李国庆向俞渝发出邀请，做自己公司的顾问。

俞渝，重庆人，1965年出生，父母均是中国电力系统的工程师。1986年毕业于北京外国语学院英语专业，获学士学位；1988年，作为专业翻译的她被要求陪同一个高级别的外交部官员考察团前往美国，在18天内奔波12个城市。早就有出国准备的俞渝顺便带着成绩单和推荐信，到哪儿都打电话，很快被美国奥瑞根大学录取，但她随后转学；1992年，俞渝在纽约大学工商管理学院读完金融及国际商务MBA，并进入华尔街工作。

1996年的一天，从美国回到北京不久的李国庆接到一个电话，对方说道："喂，你把人接来就完事了吗？"他这才想起来，曾经约过一位深谙美国投资规律的专家，这位专家就是俞渝。俞渝下飞机后的第一件事就是给李国庆打了这个电话，而这个电话成就了李国庆和俞渝之间的第一次约会。

当天晚上，李国庆带着俞渝来到北京大学附近小吃街的一家小饭馆，问俞渝："你想吃什么？"俞渝说："咸鸭蛋。"李国庆继续问："你很喜欢吃吗？"俞渝答："是，而且特别喜欢吃蛋黄。"于是，李国庆对一位店内工作人员说："今天我这个小伙子的命运就交给您了，您想想办法帮我弄盘咸鸭蛋吧。"该工作人员冲李国庆一挤眼，说："好，我去给你找。"最后，这位工作人员跑了三家店，弄来了一盘咸鸭蛋。

在吃过那次咸鸭蛋后不久，他们两个30多岁"欣赏彼此的才干、很成熟、在爱情方面做过许多单元练习"的人结婚了。从相遇到结婚，他们只用了三个月的时间。

1996年10月，他们两人在纽约结为连理。随后，俞渝把美国那边的公司关了，加入了李国庆创办的科文公司。

1997年，在包括IDG在内的新投资人的支持下，科文成立了科文书业信息中心（当当的前身），股份比例为IDG 30%、LCHG 30%、科文40%。新公司专做中国可供书目数据库，并得到了国家相关部门的大力支持。这一切，都是为网上书店做准备。

1999年年初，花了两年多时间，投了近600万元人民币后，科文数据库终于做成了。此时中国的网民数发展到600万人，但李国庆还是觉得不成熟，希望等到网民总数达到1000万人再干。

不过 IDG 急了，一再地劝说李国庆尽快上马。IDG 认为，你现在不干，将来想压过那些噪声就很难，要付出成倍的代价，所以现在必须干。争来争去，李国庆摊牌："真要干可以。谁来干？还不就是我先挑摊儿。可是我的精力也搭进去了，干完也没钱了，不是坑我吗？"IDG 问李国庆想怎么办，李国庆希望新公司能再融 400 万美元的资金，对应地，三家可以出让 20% 的股份，整个公司作价成 2000 万美元。之后，IDG 很快引入软银赛富一起来投这个项目。

1999 年 7 月 1 日，当当的主体公司、注册在美国的科文书业信息技术有限公司成立，李国庆和俞渝夫妻二人做联合 CEO，李国庆负责公司的日常经营，俞渝负责对外与投资人接洽，以及公共关系。1999 年 9 月 1 日，软银投资 2400 万美元，公司开始增资，李国庆、俞渝二人的股份也因此被稀释到 33%。

2003 年 6 月，在当当成立的第四年，李国庆夫妇向董事会提出，希望将股权增值的一部分分给管理团队做股权激励，结果遭到股东们的强烈反对。

面对这种情况，夫妇二人找到了全球最大的风险投资基金之一的老虎基金。老虎基金是一家对冲基金，它本看好中国电子商务的赛道，在 2003 年这一年，它刚给当当的对手卓越投资了 630 万美元，正想投资当当。

当时老虎基金在国内的操盘手是陈小红，她同意以 1100 万美元入股当当；如若入股不成，这笔钱将支持李国庆团队出走，创办一家全新的类当当网站——丁丁。这也就有了本节开头的故事。

在这张王牌之下，当当的股东们屈服了，同意老虎基金入股。老虎基金则将买走的部分股权赠送给当当的管理团队做股权激励，使管理层持股不低于 51%。

本来事情到此该尘埃落定了，但老虎基金承诺的 1100 万美元却在交割期过后迟迟不到账。李国庆夫妇不得不面对老虎基金毁约的可能。

就在所有人都认为李国庆夫妇陷入被动时，他们亮出了后招：交割期已过，当当有权寻找新的投资人。

原来在此之前，二人已经和亚马逊就收购当当的问题展开了正式谈判，在李国庆给老虎基金下通牒之时，亚马逊高层已经对当当进行回访，抛出了极具诱惑力的收购条件：当当估值1.5亿美元，亚马逊出资1亿美元，以收购部分老股和增发的方式共占70%的股份，当当品牌和管理团队保持不变。

亚马逊的绝对控股方案，李国庆断然不会接受，双方并没有谈拢。但这件事形成了对老虎基金的影响：亚马逊的介入，让老虎基金坐不住了，很快将1100万美元打入了当当，同时给团队增发了股份，兑现了承诺。

经此一战，李国庆和俞渝既成功融资，又实现了对当当的绝对控股，一石二鸟。

与此同时，亚马逊在求购当当未果后，选择开启与卓越的并购谈判。

2004年情人节，亚马逊的高管团队主动参观了卓越，当时雷军和陈年都感到莫名其妙。因为在他们看来，亚马逊刚去过当当，比起当当，卓越的规模只有约当当的一半。

2004年3月，亚马逊的人又来了一趟中国，这次他们只找了卓越。双方接触下来，商量出三种合作模式：第一，亚马逊持小股，就像谷歌注资百度；第二，亚马逊持大股，就像IAC控股艺龙；第三，全资收购，就像雅虎买3721、eBay收购易趣。

第一种，亚马逊通不过。亚马逊看准了中国市场，想强力介入、不留余地。第二种，卓越通不过。双方资本实力悬殊，如果亚马逊要增资，再投入1亿美元，金山和联想是跟还是不跟？跟不起，那就只能"被撵出局"。而即使亚马逊不采取更多的动作，金山和联想又如何套现退出呢？亚马逊没有再次上市的打算。既然迟早要被撵或被套牢，那不如现在就放弃，就是第三种模式，全资收购。

2004年4月，收购进入实质的讨论阶段，卓越收到亚马逊和几家风险投资机构的合作意向书。5月，卓越董事会开始激烈地争论。5月底，卓越董事会下了决心。2004年8月9日，双方正式签约。

卓越出售给亚马逊后，雷军连夜买醉。而当当这边，李国庆信誓旦旦地对股东承诺，当当至少值10亿美元。

一场融资战，可谓机关算尽，一波三折。

亚马逊收购卓越的故事，对2003年的中国B2C和中国互联网来说是一剂强心剂，也彻底奠定了2003年电子商务大年的历史地位。

中国电子商务有诸多大年。1999年是创办大年，第一代著名的电子商务公司都在这一年创办；而2003年是电子商务的另一个大年，其标志性事件除了上文提到的当当的再融资、阿里巴巴借"非典"更上一层楼，更重要的是这一年的年底，携程、慧聪抢先上市。这不仅掀起了中国互联网业的第二波上市巨浪，更直接增长了电子商务行业内诸多创业者的信心和决心。大幕由此开启，热浪即将到来。

2004 / 新一浪

2004年，在宏观调控加剧的背景下，不少中国企业遭遇了失败，但这一年却是中国互联网的超级大年。从2003年12月到2004年12月，在整整一年时间内，有11家中国互联网公司在海外资本市场上获得上市的机会：它们中有以无线业务上市的空中网、掌上灵通，有在美国、中国香港上市的TOM在线，有经营"无线+虚拟增值业务"的腾讯，有在线招聘网站51job和财经门户网站金融界，有跟携程概念基本一致的在线旅游网站艺龙，还有第九城市这样的网络游戏公司。除这些IPO外，还有一家公司的影响也很大，这家公司就是盛大。

盛大的陈天桥是2004年中国互联网业极为耀眼的角色，即便放大到整个工商业界，陈天桥在2004年的表现都是可圈可点的。2004年10月，在陈天桥的要求下，高盛帮助盛大发行债券，在短短一周内成功募集资金2.75亿美元。

其实早在2003年，盛大就已经先后收购了北美地区、日本及国内的近10家公司。2004年，盛大的扩张步伐进一步加快，创下了两个月内完成6次资本运作的纪录。

但到了2004年年底，陈天桥事业上的挑战接踵而至。这一年年底，第九城市尾随其在纳斯达克证券市场上市，在很长一段时间里与盛大缠斗；特别是从盛大手中抢下《魔兽世界》，使第九城市从一个后面的跟随者变成了正面的叫板者。

这一年，史玉柱在巨人15周年的庆典上在老下属的呼吁下决定进军网络游戏行业，新公司于三年后在纽约证券交易所上市，成为盛大的又一个直接对手，而其第一款网络游戏《征途》的技术团队也来自盛大。

这一年，腾讯也在中国香港主板上市。尽管 2004 年的腾讯更多的是一家经营"无线＋虚拟增值业务"的公司，但很快它就杀入网络游戏的前三名，成为这个领域最重要的玩家之一。

加上之前靠网络游戏翻身的网易，中国的网络游戏领域不出几年就呈现出群雄争霸的局面。这在很大程度上是陈天桥在 2004 年之后的很长一段时间内，没有把重心放在网络游戏上的结果。

盛大在"盒子战略"上将资源进行倾斜性投入，使其在网络游戏市场上的垄断性领先优势丧失，但从客观上形成了今日网络游戏市场乃至中国互联网市场群雄争霸的局面。这是盛大的不幸，却是整个行业的幸事。

2004 年新一浪兴起的另一个变化，是中文搜索引擎市场变得波澜壮阔，3721 和百度这两个老对手在这一年里都取得了长足的进步。所不同的是，3721 选择了将自己卖给雅虎，希望借助雅虎中国的新平台挤压对手；而百度则收购了 hao123，开始形成自己的产品梦之队，在流量上形成绝对竞争优势后择机在渠道和市场端予以反击。

微软中国总裁唐骏空降盛大

参与推动盛大 IPO 的每个人都很重要，其中最重要的有两个：一个是已经在前面有过出场，时任盛大董事长的陈天桥；另一个是时任盛大 CEO 的唐骏。

唐骏，1962 年出生，毕业于北京邮电学院（北京邮电大学的前身），先后赴日本、美国留学。这位技术出身的国际职业经理人，于 1994 年加入微软，从底层的程序员开始做起，后担任微软总部技术开发部门的高级经理。1997年,他在上海筹建微软大中国区技术支持中心。该中心随后被提升为微软全球技术支持中心。2002年3月,他被任命为微软(中国)公司总裁。2004年2月3日,42岁的唐骏宣布从微软退休。

跨国公司的中国区高管空降到本土公司,在中国信息产业的过往历史中也曾发生过,比较知名的有惠普中国的李汉生空降到方正电子、微软中国区总裁吴士宏空降到TCL。不过方正和TCL都是老资格的信息产业巨头,创办于20世纪80年代中后期,在邀请"空降兵"前,已有超过10年的行业背景。

但创办自1999年的盛大,到2004年年初还凑不够5年历史,且盛大经常处于舆论的旋涡之中,不断地与它的总代理、黑客、"私服"及上游韩国合作伙伴进行激烈的交锋。当然,更激烈的冲击来自社会各界对网络游戏的批评和非议,以及对盛大快速积累财富的质疑。在四面楚歌的情况下,邀请一个全球知名企业的中国区总裁加盟,想想都让人觉得不可思议。

2004年2月9日,陈天桥宣布唐骏将出任盛大的CEO。一个是当年新科首富,一个自称是"最值钱的职业经理人",两个人走到一起,自然备受关注。

喜欢给媒体讲故事的唐骏的原话是:"我有一个打篮球的朋友,跟盛大总裁陈天桥是同学。两三年前我俩就相互知道,但从来没有见过面。直到2003年10月15日,我俩同时出席上海市软件外包国际研讨会,市领导接见参会嘉宾时,我们正好坐在一起,交换名片后才对上了号。"[1]

唐骏说,他第一次到盛大,就与陈天桥一拍即合:"那是(2003

---

[1] 2002年,盛大曾因没有完全遵照微软要求全部安装正版软件而面临巨额赔偿。陈天桥向金山的求伯君求教,从而认识了"反微软斗士"方兴东。不过那次,唐骏和陈天桥并没有直接碰上面。

年）12月的一天,当天陈总跟我说的最后一句话是,我们一起做好不好,看看有没有合作的可能?我说,好啊!第二天我们就谈人性、谈管理理念,结果两人又是一拍即合。他是最大的股东,所以他当时就说,我正式邀请你。我说,我现在就接受你的邀请,加盟盛大。到此为止,我俩之间的谈话加起来也没有超过三小时。"

关于他们的合作还流传着另外一个版本。据说有中间人找到唐骏,跟唐骏说:"唐总,我们陈董很想请您来盛大当 CEO,虽然盛大的大事小事还是陈董说了算,但……"唐骏没等中间人把话说完,就打断了他的讲话:"打住,我是个聪明人,请转告陈董,我知道该怎么做,我加入盛大。"与这个段子相对应的是,唐骏在盛大很少接触公司内部的具体事务,在许多重大决策上亦无从置喙的故事:曾在盛大高层会议上,在陈天桥长达一个多小时滔滔不绝的演讲之后,会议还有几分钟就将结束。这时,陈天桥突然像想起了什么并转向唐骏:"唐总,你觉得呢?"

在唐骏宣布从微软退休之前,陈天桥辞去了盛大总裁一职,保留董事长职务。这一举动从表面看,是为了留位置给加盟的唐骏。其实,这和盛大上市不无关系。1999年成立的盛大是一家典型的"家族企业",陈天桥的妻子、弟弟都在公司内任职。这对上市不利。唐骏的加入极大地稀释了盛大"家族企业"的性质。

对于陈天桥来说,他急需一个能和美国华尔街人士打交道的人,唐骏无疑是一个理想的人选。微软的背景,对他们两位而言,都是一笔可以利用的巨大财富。

陈天桥当初请唐骏来,只是为了上市之需,这可以从其一开始只是和唐骏签订一年合同中得到印证。但唐骏在盛大特别是陈天桥因一意孤行推行"盒子策略"而在华尔街失分的时候,起到了其他人不能取代的作用。此外,唐骏的长袖善舞在很多时候救了不爱交际的陈天桥的场,对盛大公关形象的建立和提升帮助很大。从这个意义上说,唐骏并非"花瓶"。唐骏的出彩之处在于,他把一个本是花瓶的角色演绎得活灵活现,使自己一度成为成功的职业经理人。

软银用 4000 万美元买了盛大 25% 的股份

盛大手头有钱,自 2002 年起,盛大每个月都有上千万元人民币的进账,不是销售额,也不是收入,更不是毛利,而是纯利润。有这样的账面,完全可以不用上市。

但上市对盛大是有好处的,好处之一便是,能修复盛大过去两年与韩国人缠斗而给业界留下的诸多并不完美的印象。光通前 CEO 杨京对本书作者回忆,他当年能说服 Wemade 公司把《传奇 3G》授权给光通运营,很关键的一句话就是:盛大不是上市公司,它不透明、不公开;而光通的控股方中信泰富是一家在中国香港上市的上市公司。

好处之二是能融资。盛大不缺钱,但上市后通常会有更多的钱去做收购和整合。

好处之三是盛大本身的运作也是需要投入的。虽然盛大的《热血传奇》在 2001 年获得了巨大的成功,但此时盛大手头的钱并不多,因为它要支付很大一部分的代理费给韩国游戏开发商;此外,不断增加的服务器和带宽需求、公司人员和渠道的扩张,也是一笔不小的开支。盛大最需要花的一笔钱是将《热血传奇》的开发商 Wemade 公司买下来,一了百了,以免被控制。而这笔钱不是个小数字。

自从盛大与中华网分手以后,陈天桥就一直在考虑引进新的投资。在代理《热血传奇》之后,陈天桥委托过数家融资顾问与几家外国投资公司洽谈,但均未达成共识。直到 2002 年 6 月,当时汇丰银行的董事朱贺华打电话给火石工作室的 Fishman,让其推荐一家好的国内游戏公司，他想去谈谈投资和上市业务。于是，Fishman致电盛大副总裁瞿海滨，帮他们牵了线。不久后，汇丰银行成为盛大的财务顾问。盛大一开始的融资计划是2000万美元，当时负责融资的是时任盛大财务总监、后来创办挚信资本的李曙君。

汇丰银行通知了市面上所有的风险投资机构，有50家以上来考察过盛大，进入最终谈判的一共有三家。其中一家由于要改投资额，迅速出局；剩下软银和另外一家由汇丰私募基金领投、三家投资公司跟投的投资组合。

另一家投资组合的条款，从估值到套现，都有利于盛大和陈天桥。而软银的估值低于对方，不允许套现，并且有双重业绩保证和一系列保护软银权益的条款。但是陈天桥从一开始就更倾向软银。一方面是由于陈天桥与前一个投资方的合作说不上愉快，另一方面，盛大融资是为了并购当时现金短缺的门户网站。陈天桥希望新的投资方对他的战略投资阻力最小。盛大负责谈判的李曙君和软银负责谈判的周志雄也非常投缘，二人一见如故。周志雄说服李曙君的一个理由是，由软银一方做股东，远比4个股东容易决策。这一点经由后来发生的事情，被证明是至关重要的。

经过激烈的谈判，软银在2002年11月28日"攻下一城"，签了投资条款书。

然而同时，盛大与上游内容商韩国的Actoz和Wemade的争端愈演愈烈——从开始的韩国公司服务器源代码泄露、"私服"横行，到盛大拒付分成费。周志雄在2002年12月赴韩国做尽职调查，第一次见Actoz的CEO时就已经意识到问题的严重性。对方也意识到软银对盛大是有影响力的，一旦盛大拿到了软银这笔投资，即在世人面前表明，盛大没有做错事，Actoz对盛大的牵制就没了，谈判的砝码就少了。于是，Actoz在软银给投资委员会送出报告且对盛大的投资即将获得批准之前，发出正式律师函，单方面宣布终止与盛大的合作。

由于此次事态严重，软银不得不向在美国和日本的投资委员会报告。一家公司出现法律纠纷，是美国人最不愿意看到的，况且这家公司业绩的 90% 都依赖于纠纷方的合同，影响可想而知。这个案子在初审时软银已被告知其投资盛大的决策通过的可能性不大。阎焱（软银赛富首席合伙人）和黄晶生（软银亚洲合伙人）都不肯放弃，他们写报告、开电话会议、愿意个人投资以示信心。阎焱给每一个投资委员会委员打电话寻求帮助，最后是投资委员会的成员加里·里希尔帮助阎焱说服全体成员投票支持了对盛大的投资。

软银亚洲合伙人黄晶生说："当时投资盛大确实有很大风险，不过这让我们非常近距离地看清了这家公司、这个团队是怎么调动公司资源来应对危机的。他们半夜开会，我们也在那儿；他们给韩国人起草信函，我们也帮了忙。Actoz 和 Wemade 来谈判，我们也有代表做调停。"

2003 年 3 月，上海盛大和软银亚洲正式签订协议，软银注资 4000 万美元入股盛大，占 25% 的股份。这是当年中国互联网业内最大的一笔投资，孙正义的重要盟友、UT 斯达康的创始人陆弘亮亲任盛大董事。

逆流上市，盛大大显雄风

软银的钱到了，有陆弘亮这样的资本红人出任董事，有唐骏这样有知名度的经理人担任 CEO，和韩国方面的关系也得到修复，这些事件的指向是——2004 年 5 月 13 日，盛大在纳斯达克证券市场上市。

今天回头来看，盛大上市没有赶上一个好时机，盛大的"网吧故事"没有被投资人理解和认可。曾被国内很多媒体争相披露的一个细节是：2004 年 4 月 27 日晚 11 点，刚刚结束在新加坡路演的唐骏顾不得连日奔波的疲惫，连夜率队搭乘英国航空公司的飞机由新加坡赶往伦敦。到达伦敦的时间是当地早上 5 点 30 分，就在伦敦机场的服务区内，唐骏仅仅简单地租了一个可以洗澡的地方，匆匆梳洗了一番，便匆忙赶赴早上 7 点 30 分跟投资人早就约定的一个见面会。然而，当唐骏刚刚跨进投资人办公室的大门时，他就感觉到办公室的气氛有些异常和紧张。果然，投资人阴着脸和他说："今天要出问题。"

原来，就在唐骏前往伦敦的头一天，据有关新闻报道，中国在未来几年将对宏观经济进行调控。这意味着整个中国的经济增长速度会放缓。果然，这天伦敦股票市场在没有任何利空的前提下下挫。此时，正是盛大为上市路演的前夕。

按照盛大原来的上市计划，美国时间 2004 年 5 月 12 日，盛大便应该在纳斯达克证券市场挂牌交易。可是风云万变，就在盛大计划正式挂牌的前夜，唐骏临时决定将上市时间推迟一天。

根据之前披露的招股书，盛大将以 13～15 美元的价格，首次公开发行 1732 万股 ADS（美国存托凭证），预计筹措 2.5 亿美元。陈天桥在上市前的 24 小时之内备受煎熬，没有合过眼。反复权衡之后，他做出决定并电话通知美国的上市团队：下调发行价，将每股 13 美元下调至 11 美元，并减少到 1390 万股。

这个举动会让盛大损失 2000 万美元，融资总数也要少近 8000 万美元。

唐骏领衔的盛大上市团队为此将原定上市日推迟了一天，主要是盛大要重新制定最新版本的招股说明书，并递交给美国证监会。

推迟一天上市，调低上市价格，缩减融资额，盛大的 IPO 可谓疲软，这全然不是一向以强硬面目示人的陈天桥的做派。精明的陈天桥自有他的如意算盘：他发现，美国的投资人无法理解一个网吧故事，但他们能理解成长故事，当盛大每个季度有百分之二十几的增长率时，就能很快获得投资人的认可。到那个时候，投资人对中国经济恢复高速增长的预期也会恢复，盛大则可以通过再融资获得资金。

2004年10月，不出陈天桥所料，亮丽年报公布后，盛大网络股价大幅上涨。这时候，陈天桥决定发行高达2.75亿美元的可转债进行再融资。2004年10月8日下午，陈天桥打电话给高盛，要求它的团队一周之内必须把这个可转债的发行完成。对方说，这么大一笔钱，世界上没有只通过一周就能完成的案例。陈天桥很是牛气地说："完不成这项任务，我们以后就不聘请你们了。"

结果，在短短一周内，资金募集成功。这是一笔比盛大首日IPO要多上50%的融资，很难想象再融资能超过首日IPO，而且是超过50%这么大的幅度。对比首日IPO的尴尬表现，三个月后的成功发债让陈天桥的自信心得到了极大的修复。

之后的一个月内，陈天桥把这笔钱用在了盛大对上游内容商Actoz的控股上。不是采取二级市场收购，而是直接从韩国人手中以高出二级市场一倍的价格，在一级市场上进行收购。陈天桥的这次收购相当强悍，容不得韩国人有什么回绝的理由。这次收购再次让陈天桥信心倍增。

从软银入主、力邀唐骏，到在资本市场上对高盛这样的大玩家说一不二，再到对上游内容商Actoz的收购，陈天桥风光无限，其个人的自信心也一次又一次地得到放大。

2003年至2004年，盛大完成了多起收购。陈天桥的这些行动都指向一个愿景：盛大想打造"网上迪士尼"。而成就这一梦想的路径，是他的一个所谓的"盒子战略"。之后的事实证明，这个盒子是个可怕的"黑匣子"，不仅没有让陈天桥实现其"网上迪士尼"的梦想，反而让盛大由此失去了在网络游戏市场上的绝对领先地位。

如前所言，盛大的成功与陈天桥关联颇大。强硬的性格、准确的商业直觉、强大的运作能力、对资本市场的节奏把握，都让陈天桥几近走上神坛。但"成也萧何，败也萧何"，盛大在2004年之后一步一步把自己在网络游戏市场上的领先地位"葬送"掉，也与陈天桥的这些特质有关，过于强硬的性格让他在很多时候处于一个自弹自唱的境地。

陈天桥其人

陈天桥的超级勤奋是公认的。前文提到的四川电信的苗伟就不止一次地给时任欢乐数码总经理的贾可举陈天桥的例子，以激励他的这位老下属。在苗伟的记忆中，不论多晚，只要给陈天桥办公室里打电话，陈天桥一准儿在。

而盛大内部则流传过这样一个故事。有一天，一位美编早上一上班就很兴奋地和大家说："桥哥昨天就一幅图片提出了他自己的处理意见。"这位美编所在的部门并不是核心部门，所在的公司也只是盛大下属的二级公司，而且还是美术方面的问题。即便如此，也能得到盛大董事长的直接反馈，可见陈天桥是如何的事必躬亲。

陈天桥一天的时间表是早上 10 点上班，晚上 12 点左右下班，内部聊天软件要在线到凌晨 3 点，周末甚至都在办公室度过。陈天桥对手下要求极为严格，而且他记忆力很好。

认识陈天桥的人用"外表冷漠，内心狂热"来形容他，这显然没有考虑到他的心脏不好。运营盛大，不可避免地要遇到黑客攻击或本身服务器承载过大等事故。相对应的是，作为董事长的陈天桥总是第一时间知道。这些突如其来的"午夜凶铃"进一步让陈天桥脆弱的心脏受到惊扰，在很长一段时间内，陈天桥都休息不好，每每半夜惊醒、夜不能寐。

陈天桥很少坐飞机，去北京无一例外都乘坐火车往返，据说是因为其心脏无法承受飞机起飞和降落时的压力。陈天桥由此很少出门，他经常念叨的一句话是，出门办完事情后赶快回来。

陈天桥强势而霸气。他南人北相,有着超乎其年龄的老成;他个子不高,但是说话很有气势,不快不慢,中气十足,顿挫感和逻辑性很强。[1]

在盛大刚开始做网络游戏的时候,内部有"要不要自主研发"的争论,陈天桥为此下令,谁提自主研发就开除谁。之后做"盒子战略"时,陈天桥也不允许下属提意见。有人说这种近乎霸道的举动是为了自我激励。但不论如何,陈天桥都是个内心强悍的人。

陈天桥也是盛大企业文化的制定者和行动表率。看到有人浪费食堂饭菜,他怒不可遏、当场训斥;看到部分员工行为不文明,他亲自写文章并开会纠正;他明确提出哪几种人受欢迎、哪几种人不受欢迎;也掀起了各种树立企业文化的运动。难怪有人戏言:纵使陈天桥不是"福布斯中国富豪榜"首富,也是中国最操劳的 CEO。

到过盛大的人都觉得,这里不像一家互联网公司,而更像一个政府机关、一所学校、一支军队。盛大的员工手册对员工的行为规范做了细致的规定。例如,上班初次见面,要问好致意——"早""早上好";下班时,要道别——"再见""明天见";就连语气和言辞也做了充分的规定——"在办公场所言语温和平静,激动时尽量控制语气和音调,给人以成熟、有自制力的印象"。

陈天桥对毛泽东十分崇拜,在陈天桥的办公室里,看不到什么跟网络游戏有关的摆设,书架上却醒目地摆放着一套《毛泽东选集》。吴晓波先生在一篇文章中称,陈天桥聘用唐骏为盛大 CEO,也与这份喜爱有关——他们两人都是毛泽东的崇拜者。唐骏在微软中国公司时,曾经包了一个专列,带领员工浩浩荡荡上井冈山。

---

[1] 这来自朱威廉对其前老板的描述。朱威廉也是上海互联网业的名人之一,他曾经创办过著名的网络文学网站榕树下,在榕树下卖给贝塔斯曼之后,朱威廉进入盛大做副总裁。2005 年 4 月 22 日,朱威廉离开盛大,之后做过交友类网站,也尝试做过网络游戏。

盛大向左，第九城市向右

市场是存在竞争的，有人在等待着陈天桥犯错，也有人开始将陈天桥的错误作为自己的机会。他们中反应最快、最努力的是一个叫朱骏的人。在很长一段时间内，陈天桥和朱骏都不断被拿出来进行比较。

把陈天桥和朱骏放在一起，本身就是个话题。

他们的公司都成立于 1999 年，而且做的事情也差不多，都是网络虚拟社区。朱骏后来总结：国内较成功的网络游戏运营商如盛大、网易等，大都有做虚拟社区的经验，这些经验使其对游戏和服务的理解好于刚入行的商家。这话自有其道理。

朱骏最开始做的是一个叫 GameNow 的虚拟社区。2000 年 5 月，GameNow 网站改版，正式更名为第九城市（the9.com）。2000 年，在 CNNIC 组织的评选中，第九城市获得娱乐类网站第一名，并获得晨兴创投 410 万美元的投资。

基本是在同一时间，陈天桥拿到中华网 300 万美元的投资，和他的妻子、弟弟陈大年，以及谭群钊、瞿海滨等人共同创办了"网络归谷"社区，意图在网络社区和动漫领域淘金。

盛大自 2001 年 10 月开始运营《热血传奇》，大获成功，开启中国网络游戏的新时代。朱骏迅速跟进，2002 年 7 月，第九城市与韩国 Webzen（网禅）公司合作，成为网络游戏《奇迹》在中国地区的独家代理运营商。第九城市为此花费了 200 万美元。同时，双方共同投资 150 万美元，成立第九城市娱乐公司，第九城市占股 51%，韩方占股 49%。2003 年 2 月 5 日，这款游戏开始正式收费，到 6 月底已为第九城市带来 2.7 亿元的收入。

盛大是"真传奇"，第九城市也是"奇迹"。

盛大和第九城市都在 2004 年上市，相隔不过半年。

2004 年 5 月 13 日，盛大在纳斯达克证券市场挂牌交易，半年后的 2004 年 12 月 15 日，第九城市也在纳斯达克证券市场挂牌交易，开盘价 19 美元，收于每股 21 美元，较开盘价高出 2 美元，比其 17 美元的发行价高 4 美元，涨幅达 23.53%。第九城市此次 IPO 发行 607 万股 ADS（每股 ADS 相当于一股普通股），融资 1.03 亿美元。

这两家公司的办公地距离很近。上海市浦东新区高科技园区碧波路 690 号，是第九城市公司所在地，而对面的楼则是盛大公司总部所在地。从朱骏办公室走路不到 5 分钟，就能见到他的老对手陈天桥。据说陈天桥选这块地花了整整一年的时间，考虑各种方面的因素，并通过董事会决议才最后决定。而朱骏则没有这么费事，2005 年，朱骏将公司从南京西路上的中信泰富广场搬到了碧波路上。所谓"盛大向左，第九城市向右"，竞争对手如此近距离办公，给热衷讲故事的媒体带来了很多想象的空间。

但是，他们又是那么的不同。

他们曾经争夺过一款著名的网络游戏——暴雪娱乐公司的《魔兽世界》。

1991 年，加州大学洛杉矶分校毕业生迈克·莫汉（Mike Morhaime）、阿伦·亚德翰（Allen Adham）与弗兰克·皮尔斯（Frank Pearce）共同创建了 Silicon & Synapse 公司。两年后，两人希望将工作室更名为 Chaos，不过这个名字已经被注册了。之后，亚德翰从词典里查到"Blizzard"（意为暴风雪、雪暴），于是公司更名为暴雪娱乐。

1994 年年初，发行公司 Davidson & Associates 以 1000 万美元收购了暴雪娱乐，但是暴雪娱乐的创始人始终没有放弃对游戏的自主开发权，这也被认为是暴雪娱乐游戏品质的有力保障。在几度交易后，1998 年，暴雪娱乐被 Vivendi（威望迪）收入囊中。

也是在 1994 年，暴雪娱乐推出了第一款《魔兽争霸》。这款游戏对标的是当时的热门游戏《沙丘 II》，与其飞机大炮的战争场面不同的是，《魔兽争霸》的游戏背景设定在一个奇幻世界中，充满了刀剑和魔法，以及葱郁的森林。游戏中实践的联网对战模式、随机地图生成器、快捷键设定，被认为引领了电脑游戏的发展方向。

《魔兽世界》属于大型多人在线角色扮演游戏，是以《魔兽争霸》的剧情为历史背景开发出来的。玩家把自己视作"艾泽拉斯世界"中的一员，在广阔的虚拟世界里体验探索、冒险的乐趣。2003年《魔兽争霸Ⅲ：冰封王座》推出之后，暴雪娱乐正式宣布了《魔兽世界》的开发计划。不过业内认为，之前其已经秘密开发了数年之久。

《魔兽世界》于2004年年中在北美地区进行公测，当年11月在美国发行，发行的第一天服务器几乎不堪重负。随后，该游戏在韩国和欧洲地区相继进行公测并发行，同样获得追捧。《魔兽世界》自然也吸引了众多中国网络游戏公司的关注，其中无疑包括盛大。当时甚至有"得《魔兽世界》者得天下"的说法。

2004年4月，第九城市与暴雪娱乐签署中国战略合作协议，第九城市取得《魔兽世界》中国独家代理运营权。除了300万美元代理费，第九城市还要投入1300万美元的市场宣传费用，在商业运营后4年内，每个季度支付160万美元到370万美元的版税。这样算下来，第九城市为此至少要付出3000万美元，甚至更多。

作为海归的朱骏，在与美方沟通上没有语言方面的障碍，并且熟悉美国公司的运营方式，这为他争取这一机会加分不少。2005年，第九城市第一季度财报显示公司净亏1050万元人民币，而第二季度财报显示公司净亏2300万元人民币。不过2005年6月9日，《魔兽世界》在中国正式运营。第九城市2005年第三季度的财报显示公司扭亏为盈，利润为470万美元。朱骏完成了华丽的转身。

第九城市上市后，陈天桥这样评价第九城市："我能看到追随者在干什么。第九城市上市后，我才知道原来它前三个季度的利润还不如我一个季度利润的1/10。盛大完全可以在第九城市上市之前买下它，但是没必要，那样就不好玩了，我宁愿去开发一个新的产业。"陈天桥果然去做了一个新的产业，做他的"盒子"。2005年2月，陈天桥奇袭新浪，花了2亿美元，这笔钱完全可以买下几个第九城市——如果真的买下，整个网络游戏的历史将被重写。

即便不买第九城市，如果盛大全力和暴雪娱乐谈合作，拿下《魔兽世界》，也是很有可能的，那么第九城市的命运将被改写。

第九城市的招股说明书显示，其2004年上半年的净利润为160万美元，与韩国Webzen合资的9Webzen贡献了其中的132万美元，前9个月第九城市的净利润为200万美元。但自从第九城市在纳斯达克证券市场挂牌以来，就是一只《魔兽世界》概念股。

仍然是《魔兽世界》。2007年第二季度，在资料片"燃烧的远征"的推动下，《魔兽世界》的营收继续增长，达到4.16亿元，同比增长69.1%，环比增长6.1%。易观国际指出，进入2007年第三季度后，《魔兽世界》的在线人数仍然呈现出缓慢的增长趋势，显示了这款游戏仍然处在产品生命周期的成熟期。

到了2008年第三季度，第九城市依旧是一只《魔兽世界》概念股。2008年8月8日，第九城市发布第二季度的财报：收入同比增长69%，达到4.551亿元；净利润为1.159亿元，比2007年同期的5060万元增长129%。朱骏随后表示，第九城市的商业运营游戏在2008年第二季度创下了130万人的最高同时在线玩家人数纪录，不过，光是《魔兽世界》的最高同时在线玩家人数就超过了100万人。

没有《魔兽世界》，第九城市不仅不能位列网络游戏公司三甲，甚至会跌出前十名。

现在看来，盛大错失《魔兽世界》真的是一件十分离奇的事情。它不仅失去了一个好的增长点，更重要的是凭空多了一个竞争对手。那么，其中到底发生了什么？

让很多人津津乐道的是朱骏在与暴雪娱乐谈判时的一个小细节：朱骏要求参与谈判的员工每人穿一件T恤，上面印有"50"这个数字，意味着同时在线玩家人数要达到50万人。这个数字在当时而言属天文数字，但是在一年后，他们真的做到了。客观分析，这个刻意表明决心的市场策略，究竟在多大程度上打动了暴雪娱乐，是一个疑问，却是第九城市一个可以赢得加分的噱头。

暴雪娱乐当时首选的还是盛大，毕竟盛大是绝对的市场老大。但谈来谈去在价格上谈不拢，2004年前后的盛大，信心的确强大到让其几近失去理智的地步。最让盛大无法接受的是，服务器要由暴雪娱乐搭建，但由盛大负担成本，主动权基本丧失殆尽。

面对盛大的强硬，暴雪娱乐开始考虑第九城市。此时又传出盛大和韩国开发商发生版权纠纷的消息；此外，盛大正准备研发基于《热血传奇》的新款游戏——《传奇世界》。这些消息让游戏开发商暴雪娱乐感到很不安。

安心做游戏代理、没有显露二心的第九城市，或许还包括由T恤表现出来的信心，最后赢得了暴雪娱乐的欢心。

据多次随同朱骏参与谈判的第九城市副总裁黄凌冬评价，朱骏在韩国、美国的游戏开发商中非常受欢迎。除了一口流利的英语，以及与这个行业契合的激情洋溢的气质，肯定还有一些什么——在美国生活过的朱骏显然更懂得国际游戏规则，从而能博得外国人的信任。

巨人也想进军网络游戏行业

史玉柱进军网络游戏行业的故事与陈天桥有关。史玉柱是一位《热血传奇》玩家，他是在玩《热血传奇》的过程中找到他所开发的游戏的最大卖点的，连史玉柱的第一款游戏《征途》的技术团队都来自盛大。

史玉柱最早被人熟悉，是他在巨人做汉卡的疯狂岁月，之后则是因为他在操作脑白金上的非常手法。不过，20世纪80年代末就开始进入IT业淘金的史玉柱所不为多人所知的身份是，他也是一个"超级"游戏玩家。

根据史玉柱身边的公司元老之一、巨人网络媒体和行政副总裁汤敏回忆：最开始编写汉卡的时候，史玉柱就养成了一个程序员常有的习惯，在累了、紧张了、压力大了的时候，要关上门玩一会游戏。从1989年开始创业到初次体验成功，再到巨人大厦烂尾，转做保健品……史玉柱的这个习惯就一直没断过。而史玉柱后来玩的，就是盛大运营的《热血传奇》。

史玉柱在《热血传奇》的世界里征战，最初只有30多级，在多次被人PK掉之后，他找到了本区级别最高的账户，对方是温州某网吧老板。史玉柱吩咐温州分公司的经理到网吧，支付了3000元钱，将这个70级的账户拿到手。可是尽管有了70级的账户，史玉柱依然无法所向披靡。

于是，史玉柱又直接找到盛大董事长陈天桥。陈天桥告诉他："装备更重要。"史玉柱立即花了1万元买了一套顶级装备。这个举动让这个聪明且敏感的玩家又一次清醒地意识到，他想做的另一个事业中的最大卖点是装备。

在巨人集团核心的领导团队——史玉柱和他著名的"四个火枪手"中，没有一个人是营销、市场专业科班毕业的，更谈不上有什么专家。史玉柱在做脑白金和《征途》时最为擅长的"农村包围城市"战术，实则来自他敬佩的"毛泽东思想"，而在做这两个市场时所奉行的——到一线了解最真实、最详尽的资料，从而通过感性认识、理性分析，梳理形成自己的一套方法，又践行了"毛泽东思想"中极为著名的一句话："你要知道梨子的滋味，你就得变革梨子，亲口吃一吃。"

史玉柱在玩游戏时通宵达旦，甚至花大价钱去买装备，更多是为了尝"梨子"。当然，这也与史玉柱追求完美的性格有关。

史玉柱在网络游戏中有了封号之后，说："还不如我自己开发一个游戏。"在史玉柱这句话的背后，也许隐藏着他对网络游戏市场利润巨大的感慨。在外人看来，这只是史玉柱的突发奇想，但是史玉柱后来的做法印证了这句话并非玩笑话。

和大多数刚接触网络游戏的玩家一样，史玉柱在《热血传奇》里被高等级玩家恶意 PK。于是，他月掷数万元人民币，去享受游戏里的控制权和爽快感。但和大多数刚接触网络游戏的玩家又不一样，史玉柱除了痴迷网络游戏而且舍得花钱，还一直在关注和分析着这个高增长的产业，如同一只尾随在猎物后面的"狼"。

史玉柱在游戏里接触了很多玩家，通过和他们聊天，史玉柱不断体验和揣摩那些网络游戏产品的成败之处。在分析了《热血传奇》等火爆一时的诸多产品后，史玉柱深深感到那时的中国网络游戏产品与中国网络游戏玩家的实际需求存在很大差异。

史玉柱找来专家咨询，主动拜会一些行业的主管领导，目的就是搞清楚网络游戏市场究竟会不会萎缩。最后得出的结论是，至少在 8 年或者更长的时间里，网络游戏的增长速度会保持在 30% 以上。这让史玉柱越发认识到，网络游戏才是他事业真正的归属。

而 2004 年所举办的公司 15 周年庆典，则让史玉柱下定了进军网络游戏行业的决心。那时，公司将所有能联系到的老员工统统找了回来，一共有 600 多人。这些人有的在做硬件，有的在做软件，十有八九还是在 IT 圈里打拼。当时一位负责研发的总监，在台上激动地对史玉柱说出了大家的心里话："史总，我们还是希望您能回归到 IT 中来！"这句朴实的话，在当时深深触动了史玉柱的心灵。

"做玩家想玩的网络游戏！"史玉柱向当时黄金搭档的 7 人决策团队表露了通过进军网络游戏行业来回归 IT 圈的强烈想法和极大信心。

事实上，那时候的 7 人决策团队，并没有几个人明白网络游戏是什么，只是公司有了一定的资金储备，正考虑投资新的项目。最后，大家通过一些整体的行业分析报告得出一个结论：网络游戏是一个朝阳的产业，而且第一笔投资金额仅 2000 万元人民币，有可能获得丰厚的回报，即使失败，对公司来说也不算什么。于是，史玉柱进军网络游戏行业的想法得到了 7 人决策团队的一致认可。

立了项目，有了资金，接下来要做的事就是建立团队了。对于一个自产自销的网络游戏公司而言，团队的核心无非由两部分组成，一个是研发,另一个是销售。

销售部分,对史玉柱来说不是难事。2004年,征途网络(2017年更名为"巨人网络")成立之后,史玉柱就从原来做脑白金的团队中抽了相当一部分人手过来,负责行政、营销及宣传。乍看之下,从保健品行业转到网络游戏行业,跨度似乎非常大,但实际上正如巨人网络总裁刘伟所说,无论是哪个行业,具体的行政、营销及宣传等工作并没有什么不同。对征途网络而言,关键是找到研发团队。

研发确实不是史玉柱原有队伍所擅长的事,因此这一部分只能通过对外招聘来解决。恰好在这个时候,盛大旗下的王牌程序员林海啸和他的《英雄年代》研发团队走进了史玉柱的视野。

1997年,16岁的林海啸从浙江大学计算机系少年班毕业,他和史玉柱是校友和系友。毕业后,林海啸加入浙大灵峰,任网络部副经理;1998年7月,组建鸿志网络。林海啸曾制作了当年风靡中国的网络游戏《网络三国》的插件,之后又尝试过制作自己的网络游戏《世纪录》。林海啸被游戏圈视为业内最顶尖的三人之一。

2003年2月,林海啸加入盛大,担任盛品网络副总经理兼技术总监。在主导游戏研发期间,他一心想把此前自己开发《世纪录》时的一些构想在《英雄年代》中加以实现,但最终未能如愿。

关于史玉柱和林海啸两个人之间的握手,版本很多。最为可信的版本是玉峰的博客里所记录的。

史玉柱来盛大那天,我正好到凌总办公室汇报工作。他刚陪陈天桥见过史玉柱,跟我说,史玉柱头发不多,开部越野车,现在手里现金有十几亿元。史玉柱是个骨灰级游戏玩家,他玩《神迹》时,感觉盛大前路渺茫,一玩《英雄年代》,顿时爱不释手,又感觉盛大前途光明。史玉柱来盛大,完全出于好奇,想看看《英雄年代》的GM(游戏管理员)是如何工作的。我们说话的时候,林海啸在办公室门口探头探脑,于是凌海叫他进来。这是我第一次,也是最后一次见到林海啸。

终于有一天，我发现林海啸从BQQ（公司内部即时通信工具）上消失了。在BQQ上消失，就意味着此人离开了盛大。到底是史玉柱先用重金挖走他，还是他离开盛大之后被史玉柱请去，现在已经不重要了。

史玉柱将林海啸所在的项目组请了过来，许林海啸以征途网络副总经理兼技术总监的职位，同时许以股份。股份比例，整个团队占25%，其中林海啸占大部分，具体不详，但他由此拥有征途网络上千万股股票。即便以招股价计算，这些股票的价值也超过10亿元人民币。

现在的林海啸，揣着大把的现金做着酒店投资的生意。

曾经有媒体报道说，陈天桥对此痛心疾首，认为自己"引狼入室"。但历史就是这么充满机缘巧合。当时《传奇世界》在盛大中一家独大，以林海啸为首的《英雄年代》研发团队得不到太多的资源支持，正想跳出来自己干。而此时，史玉柱正兴致勃勃要进军网络游戏行业。于是两者一拍即合，走到了一起。一切就是这么水到渠成、顺理成章。

《征途》的史玉柱式创新

有了研发团队，史玉柱接下来面临的则是怎么把这个研发团队融合进来的问题。在这个团队进入征途网络之后，史玉柱对其非常重视，亲自了解每个研发人员的情况，根据他们不同的特点分派不同的工作。

当时《征途》网络游戏的开发主要分为创意策划和程序设计两部分。创意策划由史玉柱亲自主抓，从整体上对《征途》进行设计，《征途》里所有活动和功能设置都必须经史玉柱同意；而程序设计则交给这20人的研发团队，另外游戏测试环节也由他们负责。

在游戏开发过程中，史玉柱对研发人员的要求非常严格。比如，对于游戏开发进度的保密问题，史玉柱要求研发团队不能透露半点儿信息。为了保密，在研发过程中，研发人员不能上网，不能打电话，不能与外界联系。

由于网络游戏的研发人员本身就是游戏玩家，年龄普遍较小，俗话说"年轻气盛"，这在管理上是一个让网络游戏公司的老板非常头痛的问题。在这个问题上，史玉柱显然要比其他网络游戏公司的老板更有优势，他将在经营脑白金时的企业管理规范直接运用到这个为数20人的研发团队上。

在待遇方面，在脑白金时期史玉柱的做法是：重点技术人员不受公司级别制度限制，只要技术能力强，就不怕付出高额报酬。这一点被直接搬到了征途网络。史玉柱要让研发人员感到，征途网络给他们的报酬绝对在整个行业中居于前列。于是，在《征途》开发过程中，史玉柱出手颇为大方，给整个研发团队开出了很高的工资。这个研发团队在当时的薪水、所占期权，与同时期、同行业其他企业相比是非常高的，甚至比征途网络后来的其他研发人员都高。

在人员管理方面，史玉柱是非常强调执行的管理者。比如，在推广脑白金时，史玉柱对整个公司的要求是：决策一旦形成，就必须毫不犹豫地去执行，不能有任何拖沓。

当然，在网络游戏这样一个创意行业中，思想上的碰撞和观点上的分歧肯定是不可避免的。在每次业务会议上，史玉柱总会与《征途》研发人员产生一些分歧，尤其是后期即将完成开发的时候，双方的分歧更多。在这个问题上，史玉柱的态度非常明确，不会凭借自己的职位将对方的看法"一棍子打死"，只要是在业务讨论流程中，就一定会与对方充分沟通，反复分析不同观点的利弊。同时，邀请更多的人参与讨论，让大家了解在这个环节上为什么会产生分歧，不同观点的侧重点是什么。当整个环节进入执行流程之后，史玉柱就会要求整个研发团队全力执行，不能有任何延迟。

采用这种管理方式带来的一个好处就是，史玉柱充分调动了整个20人研发团队的创造性，同时保证了研发进度的高效率。有一个非常典型的例子：当时这个研发团队在《英雄年代》开发过程中曾经提出很多具有创造性的想法，大大丰富了游戏模式，但是始终不为盛大管理层看重；到征途网络之后，史玉柱率领这帮研发人员将这些想法转为《征途》中的诸多游戏模式，成为《征途》的卖点。

和做脑白金的时候一样，史玉柱每天最爱干的事就是伪装成普通玩家，到游戏里找别人聊天，问他们喜欢什么、想怎么玩。史玉柱还经常和玩家一起骂公司的客服。

《征途》是史玉柱实现"巨人之梦"的一次迫不及待的努力。《征途》公测前的两个月，史玉柱对"脑白金"和"黄金搭档"的销售情况不闻不问，每天花10多个小时泡在网络游戏上，甚至在主持保健品业务会议的时候，按捺不住屡次将"消费者"说成了"玩家"。

值得注意的是，史玉柱当时搭档的7人决策团队，在这个时候被拆开了，分管公司的保健品和网络游戏两个项目。其中有5人被划到网络游戏项目中，张路任COO，刘伟任总裁，汤敏任媒体和行政副总裁，陆永华任销售和营销副总裁，费拥军主要负责法务方面的事务。尽管史玉柱一直对外界表示，自己对保健品及网络游戏都很看好，但通过这个部署不难看出，他对网络游戏项目还是有特别的偏爱，至少在组织保证上给予得很充分。

中国网络游戏资深从业者、蓝港在线CEO王峰是公认的善于学习和总结之人。王峰在一篇关于史玉柱和《征途》的文章中，系统地总结了《征途》的创新。

一方面，《征途》在国产系统设计、游戏对立阵营、装备系统、相关职业技能设计及游戏玩法设计思想等多方面有很多创新。实际上，它出色的内容和玩法设计赢得了相当一批玩家的心。

另一方面，《征途》满足了网络游戏玩家从追求经验、等级、技能、装备到帮派、荣誉、江湖地位的需求。从《征途》的产品设计和运营角度来看，玩家的需求对应了商品的供应。大部分《征途》玩家都知道，"早期付费买经验，后期花钱砸装备"，这是《征途》商业运营最大的动力来源。

在《征途》游戏中,人们回到了古代,大家可以买卖、嫁娶,日出而作,日落而息。但是,世界并不是永远太平的,国与国之间经常发生战争,有本领的勇士可以带领人民去征战。在虚拟的世界中,大家机会均等,手无寸铁的勇士可以想方设法打造武器,而很多跌倒的勇士可以爬起来再战。

《征途》一上线就面临网络游戏市场变革和转型的压力。虽然2D网络游戏仍把持着大量的市场份额,但3D网络游戏大潮已经势不可挡,特别是随着《魔兽世界》这样的重量级游戏的问世,2D技术的《征途》似乎显得生不逢时和陈旧。史玉柱的逻辑是,网络游戏的生命周期远远短于保健品,一款不错的网络游戏,其运营周期很可能也就两年左右。史玉柱完全明白,不能盲目追求技术创新,于是在找准了切入点和定位之后,还未等《征途》杀青,他就开始组建推广渠道。

在《征途》推出之后,史玉柱如法炮制了脑白金的推广方式。推广团队在整个行业内算得上庞大,全国有2000人,目标是铺遍1800个市、县、乡镇。史玉柱习惯用军事术语解释自己的做法:"空军好比做广告,陆军好比做营销,配合好了才能做。"

史玉柱仍然采用"农村包围城市"的做法,将《征途》送进了市、县、乡镇,而且只进不对其收费的网吧,收费的一律不进。但这并不意味着史玉柱"客大欺店",他的策略是和网吧一起搞"征奖""包机"活动。在《征途》推广的高峰期,几乎每个网吧门口都挂着"冲新区,奖5000元"的条幅。

相信只有大投入才有大产出的史玉柱,定期组织"包机"活动,这一活动受到了农村网吧老板的欢迎。史玉柱定期将全国5万个网吧内所有的机器包下来,只允许玩《征途》游戏,这样,一个月就要支出上百万元的费用。对于很多上座率不到一半的农村网吧而言,"包机"的利润可想而知。加上网吧老板还能分享卖《征途》游戏点卡10%的抽成,这使史玉柱的游戏在农村市场受到了欢迎。

相比史玉柱，包括陈天桥在内的其他网络游戏公司的触角就延伸得没有那么广了。史玉柱要求他的销售人员两天巡访一次网吧，而陈天桥的销售人员在县级城市最多一个月巡访一次网吧，因为人力不够。为了管理众多办事处，史玉柱还组建了一支从总部到省、市、县的三级督察队伍，整日四处奔波，查看下面的办事效果。从这些细节中，足以看出史玉柱对终端争夺的用心。

正是这种地毯式营销，使运营才一年多的《征途》成为中国网络游戏月收入上亿元的三款产品之一。其他网络游戏厂商也开始向《征途》学习，在二、三级市场中，其他公司的业务员常常和《征途》的业务员发生冲突，往往是你的广告刚贴上，他的广告就覆盖在上面。

史玉柱在给"陆军"布好局以后，就开始出动"空军"了。

《征途》的成功在于，首先，推广方式很有颠覆性，不像很多网络游戏厂商那样千篇一律；其次，通过卖装备的销售策略锁定了目标人群：有钱没时间、希望通过多花钱获得更好体验的富人。《征途》正是通过对现有游戏市场进行细分，成功地满足了核心用户群的需求，最大化地释放出其消费能力，从而实现盈利的。

不过史玉柱也注意到，"在网络游戏里，一个贫富差距悬殊的社会必然是一个不稳定的社会"。于是，为了缩小贫富差距，史玉柱打出了"给玩家发工资"的广告：只要玩家每月在线超过120小时，就可以拿到价值100元的"全额工资"。工资以虚拟货币的方式发放，但玩家可以通过与其他玩家做交易而获得现金。史玉柱看到了网络游戏的本质——人与人的互动。在史玉柱看来，网络游戏最大的魅力就在于玩家和玩家之间的交流，也就是说，网络游戏的游戏性是由玩家之间的互动体现出来的。当然，玩家在网络游戏里可以认识很多朋友，也可能碰到很多敌人。

之前网络游戏的商业模式的核心是按点卡收费，即网络游戏公司按玩家的游戏时间，收取相应的费用。然而，这些网络游戏公司忽略了商业环节中游戏道具及装备的收入，而史玉柱却从中看到了虚拟交易蕴藏的商机，他推出了"终生免费"模式，以"网络游戏革命"为主题，在各种网络媒体和平面媒体上疯狂地进行宣传。

所谓的"免费游戏"，其实是靠道具收取更多的费用。史玉柱的功力体现在产品设计上，他让研发团队设计了各种道具和玩法，其中最为知名、获利最丰的，是道具打造系统。这个系统的特点在于：玩家花钱越多，道具的性能就越好。和其他游戏相比，《征途》的道具打造系统几乎不存在消费极限。

《征途》的这种"革命性的模式"让玩家知道了玩游戏的"好处"，尽管这个好处只是一个"甜蜜的陷阱"。

虽然史玉柱的做法取得了成功，但备受同行非议和谴责。而他仍不改出奇制胜的做法，投入巨资在中央电视台播出《征途》的形象广告，宣传力度由此达到顶峰。当时的国家广播电影电视总局明文规定，网络游戏和烟草不能做电视广告。而《征途》的形象广告巧妙地规避了这一限制，首开国内网络游戏运营商在电视上播放广告之先河。

《征途》官方称，截至2007年5月27日晚，其同时在线玩家人数突破100万人，成为全球第三款同时在线玩家人数超过100万人的网络游戏（前两款分别是网易自主研发的《梦幻西游》和第九城市代理的《魔兽世界》）。

腾讯在香港上市

2004年6月16日，腾讯控股（700.HK）在香港交易所正式挂牌交易。根据其每股3.70港元的发行价计算，腾讯拥有62.2亿港元的市值。此次上市，腾讯造就了5个亿万富翁，7个千万富翁。根据持股比例，马化腾持有 14.43% 的股份，账面财富是 8.98 亿港元；张志东持有 6.43% 的股份，账面财富为 4 亿港元；另外 3 位高层曾李青、许晨晔、陈一丹共持有 9.87% 的股份，三人的财富合计约 6.14 亿港元。此外，腾讯的其他 7 位高层拥有共计 6.77% 的股份，共有财富 4.22 亿港元。

腾讯最大的股东 MIH 集团更是大获其利。MIH 为纳斯达克和阿姆斯特丹两地上市公司，最主要的业务在南非，是南非最大的付费电视运营商。其在 2001 年 6 月接手腾讯 46.3% 的股份。

根据 MIH 的财务报告，MIH 从盈科数码、IDG VC 及管理层手中收购腾讯 46.3% 的股份，花费 3200 万美元，其中向盈科数码支付 1260 万美元。收购后，腾讯管理层持股 46.5%，IDG VC 持股 7.2%。

后来，IDG VC 持有的 7.2% 的股份被一分为二卖给了腾讯管理层和 MIH，MIH 可能为此又付出了几百万美元。也就是说，MIH 的总投资超过 4000 万美元。但截至 2009 年，MIH 拥有的腾讯股份所对应的市值却高达 23.33 亿港元，几年时间，MIH 的投资获得了 7 倍的升值。

假设当初 IDG VC 和盈科数码持有的股份到 2009 年都不卖出，那么两者获得的投资收益将会超过百倍甚至更多。

对 IDG VC 和盈科数码的"短视"，腾讯创始人之一的曾李青给出的理由是，它们和腾讯创业者之间的信息不对称，比起盈科数码和 IDG VC，MIH 对腾讯的情况了解得更深入，知道这家公司的真实状况，而不是停留在财务报表中那些不具备说服力的数字上。

如前所言，盈科数码受制于并购香港电讯的案子而无暇他顾，放手是很正常的事情。即便如此，盈科数码做得并不干脆。马化腾曾回忆说，盈科数码想退未退的那几个月，是腾讯最困难的一段日子。

但 IDG VC 的退出多少有些不合情理。IDG VC 负责腾讯项目的董事王树向来对他投资的项目周到备至，IDG VC 最早成功获利后退出的项目金蝶软件，就是王树在深圳蛇口码头附近看到金蝶的广告牌后找上门去的。

王树当时的妻子在深圳市政府工作,对腾讯的创业团队、腾讯的商业模式,甚至腾讯的移动 QQ,王树都有相对深入的了解和认识。

王树从一开始就主张继续坚守腾讯,不过 IDG VC 采取的是集体领导制,采用一个项目一人负责、多人决策的方式。也许在腾讯这个项目上,只有一票的王树最终没能说服他的同事。

比起盈科数码的 10 倍回报,IDG VC 采取的是分期退出的方式,因此回报要稍微高一些。但如果能坚持到腾讯上市,那么,IDG VC 将获得更加丰厚的回报。如果是这样的话,仅凭腾讯一单,王树就可以退休,或者单独成立以自己名字命名的大宗投资基金。

一切都是如果。

IDG VC 在腾讯项目上的失策,与王树和他的同事关系不大,他们的专业眼光没有问题,这与 IDG VC 本身的策略有关系。IDG VC 的基金在 2001 年前后正处于交割期,需要有良好的账面表现来吸引下一期基金的募集,所以 IDG VC 不得不忍痛割爱,多做一些套现项目来让上一期基金的表现好一些。

移动 QQ 及 QQ 秀

在 MIH 接手腾讯股份的前后,腾讯找到了一条让自己公司盈利的路径——短信注册收费。腾讯为此推出了中国互联网历史上的划时代产品——移动 QQ。

2000 年年底,中国移动在推出"移动梦网"的时候,也许不知道,这一创新性的价值链条会挽救一批互联网公司,腾讯就在其中。

如前所言,腾讯本身拥有做一家通信公司的良好基础和技术积累,它最开始的商业模式是给寻呼台做基于互联网端的配套短信息系统。因此，在对短信服务的认识和理解上，它占得先机是很正常的。对腾讯来说，只要把中国移动和中国联通各地分公司看作寻呼台，按照最开始的策略和思路进行推进即可。

由于中国移动和中国联通各地分公司对短信的认识和理解不一，腾讯甚至派人直接扛着服务器到运营商的机房，帮忙安装、调试，甚至直接赠送服务器。在曾李青办公室里一张偌大的中国地图上，满是红蓝两色的标志。每拿下一个省的移动分公司的业务，就标一个蓝色的标记；每拿下一个省的联通分公司的业务，就标一个红色的标记。很快，那张地图已无处落笔——那真是一段高歌猛进的日子。

从用户需求角度出发，腾讯也适合做短信收费业务。当时腾讯的情况是，拥有近亿级的互联网注册用户量，而且这些用户是含有大量消费诉求的，但是苦于没有收费的渠道。因此，在很长一段时间里，特别是在服务器跟不上的压力下，腾讯限制了新用户的申请和登录。然而，"移动梦网"通过手机代收费的"二八分账"协议（运营商分二成、SP分八成），犹如一道闪电，惊醒蛰伏的腾讯。

腾讯迅速开展了收费会员业务，限制页面注册量，并开展了移动QQ业务。一时间，腾讯成了"移动梦网"的骨干，在"移动梦网"收入中的份额最高时占据了七成。

腾讯赚钱的速度和它当初注册用户量的增长速度一样快。到2001年7月，腾讯就实现了正现金流，到2001年年底，腾讯实现了1022万元人民币的纯利润。[1]

腾讯在香港上市，一半靠SP业务，另一半靠它的虚拟增值业务。

2002年年底，腾讯开始大规模发行120元一年的Q卡，后来又开发了付费的服务QQ秀和棋牌游戏。其中，QQ秀后来大行其道。这

1　在2001年3月，腾讯为了应付ICQ的版权官司，将软件名改为了QQ。

种带有游戏性质的虚拟装备，可以让QQ用户自由选择虚拟着装，当然，用户也可以忍受不着装的尴尬。在对用户虚荣心的恰当挑动之下，QQ秀消费成为潮流。

QQ秀的故事颇为曲折。虽然在SP上获得巨大成功，但马化腾、曾李青觉得这个业务不稳定。毕竟，SP很依赖强庄[1]。为了不再靠天吃饭，开辟更广阔的发展空间，腾讯力邀诸多专家加入。最初在深圳万用网任总工程师、当时在中国移动旗下卓望公司的王远，就是在这个背景下，于2002年下半年来到腾讯担任战略规划总监的。

根据马化腾指引的方向，腾讯本希望在网络游戏领域获得突破。于是，除了马化腾亲自和曾李青一起去美国看游戏展，腾讯的员工也一拨又一拨地被派往韩国进行学习和研究。

在曾李青的主导下，王远从上海分公司总经理的任内调回，负责组建腾讯的战略发展部。他主导了腾讯的员工前往韩国进行学习和研究，研发出了QQ空间（Qzone）这样的核心业务。他专门请了具有朝鲜族背景的人加入腾讯的日韩研究小组，并在腾讯工作期间7次前往韩国，或者代理游戏，或者参加展览，或者谈合作。由于韩国的互联网公司基本集中在首尔，因此他对首尔的熟悉程度甚至超过中国的很多大城市。

王远是从做无线开始研究韩国的，后来扩展到网络游戏、互联网体验消费、搜索、电子商务、支付渠道等价值链的各个环节。在腾讯内部乃至整个互联网业界，王远都是公认的十分熟悉韩国市场的人，不仅如此，他对美国互联网也有所研究。当时，美国无疑是全球互联网发展的心脏，但是在具体的业务形态上，亚洲国家却展示出不同的地域特点。王远认为，中国的互联网是美国和韩国的合集，在搜索、网络广告、电子商务这些领域要多学习美国，而在无线增值业务、网

---

1 强庄是指那些资金实力雄厚、控盘程度较高、使股价走势常常"特立独行"且明显强于大盘的庄家。

络游戏及其他体验类消费服务领域，要重点向韩国学习。

腾讯赴韩国考察当地互联网生态的一名叫许良的员工在返回深圳后，向包括马化腾在内的管理团队大力推荐了"Avatar 游戏"，即在网络游戏中销售用户的虚拟形象，也就是后来的 QQ 秀。不过，当初 QQ 秀项目在腾讯内部审批时，并不被看好。第一次上会它就被否决了，反对者是马化腾，这几乎宣判了这个项目的"死刑"。

曾李青有些不甘心，于是让王远看一下这个项目。王远亲自辅导项目负责人许良重新做调查和分析，最后写了一个长达 80 多页、逻辑缜密的 PPT，重新提交，重新开会。会议结束时，这个项目获得了包括马化腾在内的所有领导的一致通过，这也在一定程度上改写了腾讯的内部决策体系。在这之前，腾讯内部提出新业务都很随意，当然也会很容易被否决。QQ 秀不但成功地扭转了发起之初的不利局面，更重要的是，它为产品经理做了一个示范。曾李青很高兴，给许良发了一笔特别奖金，同时要求今后公司所有新业务的发起人必须提交一份规范的商业建议让上级审批。

2003 年 1 月 24 日，QQ 秀上线试运营，许良派送给所有 QQ 会员价值 10 元的 Q 币，使他们成为 QQ 秀的种子用户。两个月后，腾讯宣布 QQ 秀——QQ 虚拟形象系统正式收费，QQ 用户可以用 Q 币购买衣物、饰品和环境场景等，设计自己的个性化虚拟形象。

在 QQ 秀商城中，有各种虚拟物品——仙女装、职业装、墨镜、项链等，大多售价为 0.5～1 元。用户可以购买这些虚拟物品，依照自己的需要随时更换，也可以将其作为礼品送给自己的 QQ 好友。QQ 秀形象有效期为 6 个月，之后用户须重新付费购买。

这一个性化的虚拟形象除了在 QQ 头像上显示，还将在 QQ 聊天室、腾讯社区、QQ 交友等服务中出现，也就是说，QQ 秀让网民在虚拟世界里重建了一个虚拟的自己，也重建了表达情感的方式。

QQ 秀受欢迎的程度出乎所有人的意料。在 QQ 秀上线的前半年，就有500万人购买了这项服务，平均花费为5元，支出远远大于购买一个"靓号"。而且，这并没有引起用户的反感和舆论的攻击。

2003年年底，QQ秀一改单件销售的模式，推出了"红钻贵族"（一开始称为"红钻会员"，后来因容易与QQ会员混淆，改称"红钻贵族"），这是日后为腾讯带来重大收益的"钻石体系"的发端。

"红钻"是一种包月制的收费模式，用户每月支付10元，便可以享受到多项"特权"，其中包括：获得一枚红钻标识，每天领取一个"红钻礼包"，每天获赠5朵"鲜花"，可设定每天自动换装，在QQ商城享受超额的折扣等。这些"特权"的含义在于，挂上了"红钻"的QQ用户，将是一群在虚拟世界里被特别照顾的"贵族"。

在QQ秀的成长史上，"红钻"服务的推出是一个引爆点。在此之前，每月的虚拟道具收入为300万～500万元，而"红钻"推出后，包月收入迅速突破了千万元。

在卖"靓号"时期，Q币的价值非常有限，可是QQ秀诞生后，刚性需求被激发了出来。2003年2月，曾李青从华为的无线业务部门挖来业务经理刘成敏，由他牵头搭建Q币销售体系。4月，刘成敏便与杭州电信旗下的声讯台签订了代销Q币的协议，电信开通了16885885声讯服务，拨打这个电话便可以购买Q币，电信代为扣费，所得收入，腾讯与声讯台以五五比例分成。

这一模式被迅速复制到全国的300多家城市声讯台。同时，刘成敏还与1万多家网吧建立了Q币销售的渠道关系。再加上腾讯自有的在线支付系统，腾讯在一年多的时间里拥有了三种支付渠道。日后，因开拓市场有功，刘成敏被提拔为无线增值业务部门的"大总管"。

对于腾讯来说，建立一个属于自己的支付系统，是战略性的成功，这也是中美两国社区型网站在盈利模式上分道扬镳的标志性事件。

与支付系统同样具有创新意义的是，QQ秀在收费和服务模式上进行了独特探索，新的会员运营理念逐渐形成。尽管在当时，中国的互联网从业者没有提出网络社区或社交网络的概念，但其实，QQ从诞生的第一天起，就是社区与社交的产物，只不过它是以即时通信客户端的方式呈现出来的。也正因此，它在广告的承载和展现上先天不足，这逼迫着它寻找新的用户互动方式和盈利出路。

顾思斌是QQ秀小组的早期成员，归吴宵光和许良领导。他毕业于北京邮电大学，实习期间就进入腾讯，是真正意义上的"科班子弟兵"。顾思斌也是QQ群的重要推动者，而QQ会员是他在腾讯期间最重要的作品。顾思斌对本书作者表示，QQ秀与QQ会员从本质上说都是产品，需要建立体系和进行流程化的运营，互联网产品的收入增长取决于对用户情感需求的挖掘和对整个服务流程的掌控。

在产品设计上，腾讯的会员体系建设抓住了两个要点：一是"特权"的设计，二是等级的差异。

会员支付了不同的费用，就可以享受到不同的特权服务，而不同的服务内容又有等级上的差异。这种从传统的宾馆经营中借鉴过来的思路，在互联网增值服务中同样有效。

不仅如此，它还为腾讯带来了一种竞争手段。比如，当腾讯推出其博客服务QQ空间时，没有采用新浪、搜狐等网站惯用的名人博客手段，而是主打一系列虚拟增值产品的填充和装饰，从而使原本以个人文字与图片为主要功能的"QQ空间"成了用户的另一个秀场，成为国内率先盈利的博客产品。然后，它才开始反向切入名人博客市场。

2005年，个性空间Qzone的开通极大地拓展了QQ秀的销售空间，原本只能向用户销售与服饰相关的虚拟物品，而在Qzone的平台上，腾讯几乎可以向用户销售一切生活物品，如桌椅板凳、牙膏、水杯、打火机等。

腾讯让即时通信软件成为虚拟形象的载体，让虚拟形象进驻个人博客,让彩铃变成在线音乐,然后把音乐存储在网络硬盘上,或通过"种子"发到好友的邮箱里。贯穿在这些不同产品之间的,是一个模糊而实际的抽象概念:跨界整合。

对腾讯来说,以即时通信工具为依托,获得互联网增值服务的收入,是它的一个牢不可破的"根据地"。即时通信工具相比电子邮件、资讯服务等,最大的优势就是即时双向的互动。通过即时通信工具,实现的是人与人的互动,而通过电子邮件、资讯服务等,实现的只不过是人与机器的交流。当人与人的互动在数量上累积到一定程度时,社区就形成了。而社区中的个体必然对承载沟通功能的工具产生极强的依赖感,这就形成了用户对即时通信工具的黏性。即时通信还有另外一个优势,就是它做到了对个体的锁定,腾讯对每个用户是有单独的账号与之捆绑的,其行为数据很容易被记录。

即时通信的这些特性,使其成为用户黏性非常大的工具,而腾讯也成了中国互联网上用户非常"黏"的公司。当腾讯以这个黏性工具为中心,加入一些商业化的功能的时候,腾讯的互联网增值服务也就顺理成章地产生了。尽管那些QQ虚拟形象、机器宠物,看起来是一些微不足道的"小玩意儿",但是当用户的规模形成的时候,产生的收入依然庞大。同样,QQ具有的这个黏性也是腾讯多元化收入的基础,以QQ这个桌面软件为平台,腾讯再扩展其他领域服务的成本就会大为降低,这也是腾讯业务单项二流、综合表现却能超一流的逻辑。

腾讯后来在移动QQ、互联网增值服务之外,又拓展了网络广告、网络游戏两个利润丰厚的市场。到2008年年底,在中国互联网市值、收入和利润三个单项上,腾讯都已成为第一名,并在之后多年保持在行业前三的水平。

周鸿祎的 10 亿美元的教训

有人选择上市，有人选择"卖身"。

2004 年 3 月 22 日，3721 公司总裁周鸿祎意气风发地正式成为雅虎中国总裁。

但时隔多年后，周鸿祎却承认，这是一个至少 10 亿美元的教训。周鸿祎也是多年之后才知道，当时百度的流量远远不如 3721，甚至到 2004 年左右，百度的流量都无法与 3721 相比。但周鸿祎去找李彦宏谈合作时，李彦宏所摆出的那副架势，仿佛他已经在运营一家大公司。相对地，那时的周鸿祎一直不自信，他所表现出的幼稚、害怕，犯下的种种错误，都源于不自信。

当时的 3721 不知道自己在行业内的位置，意识不到自己的价值。当年金融界想上市，尝试通过 3721 导入流量，营业收入很快就被拉高。金融界要给 3721 广告费，但周鸿祎觉得这种广告"没啥意思"。他根本没有意识到，3721 已经是一个流量很大的网站，如果当时有第三方的咨询机构做统计，3721 的流量大概能排到全国前三或前四名，但周鸿祎对此浑然不觉。不仅如此，作为投资方的 IDG 也不知道如何定位 3721。

到 2003 年，3721 的成长已经超出了 IDG 的控制范围，大家对行业前景都看不清楚，周鸿祎也苦于没人能在布局上给点儿建议。如果当时他能够站在一定的高度，看到公司未来的发展，那么 3721 的定位与前程也许就会完全不一样了。周鸿祎事后总结，3721 对当前格局判断不清，以至于把大好前程浪费了，它断送在没有前瞻性上。而这又与周鸿祎自身的不自信有关。

依照 2003 年 3721 的状况，周鸿祎应该寻求上市。当时 IDG 内部也有人说，他们投资的公司中有正酝酿上市的，而这家公司就是郭凡生的慧聪。对于 3721，IDG 并不看好，加之周鸿祎觉得自己英文不好，与西方人打交道有障碍，所以对上市也不是很上心。

虽然 IDG 和周鸿祎都对 3721 不是特别有信心，但有趣的是，不断有人找上 3721 谈收购。

最早与 3721 谈收购的是新浪。周鸿祎和新浪创始人之一林欣禾，为收购的事情在硅谷见过面，周鸿祎觉得林欣禾很风趣。新浪给 3721 的开价是 2000 万美元，当时新浪的市值大概是 1 亿美元。按照新浪的出价，它愿意拿出自己 20% 的股份作为交换。如果换股成功，周鸿祎将摇身变成新浪的大股东，这让周鸿祎很感动。但周鸿祎认为对于门户网站新浪来说，做企业服务不是新浪的重点，所以双方的合作并没有达成。

新浪之后，搜狐 CEO 张朝阳很热情地找到周鸿祎，把收购价格抬高到 3500 万美元，并且希望周鸿祎到搜狐出任 CTO。此时的搜狐市值大概也在 1 亿美元。周鸿祎依旧是感动多于实际的冲动。

之后，阿里巴巴也曾想买下 3721。阿里巴巴在企业服务方面曾与 3721 有过竞争，"不打不相识"，阿里巴巴觉得 3721 在企业级市场的流量导入方面做得很好，可以弥补阿里巴巴的缺陷。马云将收购价格开到 6000 万美元。据周鸿祎回忆，当时马云表态说，要是收购成功，他还要专门去融资，而且还要换股，换股后，周鸿祎的股份甚至比马云都要高。周鸿祎一听，也觉得十分感动，所以就跑到杭州跟马云面谈。马云希望收购之后，由周鸿祎出任 CTO，负责技术和产品研发。但周鸿祎这一趟走下来，觉得阿里巴巴就是一家销售公司，跟他的代理商差不多，根本谈不上拥有核心技术，所以他本人不是很看好阿里巴巴。

原本周鸿祎是不打算卖掉 3721 的，至少在起初，这种卖公司的愿望不是那么强烈。但到后来，随着接触的公司越多，当他发现很多公司想买 3721 的时候，他的虚荣心就开始膨胀。他想，为什么不谈一个高价钱来证明自己的价值呢？行为加强动机，周鸿祎开始倾向于将 3721 出售。

2003 年下半年，周鸿祎花了很多精力谈收购。面对纷纷抛来的橄榄枝，他一时拿不定主意，于是找投资方 IDG 商量。IDG 认为卖给海外公司价格比较高，另外，跟国内公司合并，同样是创业者，彼此之间不一定能合得来。周鸿祎也有这个顾虑，尽管平时关系都不错，但要真正合并，未必能合得来。于是，他也倾向于卖给海外公司。

虽然决定要卖给海外公司，但具体卖给谁呢？

事实上，在 2003 年上半年，周鸿祎一直试图寻求和谷歌的合作。在他的心目中，谷歌的搜索技术是做得最好的，如果他可以在中国市场中与之合作，借助谷歌的搜索技术，就能获得良好的发展，所以他通过各种途径跟谷歌接触。然而，即使以当时 IDG 的名气，也接触不到谷歌的高层。谷歌的高层很难约见，甚至约上了人，对方也可能因为开会等某种原因来不了。2003 年的谷歌对中国还没有明确的战略，所以也没有人愿意和周鸿祎谈。这时，周鸿祎通过王功权认识了一个朋友，这个人说，只要给他 10 万美元就能约到美国前副总统艾伯特·戈尔，而戈尔是谷歌董事会成员。周鸿祎咬咬牙，给了这人 10 万美元。于是，在硅谷的一个饭馆里，周鸿祎见到了戈尔，戈尔还带了当时谷歌的四号人物，双方简单交谈了一下。因为语言交流不畅，加之谷歌当时对中国市场并不重视，所以这次谈话显得不咸不淡。周鸿祎看对方态度非常傲慢，觉得自尊心受到伤害，因此和谷歌的合作不了了之。

这个时候，雅虎出现了。

2003 年，3721 每天已经有上亿次的访问流量；虽然百度的搜索技术比 3721 好，但流量一般。所以，当听说 3721 能带给雅虎每天三四百万次的流量时，雅虎感到十分惊讶，于是找到 3721 谈合并。IDG 对此事比较热衷，觉得这是一个很好的出手机会，因为它也需要卖掉几家公司来证明其能获得很好的投资回报。如果能卖到 1 亿美元以上，这笔投资就太成功了。在这个过程中，周鸿祎十分纠结，他自己并不想卖，但又希望 3721 的发展能超越百度和 CNNIC。

第一次融资后就被周鸿祎邀请加入 3721、曾经两出两进的 CFO

刘千叶，在帮着周鸿祎打点与国外相关的事务，她也想尽快帮周鸿祎卖掉3721。此时的王功权已经有离开IDG的念头，他也想在这之前看到3721有一个明确的结果。同时，尽管此时的3721已经实现盈利，也有相当高的回报，但是很多人对3721的前景并不看好。尚无人看清这到底是一个什么样的市场。事实上，所有的商业模式都不是一步到位的。比如，在谷歌将搜索做得很成功之后，人们才知道，原来搜索这个模式可以有这么大的发展空间。

周鸿祎也有卖掉3721的动机。一是当时的3721并不被主流所认可，而雅虎这家大型互联网公司正如日中天，要是将3721卖给雅虎会很有面子；二是3721正在与CNNIC打仗，虽然在市场上取得了绝对优势，但是CNNIC一直没有放弃，这让周鸿祎始终没有安全感。

另外，他还有一个很重要的对手，那就是李彦宏。在这之前，周鸿祎曾经跟李彦宏谈过两家合并的事。李彦宏坚持股份占比六四分，他的理由是百度的技术要比3721好，但周鸿祎认为3721的收入比百度高，应该五五分，所以这次合作意向并没有达成。2003年，百度对外宣称融资1000万美元，后来周鸿祎才知道，其实当时的百度已经没有"军饷"，快挺不下去了。但重新融资后的百度给了3721很大的压力。虽然周鸿祎隐约知道，自己如果做搜索可以占据一定的先手，但百度在搜索上的积累和投入是长期的，长跑起来自己未必能赢。

面对各方的紧逼，周鸿祎盘算，如果投靠雅虎，借助雅虎的资金和技术实力，就可以比百度领先。

虽然有上述理由做支撑，但周鸿祎仍然为此纠结过很长一段时间。其间他去了两次美国，但或许是因为内心不愿意和雅虎深谈，收购谈判进展很慢。王功权大怒，为此和周鸿祎争论得脸红脖子粗。王功权甚至说气话："我不管你这个项目了。"后来，IDG派了过以宏来帮周鸿祎，过以宏是海归，能与雅虎总部建立良好的沟通。周鸿祎记得很清楚，当时过以宏跟雅虎方面介绍说，中国互联网公司中能上市的都已经上市了，没上市的就这么几家。

在3721内部，李涛等人曾经劝阻周鸿祎，不要把公司卖给雅虎，尽管他们也说不出什么原因与道理，只是凭着一种直觉。公司其他员工在这件事上全无经验，他们也不知道，这一场与外国公司的合作对3721意味着什么。

周鸿祎迫切地想找一家拥有好的搜索技术并且能在品牌等综合实力上与百度抗衡的公司。他认为，如果能与雅虎合并成功，并获得雅虎的相关技术，那么他在中国市场上是可以与百度相抗衡的。事后证明，雅虎并非真正信任他，好的技术都牢牢把控在手。

在与雅虎接触的过程中，周鸿祎犯了很多错误。

一开始，他跟雅虎北亚区的团队谈，当时参与的还有雅虎在中国台湾收购的雅虎奇摩的创始人。后来，周鸿祎又去美国，跟雅虎美国的团队谈。起初主要是跟律师、财务谈，为了收购一事，周鸿祎也跟杨致远见了一面。雅虎对于中国市场的战略没有太多的考虑，周鸿祎在与对方高层的谈判过程中，也没有从战略层面讲清楚3721对于雅虎在中国的战略意义。因此，雅虎方面没有对这桩收购给予足够的重视，甚至没有将收购这件事当成是对中国战略布局的开始。周鸿祎只是觉得，应该把雅虎的战略和3721的发展结合在一起，充分利用好雅虎的资金、品牌、技术与产品资源。后来，这场原本被赋予极大期望的合作，演变成一场财务收购：雅虎看上3721当时的销售收入，想以此充抵雅虎北亚区的销售业绩；雅虎方面对3721提出一个衡量利润的指标，周鸿祎入主雅虎中国后，在完成指标的基础上获得相应的投资。雅虎对3721的要求实际上变成利润与收入，这样的收购思路也为其后来的发展埋下祸根。

周鸿祎当时的想法是把两家公司真正的实力和潜力发挥出来，但并未如愿。加之他对3721本身的行业地位没有一个清醒的认识，3721和雅虎在合并时也没有形成一个好的资本架构，因此3721作为雅虎集团在中国的分支，在很多事情上并没有取得本土决策权。

与此同时，百度也在与雅虎方面接触，并购的条件是雅虎给百度1.5亿美元。

当周鸿祎看到百度可能借助与雅虎的并购打败自己的时候，周鸿祎走入了他的人生误区——他太想打败对手了，以至于急于求成，最后走错了路。

2003年10月，周鸿祎憋了一口气，以1.2亿美元的价格将3721卖给雅虎。按照双方约定，这笔资金将分三次支付给3721，雅虎先支付收购金额的50%，余下部分则根据周鸿祎带领雅虎中国取得的利润情况，分期给付，收购计划将在两年之内完成。按照收购协议，第一年，周鸿祎必须带领雅虎中国创造出1000万美元的纯利润，一旦完成，雅虎再支付25%；第二年，雅虎中国的目标则是完成2500万美元的纯利润，完成之后，3721的股东才能拿到余下的部分。收购协议在2003年11月21日正式签署，周鸿祎出任雅虎中国的总经理。

与多家公司的收购方案相比，从收购金额来看，雅虎是所有公司中出价最高的。起初雅虎只愿意出8000万美元，后来通过一轮轮谈判，在周鸿祎承诺完成一定业绩指标的基础上，收购价格抬升到了1.2亿美元，同时雅虎的态度也很积极。

周鸿祎将整个公司卖给雅虎，3721的团队也入驻雅虎中国，如果他能利用雅虎好的技术来实现其在搜索市场上的称霸，那这应该是一笔划算的买卖。但事后证明，周鸿祎所期望的获得雅虎好的技术的愿望，并没有实现。跨国公司管理团队与本土创业团队之间的文化基因差异，注定了这是一场"同床异梦的联姻"。

根据双方达成的收购协议，收购计划在两年内完成。为完成对赌，周鸿祎上任伊始就对雅虎中国大刀阔斧地实施改革。他抛出了三大计划——推动中文上网的国际化、实现雅虎搜索技术的本地化、推动雅虎电邮在中国取得与之相匹配的优势地位。

此后，雅虎中国开始在电子商务、即时通信、搜索、邮箱领域重拳出击。2004年6月8日，雅虎中国推出新版即时通信软件"雅虎通6.0中文版"；2004年6月21日，雅虎中国的独立搜索网站"一搜"上线，主打MP3搜索；2004年7月26日，雅虎中国率先把免费邮箱的容量扩展至1GB。

周鸿祎砍去了一些雅虎在内容上不擅长的频道，面向城市白领，主推房产、汽车、娱乐、体育等内容。周鸿祎并不理会雅虎总部坚持做门户的想法，只将有限的资源聚焦在邮箱和搜索上，这种强硬的态度让他赢得了"雅虎野蛮人"的外号。正是周鸿祎和雅虎总部对发展方向看法的不一致，为双方产生猜忌埋下隐患。

在两家公司高层之间嫌隙初现的时候，底层员工之间也并不融合。当时有说法是，与其说是雅虎中国收购3721，不如说是近200人的3721接收了50人左右的雅虎中国。并且，是雅虎中国员工从华润大厦搬到3721所在的和乔大厦。

因为业绩压力太大，周鸿祎顾不上理会谁收购谁的谣言之争。他知道，收购失败往往发端于企业文化融合的失败，因此周鸿祎决定用自己的方式来解决。他开始实施"奋进、向前奔跑、快速行动"的创业文化，来清洗雅虎中国固有的跨国公司式官僚烙印。"不认同理念不如趁早离开！"强悍的周鸿祎认为公司更应该依靠文化来凝聚人，而不是通过完善的制度来约束人。

为了迅速将原3721团队与原雅虎中国团队合兵一处，周鸿祎耗费不少资金将双方员工全部拉到海南三亚进行了一周的团队活动。为了能和员工推心置腹，活动期间，周鸿祎采用了最有"中国特色"的做法——和原雅虎中国的员工一起喝酒。"这可不是绅士一般地浅啜，而是'不醉不归'地喝。"他回忆说。结果，周鸿祎自己喝醉后掉进游泳池。

周鸿祎采取的上述措施取得了不错的效果。2004年，雅虎中国扭亏为盈，营业收入为4000万美元，利润为1000万美元。周鸿祎的努力令业内人士开始重新审视雅虎这个网络巨头在中国的影响。

  一切似乎都表明，雅虎中国已经开始走上正轨，找到了自己的方向。但是在这些暂时成绩的背后，周鸿祎与雅虎总部的矛盾逐渐激化。

2005

"草根"冲击波

2005年，中国互联网开春的第一件大事是盛大突袭新浪。2005年春节前后，陈天桥斥资近20亿元，仅用43天即成功收购中国门户网站新浪19.5%的股份，成为新浪最大的股东。（2007年春，陈天桥将手中的新浪股票陆续抛售，全身而退。）

一个做游戏的生意人要并购一个做新闻的具备较强公信力的门户网站，这听起来真的很不靠谱，但的确是事实。这也是2005年中国互联网的主题："草根"当道。同时，"草根"当道也是2005年整个中国的关键词。

给这个关键词做绝妙注脚的是一个叫李宇春的川妹子。她获得了2005年湖南卫视举办的女性歌唱类娱乐选秀节目《超级女声》的冠军，并席卷了诸多奖项，甚至当选了"改革开放30年风云人物"。这背后的因素众多，其中之一是因为她是中国"草根"运动的代表性人物，她那么鲜活，那么真实，那么纯粹。

因为李宇春，百度贴吧人气爆棚，百度靠此超过新浪，成为流量最大的中文网站。天涯其实也是当年有关"超女"最热闹的阵地之一，但当时一些"超女"粉丝之间情绪对立严重到作为公众平台的天涯无法承受，从而给了百度贴吧成长的机会。

因为李宇春，承揽"超女"投票的掌上灵通成为年度SP的最大赢家，虽然第二年湖南卫视挽起袖子自己干，但时任掌上灵通CEO的杨镭由此开始在媒体上讲述自己的"无线百老汇之梦"。当然，后悔的还有一个叫王雷雷的人，因为竞价太高，TOM在线放弃了与湖南卫视的合作。

李宇春还搅动了数字音乐这一潭水，这也是2005年中国互联网江湖中最重要的主题变奏曲之一。

这一年，京文唱片和无限艺能在 6 月合并成立艺能京文控股公司，掌上灵通控股了九天音乐网，华友世纪接连签下陈好、庞龙和张靓颖，TOM 在线搞起全国性的数字音乐选秀，刚从华纳中国出来的许晓峰与 A8 音乐的刘晓松及 IDG 一起成立了音乐原创联盟，声称要用基金的方式来做原创音乐包装。

当然，最大的动作还是与李宇春有关。2005 年年底，宋柯的太合麦田牵头成立了"数字音乐发行联盟"，TOM 在线、搜狐、腾讯、百度、移动梦网等都被拉入这个联盟作为太合麦田的卖场。每卖出一首歌，它们就可以获得 35% ～ 45% 的利益分成。宋柯手中的王牌就是李宇春。一首歌的制作成本为几万元，只要能卖出几万次就可以收回成本，而李宇春的一首歌在网上能卖出几十万次，甚是畅销。

随着李宇春和"草根"力量的兴起，一名叫方兴东的清华大学在读博士决定用博客"揭竿起义"。他决定用博客这种"草根"表达的方式挑战门户。他提出的口号是"每天 5 分钟，给思想加油"。

除了方兴东，这一年，从法国的欧洲工商管理学院 MBA 毕业的王微为了一个叫土豆的视频分享网站，放弃了贝塔斯曼在线事业部中国区总经理的职位。他的口号是"每个人都是自己生活的导演"，他想做一个连"草根"都能分享自己快乐和理想的视频平台。

这一年，同是文艺青年，经历过一次创业失败、回到美国准备找工作的 IBM 前科学家顾问、加州大学博士杨勃发现，所有人都劝他回到中国去。杨勃从开源社区里找到洪强宁等伙伴，开始做一个图书、音乐分享网站。他给这个网站起了个好听又好玩的名字——豆瓣，一个一人一票、强调平权、旨在解决信息分发问题的理想之地。

这一年，福建人蔡文胜广邀各路站长和软件高手齐聚厦门，召开站长大会。按照蔡文胜的描述，雷军是在 2005 年的站长大会上敲定了与李学凌一起做多玩游戏网（YY 的前身）的，也是在这一年的站长大会上，周鸿祎完成了对社区搜索公司奇虎的收购。

2005年，越来越多的人希望搭建一个给"草根"们狂舞的平台，而有意思的事情是，这些平台的缔造者和创始人大都是这个社会的"精英分子"。

短信"超女"和李宇春

2005年8月26日，湖南长沙，"超女"三强决选。在负责本届"超女"短信平台搭建的掌上灵通CEO杨镭看来，由于不存在PK环节，最后的总决赛更像一场回顾和演出。但是当最后的短信票数公布的时候，他还是吃了一惊：李宇春3 528 308票，周笔畅3 270 840票，张靓颖1 353 906票，而这还只是粉丝们在一周之内贡献的票数。要知道，2004年"超女"冠军张含韵在总决赛中的票数只有20万票。[1]

获得2005年"超女"冠军的是李宇春。尽管她的实力遭受了质疑，但她依然赢得了最多的观众选票。

实际上，"李宇春现象"早已超越了她的歌声。李宇春所拥有的，是态度、创意和颠覆了中国传统审美的中性风格。在从15万人中选出15人的预赛阶段，李宇春身着宽松的牛仔裤与黑色带扣衬衫，素面朝天并选择大卫·鲍伊在演唱《太空星尘》时一样的发型登台亮相，演唱了中国台湾男歌手刘文正的著名老歌《我的心里只有你没有她》。海选过后，李宇春又演唱了许多为男歌手创作的歌曲，并说自己"像男生"。李宇春的整体形象引来超乎意料的反响，每当李宇春登台亮相，她的粉丝们总会泪洒现场或惊声尖叫，李宇春的粉丝有个统一而响亮的名字——玉米。

---

[1] 根据2021年9月国家广电总局发布的《关于进一步加强文艺节目及其人员管理的通知》，选秀类节目不得设置场外投票、打榜等环节和通道。

一位"玉米"在百度贴吧里这么分析李宇春的核心竞争力："小宇有两方面的优势,一是她本身,她的舞台魅力无人能及,这点不用多说;二是我们这些'玉米',我们必会想尽办法让她的短信支持率达到顶点！"

李宇春的舞台魅力的确不凡。在决赛时,她的伴舞人员选择得十分高明,几个穿着抹胸的白衣"辣女",一下就把她的纯净帅气衬托了出来,使她显得非常与众不同。尤其是最后那一挥手,所有伴舞人员倒下,非常酷。李宇春的粉丝也颇能煽情,其中一位70岁高龄的老奶奶,还现场与李宇春合唱了一首歌。

"玉米"们也是非常给力的。8月12日,在《超级女声》6进5的比赛中,李宇春险被PK下去,场下众多的"玉米"开始相互提醒——"要警惕春春短信支持率一直很高的假象",并开始了正式意义上的集体拉票。

有位"玉米"在百度"李宇春吧"上发出明确倡议："我们的短信支持率必须第一。记住,短信不是给观众看的,而是给主办方看的。"这条信息被贴吧管理员置顶。"玉米"们还在网上公布了全国各地移动通信营业厅地址的速查手册,详细地写上了投票方法——团购并集中火力"进攻"当地的移动话吧或营业厅。很快,各个城市的"玉米"们纷纷回帖,提议在闹市区、中学门口、社区的活动中心、火车站、幼儿园门口、大公司门口等地方拉票,"玉米"们在每个城市的行动开始保持一致。

电视机前,"玉米"们的雏形开始诞生在中国的很多角落——他们时而拿起手机,时而晃动电脑鼠标,与朋友及天南地北的陌生人分享关于李宇春的信息。

李宇春独特的气质,保证了每一位"玉米"都能成为抒情的主角。他们用自己的理解和语言不厌其烦地在网络上回答类似的问题——李宇春好在哪里。与"凉粉"（张靓颖的粉丝）一样,他们在电视机前与家人、朋友、同事喋喋不休后,深夜回到网络继续与攻击李宇春唱功和猜测李宇春性取向的陌生人对战。

《超级女声》似乎以恢宏的气势宣告了多媒体时代的到来。广电网、电信网、互联网，这三张网在《超级女声》的造星运动中产生了强大的合力。

与 2004 年相比，2005 年的"超女"，短信对节目进程的影响力大大增加。过去电视和无线产品的结合大部分是非常僵硬的，在国内，还从来没有一个节目可以这样通过与观众的互动来决定最终的结果。这无疑创造了一个将手机和传统媒体融合的全新模式。以后电视剧、真人秀，都可以把无线的部分增加进来，有时连导演也不知道结果。这是一个模式，却代表了一种趋势，这种趋势叫作"三网融合"，电信运营商、电视网络、计算机网络，进行了一次空前深入的合作。其间最大的难度是，由于短信在 2005 年的"超女"中实时影响到节目进程，要保证这个节目的公平公正，就不能在系统上出现问题，否则一旦因系统问题影响到比赛，就会引起轩然大波。而在决赛阶段，每分钟都可能有上万条短信发出，这对系统的要求非常高！

百度贴吧和 MP3 搜索

"玉米"们究竟是一拨什么样的人？

百度贴吧的调查显示，"玉米"们的年龄大多为 14 ～ 40 岁，其中 20 ～ 40 岁的占一半以上，他们中有软件工程师、房地产开发商、城市交通部门主任、人力资源经理、外企主管、电信职工、网络公司职员、酒吧老板等，更多的则是学生、教师和媒体从业者。

正如"玉米"们所言，李宇春的个人品牌有 60% 来自"玉米"们的加持。从某种层面上讲，李宇春所走的路线，充分借助了网络的力量。受李宇春影响的人，渴望"自信""洒脱""独立""随心所欲"

这些气质，而不喜欢"娇弱""顺从""小鸟依人"。在早期，很多"超女"的粉丝都分散在论坛上，后来百度贴吧出现了，它让分散在全国各地的粉丝找到了统一的根据地。

下面是时候讲述一下百度贴吧缘起、壮大的故事了。

按照俞军的描述，百度贴吧提出的契机是：百度搜索结果页右侧有过一个叫"信息快递"的产品，用来让用户免费发小信息，类似报纸的个人小广告或后来的58分类信息。但俞军认为这个产品没用户价值，老想把它去掉。

在2002年9月谷歌中国有一周不好用的时候，俞军为了将原谷歌用户转到百度，以界面要更相似、更简洁为由，成功推动下线了"信息快递"。但过了几个月，它又上线了，当时李彦宏给俞军的理由是试验半年再判断。这种理由，俞军也没法强硬反对。

2003年6月，百度召集了十多个核心成员，在当时驻地海泰大厦旁边的江南林餐厅举行午餐会，计划讨论这个"信息快递"的最终去留。

在这之前，俞军担心李彦宏还是不肯下线"信息快递"，就想找点儿别的更好的东西放在那个位置（百度搜索结果页右侧）来替代，于是想到了贴吧的形式。提前一天，俞军跟边江讨论了一下这个产品的概念，边江也觉得可以。第二天午餐会时，俞军正式提出了这种更好的产品形式——搜索关键词讨论区（这是贴吧早期的名字，几个月后才改名为贴吧）。现场的百度各位高管没提出什么异议，于是决定开始产品筹备工作。郭眈去找齐玉杰筹备研发工作，俞军去找边江讨论产品需求。

事后回想，俞军觉得，贴吧的想法源于门户网站新浪新闻的主题评论给自己的启发。那时大家都在新浪看新闻，如果是一个热点事件主题，就会有很多相关新闻，但相同主题的多条不同新闻下方的"评论"，指向的是同一个评论区，这就把对同一主题感兴趣的读者们聚集起来了。这个形式用于搜索，就是让搜索相同关键词（等于对相同主题感兴趣）的用户们聚集起来互动，所以这个产品最初叫作"搜索关键词讨论区"。

刚提出贴吧概念的时候，俞军只是觉得这种形式应该是有需求的，但到底会多受欢迎，他其实并无把握。不过几个月后，在贴吧正式上线前，俞军心里已经有把握了——他的信心来自 MP3 搜索。

MP3 搜索的关键词非常集中，周杰伦、刘德华这些歌手和一些头部热门歌曲的搜索量是很大的，几百个热门关键词的每日搜索量都过千次，很容易聚集用户。相比之下，主搜索页的关键词却非常分散，每日搜索量过千次的关键词很少，而且还多是弱话题性的通用词，所以如果没有 MP3 搜索，只靠网页主搜索聚集分主题用户，可能要一两年以后才有足够的搜索量让贴吧进入快速增长阶段。但百度不可能等这个产品一两年，如果等下去估计也就不会有贴吧了。

关于 MP3 搜索的故事也颇有趣。当时互联网上的 MP3 搜索量很大，最大的来自搜刮（后来搜刮的创始人谢振宇创办了酷狗）。起初，毕胜和俞军去杭州谈收购搜刮，未果。回来后，百度几个人讨论后决定：那就自己做一个吧。俞军用一个下午写了市场需求说明书，郭眈指导陈韫敏研发，三周就上线了。

相比当时的搜刮及很多 MP3 个人站，百度的搜索技术能做到寻源更多、速度更快，搜索结果能够按照下载速度排序，可以在搜索结果中去重和去死链，界面极简且支持按照格式选歌，还有比较好用的歌词搜索等功能。很快，百度的 MP3 搜索量就起来了，一度超过总体搜索量两成。

后来，百度产品部的人多了一些，就开始有专人负责 MP3 搜索。其中，清华大学计算机系的焦可，在负责 MP3 搜索期间推出的鼓励用户自己整理特色歌单共享的音乐掌门人，也挺受欢迎。

那是一个互联网"新生儿"的狂欢时代，法律系统对新生事物的干涉保持了审慎的态度，没有急于一棒子打死，如 MP3 搜索的版权诉讼都遵循避风港原则[1]进行处理。而那时的俞军和百度,尚在秉持"一切为了用户"的产品理念,既没有慎重对待版权问题,又没有开始考虑产品生态和供应链问题。

俞军多年后复盘发现,MP3搜索的一个关键贡献是提供了第一批几百个热门贴吧的"冷启动",另一个关键贡献是奠定了优质的用户群和社区氛围。那些喜爱同一个偶像、同一首歌的音乐用户,是天然的友好且交流欲旺盛的人群,后来的海量贴吧在相当程度上也是从这个人群逐渐扩散的,每个贴吧的早期人群和早期氛围又影响了后来者。从这个"冷启动"决定社区氛围的角度看,也许没有MP3就不会有那么繁荣的贴吧,甚至即使等几年后百度主搜索量很大时再上线贴吧,也不会有那么多高质量的贴吧,因为主搜索只能保证很多小众贴吧始终高质量(因为没有其他替代品能帮助它们相遇)。

借助MP3搜索,贴吧开始起步,而李明远的进入,让贴吧实现了更上一层楼。

"你有没有兴趣来做贴吧?如果有兴趣的话,回头你可以跟我聊一下。"2004年,俞军这样问当时还是中国传媒大学广电编导专业的一名大三学生李明远。俞军在接受本书作者采访时称,他并不是在一塌糊涂BBS上给李明远发私信的,而是在一个业界会议上遇到李明远,听完李明远的发言,觉得他对社区运营有独到理解,于是盛情相邀。

李明远虽不是技术出身,但对互联网产品尤其是社区产品尤为感兴趣。大二时,他曾和几名北京大学的朋友一起运营一塌糊涂BBS。

一塌糊涂BBS曾是中国非常有影响力的一个论坛。在2004年9月13日关站前,一塌糊涂BBS逐步发展到800多个讨论区,注册用

---

[1] "避风港"原则是指,在发生著作权侵权案件时,被告知侵权的ISP(网络服务提供商)如只提供空间服务,并不制作网页内容,则有删除义务,否则就被视为侵权。倘若侵权内容既不在ISP的服务器上存储,又没有被告知哪些内容应该删除,则ISP不承担侵权责任。

户超过 30 万人，同时在线人数最多达 21 390 人。

它是教育网内平均在线人数最多的论坛，用户群主要为高校学生、研究人员、教师及专家学者，以及工作在各行各业的高校毕业生。

2004 年，李明远作为实习生进入百度，和俞军一起参与了贴吧的整个运营框架的建立。

2005 年那场火爆空前的《超级女声》，让百度一举崛起。当时的 Alexa 数据显示，百度贴吧的流量甚至超过了新浪，成了全球最大的中文站点。当时非常火爆的"李宇春吧"，迅速成了贴吧的第一大吧。

贴吧也成了李明远的成名作。作为贴吧首任全职产品经理，李明远称，自己每天会收到大量的用户反馈与数据反馈，而做好产品经理的第一步却是学会做减法，没有一款产品能够解决用户全部的需求，关键在于取舍。

李明远并没有把自己当作贴吧的管理者，强调如何规划社区，而是把自己当作服务者，重点放在如何建设社区体制和营造社区氛围上。

借助良好的用户体验、紧贴搜索的全新模式、对"超女"等娱乐事件的运营，贴吧流量在百度总流量中的占比从 1% 上升到 11%，这在当时仅次于百度的搜索和 MP3 业务。贴吧的成绩，令李明远在还未毕业时就已担任高级产品经理。

百度贴吧、百度知道等系列产品，是俞军及百度产品梦之队的创新之举。谷歌做的是分发，而百度除了做好分发，还让用户重度参与来贡献内容。

清华宋柯和北大许晓峰

2005 年 10 月，宋柯花重金签下人气歌手李宇春，这是宋柯完美商业联盟的试水行为。

事情进展得很顺利。以往一张唱片从制作、推广到销售要几个月甚至几年，但在宋柯的推动及安排下，李宇春的单曲《冬天快乐》从词曲制作到网上首发只用了一个月。这种单曲的销售模式不仅迅捷，且成本低廉、成效甚好——30万次的下载量，每次3元，再加上8万多张约50元的限量版单曲CD，《冬天快乐》这首歌，其收入远比一张有10多首歌的传统唱片的收入要多。不仅如此，在太乐网上下载《冬天快乐》的30多万人次中，有1万多人次通过太乐网新版本的太乐唱录机翻唱这首歌，花费10多元得到与太合麦田专业录音棚效果接近的音乐享受。

2005年7月的上海，太合麦田的董事总经理宋柯在上海短短三天的行程中收获颇丰。他马不停蹄地拜访了各家关联公司，参加了一个企业家聚会，为媒体举办的颁奖典礼客串了一次颁奖人，出现在了克里斯蒂娜上海演唱会的嘉宾席上，见缝插针地接受了几家媒体采访，并在电话里约好了周末回京和朋友一块打高尔夫球。

这是典型的"宋柯生活"。自1996年作为珠宝倒卖商的宋柯被著名音乐人高晓松拉进唱片界后，他的角色一直飘忽不定——有时候他出现在娱乐新闻的头条，有时候他被请去马来西亚参加高尔夫球赛，有时候他坐在选秀评委的席位上评头论足，有时候他又在《福布斯》的商业颁奖典礼上毫不客气地拿奖。他的投资人、软银赛富合伙人羊东为此给了他一个称呼：疑似艺人。

而宋柯在中国音乐界的口碑，大多来自一些富于想象力的投资与交易。比如，2004年，宋柯买下刀郎作品在新技术领域的版权，仅彩铃下载一项，就为他带来了累计超过2000万元人民币的收入。

尽管出身清华大学，但宋柯对高科技一直"不太懂"——他不会在电脑上打字，不会发手机短信，更不会像年轻人一样用QQ或MSN聊天，或者用一些流行的下载软件下载音乐和电影。但这并不妨碍他赚钱。

宋柯第一次意识到自己所在的传统唱片业可以从高科技中赚钱，是在2003年。当时，一家打算拓展音乐下载业务的网站，找到时任华纳中国副总经理的宋柯，要求以1000元一首的价格买断他手中一些影视歌曲一年的版权。这笔钱微乎其微，包括华纳唱片在内的大多数公司都看不上眼。它们还满足于出唱片、开演唱会、做艺人经纪这些最赚钱的传统方式，对那些送上门来的小打小闹式的生意，第一反应往往是拒之门外。宋柯却从中嗅到了商机，他以麦田音乐的名义签下授权合同。

这份合同，像豁然打开的一扇门，让他洞见了另一条生财之道，也促使他迅速跳槽，并与太合传媒合作成立了太合麦田。

宋柯所带领的太合麦田不是简单投资唱片业，他希望对所投的项目能有深入化的经营。据他观察，当时的娱乐业大多数项目都是单体团队凭激情在推动，对商业模式、规范设计的理性思考太少，专业的操作人太少。他所扮演的角色，正是为娱乐业产业化发展融入理性分析。

给宋柯投资的太合传媒本是一家房地产公司。2008年3月，韩国SK电讯以2000万美元入股太合麦田。SK电讯、太合麦田共同持有与宋柯相同的42.2%的股权，而原投资方软银赛富的股权比例则被稀释到15.6%左右，各方依据股权比例确定董事会席位。宋柯在联盟这条路上越玩越转。

在宋柯这个纯音乐人玩转数字音乐的时候，另一个和宋柯拥有同等知名度的音乐人也来蹚数字音乐的浑水了。这个人就是华纳中国的总经理许晓峰。

许晓峰，1966年出生于闽南古城泉州。1983年，许晓峰考入北京大学英语系。在北京大学期间，许晓峰和陈戈（后来与谷歌合作的巨鲸音乐创始人）、汪勇等志同道合者组建了一支叫"流行色"的校园乐队，许晓峰任队长兼鼓手，陈戈任主唱。

1987年，许晓峰毕业分配到大亚湾核电站任翻译，次年离职返京成为"北漂一族"。1989年，他开始涉足娱乐圈，曾举办黑豹、唐朝等摇滚乐队的小型演唱会，后创办龙声娱乐资讯有限公司，从事欧美音乐版权贸易和演出经纪，并先后代理华纳、贝图斯曼、索尼等公司版权，引进"猫王"、鲍勃·迪伦等摇滚巨星专辑，同时操作了保罗·西蒙广州演唱会、布瑞克兄弟爵士音乐会等演出。

1999年，许晓峰实现当年狂言，出任华纳唱片中国（香港）有限公司及北京中文华纳文化有限公司总裁，旗下艺人包括朴树、周迅、汪峰、金海心、老狼等。2002年，他与九洲传播机构合资创办北京九洲亚华演艺经纪公司，旗下艺人包括陈好、马伊琍、伍宇娟、孔祥东等。

2004年12月31日下午，许晓峰"云游"到曾经打工过一段时间的故地深圳，碰巧跟A8音乐的CEO刘晓松一起吃饭。饭后，许晓峰对刘晓松谈起了自己对唱片行业的一些看法，以及对未来原创音乐、在线音乐、传统音乐的结合和弊病的判断。两人一拍即合，刘晓松正在打原创音乐的主意，而许晓峰正在为中国无法批量包装和推广好歌手而烦恼。

2005年1月18日，许晓峰离开华纳中国，并发表公开辞职信。这一年5月，他与刘晓松及熊晓鸽一起筹建创盟音乐投资管理公司，并出任总裁。

拉许晓峰下海的刘晓松，也是中国数字音乐中的关键人物之一。

1965年，刘晓松出生在贵州省晴隆县郊区的一个普通教师家庭。幼年时期的刘晓松就展现出在学习方面的天赋，并很快在同龄人中脱颖而出。在其求学经历中，刘晓松两次跳级，从小学二年级直接跳到小学四年级，从初中二年级直接跳到高一。1980年，不满15岁的刘晓松考上了湖南大学。

1984年，19岁的刘晓松考上了中国电力科学研究院的研究生，1991年又进入清华大学读博士。1992年，在博士学业的假期中，刘晓松到深圳玩。和大部分20世纪90年代初闯深圳的人一样，刘晓松一到深圳就被深深地震撼了，这里展现出和全国大多数城市不一样的经济腾飞浪潮、城市发展速度，让他激动不已。

刘晓松本想利用暑假的时间到深圳黎明网络公司打短工，但到黎明网络公司一看，他惊呆了，所以就留了下来。

刘晓松所在的黎明网络公司是一家开发证券交易软件的软件公司，但当时黎明网络公司开发的证券交易软件是标准化的系统，不能满足不同券商和机构的个性化需求，学电子工程出身的刘晓松敏锐地发现了其中的商机。

不久之后，一个客户提出愿意以200万元的价格购买一套能满足自己个性化需求的证券交易软件，刘晓松决定自己接下这一单。于是，刘晓松和同学、朋友共6人正式创业。由于大家都是穷学生，没有启动资金，甚至没有注册公司的钱，刘晓松只好挂靠在（当时的）广东省科委的名下，以其名义和客户签合同。

就这样，6个人搬到了客户的公司，开始开发软件，并由此积累了第一桶金。在第一个订单结束后，1994年，刘晓松正式注册成立了自己的公司——信力德系统有限公司（以下简称"信力德"），经营证券交易软件开发业务，并在后来扩展到证券、金融等行业软件市场。

时间到了1996年，刘晓松的信力德借助中国股市的发展，已经成长到年营业额两三千万元人民币、年净利润接近500万元人民币、公司雇员达100多人的规模，但系统集成类公司的成长性不够好。于是2000年5月，刘晓松把信力德卖掉，创立了A8音乐的前身——深圳华动飞天网络技术开发有限公司（以下简称"华动飞天"），公司定位为无线互联网领域的电信增值服务CP（内容提供商）。

创立华动飞天后，国内手机用户的快速增长让刘晓松的华动飞天迎来了新一轮的高速发展。2000—2003年的三年时间内，利用短信、彩信等业务，华动飞天成为国内的大型SP之一。不过在SP这个领域，刘晓松的华动飞天一直没有进入最大公司的行列。虽然SP的利润十分可观，但受行业内违规经营行为导致运营商监管持续收紧的影响，无线互联网公司的收入水平并不稳定，处于中上水平的华动飞天并没有机会进入行业金字塔的塔尖。

此时，刘晓松再度找到了自己的机会。他发现流行歌曲和音乐的铃声、彩铃下载量巨大，于是2001年2月，刘晓松在《深圳特区报》上刊登了一则短文，告知公众可以在他的音乐网站a8.com上为手机下载铃声，结果当天就产生了26万人次的下载次数。此事给刘晓松的震动很大。

到2003年，刘晓松发现，和音乐有关的收入已经占到公司总收入的30%。而当时整个无线音乐的市场规模也就几亿元，以a8.com为主体的华动飞天实际上已经是一个无线音乐的大分销商，而且在规模上已经超越传统的发行商。这让刘晓松决定完成向数字音乐平台的跃迁。

当时，音乐的能量开始在美国的互联网上迸发。苹果公司的iTunes音乐网站获得了巨大的成功，聚集了众多非著名摇滚乐队的MySpace也开始崭露头角。

但在中国，数字音乐有机会吗？果然，刘晓松一提出转型做音乐内容的提议，就遭到了公司其他管理人员，特别是业务部门管理人员的反对。当时，华动飞天与湖南卫视独家合作，共同开发湖南卫视著名综艺节目《快乐大本营》的短信互动业务，这项业务在最高峰的时候，一个月的收入有400多万元，除去分给湖南卫视的部分，华动飞天也能有200多万元入账。如果把与《快乐大本营》的这种模式推广到其他电视栏目，就可以轻松达到每个月几千万元的收入，因此这些管理人员力主向电视领域继续发展。而转型做音乐内容不仅难以见到短期回报，反而需要投入大量资金进行研发、购买版权。

2004年5月的一天，刘晓松找到支持其转型做音乐内容的A8公司联席运营官黄次南。两人一席谈话后，他站起身来坚定地对黄次南说："反正这个事情就这么定了，如果做不好的话，我俩就把这个公司给拖垮了。"

2004年，华动飞天推出了自己的原创音乐互动平台，并改名为A8音乐，开始转型成为数字音乐公司，通过为原创音乐在网上推广和发行音乐作品来获取MP3及铃声下载的收益，并与原创作者分成。

2005年年初，为解决刚从SP转型成为音乐门户的A8音乐的内容问题，A8音乐董事长刘晓松联合IDG及许晓峰，共同成立了音乐原创联盟。

自2005年3月起，A8音乐启动了全国范围内的数字音乐赛事——"A8音乐原创中国"大赛。从宣布转型做音乐内容以来，打造原创音乐就成为A8音乐塑造品牌的重要一环。

A8音乐与音乐原创联盟的深度合作，令传统音乐与数字音乐取长补短。音乐原创联盟为数字音乐提供了巨大的音乐内容库，而数字音乐模式则为音乐原创联盟铺设了顺畅的营销渠道。刘晓松甚至把自己的触角伸展到酒吧行业，他在深圳等城市开设A8酒吧，把自己签的一些歌手送到自己开的酒吧里献唱，这种延伸产业链的做法对A8音乐形成正向反馈。

2005年12月13日，A8音乐在北京中山音乐堂举办了"2005年度A8音乐原创中国颁奖典礼"。这个颁奖典礼可以看作是对A8音乐自2005年起开始做音乐内容的一次检验。

数字音乐群英会

在争夺SP数字音乐疆域上，京文唱片也属于快了一步的种子选手。京文唱片和无限艺能在2005年6月合并成立艺能京文控股公司（以下简称"艺能京文"），而无限艺能本身具有SP资质，旗下有酷客，拥有2000多名歌手、8000多首原创歌曲。艺能京文的CEO杨春旭说："酷客类似音乐发烧友的网站，里面会有彩铃业务。我们和广东电视台合资成立的华格莱美电视发展有限公司，将来会是我们音乐节目的生产基地。依托电视媒体和唱片公司的优势，酷客将提供质量更好的音乐作品，今后很难界定谁是网络歌手，谁又是唱片公司签约歌手。现在，酷客正在整合手机和互联网资源。"

"跨媒体"也是时任掌上灵通 CEO 的杨镭始终挂在嘴边的词。2005 年，掌上灵通控股了九天音乐网，之前还收购了做网络游戏的深圳远航，不过，其最大的手笔是和湖南卫视的《超级女声》节目做内容上的合作。杨镭称，通过连接手机、互联网和电视，掌上灵通要做跨媒体、跨平台的互动娱乐公司。这就是 SP 对 CP 的渗透。

数字音乐是 2005 年前后杨镭最愿意说的一个话题。杨镭说："九天音乐网上现在有四五万首正版音乐，很快将会有七八万首。我要把九天音乐网打造成中国最时尚的音乐门户，要让年轻人觉得上九天音乐网下载音乐很酷，而不在意花钱的问题。"

如果说杨镭借助九天音乐网的平台进入 CP 的做法，业内人士还是可以理解的，那么另一家短信服务商华友世纪彻底扎下去做内容，接连签下陈好、庞龙和张靓颖等艺人的做法，则让业内人士众说纷纭。

华友世纪的副总经理吴峰的解释是："华友世纪原来是一个软件商，后来发现做软件没有内容，就做 SP；又发现做 SP 没有核心价值，和其他的竞争对手区别不大，于是进一步做内容。我们直接做内容，只是想找一条对我们来说最舒服的路来走。"

时任 TOM 在线 CEO 的王雷雷不认同华友世纪盯着歌手的做法，他说："TOM 在线的玩乐吧应以歌为主，不能以歌手为主，网络歌手一般就只有一首歌。虽然这些网络歌曲不是精工细作的，成本非常低，但效率高。比如，一个星期就能去申报三首新的原创歌曲的彩铃。而包装一个歌手，成本很大，风险也比较大。"

作为当时中国最大的 SP，TOM 在线 2005 年第二季度的无线互联网收入占总收入的 95%，近 3.4 亿元，其中 40% 来自数字音乐，数字音乐已经成为 TOM 在线主要的收入来源。2003 年，王雷雷在刚进入数字音乐领域时，曾做出过 1200 万元签下周杰伦四首歌曲两年版权的壮举。

王雷雷反攻 CP 的手段是"歌海战术"。他说："我们签约的传统歌曲有两万首，真正有过下载记录的不到 2000 首，传统歌曲收入 90% 的贡献来自不到 100 首歌。"也就是说，虽然看起来传统歌曲是海量曲库，但真正适合数字音乐形式的资源极为有限。

网络歌曲虽然在质量上不能尽如人意，但是创作成本低的优势明显。王雷雷说："我要不断产出网络歌曲。众口难调没关系，不爱听的歌马上就下线，每天在玩乐吧有 200 多首新歌被上传。就算是只有抽奖的概率，TOM 在线也要抽出个《老鼠爱大米》。"

与王雷雷不同，郑立和他的 16888 则想直接孵化出《老鼠爱大米》。郑立最早创办的分贝网，就是因为发现和炒作香香这样的网络歌手而得到用户追捧，从而得到 IDG 投资的。基于网络原创音乐版权构建商业模式，郑立是最早的实践者。

当时 SP 为了少给 CP 分账，经常玩数字游戏。这是因为，在 PC 互联网时代，不管通过哪种渠道下载手机铃声，如网站、IVR（互动式语音应答）系统、WAP 甚至短信方式，CP 都很容易掌握精确的下载量。而到了移动互联网时代，CP 很难知道用户是怎么下载铃声的，也就更无法知道下载次数。

有鉴于此，传统唱片公司与 SP 的合作是分等级的。对 TOM 在线和新浪这样的顶级 SP，合作模式以分成为主，没有保底金；对空中网、掌上灵通等中型 SP，合作采取保底金加分成的模式；而像其他的小型 SP，则只有保底金，唱片公司不愿意跟它们有太多纠葛。而小型 SP 由于收入没有保障，逐渐被高门槛排除在外。如此下去，正版市场必将沦为寡头 SP 的游戏。

源泉公司则试图用技术打破这种不平衡，其创始人吴峻也是中国最早的 SP 灵通网的创始人，对 SP 的手段非常熟悉。源泉通过比对收集到的网络下载采样信息与 SP 提供的计费信息，测试数据的准确度。源泉以技术为保障，以预付金的形式拿到了环球和华纳所有的曲库和部分贝图斯曼曲库的著作权代理，再在国内授权 SP 使用，并监督打击盗版。在 2005 年 11 月的第一个星期，源泉起诉了华友世纪、中华网、华动飞天、奥创科技 4 家涉嫌使用盗版周杰伦歌曲铃声的 SP。吴峻说："版权在没有管理的情况下是不值钱的，源泉把数字音乐的版权管理变成了一项生意。"这在其他国家，是行业协会和政府部门做的事情。

即便是受盗版冲击、产业环境尚不成熟，各种奇思妙想还是会迸发出来。比如，凭借数码产品备受用户青睐而一跃成为中关村代表公司的爱国者，将 iTunes 模式引入中国；由陈沛创办的中搜则富有想象力地提出，只要网民下载一首歌其就会支付 1 分钱版权费，还大张旗鼓地和国内两家小唱片公司签约。

庞升东和 51.com

2005 年 6 月，在黄浦江边一家咖啡店里，庞升东第一次见到客齐集的创始人王建硕、UUZone 的创始人冒志鸿及刚刚创立土豆网的王微等人。对于庞升东来说，那无疑是革命性的一天：第一次参加所谓的业内人士聚会，并首次从王建硕口中听说了一个新奇的概念——SNS。

在听王建硕讲 SNS 时，庞升东拿出本子想记下来，却没有听明白王建硕的解释。庞升东干脆直接把本子递过去，让王建硕写下来，方便自己回去上网搜索。之后，他开始慢慢接触 SNS 和当时火热的社区 MySpace。误打误撞，学习能力很强的庞升东后来竟成为中国 SNS 江湖里承前启后的一个重要角色。

庞升东，1977年出生于浙江天台农村，父亲是一名木匠，母亲则是一名家庭妇女，下面还有一个弟弟。直到去宁波大学工商经济系学习之前，庞升东都没有走出过天台县城。

1998年3月，仍在大学期间的庞升东加入马云创办的中国黄页（此时马云已经离开多时）做业务员。9个月之后的1998年12月，庞升东离开了中国黄页，经人介绍，进入当时的宁波市计划经济委员会下属的宁波市信息中心，具体工作仍然同网络有关——在互联网上寻找财经资讯。

2005年3月，自称靠证券和地产赚得第一桶金的庞升东与家人搬到上海，寻找新的商机。庞升东首先推出9991.com这个导航网站，互联网资深用户或许对它不甚了解，但它对不少初级用户来说，则大名鼎鼎。此外，9991.com初期改变用户浏览器设置的推广方式，曾引起很大争议。

随后，庞升东做出了一项重大的举措，用98万元买下了域名51.com。这个价格创下当时国内域名收购的最高纪录。

庞升东很快把注意力集中到一家福建的交友网站10770.com上，当时这家网站有10万名注册用户。经过一番协商，他如愿拥有了这家网站。不是简单的购买，10770.com的个人站长、1982年出生的张剑福，后来成为51.com的联合创始人兼高级副总裁。

2005年8月18日，庞升东正式推出51.com。在一次受邀参观腾讯公司总部，与包括马化腾在内的高管团队交流之后，庞升东"心情复杂，很多天都睡不好觉"。从此，腾讯QQ成为庞升东学习和模仿的对象。

庞升东瞄准腾讯，始于2005年7月，即51.com成立之前。庞升东和另一位合伙创始人张剑福相信，完全拷贝QQ的模式，无疑是自寻死路，但如果抓住QQ庞大产品线上某一个新的产品持续"学习"，应该可以成功。于是，他们把QQ产品线上最新的产品Qzone当模板，用以打造51.com的个人空间。

但不能忽视的是两者之间天然的巨大差异：QQ庞大的用户基础使Qzone具备任何对手都无可匹敌的优势，而51.com则须从头开始。这不妨碍51.com迅速崛起，但经常被同行指责"耍小聪明"。

比如，它的一个营销手段是，用户登录管理中心页面后会收到系统提示："为便于您的记忆，请将您的主页地址填在QQ资料里，这样还能给您的主页增加访问量。"这样，51.com的个人主页得以间接在QQ这个拥有数亿个用户的平台上病毒式传播。

再如，庞升东意识到网络交友的一个关键点在于照片的真实性，于是，51.com发明了"视频认证"功能——用户可以用摄像头拍下自己的照片，由51.com的客服人员进行真人与照片的对照认证，合格者的头像下面会有一个粉色的认证标志。在业界仍在探讨用户是否应使用真实身份上网时，51.com近乎讨巧地化解了这个问题：身份真实与否并不重要，只要能确定网络另一端的面孔是真实的，那么多数人已经知道是否值得认识对方。恰好，中国多数的网吧电脑上必备摄像头。

而51.com另一个曲线包围腾讯的方法，正是模仿网络游戏业，仔细"耕作"网吧市场。庞升东早早建立起深入地市级网吧的推广经理团队，在网吧内提供51.com鼠标垫、51.com海报和51.com文化衫等产品，创造与用户"对接"的机会。效仿QQ秀、QQ商城等模式，51.com也推出了类似的"51秀""51商城"等产品，同样需要用户通过货币充值的形式购买。但与QQ不同的是，在全国约80%的网吧中，用户可以通过51.com特定的分销渠道购买到充值卡——它反向地拓展了51.com在网吧的影响力。

简单地说，51.com的策略是复制QQ的模式，把QQ用户分流到51.com的平台上，甚至抢先QQ推出一些有趣的应用，这的确能取得一些不错的效果。

51.com不仅抢先推应用，同时也在细节上下足功夫。仔细看过51.com的人士，无不承认这是一个细节丰富的网站：新用户注册之后,系统会自动地先后推荐3名异性用户,邀请你上传自己的照片、到她(他)的空间逛逛。而稍加留意便会发现,这3名"用户"其实都是系统管理员。其聪明之处在于:51.com的系统会区分用户性别,使他们在异性的"指引"下,完善个人资料并熟悉社区。而用户每次登录进入管理中心页面后,系统会自动推荐4位好友人选,异性用户与本地用户占了绝大多数——必须承认,它很贴近大多数人的网络社交心理,因此取得了一定效果。

毫无疑问,这种建立在对人性的微妙把握的基础上的产品逻辑,迅速为51.com招揽了大量年轻的用户。这种"体贴入微"的把握在更多的细节中体现出来:用户注册完成,系统会提示用户把ID和密码写下来或存在手机里;管理中心最下方两栏提供了常用网址链接和常用软件下载链接,并支持用户添加更多自己喜欢的链接;用51.com"同生缘"可以找到相同出生日期的网友,但是否将自己的年龄显示在主页上,51.com则将决定权交给用户……类似的细节从技术实现上极为简单,却鲜有同类网站考虑得如此周全。

对于细节的掌控力,成为51.com与腾讯竞争的武器。几乎QQ每推出一个新的功能,51.com都能很快吸纳到自己的平台上。51秀、51商城、51群组,甚至51问问,51.com应有尽有。

即便是一模一样的产品,51.com也提供了一些独特的功能。比如,"在线大头照拍摄""给网友照片打分""乱弹"等,都是QQ不具备而能刺激用户参与的功能。甚至,尽管马化腾曾表示要让腾讯像Facebook(脸书)那样成为用户多元互动的社区,但产品一直未成型;而51.com已推出类似"新闻联播"功能,帮助用户追踪好友在站内的行踪——这一步显然走在了QQ的前面。

51.com主要通过增值服务和各种形式的广告获得收入。前者包括VIP会员收费、虚拟物品购买和交易,甚至发布在首页的个人"广播"。后者的形式更为多样:用户可以自行选择是否在主页上保留广告位,并"挑选"不同的广告挂在主页上。而调动51.com活跃用户的病毒式在线营销，让一些广告主体会到了真正的可量化的效果。2007年，百事可乐与包括51.com在内的几家国内社区开展"我要上罐"推广活动，用户提交个人照片即可参与投票"选秀"活动，优胜者的照片会被印在百事可乐的易拉罐上。活动结束时，通过51.com报名的人数高达130万人，而其他4家社区加在一起只有50万人。

  一些迹象表明，51.com正试图成为社交网站中的《征途》。越来越多的51.com用户在被陌生人加为好友时设置了"赠送玫瑰花"的门槛，而一朵虚拟的玫瑰花标价为5个51币，每个51币的真实价格为0.5元，收到50朵玫瑰花的用户在51.com中并不罕见——这说明51.com至少从一个类似的活跃用户身上赚取了125元。另一些用户需要靠提高"51魅力值"的办法吸引别人的关注，1000点"魅力值"的价格为25元，而魅力值在10 000点以上才有收效，意味着51.com可以从中赚取数百元。

  51.com为了更好地学习和超越腾讯，有时会直接从腾讯挖人。51.com对产品和技术人才给出的薪水和福利，一般高出腾讯同类职位的15%。对腾讯的人才，51.com会报销机票请他们从深圳到上海面谈加盟事宜，腾讯员工一下飞机便会被专车接到酒店。最多时有数十名腾讯员工加盟了51.com。

博客方兴东：因微软封杀而生

  庞升东想用Web 2.0冲击腾讯，方兴东则想用Web 2.0颠覆新浪。

  2005年7月19日，博客中国在北京中华世纪坛举办了盛大的"易帜仪式"，宣布更名为博客网，并发布了全新的企业标志。其中，最吸引眼球的是博客中国的创始人方兴东。长长的刘海几乎总是遮盖住他的眼镜，让人看不出他的真实年龄。这是个身材高大、面目清秀、精力充沛、目光坚定，一个人待着时总是若有所思，与人交谈时总是面带微笑的业界红人。

在会上，方兴东宣称，博客网将推出全球第一"博客门户"的基本框架，直接挑战新浪。在方兴东看来，博客将是互联网历史上一场声势浩大的"草根"运动，他所领导的博客网将在未来不长的时间内成功成为中国第一大门户。

1996年夏天，应朋友的邀请，刚刚考入清华大学攻读博士而来到北京的方兴东，以一篇关于戴尔公司的文章进入公关行业。他边学边写，一头扎进了IT圈，逐步成为圈中高产且激情泛滥的产业评论家。

1998年，微软在中国的一系列举动引起了方兴东的注意——比尔·盖茨频频访华，到处宣传微软推出的"维纳斯计划"。1999年3月，方兴东的署名文章《"维纳斯计划"福兮祸兮》"横空出世"。两个月后，方兴东将他两年来的研究所得和一些自己的后期作品，以及部分别人的作品组织成《起来——挑战微软"霸权"》一书。以一己之力挑战全球信息产业巨子，清华大学在读博士方兴东一举成名。

2002年7月6日，一个原本普通的周末，却成了方兴东一生中不同寻常的一天。从2002年起，微软为保护自己的知识产权，加大了在中国打击盗版的力度。方兴东针对此写了《向微软投降！》和《微软为什么》两篇文章声讨微软，指责其知识霸权行为伤害了中国的民族软件产业。两篇文章迅速登上了包括新浪在内的几家门户网站的头条。但本来期待引起更大轰动的方兴东发现，一小时后，几乎所有的网站都撤下了这两篇文章。

以反对微软来持续发声和吸引注意力的方兴东突然发现，自己竟然瞬间失去了阵地，也就是在那一刻，他决定自己打造出一块阵地，哪怕功能简单一些，但可以自己主导，不再受限制。

有了自己创办网站的想法后，没多久，方兴东在杭州参加一个会议时遇见了另一位研究新媒体的评论家孙坚华。孙坚华告诉方兴东，国外有这样的专门网站,叫 Blogger(网络日志),不仅可以放自己写的文章,还可以把身边的朋友都汇聚起来。孙坚华还给方兴东演示了自己在这种网站上建立的博客。

孙坚华,1985年自复旦大学新闻系毕业,曾任《钱江晚报》副总编辑。孙坚华是中国最早用博客进行写作的人之一,同时也是中国最早关注博客的人之一,他的《博客论》一文为中国博客的发展提供了坚实的理论铺垫。

这天晚上,方兴东开始试用孙坚华介绍的博客网站,越用越激动。他意识到,革命性的东西来了。回到北京以后,他马上与王俊秀讨论,通过快速搜集和消化大量相关资料,两个人只花了一个月的时间就推出了博客中国的雏形。

王俊秀,山西人,自中国政治大学法律系毕业。和方兴东一样,王俊秀也是一位诗人,并且他们的友谊正是来自一本诗集。王俊秀曾任《信息产业报》主编、《互联网周刊》执行主编。王俊秀是一位能让人沉静下来的人,他与满怀激情的方兴东很互补。他们从《信息产业报》开始的合作,一直不曾中断过。

"博客"这个词是方兴东和王俊秀一起"碰撞"出来的,其发音和 Blog 相似。"博客就是日志,日志最早是航海时船长对天气、生活的记录,我觉得我要做的网站就是一个在互联网的海洋中航行的个人网站,大家把精彩的部分放在其中分享、传播。"方兴东这样对"博客"进行了解释。

博客中国的两位创建者还发表了《中国博客宣言:一个时代的激情颠覆》,他们将博客比喻成信息时代的"麦哲伦"。在宣言的最后,方兴东高呼:"博客文化能引领中国向知识社会转型,博客关怀能开启一个负责的时代。"

方兴东和王俊秀还为此写了一本名叫《博客》的书。书中他们富有激情地写道:"互联网之于博客,不亚于印刷术之于马丁·路德的宗教改革。当年,正是印刷术的革命解构了教会对《圣经》解释的权威地位，开放了'上帝'的'源代码'，引发了欧洲历史上大规模的宗教改革运动。按照这一逻辑推演，前几年掀起的自由软件运动，就是互联网时代软件业内部的一次集体兵变，是软件的开放源代码运动。博客的兴起，可谓是互联网时代知识、内容和媒体的开放源代码运动。"

在方兴东高呼"博客万岁"的同时，部分互联网和传统媒体的从业者给予博客这一新概念的，却是不理解和漠视。方兴东曾经试图在两家著名的报纸上发表一篇自己预测互联网未来发展、博客即将崛起的文章，但是对方认为这不过是他为自己新公司所做的一次商业炒作。

由于不遗余力地推动博客在中国的落地生根，甚至将其产业化，方兴东被称为"中国博客之父"。其创办的博客中国上线后很快步入正轨，初期的浏览量每三个月就会翻一番。2004年，猛小蛇创办的《狗日报》获"德国之声2004国际博客大赛"的最佳博客奖。在《狗日报》中，猛小蛇带着"狗吾狗以及人之狗"的理想不断拼杀，以自己的方式大力推动了国内博客的发展。

猛小蛇，真名严文波，四川人，1996年毕业于南开大学中文系，1998年来到北京，见证和穿越了整个中国社区和SNS的一大半江湖。

就在方兴东提出挑战门户后不到半年时间，新浪与搜狐这些门户网站也嗅到了博客的商机。2005年下半年，这两家门户网站相继推出了各自的博客频道，名人博客、博客大赛这样的活动也陆续推广开来。在对手的紧逼之下，博客中国自乱阵脚，而方兴东更是显示出他作为CEO的管理能力欠缺和经验之苍白。比如，他根本不把董事们放在被尊重的位置上。2005年9月，1000万美元投资到手后，他在没有征求新投资人同意的前提下，雇用了超过200名编辑和技术人员，让财务骤然吃紧。一位博客中国的投资人也是其前董事会成员对此的评价是：这家公司真是情绪化。很显然，情绪化的是公司的CEO。

"土豆"王微和"我乐"周娟

如果说博客在中国的兴起第一个要感谢的人是清华大学在读博士方兴东，那么播客在中国的兴起第一个要感谢的人则是一个叫王微的福建青年。

王微，1974年出生，福州人，父母是医生，家境不错。

王微高中毕业之后即赴美国求学。一开始，他在纽约求学，获得经济学学士学位，1996年毕业后进入休斯公司。在休斯公司工作期间，王微同时攻读约翰斯·霍普金斯大学的计算机硕士学位。

这一时期王微被频繁地派往国内出差，1年零3个月后他获得了硕士学位。1999年，王微被派驻到北京工作，具体的工作内容是负责卫星宽带上网业务。

此后，王微进入欧洲工商管理学院念MBA。获得MBA学位之后，2002年，王微来到上海。他先是在这里开设了一家咨询公司，但是这一次创业没有延续很长时间。随后，他进入贝塔斯曼，并担任贝塔斯曼在线中国执行总裁。

2004年10月，有一次，王微和他的荷兰好友马克·范德齐斯打高尔夫球。在回来的路上，范德齐斯向王微提起了Podcast（播客）。据范德齐斯介绍，两周前，美国人亚当·库里刚刚开发了iPodder，这是一款开源的小软件。通过iPodder，用户可以订阅互联网上的音频，将最新的广播下载到iPod上，以便在任何时候收听。王微听了之后很感兴趣，想开发一款中文版的iPodder软件。

不过随后王微想到，绝大多数国内的网友不可能自己去建一个网站来上传音频供他人下载，不如直接提供流媒体播放服务，这样众多的网友可以在自己的个人主页上引用链接。

王微和范德齐斯为此投入了100万元人民币，一同创办了土豆网。

2005年4月15日凌晨，土豆网正式版上线。半年后，网站每天的访问人数为4万人次，一共拥有3万个音频和视频片段，其中约

60%为视频，其余为音频。2005年11月，王微将办公室搬进了上海苏州河北面的四行仓库，公司也有了15名员工。层高5米的仓库不但让生活在城市中的人豁然开朗，而且颇为吻合艺术类产品的生产格调，唯一的缺点是这里没有空调。

王微是一个文艺青年。2006年第5期《收获》杂志的主打作品《等待夏天》，是王微的长篇处女作，主要讲述几个年轻IT人在美国的经历。面对读者对题材并不新颖的质疑，《收获》副主编程永新这样解释："有读者认为我们是在打网络名人牌，这完全是误解，因为在最终确认发稿并与作者联系之前，我们对他的身份一无所知。"

王微还带着团队来到位于浙江德清的莫干山上，租下几栋别墅和山顶的一个小教堂，开始他们的土豆电影节。他喜欢用文字记录心情，喜欢搞聚会，喜欢旅游，就连工作场所也布置得有诗意。在王微的办公室里，有运动脚踏单车、跑步机和帐篷，还有白色的大猩猩毛绒玩具。这样的王微真的很酷。

2005年5月，在土豆网上线不到一个月后，又有一个人杀进了网络视频的江湖，这个人叫周娟。

周娟，外形靓丽，为人大方干练，有"中国第一美女CEO"的美誉。周娟生于江西临川，此地人杰地灵，出过王安石这样的大人物。1999年，周娟自中国科技大学计算机系毕业后进入网易，负责过技术、产品等多个部门。直至2005年5月离开，周娟在网易待了6年。

网易有个特色，就是公司重视的项目，一般都是由丁磊直接负责的。在这种推动力下，很多项目也会进展得比较顺利。于是，在这种企业文化和氛围中，担任项目经理一职的周娟跟丁磊沟通的机会比较多，她负责的多个千万级别的产品，包括网易的个人主页及后来的网易邮箱等，都获得了巨大的成功。

在网易这个门户网站的6年经历，以及与公司创始人的近距离接触，让周娟在潜移默化中学到了很多东西，同时也得以有机会直观看到一个IT界传奇人物迈向卓越巅峰的过程。作为中国互联网第一代创业者之一的丁磊,在工作中表现出来的执着和努力,也使身边的周娟深受感染。

周娟的另一个身份是网易 1 号员工梁钧的妻子。梁钧在网易期间的 SP 业务合作伙伴陈鹏等多名知情人士都表示,56 网(我乐网,56.com)是周娟与梁钧联合创办的,只是梁钧不便走到 56 网的前台。梁钧在 2020 年重新回归网易,帮着丁磊打理网易严选业务。

陈鹏,浙江人,1996 年考入北京理工大学,很早就在北京多个高校图书馆承办工作室,做家教等中介服务,是最早的大学生创业者之一。陈鹏因创业与慕岩、马云(此指亿友创始人马云,本节同)等一众人等相熟,也是 51.com 的早期拥有者。此外,陈鹏还注册了一大堆 51 后缀的域名,包括后来卖掉的在线票务网站 51BOOK(51book.com)。对 51.com,陈鹏开价 100 万元,庞升东的代理人二话没说就答应了,后于成交前希望减少 2 万元。当时陈鹏投资舞台剧《翠花,上酸菜》失败,正处于资金周转的当口,所以就答应了。两个人虽然对彼此有所耳闻,但平时并无交往。这在当时算比较大宗的现金交易。于是,有次庞升东来北京,找到当时在百度的曹政和 DoNews 的刘韧。在两个中间人的见证下,陈鹏把 51.com 转让给了庞升东。刘韧还给庞升东写了篇关于"庞升东花百万元买域名"的博客,庞升东由此一战成名。

马云加入网易无线的介绍人也是陈鹏。在梁钧和马云一起做网易无线业务期间,对应的约会交友业务线下推广的合作伙伴正是陈鹏。陈鹏在接受本书作者采访时表示,正是他煞有其事地向庞升东推荐做交友服务,才有了庞升东收购阿福(张剑福)的 10770 等后续一系列的故事。

按照陈鹏的说法,梁钧也想过求购 51.com,但两个人很熟,没有直接谈到钱上,更多讨论合作的可能。直到庞升东买下 51.com 后,梁钧才转过去求购我乐网。

2005年5月，周娟从网易辞职[1]，一头扎进了我乐网的视频天地。

尽管56.com这个域名，周娟在2005年年初的时候，就已经花了几十万元人民币买了下来。但在正式开始大规模开疆辟土的时候，周娟和她的创业团队还是对以后的发展方向进行了仔细分析：宽带的兴起使互联网的发展形态从图片、文字变成了多媒体，而娱乐化已成为未来的一个发展方向，视频服务的需求将呈现高速增长态势。而这正是她们擅长的事情。做了决定之后，当时的几位创业者就开始雷厉风行地干了起来。2005年10月，在推出这个服务之后短短两周内，网友原创视频数即突破2万个；2006年5月初，56.com的免费视频空间扩容到5000MB，系统同时升级至支持千万个用户级别；2006年8月底，网站注册用户数突破900万人，总的视频浏览次数超过8亿次，成为中国人气最为旺盛的网络视频短片分享平台之一。

不过，土豆网和我乐网这两家中国视频网站的领先者在之后的2008年先后遭遇了困境。2007年年底，当时的国家广播电影电视总局宣布将颁发视频牌照，其官方网站于2008年6月18日公布了247家获得视频牌照的机构名单，视频分享网站酷6、六间房、优酷均在奥运会召开前已获视频牌照，但在行业内颇有名气的土豆网和我乐网一直迟迟拿不到视频牌照。

不仅如此，土豆网长期遭受版权困扰，不断地陷入与版权商的纠纷和法律诉讼。所幸王微加快了资金的引进，2007年4月C轮融资1900万美元，2008年4月D轮融资5700万美元，其用百米冲刺速度抢跑的策略，为土豆网赢得了喘息的时机。而我乐网则陷入被勒令整改、关停长达一个多月的旋涡中。由于政策外力的作用，两位领先者开始不再领先，整个视频江湖陡然生变。

---

1 2005年之后，随着网易股价一路飙升，出现了多名网易资深员工离职创业的情况。他们中包括创办多玩游戏网的李学凌和张云帆，创办中国第一代SNS亿友的马云，创办中国博客网的胡之光。这种现象在每一个互联网公司获得成功后都会出现。

阿北和他的豆瓣理想国

2005年10月底,在北京的洪强宁收到一封邮件,正打算从上海回北京组建团队的阿北(杨勃)在邮件里问:"想不想一块儿来做个伴?"

早在豆瓣上线时,两人便常在由黄冬发起的CPyUG邮件列表中交流技术看法。[1]CPyUG的成员即便对阿北不熟悉,也都对他有所耳闻,而且都以社区里有人用Python写出了一个小有名气的网站为傲。

见面后,相比阿北对豆瓣的描述与规划,他在其中传达的关于未来的看法,更让洪强宁感到震撼:互联网会展现出前所未有的社会价值,信息过载将是人们未来10~20年面对的重要难题,而推荐引擎会是解决这个问题的关键钥匙。

用洪强宁的话说,阿北一直是个文艺青年,"特别特别文艺",但豆瓣从一开始就不是为了文艺而存在的,虽然它最初的主要条目是图书和音乐。

洪强宁告诉本书作者:"他(阿北)想解决的是人的生活的问题,信息的获取、消费问题。"也因此,推荐引擎一开始就存在于豆瓣的代码中。

与阿北熟识前,洪强宁是一个狂热而纯粹的技术爱好者,像一个沉迷游戏的少年,沉醉于如何写出漂亮的程序。在那份嵌入式系统开发的工作中,他虽然时常感到硬件环境、操作系统等对个人能动性的制约,但也未想出突破或跨越的方法。互联网公司他不太懂,自己究

---

[1] 2004年,黄冬加入新浪负责新浪邮箱部门,黄冬的老板、新浪历史上颇具声望的CTO李嵩波提出,可以做一个Wiki(一种在网络上开放且可供多人协同创作的超文本系统),将邮件列表里有价值的内容沉淀下来,同时,新浪愿意提供服务器。李嵩波还建议黄冬在域名里加上"org",所以就有了啄木鸟社区(woodpecker.org.cn)。2005年,黄冬把啄木鸟社区和CPyUG邮件组、线下会课打包到一起,形成CPyUG社区。社区里相继走出了"大妈"、"清风"、Limodou(李迎辉)、潘俊勇和Marchuliu(刘鑫)等技术大牛。

竟怎样能与互联网产生更深入的关联,他也并未细想。

技术不是一个人闭门造车,而是一个群体共同研究,进而解决一个问题,曾深受开源精神洗礼的洪强宁对技术的探索,一直建立在这种潜意识之上。过去几年,正是这种价值认同给了他和CPyUG的同伴们归属感。

而眼前,阿北则用更系统的表达和具体的行为,为他指出了技术的最终落点——技术的价值是解决人类面对的问题。更重要的是,当"未来之路"在面前展开时,一个了解和热爱计算机技术的人,有机会参与到这项事业的建设中,为世界的改变贡献自己的力量。

"无论如何,我要写豆瓣。"没走出和阿北见面的那间咖啡厅,洪强宁便做出了决定。这种坚定也帮他轻易跃过了现实的阻碍,如一份低于从前的、刚够支付每月房贷和信用卡账单的工资。到今天,洪强宁仍然认为,这是他人生中最重要也是最满意的一个决定。

作为豆瓣网站的维护者,早期阿北和洪强宁的工作方式非常灵活。他们没有办公室,就每周在咖啡厅见一次面,其余时间各自回家干活。去哪个咖啡厅,则取决于两人的距离。夜里,两人各自打开Google Talk(谷歌的即时通信工具),边讨论边在计算机上操作。

2006年3月,豆瓣正式成立公司,并在3个月后在798租下了第一间办公室。创始员工的共同点是,都来自豆瓣自己的社区,诸如Brant、Cooper、王守崑等人。王守崑后来与洪强宁一起创办了AI(人工智能)公司爱因互动。

阿北为欢迎王守崑所写的入职介绍是:"历经整个春天的筹备,胖子也如约加入了豆瓣。胖子是豆瓣的'第一周用户'(37号)。从他读过的书和写出的书评里,你断然不能看出他是一个算法和优化专家。几年前一个寒冷的夜晚,我曾经拉着他紧随送奶的冷藏车开过上海的大街小巷,记录每一个便利店的距离和时间,直到天亮。然后胖子用了几个月时间做出一个庞大的数学模型来计算中转仓库的最佳数量和位置,目的是用更低的成本把更新鲜的牛奶送到早班的人群手中。在豆瓣，同样是为了提供更好的服务，胖子面临许多更有挑战性的问题，为此他和整个团队都激动不已。"

在豆瓣，王守崑解决的第一个问题就是，当豆瓣的用户逐渐增多甚至猛增，数据量越来越大之后，如何让推荐引擎的程序在一个晚上跑完。

在相当长一段时间里，豆瓣除了通过自己的网站，主要在 CPyUG 上招聘。清风（网名）、谢彦博、韩祝鹏等人都来自 CPyUG。将范围限定在懂 Python 的程序员，本身就完成了对员工的第一层筛选。在那几年里 Python 一直小众，一个懂 Python 的程序员大概率具备独立的审美与思考，而能主动学习一门自己认可的语言，也已经说明了其具备个人成长能力。基于这些特质建立的早期团队，成为推动豆瓣发展的中坚力量。

豆瓣内部以各自的 ID 相称，但洪强宁是个例外。他以自己名字拼音缩写注册的 ID 实在过于拗口，而他又非常自然地把在 CPyUG 便尤为突出的爱交流、爱表达的习惯带进了新公司，于是，他便在豆瓣得了"教授"的称呼。

阿北曾经表示，别人做过、做得成熟的事情，豆瓣一定不会做。这种风格体现在公司的方方面面，在技术上也是如此。豆瓣的标准是，在新技术与成熟技术之间，一定选择新技术——新技术之所以出现，正是因为它解决了原有成熟技术携带的某些问题。

"新的往往好过旧的。"洪强宁说，但前提是完全掌握这项技术，"对于能够解决它带来的问题，有足够的自信心。"

无论怎样，一旦与过去或他人在道路选择上划清界限，掉入陷阱的风险也会随之增高。

豆瓣当时选择的很多技术应用都处于刚刚成熟的阶段，开发人员遇到新问题时得到的回答也非常简单：去研究它——至少要可以修改它的代码。失败的案例积累了不少，但，"没有什么大不了的"。

洪强宁在豆瓣的角色是首席架构师，主要负责系统平台。架构设计的合理程度直接决定了网站的性能。豆瓣前期发展迅速，访问量经常几个月翻一番，容量规划是最让洪强宁头疼的一件事。于是，他带团队做分布式系统，做服务平台层，简化应用。几年之后，这件事才有了一个更大众的定义——云。

CPyUG 对开源的践行也跟随初创团队在豆瓣生根。尽管豆瓣是早期在开源社区最活跃的国内公司之一，但豆瓣的会议议程中从未出现对于开源的讨论。这是因为，使用开源技术，然后将自己的技术开源以回馈社区这件事，在豆瓣已是天经地义的。同样是资深开源参与者的阿北，对豆瓣的开源项目从不干预，仅有一次提醒洪强宁要和法务确认一下使用哪种开源授权协议为好。

豆瓣默认的流程是，在决定使用一项关键技术时，有满足需求的开源技术，便优先选择开源技术，实在没有则自研。而自研技术，只要是非业务相关的通用技术，也全部开源。

"我们从开源（社区）拿来那么多好东西，把我们的东西拿回去，是挺自然的一件事。大家是一个共同体，我希望我写的代码能够在更多的地方发挥作用。"洪强宁说。

2009 年，洪强宁代表豆瓣参加行业内的技术会议。在演讲中，他认真分解豆瓣创业几年不同阶段的架构变化，以及在不同用户和数据量级时团队所做的不同举措。结束后，在场的冯大辉调侃他："豆瓣果然开放，这些数据也可以往外说。"洪强宁才知道，国内不少大厂的技术带头人出来讲话时，内容都会在内部经过多方把关和审核，很多牵涉数据的内容压根过不了关。技术分享还需要考虑这些事？他心里感到奇怪。在豆瓣，这从来都不是技术开发要考虑的问题，回馈社会也一直是豆瓣的初衷。

在日常管理中，豆瓣也处处"佛系"。它不鼓励加班，"Deadline"（截止日期）的意识非常淡薄。把事情做好且做得优雅，尤其被看重。这种从容不迫的状态在商业世界里或许并不值得推崇，但豆瓣就是这样低调地存在着。而初创豆瓣的早期团队，乃至豆瓣的现有团队，始终保持着这种也许与商业社会格格不入的"自然和谐感"。

"（商业上）更成功的那些公司，可能都很狼性，竞争非常激烈，我觉得挺好的。但是一个公司有一个公司的风格，独一无二一直是豆瓣所推崇的，那豆瓣就是这样的风格。"洪强宁说。

无论是从感性上还是从理性上，洪强宁对豆瓣的总结都是："它和其他公司有非常典型的区别。"对这种区别，人们可以做出很多种解释。比如，它从一开始就执着于个性化推荐；又如，有前员工直言，加入豆瓣的原因是"喜欢万晓利"；再如，它是一个你可以直言梦想并且丝毫不用为此感到羞涩的公司。

早期豆瓣在招聘时，常常通过从一个人身上寻找"豆瓣味"来做判断。"豆瓣味"是什么？公司从来没有人给这个词下一个标准的定义。洪强宁的理解是，不汲汲于利益，追求极致，同时注重美感，有优雅的感觉，又能对技术与技术传播持以开放的态度，这就是"豆瓣味"。

阿北推崇的《美国大城市的死与生》，在豆瓣几乎人手一本，并在后来直接影响了国内其他不少互联网社区的建设。本书作者与小红书首席产品官邓超聊天时，他直言小红书在产品设计上受豆瓣影响颇大。

一人一票的打分机制为豆瓣赢得了不少业内人士的尊重，但洪强宁并不认同豆瓣是一个"民主"的"乌托邦"社区的说法。在他看来，豆瓣在社区中的表现，更多是公司层面价值观的外化：尊重个体的价值，一个个体不应该比另一个个体有更高的优先权。

每个人都有自己的个体价值——这大概是互联网精神最重要的内核，也是2005年中国互联网整个"草根"运动崛起的关键所在。

2006 / 江湖水深

现在看来，2006年夏天，周鸿祎推出360安全卫士这个事件本身，就很值得玩味。无论事后如何解释，这款以杀除"流氓软件"而一举成名的产品，毫不掩饰周鸿祎对前雇主雅虎中国的复杂情感——它首先将3721的插件送上了"断头台"。但可能连周鸿祎都没有想到的是，此举不仅揭开了雅虎中国的大盖子，也彻底左右了中文搜索市场的走向和格局。

据第三方咨询机构的统计，2005年年中，在李开复转投谷歌、周鸿祎去职雅虎中国之前，百度、谷歌和雅虎在中国还有着三分天下的均势，三家的市场份额为37∶23∶21，百度虽然领先，但并没有绝对领先。

但随着马云在雅虎中国治理的第一年中多次有些托大甚至事后看来有些荒唐的出手，再加上周鸿祎的致命一击，雅虎中国的搜索市场份额下降到5%以内；百度趁机接下了这些用户，百度和谷歌的市场份额在极短时间内变成了53∶23。

在中国互联网不长但又不短的历史中，跨国巨头与本土强悍对手之间的对决少有胜绩，淘宝大败eBay，新浪压倒雅虎，MSN也没有从腾讯手里讨得便宜。而在2006年的故事中，还要加上百度强压谷歌一战。

这一年夏天，围绕迅雷与软件下载站之间的那场纷争也耐人寻味。"海龟"与"土鳖"之争，谁该在上游谁该在下游，国际化游戏准则和行业潜规则，董事会层面的神秘力量，都在这场纷争中有所反映。

邹胜龙和程浩的迅雷最开始的名字是"三代"，可见邹胜龙和程浩内心中那种对成功的渴望和对自我的期许，真是两个有志向、有抱负的年轻人。如果 1995 年前后回国的田溯宁、张朝阳是第一代互联网海归创业者，1999 年回来的李彦宏、周云帆是第二代的话，那么邹胜龙和程浩从回国创业的年头上（2003 年）算，真可算是第三代。

2006 年这一年，也是共享软件和软件下载站开始退出历史江湖的一年。这一年里，天空下载站卖给百度；王立伟的兄弟下载站选择了与周亚辉合作，王立伟也最终成为周亚辉的左膀右臂；张小龙也在这一年从 Foxmail 的总经理转身成为腾讯广州研发中心的负责人。

2006 年的中文互联网世界，开始有诸侯割据，开始有派系对抗，开始有带头大哥，开始直面竞争，开始出现不足为人道的伎俩。

但这是历史不能抹杀的一面，值得我们敬畏和反思。

反迅雷联盟

2006 年 6 月 2 日一早，得知突然冒出个反迅雷联盟的消息后，迅雷的创始人邹胜龙呆了。这时候，迅雷的另一位创始人、百度前企业搜索高级技术经理程浩，推开了邹胜龙位于深圳南山科技园那间不到 10 平方米的办公室的大门，他的脸上同样写满了焦虑和不解。他们疑惑的是，一夜之间，迅雷怎么多出这么多敌人。

他俩简单一合计，决定召集市场部人员开会。这场会从上午开到第二天凌晨，但还是没有眉目。他们真的不知道，到底是谁在幕后攻击迅雷。

迅雷上下唯一能得出的结论是，这与他们一天前推出的 xunlei.com 有关。2006 年 6 月 1 日，迅雷推出 xunlei.com，这个网站被定义为"资源下载引擎门户"，即自身不存储下载资源，通过技术聚合其他下载站点的资源。

软件下载站华军软件园随即对此做出反应，宣布正式停止提供迅雷软件的下载索引，并号召所有软件下载站停止对用户提供迅雷软件的下载索引。华军软件园发表声明指出：服务器的直接下载地址被别的网站或下载程序引用，没有经过真正资源提供方的同意或授权，这种行为在业界叫作盗链。随后，天空下载站也发表声明。之后，关于"迅雷是窃贼""迅雷胡作非为"的帖子在各个论坛里散布和传播。

对于迅雷的两位创始人邹胜龙和程浩来说，这一幕是他们创业之初没有想到的。

1988年，15岁的邹胜龙跟随父母来到深圳。他们当时住在深圳南山科技园的南区，那时的蛇口建设刚刚起步，南山科技园也处于边规划边建设的阶段，到处黄土飞扬，远不如今天这么干净、整洁和高楼林立。若干年后，邹胜龙和程浩联合创办的公司就在南山科技园的北区，与家相距不远。来自发明家家庭、自身也很有想象力的邹胜龙当时没有想到，自己绕了一圈后又回到了南山科技园。

1992年，邹胜龙前往美国威斯康星州立大学麦迪逊分校读经济学本科，后转读计算机。该校是公立常春藤名校之一，也是美国中西部十大联盟的创始成员之一。

1996年7月，邹胜龙拿到计算机学士学位，1997年年底在美国杜克大学拿到计算机科学硕士学位。也就是在杜克大学，邹胜龙认识了比他小三岁、1975年出生的程浩——一个技术人才，也是迅雷的联合创始人。

邹胜龙很快找到一份软件工程方面的工作。他开始申请绿卡，筹划着按揭买房，琢磨着换辆好车，一步步地融入美国生活。如果没有1999年夏天的那次硅谷之行，邹胜龙的生活可能会四平八稳地过下去。

1999年夏天，来到美国已经7年的邹胜龙应同学邀请去硅谷旅行。硅谷的夏天依旧气候宜人，邹胜龙印象中北卡罗来纳州的气温是38摄氏度，而硅谷只有20多摄氏度，很舒服。像绸缎一样的加州阳光更让邹胜龙感慨硅谷是个好地方。他一下子喜欢上了硅谷。

1999年夏天的硅谷，是全球高科技的策源地和绝对的中心，网景、雅虎的成功让硅谷洋溢着"也许下一个奇迹就落在我身上"的氛围。邹胜龙被这种氛围深深地打动了，他决定留下来找工作。按照邹胜龙自己的描述，他将适合自己的两家公司的信息写在纸条上后来到硅谷求职，发现这两家竟然在一起。他进去转了转，右边的那家占据了两层，而左边的那家只是地下车库而已。于是，他选择了右边的那家投了简历。邹胜龙知道，以他的教育背景和工作经历，以及当时硅谷的行情，投哪家都能被录用，于是只投了一家。

邹胜龙顺利进入那家公司后很快发现，自己没投简历的那家公司其实也很不错，人人身着奇装异服，嘴里念念有词，给人很有创意的印象。最好玩的事情是，那家公司在二楼放置了巨大的投影仪，把其最近主推的关键词投放到上面，引得旁人不断驻足。这家有趣的公司就是谷歌。

硅谷是个创业天堂，邹胜龙在硅谷也开过两三家小公司，并形成了一个小团队。邹胜龙的团队成员之一有一天找邹胜龙询问买二手车的事情，邹胜龙听着听着，突然反应过来，卖车的人他也认识——徐勇，就是后来成为百度联合创始人的徐勇。

在硅谷期间，邹胜龙与百度的另一个创始人李彦宏也有交往。与邹胜龙一起创办迅雷的程浩回国后最开始加入百度，就是邹胜龙向李彦宏推荐的。邹胜龙对两次与李彦宏的长谈印象深刻。一次是李彦宏回硅谷找邹胜龙询问："百度绕过门户直接向网民提供服务可行不可行？如果要这么做，该形成怎么样的商业模式？"邹胜龙记得自己还很积极地给李彦宏出主意。另一次则是在邹胜龙回国前夕，在硅谷附近的元宝中餐厅，邹胜龙夫妇请李彦宏夫妇一起吃饭。这是一次家庭聚会，有关搜索的话题谈得不多，邹胜龙主要想了解一下国内的状况，为自己回国获取信息。整顿饭下来李彦宏谈得不多，倒是李彦宏的妻子马东敏很能谈。

邹胜龙也喜欢和自己志趣相投的朋友聚会。他最喜欢的三个聚会场景是：阳光明媚时选择斯坦福大学校门前那个超大、超舒服的花园；晚上一般去硅谷的星巴克；而周末一般拉几个人去野外露营，对着星星讲述自己的创业梦想。

2002年10月国庆刚过，邹胜龙从美国飞回深圳，与刚从百度企业事业部离开的程浩会合，一同创办深圳三代技术有限责任公司。

在创业地点上，邹胜龙和程浩选择了深圳。这很大程度上是因为邹胜龙，他是在这所城市念的中学。当然，邹胜龙的这个决定并非心血来潮，他认真比较了北京、上海、深圳三地，发现相差无几，而深圳又有地利,华为、腾讯等公司都在深圳,高水平的研发团队也有保证；同时，邹胜龙也认为，从气候来说，深圳更接近硅谷。

虽然志在成为互联网海归创业者第三代的领军人物，但千里之行，始于足下，这两个年轻人必须从头做起。邹胜龙和程浩找来CNNIC的报告认真研读，从中物色创业方向。新闻首先被否决，两人对此没有太多的感觉，也没有积累和经验；做搜索则受限于程浩刚从百度出来的同业竞争约束；而即时通信领域的腾讯太强大了，他们很难竞争得过，于是只剩下邮箱。

这两个年轻人都是技术出身，在基于互联网的分布式计算和存储领域有自己的多年研究和技术积累，可以应用到邮箱项目上。于是，两人带着几个程序员开发电子邮箱的分布式存储系统，以应对各个网站提供的越来越大的邮箱空间。

这个方向看上去会产生一家很大的公司——只要电子邮箱服务公司为每个邮箱给他们一笔服务费即可，中国有以亿计的电子邮箱呢！但等到把产品做出来以后，邹胜龙和程浩却发现并不是那么一回事情。首先，很多公司给用户提供的都是免费邮箱，整个中国甚至到现在都没有形成为邮箱付费的习惯和意识。即便是几家强力推行收费邮箱服务的公司，也因为种种原因不愿意和他们合作。网易把邮箱升级包给了丁磊早年的技术合作伙伴陈磊华，新浪等则想做自主研发。

邹胜龙和程浩只好继续研究，很快发现下载服务好像也可以做。只是他们没有想到的是，这个市场的水比他们想象得要深很多。

1998年，无论是在上海还是在北京的网吧，上网都是一件时髦而奢侈的事情——1小时10～20元，且提供一杯咖啡。与网费同样让人绝望的是上海和西安的闷热夏天。在这两个地方，暑假里百无聊赖的本科生洪以容和软件公司的程序员侯延堂，都在试图解决一个问题——怎样把网上的东西"当"到自己的电脑上？

洪以容写出的网络蚂蚁的风行，与当时中国互联网接入的特点——慢和贵——有关。当时的网民都会有这样的经历：无比虔诚地等着雅虎或搜狐的网页上一个个图片慢慢打开。"断点续传"弥补了下载中断后要重新开始的弊病，"多点连接"提高了下载速度，因为上网是计时收费，这样就等于在给网民省钱。1998年，网络蚂蚁被《电脑报》评为当年国内十大共享软件之一。

西安的程序员侯延堂的网际快车后来居上，比网络蚂蚁更有影响力。它也是第一款在世界范围内被广泛传播的国产软件，最初有66个国家和地区的免费版本。这款软件以提高下载速度、批量下载和下载文档管理的功能而闻名，市场占有率有80%。

2004年1月，迅雷2问世，但它仍然存在诸多问题。程浩事后回忆时表示，"我们当时和网际快车比较，几乎所有的东西都比不过它，我们唯一的优势就是快。""对网民来说，下载工具快不快是第一位的。说到快，中国有句话叫'迅雷不及掩耳'，所以这个下载工具就叫迅雷。"邹胜龙一开始就把迅雷当成生意来做，组织了100多人的技术团队。

产品只是一个方面，作为一款新的仍然存在诸多问题的下载工具，怎样才能被用户了解和接受？

邹胜龙把眼光瞄向了网络游戏。游戏迷们正在下载越来越大的客户端，相对应的是，网络游戏公司也会推荐下载工具。于是2004年年中，程浩跑到北京与时任金山软件公司总裁的雷军碰面。

同为软件工程师出身的雷军,虽然之前没有听说过迅雷,但是仍然愿意测试一下。他找来一位运营副总裁,让他对比一下迅雷和另一款下载工具,结果令人吃惊,迅雷的速度快了20倍。程浩表示,其实当天的网络环境也帮了忙,在平时的测试中一般只快5~10倍。

金山成为样板后,邹胜龙和程浩如法炮制,几乎拿下市面上所有游戏公司的合作。就这样,公司站稳了脚跟。

2005年5月,找到自己方向的深圳三代技术有限责任公司正式更名为深圳迅雷网络技术有限公司。

2005年10月,迅雷完成了公司的第二轮融资,投资人为晨兴集团,第一轮的投资人IDG VC跟投,投资额据说是上千万美元。

2006年是迅雷急速发展的一年。在这一年里,公司规模从40来人膨胀到200多人。邹胜龙充分实践了"快速推出,迅速修正"(Fast Launch, Quick Iteration)的互联网软件开发思维,允许迅雷的每一个版本都存在一些缺陷,同时要求开发人员必须在尽可能短的时间内完成修补。仅2006年一年间,迅雷5就发布了14个改进版本,平均不到4周就推出1个。

一切都在向好的方向发展。

但就在快速推进的2006年,迅雷遭遇了前所未有的反迅雷联盟,也就是我们之前提到的那一幕。

这个反迅雷联盟的领头,是两个软件下载站的站长,一个叫华军,另一个叫张鹤。

华军这个人,是中国个人站长中一个常青树式的人物。华军生于江苏,做过公务员,其软件下载站华军软件园在很长时间内由其本人和妻子一起维护。

华军从1997年起开始做软件下载站。软件下载站是个人站长最早做也是最受欢迎的门类。当时做软件下载站的,有张伽的欢乐天地、高春辉的个人空间、陈熊伟的海阔天空。和这些人相比,华军行业资源最少,技术背景偏弱,年龄偏大,时间、精力有限。

华军跨越了个人站长的很多时代，和他同时代的高春辉、喻文汉、高大勇都先后转身而去，只有华军一人坚持前行，而且越做越大。有种说法是，华军在全国一半的省级城市都放有自己的服务器。甚至有人认为，如果中国的个人站长只选一个代表的话，那应该就是华军。

比起华军，张鹤算小字辈，但他的软件下载站在2006年前后也有超强的号召力和影响力。张鹤，1996年夏天毕业于华中师范大学计算机系，毕业后做过几年教师，后来在教育局做公务员。因为不喜欢朝九晚五的生活，所以他下班回家后就开始搭建网站。到了2001年，这个网站开始聚焦软件下载，命名为天空下载站。2004年，因为天空下载站业务过于繁忙，张鹤放弃公务员的身份，下海成立公司，并同时成立中国共享软件注册中心，这进一步强化了天空下载站在软件下载站中的领导性地位。天空下载站在2006年5月以3000万元人民币的价格卖给了百度。

选择由华军和张鹤牵头做反迅雷联盟的领头羊，很显然是经过精心筹划和准备的。这两个人，一个是行业老人，有广泛的人脉资源和号召力；另一个是新锐，是诸多新站长中的偶像级人物。而且这两个人和他们所主持的软件下载站，占据了下载站前三的位置，在下载这个领域有绝对的话语权。

更重要的是，他们所发出的声明很有冲击力，直指一个事情，那就是——盗链。这个帽子扣下去，谁还会和迅雷打交道呢？

大兵压境，风雨欲来。

邹胜龙和程浩之前的商业实践大多在美国，他们能理解律师式的询问，对这种来自民间联盟式的讨伐，并没有多少经验。但他们在很短暂的恐慌和混乱后镇定下来，开始研究对策。

如果华军软件园和天空下载站真的不提供下载索引，将对迅雷有什么样的影响。迅雷的下载量当时已经是华军软件园加天空下载站的十几倍了，拿到这个数据后，邹胜龙和程浩放了一半心。

邹胜龙和程浩继续讨论，是什么原因让华军和张鹤反应如此激烈。

邹胜龙发现，那是因为自己和软件下载站之间的上下游关系发生了变化，以前的既得利益者有想法是很自然的。

简单地说，以前迅雷位于软件下载站的下游，而现在，迅雷绕到上游去了。这其实和百度当年绕到门户前面自己提供搜索服务是一个道理，谁都希望自己离用户更近一些，这决定了自己公司的价值。邹胜龙自然不可能退缩，开始想办法协调。

华军软件园和天空下载站最愤愤不平的是："服务器资源是我的，你却用我的服务器来做中转。"关于这点，迅雷也能够理解。实际上，迅雷和软件下载站之间有共通点，P2P技术能够缓解软件下载站服务器本身的压力，并且迅雷带来的流量会产生一些经济效益。这个时候迅雷在考虑怎么和这些软件下载站进行分成。

2006年6月6日，迅雷首先和华军软件园达成和解，并发表联合声明，表示双方将会加深合作，实现共赢。对应地，最终华军软件园向迅雷提供下载资源，而迅雷则会在自己的相关资源搜索中将目标指向华军软件园。此时，天空下载站正在处理与百度之间的并购事宜，也不再强出头。反迅雷联盟就此解散。

站长之王蔡文胜

2006年，围绕下载软件客户端，与反迅雷联盟相提并论的一件大事是网际快车的易主。2006年3月，侯延堂终于放心地开始了加拿大的移民旅程。在离开西安之前，他把自己一手创建的网络下载工具FlashGet（网际快车）卖给了ZCOM公司，后者是一家电子杂志运营商。

代表ZCOM与侯延堂夫妇洽谈并购的COO黄明明表示，这是一次迟到两年的握手。

早在 2004 年下半年，蔡文胜（ZCOM 的天使投资人之一）到西安去敲过侯延堂的门，希望能收购网际快车。想不到的是，到约定见面的时候，侯延堂放了蔡文胜的鸽子，要蔡文胜明天再来，蔡文胜在酒店又等了一天，才见到侯延堂。蔡文胜开出了 1000 万元的首付价格及后续分成的优厚条件，同时展示了自己对互联网底层流量的诸多认知和对站长和共享软件作者的熟悉。拿蔡文胜接受本书作者采访时的话来说，当时侯延堂已经对他很认可了，如果他能直接拍下 1000 万元，当场就能拿下。

在蔡文胜积极想办法筹钱买网际快车之际，谷歌主动上门找侯延堂合作，洽谈谷歌中国与网际快车客户端的捆绑合作事宜，并开出每月上百万元的保底承诺。作为国产共享软件标杆的网际快车之前一直在海外赚美元，但每月也就几万美元不等，如今谷歌的主动上门，让侯延堂喜出望外，但具体给什么资源、做哪些事情、怎么结算等技术问题还要讨论。当时谷歌虽然决定进入中国，但在中国还没有分支机构，团队也在建设中，所以这场谈判从接触到最后落定，有 8 个月之久。虽然主要由侯延堂的妻子来处理谈判等外部事宜，但此事也耗费了侯延堂不少精力，网际快车这个时候也基本不更新了（一说是侯延堂迷上《魔兽世界》，无心更新），从而给了迅雷后来居上的机会。

也就是因为有谷歌的年度合作，侯延堂回绝了蔡文胜。

在 2004 年没有拿下网际快车，不是蔡文胜心中最痛的事情。最痛的是，这一年 8 月，265 导航的最大对手 hao123 被百度抢购。

蔡文胜为公众所知的重要事迹是他趁联想门户 FM365 域名到期，抢注该域名后重新还给联想。他也由此一跃成为中国最有名的域名商人。

在做域名的时候，蔡文胜几乎把中国有流量的网站都搜索了一遍，这个过程使他增长了许多见识——"比如新浪，最早的域名是 srsnet.com，2000 年没交钱就停了，后来用了第二个域名 richwin.com，第三个才是 sina.com。为什么后来我对互联网比较熟？通过域名这个小东西，我能了解互联网生态链。"

2003 年，蔡文胜注意到一件很奇怪的事：他名下的网站贵州信息港流量大增，而其中有一半来自一个叫 hao123 的网站。这个网站很简陋，主要是把许多有用的网站收集在一个页面上。蔡文胜马上跟自己的第一个员工也是他的长期合作伙伴张立说："我们花 100 万元把它买下来。"张立不以为然地说："干吗要去买这样的网站？太简单了，我帮你做一个，一天就做出来。"于是就有了 265.com。

当时，蔡文胜手里攥着许多有价值的域名，如 tengxun.com、xiecheng.com、wangyi.com、shou.com。其中，shou.com 一天有 10 万次的访问流量。蔡文胜把这些流量都导到了 265 导航，而网民可以在这里找到想去的网站，于是 265 导航迅速做起来了。到 2004 年年中，265 导航的日流量已超过 300 万次。不久，IDG 主动来找蔡文胜谈投资计划，敲门的是一个叫陈洪武的人。

事实上在此之前，当时在 IDG、今天创办高榕的张震让陈洪武先去找了流量更大的 hao123 的创始人李兴平，但因为李兴平不太擅长交流且没有融资的需求而放弃。

hao123 的创始人李兴平，本人也很"草根"。1979 年，李兴平出生于广东兴宁，父母均为当地农民，李兴平初中毕业后即返家谋生。

1999 年，网络在中国逐渐普及，兴宁也开始有了网吧。这时，迷上了上网的李兴平在当地网吧找了一份网吧管理员的工作。

网吧管理员的身份让李兴平天天泡在网上。很快，他发现来网吧的很多人都不知道如何上网，上网后也不知道去哪里找到所需要的内容。当时的上网费很贵，很多人的时间与金钱往往在不知所措中奢侈地流失。

李兴平开始有意识地做网站地址搜集分类工作。爱琢磨的他想到要做一个"网址大全"式的东西：把他认为好的网站搜集在一起，并为它们建立链接。网民在上网时就能很方便地直接进入这些常用的网站。

如果说李兴平最初创立 hao123 只是无心插柳，那么后来 hao123 的成功就是基于李兴平对用户体验的天然敏感。hao123 很好地契合了中国互联网用户的现实需求。

当然，这也得益于 hao123 的准确定位：被大公司所忽略的初级网民市场。只要想到网吧中那些初次上网的年轻人、千万个刚购买了电脑的家庭，以及几乎不会用键盘只能操作鼠标的老年人，再来分析 hao123 的定位，就会发现它如此精准地抓住了中国正在迅速扩大的那部分新生网民。

hao123 的最主要用户基本都是与几年前的李兴平一样的"菜鸟"：他们上网不是记不住网址，就是不会输入网址或懒得输入网址，他们磕磕碰碰地打字，不懂得使用搜索，也不会使用收藏夹，甚至不知道地址栏。而 hao123 网址之家正是为这些人服务的。只要把 hao123 设置为首页，打开浏览器就可以看到国内各方面很多出名的网站的名字，一目了然，点击即可进入。

李兴平拒绝了 IDG，但对于蔡文胜来说，有人投资是其"鲤鱼跳龙门"的关键。

"那会儿见风险投资人太不容易了，我整整兴奋了一个星期，还做了一些功课。我把 IDG 9 个合伙人的简历，包括投什么项目都了解了一遍。比如，周全毕业于中科大少年班，后来在美国拿到了博士学位；过以宏原来在纽约索罗斯基金工作过；王功权当过万通地产的总裁。了解了这些人的背景，再跟他们聊就容易了。"蔡文胜在他的厦门临海的会所里回忆起当年的场景，依旧有些兴奋。

在 IDG 所在的北京中粮广场，蔡文胜首先见到的是过以宏。蔡文胜讲故事的天分出众，路过的熊晓鸽和马未都等人都围过来听讲。蔡文胜打破了 IDG 的两个纪录：一个是学历最低的被投资人，高中没毕业；另一个是没有商业计划书，也没有 PPT。拿到 IDG 的投资之后，蔡文胜将265导航搬到北京，在南池子租了一个四合院。

在跟IDG谈的时候，蔡文胜就提出还是应该把hao123买下来，和265导航合并做大。

IDG也觉得这事可行，督促蔡文胜从速办理，但蔡文胜失误了。因为跟hao123存在竞争关系，他没有亲自出面，而是委托雷军等人跟李兴平谈，但得到的回复都是李兴平不愿意卖。作为商人的蔡文胜知道，还是出价不够。蔡文胜打听到，当时hao123一年有800万～1000万元的收入，要拿下hao123，至少要出上千万元同时换股才能操作。但蔡文胜一共才融了不到1000万元，虽然当时265导航每个月都是赚钱的，但要吃下hao123，还是有难度的。于是，蔡文胜提议，265导航和IDG各出100万美元联合买下hao123，IDG觉得没有先例，因此这事就耽搁了下来。

这时候发生了一件大事。2004年7月，中国第一次打击黄色网站。有一个流量排名很靠前的色情网站被封后，域名指向了265导航和hao123，导致两家网站先后被关停。李兴平找不到出路，只能向百度求助——当时百度有20%～30%的流量来自hao123。百度在帮忙解决了问题后，提出要把hao123买下来。为表示诚意，百度联合创始人徐勇亲自去梅州拜访李兴平。起初双方谈定以1200万元人民币的现金完成收购，但考虑到网站出问题后还是要找李兴平，于是建议李兴平接受一部分等值的股票，李兴平最终选择拿1000万元现金加200万元等值的股票。当时百度估值不到10亿美元，李兴平即便在之后百度上市第一天就卖掉手里的股票，也能一跃成为亿万富翁。

2004年的国庆前，蔡文胜和陈洪武一起从福建开车去梅州找李兴平。虽然这个时候hao123已经和百度谈成了这笔交易，不可挽回，但蔡文胜还是想结交李兴平这个人。

那天晚上，蔡文胜和李兴平两人相见恨晚，李兴平说"早就想和265导航合并了"。后来,李兴平与蔡文胜一起创办了4399小游戏网站，那是另一段故事。

与李兴平的擦肩而过给蔡文胜很多启示,那就是——别犹豫,亲自上,倾尽所能地出击。

之后在收购暴风影音时,竞争者中有百度、软银、IDG 这样的劲敌,胜出的却是蔡文胜。事后看没有什么特别之处,不过他亲自去找暴风影音的作者——哈尔滨的软件工程师周胜军,仅凭双方的一个口头协议,在半小时内,将自己几乎所有的积蓄——1200 万元划到后者的账上。这是蔡文胜从李兴平收购案里得到的教训。

蔡文胜买下暴风影音后将其转让给冯鑫,冯鑫给了蔡文胜 20% 的股份。冯鑫当时在做酷热的播放器,与暴风影音合并后,他选择用暴风影音的旗号。

蔡文胜此举也给了软银的羊东很大的震撼。后来,姚劲波创办 58,蔡文胜带着姚劲波去找软银投资,羊东问蔡文胜:"58 这件事情你参与多少?要是参与深的话,软银就多投一些钱。"

羊东的判断是对的,58 要成,必须有流量支持。对手赶集网已经是谷歌阵营的一员,蔡文胜是为数不多的选择(另外一个是百度)。而蔡文胜和姚劲波的交往已经有很长时间,从当年域名交易就开始了。他们都有着对互联网底层用户的深刻理解和认知。

蔡文胜还直接投资或收购了包括动网先锋、VeryCD 及周博通在内的多个软件和网站。VeryCD 作者黄一孟对本书作者称,VeryCD 插件全部来自 265 导航。

2005 年年中,265 导航迎来第三位投资人,来自谷歌总部的宓群(后来光速创投的创始合伙人)。"谷歌在中国投的第一个项目是百度,第二个项目就是 265 导航。谷歌也发现 hao123、265 导航这种东西对搜索引擎有巨大的贡献。那时候谷歌如日中天,当其他人看到我有谷歌总部的人的名片时,都无比崇拜。"蔡文胜不无得意地回忆道。

但 265 导航始终没能超越 hao123。最后,蔡文胜干脆将它卖给了谷歌,对外宣称价格是上千万美元。

正是有了 265 导航的套现,蔡文胜才重新召集人马创建了 ZCOM,

并重启了与侯延堂关于网际快车的谈判。与两年前相比，在迅雷的崛起和上百人投入的事实面前，侯延堂有了更强烈的出售意向，他需要找一个能给网际快车这个"孩子"更好未来的"养父"。

ZCOM收购网际快车的过程并非一帆风顺，它曾遭遇来自谷歌、百度及千橡集团的竞争。ZCOM能胜出，很大程度上还是因为蔡文胜这块金字招牌。

蔡文胜的声望很大程度上是因为其组织了三届中国站长大会。

"我是个人站长，能拿到投资不容易。在中国有很多个人站长做得很好，做出hao123、网际快车、暴风影音这种作品，但没有得到互联网主流的认同。所以我想办一个会，把个人站长们聚集在一起，讨论怎么跟互联网主流接触。"蔡文胜这样说。

2005年4月，第一届站长大会顺利召开。蔡文胜把150位左右国内最牛的个人站长请到厦门，路费个人站长们自掏腰包，食宿全部归他管。会开到第三天，他还租了条船，带大家去海上"看看金门"。其中一位"游客"后来撰文回忆称，如果那艘船沉没了，中国的流量会少一半。

回忆这些往事，令蔡文胜莫名兴奋。蔡文胜指着隆领会所二楼大会议室墙上的照片说："这是雷军，这是周鸿祎，他们两个肩并肩坐在这里，当时还是好兄弟。"

按照蔡文胜的描述，雷军和网易总编辑李学凌当时住一个房间。他俩长谈了一个晚上，确定了一件事情：李学凌辞职创办多玩游戏网，雷军投资。而姚劲波那会儿是万网副总裁，参加站长大会坚定了他做58的决心。这都是2005年站长大会期间发生的事情。

之后两届站长大会也有很多故事。

姚劲波在2006年站长大会上被告知厦门有个SEO（搜索引擎优化）高手陈小华，追踪过去发现赶集网的杨浩涌已捷足先登，不得已又想办法把这个人才抢了过来。李善友是这次大会的主持，姚劲波能够将韩坤、杨波等一众站长招募至酷6，也是得益于这次大会。

博雅张伟找戴志康投资，心动黄一孟与阿飞相识，则是在蔡文胜的 2007 年站长大会上。

2007 年之后站长大会转由康盛戴志康主办，这是另一段故事。

三届站长大会期间发生的所有故事中最精彩的，是关于周鸿祎的。

2005 年开春，周鸿祎已经准备跟雅虎分手。在厦门蔡文胜的站长大会上，周鸿祎认识了一个叫作童毅的站长，当时童毅在做 qihoo.com，聚合论坛搜索的内容。周鸿祎很喜欢这个业务，认为这是搜索的下一代，更喜欢这个域名，奇虎——骑在老虎头上，所以他在 2005 年站长大会上收购了这个网站。

周鸿祎想骑的老虎是雅虎。

雅虎中国"罗生门"

周鸿祎作为雅虎中国总裁被杨致远放弃，愤而创办奇虎一事，堪称中国互联网历史上的"罗生门"。

在雅虎中国的第一年，雅虎总部对周鸿祎是大力支持的，对周鸿祎的"野蛮"做法，杨致远采取了睁一只眼闭一只眼的态度。

比如，周鸿祎对不支持自己的雅虎中国财务、人事、法律的高层主管十分不满，直接要求雅虎总部撤换，杨致远同意了；在没有耐心等到总部回复后，周鸿祎决定不在雅虎中国的页面上强化搜索，而是推出专门的搜索门户"一搜"，同时，周鸿祎从 3721 而非雅虎中国拨款进行"一搜"的前期建设，雅虎总部也默许了。

雅虎总部之所以支持周鸿祎的"野蛮"做法，主要是雅虎中国在 2004 年的业绩达到了要求。按照周鸿祎的表述，2004 年年底时雅虎中国在华业务达到了历史最高水平：搜索业务接近当时的谷歌中国，如果把"一搜"加上，差不多接近百度；邮箱业务超过新浪，做到了第二；雅虎通的活跃用户量超过千万人，上升势头极猛。不过这些成绩的取得，靠的是周鸿祎用尽了"盘外招"，诸如在做邮箱业务时采取了给当当在内的诸多兄弟公司提供企业服务的做法，雅虎通的活跃用户也与邮箱启动相关联。这让雅虎总部在最终成绩认定上与周鸿祎发生了一些争执，但周鸿祎辩称这是在中国本土市场"合纵连横"的结果。在靓丽的成绩面前，这无关大局。

不过雅虎总部在认可这些成绩的同时，又对雅虎中国在2005年提出了更高的要求，即搜索业务要超过百度成为市场第一，而雅虎中国电子邮箱的用户也要得到大规模增长。

雅虎总部在做出上述安排的同时，却不向雅虎中国提供任何资金支持，这意味着完成业务新的增长必须用雅虎中国自身盈利来做支撑。周鸿祎做不到，自然不同意这样的安排，他强烈要求雅虎总部大幅增加投资预算。

对中国发展战略摇摆不定的杨致远无法答应周鸿祎的要求，双方的矛盾随着雅虎财务年度预算的制定，开始慢慢公开化。

到了2004年12月，这个预算似乎并没有什么改变的迹象。2005年年初开始，周鸿祎和雅虎总部进行了一系列的谈判。

周鸿祎的核心观点是，这桩收购（雅虎收购3721）最终成功与否，取决于雅虎能否在中国走大投入、大产出的路线。如果雅虎在中国只是挣钱，没有太大意义。周鸿祎向本书作者表示，在谈判过程中，他提了两个方案：收购金额不变，雅虎总部对长线的邮箱和搜索业务再拨一笔额外的费用；或者双方各退一步，协议提前结束，最后支付的金额不按照当初设定的利润收入目标来确定，而是直接确定一个比原定收购价格低的金额。但雅虎总部对此都不同意。

雅虎总部也给周鸿祎提了一个方案：请周鸿祎和他的团队留下，以收购金额原价为标准支付周鸿祎所属股权应得，但周鸿祎不要干预雅虎收购其他股东股权的应付款。

这个方案默认在2005年完成不了任务的情况下，少付3721其他股东的钱，但保证团队所得。这次轮到周鸿祎不同意了。周鸿祎认为，这其实是一种买团队、牺牲投资人利益的方案。周鸿祎对本书作者解释，他反对的理由是自己要重新创业，也有计划做投资人，必须保持自己在投资人圈子里的好名声。

谈到这里，其实双方已经进入一拍两散的前夜了。

周鸿祎这个时候很适时地休假一个月，去西藏旅游了一圈。回来后，周鸿祎和他的团队又做了一件事后引发争议的事情：平常一家公司被收购，都是股东分钱，但周鸿祎从公司收购款中拿走一部分钱，分给了员工。据说当时干了三四年的老员工，包括公司前台和客服，都拿了十万级的股东赠予款，更资深一些的中层，拿到百万级的也不少。按照周鸿祎的说法，这笔钱的总数高达千万元。

不过关于这笔钱，周鸿祎的反对者称是有附加条件的：这笔钱其实是周鸿祎给这些员工到新公司的签字费。当然，也有人分了钱后没有跟着周鸿祎去奇虎，诸如田健。

还有一种说法是，杨致远等雅虎高层经过激烈的争论，还是认同需要将长远发展作为雅虎中国的目标，并在1.2亿美元的基础上再拨款500万美元用作投资，周鸿祎分的就是这500万美元。即便如此，按理说周鸿祎对这笔钱也是有权分配的。

后来，田健拿这笔分给员工的钱说事，更多的是指责周鸿祎被雅虎总部放弃后借分钱拉拢员工跳槽到奇虎，有违职业道德。有意思的是，周鸿祎对此避而不谈。他当着诸多记者的面让一位与田健熟悉的记者拨通田健的电话，在电话里质问田健是不是收了250万元。田健无言以对，此番情景顿时引爆全场。

周鸿祎和田健谁在混淆是非，无法下定论。周鸿祎质疑田健的逻辑很简单，雅虎总部连对中国公司追加投入都不愿意，怎么可能将一笔千万元钱分给中国的员工？但田健对周鸿祎的指责也有事实基础，那就是，雅虎中国易主后大部分员工齐刷刷地出现在周鸿祎的新公司奇虎，没有巨大的经济补偿，似乎有些"魔幻"。

两人的说法听上去都合情合理，细究起来又都不那么合情合理。

周鸿祎和雅虎的"罗生门"里还有一个重要的背景，那就是杨致远为何放弃周鸿祎而选择马云和阿里巴巴？

杨致远和马云相识已久。在雅虎刚进入中国的时候，马云就做了雅虎在中国的广告代理。按照马云的说法，那时候雅虎就想进入中国，杨致远欲邀马云做雅虎中国的掌门，但被婉拒。

几年之后，在孙正义的支持下，马云带领阿里巴巴在中国市场打败电子商务世界巨头 eBay。此时，正在全球和 eBay 竞争的杨致远又想起了他。

2005 年 4 月，杨致远回复马云 6 年前的一封邮件，说："阿里巴巴和淘宝做得很好，有机会想跟你谈谈互联网的走势。" 3 个月后，在双方共同的投资人软银孙正义的撮合下，双方最终达成合作。

另一个接近当事人的说法是，一个起风的春日，马云和杨致远相约到美国著名的圆石滩高尔夫球场，在沿海滩步行期间，双方达成了合作意向。

2005 年 8 月 11 日，雅虎宣布计划用总计 6.4 亿美元现金、雅虎中国业务及从软银购得的淘宝股份，交换阿里巴巴 40% 的普通股。其中，雅虎首次支付现金 3.5 亿美元收购阿里巴巴 2.016 亿股普通股，另外 2.9 亿美元将在交易完成末期有条件地支付。根据双方达成的协议，雅虎将斥 3.6 亿美元从软银手中收购对方持有的淘宝股份（最开始软银投资了 5000 万美元，占淘宝 80% 的股份，阿里巴巴团队占 20%），并把这部分股份转让给阿里巴巴管理层，从而使淘宝成为阿里巴巴的全资子公司。

此次并入阿里巴巴的资产，还包括雅虎与新浪合资的一拍网在线拍卖业务中雅虎的股权。在周鸿祎主政雅虎中国时期，一拍网是和雅虎中国同级的。

说到底，还是孙正义在下一盘大棋。

淘宝和阿里巴巴 B2B 业务是两家公司，孙正义都是大股东，不过随着 ebay 的崛起，淘宝的战略定位越来越凸显，孙正义对淘宝的掌控成为一件很重要的事情。

雅虎对中国市场的追逐也变得很重要，周鸿祎又是个"刺头"。

于是，一个由孙正义推动的"大计划"出炉。雅虎用雅虎中国业务及 10 亿美元，成为阿里巴巴的大股东，加上软银之前的权益，雅虎加孙正义掌握过半数的股东席位，变相控制了董事会。

对马云来说，毕竟实际控制权还在自己和团队手里，同时得到了一大笔钱（当时这笔钱已经比所有同行 IPO 所能募集的资金还要多）。

虽然杨致远不愿意承认，但是雅虎在中国的接连失败令他放弃了单干或收购的想法。他采取了最彻底的办法——完全把雅虎中国交给别人打理，他最终确定的人选是马云。据说杨致远一开始最看好的是新浪，但是盛大收购新浪的现实令他只好放弃。另一个永远绕不开的问题是新浪是一家媒体公司，政策上存在壁垒。

当然，雅虎也不是纯粹的冤大头。雅虎虽然出资 10 亿美元，但这 10 亿美元分三部分，其中 3.6 亿美元给软银解套，剩余的 6.4 亿美元中有 2.9 亿美元是有限制条款的，要求阿里巴巴必须在 2008 年之前将自己的全部或部分资产上市。

与这笔相对错综复杂的交易相比，雅虎中国更多只是个添头。不过对于马云来说，雅虎中国显然不仅仅是添头。

阿里巴巴特别是阿里巴巴的 B2B 业务，当时已经是谷歌在中国的第一大客户，谷歌上市前还专门派高管前往杭州，以调查遥远的东方为什么有这样一个客户，对自己的需求如此之大。

马云在阿里巴巴与雅虎中国合并两个月后的宣讲中也提到，在新阿里巴巴帝国里，旗下四家公司各自扮演不同的角色。老大是阿里巴巴；当初为了防止 eBay 进入老大的 B2B 领域来抢地盘，就推出了老二淘宝；为了解决支付手段和市场诚信问题，就做了老三支付宝；后来发现老大还需要一个得力帮手，就找了雅虎中国做搜索。

为了"示好"原雅虎中国的员工，马云把他们全部请到杭州并许诺不谈业务只谈"感情"。整个活动策划非常复杂，阿里巴巴为此开了专门的讨论会，甚至讨论当雅虎中国的员工从北京赶到杭州时，接待他们的早餐是包子还是面包。

马云说"雅虎就是搜索，搜索就是雅虎"。2005年11月9日，雅虎摒弃了门户概念，把首页变成与谷歌很像的搜索栏。与此同时，马云对雅虎中国进行了大刀阔斧的改革，停止无线、广告等盈利业务，甚至连仅创立一年即实现盈利的"一搜"也被强制叫停。此举从事后来看有些托大，当时网络广告和无线业务每月都分别有几百万元的收入，马云此举给雅虎中国带来不小损失，负责无线业务的团队则全部转投到奇虎。

马云的做法超过了雅虎总部的容忍程度。2006年2月，马云飞往美国硅谷。未经证实的消息称，当时杨致远对马云下达的第一条指示是，立刻把改掉的雅虎中国首页恢复过来，同时要求马云恢复被砍掉的盈利业务。事实是，2006年3月31日，雅虎中国再次以门户页面出现在中国的广大网民面前。之后，马云重新开放了冰封的3721网络实名，不再意气用事。

按照马云的如意算盘，雅虎中国要成为一个纯搜索引擎公司，这样将能提升整个阿里系在产业链条上的整体地位。但事实上，雅虎虽然一直在搜索引擎上投入和积累，但定位为媒体的商业模式使其并不是一个纯搜索引擎公司。甚至可以说，如果雅虎没有那么重的媒体情结，而是聚焦搜索引擎并建立壁垒，那么也许就没有谷歌什么事情了。

这也足以理解，为什么马云把雅虎中国的首页改成了类似百度一样的首页，这正是马云想要的，却是雅虎总部所不愿意面对的。如此反复摇摆，雅虎中国只能继续保持混沌和震荡。

2006年8月15日，雅虎中国在和奇虎的口水仗期间又宣布改版，媒体戏称这个页面几乎创造了国内网站首页大调整的纪录。从庞杂的门户到简捷的搜索，雅虎中国数次变身，此次又提出"搜索"加"编辑"的复杂概念。

2006年9月9日,当着杨致远的面,马云坦承他对雅虎中国发展方向的迷茫:"如果说自己已经完全想清楚,那是在说谎。"不过他表示,他认为雅虎中国必须有创新,不是传统的门户,也不是纯粹的搜索,至于具体是什么,还要看发展。按照马云为雅虎中国制定的三年整合目标,第一年是"求存",第二年是健康运营,第三年则是强劲发展。"去年(2005年)是最艰难的一年……我们计划用三年时间让雅虎中国重返第一梯队。"

360 安全卫士的反戈一击

花开两朵,各表一枝。讲述完马云如何借雅虎之手"借鸡生蛋"的故事后,我们再讲述周鸿祎另行创办奇虎的日子。

在2005年夏天阿里巴巴与雅虎中国的合并大会上,不请自到的周鸿祎在会上主动发言。此举虽然帮周鸿祎挣得不少肯为下属出头的印象分,但也给马云带来些许的难堪和不快。这符合江湖道义,但不太符合商业准则,也没有给足马云面子。

马云接手后对周鸿祎任上一些做法的全盘否定,多少让人不能理解。特别是对一些盈利业务的放弃,诸如无线、"一搜"等,让这些业务部门的人不可避免地倒向了周鸿祎,同时也让雅虎总部的决策层大为光火,毕竟,谁也不愿意与盈利过不去。

对于心高气傲的周鸿祎来说,马云的以牙还牙虽然让他并不好受,但这一年夏天百度上市后的高光表现,则让其更加焦虑。

美国东部时间2005年8月5日上午10点左右,百度CEO和创始人李彦宏及其妻子、百度联合创始人徐勇及其妻子和时任百度CFO的王湛生、时任百度市场总监兼战略顾问的毕胜及百度投资经理和坤,在高盛所在的纽约广场一号（One New York Plaza）楼下集合,在高盛总裁的陪同下来到了49楼的交易办公室。

会议室里有很多人,其中有一位美国老人尤为引人注目,他就是最早给李彦宏投资60万美元启动百度的鲍勃·金。他乐呵呵地拿着一张纸,让所有人写下对百度首日股价的猜测,说要打个赌。但谁也没有看到李彦宏写了多少。

百度的发行价刚开始的时候是21美元左右,因为很多人非常感兴趣,价格不断地上提,在IPO前一天是23～25美元,最后一天晚上定到了27美元,发行4 040 402股。当时交易员来征求李彦宏的意见,问27美元的价格满意不满意,李彦宏说很满意。

有意思的是,高盛派出负责百度首日交易的首席交易员,正是负责谷歌上市首日交易的那一位,这是个多少有些暗示性的安排。这个交易员在开盘前跟李彦宏说,估计开盘要涨到40美元左右,这已经超出很多人的期待了。

交易开始了。交易员一手拿着电话,一手握着鼠标,用眼睛扫描屏幕上的投资人下单情况,嘴里不停地报出最新的价格。

当交易员报出35美元、37美元的时候,办公室里响起了第一次掌声,所有人都知道成功了。没想到没过多久,交易员嘴里又说出了42美元、45美元。这次的掌声倒是稀稀拉拉,因为绝大多数人都惊呆了,周围的人都围了上来。

李彦宏当场流下了眼泪,百度的另一位创始人徐勇也是泪流满面。

报价还在不断上涨,交易员也吓坏了,整个人都在发抖,声音在颤抖,手也在发抖,这时候他已经报出72美元了。最后在11点35分,第一笔交易完成,百度开盘价66美元,其实那时候报价已经超过70美元。

这个时候,所有的掌声和欢呼声才真正释放出来,所有的人都拥抱在一起。

在承销商高盛员工们的掌声中,时年37岁的李彦宏就像刚刚指挥完一场交响乐的指挥大师，从舞台的中心走向边幕。当他走到门口时，掌声依然在回荡，李彦宏又退了回来，向大家深深地鞠了一躬。

美国东部时间下午3点整，李彦宏带队进入交易大厅，进行闭市仪式的演练。下午4点，李彦宏在分别与投资人、银行家、上市团队合影留念以后，启动了2005年8月5日纳斯达克证券市场的闭市仪式。这一刻，百度的收盘价定在122.54美元，百度市值达39.58亿美元。按照当天的股价计算，李彦宏持有的22.9%的股份使他的身家超过9亿美元。

如果说马云的奚落让周鸿祎不忿，那么李彦宏的成功则让周鸿祎不甘。

就这样，带着不忿和不甘，2005年8月，周鸿祎创办了奇虎。

奇虎一上来就受到风险投资机构的热捧，第一轮就融到2000万美元。周鸿祎的摊子也铺得很大，除了做论坛搜索的奇虎，还做了针对大众点评的无忧城市（51city.com）及针对酷讯的火车票搜索，又收购了从雅虎中国出来的SP团队做无线业务。加上中国供应商，周鸿祎麾下的业务体系涉及五六个领域，奇虎一开始就有300人。

周鸿祎当时几乎收编了雅虎中国做搜索的大部分人，因此在中文搜索领域也算有技术积累。在周鸿祎看来，自己与百度只是差一个技术团队而已，补齐这个短板的奇虎将很快超过百度。傅盛讲过一个小细节，就是周鸿祎给还在雅虎中国的他打电话说，只要两三年时间，奇虎就能上市。

在这种速胜的心态下，整个奇虎显示出无比的狂躁和冒进。事与愿违的是，虽然周鸿祎选取的垂直搜索的路径事后看是有机会的，但当时整个垂直搜索战场里涌进了足够多的创业团队，对手每个都很强悍。

火车票搜索的对手是酷讯，它起源于陈华在2005年年底做的一个抢火车票用的小工具。2006年春节后，陈华和吴世春共同创办酷讯，这家公司还有一位后来大红大紫的CTO张一鸣。按照陈华的说法,张一鸣入职第三天,自己就把所有源代码交给了这位青年才俊。2006年年底,阿里巴巴向这家公司开出带并购前提的1亿美元的投资邀约,但被陈华拒绝,酷讯一时风头很盛。

机票搜索的对手则是庄辰超和他的去哪儿。2005年,庄辰超与自己的前同事戴福瑞、道格拉斯、彭笑玫一起创办了去哪儿。在经历过被200家风险投资机构拒绝的困境后,2006年他拿到金沙江创投林俊仁的投资,又赶上电子机票和整个旅游市场OTA(在线旅行社)化的红利,再加上与百度的良好关系,去哪儿也在2006年一飞冲天。

强敌当前自不待言,而当时周鸿祎却更多以投资人的身份参与公司的管理。周鸿祎觉得自己稍微指点一下,这些项目就可以顺利推进。在奇虎前后,周鸿祎先后投资了迅雷、快播、酷狗、迅游等一票客户端,以及康盛、博雅等SNS玩家。但天使投资人的点石成金,与以天使投资人的身份去公司内指导创业是两回事。

速胜和托大的双重心态,造成奇虎在度过最开始的狂躁期后发现自己四面受敌,各个项目都陷入苦战。当时,奇虎的网页搜索用70人对抗百度上千人,火车票搜索用几个人对抗酷讯近百人,无忧城市用二三十人对抗大众点评网数百人,还有艰难对抗阿里巴巴的中国供应商,而且每个领域都缺乏独当一面的领军人物。

周鸿祎在3721时代的四大总监这个时候都先后离去,市场总监舒讯去了百度,技术总监谭晓生去了MySpace当CTO,产品总监王航自行创业创办了好大夫,就连渠道总监也是自家连襟的李涛,也因为没有合适的业务而离开了。齐向东和石晓虹倒都还在,但他们都不是业务干部,更多是"内阁"成员。

于是每次例会,因为项目发展达不到预期,周鸿祎就会骂人,一骂人,产品就改变方向,但仓促间求变,更达不到老周的要求。下次例会,周鸿祎又会骂人,就再变。

奇虎的第一年,就这么在混沌中度过。一年下来,奇虎的PV虽然号称过亿次,但更多是奇奇怪怪的图片流量,真正的UV(独立访客)

数只有百万次,而且很多都是推广而来的流量。当时360每个月要花200万元买流量,而奇虎一共有300人,所以整个团队一个月有千万级别的开销。加上2006年SP业务受中国移动的政策调整影响,收入大幅锐减,所以到2006年8月,奇虎虽然还没有到没米下锅的地步,但已经有进退维谷的迹象。

奇虎内部的混乱让周鸿祎忧心忡忡,但更让周鸿祎焦虑的是包括阿里巴巴、百度在内的对手对他的各种主动或被动的言论攻击。此时的周鸿祎处于内忧外患的绝境中。

这个时候,傅盛和360安全卫士突然进入周鸿祎的视野。

按照傅盛的描述,最开始奇虎只是想做个插件来推广搜索,但当时用户的浏览器上已经装满了各种插件,推广没效果。于是,奇虎就想做一个"流氓克星",先把那些插件干掉,再推奇虎搜索插件。这个"流氓克星"就是360安全卫士的前身,初衷就是推广搜索。但项目负责人做了两个月后离职,傅盛接手了这个项目。

傅盛接手这个项目后做了两个决定:第一,把"流氓克星"改名为"360安全卫士",叫"360"是因为自己生于3月6日,小时候父母工作的工厂叫无线电三六厂,他的身份证前3位是360,还有他也喜欢玩Xbox 360;第二,停止跟电信的捆绑合作推广,转而走改进产品赢得口碑的路线。在整个业务线上,360安全卫士被定位成"口碑项目",遵循三个原则:不求商业利益;开放源代码;任何时候都可交给第三方运营。此时360团队算上傅盛、徐鸣,只有4个人。

到2006年年中的时候,360安全卫士的用户量起得很快,查杀的列表页越来越多,但是要不要把雅虎助手放进查杀列表里,傅盛还吃不准。雅虎助手是当时最大的"流氓软件",加入列表用户量可以再上一个台阶,但影响会很大。于是他请示了周鸿祎。

出乎傅盛的意料,周鸿祎马上同意把雅虎助手列入查杀目标,并在雅虎中国8月改版的前夜放大此举,由此引发了田健的炮轰和之后一系列的对撕。360安全卫士的反戈一击,顿时成为年度热点事件。

对于周鸿祎的主动出击，著名自媒体人程苓峰用了"借尸还魂"一词来高度评价周鸿祎的商战智慧，称这是一次只有周鸿祎才能做到的天才策划。但周鸿祎就此对本书作者表示否认，他称360安全卫士打击"流氓软件"，于"公"于"私"都有好处，但更多是为"私"。周鸿祎的理由是：第一，他不愿意为3721背一辈子"流氓软件之父"的恶名，他必须为自己正名；第二，当时的中国互联网，做"流氓软件"或用"流氓手段"推广，已成为一种常态，后来者要么也这样做，要么就等死。周鸿祎不想这样做，所以只能做一个"反流氓软件"，让大家重归同一起跑线。

周鸿祎在自传作品《颠覆者》里，曾将此举描述成自己在巨大的舆论压力前痛定思痛，决意自我救赎。这个说法在道德上更加占据制高点。

对此，时任《环球企业家》杂志主编助理的张亮的评价颇为中肯：虽然同为中国互联网业最早的创业者，且均在业内富有争议，但周鸿祎系工程师出身，从3721时代起即积累着搜索引擎领域的Know-How（技术诀窍）；而马云则是个更纯粹的商人，对搜索领域的理解显然不够深刻。马云接手雅虎中国后，迅速将"一搜"业务叫停，而3721业务也经历着工程师流失、品牌变化等"阵痛"。这让雅虎中国在搜索领域的市场份额持续衰减。而最具破坏力的，还是周鸿祎本人在2006年6月推出的360安全卫士。无论事后如何解释，这款以杀除"流氓软件"而一举成名的产品，毫不掩饰周鸿祎对前雇主雅虎中国的复杂情感——它首先将3721的插件送上了"断头台"。对于已经风雨飘零的雅虎中国来说，这无疑是悬崖边的最后一推。

抛开江湖道义和道德评价，对于周鸿祎和奇虎来说，360安全卫士的反戈一击最重要的作用是让自己止住颓势，从而赢得新战局的主动。

SNS 超级玩家陈一舟

2006年,还有一个人和周鸿祎一样,经历了疯狂融资,经历了"大跃进",经历了多头管理带来的无序,经历了团队的分崩离析,经历了某个无心之举构成的全局妙招,经历了媒体的口诛笔伐,经历了山穷水尽后的柳暗花明。这个人就是陈一舟。

顺着千橡 CEO 陈一舟的视角看过去,他在 1999 年与两位斯坦福同学周云帆、杨宁联合创建的 ChinaRen 校友录,和比他们更早、由湖南电信工程师骆文先于 1998 年创办的 5460 中国同学录,是中国乃至全球最早的一拨 SNS 网站。

不过,那一浪并没有成为一场全球化的浪潮,说到底,整个互联网的中心还在美国。

被称为全球 SNS 首倡者的是 Friendster。该网站自 2003 年 3 月推出之后一炮走红,短短几个月,Friendster 就发展了近 400 万个注册用户,一年之后翻番,达到近 800 万个,高峰时期每周约有 20 万个新用户加入。据说当时硅谷几乎每三个人中就有一个人在使用 Friendster 的服务。美国各大媒体表示,SNS 已经掀起第二股互联网浪潮。此后,大批模仿者蜂拥而至,在全球范围内掀起了 SNS 热潮。

在中国,Friendster 门徒众多,其中最出色的是友友觅和亿友,而这两家都与 ChinaRen 三兄弟颇有关联。

先说亿友。2004 年 1 月初,一个由马云创办、面向全球华人的社交娱乐服务网站亿友(yeeyoo.com)正式问世。这个"马云"不是阿里巴巴的马云,为了不混淆,我们按年龄大小区别两位,称前者为小马云。

其实小马云成名甚至比阿里巴巴的马云早。1999 年,以易得方舟(当时是一个面向大学生的门户)团队为代表的清华创业帮,也是资本看好和媒体追捧的一股力量。小马云就是易得方舟的 5 个创始人之一(另一个主要创始人童学辉后来创办了中文在线)。对于那些日子,小马云用了两句话来形容:拿着风险投资的钱拼命挖人、疯狂扩张,不断跟媒体讲故事,将 0 说成 1、1 说成 10,那些在不自觉中被夸张和放大的故事,最后"连自己都信了"。

这样的浮躁和高调很快沉寂。易得方舟的处境和结局很".com"——钱花得很快,但没有现实的商业模式和收入来源,团队内部关系紧张,易得方舟最终成为 2000 年后率先破灭的"泡沫"之一。2001 年,"静下心来反省和检讨"的小马云加入网易,成为丁磊开拓无线业务的首辅之臣。

小马云创办亿友的故事也足够有趣。2003 年,小马云还在网易工作期间,当年易得方舟的投资人麦刚找到小马云。小马云和麦刚,以及同麦刚一起在美国摩托罗拉工作过的工程师朋友刘勇,三个人一起设计出了亿友最初的经营模式,并写了份商业计划书。亿友的商业模式在由《福布斯》和汇丰银行支持的全美最大规模的商业竞赛 Carrot Challenge 中荣获大奖,此外还荣获加州大学 Knapp Venture Competition 第一名。

麦刚本人也是投资圈的一员,小马云有着很好的运营经验,刘勇曾多次获得美国摩托罗拉公司杰出工程师奖,技术背景相当可靠。团队很棒,又有 Friendster 模式加分,他们的项目自然受到热捧。

亿友很快得到美国龙脉投资公司创始人及董事会主席赵光斗的天使投资,麦刚之后通过自己和赵光斗的人际网络寻求投资人。最终,2003 年 9 月 17 日,亿友和 Friendster 于同一天在美国硅谷获得数额达 130 万美元的第一轮投资。

亿友最开始的投资中还有 50 万美元来自国内的空中网。2003 年年底,回到国内后的小马云觉得 130 万美元不够,于是找到空中网的周云帆、杨宁,请他俩帮忙。周云帆和杨宁看完亿友的计划书后,很快投入 50 万美元。说服周云帆、杨宁的一半原因是小马云曾经与他们是同行,另一半原因是亿友的商业模式,靠 SNS 拉人气、靠短信收费,这很容易让本身也做这块业务的周云帆和杨宁认同。

几乎就在亿友问世的同时,另外一个早期重量级的中国SNS网站友友觅也横空出世。

2003年8月,两个斯坦福毕业的海归精英——刘健和饶磊回到国内创立了Friendster模式的中文版本SNS网站UUme。2003年年底,友友觅正式推出,三个月之后的2004年2月,友友觅凭借"中国版Friendster"的概念获得了美国两大风险投资机构数额达百万美元的风险投资,其中一家是世界五大风险投资公司之一、从未在中国进行过投资的Accel Partners,另一家则是著名资金管理公司DCM。

2004年,中国本土涌现出十几家类似Friendster的SNS网站。除了友友觅和亿友,比较著名的SNS网站还有友友网络(YoYoNet)、嘿友(HeiYou)、联趣网(LianQu)和友友网(You2You),以及王兴、王慧文、赖斌强共同创办的多多友等。这些网站的开发团队和运营者们或多或少受到Friendster的启迪,并且得到了国内外风险资本的支持。

但很快,Friendster在美国的发展受挫。到了2004年,由于注册人数超过了服务器负载的规模,网站运行速度缓慢甚至无法登录,Friendster招致了很多用户的不满,用户大幅流失。这为竞争对手MySpace的崛起创造了条件。

如果说Friendster这一浪,陈一舟只是旁观者,那么在以MySpace为代表的第二浪里,陈一舟则是参与者。2004年4月,千橡以股权置换的形式收购了一家名为猫扑的个人网站,它是一个大量年轻人交流动漫与电脑游戏的论坛,只有数量有限的广告维持其运行。与中文网络上其他论坛不同,猫扑是有独特文化的。其用户集中于年轻人,他们喜欢对一切事物进行解读,并发明各种形式的语言,如"逆天"等,这些莫名其妙的表达方式,正在中国的年轻人中快速传播。

陈一舟旋即开始对猫扑进行"正规化"改组。在引进一批网络专业人士后,原本简陋的猫扑论坛陆续增添贴吧(后来因为和百度产品重名而改为"贴贴")、人际社区(SNS)、音乐社区和文学频道等产品。

乍一看来，这是一次双赢之举。凭此交易，千橡开始为更多人所知；而猫扑的改造与变脸也为它带来了更多的流量和广告收益。

但与MySpace为地下乐队提供推广平台不同，猫扑没有所谓的"功能性"，它只是一群年轻人娱乐的场所。而这些人反感商业化，更不希望看到自己的小天地被以各种方式引入的新增用户破坏。于是，那些赋予猫扑性格的核心用户迅速设置了一个叫作"里屋"的论坛，将商业化的猫扑称为"外屋"。

这对于陈一舟而言并不是一个很大的困难。猫扑所代表的年轻、叛逆的文化已经被他的团队精心包装、推广，而随之吸引来的新用户，让网站访问量的排名由全球3000多位一路攀升至前100位。

陈一舟很快讲述了一个围绕猫扑打造Web 2.0社区，校内网（后来的人人网）已经盈利的SP业务也为此服务的故事，很快得到资本市场的认可。2005年7月，千橡获得Accel Partners的1000万美元投资。在获得第一笔融资后的第一个月，千橡即收购了Accel Partners投资的另一个SNS网站友友觅，并由其创始人、陈一舟在斯坦福商学院的校友刘健出任千橡联合COO，掌管线上业务。

陈一舟的千橡团队里基本上是当年ChinaRen的旧部，其中负责SP业务的是ChinaRen的第一个清华大学毕业生、计算机系94级的曾祎安。也就是靠曾祎安的张罗，最多时有上百名清华大学计算机系的学生在ChinaRen兼职。负责网站业务的是张启科，他同样是ChinaRen的早期技术成员，也是一位顶级流量高手和客户端大牛，DuDu（下载加速器）和中国共享软件中心都是张启科的阵地。另一位王秀娟也是陈一舟在ChinaRen的旧部，她是公认的网络广告的女强人，办事干净利落，雷厉风行。这几个人各管一摊，各自分自己的钱。所以在刘健进入前，千橡更像一个集团公司，陈一舟负责融资和政府关系，其他几个人各自管一块赚钱的业务。

在2002年到2005年的这几年里，千橡没有对外融资，本身的三块业务各有自己的收入，都经营得不错。买猫扑的钱也来自千橡各个业务体的盈利所得，而不是融资来的。

刘健其实也是 ChinaRen 的旧部。但与曾祎安、张启科和王秀娟不同的是，斯坦福毕业的刘健有海归背景，英语更流利，更善于与投资人打交道和给员工画饼。

2006 年 3 月，General Atlantic、DCM、TCV 和联想投资共同投资 4800 万美元。

在 2006 年之前，千橡是以营收为导向的，什么业务赚钱就做什么，对应配备人手和资源。但第一轮融资之后，千橡更多是什么热做什么，整个公司的主导权从各个业务负责人手里逐步移交到陈一舟和刘健两人手里。

陈一舟在接受时任《环球企业家》记者骆轶航的采访时这样阐述自己的思路："互联网第二波创业肯定比第一波更难成功。上一波创业时，哪里都是空地，你占一片就可以。但现在已经有几个'大城市'了，我们只能做游击队——一边找几片相对肥沃的草地，逐渐变成小村庄，再变成城市，一边寻找其他草地。"

骆轶航的文章写道：一位从千橡离职的员工回忆，他所在的武汉产品运营团队，在半年多的时间内，总共接受了 5 个新产品的测试任务，包括网络产品、视频点播和客户端产品等。可事实上每个产品的试运营往往不到两个月就宣告停止。

多位千橡前员工表示，Joe（陈一舟的英文名）的兴趣实在过于广泛，千橡当时有近 10 个网站，不仅广泛涉猎 Web 2.0 浪潮中的各种热门概念，更在客户端软件方面同时操作 P2P 视频直播与下载软件。

但这好像是陈一舟和周鸿祎这样的"创二代"们的宿命。他们有过一次小有所成的创业经历，这决定了他们一直希望能找到一个大机会，而风险资本的热捧又给了他们持续试错和不断追逐新热点的机会。

到 2005 年下半年，MySpace 的流量很快被 Facebook 超过，很明显后者的模式更好。于是，千橡也将目光转向了校园。

陈一舟在接受本书作者的采访时称，他最早打过水木清华论坛的主意，但未果。很快，陈一舟看上了 5Q 地带。

5Q 地带是 2003 年卢军、徐辉等人在大学期间在武汉创办的面向高校群体的 BT 下载站。之所以叫 5Q，是因为卢军当时看到报道说，一个人的可能需要包括 IQ、EQ 在内的 5 "Q"，恰好当时 Qzone 特别流行，于是他就取名 5Qzone（5Q 地带）。那时候 5Q 地带的流量很大，每日独立访问用户有七八十万人，基本涵盖了所有重点高校的学生群体。2005 年下半年，千橡全资收购了 5Q 地带。

按照卢军的描述，当时陈一舟在美国看到 Facebook 增长很快，于是借了一个朋友的账号让卢军和许朝军登录，学习其商业模式。许朝军于 1996 年进入清华大学计算机系，也是陈一舟在 ChinaRen 的旧部，他当时负责千橡的社区业务。

千橡做校园社交，当然会用到 5Q 地带的流量，于是买下了 5q.com 的域名，让原来的用户觉得这就是下载站的升级。5Q 地带虽然起步晚于校内网，但有基础且有钱，所以流量起得很快。卢军等人找兼职的在校学生到宿舍"扫楼"，注册即送鸡腿、酸奶，基本一个星期就能覆盖一所高校。

到 2006 年下半年，5Q 地带有约 10 万个用户，坐稳了校园社交的前两把交椅之一，其他如占座网、亿聚网都被甩在了后面。

当时校园社交的前两名中的另一个是校内网，由清华大学无线电工程系 1997 年入学的王兴和他的大学同学王慧文，以及他的中学同学赖斌强共同创办。王兴 2003 年从美国回国后的第一个项目是社交网站多多友，但两年时间只做到 3 万个用户，这让王兴很不满意。于是 2005 年年底，王兴再次做起社交，成立了校内网。这一次，他三个月就做到了 3 万个用户，并很快做到 10 万个。

校内网于 2005 年 12 月上线，陈一舟本人曾在其上线后不久即与王兴率领的创业团队进行洽谈，并透露千橡自主开发的 5Q 地带准备与之竞争的计划。王兴等人并未答应这笔带有威胁色彩的交易。双方在暑期临近前展开的一场争夺用户的校园战争中，采取了截然不同的竞争策略：5Q地带用"注册用户换鸡腿"的方式进行推广，校内网通过培育各高校校园大使而将线上关系现实化，同时开展送学生回家、上校内大巴的活动。在区域上，双方也南北相隔，校内网在北京、上海等地有优势，而5Q地带在武汉及南方其他高校先发。

　　2006年9月，陈一舟再次找到王兴洽谈收购事宜，由于融资遇到困难且此业务在短期内难以看清商业模式，最终王兴选择将校内网出售，成交价为200万美元。王兴将公司出售给千橡后一年，也离开了千橡，并创办了海内网和饭否网，最终在美团这件事情上大成。海内网和饭否网办公用的办公室，是王兴自己在华清嘉园置的业，这一点，他和马云一样。阿里巴巴最早办公的湖畔花园，其实是马云自己名下的产业。

　　校内网与5Q地带合并成了新的校内网后，校园社交一统江山。合并带来的另一段佳话是成就了一段姻缘：校内网当时负责校园大使推广的杨慕涵与许朝军（后来校内网的总负责人）两个人走到了一起，结为连理。

　　尽管收购校内网"高举高打"，但事实上校内网刚被纳入千橡即面临财务上捉襟见肘的局面。校内网一名员工透露，当初被收购之时，整个团队都寄望于能够借助千橡的雄厚实力，使用更好的服务器，开展更有力的推广和用户服务。而真正进入千橡之后，服务器的质量甚至不如收购之前。更重要的是，校内网的创业团队已习惯了24小时值守，一旦连接或服务出现问题，即迅速解决。而在千橡的整体架构下，这种以用户需求为导向、灵活机动的工作方式甚至受到了限制。但这并不影响用户的增长。卢军向本书作者回忆称，当时两家各有10万个用户，2006年年底合并后没多久，总用户就涨到了30万个。

　　在另一个战场上，猫扑转型门户的计划起始于2006年七八月间，陆续招揽网络内容策划、资深编辑人士加盟，筹划建设传统门户频道。2006年11月24日，猫扑正式宣布进军门户，勾勒出新闻、互动、娱乐三大频道，并启动"中国首届网络春晚"。陈一舟宣称：猫扑转型门户是为了"有效地把流量转化为收入",并称"这是一种水到渠成的方式"。但这一隆重推出的战略性产品有其先天性缺憾——该"新门户"的设想并非来自产品部门,而是来自销售部门。力主此事者,是千橡主管销售的副总裁王秀娟,她希望通过建设门户,提升猫扑的品牌影响力,进一步得到广告客户的认可。

但广告客户的认可并非立竿见影,所以频道正式上线之后,很多需要持续投入的事宜却并未如上线前那样得到积极回应。对频道建设、资源合作的投入,管理层显得越来越谨慎,沟通的成本也陡然加剧。一度高调宣传的"网络春晚",最后也无疾而终。

对应地,同为ChinaRen元老之一、毕业于清华大学计算机系的何川,于2006年年底接管了猫扑社区,并组建属于千橡的游戏部门。

这表明,陈一舟和刘健把猫扑社区之前的广告模式迅速改成游戏变现模式,于是刚刚宣布进军门户的猫扑成了裁员的重灾区,大批涉及内容、社区和市场的员工离职。

而在之前的9月,千橡已经发生了这一年里的第一次裁员,并就此开始了长达一年的内部调整。

2006年7月,中国移动通信公司对国内无线增值SP的政策调整正式出台,此举对国内所有提供无线增值服务的公司都造成了极大的影响。空中网、华友世纪、灵通网等老牌SP纷纷受到重创,千橡也未能逃过此劫。这种变化一下子将千橡的SP收入打下去了2/3。[1]

雪上加霜的事情是:在周鸿祎的"反流氓软件"运动中,千橡旗下的DuDu和播霸都因渠道推广方式被牵涉其中,成为被"整肃"的对象,由此带来的则是千橡旗下部分网站流量大幅下降。

于是2006年9月26日,千橡发布《关于近期业务重组计划的官方声明》,裁员150人。

---

[1] 同样受冲击的还有亿友。2006年,亿友被欧洲的婚恋交友网站Meetic以2000万美元的价格并购,变为Meetic的中文版"蜜糖网",完全转入婚恋交友领域。

这次裁员后，陈一舟向全公司员工发布公开信以表信心，并放出豪言，将"在三年内打造三家上市公司"。但大部分员工认为，这只是陈一舟给他们画的饼。三个月后的 2006 年 12 月，千橡开始进行第二轮裁员，此次裁员人数占千橡整体员工数量的 1/3。

千橡的震荡一直持续到 2007 年，曾经的二号人物曾祎安在 2007 年国庆假期结束前写给董事会一封"炮轰"陈一舟和刘健的邮件，让千橡的内乱进一步升级（曾祎安之所以这么做，一说是裁掉的大部分员工是其团队成员，他在为他们出头；一说是陈一舟想把 SP 业务卖给日本某财团，但曾祎安想把这个业务私有化自己干，于是发难，想搅黄此事）。这件事情最终以董事会支持陈一舟，曾祎安和支持他的张启科、周亚辉各自带着一部分业务和团队离开而告终。

有知情者表示，随着一轮又一轮裁员的发生，陈一舟不愿再对内部全体员工表达什么。2007 年春节，没有任何集团范围的联欢活动，只有一些部门的小规模聚会。陈一舟只是把自己的签名改成"首席黏性官"，以表示聚焦校内和猫扑两个社区产品的决心。

事后来看，这其实也不是坏事。在内外部交困下，陈一舟专注于社区，建设更高的壁垒来获得竞争优势，靠用户的自然流量增长来维持盈收，取消一切高成本的重大项目，这种做法是正确的，也让千橡在 2008 年 4 月拿到软银 4.3 亿美元的投资。

谷歌中国无奈 2006

2006 年，同样处于自己人生中最长的一年，同样否极泰来的，除了周鸿祎和陈一舟，还有李开复。

2005 年，谷歌决定进军中国。

如前所言，谷歌本希望采取控股或并购百度的方式进入中国，但看到雅虎中国和3721并不美妙的结局后，李彦宏开始对谷歌说"不"。

碰了一鼻子灰后，谷歌决定自行进入中国市场。它遇到的第一个问题是，请一个什么样的人作为谷歌中国的CEO来统领中国业务。

这个人应该在美国待过，英语好，知晓国际规则，便于沟通，这是基本条件。由于是中国公司，又最好是中国人，在中国本土公司工作过一段时间，最好有不错的业绩；同时因为是谷歌这样的大公司的中国区CEO，因此要求其履历和背景也能配得上谷歌，希望他曾是全球性公司的中国区负责人甚至更高的位置，在行业背景方面，更多地锁定互联网和通信领域。

所有的这些条件都优先指向一个人——曾经担任微软中国研究院院长、时任微软全球副总裁的李开复。李开复，出生于中国台湾，在美国卡内基梅隆大学计算机系获取博士学位，有很强的学术背景，曾在SGI（硅图）、苹果公司工作。其职业生涯最大的一个亮点是帮助微软在中国建立起规模浩大、影响深远的中国研究院，并借此展开政府公关和提升微软在中国大学生中的影响力，成功地修复了微软在中国的形象。更重要的是，李开复在微软所研究的方向也与互联网契合，又有名校的博士学位，这更让李开复在崇尚研发、提倡创新的谷歌那里增加了诸多印象分。

看上去，如果能把李开复成功地从微软"策反"到谷歌，那么他将真的是谷歌中国CEO的合适人选之一。

但问题也随之而来。第一，李开复在上次跳槽时信誓旦旦地表示，他将在微软退休，让他这样一个爱惜自己名声的职业经理人食言，是件困难的事情。第二，即便李开复愿意，也能找到办法让自己绕过那段在微软退休的话，但把李开复从微软挖走，微软能善罢甘休吗？此时的谷歌被微软视为前三号敌人之一，如果微软和李开复打官司，那么谷歌将如何应对呢？

果然，微软拿出法律武器和李开复打起了官司，直到2005年12

月23日，微软和谷歌同时发布声明，称各方已就李开复跳槽案达成不公开协议。因2005年7月20日李开复跳槽谷歌而引发的两大巨头之间的诉讼，最终以和解收场。

这场官司前后发生的故事，至今还是个谜。但可以肯定的是，谷歌并不能保证获得这场官司的胜利。它为中国区CEO的人选准备了双重方案。这个方案就是，一旦李开复不能到位，谷歌中国将由周韶宁掌管；如果李开复能到位，那么两个人将联合执掌谷歌中国的业务。

周韶宁，宁波人，曾就读于上海复旦大学计算机科学与工程系，1980年到美国纽约市立大学城市学院攻读电气工程学士学位，5年后顺利进入美国贝尔实验室工作，并取得美国普林斯顿大学工程学硕士学位，而后攻读了罗格斯大学工商管理硕士学位。1993—1995年，周韶宁在AT&T全球无线产品业务部担任技术经理，领导了多个团队，从事移动电话和无线个人基站产品研发。1996年7月，周韶宁回了一趟国，亲眼看到国内的巨变后，他决心将事业的重心转移到国内。而之前，他已经升至美国贝尔实验室高级主管的位置，负责数字通信设备和媒体设备的开发工作。

也就是在1996年的这个夏天，周韶宁遇到了UT斯达康的陆弘亮和吴鹰，并被陆弘亮和吴鹰的热情相邀感动，加入UT斯达康，成为这家中国明星通信公司的三号人物——UT斯达康的COO。陆弘亮、吴鹰和周韶宁，组成了UT斯达康管理层的"梦之队"。

也就是在李开复与微软的官司和解前两个月，周韶宁以谷歌中国区联席总裁的身份于2005年10月25日加入谷歌，负责谷歌在中国的销售和渠道业务，以及谷歌在该地区的战略合作伙伴关系拓展。

由于周韶宁的加入，相应地，李开复的头衔也变成了谷歌中国研究院院长和中国区联席总裁，其具体业务为人才招聘和公关。

有趣的是，这两位联席总裁都没有关于市场方面的职责，这是因为谷歌把这项职责交给了另一个人，这个人就是王怀南，时任谷歌亚太区市场总监。

1989年，王怀南从清华大学毕业后，怀揣着35美元来到纽约读社会学，之后到美国乔治城大学商学院学习工商管理。1997年，王怀南自商学院毕业，进入美国麦肯锡咨询公司，从事战略咨询工作。此后，他又来到了美国宝洁公司任品牌经理。在宝洁，王怀南遇到了一位对他日后的人生产生重大影响的同事。三年后，正是那位同事的介绍，让他成为Quicken网站的高级业务经理。也是从Quicken开始，王怀南正式进入互联网行业。

王怀南进入Quicken不满一年时间，那位宝洁的同事又来找他。这位同事此时已经在雅虎美国工作。那是2002年，当时的雅虎正苦于搜索业务遭到谷歌的冲击。王怀南随即加入雅虎美国，担任搜索与市场业务部高级营销总监。两年中，雅虎搜索的状况日渐好转，成为仅次于谷歌的搜索引擎。王怀南在雅虎的工作也得到了认可：荣获了2004年雅虎全球最高营销奖——EFFIE奖。2005年5月，雅虎中国一拍网总经理郑昭东离职。很快，王怀南接任。

2005年6月，王怀南正式上任。两个月后，一拍网的员工们意外地收到了雅虎总部发来的通告：阿里巴巴将全面并购雅虎中国，其中也包括一拍网。王怀南愤然离开，他回了一次美国，并拜访谷歌，开始考虑转投谷歌门下。双方的沟通非常顺利。2005年11月20日，王怀南的第二个孩子在北京出生。此时，他已经与谷歌签约，出任谷歌亚太区市场总监。

进入2006年，李开复和谷歌的麻烦还是没有断。

2006年1月，作为本土化第一步、遵守中国法律的google.cn一上线，对其违背"不作恶"原则的质疑随之即来。

一个月后，谷歌中国又被披露与中文网站赶集网合用ICP牌照，媒体的热炒最终引来信息产业部（现为工业和信息化部）的调查。外资互联网公司是可以与子公司共用牌照的，但当时谷歌中国并未完全收购赶集网。

尽管在 2006 年 4 月发布中文名"谷歌"之时，谷歌全球 CEO 施密特曾携数位高层拜会了北京市政府、国家发展改革委、信息产业部等政府官员，但是这一年 6 月，中文版谷歌再次遭遇长时间的断网。

值此险境，一个再自然不过的战略是加速组建团队，推出本地化产品。但谷歌中国 CEO 李开复偏偏选择了耗时最长的校园招聘。

从 2005 年下半年开始，凭借其在微软时建立的高校网络，李开复延揽了近 100 名优秀高校毕业生，这些人约占当时谷歌中国工程师总数的 90%。但受制于毕业时间，2006 年 7 月他们才陆续到位，接下来还要完成至少三个月的入职培训，才能真正独立研发。

适应中国用户的新产品推出太慢，不仅直接导致新用户增长缓慢，还制约了广告渠道拓展和市场推广。这一切，似乎又要归结于那个"招聘战略"。

要回答谷歌中国为什么在 2006 年最该较劲的时候却选择校园招聘这一战略，从而导致全局被动，就必须直面一个问题——为什么谷歌中国在 2006 年会出现三巨头一起把持的局面？如上文所提到的，谷歌中国之所以出现三巨头掌管的局面，与微软和李开复的官司有关。因为身陷官司，李开复更多意义上只能承担招聘这项工作，这种人为的割裂让谷歌中国在 2006 年陷入无限的被动中。

在相当一部分人看来，周韶宁在很大程度上是以李开复的"备胎"身份出现的。不过，这些李开复的支持者忽视的一个事实是，周韶宁在本土市场上真刀真枪和对手厮打扭斗、正面搏战的能力是李开复所不具备的，李开复的微软经历还是没有脱离其研究背景，面对中国互联网如此激烈的竞争氛围，李开复其实并不擅长。从这个意义上说，其实选择"李开复+周韶宁"的组合是有其科学性的。也有人认为，周韶宁长于抢单和正面竞争，缺乏市场和品牌提升能力，但这并不可怕，因为还有谷歌亚太区市场总监王怀南。

看上去，这是一个理论上的黄金组合，但仅仅停留在理论上而已。谷歌中国在 2006 年采取的招聘战略，使周韶宁到来的价值没能最大化。由于没有足够多的本土化的产品，这位混迹电信市场多年的老兵只好做无米之炊，结果自然可想而知。

至于王怀南，他的角色更为尴尬。他在谷歌中国组合中本来更多是给周韶宁做搭档的。更有评论认为，如果一开始的组合是"周韶宁+王怀南"，在稳固和提升市场份额后再引入李开复，那么谷歌中国将极其成功。但如果有"如果"的话，那么整个巴黎都会装在一个瓶子里——如果这个瓶子比巴黎还要大一些的话。

话题回到李开复身上，他在 2006 年选择这样的招聘战略，也是情理之中的事。回到上文提出但没有解答的问题：当年信誓旦旦要在微软退休的李开复，是怎么绕开这个诺言而回归中国的呢？李开复给出的策略是，他强调自己很想回到中国，而想回到中国的原因是他想为中国的教育事业做点事情，为中国的大学生做点事情。这的确是个很讨巧的策略。一方面，李开复让微软无法对他的这个策略说三道四，因为在此之前，正是微软把他从中国研究院的位置上调回到美国的。另一方面，李开复要绕开微软和他的竞业协议，在一定时间内（后来的故事表明是 18 个月）不能触及市场和渠道这些可能导致正面竞争的工作。因此，他只能碰政府公关和招聘这些务虚的事情，而这个策略的制定有助于他和他的新东家谷歌得到更多大学生的认可。同时，这个策略的制定，对上到中国政府，下到普通大学生，都是极其有吸引力的。特别是大学生群体，正赶上中国的高等教育转型，在中国巨变面前多少有些被动、有些不适应。这个时候，有个人，而且还是个有着全球声望的人来帮助做全中国大学生的"义务辅导员"，那么有什么理由说"不"呢？

"招聘战略"既是李开复的优势，也更符合谷歌的工程师文化。短期内可能会失去一定的市场份额，但长远看来，建立一个几乎复制"自下而上"管理模式的工程师队伍，无论是对谷歌中国的长远发展，还是对和总部进行更好的沟通，可能都更为有益。

还有一个话题很有趣，就是谷歌和百度在 2006 年招聘人才特别是招聘产品经理上,有着截然不同的取向。这来自本书作者对时任百度产品副总裁的俞军的采访。

2005年谷歌宣布进入中国时,百度的产品经理曾研究过其产品经理招聘需求,俞军的感觉是:

百度的产品经理,谷歌一个都瞧不上:不是名校学霸,英语也不好,连MBA或CS(计算机科学)学位都没拿一个,能做什么产品经理?

谷歌的产品经理,百度也一个都瞧不上:不要求懂搜索,不要求懂中国用户,连"网虫"都不是,能做什么产品经理?

两个公司对产品经理的要求差异巨大。俞军感慨,如果不是自己距离谷歌的产品经理要求实在太远,其实他当年是乐意过去看看的。这主要是出于一种感恩的心态,作为一个搜索行业的从业者,俞军觉得谷歌给过自己太多,而自己没机会给它什么。

那么,如果李开复当时把俞军请过去会怎么样呢?当然,这只是"如果"。

2007
用户为王

2007年1月22日，《时代周刊》杂志封面用了一幅显眼的图片来展示中国：一个巨大的五星照耀在万里长城之上，金光闪闪，在风起云涌的大千世界中投下万丈光芒。光芒中跳出一行字——"中国：一个新王朝的出现"。

这是一段时间以来世界范围内不曾中断的"中国话题"的最新表述。事实上，从本书开篇关注的1995年开始，中国崛起这个命题一直被以各种方式追问和讨论着。相对应的是，2007年的中国的热度被火热的楼市和房市彻底推高，来自全球的热钱潮水般地涌入中国。

在一片大国崛起的鼓噪声中，中国互联网的商业价值开始被各种想象力充斥，也以自己特有的用户为王的方式演进着。

这一年是中国互联网自2003年年底兴起上市潮以来的又一个大年，也是巨人网络、完美时空、金山和网龙这些网络游戏公司争先恐后登上资本市场舞台的一年。加上之前的网络游戏"四大天王"腾讯、网易、搜狐（畅游）和盛大，基于网吧模式的中国客户端游戏市场自此江湖初定。也是从这一年起，基于用户个人电脑的网页游戏（WebGame）兴起，并在之后数年里成为和客户端游戏相提并论的一大游戏产业。

这一年是电子商务的大年，马云所统帅的阿里巴巴在香港资本市场近似疯狂的表现，则更加凸显了本年的主题。这一年也是中国B2C公司集体登上历史舞台的一年，淘宝商城（也就是后来的天猫）问世，百度推有啊，京东做物流，VANCL超越PPG，好乐买、乐淘、唯品会等相继问世或准备问世。

这一年是门户开始谢幕的一年。新浪守住了盛大对它的奇袭，逐步进入曹国伟时代。长袖善舞的曹国伟为新浪引入各种战略伙伴，同时推动了新浪自己的 MBO（管理层收购），这让新浪得以赶上 Web 2.0 的尾巴，并在微博大战中重新占据先机。

这一年是产品经理们开始登堂入室的一年。俞军正式担任百度产品的副总裁；火车票搜索让酷讯成为当年最红的创业公司，也让酷讯火车票参与者、CTO 张一鸣开始为业界熟知；因为重构了腾讯邮箱，2007 年成为 Foxmail 作者张小龙在腾讯站稳的一年，这为之后微信的出品奠定了基础；王兴离开校内网，创办海内网和饭否网。产品经理对中国互联网有更大决定权和支配权的时代开始到来。

如果需要给这些故事加一个大背景的话，那就是中国作为一个大国的崛起，以及公众对中国基于互联网的消费市场的高期待带来的新机会。用更通俗的话来说，就是整个中国互联网的用户基数更大了，给予更多有才华的年轻人更多的创业空间，以及更多对新商业模式的实践机会。

中国的魅力在于其发展的速度，互联网的魅力在于其广阔的想象空间，中国互联网的魅力在于既高速，又性感。

完美时空、金山、网龙、畅游的 2007

2007 年是中国网络游戏的巅峰年份。

这一年，完美时空（现为完美世界）、金山、网龙先后上市。

2007 年 7 月 26 日，完美时空登陆纳斯达克证券市场，融资约 1.88 亿美元。

与金洪恩软件一样，另一家通用软件行业的代表性公司金山，也靠着自己 2003 年转型做网络游戏的举动，在 2007 年获取了资本市场的认可。

2007年10月9日,金山在香港交易所主板成功上市。

尾随金山在香港上市的,是一家名叫网龙的福建网络游戏公司。

2007年11月2日,网龙正式在香港创业板上市,招股价为13.18港元,当日报收16.52港元,融资额超过16亿港元。

这三家公司都有一定的年头,其中金山历史最长,从求伯君1988年在张旋龙的帮助下从香港金山独立出来创办珠海金山起,这家公司在上市前已经拼搏了19年。即便从雷军1996年创立北京金山算起,也已有11年历史。

池宇峰和雷军是同龄人,而如果从完美时空的前身金洪恩软件算起,也是同时代的创业者,他们都是中关村通用软件的旗手。

这两个人在2003年都做出了一次重要的战略决定,那就是重点做网络游戏。

在开发网络游戏之前,完美时空也遭遇了所有中国通用软件公司的困境。其前身金洪恩软件从事教育软件开发工作,一直遭受盗版软件的困扰,虽然在教育软件行业排名第一,但收入始终不尽如人意。

经过反复琢磨,池宇峰发现,相对于教育软件而言,网络游戏的知识产权更容易保护,而且网络游戏是可以把计算机领域的图形学、网络、防攻击等各个方面比较极致地综合运用的产品,有进入壁垒。

2003年,金洪恩软件创始人池宇峰一行数人专程去了一趟韩国,考察了那里的网络游戏开发公司。回来之后他们信心百倍,认为完全可以依靠团队自身的技术实力去竞争,开发出更适合中国人的网络游戏,甚至会做得更好。

池宇峰的底气在于,从事教育软件制作的同时,金洪恩软件早就在着手研发游戏。早在1997年,池宇峰带领的团队就开发出中国第一款单机版3D游戏《抗日:血战上海滩》。

而如果从单机版游戏的故事算起,金山在游戏领域更加属于鼻祖级的公司。1996年,金山发布了国内第一款自主开发的商业游戏《中关村启示录》;1997年,开发了国内第一款RPG《剑侠情缘》;同年,另一款游戏《月影传说》成为第一款走出国门的本土游戏，卖到了马来西亚等亚洲国家。但相对应的是，金山直到2003年才开始推出自己的网络游戏产品，起了个大早，赶了个晚集。

雷军给出的解释是，其间，金山正处于上市的准备期。从1999年开始，金山前后共准备了8年时间，看过5个股票市场，并在内地A股、纳斯达克和香港进行了实质性的操作。

准备上市意味着金山把手脚都捆了起来，意味着巨额的审计费、律师费、中介机构的成本。因此，金山必须在投资策略和业务策略上谨慎选择。金山陷入有钱都不敢花的囚徒困境，因为一花就会产生费用，公司马上就亏损，也就达不到上市的要求。

左右为难之下，雷军说服董事会于2003年取消了内地A股上市的计划，准备了8000万元，打算在网络游戏市场孤注一掷，而2003年也是金山那几年来唯一亏损的一年。"当时我们是豁出去了，开始花大钱对网络游戏进行投入。"雷军说。

更重要的是，雷军直面多年来由于历史原因而形成的珠海金山偏研发、北京金山偏市场，两家金山公司分而治之的尴尬局面，他说服金山的另一位创始人求伯君，2004年起自己以CEO的身份亲自担任金山游戏业务的总经理。

作为CEO的雷军为金山制定了"孤注两掷"的策略，即把8000万元分两次用，做两款网络游戏，一次不成功的话，再来一次。在开发《剑侠情缘》（网络版）时，金山投入100多个技术骨干、5个技术总监。而雷军更是亲自挂帅担任游戏业务总经理，直接杀到珠海西山居，亲临一线督战，一战定乾坤。2005年，金山网络游戏的收入即超过应用软件的收入，达到0.58亿元。2006年，这一数字上升到2.15亿元，翻了近两番。网络游戏业务的上升直接推动了金山的上市。

2004年也是完美时空切入网络游戏行业的年份。随着市场的扩大，完美时空的盈利能力也在不断提高，后来已经远远超过金洪恩软件。脱胎于原创游戏研发，完美时空切入网络游戏行业的速度惊人，特别是其拥有独立自主研发的 3D 引擎，这让其在研发上有着高起点。有了自己的引擎之后，完美时空的网络游戏开发就像流水线作业一样开始提速。

2003 年是网龙在网络游戏市场拼杀的转折年份。

对于网龙，外界知之不多，只知道这家公司在福建，董事长是"大亨"刘德建。一个不为人知的背景是，刘德建的母亲杨振华是某口服液的发明人，并由此被称为"福建女首富"。刘德建很早就被母亲送到美国读生物医学，但他没有子承母业，反而做起了网络游戏。刘德建也是业内公认的懂游戏、愿意成天与游戏研发人员泡在一起的公司领导人之一。他每天和研发团队待在一起的时间超过 5 小时。因为刘德建的名字缩写为 DJ，而其本人也是一个善于鼓舞人心、有着高超指挥艺术的领导者，因此圈内也称他为"DJ 刘"。

1999 年 5 月，从美国回到福州的刘德建创立了网龙。网龙一路经历了希望能覆盖国内中型城市的资讯平台 86114、全球抗癌网站、帮助福建省政府部门建立众多电子政务网站等，直到 2001 年春一次疯狂的集体玩网络游戏的体验。

当年春节，网龙的一位员工想赶在日本网络游戏《石器时代》节后收费前提升等级，于是大家帮他一起玩这个游戏。在那个拨号上网的年代，网龙上下的工作狂们竟然一连 7 天沉迷于此，由此网龙上下一致认为，未来网络游戏必会大有作为。2001 年 3 月，网龙成立了专注网络游戏自主研发的天晴数码。

网龙早期在业界的名声，更多来自其在 2001 年偶然创立的网络游戏资讯门户网站——17173。17173 的诞生是个意外，当时网龙想在《幻灵游侠》推出前抽空做一个资讯门户，以对产品进行系统化推荐。但很快，一些新上市游戏开始选择 17173 作为发布平台，17173 迅速成为中国游戏资讯第一门户。

不过 2003 年 11 月，"无心插柳柳成荫"的 17173 以 2050 万美元的价格被出售给搜狐。这个出售在很多人看来是刘德建卖亏了，就连之前以 200 万美元换取 10% 的股份进入网龙的 IDG VC 的林栋梁也感慨："为什么要卖呢？要是真缺钱的话，可以再找 IDG VC 要啊。"

但以 IDG VC 入股网龙的资本额折算，整个网龙也只值 2000 万美元，一个 17173 就能卖 2050 万美元，刘德建不能不心动。更重要的是，看到网络游戏市场的崛起，刘德建很希望手头能有足够的现金来"玩"一把。

2004 年开春，卖掉 17173 的刘德建手头一下子有了上亿元人民币的现金。刘德建由此喊出："天晴数码做不了一款 10 万人同时在线的游戏，那我们就做 10 款 1 万人同时在线的游戏吧。"网龙自此在全国大规模招兵买马，志在打造中国最大的网络游戏原创基地。按照中国知名游戏策划人刘勇的回忆，天晴数码在 2004 年时员工数量迅速突破 1000 人，并有 7 个游戏在并行研发。过长的产品线和混乱的管理使天晴数码并没有取得预期的成绩。所幸的是，在天晴数码现金流几乎断裂的前夜，它开发的一款游戏《魔域》获得巨大成功，让天晴数码走出了困境，并由此结束了其粗放式的经营策略。

网龙的招股书显示，网龙当时已上线运营的三款游戏为《魔域》《征服》《机战》。2006 年，网龙收入为 1.221 亿元人民币；2007 年上半年收入达 2.617 亿元人民币，毛利率为 94.4%，净利率为 58.9%，其中收入和利润的 80% 都来自《魔域》。

依靠一款客户端游戏大作成就一家上市公司，甚至支撑起长期的业务，最终困在其中，这成为中国大部分网络游戏公司的宿命。

走出这个宿命的只有腾讯和网易。但话说回来，这两家公司起家并非靠游戏，游戏更多只是它们业务增长的引擎之一。虽然游戏所占的比重越来越大，但在根上，腾讯、网易并不是游戏公司，而是对用游戏变现颇有心得的互联网公司。

追逐 17173 的除了搜狐，还有中国网络游戏行业的龙头企业盛大。但相对来说，盛大求购 17173 远不如搜狐迫切，因此与 17173 擦肩而过也是情理之中的事。不过，作为 17173 融资中介的国金投资的林嘉喜在把17173兜售给搜狐的同时，也给盛大做了一份杠杆收购的保护性协议，这让盛大虽然没有成功收购17173，但还是获取了部分现金收入。

林嘉喜从大学起就是个活跃分子。2001年毕业于东南大学环境科学系后，他自筹10万元人民币与大学同学严彬共同创办国金投资。其最早的订单主要跟随华尔街前投资人李松（后来创办了珍爱网）并将李松创办的无线公司迅龙兜售给新浪，由此进入投资圈。国金投资的另一成功之作是2004年将文学网站起点中文网兜售给盛大，这应该与当时国金投资在盛大竞夺17173时的关联操作有关。

搜狐收购17173，更多是为获取游戏领域的网络广告份额，它也由此有了一条切入网络游戏行业的捷径。

2007年4月4日，搜狐畅游上线了游戏《天龙八部》。这一年，王滔晋升为搜狐高级总监，全面负责游戏事业部。一年后，王滔顺理成章地升为搜狐副总裁。《天龙八部》的成功，直接推动了畅游于2009年在纳斯达克证券市场分拆上市。

当然，2007年的畅游内部也绝非一帆风顺。《天龙八部》上线后不久，制作人兼研发总监也是金山烈火工作室创始人的尚进，带领一批员工离开畅游，创办了麒麟游戏。

就连畅游内部人士对《天龙八部》能否取得成功也表示怀疑。2007年秋，《天龙八部》的项目总监韦青和主策划刘铁[1]都对此并无

---

1 这两人都曾是网易著名网络游戏《大话西游》的开发团队成员。韦青在离开网易后曾在苏州蜗牛电子有限公司待了一段时间，后被刘德建一个电话召到福州，加入网龙。韦青在网龙的故事也足够传奇，直接从底层策划升为高级总监，升迁速度令人惊叹，并仅用8个月时间做完人生中第一个网络游戏《信仰》。2005年后，他投奔搜狐，同样是一切从底层开始，两年多"忍辱负重"，兢兢业业，终于又一次重新崛起，成为《天龙八部》的项目总监。刘铁的命运更为坎坷，1995年年末加入游戏行业，先后工作于金盘、腾图、艾特、目标等单机游戏公司，参与作品《鸦片战争》《八一战鹰》《镜花缘》《秦殇》。2002年开始做网络游戏，工作于鸿志、网之易、苏州蜗牛、搜狐，参与作品《世纪录》（后更名《世纪英雄》）。2015年，刘铁英年早逝。

多大信心。他们在一次吃夜宵时对着星空，涮着串串香，感慨《天龙八部》若不成，他们这两个"酒鬼"是否能继续有钱喝他们最爱的燕京啤酒。但半年后，经过持续改进的《天龙八部》获得巨大成功，同时在线超过 50 万个用户，一跃成为行业五强之一。

具有讽刺意味的是，《天龙八部》获得成功后，善于研究和跟踪对手的腾讯却没有找到报道和分析《天龙八部》的只言片语，足见业内外对《天龙八部》的轻视。

2009 年，畅游上市后不久，王滔以涉嫌抄袭为由将麒麟游戏告上法庭，要求其停止运营刚刚公测的游戏《成吉思汗》。尚进则予以否认。

王滔和尚进在 2004 年、2005 年先后进入搜狐畅游。尚进离开《天龙八部》团队后创办了麒麟游戏，又拉来邢山虎做 COO，还投资过电影《画皮 2》。之后，邢山虎创办了乐动卓越，凭借手机游戏《我叫 MT》名噪一时。尚进则被雷军说服，加盟小米并执掌小米互娱，这是 2013 年的事情了。

尚进本人在接受本书作者的采访时声称，他离开金山时雷军和他签了竞业协议，竞业名单里有腾讯、网易、盛大、完美时空及第九城市，但没有搜狐，因为当时业界都不看好搜狐做网络游戏。

与尚进同一年加盟畅游的还有陈德文，那时候他还是王滔的亲密战友。王滔是在上海找到他的，并把他引入畅游，彼时陈德文负责服务器采购。不过到了 2014 年，陈德文与王滔的冲突爆发，陈德文用一封《我的战斗宣言》公开信炮轰王滔，最终导致王滔辞职，陈德文接任。这是后话，暂且不表。

有意思的是，客户端游戏"四小龙"在移动互联网时代都有过大开大合的华丽演出。

雷军在金山上市后很快从金山出来，先后投资了 UCWeb 等移动互联网明星公司不说，还自己走上前台创办了小米。

网龙则发现了熊俊和他的 91 助手，并在熊俊的个人作品基础上投资孵化了 91 无线，最终卖出了 19 亿美元的天价。刘德建转身去搞教育，同样赚得盆满钵满。

王韬是中国互联网公司第一批出海的先驱者，畅游在2013年买下了海豚浏览器等，并在海外大笔"烧钱"，意图烧出一个Google Play。但此时时机已过，这个"无底洞"，最后被搜狐董事会叫停而堵上。王韬被拿下的当口，正是搜狐彻底在移动互联网时代沦陷的前夜。这段故事，有兴趣的读者可以阅读本书的后续作品《沸腾新十年》。

完美时空在移动互联网时代波澜不惊，但不影响完美时空COO张云帆的长袖善舞，他蹚过"越狱"市场的浑水，做过178源，也是邢山虎乐动卓越（《我叫MT》出品方）的天使投资人，还是360花椒的联合创始人。这位多玩游戏网的创始人在2008年选择了与李学凌分手，在池宇峰的支持下创办多玩游戏网的直接竞争对手178游戏网，随后并入"完美体系"。

如果说雷军投资李学凌做多玩游戏网，夹杂着他与丁磊之间曾经的相互挖角心态和他对老友的羡慕、嫉妒；那么池宇峰说服张云帆与李学凌分手，同样夹杂着池宇峰与雷军、雷军与李学凌、李学凌与张云帆之间相对复杂和凌乱的江湖恩怨。

池宇峰和雷军的江湖恩怨是典型的同行相轻。这两人年龄相仿，都是名校毕业，都仪表堂堂，都在大学里就开始创业，都曾经有技术创业的梦想，都主动让自己成为一个市场营销专才和投资人，都混迹中关村，都曾是中国通用软件的旗手，也都几乎同时转身做网络游戏，旗下公司都在2007年上市。这样的两个人，很难对对方心悦诚服，而且难以避免对"干才"的争夺。

2006年年底，王峰离奇地离开金山，池宇峰找人带话希望王峰能加入完美时空，许以二号人物的位置。但此时的王峰意气风发，婉言谢绝了。之后王峰挖完美时空的制作人，池宇峰投资蓝港当时核心运营产品的出品方逸天，也算一场暗战。

在对游戏媒体的争夺上，这两位"大佬"也不可避免地短兵相接了。如前所述，雷军全仓网络游戏后意识到得有个游戏媒体做帮手，他看中了当时在网易做总编辑的李学凌；2005年的李学凌也有单飞的想法，但他当时更看好RSS阅读器的诸多可能（这个市场同期还有徐易容的抓虾和梁公军的鲜果网）。同时，李学凌在网易的期权还差几个月可以行权。于是，架不住雷军盛情相邀的李学凌鼓动自己在网易的老部下张云帆先行出来创办多玩游戏网。几个月后，李学凌也从网易出来做了另一家公司狗狗网，一家类似抓虾、鲜果网这样的提供RSS阅读服务的公司。两家公司都是雷军投资的，老板都是雷军和李学凌。

按照张云帆的叙述，他是多玩游戏网第一个员工，整个公司的注册、工商执照领取和办公室的租赁都是他自己和妻子两个人搞定的，他是多玩游戏网不折不扣的创始人。

随着RSS阅读器行业集体哑火，2007年后，李学凌无奈把狗狗网关掉，两家公司合兵一处做多玩游戏网。于是对外，李学凌是多玩游戏网的CEO，张云帆是多玩游戏网的总经理。这种一山二虎的结构，为张云帆和李学凌的分手埋下祸根。

这样的故事之后在千橡和360也发生过。说到底是因为当年的小弟已经长大，混成大哥，但大哥还是把小弟当作小弟看，没有给小弟腾地方，最后不免刀兵相见。

多玩游戏网这个局还要相对复杂一些。李学凌虽然是张云帆的大哥，但当时他还是雷军的小弟。张云帆是李学凌的小弟，即便有做大哥的可能，也还需要李学凌先打出一片天地。可当时的多玩游戏网被17173死死压住，并没有出头的机会（张云帆离开后，李学凌才彻底下决心做YY）。此外，还有与李学凌一起做狗狗网的老臣要安抚。一个段子是，狗狗网与多玩游戏网合并后，李学凌任命张云帆为多玩游戏网总经理的邮件刚发出来，网易时代就与李学凌一起合伙也是狗狗网负责人的董荣杰，就公开表示对此任命不满。董荣杰做技术出身，有很强的学习能力，资历也更老，他觉得自己在多玩游戏网中的顺位应该更高。董荣杰很多年后担任了虎牙CEO，并逆袭了斗鱼，证明了自己，这是后话。但在当时，李学凌还是不顾当事人的反对，让董荣杰担任张云帆在多玩游戏网的技术副手。

这种微妙但脆弱的平衡随着游戏媒体战略地位的提升和完美时空的觊觎，开始走向瓦解。完美时空的池宇峰没有选择投资多玩游戏网，而是鼓动张云帆独立门户，创建 178 游戏网，随后择机将张云帆收入完美时空阵中。这种迂回的做法既满足了张云帆独立门户当带头大哥的想法，也让池宇峰形成了自己的羽翼。

都是人心，都是江湖。

陈天桥向左，史玉柱向右

在 2007 年，有诸多网络游戏公司开展 IPO，巨人网络是其中很风光的一家。

2007 年 11 月 1 日，巨人网络在纽约证券交易所挂牌上市，上市开盘价 18.25 美元，比发行价 15.50 美元高出约 18%。

史玉柱个人以每股 15.50 美元的发行价卖出 5720 万股，从股民那里换回 8.87 亿美元。第二天，价格蹿升到 20.48 美元，投资者一起叫好。按照"好事者"的计算，此时史玉柱身价飙升为 500 亿元人民币，由 10 年前的中国"首负"变为中国首富。

更不可思议的是，史玉柱是穿着他平时喜欢穿的一套白色运动服，被"特批"进入纽约证券交易所敲钟的。在纽约证券交易所历史上，还没有哪个不着正装的人被允许敲钟，但这因为史玉柱而改变。

同时，巨人网络创下了中国民营公司登陆美股最大 IPO 的纪录，融资总额 10.44 亿美元。

网易的 IPO 是 1 亿美元，第九城市的是 1.03 亿美元，完美时空的是 1.88 亿美元，2004 年盛大网络的也不过是 2 亿美元。

值得一提的是,两年后,由盛大网络拆分出的盛大游戏也在美国上市,融资总额也为10.44亿美元。

巨人网络上市,造就了21个亿万富翁,以及186个百万和千万富翁。

史玉柱在接受采访时说,募集的钱,一是用于并购公司,二是用来招聘拔尖人才。记者问他:"巨人(网络)会不会重蹈覆辙,公司上市了,却有员工套现走人?"史玉柱说:"我觉得这次21个上亿的富翁,一个都不会走。"

史玉柱此番话,多少有些言过其实——杯酒释兵权的故事,早已上演。

事实上,巨人网络IPO前夕,"中国外挂第一人"、《征途》主创林海啸已经在2006年离开巨人网络,另一个与林海啸一起从盛大出来的岳弢也是挂职。对林海啸与岳弢"杯酒释兵权"后,史玉柱起用了纪学锋。纪学锋从复旦大学毕业后就加入巨人网络,从策划部经理做起,林海啸离职、岳弢虚职后,纪学锋成为《征途》事业部总经理。

按照岳弢的口述,2008年,林海啸和岳弢各买了一辆全球限量100台的宝马750纪念版,时价是177.5万元。这一年,他们移民新加坡。史玉柱也经常前往新加坡,有时还会跟林海啸和岳弢碰碰头。岳弢也会和盛大创始人之一的谭群钊见面,唯独不敢见陈天桥。岳弢回忆说:一来,陈天桥爱骂人,骂得有理有据,整个盛大都说他不怒自威;二来,林海啸和岳弢是被史玉柱挖到巨人网络的,相见有些尴尬。后来,岳弢与谭群钊一起建立了丰厚资本。

有人忙着上市,有人则赶着说再见。2007年,盛大忙着卖光自己在新浪的股份,以更积极、更主动的态度回归网络游戏主业。

2007年5月23日,盛大正式宣布,自5月起,已在公开市场出售其持有的所有剩余的新浪200多万股普通股。此前,盛大曾分别于2006年11月及2007年2月两次出售所持有的新浪股票。算上此次抛售,盛大共获得3.05亿美元。2005年2月,盛大通过公开市场收购了新浪19.5%的股份，花费不到2.5亿美元。一进一出，盛大在新浪一役中虽然收获不多，但也算全身而退。

从奇袭到最终甩卖新浪股票，其中到底发生了什么，不得而知。

第一种说法是，新浪"宁死不从"，让陈天桥知难而退。也正是这次成功的阻击，让曹国伟声望大涨，之后曹国伟施展一系列的财计进行MBO，成为新浪的真正话事人。

第二种说法是，"看不见的手"让陈天桥知趣地放手。

第三种说法是，盛大奇袭新浪的这一两年里，其所倚仗的网络游戏赛道风云变幻，盛大不得不解大本营被奇袭的燃眉之急。

与抛售新浪股票相对应的是，盛大在这一年5月发布2007年第一财季财务报告。在这个财季中，盛大用一笔高达5800万美元的纯利，刷新了中国互联网产业单季盈利额的纪录，并刺激华尔街重新把盛大股票的评级上调为"买入"。

尽管5800万美元很耀眼，不过在那份被陈天桥称之为"完美"的财报中，最有价值的数据是"来自网络游戏业务的收入达到5.05亿元人民币。这一数字超过了网易网络游戏业务同期4.82亿元人民币的收入，也帮助盛大重新成为"国内最能赚钱的网络游戏公司"。盛大重新夺回了自己在网络游戏领域的领导性地位，陈天桥王者归来。

市场迅速做出了反应。盛大在纳斯达克证券市场的股价在财报发布后便冲高至31.19美元，逼近52周以来的新高，并在随后连日飙升。在过去的52周中，盛大股价最低仅为13.63美元，一年时间有这么大的回报，着实惊人。

对财报做出积极反应的，还有摩根大通等各大投行机构，它们纷纷调高盛大的目标价位。《商业周刊》等各大主流媒体也纷纷撰文，称赞盛大"转型成功"。

而一年多以前，故事则以完全相反的方式在上演。

2005年11月24日、28日和29日，盛大先后宣布三款主打游戏《梦幻国度》《热血传奇》《传奇世界》实行"永久免费"，抛弃原有的计时收费商业模式。也就是说,盛大将不再根据玩家的上线时间来收费,而是靠销售各种虚拟道具与提供增值服务来获得收入。对于这个有些让人匪夷所思的免费措施,业界一片哗然,"陈天桥疯了"成为最直接的解释。

媒体与华尔街口径一致地对盛大的"免费模式"表示难以理解。因为在2005年第四季度,也就是盛大宣布"游戏免费"、进行商业模式转型的时候,他们看到的是单季净亏损高达5.39亿元的巨亏财报。

而之后的2006年前三季度,盛大的业绩也比往年同期大幅下滑。这使盛大陷入更大的质疑声中。一年多之内,盛大股价跌掉了历史最高价格的七成多,市值大幅缩水。盛大也失去了网络游戏老大的位置,被网易所取代,与第九城市等公司的差距逐渐缩小。

已经习惯了与"传奇""惊人""神话"连用的盛大,一度要适应与"质疑""危机""困境"的结合。尽管之后,这些形容又变为:盛大"再创传奇""更为惊人""续写神话"。但无论如何,盛大硬邦邦的数字盈利说明:盛大成功了,盛大回来了。

陈天桥的王者归来有多么重要,看一看2007年下半年兴起的网络游戏公司上市第二浪就可以得知。可以想见,如果陈天桥不以积极的姿态回归网络游戏主业的话,那么第九城市、网易、腾讯这些对手继续高歌猛进自无须多言,获得资本市场认可的巨人网络、金山、完美时空、网龙也在相继杀来,够阵脚不稳的盛大忙乱一阵子。

幸运的是,盛大及时地转过身来。在出售新浪股票,低调淡化"盒子战略",用免费商业模式重新获得主导权后,2007年7月,盛大再出大手笔,发布了著名的"三大计划",其内容包括三项。

1. 以新收购的小公司"风云"为标志,盛大表示愿意为运营活跃用户过某个量级的公司提供1亿元以上的现金投资(风云计划)。
2. 广开贤路。此后每月18日,盛大高管将在浦东总部静候本土网络游戏开发团队,后者一旦毛遂自荐成功,即可获千万元研发投资(18计划)。

3. 所有自认为可跻身网络游戏行业前 10% 的网络游戏精英，如给盛大出谋献策并参与执行，"也可获最高至 20% 的分成和百万元年薪"（20 计划）。

同时，盛大将员工的平均工资提高了 21%。内部消息称，核心人员的工资提升远超过这个水平。在外界看来，陈天桥似乎有点不务正业，做起投资商的角色来了，其实这个计划的核心还是"圈人运动"。"风云计划"与涨工资有异曲同工之妙：前者吸引人才，后者留住人才。

在盛大"18 计划"推进过程中，有一家引人注目的公司是上海维莱。与其他"18 计划"中获得投资的公司不同，其运营的游戏门类是网页游戏。

上海维莱是中国网页游戏的开山鼻祖，它率先将网页游戏模式引入中国，成功将《部落战争》《OGame》等数款国外经典网页游戏大作带到国内，旗下的"薇拉平台"是首个集合了"SNS+WebGame"和 Web 2.0 概念的网页游戏平台，集众多网页游戏于一身。

盛大同期还投资了另一家上海本地的网页游戏公司上海猜趣，它发行了一款玩法丰富的休闲类网页游戏《格子客》。除了具备传统网络游戏的内容，该游戏还引入了社区的概念，强调玩家之间的交流和互动。其最大的特色是将大量奖品放进了游戏中。

盛大于 2007 年年底推出的《纵横天下》也是中国网页游戏业内月收入突破 1000 万元的第一款作品。盛大用网文写作社区起点中文网的流量把《纵横天下》推了起来，此举让陈天桥看到起点中文网的价值，这才有了 2008 年邀请侯小强入主、放大"起点模式"的诸多故事。

围绕社区进行变现，是 2007 年前网页游戏的主要模式，这也足以解释为什么千橡出品的《猫游记》是中国第一款原创网页游戏产品。这款由何川领衔、基于猫扑社区推出的网页游戏产品，最火的时候曾经达到 20 万个用户在线，领一时之先。

《猫游记》的成功也启发了校内网前高管周亚辉。话说周亚辉在跟着张启科离开校内网后,很快与天津的下载站站长王立伟达成合作。周亚辉把王立伟连人带站一起并入自己的新公司昆仑万维,而且很快让昆仑万维的方汉写出网页游戏《三国纵横》。王立伟负责倒量,方汉负责用网页游戏变现,昆仑万维一下子青出于蓝。

另一款与《猫游记》可以一争"本土网页游戏开山之作"称号的,是上海晨路在 2007 年 7 月出品的《武林足球经理》。上海晨路也运营了一个网页游戏社区类产品九维网。作为《武林足球经理》的制作人、也是上海晨路创始人之一的宋辰,在接受上海知名 IT 记者余德采访时同样希望,上海晨路能打造一个社区。

2009 年,宋辰离开上海晨路,创办游族,温州商人二代林奇成为其天使投资人。宋辰与林奇相识要感谢一个叫李竹的人,李竹当时在做视频网站,与宋辰有合作,而林奇之前的项目,李竹是其天使投资人。李竹的引荐,加上两人那段时间都在上海,一来二去就认识了。游族创立的时候,李竹也投了钱表示支持,游族成为李竹获得回报金额前两名的早期天使项目之一,另一个是王兴的美团。

出身金山市场体系的刘阳率先开始尝试社区自我变现的模式,她和金山的同事李雪梅共同创办 51wan 游戏平台,搭建起最早的网页游戏发行平台之一(同期更早的有成都的刘明涛创建的 webgame.com.cn)。她们一边寻找类似西陆、51.com、联众等平台合作以导入用户,一边对接中小网页游戏公司。事与愿违,虽然 51wan 是最早拿到红杉投资的网页游戏发行平台,之后又融了上千万美元,但最终还是没能做大。之后,刘阳以 5 亿元人民币的价格将 51wan 卖给上市公司,也算有所回报。

最早拿到顶级美元投资的也是金山系的创业者。2007 年,启明创投的童士豪投资了游戏谷的张福茂,而王峰是游戏谷的天使投资人。但启明创投和王峰都没有得到太多回报,这是因为 2009 年,有与五分钟(一家社交游戏的开发和运营商)的《开心农场》的合作案例在前,腾讯开放平台想如法炮制对接游戏谷的《七雄争霸》，同时也附带投资，对应的要求是张福茂把之前的股东平价清掉。有意思的是，张福茂后来又从腾讯手中把游戏谷卖给了与金山游戏开创者裘新关联颇多的博瑞传播，这是后话。

天空左岸则大胆地采取了客户端游戏的推广模式，在网吧进行推广，向用户散发DM（直接邮寄广告），在网吧提供试玩机器。这种模式一直持续到2008年联运模式出现，才得以告终。

联运模式的创造者是浙江乐港的陈博。2004年，陈博自浙江大学计算机系毕业一年后就与同学李将一起离开UT斯达康，开始折腾手机游戏公司博求，也算圈内老人。2006年，陈博在手机游戏业界已有一定的江湖地位，但整个行业空间太小。2007年，陈博和李将把博求关掉，带着三个铁杆部下开始新的创业。

陈博选择了三国这个IP，推出了《热血三国》这款游戏。本身技术出身的陈博和李将用Flash写网页游戏，这让《热血三国》战斗的畅快感与之前的网页游戏相比有了一个质的提升。

在产品类型上，他们定义了SLG（策略游戏）这个品类，在战斗系统方面也秒杀当时所有的同类游戏。陈博在与本书作者餐叙的时候不无自豪地说，那两年几乎所有的策略类网页游戏都对《热血三国》有这样或那样的借鉴。

但这些并不是《热血三国》对中国网页游戏行业的最大贡献，它最大的贡献是创造了网页游戏的联运模式。

在陈博入场前，还有两个人有意无意地给陈博做了铺垫。

一个人是贾柯，时任中青宝总裁。2006年，贾柯推动中青宝旗下的《战国英雄》客户端游戏按联运方需求，定制不同区域版本进行联运，联运合作伙伴中就有91wan老板廖东等人。

另一个人则是弈天网络的王淑焘，他推动上海九维投了2000元广告给弈天网络，引爆了当时极其缺乏外部流量的网页游戏江湖。

贾柯和中青宝显示了游戏有钱赚；而王淑焘则指明了网盟的巨大

流量是可以为网页游戏所用的。

这个时候，陈博下场了。过往的从业经验让其有充足的人脉资源，找到了从 SP 行业转到网页游戏领域的 91wan 老板廖东、4399 老板骆海坚、要玩老板陈勇、趣游老板玉红等一大批顶尖人物，采取联运的方式，彻底动员了大量的用户资源进入游戏。加上《热血三国》本身的品质过硬，其同时在线人数迅速膨胀，达到 60 多万人，最高月收入更是达到 5000 万元的高峰。这些数据使整个中国游戏行业第一次认识到了网页游戏的潜力，也正是《热血三国》广泛建立联运的时候，中国大地诞生了一大批的联运商。

正是自 2008 年起，网页游戏的商业模式才真正形成，当时主流的研发商和运营商的分成比例为 5 : 5，到这一年年底时，网页游戏的用户成本已经攀升至 1～1.5 元。

乐港的火热也让杭州成为中国网页游戏江湖重镇。乐港之后，陈伟星的泛城、李鑫的无端及黄峥的寻梦都成为网页游戏的重要玩家。陈博在接受本书作者采访时称，他当时也给予了几位"师弟"指点。有意思的是，这种浙大师兄弟相互帮助、相互提携的故事，在手机游戏发展时期也出现过。

阿里巴巴 B2B 的神奇表现和卫哲加入

2007 年杭州城最热闹的话题是关于阿里巴巴的。

2007 年 11 月 6 日，马云带领阿里巴巴在香港上市，再次刷新中国互联网上市公司的种种纪录。

2007 年 11 月 6 日上午，阿里巴巴在香港交易所挂牌上市，该股高开于 30 港元，早盘前半段窄幅振荡，一度下探至 28 港元，之后开始单边上扬，尾盘收于 39.5 港元，较发行价 13.5 港元大涨 192%，打破了新鑫首日劲升1.2倍的纪录，问鼎当年港股新股王。阿里巴巴还刷新了港股另一项纪录——冻结的资金达4475.18亿港元，规模"险胜"2007年5月百丽国际的4463.5亿港元。

阿里巴巴上市当天，市值达1996亿港元，竟相当于三大门户网站、盛大和携程五者市值之和，一跃成为中国互联网业首家市值超过200亿美元的公司。公司的市盈率达到惊人的300倍，如果以2006年的业绩来比较，市盈率则近1000倍。

马云显然选中了公司上市最为合算的时机。股市的结构性泡沫意味着公司股价的普遍高估，而阿里巴巴在2007年中国概念狂飙的时候进行筹资，占尽互联网概念的红利。

如前所述，雅虎中国的无疾而终断送了马云拥有自己搜索引擎势力、掌握流量入口的"春秋大梦"。但马云的聪明之处在于他很快认清现实，一方面与雅虎打太极，另一方面则利用雅虎给的数亿美元"借鸡生蛋"，孵化出新业务。

马云首先要做的是把阿里巴巴的B2B业务拆分上市，拿到剩余的3.6亿美元。按照阿里巴巴与软银、雅虎签订的三方协议，拆分上市是阿里巴巴拿到第二部分投资的先决条件。

要拆分B2B业务上市，得先找到能得到资本市场认可的CEO。马云很快想到了卫哲——时任百安居中国区总经理。

在加入阿里巴巴之前，卫哲和马云有三次难忘的会面。

第一次在2000年1月，卫哲作为百安居CEO，与马云一起受邀在哈佛商学院波士顿论坛上进行演讲，席间总共四位中国嘉宾。那是卫哲和马云两人第一次完整地现场聆听对方的演讲。论坛结束的时候天已经黑了，那天还在下大雪，大家无处可去，就聚在酒店聊天。

卫哲当时对马云的第一印象是，演讲有煽动力，底下的笑声和掌声很多，比自己演讲时要多。但说的事情好像不是那么靠谱——电子商务改变人类交易？卫哲并不相信。卫哲当时都不上网，不知道互联网的"神奇"之处，而且身边并没有人在用电子商务。

第二次见面发生在 2002 年一次伦敦商学院的校友会上。马云不是校友，他是受到关明生邀请来演讲的。卫哲和关明生是校友，那也是卫哲第一次见到关明生这位"学长"和他在通用电气的同事。

那次马云还和卫哲谈了一笔交易。那时，阿里巴巴 B2B "中供铁军"已经闯出些声名了，而百安居是家居建材零售业的"世界 500 强"。马云想给"中供铁军"拉来百安居这个大买家，卫哲想了想说，可以试试，毕竟百安居本来就有许多采购业务。

这一试，还挺让卫哲惊讶的。当时百安居总部在上海浦东龙阳路，而在和阿里巴巴合作之前，百安居竟然不知道眼皮底下的川沙竟然就有一个不错的供应商。所以之后，百安居就把阿里巴巴作为供应渠道的一个重要补充了。

在此之后，卫哲和马云的联系多了起来。马云 2006 年前多次邀请卫哲参加网商大会，参观贵阳呼叫中心。前者让卫哲见到了快乐的客户——许多客户纷纷围着马云要合影，说最开始骑着三轮车和阿里巴巴打交道，第二年就换了小汽车，现在开着奥迪了；后者让卫哲见到了快乐的员工。这些对卫哲的触动非常大。

卫哲真正心动是在 2005 年。成立不过两三年，淘宝的营业额就到了 80 多亿元，那一年百安居的营业额是 10 亿美元，折合人民币也是 80 多亿元。做零售的，谁能真金白银卖出东西就服谁。卫哲和马云打了个赌，赌两家公司业绩翻倍所需的时间及人力成本。

卫哲算了一笔账，百安居翻倍大概要 3 年，并且需要在 40 个店铺的基础上再开 20 个，每个店投 1000 万美元，每个店雇 300 个人，所以总计还需投入 6000 人、2 亿美元。

而马云微微一笑，说："我什么人也不加，也不追加投资，只要加 5 台服务器，3 个月后就可以翻倍。如果你输了，考虑来我这儿。"

卫哲当时不知道马云的厉害，就答应了赌约。但如果马云输的话，只需要马云在杭州请他吃饭就行。

3 个月后，答案揭晓，卫哲震惊得目瞪口呆。

卫哲心动了，就问马云："我不懂电子商务，去了能做什么？"马云回复卫哲说："年轻人负责懂互联网，我们负责懂商务，你把百安居从1000人做到近3万人，其间有许多经验和教训。阿里巴巴也就两三千人，你把这些带到阿里巴巴，我们就赚大了。"

阿里巴巴有句话，叫"因为相信所以看见"，但对卫哲来说，这句话是"因为看见所以相信"。加入阿里巴巴后，卫哲也常和马云说，自己和他不是同一种"动物"，他和阿里巴巴的CFO蔡崇信才是同一种"动物"。

卫哲当年会加入阿里巴巴，还有赖蔡崇信加了一把火。

卫哲和蔡崇信两人的学习、工作等背景相似。双方有意向后，蔡崇信就代表阿里巴巴跟卫哲谈待遇和期权。蔡崇信为人很好，他当时给卫哲画饼："现在阿里巴巴行权估值是40亿美元，但是未来还会翻三到五倍……"但说着说着，他的脸不由自主地红了。

卫哲请教过身边朋友，关于阿里巴巴给的期权的问题。当时阿里巴巴估值40亿美元，是最贵的互联网公司。朋友劝卫哲不要去，因为不值钱，谁都不相信它还能大涨。而且，百安居和阿里巴巴给他的年薪都是100万，只是前者单位是美元，后者单位是人民币。所以老有人问卫哲，从百安居去阿里巴巴，工资打几折，卫哲说"打骨折"。

但卫哲想的是，蔡崇信是个聪明人，当年他从高盛"下嫁"到阿里巴巴，说明那里肯定有更吸引他的地方。

2005年年底，卫哲决定加入阿里巴巴，但一直到2006年年中才正式入职。中间9个月，他在上海、杭州来回跑——卫哲需要给百安居培养一个新的CEO，阿里巴巴的工作也要上手。于是，他平时在上海，周末和假期就跑到杭州去。

改革本就是一件难事，在阿里巴巴更是难上加难。卫哲曾经也在百安居推动改革，并且成功力挽狂澜，英国高层本打算再做不好就撤走这一摊，所以穷则思变，改革阻力很小。而阿里巴巴当时蒸蒸日上，团队都觉得现在挺好的，并不认可改变。

还有一点，卫哲之前经历的都是投行、外企，而现在要面对阿里巴巴全新的行为、语言体系，而且当时阿里巴巴的管理方式非常粗放。

在卫哲加入的第二年（2007年），公司决定拆分B2B业务上市，卫哲就提出了模拟上市公司运作的建议。这是计划海外上市公司的重要操作，要预测每个季度的收入和利润。模拟的第一个季度，负偏差25%，第二个季度，正偏差25%。

卫哲当时就严肃批评团队：给资本市场的指引偏差巨大，这样的公司怎么上市？背后的问题不仅关乎财务，还反映了管理的粗放。但团队觉得无所谓，认为自己战斗力强大，所以上一季度偏差了，下一季度还能扳回来。诸如此类的问题还有不少，如当时阿里巴巴的一切行为都为快速回笼现金服务。

因此，卫哲很快就推动了几项改革，其中一项是销售提成改革——这是卫哲到阿里巴巴第一个月，推动的第一项改革。

过去在阿里巴巴，拿到回款现金就可以提成。而卫哲到一线走访时，客户见到他就吐槽：销售人员原本来得很频繁，一旦付钱了，就没人来服务了，自己还完全不知道怎么操作。所以卫哲要求必须在客户服务开通后再确认提成。

整个过程也很雷厉风行，6个星期后就改完了。但"中供"团队很不满意，因为服务开通有可能是一两年之后的事情，工作量增多，收入短期内减少。

另一项改革是新签、续签客户分开。目的是刺激能力强的老"中供"开拓新客户，否则他们因为有稳定的客户源，就没有开拓新客户的积极性了。

但这些政策的结果是怨声四起，事倍功半。

卫哲在接受本书作者的采访时坦言，当时自己和团队的沟通方式有很大问题。

比如，卫哲和团队解释："不开通服务就无法确认会计收入，为了上市，需要规范收入，提高利润。"这使团队不少人对卫哲产生误解：" 卫哲就是为了上市有个好估值，让自己的股票值钱，才来折腾我们的。"

好在卫哲知道自己的首要任务就是带领阿里巴巴拆分 B2B 业务上市，因此只能扛着非议硬做下去，一直扛到 2007 年 11 月阿里巴巴在香港上市。然后，马云马上就开了一次卫哲批斗大会，批评卫哲各项不得人心的政策，有几十位高管参与，从晚上 7 点开到凌晨 2 点。

会议结果是，马云安排关明生做卫哲的导师。于是，在接下来一年的时间里，卫哲每个月都请关明生吃一顿饭，要么关明生来杭州，要么卫哲去中国香港，一顿饭他就教卫哲几招。12 顿饭后，卫哲就"脱胎换骨"了。

卫哲的第一个改变就是脱下西服，穿上牛仔裤。卫哲从毕业到去阿里巴巴之前，只买过一条牛仔裤。批斗大会之后，卫哲除了去香港交易所这样的场合穿西服，天天穿牛仔裤。

关明生教了卫哲几件非常重要的事，最重要的就是面对"中供"团队时如何和他们交流。

关明生告诉卫哲，空降的高管第一件事就是要欣赏和肯定，眼睛里要容得了"沙子"，只要不是特别大的问题，就别指出来，忽略它，只表扬做得好的事情。渐渐地，团队会主动趋向做能得到肯定的事情。

关明生教卫哲的第二件事是，评判的标尺不是上市和利润，而是深刻于每个人脑中的"阿里价值观"。

针对销售提成改革，关明生认为卫哲批评的点不对，应该批评他们违反了客户第一的价值观，不能收了客户的钱，不给对方提供服务，上市的问题其实根本不用特意解释。卫哲马上换了新的说法，团队很信服，毕竟大家对阿里巴巴价值观的认识是根深蒂固的。

业绩预测偏差过大的一个原因，就是管理方式粗放。卫哲后来在内部推动的精细化管理，本质就是分类——问题要分类，客户要分类。比如，将客户分成 A、B、C 三类：A 类是下个月能开单的客户；B 类是拜访过几次、信息完整、下个季度能开单的客户；C 类是后备客户。过去阿里巴巴对未签约客户是完全没有分类的,后来阿干(干嘉伟)还将客户分类带进了美团。

关明生教卫哲的另外一件重要的事,是"对付"马云。卫哲之前在百安居的上司就是董事会,董事大多是英国人,最多就是每年开个会。加入阿里巴巴后他就有些不习惯,因为马云作为创始人,时时刻刻都在。比如,卫哲开会,马云会加入,他有时晚到、有时早退,而且一来就对业务指手画脚提建议,有时候意见还和卫哲不一致。

关明生给卫哲出了个招:以后马云来,他一说话,你就说"就照马总安排的办,会议结束"。连续两次,马云觉得不对劲,就解释说:"我也就来随便说说。"卫哲说:"没有,你是老大,你来说,我不能在会上跟你争。"之后卫哲的会马云就不来了,来了也不说话或者最后说。

后来,卫哲还和马云做了个约定,这也成为阿里巴巴的潜规则——跨级了解情况,逐级布置任务。当时有人提醒卫哲,很多员工直接跑到马云家里反映情况,卫哲说"这是好事,创始人和团队血脉相连,但是布置任务一定要逐级布置"。

卫哲在接受本书作者的采访时称,他现在做嘉御资本,也是一直如此鼓励所投公司这样做,不能切断创始人跟团队、跟第一线血脉相连的关系。

关明生带卫哲度过水土不服期后,卫哲之后在阿里巴巴推动改革就顺利多了。改革之外,卫哲也入乡随俗说起"土话"。阿里巴巴内部有许多"土话",就是把外企常用的词汇换个更通俗的说法,后来卫哲甚至还发明了不少"土话"。

在2007年新续(新签和续签)分离的基础上,卫哲提出了"一司两/三制",又称"特区制度",后来这个制度推广至整个集团,对集团的贡献还是挺大的。阿里巴巴有很多创新业务,无不得益于此。

这个制度的诞生背景是"中供"拓展中西部区域不是很顺利。卫哲就说:"不能用老区的办法打新区,而且业务阶段不同,你的业务在幼儿园阶段，他的业务阶段在高中阶段，怎么能用同一种方法呢？"

"一司两/三制"，坚持的"一司"是共同的使命、愿景、价值观，"两/三制"就是"新区新政策，老区老政策，半老半新区新老政策混用"。后来，"中供"架构从6个大区扩增到32个，并成立了香港区域。

卫哲还提出"轮岗123"制度。第一条是原则上第一年先别动，两年开始考虑动，三年必须动。卫哲刚去阿里巴巴的时候，阿里巴巴的轮岗制度特别可怕，一夜之间200个总监无序换岗，换得"天昏地暗"。

第二条是不仅横着轮，竖着也要轮，类似做了省长调去做部长，做了部长再调去做省长。而在此之前，"中供铁军"是区域的在区域打转，总部的在总部换，很少从区域提到总部。阿干去广东，就是卫哲安排的。

第三条是"援藏干部"优先升迁，去困难部门、困难地区干过的，加快晋升。

卫哲还在阿里巴巴干部中"扯"出了一个"M0"级别，这个词到今天还是阿里巴巴高管间的"黑话"，其实这个级别是不存在的。

马云曾经说过，阿里巴巴的最小作战单位是班，班是阿里巴巴的细胞。班长是干部的最低等级M1，在阿里巴巴内部管理7～10个人。M0就是班长预备役。

班长是需要组织培养和训练的，没人天生会当干部。在卫哲的推动下，阿里巴巴花了很大的力气做M0计划，培训他们进行开会、招聘、考核、谈话等管理动作。

从阿里云到淘宝商城

马云在引进卫哲之外，还引进了CSO（首席战略官）曾鸣教授及CTO王坚。正是这些外部"大牛"的引进，让阿里巴巴在规范管理的同时，也有了更好的对未来的战略讨论。

根据卫哲对本书作者的回忆，阿里巴巴诸多重大决定，都是在2006—2010年的战略会上做出的。

譬如，在2006年对淘宝商城业务诞生的讨论会上，支持、反对两派争议很大。

2006年战略会是卫哲第二次参加的阿里巴巴战略会，也是阿里巴巴的第二次正式战略会。那年有7位参会者：马云、陆兆禧、蔡崇信、彭蕾、曾鸣、孙彤宇，还有卫哲。王帅、王坚、张勇等人都是后来才进入的。

对成立淘宝商城，淘宝创始人兼CEO孙彤宇是最主要的反对者。卫哲觉得，这是因为他有C2C的情结。此外，虽然淘宝抓非主流人群，淘宝商城则面向更高消费的主流人群，但是在孙彤宇看来，白领人群不会喜欢网购，所以他认为根本没必要做淘宝商城。

当时孙彤宇和卫哲有一番对话。孙彤宇问卫哲："你会上淘宝买东西吗？"卫哲说："我不买。"孙彤宇又问："淘宝商城所面向的主流人群是中等收入的白领用户吗？"卫哲答："是的。"孙彤宇接着问："那么你们这类人会因为有淘宝商城就被吸引来吗？我觉得不会。"

但卫哲的观点是：考虑到年龄和人口结构，淘宝这批非主流人群三年后就是主流人群，他们那时是不会满足于淘宝商品的，所以必须要切入主流商品和主流品牌。

阿里巴巴战略会的讨论方式很有意思——抢话筒，谁嗓门大就听谁的。彭蕾当时站在自己丈夫孙彤宇的对立面，她提醒卫哲："你可能还不熟悉阿里巴巴的行为模式，你的嗓门太小了，抢话筒太文雅，没有优势。"

相持不下后，这次战略会采取了投票制度，在一片吵闹声中，支持派获胜，于是才有了淘宝商城。阿里巴巴有一点特别好，即便开会讨论得再激烈，决定出来后大家都会坚决执行。

这里多提一句，阿里巴巴内部一般分为左、中、右三派。曾鸣教授一直是极右主义,又叫纯自由化;而业务一线人员都是极左,极度保守;作为职业经理人的卫哲的立场则分情况,涉及卫哲的业务领域时,卫哲就极左,但一般情况是偏中立。

2008年战略会上关于阿里云的讨论也足够精彩。

王坚拉上前任CTO吴炯,两人一唱一和,配合完美地讲了一个非常动听的故事,把执委们都说服了。王坚当时加入阿里巴巴没多久,影响力不大,所以他特别请来已经退休但还在做顾问的前CTO吴炯。

首先,吴炯给在场者讲了美国亚马逊和谷歌的云已经发展到了什么程度。这毋庸置疑,但在场的这群人,除了他俩没人懂技术,只讲美国的情况没有太大说服力。

然后,王坚从财务角度给阿里巴巴的执委们算了一笔账。2007年淘宝成交额是600亿元,他就问在场各位信不信能做到1万亿元。

执委们当然齐声说信,唯一有争议的是会在哪一年实现目标,最后的共识是会在2012年破万亿元。日后来看,实际情况跟估计的误差只有一年。

王坚接着问:"达到1万亿元以后,淘宝的客单价会不会发生本质性的改变?"

执委们一致认为不会,大概还是百元出头。

王坚又问:"用户多次浏览和搜索后才完成一笔交易的情况会不会改变?多个商品支撑起1万亿元的情况会不会改变?一个商品需要多张图片的情况会不会改变?"

这个答案也没有什么分歧,大家一致认为这些都不会改变。中国人总爱货比三家,后两种情况已经形成常态。

王坚就开始做除法,1万亿元除以100元,就得到了全年大约有100亿次交易、几百亿次搜索、几百亿次浏览、几百亿个商品、几百亿张图片等。再折算成阿里巴巴需要购买多少EMC(易安信)的存储、多少Oracle的数据库,以及多少台IBM的小型机器。

每算一步,他都向执委们确认是否认可,答案都是肯定的。王坚最后补充说，这还是假设 IOE（IBM、Oracle、EMC）的产品会越来越便宜，算出来的已经是一笔天文数字——等到阿里巴巴 GMV（网站成交金额）达到 1 万亿元那一年，阿里巴巴每一年都要付给这三家公司总共 200 亿元。

执委们听完就跳了起来。淘宝当时还是免费服务，1 万亿元 GMV 都不知道能不能达到，听到这里，全场都服了。

王坚又补了一刀："即使我们付 200 亿元，这三家公司也不见得能支持这个 GMV，全世界没有人做到过这个规模。亚马逊也是用自己的云，没有靠这三家。"

总结王坚的发言，就是两句话：第一句，我们未来肯定要花很多钱；第二句，花了很多钱还不一定买得到平安。

马云当即就表态，一定要把云计算做出来。在场所有人都支持。

所以做阿里云的决策是有高度共识的，争议是在实施过程中出现的。

王坚遇到的第一个大挑战是七彩石。

众所周知，阿里云的项目都与神话故事有关，如飞天、伏羲系统等。而七彩石来源于女娲补天的故事，这个项目主要是想打通阿里巴巴各个事业部、各个业务线的底层数据，统一 ID（身份标识号），统一安全认证。在此之前，阿里巴巴各块业务独立发展，都是数据孤岛，甚至支付宝和淘宝账户都是不同的。

王坚称："你能想象造高楼地基不通的情况吗？我们做七彩石就是帮你们打通地下。难点就在于，打通的时候，高楼不能塌下来。"

而阻力也源于此。王坚那时提出一条：阿里云挖到你地盘的时候，你的楼要停止建设。这意味着阿里云可以随时通知某个事业部停止各个产品的迭代，停工多久未知。但是阿里巴巴的作风又是今年部门 KPI 完不成，不能借口说是因为阿里云在挖"地基"，所以这就导致了阿里云跟其他部门的矛盾。

今天再看，在当年业务还没有那么大的时候就打通了地下，阿里巴巴的这个决定肯定是对的。后来腾讯也想打通，但是随着用户量增长，难度越来越大。

阿里巴巴在移动互联网方面也有超前的战略规划。阿里巴巴在2009年战略会上就开始讨论移动战略，但这个战略没有像阿里云那样最终花好月圆，而且过程也十分曲折。这段故事，有兴趣的读者可以去看本书的后续作品《沸腾新十年》。

淘宝商城的艰难往事

下面该讲述 B2C 的再次崛起和淘宝商城的故事了。

在讲述淘宝商城的故事之前，我们得复盘一下2003年淘宝战胜 eBay 易趣的往事，这是中国电子商务发展史上不得不提的一笔。

事情的概况是这样的：1999年，邵亦波最早把美国 C2C 在线销售的概念引到中国，创立了易趣；2003年，eBay 收购易趣，改为 ebay.cn，成为当时中国刚刚兴起的 C2C 电子商务市场的先行老大，大约占有全国网购市场的90%，当然，那时候的市场规模还很小。淘宝是2003年5月成立的，用了两年多的时间，到2005年，淘宝网购市场的规模超过了 eBay 易趣。两家公司的发展轨迹好比坐标图上的两条线，横轴为市场占有率，纵轴为时间线，一条上扬线，一条下降线。2005年后，淘宝继续一路高歌猛进，直到占有全国市场份额的80%以上。而 eBay 易趣的市场份额百分比一路下滑到个位数，最终只好选择把公司转手出让，退出中国 C2C 市场。

坊间对淘宝打败 eBay 易趣有很多描述，其中最主要的原因是淘宝的免费交易。在一个市场培育的早期阶段，大量在网络上做生意的都是很小的个人卖家，免费模式无疑是打败对手、赢得用户最有力的武器。

马云看到免费大旗好使，就想加强推广力度，却发现 eBay 易趣靠排他性的广告投放，已经在门户等一线网站上建立起壁垒。这几乎让马云和淘宝陷入绝境。

马云没办法，只好把目光投向中小网站，特别是个人站长这个群体，即绕开一线网站，聚焦站长联盟。用站长联盟做推广并非马云首创，最早把站长联盟用好的是丁磊、姚鸿等广州互联网的那拨人，之后网易做短信，丁磊又用了一把，搜狐、TOM 在线跟进，快速成长的无线市场成就了站长联盟的第二波增长。淘宝则是站长联盟第三波增长的大金主之一。

帮助淘宝做站长联盟的是一个叫童幼峰的人。2003 年 5 月，几乎在淘宝成立的同时，童幼峰创办了弈天网络。

同时，马云跳出互联网，去攻占其他领地和媒体。在地铁、平面媒体，只要是淘宝商家或用户可能出没的地方，到处都能看到淘宝的广告。

马云还采用了一个互联网公司很少用的招数，就是娱乐营销——他尝试在电影里植入淘宝的广告。在电影《天下无贼》中，淘宝的广告适时出现，而这个广告与这部电影本身的主题和气质都相当吻合，起到了很好的宣传效果，淘宝品牌也得到了极大程度的放大和传播。尝到娱乐营销甜头的马云后来甚至成为中国最大的民营电影制作公司华谊公司的股东之一，这是后话。

马云不放弃任何自己能出来发声的机会，而他又的确是个能吸引注意力的企业家：长相独特，充满智慧，眼睛有神；口吐莲花，出口成章；他做的事情总是能制造话题。所以他身上从不缺故事，而有故事的人总是能吸引媒体的关注。

在某些因素的促使下，马云回到杭州。但杭州与北京相比没有那么高的关注度，于是马云搞了个"西湖论剑"，把一个年度私聚做成行业性的盛会，这让马云每年都成为业界的关注焦点之一。

2001 年之后，阿里巴巴制定零公关策略（不花一分公关费），马云亲自和记者们定期交流。不论资历，不论名气，马云用最原始的方式一遍一遍向媒体做普及工作。到了淘宝时期，有了更充裕的资金做保障，马云更是一跃成了各媒体的座上客。一时间，马云大热，马云力推的淘宝也大热，特别是马云关于淘宝将创造 100 万个就业机会的那些说法，更是热到诸多"草根"创业者为之传颂的地步。

但在淘宝商城的创始总经理黄若看来，其实淘宝之所以在短短两年多时间里从无到有，打败强大的市场领先者，免费、借助网盟和各种营销只是战术，最主要的一点在于它通过对市场、对自身的审时度势，改变游戏规则，在新的运作模式中确立了自己的行业地位。

都说网购是"隔山买牛"，尤其是在 C2C 这种没有品牌信誉作为支撑的前提下，买卖双方都不放心，谁都不知道交易的对方是什么情况。

在这方面，eBay 自然有些保护机制，但对于如何保障素不相识的双方顺利交易，eBay 的关注是远远不够的。淘宝一开始就推出了在线聊天工具旺旺，给予买卖双方即时沟通的便利，聊天记录也能作为日后产生纠纷时的凭证。有数据表示，当时 90% 以上的交易都是先通过旺旺询问后下单的，可见这个工具受欢迎的程度。

淘宝同时推出了支付宝，这个概念来自 PayPal。但支付宝并不仅仅充当支付媒介，更多是起到了保护买卖双方正当权益的功能。它很好地解决了买卖双方因为对风险的顾虑，谁都不愿意把货或款先交出去的问题。买卖双方谈好价格以后，买家把钱汇给支付宝，支付宝暂压该款项，通知卖家款已到账；卖家发货，买家收到货后确认无误，同意放款，或者过了一定的时间周期，支付宝才把货款解冻，汇入卖家账户。这样一种担保交易的设计，完全解决了买卖双方谁先谁后，即谁先付款谁先发货这个在线交易的最大难题。

支付宝担保功能建立后，虽然在实际操作中会有个别意外，但的确从机制上解决了在线支付的信任问题。

接下来就是买卖双方的评价体系。

淘宝的评价体系源于 eBay，但设计得比 eBay 更充分、更突出。它把 eBay 百分制的好评率改进成星、钻、皇冠（后来还有金冠）的台阶式，把一个比较模糊的百分制修改成金字塔式的等级制。这样一来，卖家就有了向上发展的压力和动力，而买家不仅青睐好评率高的商家，更喜欢和有良好销售历史记录的商家打交道。道理很简单，在好评率相当的情况下，一家有 5 笔交易记录和一家有 500 笔交易记录的商家，各自信誉的含金量是不同的。

一句话，淘宝依靠自身对中国市场的了解，从消费者入手，设计并推出了一系列更加符合国内用户在线交易需求的功能，进而迅速占领了电子商务市场的半壁江山。

反观易趣，第一个问题是创始人失位。2003 年下半年，也就是淘宝刚问世的时候，邵亦波却把公司卖给 eBay，携妻旅居世界各地，过着浪迹天涯般的生活。也就是说，在淘宝与 eBay 易趣正面竞争的时候，易趣的创始人并不在场，一家没有创始人把持和管理的公司，本身战斗力是要打折扣的。

易趣在卖给 eBay 后，存在的另一个问题是决策体系过于冗长。跨国公司的文化基本上都是"搬"文化，即国外有什么，直接"搬"到中国来执行。任何改变都要打报告，审批需要两三个月甚至半年。在这样的状态下，eBay 易趣要阻挡快速反应、持续改进、不断创新的淘宝，并不现实。一句话，eBay 易趣没有建立起本土化的机制，这也是马云用半带调侃的语气劝说 eBay 的 CEO 惠特曼应该多到中国来，如每年有一半时间在中国的背后潜台词。

当然，最终的结局是淘宝大胜 eBay 易趣。

但客观来说，淘宝赢得 eBay 易趣之争，也是有诸多客观因素的。一是在资本层面上，孙正义出于战略布局的考量，希望挤压 eBay，于是有大把的银子给马云来花（5000 万美元）。在线拍卖市场本质上是个"烧钱"游戏，比起惠特曼，孙正义是有钱人，因此在资本层面的比拼上，淘宝并不落后，这是关键因素之一。

天下没有免费的午餐，免费只是淘宝获得发展的方式。虽然在淘宝集市，交易双方无须支付交易费用，但如果从行业发展的角度看，淘宝的付出远比每个人100多元的新客户获得成本低得多；或者从淘宝平台运营商的角度看，免费带来了巨大的流量，有了流量，很多收费的项目，如直通车、硬广、钻石展位等，也就应运而生了。

淘宝、eBay易趣之争，淘宝用免费模式赢得了市场，赢得了战役，但免费模式带来的一个顽症就是商品展示的高度重复。在eBay模式下，因为要缴付Listing Fee（商品展示费），商家对上传什么商品是要谨慎决定的；在淘宝模式下，商家可以不管三七二十一，把商品重复上传，尽可能多地上传，从而增加自己的曝光机会，这样导致的结果就是商品展示库里有海量的垃圾。

大量重复上传，大量没有销售机会的占位式Listing，导致的结果是消费者很难找到商品，或者每次购买花费太多时间；还有就是商家无形中被迫花更多钱买流量，因为在茫茫商品海洋里，只通过自身的Listing，你的商品可能被排到第65页，几乎永远没有展示给潜在消费者的机会。

eBay易趣在其网站上收商品展示费，主要不是为了收入，而是为了防止免费模式下商品的过分重复上传。那么，是否可以在不设收费机制的前提下，有效防止大量的重复展示呢？

这个问题，黄若在日后负责组建淘宝商城时琢磨了很久，因为黄若实在痛恨这种没有效率的重复。作为一个消费者，除非你是一个水果专家，否则根本无法判断哪一家苹果摊贩的性价比最高。而超市自营的水果部门很好地解决了这个问题，它通过自身采购部门的专业挑选，把最具代表性的两三种苹果陈列出来，省去了消费者"盲人摸象"过程的时间浪费。

所以，在淘宝商城筹备期间，黄若决定用"1+3"的模式来替代淘宝集市无休止的重复展示。就是说每一种商品，最多允许1个品牌所有者和3个授权经销商经营，更多的人想进来怎么办？竞争。用价格、服务等标准筛选，把最优经营者的商品推给消费者。这样不仅保证了商家的展示机会，减少了消费者无谓的时间浪费，也使淘宝商城从一开始就具有了品牌导向的特性。

2007年12月，淘宝成立了商城事业部，黄若担任事业部负责人。当时，淘宝商城的组织架构分为两个业务部分：一个是研发团队，他们进驻马云曾经居住的湖畔花园，秘密研发商城的IT系统和应用工具；另一个是商务团队，主要是制定交易流程、规则，并且招商。

对淘宝商城的模式，当时淘宝内部讨论了三个方向：一是用独立域名，二是在淘宝网首页开两个入口，一个是C2C集市，另一个是商城，就好像向左走是集市、向右走是商城，泾渭分明；三是淘宝商城以独立频道的形式呈现，作为首页入口共享网站用户资源。

这三种模式各有利弊。如果用独立域名，可以从根本上杜绝假货、水货问题，消费者可以清楚地识别商品，但风险在于用户能否接受这个新平台；如果用两个入口，消费者可以自由选择进入商城或集市，但是弊端在于，进入商城要先访问首页——在互联网上，每增加一次点击，转化率就会大幅衰减；如果是以独立频道的方式启动商城，好处是可以最大限度地共享网站用户资源，风险也最小，但是弊端在于商城的识别特征不是很清晰。

最终淘宝选择了被黄若称为下策的第三种模式，即以一个单独的频道作为商城的入口。接下来的问题是：商城要怎么做，才能和C2C不同？

当时淘宝内部存在很多争议，但是最主要的争议归结为两个方面。

争议一：究竟是英雄不问出处，还是英雄要问出处？

具体而言，就是商城的商品是否如C2C一样，谁卖都可以；还是要管住商品的源头，管住谁在卖，区分究竟是代理商、经销商还是厂商自己在卖。

争议二：对每件销售的商品，是否要限制供应商？

如果是同一个品牌的商品，究竟是允许多个商家同时卖，还是要限制相应的商家数。

最终，淘宝商城选择了英雄要问出处，这使它在后来的发展中有效地控制了假货、水货问题。对于销售的商品，淘宝商城也设定了"3+3"模式，即每件商品，允许3家品牌经销商及3家品类经销商在商城销售。

另外，对于淘宝商城的规则制定，黄若当时提出了一口价（区别于C2C的讨价还价）、销售正品行货、开具发票、淘宝提供无条件7天无理由退款等规则，以此树立淘宝商城的平台公信力。

商城和C2C的不同之处还包括，商城有统一的积分系统，和C2C有不同的颜色识别，商城没有星、钻、皇冠等信用等级，而是通过打分进行评价。对此，黄若的解释是，C2C卖家的信用往往从0开始，因此需要一点点积累，而商城基本上都是有信誉的卖家或品牌商，入驻的时候就已经有一定的信用度，更为重要的是用户对服务的满意度。

2008年4月10日，淘宝商城正式上线。前三个月试运行，这段时期，商城每天的交易额是150万元。当时商城的招商团队面临极大的压力：一方面，大量的C2C卖家希望进商城，但是商城设立了一个较高的门槛，只有品牌的拥有者或获得了品牌商授权的商家才能进入，这把很多C2C卖家挡在了门外；另一方面，商城需要对那些大品牌"Bend Over Backwards"，即力邀那些大品牌进商城。但是对于那些耳熟能详的传统品牌，由于其互联网意识远远没有觉醒，入驻淘宝商城显得迟疑不决甚至直接拒绝。

还有一个问题是，淘宝商城没有自己的流量，为了给淘宝商城争取到更多的流量，黄若曾给管理层写了一封邮件。邮件中有一个比喻：你不能给一个出生才30天的婴儿断奶，让他跟一个7岁孩子一起吃饭，这个婴儿一定会饿死。

经过不断努力，到了2008年年底，淘宝商城每天的销售额达到

350万～400万元。但在这一年，创造业绩的主要还是C2C，全网年交易额接近1000亿元。

既然发展磕磕碰碰，淘宝商城是否还要做下去？是不是方向错了？

黄若认为应该坚持——坚持高门槛，坚持正品行货，坚持入驻商家的品质。但是这条路走得异常艰辛，业界评论淘宝商城的发展速度太慢，没有太大起色。

实际上，这和当时中国互联网环境及传统品牌对互联网的认知有关。2008年，李宁、诺基亚、摩托罗拉等传统品牌刚尝试电子商务，更多的是各垂直类目的一些大商家在关注电子商务，但是做得好的也凤毛麟角。一些公司轰轰烈烈地开了店，却最终惨淡收场。比如，海尔曾经尝试在淘宝上销售小屏幕液晶电视及定制化产品，但最终也只是雷声大雨点小；劲霸2008年开店之前还清理过网上的经销商，但是最终退出了电子商务市场……

2008年10月，黄若去职淘宝商城，同一天，淘宝商城B2C事业部解散，B2C和C2C合二为一。一直到2009年7月，淘宝商城才重新作为独立的部门开始运营。

PPG向左，VANCL向右

如果没有PPG在2007年的高光表现，就没有VANCL（凡客诚品）。

2007年夏天的陈年，正处于事业的空窗期。从2000年参与创办卓越开始，陈年积累了丰富的电子商务经验。2005年，卓越被亚马逊收购后，陈年也从执行副总裁的职位上离开。后来，他创建了网络游戏虚拟装备交易网站"我有网"，却在游戏开发商和运营商的双重打击下，于2007年年初悄然退出这个市场。而衬衫网络直销品牌

PPG的横空出世，为陈年指明了方向——网络和呼叫中心可以将衬衫和男装的生意做大，而且毛利率更高。2007年，卓越的毛利率仅仅是12%，而服装业的毛利率水平是40%以上。

不仅是陈年，2007年，消费品行业的很多公司都深受以PPG为代表的轻公司模式的鼓舞。在服装公司过剩的背景下，PPG的模式看起来非常容易拷贝。只要建立一个网上销售平台，招一些人接听电话，再找到一两家服装加工厂代工，依托中国已经逐渐走向成熟的第三方快递物流公司，就能迅速开展业务。这一时期涌现的30多家衬衫直销网站，便是PPG的追随者。

大部分创业者的启动资金在100万元左右，而陈年的启动资金是100万美元。他的天使投资人是他在卓越的老上级雷军，雷军很快为他和他的新公司VANCL引入了IDG和联创策源等明星股东。

VANCL一直在追随PPG的理念。

首先是品牌定位。"没钱穿得很值，有钱穿得有意思。"这是软银赛富的投资人对PPG和VANCL品牌内涵的解读。和国内的传统衬衫品牌截然不同，VANCL在气质上显得更为"洋气"，但是价格很亲民。

陈年仔细研究过PPG的后领标签，上面没有一个中文，只有OXFORD字样，而且其网站上多次强调产品采用牛津纺面料。陈年曾一度产生过错觉，以为这是一个"洋"品牌，而中国的消费者当时还更倾心"洋"品牌。如果你细心看VANCL的牛津纺衬衫，会发现其沿袭了PPG的路线，在衣领后面深蓝色的标签上，赫然印着几个简洁的英文字母：VANCL OXFORD。

类似的模仿还有很多，PPG主做衬衫，VANCL重点做POLO恤。陈年坦言，他最初见到PPG推出的POLO恤时，以为是POLO牌T恤，其实风格简洁的POLO恤也是一种T恤经典样式。于是，在2007年夏天，在VANCL推出的各色翻领T恤上，醒目地标注着"POLO恤"。

在价格上，PPG的衬衫在100元左右，VANCL则T恤卖29元，帆布鞋卖59元，同样主打性价比。

为了紧跟 PPG 的步伐，陈年还从 PPG 挖了一些工作人员，由此拿到了 PPG 广告投放前 15 强的媒体名单和最畅销的产品系列。2007 年年底，消费者时常会在同一家报纸上看到 PPG 和 VANCL 分别雄踞显眼的位置，广告的版式和风格几乎一样。

不过，从 2007 年年底陷入资金链断裂、供应商官司等负面传闻以来，PPG 在 2008 年变得很低调，甚至鲜见广告投放，而 VANCL 却频频高调亮相。根据 Alexa 的统计数据，2008 年以来，VANCL 的流量远远超越 PPG，PV 是 PPG 的 10 倍多。

为不重蹈 PPG 的覆辙，VANCL 也有很多变化。

PPG 曾经在质量上栽过跟头，所以陈年不敢掉以轻心。他时常提到 VANCL 的服装代工厂很大牌，仿佛用户穿上的是知名品牌的衣服，只不过贴上了 VANCL 的标签，而且还很便宜。实际上，这只不过是 VANCL 的品牌策略。即便在世界知名品牌的代工厂里生产 VANCL 的服装，由于面料、工序不一样，产品的质量一般也是不一样的。

2008 年 1 月，VANCL 的销售额第一次突破 1000 万元，而且来自网络和传统媒体的订单各达到 50%。这令陈年的创业团队感到兴奋，因为网络订单的增多意味着无须投资过多呼叫中心席位，无须投放过多先付款后才能知道效果的传统媒体广告，无须大量印刷产品目录并邮寄。而这些都是互联网直销品牌通常要支出的成本。

从 2008 年 2 月开始，VANCL 便开始在互联网上大力投放广告，除了网站联盟，还有 P2P 客户端，如迅雷、电驴，以及门户网站，而且全部采用按广告效果付费的模式。与 PPG 的用户定位在小镇青年不同，VANCL 多拓展了一个互联网用户群体。当时《IT 经理世界》的记者李黎对此写道：VANCL 的销售额已经逾千万元，但是呼叫中心仍然仅有 60 多席——这和国内所有的直复营销公司都不一样，大部分既有目录销售又有互联网销售的公司，互联网销售通常只占 10%左右。VANCL 第一次创新性地改变了这种状况，网络订单占到总销量的 70%，值得一提的是，VANCL 的推广费用并不高。当 PPG 达到日销售衬衫1万件的规模时,其每月广告投入高达上千万元,而VANCL只有其1/10。

李黎后来以VANCL为案例之一,与她的同事杜晨一起写了《轻公司》。在李黎和杜晨看来,VANCL的秘诀是用低价达成用户的高期待。

2009年年底,VANCL留给人们的第二个印象是"凡客体"——"爱网络,爱自由,爱晚起,爱夜间大排档,爱赛车;也爱59元的帆布鞋,我不是什么旗手,不是谁的代言,我是韩寒,我只代表我自己。我和你一样,我是凡客。"这一年,韩寒戴着红领巾出现在《时代周刊》的封面上,被评为"100位全球最具影响力人物"之一,还出版了杂志《独唱团》,被认为是"从叛逆青年到知识分子的转变",一时之间风头无两。VANCL则利用一则广告,把韩寒和自己牢牢绑在了一起。彼时,"凡客+韩寒"的组合,与其说是一场商业代言,不如说是二者的互相成就。一段给自己贴标签和摘标签的话,让韩寒的公众形象更鲜明,也让VANCL在29~59元的低价优质模式以外,得到了一个硬核品牌内涵——个性和自我认可。这一下子就为VANCL锁定了20岁左右的青年客户群体。用流行的话来说,VANCL就是一个垂直电子商务公司,从品类到顾客,无一不垂直。2010年,VANCL的销售额猛增到20亿元,年增长率高达300%。在这一年里,VANCL两度融资,总融资额达到1.5亿美元。很多人都认为这是铺天盖地的"凡客体"广告的力量,本书作者则认为,这是专注的力量。据说当时陈年去浙江拜访供应商,在一家给VANCL做鞋的工厂里,发现有工人穿着VANCL的T恤和鞋子。一问之下才知道,这些VANCL产品不是工厂发的工装,而是工人们自发上网购买的。陈年因此大受震动,认为VANCL"这个品牌应该有道德",为此提出"人民时尚"的概念,并由此把VANCL从一家卖衣服的电子商务公司,转变为互联网快时尚公司。

为更好地符合VANCL的定位,陈年请来了自己在卓越的老同事,创立了如风达快递，解决客户投诉率最高的快递"最后一千米"问题。

刘强东自建物流

2007年，同样认准自建物流的除了陈年，还有刘强东。

2006年年底，京东拿到了第一笔救命的融资。当时，刘强东只想要200万美元发工资，结果今日资本的徐新硬塞给了刘强东1000万美元。刘强东没有把这笔救命钱用于"烧钱"投广告，而是用在了自建物流上，并请来李元海担任京东第一任物流总监。

李元海在2007年加入京东之前，在当当任职5年，曾分管过物流仓储。李元海也是京东拿到第一笔融资后到位的几个总监之一，其他包括技术总监李大学、财务总监陈生强、市场总监褚世元，以及当时京东唯一的副总裁严晓青——刘强东此前在日资企业的领导。

京东自建物流的最主要原因是什么？最重要、最朴素的理由是资金安全。

在京东之前，当当、卓越这样的B2C平台解决物流问题，主要靠落地配公司或叫代收管公司。当时，当当已经把物流价格压到每单3元的水平，同时当当作为龙头公司，一天已经有几万单。所以只要落地配公司不关门，就会优先给当当回款（因为很大比例是货到付款），所以这也是当当不自建物流的原因。但对于京东来说，一是订单量少，议价能力不足；二是每单的金额大，京东卖的是家电，每单价值往往相当于当当的二三十单。

还有一个资金压力的问题。当时，京东和落地配公司的结算周期正常来说是一周左右，京东主要经营电脑、电脑配件销售，一单价值七八百元，而京东当时一天有七八百单，一周累积的货款是一笔不小的数目。

另外，京东 80% 的情况下采取货到付款。这是因为在 2007 年的时候，对于高客单价的商品，在线支付尚未得到顾客的充分信任。

有没有货到付款，订单量可能有很大的变化。比如，没有货到付款，可能一天只有 100 万元的销售额；提供货到付款，也许就会有两到三倍的销售额。

举个例子，顾客买一本 20 元的书，如果被坑了，还相对容易接受；但是在京东消费时如果被坑 800 元钱，顾客就很难接受了。所以那个时候能做货到付款，对京东来说，是让顾客尝试使用京东的很重要的一个保障。

在这种情况下，京东委托落地配公司帮着收钱，存在极大的资金安全隐患。落地配公司的员工会不会卷款跑了，或者在回来的路上出现资金丢失等情况，都是不可控的。

除资金安全外，自建物流的另一个关键点是能提高用户体验。

当时，京东 70% 的投诉针对物流问题，大量顾客投诉送货慢、货物损坏严重。2007 年做电子商务比拼的主要是时效和服务质量，自建物流有利于京东对商品物流信息进行全局上的把控，从而能有效地打通商品出厂、入库、出库、交付、售后服务的全流程，更加及时地给予平台和顾客反馈。

2007 年，京东自建物流之后，在覆盖的自建物流区域内，100% 保证次日达，40%～50% 保证当日达。

时效上的改进给用户体验带来了质的提升。因为对购买京东上的商品的顾客来说，订单金额比较大，不像买几本书，三天、五天、一周到，都无所谓。顾客可能买了一台相机、一台电脑，花费了好几千元，当然是越快送到越踏实。顾客购买贵重商品，最关注的就是时效问题。

更重要的一点是，京东当时的竞争对手美国的新蛋，在中国就是自建物流的。2006 年，新蛋中国的一号员工卜广齐带着新蛋中国多名员工一起创办了易迅，易迅以物流迅捷为主要特色，在上海及华东部分城市，甚至能实现一日三送的服务。

这也让京东开始把自建物流提上日程。

自建物流首先要面对的是成本问题。按照李元海在接受知名电子商务分析人李成东的采访时所提到的,刚开始做的时候,京东的成本是高于第三方的。当时,第三方物流的每单成本为 6～8 元。京东刚开始做物流的时候,每单成本要 10 元出头,但随着订单量逐步增加和整体效率提升,最终京东物流做到了比第三方便宜。这就是系统的力量。

李元海当时有个测算:如果一个城市每天有 200 单,就可以开始自建物流,而一个城市每天到 1000 单,就可以平衡成本。

京东的第一个配送体系在北京。当时,刘强东拍板说京东要建物流团队,15 天之内在北京先建起来,五环内要能配送,整个北京大约要建 6 个站点,总共花费不到 100 万元。对应的配送系统也是在 15 天之内完成开发的。

建完北京站点后一个月,第二个城市天津复制其模式,上海是第三个复制的城市。三个月后,北上广深的物流都已经建起来了。

在自建物流的城市,京东也有外包单。以北京为例,经过测算,五环内加上五环外几个重点区域的订单量占北京全部订单量的 80%。京东自己的配送体系负责把这部分订单消化,剩下的订单还是要找第三方。

量化指标显示,自建物流的送达成功率能做到 99%,第三方大概是 95%;时效方面,自建物流比第三方要快,如果是同城,自建物流至少要快半天。此外,京东当时还有一些规则设计。比如,在北京出了五环就不提供货到付款服务了,在上海出了外环就不提供货到付款服务了。

科普一下,电子商务物流可以简单分为仓储和配送,2007 年的京东更多是做配送,没有碰仓储。配送体系建立后业务量大幅上涨,京东于 2009 年后买地建仓,开始筹建亚洲 1 号这样的仓储体系,最后让自己几乎陷入险境,那是另外一段故事。

按照李元海的说法，配送（不含干线）并不"烧钱"，主要成本是配送人员的劳动力成本，站点和硬件本身投入并不多。这笔账很容易算，京东自己不建，使用第三方配送，也是要花钱的。

其实对自建物流这件事，一直存在不同的声音。譬如，有人说专业的事应该让专业的人去做，物流要由专业的物流体系去做，一家电子商务公司没有必要在仓储物流上投入太大的精力，甚至京东的投资人对此也有过异议。但对这一点，刘强东还是很坚持的。一方面，物流中心和信息系统本身就是需要建设的；另一方面，这能大幅提高用户体验。

京东物流为顾客带来了良好的用户体验和售后服务，为京东后期用户规模、销售额的扩张奠定了良好的基础。这也使其他电子商务平台对物流环节的重要性有了新的认识，纷纷加大了对物流的投入力度，积极地促进了整个电子商务行业的健康、快速发展。

百度"有啊"折戟沉沙

2007年，本着给用户更好的产品体验这个目的，百度也下场做起了电子商务。

有啊正式上线是在2008年10月底，今天回头看，当时正值中国电子商务尤其是B2C市场崛起的拐点。

当时，市面上的C2C交易平台有40%的流量从百度获得，淘宝从百度获得的流量亦占其外部流量的30%。但在2007年前后，百度在自己的海量数据中发现了一个新的趋势，与商品、商业相关的搜索关键词在百度上出现得越来越少。为什么？淘宝和阿里巴巴的崛起，导致用户直接在这两个站内搜索，不再通过百度搜索。如果百度不做电子商务，大量的商务关键词就会落到淘宝和阿里巴巴手中，这肯定会对百度未来的商业收益产生破坏性影响。消费者对购物相关的搜索需求越来越大，呈几何级倍速增长，百度必须尽快在电子商务领域有所作为，才能不错过新的利润增长点。基于上述判断，百度管理层决定：必须做电子商务。

但具体怎么做，其实有两个选择：一是建立平台，二是建立联盟。两者都是导流量，区别就在于一个相当于自己开商场招商，另一个则没有平台，搞加盟。

具体而言，前一种是像淘宝一样搭建一个互联网销售平台，发展买家、卖家到这个商圈来交易，百度并不拥有商品的所有权，而是进行网络交易的基础环境建设。后一种则是建立一个商业联盟，百度仍然扮演流量分发器的角色，即所有的商家建立自己的独立网站，或者百度帮助广大的中小商家建立独立网站，而百度作为组织者建立一个商业联盟，提供一个独立的商品搜索页面。当消费者在百度进行商品搜索的时候，百度会把搜索的结果导向联盟成员那里，这可以作为竞价排名的一种延伸。

对百度采用前一种模式，淘宝几乎不屑一顾。因为淘宝已经有数年的先发，其中的艰辛和巨大的投入，淘宝自然深有体会——自2003年创立初期就坚持免费政策以来，淘宝在基础架构上的投入数以亿计。百度若要做到淘宝当时的规模，也只能按部就班——丰富商品，培养人气，进行基础架构建设，包括对各种交易工具的完善，如支付工具和即时通信工具。当时，淘宝的支付宝已经发展为中国最大的第三方支付工具，用户数超过8000万人；但百度的百付宝仅仅是一株刚萌芽的小苗，而支付工具是网络交易双方诚信的重要保障。

对百度采用后一种模式，淘宝则如临大敌。因为百度拥有中国最大的流量聚合平台，这些流量通过简单的搜索框聚集在一起，再分发给百度的商业联盟里不同的产品线。在之前，这些流量背后的用户分散在了MP3、贴吧等娱乐化产品上，而现在，百度有可能将把这些用户引导到新的C2C平台上。

同做搜索引擎的谷歌在美国就有类似的 B2C 商城——与其说是互联网销售平台，还不如将其看成 Google AdSense 的延伸。谷歌商城的首页并没有琳琅满目的商品，仍然是一个简单的搜索框和一些商品的品类。当点击某一品类后，消费者将进入一个列满了某类目商品的目录页，这些商品来自各独立网站。若消费者看中某种商品并点击进入对应网站，商家就会付费给谷歌，谷歌仍然沿用按效果付费的盈利模式。但是这种模式的核心在于，谷歌没有为交易双方提供支付工具，因此说到底，它赚的仍然是广告费。

但最终，百度还是选择了做平台的模式。

We have everything here（在这里，我们有一切）——这是百度互联网销售平台有啊的英文标语。它也可以形象地表达有啊的定位，即以丰富多样的商品，聚合网络交易的人气，最终形成一个繁荣的互联网销售商圈。

"互联网销售的基础服务提供商"——就在业界纷纷猜测有啊究竟怎么做时，百度给出了这样的定位。从百度陆续推出的聊天工具百度Hi、支付工具百付宝等产品中，不难看到百度正在着力于构建互联网销售的核心主体部分。

实际上，当登录有啊的内测网页时，若不是绿色的主色调有别于淘宝的橙色主打色，人们恍然间犹如看到又一个淘宝。有啊的广告位推荐、商品分类、品牌陈列等网页设计都和淘宝类似。

有啊上线后，目标定位为做"淘宝第二"，这个定位让有啊采取了跟随战略。首先，为吸引淘宝卖家转移阵地，它推出了低价策略；其次，针对淘宝当时较为单一的评价体系，它推出了卖家认证资质、历史交易、满意度等综合评价体系。

但这两个战术无法对淘宝形成打击。

2003 年淘宝刚诞生的时候，eBay 易趣虽然占据了 90% 以上的市场份额，但当时中国还有大量的增量市场可供淘宝开拓。随后，淘宝凭借对江浙一带中小企业的业务拓展，很快就超过了 eBay 易趣。等到 2008 年有啊出现时，环境已经不同了。此时有超过 30 万人在淘宝上成为网商，也就是说，实体经济中最重要也最具有发展潜力的中小企业，基本被淘宝网罗一空。说到底，淘宝当年用免费战略吸引的，更多是 eBay 易趣之外的商家。

就在有啊奋起直追时，淘宝已经开始大力吸引品牌商进入，这又回到有啊最开始的战略选择上。如果当时有啊采取联盟玩法，一上来就吸引品牌商入驻，双方其实就是在同一起跑线上，有啊也是有机会的。

电子商务有一个区别于传统模式的特点，叫作双边经济。也就是说，在 C2C 这个平台上，买家数量决定卖家数量，卖家数量也影响买家数量，双方互为依存。

再来说卖家的评价体系，这确实是淘宝在产品上值得改进的地方，但并非竞争的关键所在。

2003—2008 年，淘宝已经用了 5 年的时间打造自己的生态圈。新生的有啊在规则上又恰恰没有多少创新。对于买家来说，淘宝已有的信誉体系让他们更有购买的信心；对于卖家而言，虽然不在乎免费多开分店，但肯定只会把主要精力放在"闹市区"的铺子上。

时任百度产品副总裁的俞军在接受本书作者的采访时称，当时他和有啊团队还是太迷信用户思维，没有意识到电子商务不仅需要用户思维，还需要市场思维。

俞军表示，用户思维在那个时代用于搜索类和社区类这种无本生意产品，还是挺好用的，但是只有用户思维是做不成电子商务的。电子商务是链条长、过程苦的活，必须要有市场思维（计较价格和成本，重视供应链、长期竞争、制度环境等）。俞军的感慨是，其实所有类型的产品，只要想做大，或者涉及商品流，都离不开市场思维。

俞军自认为是百度做电子商务的第一积极推动者。原因是 2007 年时俞军无比喜欢淘宝的潜在用户价值，逢人就宣讲电子商务的未来不是淘宝、eBay 易趣那区区千亿元 GMV，而是竞争 10 万亿元全国零售总额。

最终也是在俞军的推动下，2007年，24岁的李明远受命从零开始组建百度历史上第一个独立事业部——电子商务事业部，负责旗下有啊和百付宝等业务。这令他成为百度最年轻的总监级员工。

介绍百度企业文化的图书《壹百度》中写道，李明远只用了11个月的时间，提前1个月让有啊及百付宝上线。他带领的有啊团队还为此获得了百度2008年度内部最高奖项——总裁特别奖。

但缺少用户流量基础和电子商务基因，李明远最终没能让有啊成为第二个贴吧。在离开有啊一段时间后，李明远意识到，电子商务背后其实更多的是供应链，是商品，是物流，是仓储，是品牌建设，而不仅是产品和流量。

电子商务是一个极度需要用户黏性的市场。百度在将流量导入有啊这个平台时，需要经过很多环节，如买家和卖家的注册、认证、申请，以及开通百付宝等支付工具，这是一个流量衰减的过程。每经过一个环节，流量就衰减一部分，所以每个环节都有风险。最后能沉淀下来成为核心流量的，已经所剩无多。

2008年10月底高调上线的有啊，最终折戟沉沙，于2011年3月31日宣布业务调整，一个月后正式关闭。

2008 / 大开大合

2008年是SNS在中国落地生根的一年。这一年，腾讯围绕SNS打响"三大战役"——退51、战校内、投资开心，并在此基础上推动开放平台，直接催生和促进了智明星通、乐元素等一大批社交游戏公司的诞生和成长。

腾讯的开放平台也让游戏谷、动网先锋这样的网页游戏公司受益。在经历了2007年的星星之火后，自2008年起，整个网页游戏行业开始形成燎原之势。一方面，曹凯、陈默这样的顶级游戏制作人的加入，让整个网页游戏行业的制作水平水涨船高；另一方面，蔡文胜和他的站长兄弟们在SP整顿和百度、谷歌战火停歇后，手里的流量无处可去。

2008年，软银领投人人网的前身校内网，并以4.3亿美元创下当时未上市公司单轮融资金额的纪录。这宗投资既有软银刚刚从阿里巴巴身上套现后的余温，也有Facebook在彼岸风生水起的热度，更是直接在陈一舟的同龄人——周鸿祎和雷军心中掀起波澜。前者痛定思痛，放弃社区搜索，聚焦360安全卫士业务，并在当年推出免费杀毒软件；后者果断下场，担任YY和UCWeb的执行董事长，很快展开自己的布局。

2008年是中文社区大发展的一年。不仅是因为SNS在中国落地生根、蔚然成风，更重要的是天涯、西祠胡同及腾讯这些本具备社区元素的主流公司也在向此靠拢。而由读书社区衍生出来的"起点"们的成功，也给2008年的社区故事增添了诸多注解。

新浪前高管程炳皓与他的开心网

2008年4月在拿到4.3亿美元的投资之后,陈一舟意气风发地对媒体宣称,SNS领域的竞争格局已定。凭借庞大的用户基数和雄厚的战略资金储备,校内网的竞争优势已经无可撼动,其他竞争者很难再有大的作为。

然而,就在陈一舟话音未落、众议四起的刹那,开心网的出现为SNS第三波浪潮带来了一丝惊奇与变数。从2008年4月发布到2008年年底,短短几个月内,开心网的注册用户数很快突破1000万人,排名迅速进入中文网站前十名,全球排名也逼近校内网。

开心网的创始人程炳皓曾是新浪爱问的技术负责人,2007年11月自新浪离职的时候,其头衔是新浪企业事业部副总经理。程炳皓是一个不太爱说话的年轻人,在他的秘书李卉眼中,他是一个技术活跃分子,想法和很多人不一样,有时候说话都会脸红,是一个典型的非社交活跃分子。这样的他却做出了2008年活跃度最高的SNS。

凭借《朋友买卖》《争车位》等几个简单的游戏和病毒式的传播,开心网以一种不可思议的速度在短短几个月内风行整个网络,成为SNS的一匹黑马,令陈一舟、王兴措手不及。

其实,导致开心网迅速崛起的《朋友买卖》《争车位》两款游戏,实质上只是Facebook开放平台上众多游戏应用中两款比较流行的游戏《Friends For Sale》和《Parking War》的山寨版。除了游戏和文字界面做了变更,游戏的内涵和方式完全雷同。

开心网在研究并复制Facebook模式时,也有所创新。

开心网选择了与MSN合作,利用《朋友买卖》《争车位》两款游戏的"人际互动"和"关系传导"特性,给每个MSN用户发送带有相关主题的分享邮件,通过即时通信和E-mail口碑传播方式的嫁接,获得了一种"病毒式循环"的力量,并以此扩散开来。同时,开心网在用户定位上,选择在互联网、传媒、广告、影视等"社会化"特色明显,"人际互动"比较频繁的行业从事市场、公关、销售工作的人员进行突破。一句话,在白领市场借力打力的方式,让开心网获得了较强的多米诺骨牌效应。

开心网的成功崛起,打开了 SNS 竞争格局中的全新空间,同时也让校内网等其他 SNS 竞争者迅速跟进。在开心网风暴的波及之下,"朋友买卖""争车位""扎绵羊""养狗狗""宠物抱抱""美女集中营"等游戏娱乐式 App(SNS 应用程序)在校内网、海内网(由王兴创办)、51.com 上泛滥起来。

与校内网这些先行者不同的是,开心网拓展了白领社交市场。这个市场的用户规模增长极快,给校内网带来了很大的压力。

陈一舟想过收购开心网,打通校园与白领社交,但被程炳皓拒绝。

被程炳浩拒绝的陈一舟迅速开启了他的阻击行为,引出备受争议的"真假开心网案"。

程炳皓在创业初期资金不足,没买下 kaixin.com 域名,只得退而求其次,注册 kaixin001.com,这给了陈一舟可乘之机。

其实,在开心网走红的时候,就有一个叫傅政军的人主动联系程炳皓,声称自己持有 kaixin.com 的域名,愿意赠予程炳皓,但希望换取 1.5% 的股份。程炳皓以为对方是个骗子,于是拒绝了。

傅政军可谓是中国互联网站长圈子里的元老级人物,他的第一次创业是在 2000 年,创办了网站文字广告交换联盟"太极链"(textclick.com),获得了成为基金 100 万美元的风险投资,成立上海天图科技(hdtworld.com)。2005 年,傅政军离开天图科技寻求二次创业。2005 年年底,傅政军受"十人房"视频聊天模式的启发,带领工程师夜以继日地写出了 9158,启用 9158.com 域名,取其谐音"就约我吧"。

当开心网(kaixin001.com)开始火爆时,域名投资人蔡文胜也曾注意到开心网。据他透露,当时他曾安排人去查询 kaixin.com 域名,那个域名持有者开价 3.5 万美元。不过,蔡文胜后来把这事给忘了。

这个域名最终被傅政军买走了,成交价格应该也在 3.5 万美元左右。在域名出售前，其页面曾挂出"即将推出匿名交友"的公告。事实证明，这只是傅政军的一个小伎俩而已。

但没有想到，程炳皓决然地拒绝了傅政军。

在被程炳皓拒绝后不久，就出现了一位对购买 kaixin.com 域名非常有诚意的人，对方一遍一遍找傅政军谈，而且开的价格不低。傅政军并不知道对方是千橡的人，只知道是一家游戏公司，做和开心网类似的业务，比开心网更加娱乐化一些。千橡在网上公布获得 kaixin.com 域名后，傅政军才知道出资方的真面目。

傅政军透露："我也想过自己把 kaixin.com 做起来，但后来觉得还是专心做 9158。结果看他们在那儿吵来吵去，原来我是给他们提供了火药桶。但是域名投资的事还是让我赚到不少外快，最高纪录是卖域名给滚石移动的 200 万美元。我也是很在乎那些钱的，我是个创业者，现金很重要，陈一舟的 100 万美元很重要。"

拿下 kaixin.com 域名后，陈一舟做的第二件事情就是狂投百度的竞价排名。虽然开心网本身流量巨大，但 kaixin.com 的搜索结果紧随其后，让网民真假难辨。

陈一舟还釜底抽薪，以 MSN 无法拒绝的条件谈定了与 MSN 的官方合作。有了 MSN 官方的支持，陈一舟的 kaixin.com 更加光明正大，狠狠地抢了一波流量。

此时正是 SNS 的黄金增长期，而且陈一舟的千橡本身有多个互联网流量产品可以用来疯狂给 kaixin.com 倒用户。

由于 kaixin.com 的用户登录界面，以及登录后的首页甚至二级页面，都与 kaixin001.com 极其相似，那些没有接触过 kaixin001.com 的用户，一度以为 kaixin.com 就是正牌。

开心网忍无可忍，只得与陈一舟打起官司。随着官司的展开和媒体的跟进，kaixin.com 获得更多的关注，流量继续增长。

不过，开心网本身的增长更为迅速。一年时间，开心网的流量甚至超过了程炳皓的老东家新浪，并赢得了腾讯的投资入股。

但开心网在 2009 年后开始走下坡路，对此，程炳皓曾撰文反思原因。而在本书作者看来，一个重要的原因是开心网在开放平台这件事情上失去了先机。

郑志昊帮 QQ 空间打赢了与 51 的战争

2008 年的互联网 SNS 江湖，围绕着开放与否，大致可以分为两派。陈一舟和王兴（已经离开校内网开始做海内网）都是开放派，而开心网和腾讯都是坚定的不开放派，51 则是半开放派。

腾讯成为中国互联网最大的开放平台的故事容后再叙。我们先来讲讲 51 和腾讯在 2006—2008 年的这场旷日持久的 SNS 战争。

在这场 SNS 战争开启之初，作为日后胜方的腾讯，一开始却是相对被动的。

如前所述，51 在 Web 端把"异性相吸"文化做到了极致，而腾讯的 QQ 虽然靠此起家，但随着时间的推移，它越来越复杂和臃肿，对年轻用户不够友好，与 51 正面对抗的 QQ 空间也在产品上缺乏特色。给 QQ 空间寻找一个准确的定位，是 QQ 空间能与 51 一战的关键。

这个重任落在从 MSN Space 空降过来的郑志昊身上。

在郑志昊看来，QQ 空间和 51 这场仗，其实只需要回答三个问题：能不能有最好的记忆保存？能不能有比对方更大的展示空间？能不能下沉到对方所存在的三、四线城市网吧和蓝领的场景里，把对方的用户夺过来？

对于第一个问题，首先要给 QQ 空间一个清晰且高出对手一筹的产品定位。经过调研，郑志昊发现 QQ 空间的用户都是非主流用户，这些用户很年轻，成长也很快。这就决定了两件事：第一，他们需要沟通和表达；第二，他们希望屏蔽长辈，与同年龄的人交流，也渴望扩大社交关系。

QQ空间提出了"分享生活，留住感动"的口号。"留住感动"没有什么好纠结的，但在"记忆生活"还是"分享生活"上，包括郑志昊在内的QQ空间的一干操盘者很纠结，最后他们选择了"分享生活"，还是希望让大家更多地分享。

但分享和记忆是分不开的。QQ空间中占很大比例的相册只对自己可见，或者只对自己和另一个人可见。这种记忆功能，QQ空间一点一滴地把它建设起来了。

当时的QQ空间很卡通，有很多好玩的元素，但最根本的展示功能做得不够好。团队在这方面大力投入，做了展开、空间等诸多模式。团队发现，上传图片的QQ空间的点击率高，对日活跃用户数量增长帮助很大。于是，团队重点扩大存储空间，以及改进对用户上传图片的引导。

产品定位清晰了，接下来是给用户带来很好的产品体验。刚接手QQ空间的郑志昊听到的都是投诉的声音，"QQ空间无法打开""图片下载速度很慢"……经过测试，打开QQ空间需要5秒，而打开51.com只要不到1秒。

这个问题表象很简单，但解决起来不简单。

首先是技术本身的问题。2005年加入的汤道生重构了QQ空间产品的技术底层，但在客户端层面依然无法完全满足用户快速增长的需求。

其次是服务器端的问题。对此，51的打法简单粗暴，就是用更多、更好的服务器。庞升东的逻辑很简单：只要用户打开51.com比打开竞品快，哪怕仅仅快1秒，就有可能用鼠标做出选择。要是能快10秒呢？结果更加不言而喻。因此，庞升东在硬件资源的投入上从不吝啬，无论是在上海还是在海南，51的机房都是最好的。

51成立不过一年的时候，注册用户数即突破1000万人，服务器有 200 台之多；注册用户数达到 5000 万人的时候，则迅速扩容到 1000 台服务器，51 也成为用最短时间部署 1000 台服务器的互联网公司。而与此同时，整个腾讯也不到 2000 台服务器，分配到 QQ 空间的只有几百台。

简单来说，51 的服务器增长速度远超腾讯。

牺牲质量对图片进行压缩的方法在腾讯内部被提出过，但很快被否决。这样做用户就全跑光了，相当于"自杀"。

幸运的是，微软出身的郑志昊是有技术信仰的。他带着小伙伴们，从前端、缓存到相册存储、服务器优化，再到本地化，做了一系列的技术改造。简单来说，腾讯和郑志昊采用的是不保证完美体验的有损服务。

以 QQ 空间当时用的有损架构为例：在用户上传图片后显示已更新，其实并没有真正更新，而是先将图片存储起来，然后用 P2P 技术完成更新，整个过程用户基本上感觉不到。

最重要的技术攻关是存储系统的搭建。

"2006 年我博士毕业来到腾讯的时候，腾讯还没有统一的存储产品或技术平台，基本上都是各个业务部门自己做一个存储的系统。"后来担任腾讯云副总裁、云架构平台部总经理，也是当年存储系统技术攻关的主力开发谢明，对雷锋网记者王德清说道。

腾讯 2006 年披露的数据显示，QQ 空间上线三个季度，注册用户数就突破了 5000 万人，月活跃用户数约 2300 万人，日访问人数也已经超过 1300 万人。

那时候，QQ 空间的存储系统仅能支撑所有用户每天共上传 1000 万张图片。显然，面对用户持续不断的增长，依靠此前不断购买存储服务器的方式进行扩容，其速度是无法跟上用户内容的增长速度的。

QQ 空间的技术团队希望能构建一个存储系统，他们可以参考的只有 2003—2004 年谷歌发布的关于三大件（BigTable、GFS、MapReduce）的几篇比较知名的论文。

"GFS 算是企业级存储转向互联网大规模廉价分布式存储比较早期的实践。那时候我们决定做一个存储系统，取名叫 TFS。"谢明回忆道。

通过借鉴谷歌的几篇论文，在 QQ 空间的技术团队成立的第二年，TFS 就上线应用，并全面接管 QQ 空间的相册业务。

再回到产品遭遇用户投诉这个难题上，郑志昊要求技术人员制作一张中国地图，凡是打开时间超过 5 秒的地方就绘成红色，3～5 秒的绘成黄色，不到 3 秒的绘成绿色。地图制作出来后，挂在墙上，大家看到的是"祖国江山一片红"，其中尤以西北、西南和东北地区的颜色最深。

要解决这个问题，只有一个基础的 TFS 显然是不够的。

"从技术角度来说，图片都是几百 KB 左右的小文件，但相比其他数据，其存储因为索引密集度更高，带来的技术挑战要大很多。一是要解决索引和文件大小的空间协调问题，二是要解决大规模下的成本问题。"谢明这样说。

于是，存储部门根据业务场景的演变，先后推出了适合各种不同图片存储场景的存储系统，如支持实时回收的 CTFS、支持高频快速访问的 HTFS、支持 EC 编码的 BTFS、基于 HDD 的键值对 TDB 存储平台等。

就这样，技术团队一块一块地啃，在地图上，绿色和黄色一点一点地增加。花了差不多一年的时间，到 2007 年年底，一张绿色的中国地图终于出现在大家的面前。此次速度优化上的闯关，为 QQ 空间日后流量的成倍增长提供了至关重要的保证。

存储的"大山"刚移走，另一座"大山"又挡住去路——带宽不够了。

据谢明回忆，"那时所有的数据中心都在深圳。骨干网的带宽跟现在也不能同日而语。QQ 相册高峰时占用 40GB～50GB 的流量，而 1GB 的流量对公司的网络就已经是很大的负担了。QQ 空间用户增长带来的海量数据,基本上把整个华南地区的骨干网带宽都榨干了。"

摆在技术团队面前的只有一条路了:启动相册一点通等项目,将海量业务数据从深圳向西安、杭州、广州、上海等地分布,同时将访问带宽调度到天津、南京、东莞等成本更低的一通机房。

"我记得第一次迁移的是 100TB 的设备。现在看来 100TB 不大,但那是腾讯历史上最大的一次数据迁移了。"那时没有数据中心专线网络可供腾讯使用,因此谢明与团队其他成员在半夜通过公网出口,把数据一点一点地"搬"到了西安等地。

而在做数据分布迁移的过程中,系统自身也在同步迭代演进。TFS 从 3 份存储演进为同时支持 1/2/3 份数据的多副本存储,CTFS 从 2 份存储演进为同时支持 2/3 份存储,TSSD 平台也从仅支持单机独享的 Uin-Value 定制存储演进为支持多租户的通用 Key-Value 存储。

就这样,QQ 空间在 TFS 的支撑下,笑到了最后。

此后,QQ 空间的相册日上传图片数不再受限(用户体验到的受限是腾讯产品部门的策略),其图片累计存储量也多达数万亿张。

TFS 也逐渐开始为 QQ、微信、邮箱、微云、流媒体加速等提供存储服务,最多的时候支撑起腾讯 90% 以上的数据存储业务。

还有一点就是,如果说校内网和 5Q 地带争夺的是校园人群,两个开心网及 MSN 争夺的是白领人群,而腾讯和 51 争夺的则是在中小城市工作、以网吧为主要上网阵地的小镇青年。51 的创始团队都是"草根"和站长出身,对目标用户群体更加熟悉;而当时 QQ 空间的负责人汤道生和郑志昊团队都是外企出身,他们在用户的先天感知上是吃亏的。

但幸运的是,郑志昊是一个身先士卒、愿意趴在地上干活的人。他当时住在深圳,经常穿着 T 恤、球鞋到深圳南山区各个网吧里去转悠。这倒不是像《腾讯传》里说的那样为了在与人冲突时跑得快,更重要的是能让他与网吧用户打成一片。混在网吧用户里,才能让他真正理解网吧用户的各种习惯。

51与腾讯都会雇人到各个网吧贴宣传广告，常常因此发生冲突。我贴上去，你派人撕掉或用自己的广告覆盖，我再去撕或覆盖。

51当时找了很多KTV女性服务人员，手把手教她们上51，同时通过视频认证的运营手段加以放大，从而在"漂亮女生多"这一点上抢占了用户的认知。

郑志昊发现，网吧里都是女生带男生来，就此想出一个促销活动：QQ空间每天晚上12点面向网吧赠送"黄钻"，用户可以在网吧前台认领代码号。于是，每到晚上12点很多网吧的前台就会排起长长的队伍，大家都知道QQ空间在派发"黄钻"。51没有对应的促销品，很是无奈。

这个促销活动还有一个关键点是，只给女生发"黄钻"。这是堪称一石二鸟的妙招。女生拿到"黄钻"后会热衷于"秀"一下，而这样的展示越多，SNS的氛围就越活跃。就这样，"更多漂亮女生其实在QQ空间"的用户认知建立了起来。

到2007年结束的时候，双方看上去打成了平手，均对外宣称注册用户数突破了1亿人大关。易观提供的一份报告显示，在排名前十的社交网站中，QQ空间在流量和访问用户量两项上排名第一，在交互性上则排名第五；51在流量上排名第二，访问用户量排在QQ空间、新浪博客和百度空间之后，而在交互性上赫然名列第一。这对于没有任何入口资源的51来说，已是非常显赫的战绩了。

失败的51去低端化实验

进入2008年，51的用户继续增长，但对应的投入也在继续增加。更重要的是，其商业模式仍不清晰，收入相对偏少，整个公司收支很难平衡。

也就是说，51虽然看上去很美，但用户还是太"草根"。如果要增加收入，要么继续扩展用户，把盘子做大，要么去低端化，开始专注收入。这是个两难选择。

2007年6月，在红杉资本的帮助下，51第二轮融资又引入英特尔资本和SIG（海纳亚洲创投基金）、红点创投。看上去，这三家公司的加入对51帮助良多。尽管英特尔资本作为大公司流程比较严，资金到位时间较长，但它们在后来51采购服务器和升级带宽上帮了很大忙。而资金雄厚的SIG则在51"烧钱"快到青黄不接的时候，提供了过桥贷款。至于红点创投，它是MySpace的独家投资商。

2008年7月1日，是当年入夏以来上海极闷热的一天。史玉柱掌控的巨人网络以5100万美元的高昂代价，换取51 25%的股份。在随后的ChinaJoy（中国国际数码互动娱乐展览会）上，史玉柱雄心勃勃地对媒体表示："这家公司（51）在高速发展，规模已经直逼腾讯了，大概后年（2010年）就会在纳斯达克证券市场上市。"

史玉柱的入主和史玉柱本人多次在公开场合表示对51的看好，以及对上市的满怀信心，让公众对51的关注度达到了顶点，这时也成了51整个事业的最高点。从这之后，51开始持续走下坡路。

对此，最容易联想到的是创始人自己松懈了。按照对外的说法，巨人网络是仅次于创始人团队的第二大股东。但实际上，经过多次稀释，庞升东本人的股份早在25%以下。于是，庞升东因为失去控股权而感觉"51不是自己的公司了"。庞升东在接受媒体采访时表示，自己在创业前期很辛苦，产品、融资、策略、招聘都要负责，觉也睡得很少，所以在这个时候就想偷懒了。不过，这更应该理解成庞升东为自己未能成就一家10亿美元公司所做的完美托词。

另一种说法则是，5100万美元占25%的股份，整个51的估值已经到了2亿多美元，庞升东认为公司已经开始进入一个良性的上升轨道，他可以不过多关注了。庞升东在接受媒体采访时称："2008年下半年公司招了不少人，我觉得团队不错，本能地有些松懈。"他以为自己"只要打打高尔夫球就可以了"。

不论哪个说法成立，自2008年下半年起，庞升东对51关注不多却是事实。他开始忙于管理其他投资，如在线笔记网站宝盒网。在2009年百度联盟对作弊导航网站严厉打击时，庞升东亦低价收购了几个导航网站，以此为基础创建了2345公司，一个之后将独立上市的新平台。

但是进入职业经理人时代的51并没有取得预期的长足进步，迅速扩张到500人左右的51团队在执行效率上并没有显著提高。

不过效率低下不是问题的全部，路线的偏差才造成了"灭顶之灾"。

要上市，得扩大收入规模。

51由此进入了一个新的阶段，保持用户增长不再是51最重要的事情，重要的事情变成了让每个用户为51多贡献收入。

面临收入压力的51做出了很多饮鸩止渴的事情，希望通过增值服务的大量促销，尽快获得收入。

有一段时间，51的礼品价值有些通货膨胀：中奖比例太高，促销太多。51一度成了全国最大的"花店"，网站上5元一朵的虚拟礼品花，一天能卖9万多元，一个月仅此一项就能获得上百万元的收入。但它的直接后果是，用户对增值产品失去了兴趣，最后每天能卖出的花越来越少。

用户收入进展不顺，又让51衍生出另一个问题，那就是51的用户太低龄了，得去低龄化。

对于去低龄化，51团队的总结是，年龄偏小的用户更容易受到新鲜事物的吸引，从而很难留住。为了引导网站的用户群发生变化，51在用户推送内容上做出调整：不再推非主流文化，而是推荐年龄在30岁左右的用户喜欢的内容，传播更加主流的文化，争取获得成熟用户的认可。

为了让用户去"草根"化、去低龄化，51本身也要完成从游击部队向"正规军"的演进。51刚刚成立的时候,所有产品人员都被称为"策划",没有更明确的分工,直到2006年中期,才有了"产品经理"的头衔,并赋予了不同的分工。

除了硬件资源、人才储备和管理水平等因素,制约51未来发展更危险的隐患是其不太理想的品牌声誉。51的产品设计和人际互动过于依靠"异性相吸"的朴素理念,甚至51公司内部人员也承认,他们一度默认了这种"文化"。在初期聚拢用户阶段,它不失为一种行之有效的手段;然而随着用户数的几何级增长,这种"文化"的泛滥则带有危险的倾向。很难想象,一家有着如此"文化"的网站,如何能获得资本市场的认可并成功上市?

有迎合资本上市的需要在驱动,有本身收入增长没有找到好的方向的诱因,或许还有公司政治的暗合,51选择了去低端化。对应的标志性事件是,张剑福在51内对产品的主导权开始逐步缩小,2008年上半年,张剑福第一次称病。

但用户群重构本身是一件艰难的事情。这意味着整个51的价值体系都需要重建,包括产品结构、文化、用户价值体系等,这相当于将一座大厦推倒重来。51当然很难重建。

即便不重建,张剑福也被认定为不是特别适合领导这项"革自己命"的工作。于是,他很适时地"生病"了。

让51上下郁闷的事情还不止于此。51寄予厚望的51Game并没有取得预期的成功。关于51Game为什么没能取得类似腾讯棋牌的成功,事后总结起来也很简单:一是时过境迁,腾讯对联众的进逼和51对腾讯的进逼其实大不相同;二是51Game产品本身没有什么特色,与腾讯棋牌相比没有什么优势;三是51的用户仍偏年轻,对棋牌的需求并没有想象中那么大。

但在当时,这些显而易见的事实却被漠视了。这里面既有庞升东和早期51创业者对腾讯的盲目崇拜,也有一部分原因是庞升东没有想清楚怎么将51巨大的流量变现。

更可惜的是，51因此错过了网页游戏的机会。自2008年起，整个网页游戏市场崛起，由于51的用户量巨大，而且其用户与网页游戏用户属性基本一致，因此很多网页游戏运营平台找上门寻求与51进行联合运营。但庞升东想把自己的流量留给还在开发的51Game，于是这些流量就这样白白被浪费了。之后崛起的诸多网页游戏运营平台都无比羡慕当时51所拥有的近千万人的日活跃用户。

不仅没能进入棋牌和网页游戏市场，51也没能成功进入大型网络游戏市场。倒不是51不努力——庞升东拿到史玉柱的钱后，立刻亲自带队进入网络游戏市场，做了一款类似《劲舞团》的《51炫舞》游戏。庞升东在接受媒体采访时称，他很早就喜欢玩《劲舞团》，曾经连续9天在网吧玩游戏到凌晨3点。

从逻辑上说，《51炫舞》和《劲舞团》的用户群基本一致，51所形成的社区文化和《劲舞团》也很相近。虽然51没有大型网络游戏的开发经验，但巨人网络是有的，因此这件事情本身是可行的。庞升东也为此广泛召集人力、投入物力，由于资源过度倾斜，甚至导致网站事业部因资源缺乏被大量员工抱怨。

2009年7月3日，名为《51新炫舞》的大型舞蹈类网络游戏上线。但由于产品未达目标，这款连题材、名字都和腾讯主力营收游戏《QQ炫舞》相似的休闲游戏，并未进行大规模推广。之后的消息是，51开始逐步撤离大型网络游戏市场，开始进入网页游戏市场。

创始人的漫不经心和掉以轻心、战略方向的选择失误，导致51在摇摆中停滞不前。这些还不是51的灭顶之灾，真正让51进入下降通道的事情，在51上下最不希望的时候终于发生了——腾讯开始对51进行全力阻击。

腾讯对阻击51有多么重视，可以从反51办公室的编制中看出来。腾讯的反51办公室最多时有20多人，而对另一家知名的SNS网站，腾讯却只给了"半个人"的编制。由此可见，腾讯对51是多么重视。

腾讯为什么这么重视51？51的用户与QQ太接近、太重叠是原因之一。在2008年，还有两个原因让腾讯开始对51痛下杀手。

一是51对腾讯大规模挖人。在51从腾讯所挖的人中，最大牌、最引人注目的是孙宇扬。孙宇扬，英文名Simon，在腾讯最大的战功是几乎单枪匹马挽救了差点"挂掉"的腾讯棋牌项目，并领导其超越联众，成为第一休闲游戏平台。而腾讯崛起后，吃掉的第一个对手就是联众。

不过，孙宇扬因性格过于张扬和嚣张，并没有得到腾讯上下的喜欢和认可，最终也没能成为腾讯互娱的掌门人。也许是因为没能晋升到自己满意的职位，孙宇扬心生去意，这个时候，庞升东出现了。

有趣的是，孙宇扬也认识鲍岳桥，他曾经差点去了联众。既然这位曾经阴差阳错没能进联众的人导致了联众的轰然倒塌，那么在腾讯没有得志的他，有没有可能帮助51复制腾讯棋牌的成功呢？

看上去好像是可能的。51的用户和腾讯接近，孙宇扬又经历了腾讯棋牌打败联众的全过程，知己知彼。

不过到腾讯与51兵戎相见时，孙宇扬其实在劳动关系上与51并无多大关联。他在51的头衔是顾问，但事实是，51员工都知道孙宇扬是51引进的腾讯系员工中的标志性人物。

另一个原因则是51推出了彩虹QQ。

2005—2008年，51能脱颖而出，不外乎两个原因。第一，网页版SNS的异步性，相对即时通信的即时性是良好的补充；第二，51有着自己特殊的概念和切入口——个人空间51家园。

当时，51家园虽然和QQ空间相似，但由于QQ空间刚刚发布而且尚未成为腾讯的核心产品，51家园在和QQ空间的竞争中曾经一度占据上风。随后，51又模仿腾讯推出了聊天软件51挂挂、51秀、51群组、51商城、51音乐等功能，希望尽可能地提供一站式服务，让用户在使用51家园的同时，也能使用51的产品来聊天、听歌和玩游戏。但随着QQ空间产品不断改进，反超51家园，51开始发现自己在客户端侧的单薄，于是51做了彩虹QQ。之前珊瑚虫QQ作者的入狱及3Q大战前360用类似客户端对腾讯的挑衅，一次又一次验证了这种做法是腾讯的底线。

双方积压的矛盾爆发于2008年年底。2008年11月9日，腾讯以"违反竞业禁止合同"为由起诉15名离职员工，而这15名员工恰恰都进入了51。

随即，能显示QQ用户IP地址的外挂软件彩虹QQ也被证明是51支持的。彩虹QQ产品经理袁兢在内的多名51内部员工表示，彩虹QQ完全是他们做着玩的，只是表达对腾讯起诉珊瑚虫QQ作者的不满，于是安排了三个员工做这个产品；从腾讯来的人并没有做这个产品，他们也没想到会有这样的结果。

如前所言，此时腾讯对QQ空间的改进已见成效，并且将用户现成的社区关系引导到QQ空间，将QQ好友动态绑定，和手机QQ也进行了无缝对接。这同时也封掉了51借QQ传播的可能。

在内外交困下，作为谷歌OpenSocial在中国最早的合作伙伴之一，51很遗憾地错过了第三方开放平台的机会。另一种声音则认为，51其实先天不具备开放API（应用程序接口）的条件。

51开放API后，快速引进了100多款游戏。为了追求速度，51的审查并不严格。这些游戏的质量良莠不齐，还有很多雷同的内容，虽然在短期内将用户吸收到了51.com上，导致很多人荒废了QQ空间，但当这部分人对游戏产生厌恶之后，很快又离开了。同时，51的用户年龄较小，消费能力小于校内网等SNS网站用户。第三方游戏开发商称，他们在51和在校内网上的用户数差不多，但来自51的收入明显少于校内网。51能从这些游戏中获得的收入也非常有限。

这不是问题的全部。51的用户确实比校内网低龄，变现能力也弱一些，但用户数在一个量级，所以只要开放平台的路线持续走下去，51还是有机会的。51在开放平台上的一大败招是左右摇摆。最终，先让开发者探路然后自己下场收割的意见占了上风。这种割开发者"韭菜"的思路一旦被识破，就只能是"树倒猢狲散"了。

开放平台没有取得成功，增值收入也没有取得预期效果，错过了网页游戏这一浪，51Game 和《51 新炫舞》也都纷纷失败。庞升东和张剑福的先后退出，让 51"泯然众人矣"。

农场游戏的玩家们

真正从开放平台受益的是陈一舟的人人系，其旗下的校内网和 kaixin.com 在 2008 年都以前所未有的姿态拥抱开放平台。

2008 年 7 月 8 日，校内网在北京召开主题为"创意推动未来"的发布会，宣布正式推出开放平台。由清华大学、北京大学的一群年轻人自发组成的一支团队"过来人"开发的两个应用"心情指数"与"美女集中营"，在不到 2 小时内就达到 2 万人次的使用。

在 2 个月之后，校内网平台上涌现出的应用已经达到 778 个，有 374 个个人和团体开发者参与了校内网应用开发，一些游戏娱乐类的应用的使用人数也得到了惊人的增长。

但这些作品多为业余人士所作，品质得不到保证，所以最开始校内网平台的负责人之一，也是后来国内知名的"三消游戏"《开心消消乐》开发公司乐元素的创始人王海宁，带着内部团队做了《狗狗》《教父》等校内网第一批半原创的社交游戏。

王海宁是社交网络的老人。武汉大学毕业的他，2000 年在校时就加入了陈一舟的 ChinaRen，之后他在 IBM、甲骨文等外企做销售工作，2007 年被陈一舟重新召唤到旗下。因为其商务背景，陈一舟让王海宁负责做帮公司挣钱的增值业务，向许朝军汇报。王海宁和团队设计了第一个社交广告，在平台上送虚拟的香飘飘奶茶和可乐，用户每送出一杯，校内网就收到 1 元的广告费，所以王海宁后来负责开放平台，顺理成章。

但随着时间的推移，不少有实力的玩家杀了进来。

校内网等社交平台的开放，很快把博雅的张伟带出泥潭。

博雅是所有社交游戏公司中成立最早的一家，那是在 2001 年，不过当时它还只是一个做聊天室产品的工作室，主要是把产品卖给各个网站。之后几年 QQ 群崛起，聊天室越来越难做，张伟找不到突破方向，也割舍不下聊天室不算丰厚的盈利，只能一直熬着。

直到 2007 年，张伟在几乎走投无路的情况下出来融资，在蔡文胜组织的站长大会上认识了因做社区软件 Discuz! 而名扬江湖的戴志康。张伟要 100 万元，但这个时候的戴志康也不富裕，于是戴志康去找了他的人生导师周鸿祎。周鸿祎出了 60 万元，戴志康出了 40 万元，两人凑了 100 万元给张伟。

在拿到融资后，张伟先是听从周鸿祎的建议在 Facebook 上试了几个项目，还是没有成功。直到 2008 年夏天，身为德州扑克玩家的戴志康看到 Zynga 融资的消息，及时告知了张伟，博雅才有了转型做游戏的想法。

Zynga 后来最风靡的游戏是农场类的《FarmVille》和模拟经营类的《CityVille》，但其实它起家靠的正是德州扑克游戏《Texas Hold'Em Poker》。这款游戏于 2007 年上线后很快有了上千万个用户。

经过一段时间的尝试，张伟等人在 2008 年年底做出了《博雅德州扑克》，游戏在刚开放没多久的校内网上线，结果付费人数大大超出预期，当年就做到了百万级收入，这是张伟创业这么多年都没达到过的高度。从这时候开始，博雅也终于找到了出路。

戴志康本人也是中国社交江湖的重要参与者之一，这位有技术背景的"80 后"创业者在 2008 年推出了康盛 ManYou 社交平台，意图打通所有的长尾社区流量，成为一个超级社交平台，但最终并没有如愿。康盛后来以 6000 万美元卖给了腾讯。对腾讯来说，康盛在中国互联网站长圈子里的影响力是其价值的一小部分，一大部分价值是康盛长期以来在 OpenID 上的践行。也正是在康盛的努力和推动下，QQ

号码成为第一个事实上的 OpenID 产品。

戴志康还以天使投资人的身份投资了社交游戏的另一个早期重要玩家奇矩互动。奇矩互动的创始人陈书艺也是一位技术人士,很早就认识戴志康,并加入康盛负责过技术产品及市场营销等工作。2008 年年初,陈书艺单飞后成为中国社交游戏的"早鸟"之一。最多时,校内网前十名的应用里近一半是奇矩互动的作品。

除了张伟,乔万里也算是人人系游戏开放的重要受益者。

和张伟一样,乔万里在做游戏之前同样苦撑多年。他在 2001 年大学毕业后进入中科院工作,其间创办过一家玩具公司。这家公司一度靠着乔万里在中科院拿的微薄工资苦苦支撑,几年后才稍有起色,但没有大成。直到 2008 年,乔万里听说美国人都在玩社交游戏,而且游戏很赚钱,于是决定试一试,尽管他没有任何游戏运营经验。

2008 年年底,在联合创始人黄建的支持下,乔万里在中科院找了几个研究生开干,不久后胡莱的《胡莱旅馆》在校内网上线。它和各种农场游戏差不多,是校内网当时最受欢迎的几个社交游戏之一,最好的时候每月有几十万元进账,这让乔万里初次尝到了做游戏的甜头。

社交游戏的真正爆发,要归功于五分钟的带头作用。五分钟是由郜韶飞、徐城、程延辉等人创办的一家社交游戏公司,其中徐城是郜韶飞在华东理工大学的同学,程延辉是郜韶飞的高中同学。

2006 年,郜韶飞毕业时获得上海市大学生科技创业基金 15 万元的资助,之后他找来了同样有创业想法的程延辉和当时在美国留学的徐城,创办了一家信息服务类公司,也就是后来的五分钟。最开始他们做的是社交书签,但市场不大且没法盈利,后来转型做网站外包。

2008 年下半年校内网平台开放后,五分钟再次转型,选择进军社交游戏行业。一开始他们的进展并不顺利,尝试过棋牌、拼图这种类似于 QQ 游戏大厅里的游戏,都没有引起用户的兴趣,直到 2008 年

11月初，《开心农场》在校内网上线，一夜走红。几乎一半的人会在第二天再次登录游戏，这个数据让五分钟和校内网都特别兴奋。

除创新的玩法外，《开心农场》对质量的把控也是成功的重要因素。《开心农场》是国内第一个采用 Flash 技术开发的社交游戏，相比此前的 Java 作品，画面更加精美，玩法引导也更为人性化。

一个月后，《开心农场》的日活跃用户数突破10万人，很快又突破100万人，开始创造"偷菜神话"。很多年后，陈一舟在回顾校内网历史时说："2008年中国互联网最重要的一个创新，是上海五分钟社交游戏公司开发的《开心农场》。"

很快，就出现了第二个"开心农场"类产品——智明星通的《开心农民》。

当时校内网平台的另一位负责人、5Q地带的创始人卢军向本书作者回忆称，kaixin.com 上线后，他们联系五分钟想把农场游戏移植过来，但当时扩张中的五分钟人手不够，而且要20万元的开发费，于是双方不欢而散。

这容易理解，五分钟当时正处于成功后的膨胀期，而从校内网平台的角度看，《开心农场》是靠自己的流量推起来的，让对方在 kaixin.com 上线，是在给对方分钱。双方没法达成共识。

五分钟的扩张也影响了另一个年轻人，他在五分钟鼎盛时期加入但很快离开，进入一家咨询机构，这家咨询机构当时最大的案子是人人网上市。年轻人接下这个案子，并由此进入投资圈，后来成了真格基金在游戏领域最重要的投资人，之后成为英雄互娱的联合创始人和总裁。这个人就是吴旦。

当时北京航空航天大学的几个研究生参加了校内网创意编程大赛，用一个叫"性格签"的产品拿了第一名，于是卢军等人找他们做一款农场游戏。这几个研究生听完卢军的需求后说，一个星期后交付。很快，智明星通的《开心农民》上线。这个团队就是唐彬森和他的小伙伴们，他们创办了智明星通。智明星通给校内网做了一款社交游戏，校内网也帮它打开了游戏世界的大门。

2008年年中，热酷的农场游戏《阳光牧场》上线。这款游戏在校内网上线后，又迅速开始国际化，在2009年2月转战Facebook，通过Facebook进入了中国港澳台地区，又进入了法国、意大利等欧洲国家，几乎一个月上线一个新的语言版本。热酷吃到了最早一波游戏出海红利，赚得盆满钵满。

因为之前的SNS创业经历，刘勇也对国外社交平台轻车熟路，所以后来热酷还登陆了俄罗斯VK、德国VZ、日本Mixi、韩国Cyworld等社交平台。2009年10月，热酷在日本也设立了子公司，而且很快做到了大约百万美元的月流水。之后，热酷逐渐成为日本和韩国最大的社交游戏公司。

前面提到，另外一家从农场游戏起家、至今仍然深耕海外且成绩不俗的是智明星通。

农场游戏《开心农民》上线kaixin.com后不久，智明星通收到俄罗斯一家游戏代理公司给校内网开发者发的邮件，信中提出可以把游戏移植到俄罗斯社交平台上。唐彬森等人抱着试一试的心态，把《开心农民》移植到了VK。而《开心农民》一度成为该平台排名第一的社交游戏，也完成了他们初次的海外尝试。

尝到海外市场的甜头后，智明星通开始四处出击，把农场游戏推广到全球数十个国家，最远到了南半球的巴西。在农场游戏上，热酷在日本与智明星通在南美地区的实践，都是当时的行业典范，两家公司在当地设办公室、组建团队，利用国内产品和技术的优势碾压全球竞争对手。

由于对接的平台和地区太多，2010年，智明星通与创新工场、腾讯一起投资成立了行云公司，搭建国际化发行平台，主要提供云计算支持和全球化的发行体系，可以一键完成多语言及手机、PC版的发布，解决了游戏公司国际化中的多语言架构、本地化、支付、服务器等问题，基本等同于后来的游戏云。在所有社交游戏公司中，智明星通可能是技术背景最鲜明的一家。

因为创始人的技术背景，智明星通自建了面向海外的游戏社区337.com。为了做大流量，智明星通又开始学习360做海外杀毒软件、浏览器、导航站等，一度做到7000万个活跃用户。这些流量可以为游戏精准引流，形成自己的发行渠道，为其后来在SLG上的爆发打下了基础。

智明星通之所以非常看重海外市场和技术积累，与其创始人在创业前经历的一件事有关。

唐彬森和两位同学在2004年参加过法国戛纳的第五届全球GSM及Java卡应用开发大赛，是该赛历史上第一个夺得金奖的中国团队。而在那次比赛前，唐彬森等人在北京航空航天大学曾连续参加了三年类似的编程比赛，都没得奖。他们觉得比赛有不公平之处，一气之下决定到国外参赛，结果还真就得了金奖，而且同台竞技的都是有成熟经验的企业团队。从此以后，唐彬森等人就开始觉得在国外做事比国内简单。

"农场战争"正欢的时候，还有一个嗅觉灵敏的年轻人看了一圈，发现开发这种游戏的技术含量不高，于是调了三个人开始开发，这个人就是恺英的王悦。2009年，恺英的社交游戏《楼一幢》在校内网上线。王悦是站长出身，很早就加入51，他也是在开放平台运动（包括后续的腾讯开放平台）中最大的受益者。这样一个"内部人士＋聪明人"，都无法在51开放平台上获益，进一步说明了51开放平台的确可能存在某些问题。

社交游戏公司越来越多，使身为甲方的王海宁也蠢蠢欲动。在他看来，五分钟、智明星通、恺英都是几个毕业没多久的年轻人凑在一起，靠着校内网给的巴掌大的空间，就能做到百万、千万级的用户，为什么自己不可以？

王海宁先是向陈一舟提议，在公司内部做一家社交游戏公司。但陈一舟觉得校内网是一个平台，不需要自己做游戏。于是2009年年初，王海宁离职，带着同事徐辉、甘玉磊、蒋赛骅，一起创办了乐元素。

被农场游戏热搅动的，还有汤道生、郑志昊，以及当时腾讯的互联网社交事业部。

有意思的是，郑志昊其实是中国互联网从业者里开放平台的较早鼓吹者之一，他在2008年春节后就向腾讯总办提出向Facebook学习，要在QQ空间做开放平台的建议，但被明确否定。反对者系华为出身的刘成敏。刘成敏的逻辑很简单直接，有移动梦网开放的失败案例在前，腾讯开放平台同样会陷入劣币驱逐良币的尴尬境地。刘成敏是腾讯内部运营商利益至上的重要代表，张小龙做微信时最开始刘成敏也反对，并推动总办发文，明令禁止做对抗运营商的产品，但张小龙顶住压力，这才有后来微信的一战成名。

按照吴晓波在《腾讯传》里的描述，2009年4月的一天，汤道生与同样焦躁不安的郑志昊困坐在办公室里，面面相觑。就在过去的两个月里，随着农场游戏的持续升温，开心网和校内网的用户活跃度迅猛提高，QQ空间明显有被边缘化的趋势。郑志昊对汤道生说："我们就试试吧。"

汤道生用不熟练的普通话说："那就试试吧。"

于是，腾讯的谈判代表就出现在了五分钟CEO郜韶飞的办公室里。之后的几天里，双方就《开心农场》入驻QQ空间的细节进行了谈判。

腾讯提出三种合作方案：一次性购买代理权；全部收入按比例分成；腾讯承诺保底收入，达到一定基数之后金额封顶。郜韶飞选择了第三种方案。日后来看，这是郜韶飞一生中最大的失误。"谁也没有想到后来会那么疯狂。"这位年轻的创业者说。

正是由于对可能性的估计不足，郜韶飞还坚持游戏的服务器由五分钟来维护。

《开心农场》于2009年5月22日在QQ空间上线，接下来发生的情况超出所有人的预期。上线第一天，超高的用户流量一下子就把服务器撑爆了，在腾讯的历史上，从来没有出现过这样的先例。五分钟不得不把服务器的管理权限让渡给腾讯。郐韶飞团队原来写的软件根本无法承受如此巨大的流量冲击，吴宵光紧急召集最精锐的程序员，对软件进行了重写。

到6月1日，QQ空间农场每天的活跃用户已达到500万人，分配给《开心农场》项目的服务器全部满负荷运转，技术团队对此持续优化，但显然服务器又将面临被挤爆的危险。郑志昊连夜给张志东写邮件，"恳请服务器上架和扩容上的倾斜支持"。他报告说,《开心农场》对QQ空间的活跃及商业化收入提升都有非常大的拉动。根据他的计算，在未来的两个月里，至少需要再增加数百台服务器。

10分钟后，张志东回复："很高兴看到我们的社交游戏开始有商业模式的苗头，且具有相当大的规模效益。"他一次性批复了近千台服务器。

2009年8月，《开心农场》更名为《QQ农场》，新版本增加了农作物的品种，并将QQ会员的黄钻服务体系与"种子""农药"等虚拟道具的购买全面衔接。此后，农场玩家以每天100万人的数量急剧增加，玩家在线及挂机时间之长，也超出以往所有的纪录。据推算，QQ空间在一个季度里居然新增了7000多万个活跃用户，这当然来自《QQ农场》的刺激性效应。

在QQ空间的历史上，《QQ农场》如同把卫星推上既定轨道的最有力助推器。它不但让QQ空间的用户数量冲上了三亿级，更重要的是让QQ空间形成了与Facebook不同的成长路径及开放平台。

在"偷菜运动"最为风靡的一年多时间里，QQ空间以"农场"为流量入口，对腾讯全产品线的38个应用性产品进行了支持，其中包括QQ浏览器、QQ管家、话费充值及休闲竞技游戏等，"充话费，送化肥"的活动让人印象尤其深刻。QQ空间因此获得2009年度的腾讯合作文化奖。从此之后，QQ空间成为腾讯在电脑端最重要的入口级产品。这支在组建时只有20个人的小团队，以完全不同于Facebook的方式，在社交网络热潮中为腾讯立下了战功。

郑志昊领导的 QQ 空间堪称"黄埔军校",腾讯开放平台、广点通、应用宝、全民 K 歌等一系列爆款产品都出自这个团队,这个团队也由此产生了一大批精兵良将。

《QQ 农场》的成功也让 QQ 空间团队更有信心引入更多社交应用,使 QQ 空间后来发展成战略目标更清晰的腾讯开放平台。今天担任腾讯副总裁的林松涛则担起开拓新模式的重要任务,举起腾讯开放平台的旗帜,建立符合中国市场的开放与分成规则,让腾讯迈出了服务行业生态的一大步。后来,腾讯开放平台更整合了多个平台产品的流量,让腾讯在网页游戏市场赢得了最大的份额。其中,以游戏谷的《七雄争霸》的表现最为惊艳。这款由张福茂出品、邱果担任制作人的网页游戏曾经取得 80 万人在线的好成绩,也是中国网页游戏历史上第一款收入过亿元的大作,让无数的人明白原来网页游戏还有这么大的想象空间。

网页游戏江湖水也深

下面我们接着讲述网页游戏江湖的故事。

前文提到,乐港陈博、李将的《热血三国》引爆网页游戏江湖后,各方势力都杀了进来。

最早嗅到其中巨大商机的是蔡文胜。"站长之王"蔡文胜并非浪得虚名,在这个关口,他看到了网页游戏变现的绝佳机会,于是说服李兴平和他一起干,其主体业务就是 4399。

在 2004 年将 hao123 卖给百度后,李兴平本想逍遥一两年,没想到很快找到了新的机会,那就是 4399。李兴平在掌控流量方面真是个"天才",很快 4399 就进入中国网站访问量排名前 100。

开办 4399,用的是蔡文胜在 2002 年注册的一家并没有什么业务的空壳公司，当时这家公司被改名为厦门游家。最开始，蔡文胜拥有这家公司81%的股份，2008年公司重组后，蔡文胜的股份降至67%，李兴平和骆海坚各占股15%。

李兴平有15%的股份可以理解，因为当时4399的流量已经起来了，本身也赚钱，同时有之前hao123的成功案例在前，蔡文胜一直对之前两个人没能合作而耿耿于怀。那么骆海坚又是何许人也，蔡文胜为什么给他与李兴平等量级的15%呢？

骆海坚2003年毕业于暨南大学，之前在265导航和ZCOM都工作过，这两家公司都算是蔡文胜的公司。从这个意义上说，骆海坚算蔡文胜不折不扣的"小弟"。

蔡文胜找骆海坚，是希望他能帮着做网页游戏的联运。骆海坚此时已做了一年网盟，发现生意不好做，赶上老领导召唤，而且拿到的股份和李兴平一样多，便欣然前往。

蔡文胜向来喜欢"打群架"，因此在4399做网页游戏联运的时候，他也鼓动广州地区的其他小伙伴们一起做起网页游戏开发。其中最早冒出来的一家网页游戏研发公司是菲音。

菲音的创始人名叫黄凯，他和整个菲音大部分核心班底都来自ZCOM。他们中的一些人原来在ZCOM负责将纸质杂志转换为数字内容，当时一本杂志的转换成本高达数千元，是公司的一项重大成本。菲音的另外一部分重要人员（通常是制作负责人）则是站长出身。

ZCOM创始人、隆领投资合伙人汪东风也在菲音中占据了和黄凯几乎对等的股份。按照蔡文胜的说法，他到北京认识的第一个朋友就是当时做音乐版权SP业务的汪东风。两人一见如故，互相引为知己。

蔡文胜和汪东风既是朋友、投资伙伴，也维持着一种奇怪且罕见的合作关系——蔡文胜在Forgame没有股份，而汪东风在4399也没有股份，但每当Forgame推出一款游戏，4399都会像对待自己的游戏一样尽心推广。

由于蔡文胜常驻厦门，汪东风有时会代表蔡文胜出席4399的一些重要活动,甚至一度有媒体误以为汪东风是4399的总裁。

骆海坚也有菲音的股份,但并非以其名字持有,而是以其兄弟骆海涛的名义持有。这也足以理解为什么4399与菲音在一开始就给人一家人的感觉。

4399后来独家代理了菲音的首款产品《盘龙神墓记》。在研发和运营的大力配合下,经过一轮又一轮痛苦的推翻、修改、调整,通过4399的强推,付出终于得到了回报。《盘龙神墓记》这款产品取得了巨大的成功,游戏品质一般但靠流量方持续的强推最终变现的商业模式,被验证可行。

在菲音旗下的网站上,有一段时间可以看到很多大家耳熟能详的产品,如《明朝时代》《凡人修真》《梦幻修仙》等。《明朝时代》不是明朝网络开发的吗?《梦幻修仙》不是广州捷游开发的吗?为什么这些游戏最开始都挂在了菲音旗下呢?

一种说法是广州互联网圈子不大,菲音的黄凯、杨韬(《盘龙神墓记》《凡人修真》),明朝网络的林绍孟(《明朝时代》),广州捷游的庄捷广(《梦幻修仙》)相互之间关系不错,所以大家就把产品都挂在菲音旗下。看上去,这是一种双赢的做法。一方面可以凭借菲音的品牌让游戏得到更多的推广,聚集更高的人气;另一方面也可以通过多产、高品质的游戏产品,强化菲音的品牌。

有了菲音的品牌和4399的平台,这些兄弟们纷纷取得了成功。随着菲音品牌的建立及其他几个研发商的逐步成功,《明朝时代》《梦幻修仙》两款产品的制作团队在2010年开始突出自己的品牌,突出明朝网络和广州捷游的品牌效应。

不过,这无法解释为什么之后广州捷游与菲音成为Forgame的成员,而明朝网络则与Forgame无关的事实。

更接近真相的版本是,最开始汪东风是想将菲音作为一家网页游戏研发公司进行资本化的,于是他召唤广州各路当时没有"山头"的兄弟都参与进来。但随着事态的发展,产生了诸多变化。

变化之一是诸如明朝网络的离开及广州捷游的独立山头，变化之二是4399的实际控制权也开始悄然发生变化。

由于运营的主体业务放在广州，厦门游家又单独成立了广州游家。

广州游家在找到网页游戏联运这条路后迅速做大。为此，蔡文胜采取奖励及个人转让等方式，给骆海坚追加了20%的股份，于是股权结构演变成蔡文胜占47%、骆海坚占35%、李兴平占10%+，剩余股份由其他自然人股东持有。

在4399这个局里，虽然蔡文胜是第一大股东，而且是绝对第一大股东，但真正发挥作用、真正带来收入的人是骆海坚。特别是到2011年后，每年有过亿元利润的靓丽表现，让骆海坚的腰板硬了起来，骆海坚和蔡文胜在不知不觉中开始产生背离。2013年，在美图拿到天价投资的前夜，蔡文胜减持4399的股份为个位数的百分比，骆海坚成为4399的实际控制人。这一年，Forgame启动了在香港上市的流程。

最终，Forgame以"两家研发公司＋一家发行公司"的结构上了市，研发公司就是之前提的菲音和广州捷游，同时Forgame旗下有一家网页游戏发行平台91wan，该平台是2008年年底通过收购的方式加入Forgame家庭的。早在ZCOM时代，汪东风就和这家公司存在激烈的竞争，并且认识了其创始人廖东。汪东风涉足游戏后，便说服廖东加入了Forgame，由91wan负责游戏发行业务。

不过当91wan正式加入Forgame的时候，91wan的另一个创始人陈浩宣布离开91wan，自行创办了游戏研发公司，并与37wan在2011年推出了《龙将》这样的超级大作。陈浩与37wan联合创始人曾开天是在知名SP鸿联的老同事，而37wan的另一位创始人李逸飞也是新浪SP的重要骨干，不过最开始，李逸飞是在成都与webgame.com.cn合作。2009年，李逸飞来到广州注册成立海岩，2011年与曾开天的公司合并成今天上市公司37wan的主体公司。

2011年，也就是《龙将》之后，37wan走出了一条与91wan、要玩不同的独家代理运营的成长路径。曹凯的《神曲》、陈默的《秦美人》等，都是在37wan上被推成爆品的，它也是为数不多能从网页游戏时代顺利跨越到手机游戏时代的发行平台。

在91wan放弃研发、发行一体化的同时，动网先锋也完成了类似的转身。

2007年年底，宋海波离开安逸的海口，北上创业氛围浓重的广州寻找机会。在天使投资人蔡文胜的张罗下，宋海波通过李锐（动网先锋COO）结识了周杰伦中文站的站长吴萌。长期在个人站长圈发展的三人，组成了动网先锋"铁三角"。动网先锋兵分两路：宋海波带队借助动网先锋论坛尝试打造一个网页游戏运营平台，同时吴萌领衔的产品研发团队制作第一款商业策略性网页游戏《商业大亨》。在2008年ChinaJoy上，宋海波、吴萌带着还没有做完的《商业大亨》参展，也是在这次展会上，宋海波和吴萌认识了上海九维创始人宋辰。据宋海波回忆，当时宋辰拉着吴萌和李锐聊了6个多小时，其中一多半时间都在批判《商业大亨》。

灰头土脸回到广州后，宋海波对《商业大亨》进行大改，2008年9月重新内测。结果，十几个人同时在线游戏就会宕机。下线再改，前后折腾几个月时间，2008年11月《商业大亨》终于上线。第一个月，《商业大亨》收入100多万元，半年后这一数字冲至1000万元，最高峰时达到3000多万元的月收入。

随着《商业大亨》的火爆和自建运营平台失败，宋海波迅速调整策略，让动网先锋成为一家自研网页游戏厂商，并抱上了腾讯网页游戏平台的大腿，2013年在国金投资林嘉喜的帮助下成功将其卖给掌趣。而在动网先锋卖给掌趣前的一个月，蔡文胜将自己持有的大部分股份卖给了动网先锋的管理团队；同期，蔡文胜减持了自己在暴风所持有的股份。蔡文胜在接受本书作者采访时表示，出于资本市场对关联交易的规避，他在当时减持了和网页游戏有关的所有公司的股份，但飞鱼科技除外。这是因为，蔡文胜虽然减持了飞鱼主体公司光环游戏的股份，但光环游戏在香港上市前又与《保卫萝卜》的出品方凯罗天下合并，蔡文胜由此又持有了飞鱼科技的部分股份。凯罗天下的创始人陈剑瑜也是站长圈的老人，江湖人称"小鱼"，他也是美图秀秀的创始人之一、蔡文胜的下属，蔡文胜成为凯罗天下的天使投资人，合情合理。

完成网页游戏研发与发行一体化跨越并至今屹立不倒的，是一个叫黄一孟的人，和他的心动游戏及 TapTap 独立游戏发行平台。黄一孟为人所熟知是因为 VeryCD。2008 年左右，VeryCD 流量最高时 Alexa 排名全球前 100，但它一个月的广告收入才 10 万元。同年，黄一孟开始联运网页游戏，收入达到了每月 100 万元，这让黄一孟开始思考网页游戏可能带来的机会。

黄一孟玩了其他网页游戏，觉得大部分很差。比如，新手引导和服务器的架构普遍不佳。从做网站的角度来看，大部分网页游戏的用户体验和技术能力都不够。于是，黄一孟将当时赚钱的网址导航站卖给庞升东，拿着大几百万元做网页游戏，由此有了心动游戏。

这一切，在心动游戏研发和运营第一款游戏《天地英雄》的时候，得到了体现和验证。

1. 心动游戏的游戏服务器运维架构从第一天起，就和千万级用户量的互联网站做得一样，保证了强大的扩展性和最低的运维成本。
2. 心动游戏深知自己只擅长产品和技术，而不是运营推广，所以从最开始就确定了以联运为主的策略，并且直接给了所有联运合作伙伴最好的分成比例，不分大小，没有阶梯。
3. 心动游戏把网页游戏完全看成一个互联网产品，把研发期作为产品周期中的一小部分，把更大的精力放在产品上线后的调整和改进上，用互联网产品的方式进行统计和分析，结合用户反馈和自己的切身体验，合理地规划产品后期的发展方向。

《天地英雄》作为一个底子不够牢固的产品，在心动游戏的努力下，做到了当时网页游戏开服量和收入的第一。

这些经验给心动游戏代理发行厦门光环游戏的《神仙道》，提供了很好的参考，使其少走了很多的弯路，也让心动游戏一跃成为当时炙手可热的"研发+发行"两位一体的新贵公司。

《神仙道》堪称中国网页游戏史上最具影响力的作品。除了心动游戏这个发行商，这还要归功于《神仙道》的研发团队——光环游戏。按照黄一孟的说法，这个由叶斌领衔的团队最大的特点就是有爱、有追求、有理想。所以即便《神仙道》的月流水已过亿元，研发团队还能通宵达旦地工作，不断为《神仙道》增加新奇的玩法，不断优化玩家的游戏体验。

其次是对产品本身的投入和创新。《神仙道》的美术水准是网页游戏的一个标杆；在玩法上，横版回合的 RPG 模式也是其重要的创新——叶斌开创了一个画面创新模式，虽然与普通游戏玩法一模一样，但将俯视的策略游戏表现形式转为横版回合战斗。

与《神仙道》同具备当时网页游戏顶尖水准甚至有更多创新的代表作品《傲视天地》，则出自上海。其创始人赵中毅原先在第九城市做《九洲战记》项目时表现并不出色，但这并不影响他后来完成影响如此深远的《傲视天地》。可以说，他开创了 SLG 网页游戏的新时代，也让众人发现，原来网页游戏可以做成单机游戏的样子，原来网络游戏是可以没有交易的，原来战斗也是可以这样呈现的。

赵中毅毕业于上海交通大学著名的 ACM 班，关于上海交通大学 ACM 班的故事，敬请期待本书作者和岑峰在 2021 年下半年联合创作的《中国人工智能简史》一书。

看到网页游戏巨大机会的，还有一个叫曾李青的人。2006 年年底，腾讯 COO 曾李青从腾讯退休，创办德迅。2008 年，曾李青的竞业期结束，开始可以下注游戏等领域的投资。也就是从这一年起，德迅在网页游戏领域做得风生水起。德迅今天的执行合伙人齐海当年从空中网出来做网页游戏公司呈天游，德迅一下子就投了数百万美元。

曾李青在腾讯的背景，让德迅的诸多网页游戏项目都选择了与运营平台深度绑定的策略。由汪海兵等人创办的淘米推出的网页游戏《摩尔庄园》与4399堪称绝配，而由曹凯创办的第七大道的第一款产品《弹弹堂》与雷军任执行董事长的YY同样是一对超级"CP"（情侣）。

雷军同时也是4399的竞品7K7K的天使投资人，淘米后来也投资了7K7K。

除了雷军是YY和7K7K的天使投资人，它们还有共同的投资人晨兴。晨兴本身是第九城市的投资人，它也是最早认识到游戏媒体和游戏社区有价值的风险投资机构。另一家对网页游戏下重注的风险投资机构是启明创投，这源于其两位前合伙人。一位前合伙人甘剑平之前就是空中网的CFO，所以他与曾李青一起投资了从空中网出来的齐海，同时也投资了曾李青的淘米；而另一位前合伙人童士豪，也是雷军及金山系创业者的拥趸，他是游戏谷张福茂的早期投资人，也是7K7K和VANCL的投资人。童士豪同时也是Forgame的投资人，这世界不大。

周亚辉在2009年前后也备受风险投资机构的追捧，其中以红杉资本的曹毅最为积极。曹毅毕业于清华大学计算机系，算周亚辉的师弟。《热血三国》的爆红和联运模式挤压了昆仑万维的市场份额，于是自2009年起，一场大病后归来的周亚辉决定采取出海做网页游戏后回A股上市的成长路径，选择拿东方富海这样的人民币基金。虽然周亚辉和曹毅没有合作成，但这并不影响他们之间长达很多年的友谊。曹毅离开红杉资本创立源码资本后，周亚辉是最重要的三个支持者之一，而周亚辉的很多天使项目，都有源码资本的身影。

话说，周亚辉在做网页游戏出海的时候，中国已经有一批网页游戏公司先行一步，其中最有名的当属游戏《Civony》，但其打擦边球捞快钱的玩法很败坏名声。周亚辉的昆仑万维还是相对走正道的，这也是这么多年来周亚辉在海外市场上能持续找到新蓝海市场、能赚到钱的原因所在。

《Civony》的运营团队负责人 Isaac 和 Terry 被陈勇和周浩加拉到了要玩,这是要玩在海外运营上能够翻身的核心原因。

有人远走他乡,也有人杀了进来,同是 SP 老人的朱晔 2009 年找上这个时候已经赚得盆满钵满的玉红,希望玉红能带他一起飞。之后,朱晔将天神互动并给玉红,出让了 20% 的股份。

这个时候,玉红正好投了杭州某 CP,但产品一直没有出来,人也走得差不多了,于是玉红鼓动朱晔接盘该公司。同时,陈默离开成都梦工厂投靠趣游,玉红就让陈默加入该公司当主策划。陈默开掉了所有策划人员自己做,带着一个技术人员,用 4 个月时间花了朱晔 300 万元,做出了《傲剑》。《傲剑》很快成为月流水超过 5000 万元的超级大作,也直接把天神互动推向了 A 股。

对《傲剑》及类 ARPG(动作角色扮演类游戏)的成功,游戏"大 V"楚云帆的观点是:这类产品都可以看作是在走客户端游戏传奇私服的路,经验、等级、装备等都是被大规模贱卖或白送的,采用最容易实现压缩生命周期来短期获取大量收入的模式——这个领域陈默是最擅长的。

这一年,在新好的推动下,陈默拿了林嘉喜的天使投资,离开天神互动自己单飞,创办墨麟。他依旧靠着 ARPG 产品"一招鲜,吃遍天",第一款产品《秦美人》虽然没有能达到《傲剑》的高度,但客观来说也成绩喜人,达到月流水 5000 万元;与此同时,《战龙三国》在腾讯网页游戏平台流水第一,《大闹天宫》在百度平台流水第一,《风云无双》在 YY 平台流水第一,墨麟在网页游戏江湖中一时风头无两。

不过,ARPG 市场很快成为红海,陈默也看到了自己的瓶颈,所以决定转型做长生命周期的产品。这一转型力度有些大,深圳、上海、成都三大工作室同时转型,但转型从来不是一件容易的事情,加上墨麟高峰期有超过 2000 人,工资待遇又极高,"烧钱"太厉害了。手机游戏的崛起让墨麟竞争力下滑,加上拒绝掌趣数十亿元的收购、错失借壳上市等，墨麟风光不再。陈默自己的总结，就是应该先变现（卖掉）再转型，或者直接将工作室分割出去，自己来摸索转型。

2011年，另一位顶级传奇私服玩家林奇也从董事长的位置跳了下来，担任游族CEO，与宋辰友好分手。自此，游族走上了一条收入狂涨的上升路。

玉红虽然也有天神互动20%的股份，但如果玉红自己吃下《傲剑》，就没有朱晔什么事了。玉红之所以这么力挺天神互动，很大程度上是因为当时趣游在做发行，需要有和趣游紧密合作的研发商。

在同一个投资人涂鸿川的鼓动下，玉红最后选择了将趣游与360合并，这让360一跃成为网页游戏的重要玩家之一。玉红本人在短暂参与花椒的创业后，2016年揣着大把现金离开360，开始做天使投资，并成为著名的"三点钟无眠区块链群"的发起人。这段故事，有兴趣的读者可以查阅本书的后续作品《沸腾新十年》。

周鸿祎和免费杀毒

回来讲360和周鸿祎。在整个网页游戏大浪里，作为流量的重要掌控者和分发者，360是重要的受益者，今天360的收入中仍有相当一部分来自网页游戏。但在很长一段时间里，直到这个行业成为完全的红海前，360都是旁观者。特别在网页游戏大浪风起云涌的2008年前后，360完全是看客，其中理由很多，但都指向它那位特立独行、桀骜不驯的创始人周鸿祎。

周鸿祎不喜欢游戏是360一开始错失网页游戏这一浪的主观原因。客观原因则是，在2008年前，周鸿祎一直深陷一场他想打赢但根本打不赢的战争，就是搜索战争。周鸿祎自己也很矛盾：继续吧，毫无胜算；放弃吧，又不甘心。

真正刺激周鸿祎、令其改变态度的是陈一舟。如前所述，在当时的互联网业界，周鸿祎和陈一舟有很多共同点，两人地位相当，都属于二次创业，也都不太被看好。当 2008 年 4 月千橡以 SNS 概念融资 4.3 亿美元的消息出来后，周鸿祎被深深地震撼了。按照傅盛的回忆，当时周鸿祎打了一个很长的电话给傅盛："原来只要集中力量做好一件事情，就能成大事。"也就是从 2008 年 4 月开始，周鸿祎决心放弃三年未成的搜索，全力做 360。

同样因为业务聚焦，和之前李学凌和张云帆一山不容二虎一样的事情，很快在 360 也上演了。2008 年 4—6 月，围绕傅盛的去留，奇虎上下发生了诸多故事。

就在周鸿祎下定决心全力做 360 之后的 2008 年 4 月，他告诉傅盛："360 员工的股票由你来发。"但周鸿祎没有定下这批股票应占的比例是多少。傅盛给出一个方案：把 360 员工的持股份额与搜索团队拉平，占到总体股份的 2%。没料到这个方案激怒了周鸿祎，他告诉傅盛："你不能拉团队来跟我讲条件。"傅盛当场被"急哭"了："我从来没想过跟你讲条件。"这件事只是一个导火索，自此两人的关系急转直下。

接下来，石晓虹开始带头做"360 杀毒"，直接向周鸿祎汇报。一度担任奇虎搜索 CTO 的李钊被派驻进 360，组成一个"特别小组"。刚开始的名头是帮助傅盛招人，但后来李钊做具体项目，不参加 360 事业部的例会，直接向周鸿祎汇报。

最打击傅盛的一件事发生了。周鸿祎称收到一封匿名信，投诉傅盛的工作问题，但信中没讲具体的细节。周鸿祎对傅盛说："我对你百分百信任，我回了一封邮件，对方却没再回。"傅盛说要看一下邮件，但周鸿祎说已经删了。傅盛就觉得这是假话：要么周鸿祎不信任自己，要么根本没这封邮件。

傅盛不爽，第二天没去上班。周鸿祎大怒。第三天，他让石晓虹要来了360全部100个员工的名单,给很多人加薪,并与他们单独交谈了一轮。从头到尾,傅盛都不知情。加薪之后,周鸿祎又找傅盛深谈了一次。他告诉傅盛:"我不能让别人说我卸磨杀驴,我们可以平等地讨论问题。"

石晓虹等人也来劝。傅盛心软了,又回去给周鸿祎道歉,说"自己也做得不好,以后会好好干"。

而后,关于360某高级别程序员招聘,齐向东未经傅盛同意直接批准,但徐鸣认为不合适又拒绝,再次导致周鸿祎和傅盛闹翻。

在傅盛再次向周鸿祎辞职的当天,手续还未办完,傅盛的邮箱就失效了。当天,360安全卫士20人的骨干被召集起来开了一次"批斗大会",历数傅盛的过失。批斗大会一直持续几个星期,甚至开到了北戴河。

随着欧胜等人的进入,周鸿祎就此完成了对360安全卫士的整编,360安全卫士进入新的阶段。

刨除人事恩怨,从产品功能的维度来看,360安全卫士最开始只是一个对付"流氓软件"的工具,2007年在傅盛的主导下迅速进入防木马领域。这个进入非常直接和迅猛,以至于不少人对360一开始的印象就是对付木马的。但很多"小白"用户对木马和病毒傻傻分不清楚,所以不少中病毒的360用户在2007年抱怨当时只能杀木马但搞不定病毒的360安全卫士不好用。

周鸿祎的一个重要动作是让360安全卫士从对付木马进化成杀毒,准确地说,他把360安全卫士和免费杀毒联系在一起,形成了强绑定。

2007年7月,360与卡巴斯基合作,推出限时一年免费的捆绑版软件,让360软件和卡巴斯基软件的安装量实现了"双飞"。在与卡巴斯基合作之前,周鸿祎找过一些国内杀毒厂商——瑞星、金山、江民,当时这三家基本垄断了国内杀毒市场,周鸿祎试图说服它们提供一个免费或半免费的杀毒软件,哪怕是简版、试用版,跟"雅虎上网助手"捆绑在一起推出。但是,这三家都没有理解周鸿祎的想法,无一例外一口拒绝。原因应该很容易理解：当时它们的软件都卖得很好，一年有几亿元的收入，收钱都收不过来，为什么要尝试免费呢？

至于国外的主流杀毒厂商，虽在中国的个人消费市场做得一般，但企业市场做得不错，也算是既得利益者，一样难以说服。

最终，之所以找到卡巴斯基，是因为它在中国市场的状况比较特殊。当时在一些小众高端用户群里，卡巴斯基比较受欢迎——它的杀毒技术确实不错。但正因为技术好、对机器性能要求高，所以它在大众用户中没什么市场；而360则需要卡巴斯基的名气。

二者一拍即合，展开合作。最终的协议是：360每年拿出两三百万元购买卡巴斯基为期半年的激活码，卡巴斯基与360共同进行推广，如果用户到期后选择续费使用卡巴斯基，线上销售收入双方按比例分成。

对卡巴斯基来说，这一切都很完美。首先有一笔钱可收，其次借助360安全卫士的装机量，卡巴斯基迅速成为国内一线的杀毒软件。对360安全卫士来说，好处更多。首先，这提高了360安全卫士产品的好评率和市场占有率；其次，就此可以探知一款免费杀毒软件究竟会有多受欢迎；再次，这次合作也给360安全卫士的用户增长带来许多帮助——有多少人就为了一个正版的免费杀毒软件，成为360的用户。

正当卡巴斯基准备结束"以免费换市场"时，2008年，周鸿祎又出奇招。

2008年7月，也就是和卡巴斯基合作期满后，360正式发布软件"360杀毒"，同时宣布"360杀毒"永远对用户免费，自此拉开了免费杀毒软件的序幕。

作为当时国内安全行业的老大，瑞星的反应最为激烈。瑞星直截了当地指出，360所谓的免费杀毒，是BitDefender和360合演的一出暗度陈仓的好戏。瑞星指出，BitDefender将免费使用期为一年且经过功能裁剪的杀毒组件，由360以"永久免费的杀毒软件"的名义在国内推出，借此提高知名度后由代理商销售商用产品，最终用免费策略来抢占国内杀毒市场。瑞星宣称，自己是在"一面跨过伪军打'鬼子'，一面保护渠道和新老用户的利益"，作为一个负责任的主流安全厂商，瑞星将为国内安全行业的健康发展竭尽全力。

不仅是瑞星，面对360这种砸全行业饭碗的做法，金山、江民都表示了愤慨。

周鸿祎何以顶着整个行业的反对推免费杀毒？他有他的"小九九"。

免费杀毒软件好是好，但收入从哪里来？周鸿祎并不是在做慈善事业。当没有找到足以支撑整个奇虎的收入来源时，推出免费杀毒软件，能持续多久是需要打问号的。奇虎在口碑营销上有收入，但这并不是一个巨大的收入来源，更重要的是，它很难规模化成长。而差不多就是在2008年年初，周鸿祎找到了他的"现金奶牛"产品——360浏览器，一个能借助客户端做推广并获得下载量的软件。

和"360杀毒"一样，360浏览器也在2008年7月推出。利用浏览器，360可以把用户引导到诸如它的导航站之类的地方。很快，奇虎七成的收入来自广告，广告收入中又有七成来自导航站。魏武挥评论说："360又做了一个类似hao123的网站，但不同的是，它做的是一个可以把用户导向hao123这种网站的浏览器。"

还有一点，周鸿祎虽然是个追求速胜的人，但他深知杀毒的水很深，一方面技术要求比较高，另一方面有大量的协调工作要做，他必须找个不错的时机。

有意思的是，360推免费杀毒的时候，也正是东方微点案尘埃落定，各家杀毒软件公司都手忙脚乱、应接不暇的当口。周鸿祎虽然给人一种"大炮"的感觉，但做事绝不鲁莽，不论是当年对"流氓软件"的反戈一击还是推出免费杀毒软件，周鸿祎都能一击得中，而且让对手跟也不是，不跟也不是。正当对手犹豫、彷徨时，新的组合拳又让对手手忙脚乱。周鸿祎后来总结了一套搏击理论，称为"柔道战略"。

2008 大开大合

若干年后的 3Q（360 和 QQ）大战、3B（360 和百度）大战及"小三"（小米和 360）大战，周鸿祎用几乎同样的方式进行战斗，虽然没有像之前一样战无不胜，但都让对手疲于奔命。

从榕树下到起点中文网

周鸿祎有没有朋友，这是个问题。周鸿祎认为张朝阳是他的朋友，360 好几次差点从张朝阳手里买下搜狗，就是明证。周鸿祎的另一个朋友是盛大的陈天桥，若干年后，周鸿祎曾经无限接近买下盛大的游戏业务，但价钱谈不拢，于是周鸿祎从盛大挖走了郭海滨来帮自己创建 360 游戏业务。郭海滨后来又回归陈家兄弟阵营，现在常驻韩国，是中方负责韩国《传奇》游戏合作的首席代表。

2008 年的盛大和陈天桥，正值风生水起之时。

2008 年 3 月，北京两会期间，侯小强应邀拜访陈天桥。彼时，午后的阳光洒在地上，陈天桥凝视窗外，指着楼下马路上川流不息的车龙说："看，这是一个多么繁华的时代，中国的文学也应该这样。"

正是这一句话，打动了文学硕士侯小强。侯小强 1999 年大学毕业，2001 年加入新浪。从新浪离职前，他主管博客、播客、读书等人文频道，在文艺和学术界拥有广泛的人脉资源。

侯小强也是新浪第一个副总编辑，他在新浪的成名作是带领新浪博客打败了方兴东的博客中国。

2005 年 9 月，余华出了《兄弟》一书，去新浪做宣传。侯小强接待了余华，聊天之余鼓动余华在新浪写一篇博客，内容主要是他写作《兄弟》的动机，以及面对别人的批评自己怎么看。余华很快交稿，侯小强就找了一个位置帮余华推荐了一下这篇博客。

这年国庆假期没结束，余华给侯小强打电话，说："你们太厉害了，有 8000 个人看了我写的这篇文章。"放下电话，侯小强就在想，一个人写一篇文章有 8000 个人看，如果 20 个人每人每天给新浪写一篇文章，那就有 16 万个人看了，这样新浪博客发展起来不是一件难事。

国庆期间，侯小强就开始列中国的名人。那一年国内最有名的是李宇春、潘石屹、武小艺这些人。侯小强列出名单，准备请这些人来写博客。

但具体怎么请，是个学问。其一，不是所有名人都会写文章——那时候写博客，肯定不止微博的 140 个字；其二，能写文章的名人往往会给报纸写专栏，报纸会为这个专栏一年支付好几十万元，而新浪打算请这些人免费写专栏。

这件事虽然难，但难不住侯小强。侯小强先去拉那些和新浪有往来、本身互惠互利的名人来写，譬如潘石屹。潘石屹写博客，对他的业务有帮助——侯小强同时负责房地产、汽车等频道。

给人印象最深的就是洪晃。2005 年她特别红，加上前夫陈凯歌拍摄的《无极》正好是那一年上映，侯小强就想能不能拉洪晃来写。他听说潘石屹跟洪晃熟，就主动找上潘石屹，问潘石屹能不能安排自己跟洪晃吃顿饭。于是，三人一起吃了顿饭，潘石屹和侯小强轮流劝洪晃。当时，洪晃跟侯小强也有交集，因为新浪的时尚频道是侯小强在管，洪晃也想有一些联动，于是就答应了。

但答应后，洪晃迟迟不交稿，侯小强就不断催她。按照侯小强在接受本书作者采访时的表达，他几乎一天催十几遍。其实，洪晃在饭桌上只是应付侯小强，她本身并不想写，但是禁不住侯小强催得太频繁，洪晃被催得不好意思，就写了一篇有关陈凯歌的故事。那是新浪历史上第一篇有影响力的博客，那篇文章当天的 PV 达到 20 多万次。

徐静蕾是新浪博客第一个重点推的名人，这是因为当时徐静蕾的经纪人正好是新浪的编辑。徐静蕾很快知道博客这个东西是有价值的，于是她写得很认真，写了博客就推，再加上她本身有内涵也喜欢表达，明星的流量又有保障，所以她开通博客那一年的PV达到1亿次。

名人战略首战告捷。侯小强再一想，不能光请名人，得增加议题设置的玩法。每个名人请来后，侯小强都要和他们讨论具体写什么，帮忙设置议题。

侯小强请人来写作的时候，都会跟对方提要求：第一，要亲自写；第二，一定要写跟别人不一样的东西。来写作的人都有一个共同的诉求，那就是希望提高影响力。

议题设置的玩法一出，更多的名人愿意参与进来。最经典的是韩寒、白烨之争，几乎把大半个中国的文化名人牵涉进来了，甚至波及高晓松等一大批娱乐明星。陈彤一看太多的人卷进来，赶紧叫停了。

侯小强在接受本书作者的采访时称：新浪博客的成功，一半靠名人博客，一半靠议题设置。名人并不知道自己应该写什么，直到出现议题设置，很多名人开始通过博客来爆料。

其实还有一点：侯小强当时跟新浪排名前500名的博客主，几乎都保持着比较好的个人关系。这点也是新浪博客成功的重要加分项。

那时候人都比较"矫情"，谁要从新浪博客撤出，都要大张旗鼓地宣布一下。当时侯小强的内心非常焦虑，他倒不害怕单个人的离开，而是害怕产生连锁反应。所以侯小强每次都要劝。那段时间，侯小强几乎每天都在跟这些博客主沟通，在告诉他们应该写什么；如果谁想离开，侯小强还要做思想工作，跟他们沟通。

2008年7月4日，盛大宣布成立盛大文学，新浪前副总编辑、新浪博客主脑侯小强出任CEO，起点中文网创始人吴文辉出任总裁。继对盛大游戏和盛大在线两个事业部进行企业化管理之后，盛大的新业务板块——盛大文学浮出水面。

盛大文学下有起点中文网、晋江原创网、红袖添香网三家全资公司和合资公司，原各网站的负责人商学松、黄艳明、孙鹏等亦担任盛大文学的副总裁。

盛大董事长陈天桥在其最盛的 2004 年，发现了当时刚起步的起点中文网，一眼相中，斥资收购。盛大多年经营网络游戏所构建的覆盖全国的付费平台，给起点中文网带来了很多的便利，起点中文网的 VIP 收费阅读模式格外成功。4 年之后，陈天桥请来侯小强成立盛大文学，决定放大"起点模式"。

什么是"起点模式"？起点中文网是如何将作者和读者牢牢抓住的？这要从起点中文网创始人吴文辉的创业经历说起。2001 年，热爱文学的吴文辉喜欢上水木清华 BBS 和黄金书屋[1]找小说看，因为有"阅读饥渴"，又买不起二十几元一本的正规出版物，他只能在网络上寻找作品，特别是那些"新鲜人"创作的新鲜作品——当天写，当天发表。

吴文辉在网上疯狂搜索和查找文字，一页一页地翻看昨天有谁写了什么，今天又写了什么。之后，他和几个同伴一起（有的是网络作者、有的是读者）发起成立玄幻文学协会。2002 年 5 月，玄幻文学协会筹备成立文学性质的个人网站——起点中文网。

起点中文网创立于 2003 年 5 月，6 月时日点击量只有 200 万次，而同样主打玄幻文学的幻剑书盟，日点击量已经达到了 1000 万～2000 万次。无论是规模还是影响力，起点中文网都缺乏与幻剑书盟正面竞争的能力。让人难以想象的是，即使如此，稚嫩的起点中文网却独创性地开始商业化运作——它准备向读者收费了！

瞬间，来自用户、专家的质疑声浪扑面而来，网络上激烈的争论更是铺天盖地。网络作者们本身对在网上码字就没有抱赚钱的希望，现在将作品放在商业文学网站上收费，岂不是连网络影响力这一虚幻的追求也要落空？至于网友，之所以在网上看小说，本就是冲着 Free（免费）的优势，谁会为根本没有出版，甚至不能拿在手里的作品付费？

---

1 中国最早、最成功的读书类个人网站之一。

除质疑外，起点中文网还遭受了员工带着作者、作品资源转签他家的打击，之后更遭遇了收费作品提前泄露的危机，可谓流年不利，但是起点中文网仍然顽强地将收费行动坚持了下来。为了确保初期发展的优势，起点中文网决定在第一个月对会员免费，并且确立了每千字2分钱、全额支付的稿费制度。

到2003年11月10日，VIP优惠期结束，开始正式收费时，起点中文网总共只有23部VIP作品。但是由于采用全额支付的制度，在第一个月，就有作者的稿费超过千元。起点中文网顺势发表文章欣喜地宣布了这个消息，网络作者们才发现，原来网络创作也可以获得丰厚的收益！

由此，起点中文网迅速地积累了作者团队和忠实用户等宝贵资源。向用户收费后，起点中文网并没有短视地将钱装进口袋，而是以稿费的形式将大部分收入付给了作者。特别是在刚刚开始的时候，起点中文网甚至自己贴上邮资，把从用户那里收到的费用全额支付给作者。此后，虽然起点中文网与作者间有5:5的分成协议，但事实上，起点中文网还额外地送给作者20%，实际上以3:7分成。

看到光明的吴文辉，马上想到要稳住作品质量和更新频率。为了鼓励和约束作者的创作，起点中文网陆续推出了五花八门的付费措施。"雏鹰展翅计划"主要针对还在磨炼期的新人作者：为了避免新人作者因各种原因中断创作，自作品上架第二个月起，每月发表字数超过10万字但单月稿费不足1200元的作品，起点中文网会酌情将其稿费补足为1200元，每部作品可享受累计4个月的保障支持。而"完本[1]奖励计划"则对按期完成作品的作者发放奖金，仅2008年上半年，该计划就发出300万元"完本奖励金"。

起点中文网更创纪录地推出了作者福利体系，平均订阅量少于1000人的作者享受"低保"，最低收入为每4个月4800元；而平均订

---

[1] 完本是指没有半途而废的作品，又称全本。

阅量达到 1000 人的作者不但能得到每月 1500 元的稿费，还能获得每月 600 元的半年奖；若平均订阅量达到 10 000 人，年收入将不低于 252 000 元。此外，还有"文以载道计划""开拓保障计划""新书月票奖""老书月票奖""分类月票奖""全年月票奖""全勤奖"等各种激励计划。起点中文网还与上海社科院合作，设立创作研修班，聘请专家授课，提高网络作者的水平。

对签约作者，起点中文网会给每位作者提供一份写作指导，每部签约作品都有编辑贴身指导，并且都会得到来自三位编辑的意见和建议。编辑们帮助作者了解起点中文网的上传、打榜规则和技巧，并向作者介绍起点中文网作品市场走向等信息；作者不论是在创作还是在作品运作方面碰到任何问题，均可以找编辑商量和咨询。所有的签约作品均有编辑跟踪阅读，当作品整体走向出现偏差时，编辑也会主动与作者进行沟通。为了增加订阅量、提高收入，作者完全可以从读者口味出发，在故事情节、描述手法、文字推敲上下足功夫，而且作品的创作、发布、销售、反馈以分钟为间隔，作者可以与读者实时互动。

简单地说，起点中文网用一种类似员工管理的激励和管理模式，对原本混乱、随意且不稳定的网络创作和电子出版消费进行了协调和融合，将作者当成自己的员工来培训、激励，深挖行业资源，培育行业环境，疏通了原本存在堵塞的电子出版行业的供应链，完全颠覆了传统的文学网站经营模式。

侯小强的加入对网络作者走向主流化的推动颇多。侯小强到盛大的第一件事就是举办了网络作者与作协成员之间的擂台赛，优胜者有进入作协的通道。他请了 30 个省市的作协主席来做评委，活动影响极大，作协开会时几乎全场都在讨论这个擂台赛。侯小强就是想通过这种直接、正面的碰撞，推动网络作者走向主流化。侯小强在接受本书作者的采访时称，中国作协的白冰曾经希望能成立国家级的网文作协，但因为侯小强的离职，这件事被搁浅。

2008年年底,暴雨娱乐CEO、榕树下创始人朱威廉高调宣称,自己正与欢乐传媒谈判,希望将榕树下网站收回,收购中间人是榕树下前总编辑、网络作者李寻欢[1]。

朱威廉是中国互联网历史上一个略显离奇但不可忽略的人物,有关他的段子数不胜数,难辨真假,但都指向一点:他个性张扬、才华横溢,同时有些口无遮拦。按照朱威廉本人的说法,他曾经在美国当过警察,回国后开过广告公司,因为热爱文学而在1997年创办了中文互联网世界第一读书社区——榕树下。

关于榕树下,朱威廉曾这样诗意地形容:灯红酒绿的世界,网上有这样一棵树,可以让你回归质朴。

榕树下迅速聚拢了大量人气,在鼎盛时期,榕树下拥有200万个注册用户,每日PV达到500万次以上,每日投稿量在5000篇左右。如此高的人气,难怪朱威廉对循声而来的风险投资机构说:"这是一种理想,5000万美元我都不卖。"不过,榕树下还是被卖了,先是2002年投靠贝塔斯曼,后于2006年被欢乐传媒以500多万美元招至麾下。

朱威廉之所以欲图与榕树下"鸳梦重温",涉足网络文学领域,与盛大在2008年对起点中文网的大力投入及起点中文网的风生水起大有关联。

其实不只是陈天桥,中国网络游戏业的另一位实力派、完美时空的池宇锋,也对网络文学兴趣颇大,完美时空也在2008年推出了纵横中文网。

担任纵横中文网总经理的张云帆在前文中也有出场,他和侯小强一样,也是网文市场的行业老人和重要推手。张云帆对网文市场的推动在两个方面,一是对作者的培养和正规化,二是对IP的打造。与

---

[1] 李寻欢的真实名字路金波似乎更为响亮。路金波在离开榕树下后与万卷书页合作成立了万榕书业,旗下有韩寒、安妮宝贝、石康等作家。

之相关的故事在本书后续作品《沸腾新十年》中有讲述，但在当时，张云帆和侯小强都是先知。

所有创意都源自文本。不管是网络游戏、动漫、电影、电视还是戏剧这样的形式，还是网络视频、手机、电视等这样的载体，娱乐产业的内容源头就是文本。这样的文本显然不同于新浪这样的新闻，它必然是未来最具有价值的媒体元素。很显然，"起点"们让它们的文本具备了这样的可能。

2009
春去春又来

中国互联网的春天,总是早于中国经济的春天,这似乎成为一种规律。

2009年的中国互联网,春意盎然。

这一年,是BAT(百度、阿里巴巴、腾讯)大放异彩的一年。

这一年,虽然巨鲸音乐等产品的问世让谷歌的拥趸觉得它的本土化开始取得长足的进步,市场份额和收入也达到历史最佳,但百度很快从2008年的诸多不顺中走出来,在技术投入和人才竞争上与谷歌短兵相接,这给了谷歌很大的压力。加上一连串的盘外因素,谷歌在2010年彻底退出中国市场,百度赢得中文搜索市场的全胜。

这一年,中国游戏市场曾经如战国般分裂的格局发生了一场惊天动地的变化。腾讯击败盛大成为国内收入最高的游戏公司,这个纪录至今仍在保持。

这一年,张勇重新拾起了淘宝商城的摊子,通过淘宝开放平台引进优衣库,通过与淘宝的紧密合作扶持淘品牌,同时创造性地推出"双11"。一系列的操作让淘宝商城逐步站稳了脚跟,这才有了后续淘宝商城和阿里巴巴在B2C大浪里继续领先的故事。这一年,阿里巴巴的另一个大动作是开始组织团队开发阿里云。

这一年,是雷军、周鸿祎、王兴重新出发的一年;这一年,是张一鸣、刘强东、黄峥崭露头角的一年。

这一年,也是3G之年。2009年1月7日,所有的媒体头条消息都与3G有关:工业和信息化部为中国移动、中国电信和中国联通发放3张第三代移动通信(3G)牌照。其中,批准中国移动增加基于TD-SCDMA技术制式的3G牌照,中国电信增加基于CDMA2000技术制式的 3G 牌照，中国联通增加基于 WCDMA 技术制式的 3G 牌照。TD-SCDMA 为中国拥有自主产权的 3G 技术标准。

尽管围绕 3G 的大规模实际应用还有一段时间，但已大势所趋，浩浩荡荡，不可阻挡。三大电信运营商的 3G 进化，势必给中国互联网带来诸多机遇。

按照 CNNIC 的报告，2008 年中国网民人数达到 2.97 亿人，2009 年达到 3.84 亿人，中国也将毫无争议地成为全球互联网第一人口大国。尽管在中国互联网协会前理事长胡启恒看来，中国离全球互联网第一市场大国和第一强国的目标还有很长的距离，但庞大且不断增长的人口基数，决定了中国互联网市场的巨大和纵深。

春去春又来，花开花又谢。

2009 年，中国互联网注定又是个春天。

天使投资人雷军和他的 UCWeb

结束了一下午关于金山、关于雷军所投资的项目，以及关于互联网过去和未来的长谈后，本书作者和雷军告别，走出位于北京中关村人民大学正门对面的燕山大酒店。

车窗外凛凛冷风中，西装革履、挎着双肩包的雷军面色平静。车渐行渐远，但他的断言却在本书作者的脑海里不断浮现："互联网还远远没有达到它应有的高潮，移动互联网会创造更多、更大的奇迹，你信不信？"

类似的话，雷军曾一次次和本书作者说过，诸如金山会成为中国的微软、他所投资的电子商务网站 VANCL 会很成功……这些判断虽然只有部分应验，但他关于移动互联网将产生大量机会的断言，日后

——应验。

雷军是这部中国互联网史中经历最丰富的一个。在过去的十几年（1995—2009年）内，雷军写过程序，主导过一家软件公司向互联网公司的转型，创办过软件下载站，创办过电子商务网站卓越并成功将其兜售给了亚马逊，成为网络游戏的主要玩家之一。如今的雷军做起了天使投资人，在他投资的诸多公司中，浮出水面的有李学凌的多玩游戏网、陈年的衬衫网站VANCL和做手机浏览器的UCWeb。他在努力让自己成为下一波互联网浪潮中的重要推手之一。他最看好的这三家公司，其实也是中国互联网领域会继续产生伟大公司的三个领域——网络游戏、电子商务和移动互联网。

雷军寄予厚望的能撬动移动互联网格局的明星公司，就是他亲任董事长的优视动景，该公司开发了手机浏览器——UCWeb。UCWeb是"You Can Web"的缩写，意思就是：你能随时随地访问互联网。

优视动景的两个创始人梁捷和何小鹏同是华南理工大学计算机系的学生。梁捷是土生土长的广东人，老老实实，喜欢编写程序；何小鹏是湖北人，头脑灵活，喜欢玩游戏。毕业后，两人都进入亚信公司广州分公司工作，属于同一个研发团队。两人所开发的大容量的电子邮件系统，是公司的旗舰产品，占整个市场40%的份额，著名的21CN、中华网等网站都是他们的客户。不过，大容量的电子邮件系统用户有限，梁捷和何小鹏所领导的研发团队后来则转向开发了网通的BOSS（业务运营支撑系统）。他们独立创办的优视动景，一开始也是把目标市场锁定为企业级市场。随着联想投资的俞永福加入创业团队出任CEO、雷军的天使投资到位，这家公司才把精力全部集中在个人市场上。

优视动景的转向有多么及时，看一看2009年1月7日各大媒体的消息就能知道。3G发牌后，中国电信和中国联通拥有了更成熟的3G制式，必将加剧行业的竞争，SP、WAP将有更多的成长选择。事实很好地印证了这一点，2009年开年，中国移动推出DO平台，拉拢

WAP，可以看作是压力下的政策松动——独立在移动梦网之外的 WAP 逐渐强大，而移动梦网逐渐式微。中国移动还请来了 MySpace 中国的罗川，推出移动社区 139.com，目的在于整合和连接互联网平台及手机平台无法进行网络切换所带来的虚拟鸿沟。

中国移动正在悄然改变以往的市场策略。2009 年年初，它在北京、上海、河南、江苏、天津、湖北、江西等地大幅降低手机上网资费，其中北京等地的手机上网资费降幅高达 70%。随后，中国电信和中国联通紧跟中国移动，施行了这一资费标准。

对于中国电信来说，这是一个大显身手的时代。它成立了互联网及增值业务运营中心，旗下的信元公众信息发展有限公司全面负责移动互联网的增值业务，还于 2008 年 12 月推出了天翼品牌，旨在增加中高端市场份额。

中国联通正忙于重组，在移动互联网上的动作不及竞争对手大。但是，中国联通拥有全球最成熟的 3G 制式，整个 WCDMA 产业链都非常成熟，这是一大优势。

移动互联网掀起第三浪

与中国的其他行业相比，互联网行业更开放，更透明，更崇尚创业文化，更鼓励大胆创新，有更多的财富倍增的对接手段。不过，中国的互联网行业并不是石头里蹦出来的，它无法做到六根清净、一尘不染。在这个行业蓬勃发展的背后，有几只看不见的手，其中最大的是电信。

中国互联网的起步与数据业务从邮电分拆出来，从而带动电信资费下调有关。那么多的 ISP，做的都是电信资费下调、企业用户和老百姓都交钱购买上网接入服务的梦,不然万平国没必要把他清华大学研究生会主席的口才拿出来,舌战听辩会,不然张树新不会投那么多钱,造那么大声势去做什么百姓网。不过当电信资费真正降下来的时候,用户却被电信直接接过去了。

中国互联网第一浪的兴起与电信分拆出来开始建自己的网不无关系,特别是与163和169几乎同时上马有关。在以后很长的日子里,中国电信改革一直伴随着这种用重复建设来进行推动的老套路,网易、腾讯等公司都是借助与电信部门超常的深厚关系而成大器的。

中国互联网第二浪的兴起也与电信重组和开放有关。CDMA虽然一开始就注定是个过渡产品,但它有两大贡献:一是繁荣了中国的手机产业,虽然CDMA本身像夏花般很快凋谢;二是间接刺激和推动了中国移动对移动梦网的大力投入。虽然互联网业界对做SP的人总是另眼相看,但必须承认的是,SP曾经挽救过很多网站的命。最该说感谢的是TOM在线、空中网和掌上灵通这些公司,它们都靠SP在美国上市。

网络游戏与电信体系的宽带应用推广也有关。如果宽带不普及,网吧的生意肯定没这么好,网络游戏也肯定没这么火。视频的崛起也与宽带建设有关(当然视频的崛起还与另一只手——中国的新闻管理制度有关)。而新一轮电信重组后的突出成果,就是3G的发牌和移动互联网的风起云涌。

提及移动互联网,首先得从苹果说起。其在2007年推出的iPhone与其说是一款时尚产品,不如说是一种新的理念。它在海外通过与运营商合作,参与业务分成,开创了业内运营的新模式。苹果的成功惹得诺基亚分外眼红,对应地,诺基亚在2009年建立了一个名为Ovi的互联网服务品牌,将手机、电脑和互联网融为一体,为用户提供个人导航、音乐、游戏、视频等各种应用。

互联网方面,即便是谷歌这样的巨头,也不能不对移动互联网有所"敬畏"。3G时代,搜索行业格局被改写,谷歌不仅要提防现有的竞争对手，还得设法吸引用户用手机搜索。谷歌的策略是与运营商紧密合作。时任谷歌中国 CEO 的李开复在接受本书作者的邮件采访时称："有关 3G，我觉得机会特别多，只要运营商继续降低流量费用。我们（谷歌）的后台应用加上免费的 GPhone 平台，会帮助促成这个机会。"回复此邮件一个月后，李开复在前往 2009 年博鳌移动互联网论坛前与本书作者交流时再次重申了这一观点。在他看来，谷歌虽然在 PC 端的中文搜索应用一时无法赶超百度，但在移动互联网端的中文搜索应用已领先对手。

同样看好移动互联网的大有人在。清华大学技术专家、品味网创始人邓永强邀请本书作者与饭否网创始人、新一代移动互联网应用玩家王兴在清华园东门的美食天地餐叙，面对华清嘉园——王兴刚刚在这里买了套房子，并在这套房子里开始了他的新创业——一个对标美国推特的微博客项目。当时饭否网的 CTO 张一鸣则与我们一起分享了 Facebook 能超越 MySpace 的关键点，那就是 Facebook 更早地应用了信息流推送技术，让 SNS 的信息流转更有效率，使用户交互起来更方便。

中国电信领域的赢家、已经晋升为全球四大电信设备运营商之一的华为，也加大了它在移动互联网业务上的投入。其最大的手笔是将朱波和他的团队集体合并到华为基于互联网增值业务的新业务部门里。

朱波曾就读于浙江大学，后获得美国亚利桑那州立大学计算机硕士学位。1996 年，朱波参与创办了专门从事 VoIP（基于 IP 的语音传输）通信业务的 NeTrue 通信公司（中文名为"佳网信息传播公司"）。该公司主要提供 IP 电话设备和解决方案，并曾被美国《商业周刊》评为全球前 10 名 IP 电话设备和解决方案提供商，以及全球通信行业 500 强之一。1999 年，成立仅 3 年，NeTrue 通信公司便在互联网浪潮中被送到了纳斯达克证券市场上市。2000 年，朱波从上市后的公司中"功成身退"，回到中国。

2003年2月，朱波成立新的公司Cgogo，做手机搜索；2004年6月，朱波先后在北京和浙江设立了两家无线搜索研发中心，扩大、充实了公司的研发力量和技术储备；2004年7月，朱波在京正式推出全球首款基于无线网络的手机搜索引擎产品，成为手机搜索领域的领跑者。Cgogo的首笔资金是风险投资机构集富亚洲于2004年投入的500万美元；2007年，Cgogo又获得了李嘉诚基金会2000多万美元的战略投资。对应地，朱波及其管理团队每隔一段时间就要往北京东长安街1号跑一趟——那是当时李嘉诚基金会在北京的办公室所在地。

在中国政商两界有着丰富人脉资源的朱波入主华为互联网增值业务的新业务部门后，开始招兵买马，网罗了包括猛小蛇在内的多名社区领域的资深运营人士，使其所领衔的华为互联网增值业务团队在VoIP、手机搜索和互联网社区领域均有着丰富的人才储备和技术积累。另一个需要重新审视的背景是，在海外诸多第三世界国家里，华为不仅是电信设备运营商，甚至是电信服务的运营提供商。华为在面向移动互联网用户的社区服务、云计算等诸多领域的战略性布局能助力其与海内外电信运营商的博弈，以及在后续的终端设备的销售中赢得更多的主动权。

海外的电信运营商也加大了其进入中国市场的力度。2009年2月11日消息，澳电讯公司（Telstra）对外宣布，其成为两家中国领先的移动内容服务商的大股东。它收购的两家公司是闪联互动和Sharp Point，收购总额达3.02亿澳元（约合1.9亿美元、13.5亿元人民币），在3年内支付完毕。闪联互动是中国的手机内容服务主要供应商，当时每天服务用户达35万人；而Sharp Point为中国移动提供移动音乐平台技术。

在此之前，澳电讯公司还在2006年以2.54亿澳元收购了搜房网51%的股份，其后亦以7600万澳元入股che168.com、it168.com、autohome.com.cn和pcpop.com四家互联网网站。不过随着对两家中国移动内容服务商的收购，公众对澳电讯公司的认知从之前的中国互联网门户的新玩家提升为移动互联网和互联网门户的双重海外玩家。帮助澳电讯公司做国内并购业务的是时任澳电讯公司全资子公司 Sensis 中国区总经理的童家威。

童家威，1964 年 3 月 8 日生，1988 年拿到南京大学企业经济管理和计算数学双学士学位，不久即赴深圳发展，加入赛格集团，做食堂的服务员，从扛煤气罐开始了打工历程，之后升任赛格集团贸易部经理和深圳市计算机技术服务公司董事、副总经理；1995 年任美国福特汽车总部金融投资部高级经理，同年拿到美国宾夕法尼亚大学沃顿商学院战略市场营销和投资管理金融双料 MBA；1997 年创立美商网，先后拿到 3000 万美元的投资。美商网的概念、模式和经营数据均领先于日后成大器的阿里巴巴，但因为投资商的提前退出而发展受阻。2004 年，童家威在蛰伏多年后在 Web 2.0 概念爆火的时候，推出了一个名叫"中国缘"的项目，但因在 MSN 上较为激进的推广手法而备受非议。

除了在海内外有背景的诸多大玩家，还有诸多本土创业者也希望能在 3G 移动互联网业务中成就他们的梦想。在一个秋天的下午，北京大学信息管理系 1999 届毕业生、3G 门户总裁张向东向本书作者讲述了他和他的大学同班同学、3G 门户 CEO 邓裕强一同创办 3G 门户的故事。按照张向东的描述，3G 门户的注册用户甚至超过了中国移动旗下的移动梦网，但这并没有给他们带来巨额的财富。3G 时代后，3G 门户希望能把先机转换为胜利，对应的一个举动是 3G 门户宣布进入手机浏览器市场。

由于手机浏览器对用户的巨大黏性，各大巨头纷纷加大对手机浏览器的争夺。此前，另一家移动互联网巨头空中网已经与著名浏览器厂商 Opera 合作，推出"空中-Opera"；而中国移动也正与日本浏览器厂商爱可信合作开发 3G 浏览器。

几乎在 3G 门户和空中网宣布进军手机浏览器市场的同时，腾讯也宣布了进军手机浏览器市场的计划。腾讯也在移动生活搜索端发力，一个标志性事件是腾讯用 500 万美元投资了爱帮。爱帮是百度前 CTO 刘建国和百度前首席架构师周利民联合创办的，另一位互联网名人邵亦波也代表经纬创投投入 500 万美元，占 20% 的股份。在时任腾讯联合 CTO 的熊明华的穿针引线下，马化腾和邵亦波在中国香港达成了腾讯战略性投资爱帮的合作。相应地，爱帮开始全面从桌面端转向移动互联网端，呼应腾讯在移动生活搜索端的布局。

百度虽然自 2008 年下半年以来，因为"三鹿门"和"医药广告门"事件而极为被动，但其延请华为前副总裁、技术天才李一男出任百度 CTO 的做法，至少也明确了百度在移动互联网领域的信心和决心，或者说想象力。毕竟，李一男在华为和港湾两个中国电信设备运营商里的经历让人念念不忘。事实上，虽然李一男很快离开了百度，但一开始他的加入让百度在地图领域有了坚决的投入，这让百度在移动互联网领域有了一个重要的支点。

耐人寻味的是，在 2008 年之后的互联网的决定性力量中，新增了一个种子选手——中央电视台。中央电视台在 2008 年三次出手，次次都是大手笔。第一次是在"3·15"国际消费者权益日曝光分众无线，导致分众股票从最高点直到最后的一折，并在 2008 年年底引发与新浪的并购案；第二次是在 2008 年北京奥运会前夕授权搜狐之外的三大门户网站和多家视频网站，左右了门户和视频的竞合；第三次是在 2008 年下半年对百度虚假医药广告的报道，在百度和淘宝 PK 的期间突然出手，导致整个局面大变。

从更深远的意义上说，广电系统也将和电信系统一样，成为互联网纵深发展的推手之一。只是这一次，谁将受益呢？反过来，中国互联网的发展也将同时促进中国广电系统的进一步开放，使其更加透明和阳光。

腾讯"四大名著"和网易的《魔兽》争霸战

2009年第二季度,中国游戏市场曾经如战国般分裂的格局发生了一场惊天动地的变化。

一方面,腾讯财报显示,在这个季度,腾讯游戏业务的市场份额最终以0.2%的微弱优势领先盛大,第一次登顶成为国内收入最高的游戏公司,这个纪录至今仍在保持。

另一方面,早前代理《奇迹》、在彼时拥有《魔兽世界》代理权而长期位居市场排名前茅的第九城市,从第五位飞速下跌到第八位,收入环比下降24%。数十天后,网易在毫无征兆的情况下接管第九城市视作性命的《魔兽世界》代理权,导致第九城市元气大伤,从此一蹶不振。至此,网易并肩腾讯,奠定了两分天下的格局。

花开两朵,各表一枝。网易游戏的故事容后再叙,我们先来讲述腾讯游戏是如何在2009年登顶成功的。

腾讯游戏之所以能在2009年称王,与其在2008年上半年发布的四款游戏大有关联。《地下城与勇士》(DNF)、《穿越火线》(CF)、《QQ炫舞》和《QQ飞车》都有百万个用户在线的靓丽成绩,至今仍有稳定的贡献,被腾讯互娱内部称为"四大名著"。

而且这四款游戏有个特点——都不是其他客户端游戏公司的MMORPG(大型多人在线角色扮演游戏),而更多是可以在30~60分钟里玩一把的休闲型游戏。

腾讯关于游戏最早的尝试是代理《凯旋》,但成"卡旋"。与此同时,无心插柳的QQ棋牌却成就了腾讯游戏的柳暗花明。

按照孙宇杨对本书作者的描述,他与搭档曾宇(腾讯互娱前副总裁)等三个人开发出了第一版QQ棋牌游戏平台,并与当时中国最大的棋牌休闲游戏平台联众爆发了一场遭遇战。最终,QQ棋牌在很短的时间内胜出。

本书作者曾经也与联众创始人鲍岳桥聊过。他认为,联众当时被

QQ棋牌超过，很大程度上是因为当时"流氓软件"横行，联众的客户端经常被卸载；而QQ当时是装机必备，所以新增棋牌用户都成了QQ棋牌的用户。

而孙宇杨给出的解释更详细：QQ棋牌确实是先学联众的模式然后和联众贴着打的，但QQ棋牌第一个版本上线后数据暴涨，他们拿到反馈结果一看，QQ棋牌与联众的用户属性不一样——联众的用户更多是专业、半专业选手，而QQ棋牌的用户更"小白"，他们不在乎胜负，更在乎趣味性。于是，QQ棋牌改变策略，走了差异化路线——上线欢乐豆体系、飞行棋及梭哈。

数据说明问题。当时QQ在工作日只有100万人同时在线（此时盛大《传奇》巅峰时期的同时在线人数达67万人），真实情况是，在登录QQ游戏的人中，从未使用过QQ的占比是20%。这也就意味着QQ游戏拉新的QQ用户占了20%。换言之，在这个时候，QQ游戏对于QQ来说，甚至成了一个加强活跃度的工具——有的用户是为了跟好友玩游戏才注册了QQ的。有意思的是，当QQ游戏的同时在线人数突破100万人时，QQ的同时在线人数已经达到了1000万人。

QQ棋牌的速胜及代理韩国游戏《凯旋》失败的经验，让腾讯互娱的团队开始认识到，QQ用户是腾讯游戏的核心人群。腾讯游戏的价值观由此建立——QQ用户需要什么，腾讯才去做什么。直到今天，你还会发现《王者荣耀》《绝地求生》都是45分钟内可以结束一局战斗的非重度游戏，因为腾讯游戏从来不强调让用户沉迷，相反，带有一点用完即走的意思。

QQ棋牌之后，《QQ幻想》的成功让腾讯游戏彻底走上了一条适合自己的以休闲游戏为主的发展道路。虽然2005年推出的《QQ幻想》是一款MMORPG大作，但其画风依然是长期贯穿腾讯游戏风格的休闲风。当时QQ用户已经上亿人，盛大、金山也做了三款非常接近的游戏，结果上线当天《QQ幻想》后台数据的反馈出乎预料——55万人同时在线。这说明QQ游戏在吸引热爱此类游戏的QQ用户的同时，也把对手的玩家拉进来了。

自此，不论是顶层设计还是价值观，腾讯游戏都决心转向庞大且未开垦的增量下沉市场。

重新回到2009年第二季度，盛大被腾讯超越的历史时刻背后，是彼时的腾讯互娱在一年内连续推出四个取得决定性胜利的作品所带来的直接结果。

其中，DNF的引进纯属巧合，故事是当时腾讯互娱的市场负责人Richard（陈光）招聘了一个女生。该女生之前在韩国一家游戏公司工作，而她的前老板刚好就是DNF的创始人。她来腾讯以后，有一天突然说，她的前老板做了一款还不错的横版网络游戏，问腾讯互娱的人有没有兴趣接触一下。腾讯互娱的人觉得可行，前老板也说没问题，于是两家的合作就因为这个女生而开始了。

CF的引进也有一段故事。腾讯互娱去谈《战地之王》（AVA）的时候，嫌对方千万美元的报价太高，考虑了很久，于是对方白送了一个CF做赠品，腾讯互娱才签了协议。因为是赠品，所以对方将CF的内容修改和主导权都给了腾讯互娱，没想到最后AVA没火，CF却被改火了。

《QQ炫舞》是一次并购案的产物，对方是北京永航科技，制作人是王小波的外甥姚勇，对标当时红极一时的《劲舞团》。至于这款游戏后续能够超过对手，是因为腾讯互娱的整体运营环节做得还不错。而同时期，腾讯还并购了曾李青参与创办的网域，后来推出了《华夏Online》。

《QQ飞车》则是姚晓光的作品，也是"四大名著"里最早上线的一款原创游戏。

在"四大名著"发布前后，腾讯互娱在人事上也发生了一系列重大变化。2007年年底，Steven（马晓轶）在为光通引进《传奇3G》后离职，加入腾讯，成为任宇昕的重要臂膀。

几个月后，一款名为《英雄联盟》的游戏彻底改变了腾讯互娱，使腾讯从稚嫩的挑战者变成了强大的统治者。毫无疑问，帮助腾讯在国内取得压倒性胜利的《英雄联盟》，是一次教科书式的经典案例。《英雄联盟》的诞生与暴雪娱乐于 2002 年推出的单机即时战略游戏《魔兽争霸 3》的一种变形玩法 DOTA 有直接关系。DOTA 的创意则起源于国外玩家"冰蛙"借助《魔兽争霸 3》中的自制地图所完成的 MOBA（大型多人竞技对战模式）。这种风靡一时的革命性玩法所产生的巨大影响没有让暴雪娱乐感受到其背后的商业化潜力，因此它没有争夺 DOTA 的知识产权，而这恰好却被大洋彼岸的腾讯捡了漏。

2007 年，网大为意外地了解到，美国洛杉矶圣塔莫尼卡的拳头工作室（Riot Games）正在开发一款类 DOTA 的 MOBA 游戏。于是，在网大为的建议及刘炽平的直接主导下，腾讯在 2008 年以 800 万美元的投资成为拳头工作室的股东之一，《英雄联盟》也就此被快速引入中国，赢得了与 DOTA 竞争的窗口时间。直到 2009 年年中，当 DOTA 真正的开发者"冰蛙"开始与维尔福软件公司（V 社）合作并研发续作 DOTA2 时，中国乃至亚太市场早已被《英雄联盟》所占领。

自媒体"朱思码记"指出，《英雄联盟》的成功源于中国式的创新，腾讯把需要对战平台的 DOTA 变成了完整的网络游戏，进行了很有意义的简化。DOTA 的问题在于上手难度过大，腾讯简化后降低了难度，赢得了市场，而且这种简化影响了后来《王者荣耀》的诞生。如果 DOTA 的难度是 100，《英雄联盟》就是 40～50，而《王者荣耀》最多只有 15。每一次简化后腾讯得到的回报就是更多的用户。

《英雄联盟》的简化奠定了腾讯在游戏领域内中国第一的地位，而《王者荣耀》的简化奠定了其世界第一的地位。当然，绝大部分厂家都想做简化工作，但不得不承认，腾讯处理得很好。如果腾讯在一开始就通过复制来收割原 DOTA 用户，那么可能结果不会是后来的样子。事实上，它的一切行为都是奔着更广阔的市场和用户去的。当 DOTA2 与《英雄联盟》产生竞争时，DOTA2 犯下的错误便是没有意识到游戏需要一些简化。因此，V 社为了保证其既有硬核用户群，在原来的基础上只做了些许创新，最终丢了原本属于自己的中国市场。

同为中国互联网第一代偶像人物的丁磊，也在 2009 年春天乐开了怀。经过几番努力，丁磊从第九城市的朱骏手里抢下了网络游戏业公认的大作、也是世界上用户数第一的网络游戏《魔兽世界》。

暴雪娱乐为什么停止与第九城市的合作，转而选择网易，一直是行业未解之谜。本书作者了解到的原因有网易的进取，但更多的是第九城市的"自作孽不可活"。

2007 年，暴雪娱乐在美国第一次跟几家中国游戏公司发出自己有意终止与第九城市续约的信号，这始于暴雪娱乐认为运营商在运营中导致的用户体验差问题。但它当时也从用户角度思考：在更换运营商后，游戏数据库的交割会非常痛苦，过程长且体验很差，所以当时暴雪娱乐并没有彻底下定决心牺牲自己最看重的用户体验而更换合作伙伴。而到 2008 年暴雪娱乐第二次发出信号时，它已经下定决心要终止续约，因为暴雪娱乐认为第九城市对用户体验的影响比更换运营商带来的影响更大。第九城市的失分项还在于 2007 年引进暴雪娱乐最大的竞争对手 EA 作为新股东。

同时，网易也没有放弃原创游戏的制作和开发。尽管《大话西游》系列的主要推动者詹仲辉（如今是阿里巴巴旗下简悦游戏的负责人）随后辞任网易游戏联合 COO，但丁迎峰的接任保证了网易游戏原创血脉的一脉相承。网易当时的原创游戏大作除了西游系列的《创世西游》，还有一款由杭州技术团队推出的《倩女幽魂》。

淘宝商城和"双 11"

2009 年的马云，意气风发。在支付宝开始暗流涌动的同时，淘宝也一路高歌猛进。

不过当时对于所有淘宝高管来说,最大的隐患是商家鱼龙混杂,主流品牌商难以认同电子商务这个新兴渠道。

当年有个传说,马云和美特斯邦威的创始人周成建是邻居,马云邀请这位开启了中国年轻人休闲服饰类的时尚"大佬"在淘宝上开店。但是周成建思考良久,却决定开启美特斯邦威旗下的独立电子商务网站邦购。后来邦购没落,美特斯邦威才上了淘宝。

2008—2009年,尽管淘宝商城在大力招商,海尔、戴尔、国美、苏宁等也都加入了这个聚集全中国年轻人购物热情的平台,但是淘宝商城在招商之路上仍然磕磕碰碰,特别是占据了淘宝最大品类的服饰类品牌商,仍然难以下定决心将自己的全部在线渠道交给淘宝商城。即便是淘宝上的大商家,仍然有着一颗躁动的独立B2C之心。

究其根源,是因为淘宝上大量由C2C业态培育出来的网购者是价格敏感群体,对商品的议价能力和欲望都很强,这也令淘宝成了低价消费的温床。另外,在鱼龙混杂的C2C,大量水货、假货造成了劣币驱逐良币的负面效应,使得品牌商更加心存顾虑。

一边是需要整治的、为淘宝贡献95%以上交易额的C2C,另一边是需要大力扶持的、但在短期内又难以见效的B2C,淘宝高管团队左右为难。

淘宝商城的第一任奠基者黄若,因为在淘宝商城的发展上有着和集团不一样的意见,毅然离开。兼任淘宝商城负责人的张勇,面临着更大的挑战。尽管后来的事实是张勇成功地完成了使命,走出了一条华丽的"淘宝商城—天猫"的升级之路。但在2009年,他和淘宝商城都在煎熬中。

淘宝商城早期扶持的品牌商包括钻石小鸟、柠檬绿茶等。它们既在淘宝商城上有店,也有实体店,还有自己的官网。"淘宝商城店+独立官网",这是有实力的品牌商在2009年的选择。

2009年,日后成为淘宝最大竞争对手的黄峥(后来创办了拼多多)放弃了与京东商城的正面竞争,关掉了由段永平投资的欧酷商城,另外创办了一家代运营公司凡其。黄峥看中的正是淘宝巨大的流量带来的机会。

2009年的淘宝,一方面需要一路狂奔、发展淘宝商城,另一方面还要逐渐建立完善的机制来长久吸引大商家留在淘宝,而非独立出去建立自己的官网。这是当时淘宝面对的棘手难题:如何留住那些已经进驻淘宝的大商家,以及在淘宝上一路成长起来的中小商家?

淘宝的解决办法是实行基于开放平台的"大淘宝战略"。

最早提出淘宝开放平台战略的,是时任淘宝技术副总裁的路鹏(花名"空闻")。有着美国计算机博士背景的路鹏,曾经在甲骨文这样的跨国公司搭建大型项目,还曾创立过两家公司,其中一家从事协同商务的公司已成功卖掉。2008年,马云邀请路鹏从硅谷归来加入淘宝,负责淘宝的整个平台架构及技术后台。路鹏告诉马云,国外的Facebook、谷歌都正在实行开放战略,今后互联网公司之间的竞争是商业生态系统之间的竞争,而不是公司和公司的竞争。

2009年9月,淘宝正式对外宣布实行"大淘宝战略"——淘宝将在开放的基础上转型为电子商务基础设施服务提供商,打造一个开放、透明、协同、互利的电子商务生态系统。这是淘宝发展的一个重要里程碑,它为淘宝未来的发展开启了更大的想象空间。在这一战略框架里,淘宝融合了"B2C+C2C+品牌产品+云计算服务"等多种模式,而基于开放的Powered by Taobao,则是向全球电子商务标杆亚马逊致敬。在之前的几年间,Powered by Amazon带来的新的盈利增长点,为亚马逊在华尔街的股票走势注入了"强心剂",也在之后成为亚马逊的核心竞争力。

淘宝开放平台的第一个标杆案例,是优衣库。

作为国际化的平价时尚休闲品牌,日本迅销公司旗下的优衣库于2009年4月在中国市场涉足电子商务,同时上线了中国的官方购物网站和淘宝旗舰店。当时,优衣库每天的网上交易额大约为30万元,相当于其线下业绩最好的实体店的单日销售额。

值得一提的是,优衣库的官方购物网站是基于淘宝开放平台搭建的,它的底层采用了淘宝输出的四大体系:信用体系、交易的流程和管理规则、用户管理(包括用户登录ID信息、用户行为信息),以及商品管理,即商品分类体系的描述、计算能力等。这是第一个Powered by Taobao 的试点。

尽管优衣库中国官方购物网站和淘宝旗舰店的商品陈列和设计风格各不相同,但是其后台数据及搜索、交易、付款等功能都是共通的。它们都采用了淘宝提供的电子商务底层架构和技术支持,优衣库则专注品牌推广和商品控制,包括商品定价、设计、全年货品计划、促销等业务。

优衣库实践的"两张皮、一个后台"的电子商务模式,是淘宝商城解决品牌商建立独立B2C的关键一步。

当年优衣库在中国的电子商务团队只有4个人,其中包括3个日本人、1个中国人。他们把技术、后台供应链、客服都外包出去,电子商务团队仅负责在线运营,这是核心的能力。

对商品的控制是优衣库的强项。这是优衣库的工作人员反复强调的重点。优衣库的商品控制包括品牌和市场推广、促销、全年货品计划、品质等多方面的因素。无论是线上还是线下,优衣库的营销策略几乎是一致的。当年优衣库入驻淘宝商城后,还吸引了李宁、百丽等品牌入驻。

这一年,令张勇欣慰的是丹麦Bestseller集团旗下VERO MODA与JACK&JONES两大品牌也在淘宝开设了旗舰店。后来,这个集团旗下的品牌成为淘宝商城优秀销售业绩的拉动者。

通过稳定住淘品牌,用淘宝开放平台圈住"优衣库"们,张勇的淘宝商城总算在2009年秋天稍微站稳了脚跟,对内稳定团队,对外更好地吸引商家。

张勇需要再烧一把火,这把火就是后来的"双11"购物狂欢节。

淘宝商城首任产品经理王浩2009年上半年从星晨急便被张勇挖

到淘宝商城,当时张勇对王浩说:"我们这个淘宝商城是阿里巴巴最重要的部门,也是最有前途的部门。"说得慷慨激昂。王浩当时也很感慨,但加入之后才发现,整个部门就20多个人,而且当时其他部门看它不顺眼,根本找不到支援,是当时阿里巴巴最弱势的部门。

王浩记得有一次跨部门开会,会刚开完,其他部门的领导就叫住王浩,把他拉到一边说:"你们这个部门可能活不过3个月,我看你不错,如果想转岗就来我们部门吧。"

王浩对本书作者回忆,当时淘宝商城真的什么都没有,除了一个系统。

"双11"无疑拯救了张勇,当然,也拯救了淘宝商城和中国的B2C。

张勇在接受采访时提到,刚开始他就觉得也许第四季度搞促销非常合适。原因很简单,第四季度是传统的消费旺季,不仅在中国,在全球也是如此。张勇相信,11月是一个非常好的选择。因为在中国,10月有国庆黄金周,中国人会在10月第一周享受假期,这对于中国零售业来说是一个黄金期;12月,消费者会享受年末清仓的优惠。而在11月,有个安静的窗口。所以可以在11月举办这样的促销活动,因为消费者有非常强大的需求——无论是北方地区还是南方地区,很多人都需要购买换季产品,人们会在11月消费。因此,张勇等人在综合考量下,认为11月是非常好的时期。

但真实情况是,他们筹划促销活动的时候已经快10月了,因此只能在11月选一个日子。

接下来的问题就是选择哪一天。张勇让团队做一些研究,找一些中国的节日来做促销活动。团队和张勇说:"在11月找不到中国节日。"张勇问:"西方节日呢?"团队最后发现,11月除黑色星期五和感恩节外,还有一个新的节日,那就是"光棍节"。

那是张勇第一次听说"光棍节"这个节日,人们普遍认为这个节日是专门为单身人士所设的。张勇一想,可以在这一天给单身人士提供一些商品的选择，让他们通过购物来打发时间。于是，张勇决定如此行动，这就是"双 11"的由来。

定下这个日子后，团队就开始张罗。当时，淘宝商城想找一些品牌商参加活动，但团队去见品牌商，对方直接说："你们淘宝不是卖假货的吗？我们怎么可能在你们这儿开旗舰店？"所以当时根本就没人愿意来。

没办法，团队只好找淘宝 C 端的大商家参加，但是还得淘宝同意。这也不是一件容易的事情，直到有天开会，张勇很兴奋地说："我们可以找淘宝 C 端的大商家入驻了。"大家惊奇地看着张勇，张勇说："我昨晚去找三丰喝了顿酒，三丰喝多了，已经答应了。"

有了商家，还得有流量。靠淘宝导流量没戏，还是得靠本身价格优势。淘宝商城的团队提出一个五折包邮的优惠策略。这个优惠并非厂商补贴，而是平台补贴，如客单价 100 元，商家对外卖 60 元，平台补贴 40 元。

2009 年"双 11"，据说淘宝商城大本营只留下几盏灯支持，很多人都不看好这一新生事物。考虑到换季需求，那年"双 11"以服饰品牌为主。不过，张勇和他的团队提出的五折包邮促销方式并未得到太多响应，相反，这种近乎"自残"的方式吓跑了几百家服饰品牌商。彼时线下零售依然火热，整个中国电子商务 GMV 占零售总额的比重还不到 10%。

最终，有 30 多家品牌商选择参与"双 11"促销，大部分都抱有试水的心态。在"双 11"前夕，部分品牌商选择退出，最终参与促销的只有 JACK&JONES、美特斯邦威、Kappa、百丽等 27 家品牌商。

当年"双 11"，JACK&JONES 成为最大赢家，当天卖出了 500 万元，是平日的 10 余倍，成了首届"双 11"的销售冠军。看到这个结果，围观的商家坐不住了。第二年"双 11"，参与的商家数猛增至 711 家。

韩都衣舍也是当年"双 11"的重要赢家。2009 年，赵迎光带着仅创立一年的品牌韩都衣舍加入了淘宝商城"双11"。当年"双11"总销售额为5200万元，而韩都衣舍的销售额是130万元。之后，韩都衣舍跟着淘宝商城一路成长，成为今天为数不多的淘品牌之一。

今天复盘，其实就规模来说，5200万元并不多，而且2009年"双11"问题特别多——技术准备不足，商家也没有专门备货。但是张勇的聪明之处就在于对内、对外到处说2009年"双11"特别成功，以及为什么成功。不断地说，说多了阿里巴巴的很多部门都信了。当然，淘宝商城一干人也都信了。

2010年"双11"比2009年有很多改进：一是商家在配合上更加融洽，商家提前备货，平台不用贴钱了；二是内部流量增多，张勇努力导入了淘宝诸多的内部流量。还有一点就是，张勇事后才跟团队说，他那一年找马云要了12亿元在外面打广告。

2010年"双11"最终GMV是9.83亿元，远超出团队的预期。零点一过，整个团队特别开心、特别激动，纷纷发微博："9.83亿元！"微博刚发出来，阿里巴巴公关部就找来说公布的数额不是这个，比这个多得多，但是当时删也来不及了。公关部眼看已经无法补救，就在宣传时想出了一个很好的类比，说这比整个香港一天里所有商场的销售额还要多。大家一听这个，淘宝商城相当于一个香港啊！

2010年"双11"之后一个月，淘宝商城招商组就解散了，因为它已经不需要去招商了，很多品牌商自己找了过来。当时品牌商的认知是，"我比那些淘品牌强很多倍，你一天都能卖出几千万元这么多，那我怎么着也得几亿元吧。"

"双11"后，淘宝商城形成了定期过节降价搞促销的常态，并形成以下认知。

第一，做超大型事件营销。要花大钱，舍得花钱，把营销做大做响，做得轰轰烈烈。在商家端拉拢大品牌，亏钱补贴，完成冷启动。通过铺天盖地的广告，让全国人民参与进来。如今全民性的"双11"购物狂欢节便是如此。

比如，消费者可能最开始只在京东买家电，但该品牌的淘宝旗舰店在"大促"，把3500元的冰箱直接补贴降价到2500元，同时不忘附加各大平台的比价截图。这种实实在在的大幅度优惠，可以立竿见影地把消费者吸引过来下单，同时在消费者的心里建立认知：在淘宝旗舰店也可以买大品牌、品质有保障的家电，而且更便宜。

总之，在这点上要一掷千金、疯狂砸钱，但凡想要细水长流地做精细化运营，消费者的认知就很难被撼动。没有"双11"，没有淘宝商城的独立品牌建设，淘宝在消费者心里就只是个卖便宜货的地方。舍得花钱非常重要且必要。

第二，每个月至少要有一次中小型营销活动，不断激活流量。所以过完"双11"，还有"双12"，元旦要购物，春节要购物，"三八"妇女节还要购物。

很多互联网产品会遭遇流量属性变化导致的瓶颈：初始时用户可能对产品青睐有加，但不久后就弃如敝屣。这主要受产品服务范围和能力所限，更多则是用户自身认知的变化，但作为全民应用的淘宝，很少遭遇这种"阵痛"。

从二手电脑、平价服装到汽车，淘宝的边界在过去十几年里持续扩展。理论上，淘宝应该一直面对流量属性变化的挑战，但这并未成为淘宝发展的瓶颈。本来在这里挑便宜货的用户，在获得更高的收入之后，仍然会回来买几百甚至上千元的品牌货。

互联网是改革开放的下半场

关于互联网和改革开放的关系，本书作者喜欢提及的一个说法是，互联网是改革开放的下半场。这不仅是因为中国互联网所走过的15

年岁月是邓小平南方谈话后市场经济开始向纵深化方向发展的15年，更重要的是，与中国的其他行业相比，互联网行业更开放，更透明，更崇尚创业文化，更鼓励大胆创新，有更多的财富倍增的对接手段，也产生过足够多的阳光富豪和社会偶像。这不就是我们在努力推动国家变迁、努力改变自我命运时所希望的吗？

悲观派认为，中国互联网行业经历15年的蔚然成长，开始不那么草莽，不那么蓬勃，而是走向正规化，其中蕴含的产业机会可能大减。支持这个观点的一个事实是，中国互联网细分行业的背后，都有一只甚至多只看不见的手在翻手为云、覆手为雨，中国互联网行业必须接受中国式的监管。

而乐观派认为，15年后，甚至不用15年，就不存在互联网公司和非互联网公司之间的区分，绝大部分公司都是互联网公司。到那个时候，中国互联网行业会更加开放，更加有活力，也更加有生命力，现有的这些禁锢都会在中国互联网的冲击下土崩瓦解。

本书作者既不过分悲观，也不盲目乐观，并且承认中国互联网行业已经不会像过去15年那样能赚到 Easy Money（快钱）。但本书作者坚信，既然过去15年里中国互联网行业能从零发展到以千亿做计量单位的庞大规模，那么未来15年里，整个中国互联网行业的规模相比过去15年翻番是极有可能的。对应地，中国将产生至少30家海外上市公司，按照每家上市公司平均产生10个亿万富翁、100个千万富翁计算，这将是怎么样的一个规模！

还有一个必将成为现实的事是，我们已经是全球互联网第一人口大国，在未来15年中的某一年里，中国将与世界其他强国角逐全球互联网第一强国的地位。我们要做的是，在这一天到来的同时，我们还能通过我们的努力和奋斗，使中国不仅成为全球互联网第一市场大国，更成为全球互联网应用中心和创新中心。

中国互联网行业是中国和世界其他强国起步时间和应用水平最接近的一个行业，之间的差距也就两三年光景，我们花10倍的时间（30

年的时间）从跟随到超越，是完全有可能的。对于我们这样一个民族和国家来说，永甘人后、不去比拼是不现实的，更何况，这是一个胜算极大的产业竞技。

能参与一个可以实现自我价值和财富增值的行业，是我们个体的幸运；能参与一个对国家产业升级、社会文明进步有直接推动作用的行业，是我们个体的幸福；能参与一个让国家转型成为创新和开放国家的行业，是我们个体的荣幸。

相信我，让我们一起努力。

后　记

2018年4月，我决意与胡喆一起创作《沸腾新十年》。《沸腾新十年》有个副书名：移动互联网丛林里的勇敢穿越者。于是，这成为我修订《沸腾十五年》最重要的一个动力，因为《沸腾十五年》是一本讲述BAT何以构成丛林的论作。

《沸腾十五年》中关于电子商务内容的比重整体偏低，这是因为8848和王峻涛给我的诸多描述不那么正面，但更多是因为我对电子商务业务一直很外行。

幸运的是，我在天极的搭档CTO李大学是京东的技术负责人和早期创业元老，京东上市后李大学自行创立了磁云。除了李大学，邱南奇、刘爽、李成东等京东老人也给我分享了他们对京东的认知，特别是李成东对于京东物流的系列解读堪称经典，成为修订版中京东部分的精华。

当年与京东酣战的新蛋的卜广齐、邓天卓、任鑫，也以他们的视角讲述了他们对京东崛起的认知。

我与刘强东早期就有交往，当年著名的商业记者、现在知名的投资人李黎也给我梳理了电子商务发展的重要节点和主要公司。她认为除了京东，同期崛起的VANCL也值得描述。修订版中关于VANCL的描述一半来自她与杜晨合作的《轻公司》一书，另一半来自VANCL前员工许晓辉及其投资人雷军的讲述。

修订版同样增补了当年卓越卖给亚马逊的故事，但这段故事并非来自雷军的讲述，而是来自卓越的老对手李国庆。2019 年夏天，在重庆江滨路的一家火锅店中，就着清爽的啤酒和鲜辣的火锅，李国庆讲述了他和俞渝怎么游走在 IDG 等老股东、老虎基金陈小红、亚马逊之间的江湖往事。此时，李国庆还没有与俞渝公开宣战，但还是时不时挤兑几句俞渝。

李树斌和毕胜则给我分享了他们对鞋类 B2C 的反思。毕胜"唱衰"垂直电子商务的理由简单直接，那就是谁也打不起百度的广告，即便是他这样的老江湖；而李树斌则认为，淘宝商城在第二年"双 11"一战成名后，战争其实就已经结束了。

淘宝商城首任产品经理王浩也认为，在造大声势这方面，阿里巴巴排第二，第一自己想破脑袋也不知道是谁。王浩讲述了一个细节，那就是为把"双 11"做成，张勇到处求人要流量，还找马云要了数亿元的广告投放，这远超当年淘宝商城的销售收入。

关于淘宝商城的诞生及阿里云问世等阿里巴巴早期最重要决策"出炉"的前后故事，淘宝商城首任总经理黄若及阿里巴巴 B2B 业务总裁卫哲的描述也足够精彩，特别是王坚和吴炯一唱一和推动阿里云的立项，堪称经典，这些也成为修订版中华丽的章节。

《沸腾十五年》对于百度何以登上中国互联网公司"铁帽子王"的描述也不够丰富。一方面是因为当时的主要采访来自周鸿祎和李开复，作为李彦宏的对手，他们虽然提供了不少事实，但还是略显片面。在边江的推动下，俞军极其认真地回忆了他认为最重要的百度产品文化的形成和对应的诸多国民产品诞生前后的故事，这些内容都足够精彩，我尽已所能在修订版里予以呈现。同时，我也把周鸿祎和李开复当年与百度"打仗"时的反思内容在修订版中予以呈现。

另一方面还是因为我本人对流量生意的理解没有到位。在《沸腾十五年》出版后不久，我在欢聚时代有过短暂的工作经历，与李学凌有过较为密切的工作交往。这段工作经历让我在一线直面互联网用户，也近距离地感知客户端江湖的风起云涌，而张云帆、李金波、王欣、蔡文胜等江湖"大佬"也给予我诸多认知，特别是蔡文胜在厦门与我长达半天的复盘及之后庄良基在厦门海边的"煮酒论英雄"，让我对整个流量江湖有了更深层次的认知，对应的故事我都写进了修订版中。

《沸腾十五年》对于腾讯的描述倒还差强人意，特别是我本身同期出版了《马化腾的腾讯帝国》和《十亿美金的教训》（有腾讯对联众和51两场重要战争的详细描述）。不过，《沸腾十五年》对腾讯的描述更多集中在上市前后的段落，更多来自曾李青、李华、王远的描述，对于腾讯游戏后期自研如何崛起及腾讯在社交网络领域的竞合描述不够到位。

在修订版中，通过对郑志昊、汤道生、顾思斌等诸多腾讯业者的采访，我还原了腾讯战MSN、退51、战校内的诸多故事。

与此同时，卢军、袁兢、王海宁、张启科、何川、刘勇、黄建、赵勇、陈书艺、唐彬森等社交游戏时代的弄潮儿也给我补充了他们与腾讯及Facebook等平台竞合的诸多细节。

陈一舟和王兴这两位重要当事人也以他们的方式给本书重要事实部分给予了回应。

修订版也删减了原书中关于VC的比重，一方面是因为我一直想写一本关于VC的书《热钱.COM》，另一方面则是因为《沸腾十五年》更多是一本讲述产业发展历史的书，VC确实是不可或缺的一分子，但真心不是主角。

修订版主要把2006—2009年的章节予以重写，修订篇幅有三成，但不影响原书的脉络和认知，商人、极客和海归依旧是《沸腾十五年》里最重要的三类创业者，基于用户需求的满足和基于对未来的信仰，能从底层对整个行业进行基础建设级的投入是成功者的必由之路。

直至今天，尽管新技术和新媒介在不断涌现，尽管整个外部监管环境在逐步收紧，尽管资本热钱的涌动远胜当年，但在我看来，有些认知是不会过时的——是否愿意以毕生的精力不计得失地投入整个行业的建设中，是否能贡献超越时代的理念同时匹配当下的服务，是否能形成创新组织和聚集足够多的社会资源，依旧是每个意图创新创业的年轻人需要去面对、去思考的。

对每个希望从这段波澜壮阔的产业历史中获取新知的创业者，这其实也是我最想与你分享的。

林 军

2021 年 6 月 21 日